Staatshaftung für das Vertrauen
auf unionsrechtswidrige Gesetze

Europäische Hochschulschriften

European University Studies

Publications Universitaires Européennes

Reihe II **Rechtswissenschaft**

Series II Law

Série II Droit

Band/ Volume **6032**

Katharina Isabelle Frantzen

Staatshaftung für das Vertrauen auf unionsrechtswidrige Gesetze

PETER LANG

Bibliografische Information der Deutschen Nationalbibliothek
Die Deutsche Nationalbibliothek verzeichnet diese Publikation in der Deutschen Nationalbibliografie; detaillierte bibliografische Daten sind im Internet über http://dnb.d-nb.de abrufbar.

Zugl.: Düsseldorf, Univ., Diss., 2017

D 61
ISSN 0531-7312
ISBN 978-3-631-76623-1 (Print)
E-ISBN 978-3-631-76624-8 (E-PDF)
E-ISBN 978-3-631-76625-5 (EPUB)
E-ISBN 978-3-631-76626-2 (MOBI)
DOI 10.3726/

Peter Lang – Berlin · Bern · Bruxelles · New York · Oxford · Warszawa · Wien

Diese Publikation wurde begutachtet.

www.peterlang.com

Vorwort

Die vorliegende Untersuchung wurde von der juristischen Fakultät der Heinrich-Heine-Universität Düsseldorf im Oktober 2016 als Dissertation angenommen. Literatur und Rechtsprechung konnten bis einschließlich März 2016 berücksichtigt werden.

Ich möchte all jenen danken, die durch ihre fachliche und persönliche Unterstützung während der dreieinhalbjährigen Entstehungszeit zum Gelingen dieser Dissertation beigetragen haben.

Mein besonderer Dank gilt zunächst meinem Doktorvater Herrn Prof. Dr. Martin Morlok. Er hat mich nicht nur bei meinem Promotionsvorhaben in stets kluger und freundlicher Weise betreut und gefördert, sondern er gab mir in meiner Zeit als wissenschaftliche Mitarbeiterin an seinem Lehrstuhl für Öffentliches Recht, Rechtstheorie und Rechtssoziologie auch die Möglichkeit sehr viel fachlich und persönlich von ihm zu lernen. Für seine uneingeschränkte Unterstützung bei allen meinen Projekten bin ich ihm außerordentlich dankbar.

Ebenfalls herzlich bedanken möchte ich mich bei Frau Prof. Dr. Charlotte Kreuter-Kirchhof für die freundliche Übernahme des Zweitgutachtens und die zahlreichen Anregungen zur Arbeit sowie bei Herrn Prof. Dr. Horst Schlehofer für sein Mitwirken in der Prüfungskommission.

Bedanken möchte ich mich auch bei Herrn Prof. Dr. Heiko Sauer, der mich in meiner Idee zu dieser Arbeit bestärkt hat.

Ein herzlicher Dank gebührt weiterhin meinen Kollegen und Freunden, durch die ich meine Promotions- und Lehrstuhlzeit in schöner Erinnerung behalten werde. Meinen ehemaligen Kolleginnen und Kollegen am Lehrstuhl danke ich für die gute Zusammenarbeit. Insbesondere Duygu Dişçi, Moritz Kalb, Dr. Sebastian Roßner und Sebastian Ziehm haben durch ihre konstruktiven Anmerkungen und Hinweise sowie nicht zuletzt ihre jederzeitige Diskussionsbereitschaft und stetige Motivation ganz entscheidend zum Gelingen meiner Arbeit beigetragen.

Ferner möchte ich allen danken, die sich durch sorgfältiges Korrekturlesen um diese Arbeit verdient gemacht haben.

Großen Dank schulde ich außerdem meinen Eltern, Rainer und Denise Frantzen, die mir die juristische Ausbildung ermöglicht und mich bei der Anfertigung meiner Doktorarbeit stets uneingeschränkt unterstützt haben. Danksagen möchte ich auch meinem Großvater, Reiner Welberts, dessen großzügige Unterstützung es mir ermöglicht hat, mich vollumfänglich meiner Untersuchung zu widmen und diese Arbeit zu veröffentlichen.

Düsseldorf, im April 2018 Katharina Frantzen

Inhaltsübersicht

Inhaltsverzeichnis

Teil 1 Problemaufriss und Vertrauensschutz auf der Primärebene

Kapitel 1 Einführung und Eingrenzung

I. Haftung für legislatives Unrecht im neuen Gewand

1. Wiedererwachen eines althergebrachten Disputes

Die Staatshaftung für das Vertrauen auf unionsrechtswidrige Gesetze ist stark geprägt durch die jahrzehntealte Diskussion über eine Haftung des Staates für legislatives Unrecht. Bereits in den ersten Jahren nach Inkrafttreten des Grundgesetzes nahm die Kontroverse ihren Ursprung. Virulent wurde die Problematik in den 70er Jahren durch die Debatte um das später, mangels Gesetzgebungskompetenz des Bundes, für verfassungswidrig erklärte Staatshaftungsgesetz[1]. Die Staatshaftungsrechtskommission sprach sich in ihrem Bericht von 1973 noch für eine grundsätzlich umfassende Haftung für legislatives Unrecht aus, während bereits die Referentenentwürfe aus dem Jahre 1976 Einschränkungen vorsahen und schließlich eine Haftung im Regierungsentwurf von 1978 vollständig entfiel.[2] Das SHG des Bundes von 1981 ging zwar in § 1 von einer unmittelbaren Staatshaftung auch für Gesetzgebungsakte aus, sah jedoch in § 5 Abs. 2 eine Ausnahme für formelle Parlamentsgesetze vor, sodass nur eine Haftung für materielle Gesetze und Akte der Exekutive, deren Fehlerhaftigkeit allein auf einem rechtswidrigen Gesetz beruhte, vorgesehen war.[3]

In jüngerer Zeit nahm die Diskussion neue Fahrt auf vor dem Hintergrund eines zunehmenden Einflusses des Europarechts auf die nationale Rechtsordnung und der Anerkennung einer Haftung für Legislativakte durch den Europäischen Gerichtshof.[4]

---

1 BVerfGE 61, 149 ff.

2 S. *Futter*, BB 1980, 180 (182); *Bender*, DÖV 1979, 109 ff.

3 Zum Staatshaftungsgesetz insgesamt: *Jacobs*, Staatshaftungsrecht, 1982; s. zu Fragen des legislativen Unrechts speziell *Schäfer*, in: Schäfer/Bonk (Hrsg.), StHG, 1982, § 5 Rn. 50 ff.; *Schmidt-Bleibtreu*, Staatshaftungsgesetz, 1981, S. 47 f. sowie *Papier*, DVBl 1974, 573 (576 f.) und *Scheuing*, Haftung für Gesetze, in: Rüttner (Hrsg.), Festschrift für Otto Bachof zum 70. Geburtstag, 1984, S. 343 (364 ff.).

4 EuGH v. 19.11.1991, Rs. C-6/90 u. C-9/90, Slg. 1991, I – 5403 ff.; EuGH v. 05.03.1996, Rs. C-46/93 u. C-48/93, Slg. 1996, I – 1029 ff. Aus der GRC lässt sich kein über die nationale Rechtslage hinausgehender Wertungsgehalt entnehmen. Der Gedanke einer Einstandspflicht taucht nur in Art. 17 I 2 GRC im Zusammenhang mit einer Entschädigung bei Enteignungen auf sowie in Art. 41 III GRC in Form einer Haftung für exekutivisches Unrecht.

2. Präzisierung des Untersuchungsgegenstandes – Der Ausgangsfall *Honeywell*

a) *Sachlage*

Anlass dieser Untersuchung ist die *Honeywell*-Entscheidung des Bundesverfassungsgerichts aus dem Jahre 2010[5], die als mittelbare Reaktion auf das Mangold-Urteil des Europäischen Gerichtshofes[6] erging.[7] Das Vorabentscheidungsverfahren vor dem EuGH stellte die Unvereinbarkeit von § 14 Abs. 3 S. 4 TzBfG a. F. mit dem europäischen Antidiskriminierungsrecht fest. Diese Vorschrift ermöglichte einen Abschluss befristeter Arbeitsverträge ohne sachlichen Grund mit Arbeitnehmern, die das 52. Lebensjahr vollendet haben. Dies stelle, so das Gericht, einen Verstoß gegen den allgemeinen unionalen Rechtsgrundsatz der Altersdiskriminierung dar. Ausgangspunkt des *Honeywell*-Beschlusses war nicht unmittelbar das Mangold-Urteil des EuGH, sondern ein Verfahren vor der Arbeitsgerichtsbarkeit, in dem eine Befristung auf der Grundlage von § 14 Abs. 3 S. 4 TzBfG streitgegenständlich war. Das BAG hat sich in seinem Revisionsurteil auf die Mangold-Entscheidung berufen und die Befristungsmöglichkeit für unanwendbar erklärt.[8] Gegen dieses Urteil erhob die Arbeitgeberin Verfassungsbeschwerde, da eine Berufung auf das Mangold-Urteil ein ausbrechender Rechtsakt sei und damit keine Geltung beanspruchen könne. Zudem hätte das BAG Vertrauensschutz gegenüber der rückwirkenden Nichtanwendung der Befristungsmöglichkeit gewähren müssen.[9] Das Bundesverfassungsgericht erkannte im Mangold-Urteil keinen ausbrechenden Rechtsakt und schloss primärrechtlichen Vertrauensschutz aufgrund der Monopolstellung des EuGH im Hinblick auf die zeitliche Wirkung von Vorabentscheidungsverfahren aus (dazu unter Teil 1, Kapitel 3, II., 2., b), bb), (2), (e)). Der Senat äußert sich in einem obiter dictum in Bezug auf möglichen sekundärrechtlichen Vertrauensschutz:

> „Es ist danach möglich, zur Sicherung des verfassungsrechtlichen Vertrauensschutzes in Konstellationen der rückwirkenden Nichtanwendbarkeit eines Gesetzes infolge einer Entscheidung des Gerichtshofs innerstaatlich eine Entschädigung dafür zu gewähren,

---

5 BVerfGE 126, 286 ff.

6 EuGH v. 22.11.2005, Rs. C-144/04, Slg. 2005, I – 9981 ff.

7 Zum Fall *Honeywell* ausführlich: *Giegerich*, EuR 2012, 373 ff.; *Karpenstein/Johann*, NJW 2010, 3405 ff. in Bezug auf die Integration in das nationale Haftungssystem; *Hamenstädt*, EuR 2011, 263 ff. in Bezug auf die Integration in unionale Haftungsansprüche: *Seifert*, Das Arbeitsrecht nach der Kücükdeveci-Entscheidung des EuGH und der Honeywell-Entscheidung des BVerfG, in: Schmidt (Hrsg.), Jahrbuch des Arbeitsrechts 48, 2011, S. 119 (129 ff.); *Wissmann*, Vertrauensschutz – europäisch und deutsch, in: Festschrift für J.-H. Bauer zum 65. Geburtstag, 2010, S. 1161 ff.; *Stein*, ZRP 2010, 265 f.

8 BAGE 118, 76 ff.

9 Zum Fall *Honeywell* ein Überblick etwa bei *Giegerich*, EuR 2012, 373 (373 ff.); *Karpenstein/Johann*, NJW 2010, 3405 (3405); *Classen*, JZ 2010, 1186 (1187).

dass ein Betroffener auf die gesetzliche Regelung vertraut und in diesem Vertrauen Dispositionen getroffen hat. (...) Es kann offenbleiben, ob ein entsprechender Anspruch bereits im bestehenden Staatshaftungssystem angelegt ist."[10]

„In der Rechtsprechung des Gerichtshofs finden sich hingegen keine Anhaltspunkte dafür, dass es den Mitgliedsstaatlichen Gerichten verwehrt wäre, sekundären Vertrauensschutz durch Ersatz des Vertrauensschadens zu gewähren."[11]

Dieses obiter dictum nimmt die vorliegende wissenschaftliche Untersuchung auf den Prüfstand. Es soll nicht nur beleuchtet werden, ob eine derartige Vertrauenshaftung für legislatives Unrecht in das bestehende nationale haftungsrechtliche System integriert werden kann, oder ob nur ein möglicher Anspruch de lege ferenda besteht (Teil 2), sondern insbesondere soll auch ein Augenmerk auf die unionsrechtliche Zulässigkeit eines nationalen Haftungsanspruches – de lege lata oder ferenda – gelegt werden (Teil 3).

Kernfrage dieser Arbeit ist: Kann der Betroffene Ersatz eines Schadens verlangen, der ihm daraus entstanden ist, dass er auf den rückwirkenden Bestand der Rechtslage vertraut und in diesem Vertrauen vermögenswirksame Dispositionen getätigt hat?

b) Bemerkenswertes des obiter dictums

Als überraschend erweist sich in diesem Zusammenhang der Vorstoß des Bundesverfassungsgerichts im Bereich einer Haftung des Gesetzgebers. Traditionell wird eine Einstandspflicht für legislatives Unrecht abgelehnt, sowohl im Zusammenhang mit dem Amtshaftungsanspruch als auch beim Institut des enteignungsgleichen Eingriffs (dazu unter Teil 2). Aber auch die lapidare Aussage des Senates, es seien keine Anhaltspunkte für die unionsrechtliche Unzulässigkeit ersichtlich, vermag auf den ersten Blick zu erstaunen. Der EuGH führt in ständiger Rechtsprechung aus – wenn auch in Bezug auf Exekutivakte –, dass ein unionsrechtswidriges Verhalten einer für die unionale Anwendung zuständigen nationalen Behörde kein Vertrauen des Wirtschaftsteilnehmers in eine unionsrechtswidrige Behandlung begründen könne, sofern nicht Umstände vorlägen, von denen der Betroffene unter keinen oder nur unzumutbaren Umständen Kenntnis erlangen konnte. Ein Vertrauensschutz gegen eine klar bestimmte unionale Norm scheide aus.[12] Der Bundesfinanzhof griff diese Rechtsprechung jüngst auf und weitete sie auch auf legislatives Unrecht aus (dazu unter Teil 1, Kapitel 2, II., 2., b), bb) näher).[13]

Andererseits findet sich der Gedanke eines Schadenersatzanspruches auf nationaler Ebene als Kompensation für die Versagung primärrechtlichen Vertrauensschutzes durch den EuGH bereits in der nationalen Rechtsprechung zum Beihilfenrecht. Im Fall

---

10 BVerfGE 126, 286 (314 f.).

11 BVerfGE 126, 286 (314).

12 EuGH v. 26.04.1988, Rs. 316/86, Slg. 1988, 2213, Rn. 24; sowie in jüngerer Zeit nochmals bestätigt durch EuGH v. 20.06.2013, Rs. C-568/11, ZfZ 2013, 249, Rn. 52 m.w.N.

13 BFH v. 13.05.2015, VII R 63/13, Rn. 17.

der Rückforderung einer unionsrechtswidrig ausgezahlten unionalen Beihilfe wird der Primärrechtsschutz gegen die Rückforderung von den nationalen Gerichten unter Hinweis auf die Rechtsprechung des EuGH verwehrt.[14] Die anschließende Amtshaftungsklage hatte im Ergebnis Erfolg vor den Zivilgerichten.[15] Ein Amtshaftungsanspruch zum Ausgleich der Rückforderung von nationalen Beihilfen wurde hingegen abgelehnt (dazu unter Teil 3, Kapitel 11 ausführlicher).[16] Es wird noch näher zu untersuchen sein, ob sich diese Rechtsprechungslinie bei legislativem Unrecht fortführen lässt.

3. Begrifflichkeiten

Bevor in eine nähere Darstellung der Problemlage eingestiegen wird, sollen zum besseren Verständnis der Arbeit begriffliche Unklarheiten beseitigt werden.

Auf dem Gebiet des Staatshaftungsrechts hat sich noch keine vollständig einheitliche Terminologie herauskristallisiert und die kursierenden Begriffe werden oftmals uneinheitlich und unsauber verwendet.[17] Das Bundesverfassungsgericht spricht etwa in seinem *Honeywell*-Beschluss von einer möglichen „Entschädigung"[18]. Dieser Terminus ist wohl nur unspezifisch verwendet worden und sollte vermutlich nicht einen Schadenersatzanspruch ausschließen, sondern lediglich verdeutlichen, dass eine irgendwie geartete Art des Ersatzes geboten sei.[19]

Der Arbeit soll klarstellend daher folgendes begriffliches Verständnis zugrunde gelegt werden: Der Begriff des Staatshaftungsrechts wird als Obergriff für eine Unrechtshaftung des Staates fungieren, mithin also alle Ansprüche umfassen, denen eine rechtswidrige Schädigung vorausgeht – wie etwa dem Amtshaftungsanspruch. Sie dienen der Restitution. Entschädigungen für rechtmäßiges Handeln werden als Kompensation bezeichnet. Der entscheidende Unterschied zur Unrechtshaftung

---

14 BFH/NV 1994, 208 ff.

15 OLG Nürnberg v. 22.05.1996, Az. 4 U 733/95. Der BGH ließ eine Revision nicht zu, BGH v. 26.02.1998, Az. ZR III 187/96, unter Absprache einer grundlegenden Bedeutung. BFHE 231, 437 (442 f.) Rn. 15 greift die Rsp. des OLG Nürnberg auf.

16 BVerwGE 106, 328 (338) als obiter dictum.

17 S. etwas *Ossenbühl/Cornils*, Staatshaftungsrecht, 6. Aufl. 2013, S. 1 f.; *Höfling*, Vom überkommenen Staatshaftungsrecht zum Recht der staatlichen Einstandspflichten, in: Hoffmann-Riem/Schmidt-Aßmann/Voßkuhle (Hrsg.), Grundlagen des Verwaltungsrechts, Bd III, 2. Aufl. 2013, § 51 Rn. 7 ff.; *Morlok*, Allgemeine Elemente der Einstandspflichten für rechtswidriges Staatshandeln, in: Hoffmann-Riem/Schmidt-Aßmann/Voßkuhle (Hrsg.), Grundlagen des Verwaltungsrechts, Bd III, 2. Aufl. 2013, § 52 Rn. 7 ff.; *Morlok*, Staatshaftungsrecht als öffentliches Sekundärrecht, in: Dekan der Juristischen Fakultät der Heinrich-Heine-Universität Düsseldorf (Hrsg.), Freundesgabe der Juristischen Fakultät für Professor Ulf Pallme König zum 65. Geburtstag, 2014, S. 291 (296 f.); zur Klassifizierung der Ersatzansprüche s. etwa *Stern*, Das Staatsrecht der Bundesrepublik Deutschland, Bd I, 2. Aufl. 1984, S. 855 ff.

18 BVerfGE 126, 286 (314 f.).

19 So auch *Rosenkranz*, Die Beschränkung der Rückwirkung von Entscheidungen des Europäischen Gerichtshofs, 2015, S. 512.

besteht darin, dass die Staatshaftung Fehlerfolgenreaktionsansprüche umfasst, während die „Haftung" für rechtmäßiges Handeln eine Rechtmäßigkeitsvoraussetzung darstellt. Daher bedarf es auch einer begrifflichen Trennung. Zu den Kompensationsansprüchen zählen klassischerweise die Ansprüche aus Aufopferung. Staatshaftung und Kompensation können unter dem Begriff der staatlichen Einstandspflichten zusammengeführt werden.[20] Zu dem Recht der Ersatzleistungen gehören nicht nur die Restitutions- und Kompensationsansprüche, sondern auch gegen rechtswidrige hoheitliche Maßnahmen gerichtete Unterlassungs- und Abwehransprüche des Primärrechtsschutzes.[21]

Im Fokus dieser Untersuchung steht auch der Begriff der Rückwirkung. Hierbei soll terminologisch zwischen dem Begriff „Rückwirkung" und dem rein temporal zu sehenden Phänomen des „rückwirkenden" Effektes unterschieden werden. Unter letzterem Begriff soll sich im Grundsatz eine rein faktische, zeitlich zurückgreifende Auswirkung verstehen. Der Begriff wird damit losgelöst von der rechtlichen Dogmatik des Bundesverfassungsgerichts verwandt, in seinem rein natürlichen Wortsinn.[22] Lediglich das Substantiv „Rückwirkung" bezieht sich auf den juristisch vorgeprägten Begriff des Bundesverfassungsgerichtes. Rückwirkende Auswirkungen kann somit nicht nur die Sachlage entfalten, dass ein Gesetz ändernd in abgewickelte, der Vergangenheit angehörende Tatsachen eingreift, sondern sämtliche Fälle, in denen es zu einer nachträglichen Veränderung der Rechtslage kommt – sei es etwa aufgrund von anfänglich unanwendbaren Gesetzen oder sogar durch die Judikative hervorgerufenen Änderungen der Auslegung einer Norm. Dabei ist die sprachliche Nähe dieser beiden Begrifflichkeiten bewusst gewählt worden, um die später noch näher zu beschreibende faktische Ähnlichkeit dieser Effekte deutlich zu machen.

4. Grundlegende Einschränkung des Untersuchungsgegenstandes

Im Anschluss an diese allgemeinen Begrifflichkeiten wird nun das Verständnis von legislativem Unrecht für den Untersuchungsgegenstand festgelegt. Legislatives Unrecht soll ausschließlich Schäden beschreiben, die unmittelbar durch die Legislative verursacht wurden, ohne einen administrativen Umsetzungsakt.

---

20 *Morlok*, Staatshaftungsrecht als öffentliches Sekundärrecht, in: Dekan der Juristischen Fakultät der Heinrich-Heine-Universität Düsseldorf (Hrsg.), Freundesgabe der Juristischen Fakultät für Professor Ulf Pallme König zum 65. Geburtstag, 2014, S. 281 (304 ff.); *Morlok*, Allgemeine Elemente der Einstandspflichten für rechtswidriges Staatshandeln, in: Hoffmann-Riem/Schmidt-Aßmann/Voßkuhle (Hrsg.), Grundlagen des Verwaltungsrechts, Bd III, 2. Aufl. 2013, § 52 Rn. 10; *Höfling*, Vom überkommenen Staatshaftungsrecht zum Recht der staatlichen Einstandspflichten, in: Hoffmann-Riem/Schmidt-Aßmann/Voßkuhle (Hrsg.), Grundlagen des Verwaltungsrechts, Bd III, 2. Aufl. 2013, § 51 Rn. 7.

21 So auch *Ossenbühl*, Staatshaftungsrecht, in: Canaris/Heldrich u. a. (Hrsg.), 50 Jahre Bundesgerichtshof, Bd III, 2000, S. 887 (889).

22 So definiert der Duden den Begriff „rückwirkend" wie folgt: „von einem bestimmten vergangenen Zeitpunkt an".

Unter Haftung für legislatives Unrecht wird oftmals nicht nur das Einstehenmüssen für Schäden, die unmittelbar – ohne verwaltungsrechtlichen Umsetzungsakt – durch ein Gesetz verursacht worden sind, verstanden, sondern auch solche Schäden miterfasst, die auf einem behördlichen Umsetzungsakt beruhen, welcher auf der Grundlage des rechtswidrigen Gesetzes erlassen wurde und das gesetzliche Unrecht nur „weiterführt". Wenn ein Gesetz durch einen Vollzugsakt der Verwaltung umgesetzt werde und die Schädigung erst bei dessen Umsetzung eintrete, dann handele es sich zwar streng genommen – bei einer rein begrifflichen Betrachtung – um administratives Unrecht. Die Betrachtung dürfe jedoch hier nicht vorschnell enden. Der Ursprung der Rechtswidrigkeit liege hier ebenfalls im Gesetz selber und nicht in einem Verwaltungshandeln. Der Administrativakt verfestige nur das legislative Unrecht. Setze ein administrativer Akt ein rechtswidriges Gesetz „fehlerfrei" um, und beruhe daher die Rechtswidrigkeit des Verwaltungshandelns auf der Rechtswidrigkeit des Gesetzes, könne auch von legislativem Unrecht gesprochen werden.[23]

Obwohl dieses Verständnis überzeugt, soll in der vorliegenden Arbeit der Begriff legislatives Unrecht Beruhensakte nicht inkludieren. Diese Ausweitung würde den Rahmen der Arbeit sprengen.[24] Von dieser Ausgrenzung der Beruhensakte sollen auch materielle Gesetze, die den Fehler des formellen Gesetzes in sich aufgenommen haben, erfasst werden. Auch diese sind nicht Untersuchungsgegenstand.

Ebenso sollen Fälle des normativen Unrechts – untergesetzliche Normen, die an einem eigenständigen Fehler leiden, der nicht auf der gesetzlichen Ermächtigung beruht – nur am Rande Beachtung finden. Grundsätzlich – sollte dies nicht anders kenntlich gemacht sein – versteht sich unter Haftung für legislatives Unrecht eine Haftung für formelle Parlamentsgesetze.[25]

---

23 S. etwa BGHZ 100, 136 (143 f., 145); 111, 349 (353), der bei enteignungsgleichem Eingriff eine Haftung für Beruhensfälle parallel behandelt zu rechtswidrigen formellen Gesetzen. Ebenso Beruhensakte zum legislativen Unrecht zählend: *Vonnahme*, Staatshaftung für Umweltschäden infolge normativen Unrechts, 1994, S. 24 ff.; *Eckert*, Die Haftung des Staates bei nichtigen Gesetzen und Verordnungen, 1973, S. 160 ff.; *Ossenbühl*, JZ 1987, 1027 (1027); *Boujong*, Staatshaftung für legislatives und normatives Unrecht in der neueren Rechtsprechung des Bundesgerichtshofes, in: Faller/Kirchhof/Träger (Hrsg.), Festschrift für Willi Geiger zum 80. Geburtstag, 1989, S. 430 (442 ff.); a.A. und damit Beruhensakte zum exekutivischem Unrecht zuordnend: *Schenke*, NJW 1988, 857 (863); *Dagtoglou*, Ersatzpflicht des Staates bei legislativem Unrecht, 1963, S. 7, 10; *Oldiges*, Der Staat 15 (1976), 881 (882 f.); *Weber*, Staatshaftung für rechtswidrige Gesetzgebungsmaßnahmen, 1975, S. 1 f.

24 Man denke etwa nur an die Problematik, dass dem Beamten, welcher ein rechtswidriges Gesetz vollzieht, ggf. eine Prüfungspflicht bezüglich der Rechtmäßigkeit des Gesetzes obliegt und durch Missachtung dieser wieder ein administratives Unrecht entstehen könnte, s. zu dieser höchst streitigen Frage in Bezug auf verfassungswidrige Gesetze: *Mauer*, Allgemeines Verwaltungsrecht, 18. Aufl. 2011, § 4 Rn. 60 ff.

25 *Detterbeck/Windthorst/Sproll*, Staatshaftungsrecht, 2000, S. 145; *Dolmold*, DÖV 1991, 152 (152); a.A. *Vonnahme*, Staatshaftung für Umweltschäden infolge normativen

5. Das „neue" Gewand

Die in der Arbeit untersuchten Fallvarianten unterscheiden sich deutlich von der althergebrachten Diskussion um legislatives Unrecht und der mittlerweile allgemein anerkannten Rechtsprechung des Europäischen Gerichtshofes zur Haftung der Mitgliedsstaaten aufgrund qualifizierter Unionsrechtsverstöße – außervertragliche Haftung der Mitgliedsstaaten nach der *Francovich*-Doktrin. Der Untersuchungsgegenstand soll daher im folgenden Abschnitt näher konkretisiert werden und weitere Beschränkungen erfahren.

a) Besonderheiten in Bezug auf die nationale Diskussion zum legislativen Unrecht

Eine zentrale Besonderheit besteht in der ausschließlichen Unionsrechtswidrigkeit des Gesetzes. Das Gesetz ist isoliert national betrachtet verfassungskonform.[26] In den klassischen Fällen legislativen Unrechts ergibt sich die Rechtswidrigkeit aus einem Verfassungsverstoß. Das Gesetz ist nichtig, weil es gegen die Verfassung verstößt. Versteht man unter dem Begriff des legislativen Unrechts – wie es diese Arbeit ebenfalls handhabt – nur formelle Gesetze, ist der Verfassungsverstoß im rein nationalen Bereich die einzig denkbare Normenkollision, die zur Nichtigkeit des Gesetzes führen und damit eine Haftung begründen könnte. Bei dem Untersuchungsgegenstand dieser Arbeit ergibt sich das Unrecht des Gesetzes nicht aus einem Verstoß gegen das Grundgesetz, sondern aus einem Verstoß gegen das Unionsrecht. Das Gesetz ist also isoliert betrachtet verfassungskonform, aber unionsrechtswidrig.

Der Vertrauensschaden beim Bürger wird nunmehr nicht durch die autonome nationale Rechtsordnung hervorgerufen, sondern ist Ausfluss der unionalen Überlagerung. Der Anwendungsvorrang des Unionsrechts gebietet grundsätzlich eine ex-tunc wirkende Nichtanwendung kollidierender nationaler Gesetze (dazu unter Teil 3, Kapitel 11, I. näher). Der Schaden des Normbetroffenen wird zum einen durch diese zurückgreifende Wirkung der Feststellung der unionalen Unvereinbarkeit durch den EuGH oder zum anderen beispielsweise durch das Verstreichen einer Zeitspanne bis zur Anpassung der Gesetze an die Unionsrechtslage, hervorgerufen. In der Zwischenzeit werden im Vertrauen auf den rückwirkenden Bestand der Rechtslage vermögenswirksame Dispositionen getroffen und Anpassungen an die Rechtslage vorgenommen.

b) Unterschiede zur außervertraglichen Haftung der Mitgliedsstaaten

Diese Sachverhalte unterscheiden sich – was auf den ersten Blick verwundern mag – von der bereits umfassend in der Wissenschaft und Rechtsprechung erörterten Thematik „Francovich".

Unrechts, 1994, S. 23 ff. sieht normatives Unrecht als Sammelbegriff für alle untergesetzlichen abstrakt-generellen Regelungen.

26 Die Frage, ob die Unionsrechtswidrigkeit des Gesetzes zu einem Verfassungsverstoß führt, wird gesondert untersucht (dazu unter Teil 2, Kapitel 6, II., 2., b), c), e) und f)).

In der Rechtssache *Francovich* entwickelte der EuGH einen Ersatzanspruch gegenüber den Mitgliedsstaaten für einen hinreichend qualifizierten Verstoß gegen eine individual begünstigende Unionsnorm, der zu einem kausalen Schaden geführt hat. Dabei sind Fehlverhalten aller drei Gewalten haftungsauslösend.[27] Als legislative Verstöße kommen etwa die nicht rechtzeitige, unterlassene oder fehlerhafte Umsetzung von Richtlinien in Betracht[28], aber auch Verstöße gegen Vertragsnormen durch nationale Gesetze[29] oder durch Unterlassen des Gesetzgebers in Form der Nichtanpassung der mitgliedsstaatlichen Rechtslage an das Unionsrecht (dazu unter Teil 2, Kapitel 6, II. 2.).[30]

Eine oberflächliche erste Betrachtung weist eine gewisse Nähe der zu untersuchenden Fälle mit dieser außervertraglichen Haftung der Mitgliedsstaaten auf. Der Schaden in der Rechtssache *Honeywell* entstand durch eine nationale Norm, die gegen unionales Primärrecht verstieß. Das Fehlverhalten ist also vergleichbar mit einem haftungsauslösenden Verhalten nach dem mitgliedsstaatlichen Haftungsanspruch nach *Francovich*. Die Sachlagen und die Schutzrichtung laufen jedoch konträr. Daher spricht *Giegerich* zu Recht sehr prägnant von einer „europarechtskonformen" und einer „europarechtskonträren" Staatshaftung.[31] Beiden Fällen gemein ist, dass der Schaden des Bürgers auf dem unionsrechtswidrigen Verhalten des Nationalstaates beruht und bei Unterlassung ausgeblieben wäre. In der *Honeywell*-Konstellation steht der Schaden aber im Widerspruch zum Unionsrecht, der betroffene Bürger beruft sich auf die für ihn vorteilhafte nationale Lage und fordert – wenn diese nicht beibehalten werden kann – zumindest einen Ersatz. Aus unionaler Sicht erscheint diese Rechtsposition – auf den ersten Blick – grundsätzlich weniger schutzwürdig, da sie nicht im Einklang mit unionalen Wertungen zu stehen scheint. In den Fällen der *Francovich*-Doktrin streitet das Unionsrecht für den Bürger, und er beruft sich auf eine unionsrechtliche Position, die ihm das nationale Recht vertragswidrig verwehrt. Bei der unionsrechtskonträren Staatshaftung kommt es zur Aufgabe der Kohärenz zwischen primärrechtlicher europäischer Verpflichtung und sekundärem nationalen Haftungsanspruch.[32]

---

27 S. dazu etwa: *Jacob/Kottmann*, in: Grabitz/Hilf/Nettesheim (Hrsg.), EUV/AEUV, Bd III, 57. EGL 2015, Art. 340 AEUV Rn. 155; EuGH v. 05.03.1996, Rs. C-46/93 u. C-48/93, Slg. 1996, I – 1029, Rn. 33 ff. in Bezug auf Legislativakte; EuGH v. 30.09.2003, Rs. C-224/01, Slg. 2003, I – 10239, Rn. 59 in Bezug auf Judikativakte.

28 Fehlerhafte Umsetzung einer Richtlinie: EuGH v. 26.03.1996, Rs. C-392/93, Slg. 1996, I – 1631 ff.; EuGH v. 17.10.1996, Rs. C-283/94 u. a., Slg. 1996, I – 5063 ff.; verspätete Umsetzung einer Richtlinie: EuGH v. 08.10.1996, Rs. C-178/94 u. a., Slg. 1996, I – 4845 ff.; Nichtumsetzung einer Richtlinie: EuGH v. 19.11.1991, Rs. C-6/90 u. C-9/90, Slg. 1991, I – 5403 ff.

29 EuGH v. 04.10.1991, Rs. C-246/89, Slg. 1991, I – 4585 ff.

30 EuGH v. 05.03.1996, Rs. C-46/93 u. 48/93, Slg. 1996, I – 1029 ff.

31 *Giegerich*, EuR 2012, 373 (377 f.).

32 *Giegerich*, EuR 2012, 373 (377 f.). Die konträre Schutzrichtung der Haftungsansprüche anerkennend: *Hamenstädt*, EuR 2011, 263 (264 f.); *Karpenstein/Johann*, NJW 2010, 3405 (3407).

Die beiden Fallkonstellationen stehen aber nicht losgelöst nebeneinander; auf den zweiten Blick zeigt sich: Beide Fälle können sich in einer Sachverhaltskonstellation vereinigen und stellen nur eine jeweils andere Seite der Medaille dar. Das Institut der Vertrauenshaftung ist die Kehrseite zu der Haftung nach den *Francovich*-Grundsätzen. Bei mehrpoligen Rechtsverhältnissen – wie sie im Zivilrecht regelmäßig auftreten, aber auch bei Dreieckskonstellationen im Verwaltungsrecht – verläuft die Interessenlage konträr und die Durchsetzung der unionalen Verpflichtung ist für die eine Partei vorteilhaft und für das andere Rechtssubjekt nachteilig. Diese Rechtsverhältnisse kreieren jeweils einen Gewinner und einen Verlierer, die Begünstigung des einen mündet in der Belastung des anderen.[33]

Kommt der Mitgliedsstaat seiner unionalen Verpflichtung nach, gewährt er einer Partei ihr unionales Recht, verursacht aber auf der anderen Seite einen Schaden bei der unionsrechtlich benachteiligten Partei. Schützt der Nationalstaat das Vertrauen in seine Gesetze, entsteht beim unionsrechtlich Begünstigten ein Schaden, den er nach der *Francovich*-Doktrin ersetzt verlangen kann.

Der Unterschied beider Fälle lässt sich also dahin gehend zusammenfassen, dass einmal der Schaden entsteht, weil auf die nationale unionsrechtswidrige Lage vertraut wurde und ein anderes Mal, weil die unionsrechtskonforme Lage einen Vorteil gewährt, den das nationale Recht nicht vorsieht.

Fallkonstellationen, die klassisch unter die *Francovich*-Rechtsprechung subsumiert werden, sind nicht Gegenstand der Untersuchung. Diese Arbeit beschränkt sich daher auf – zumindest vergleichsweise – national begünstigende Sachverhalte. Der Betroffene hat ein Interesse an dem rückwirkenden Bestand der nationalen Rechtslage, die für ihn begünstigend wirkt, und strebt keine Unionsrechtskonformität an.

Im nächsten Abschnitt sollen die verschiedenen Fallkonstellationen, in denen eine national begünstigende Lage auftreten kann, aufgefächert werden.

c) Mögliche Fallvarianten

aa) Grundprämisse der Anwendungsfälle

Untersuchungsgegenstand können nur solche Fälle sein, in denen ein Interesse des Betroffenen an dem rückwirkenden Bestand der Rechtslage besteht. Dies kann sich sowohl aus einer nationalen Gesetzeslage ergeben, die sich im Vergleich zur unionsrechtlichen als günstiger erweist oder aber sich zumindest – weitgehend – neutral für den Betroffenen verhält, und er sich auf diese eingerichtet hat, als auch durch eine Vorteilsgewährung unmittelbar durch das Gesetz. Im Rahmen dieser Fallkonstellationen müssen weitere Unterdifferenzierungen vorgenommen werden. Sprachlich sollen diese beiden groben Kategorien des Interesses am Bestand der nationalen Lage durch die Kriterien „Unmittelbarkeit" und „Mittelbarkeit" voneinander abgegrenzt werden.

---

33 *Giegerich*, EuR 2012, 373 (374).

Unmittelbarkeit umschreibt Fallkonstellationen, im Rahmen dessen das Gesetz selbst einen Vorteil gewährt. Eine mittelbare Vorteilslage ist hingegen gekennzeichnet durch das Tätigwerden des Bürgers, welches an das Gesetz anknüpft. Der Bürger findet eine Rechtslage vor, die er für seine privatrechtlichen Betätigungen nutzt. Ihm steht dabei grundsätzlich frei, ob er von der Regelung Gebrauch machen möchte – freilich können sich faktische, wirtschaftliche Zwänge ergeben. In den Unmittelbarkeitsfallkonstellationen wirkt die Gesetzeslage sofort gestaltend auf den Bürger ein. Man denke etwa an geänderte Steuerregelungen.

bb) Fallvarianten der mittelbaren Vorteilssituation

Mittelbarkeitsfälle, die zu einem Vorteil führen, stellen den Standardfall dieser Untersuchung dar. Das Gesetz schafft den Rahmen für private Freiheitsentfaltungen. Die Norm gestaltet die Rechtslage aus. Dadurch entsteht für den Betroffenen entweder eine begünstigende Rechtslage, die er für sich ausnutzt, oder eine weitestgehend als neutral zu beschreibende Lage, auf die der Brügger sich einrichtet und sie zur Grundlage seiner wirtschaftlichen Dispositionen macht. Hier tritt demnach ein Verhalten des Bürgers als entscheidendes Schaden verursachendes Element hinzu. Erst durch seine Betätigung kann eine spätere Beeinträchtigung hervorgerufen werden. Der Betroffene vertraut auf den rückwirkenden Bestand der Rechtslage und nimmt diese zum Anlass für seine Rechtsbeziehungen.

In diese Kategorie fällt auch der Fall *Honeywell.* Das TzBfG ermöglichte eine sachgrundlose Befristung von Arbeitsverträgen mit älteren Arbeitnehmern. Die Arbeitgeberin machte von dieser Möglichkeit Gebrauch und stellte einen älteren Beschäftigten befristet ein. Erst die Inanspruchnahme dieser gesetzlichen Regelung führte später zu dem Schadenseintritt.

Diese Situation stellt die Standard- und Ausgangslage dieser Arbeit dar, und soll allen anderen Ausführungen – sofern nichts Gegenteiliges angezeigt wird – als Grundlage dienen.

Als weitere Unterklassifizierung der soeben als Ausgangsfall beschriebenen Sachlage kann diese Situation abgegrenzt werden: Das Gesetz schafft keine für sich genommene vorteilhafte Lage für den Bürger, sondern ist faktisch als belastend zu qualifizieren, diese Belastung erweist sich aber im Vergleich zur Unionsrechtslage als milder, da diese schwerwiegendere Nachteile normiert. Die Begünstigung kann sich also auch erst im Vergleich zum Unionsrecht offenbaren.

Ein Vertrauen entsteht hierbei in identischer Art und Weise wie im Ausgangsfall. Daher ergeben sich für diese Abhandlung im Hinblick auf diese Fallgruppe keinerlei Unterschiede zu dem Grundfall, sodass alle Ausführungen auch auf die Sachkonstellation übertragbar sind. Es kann aber auch zu Fallkonstellationen kommen, in denen zwar das Unionsrecht objektiv einen marginalen Vorteil für den Normunterworfenen darstellt, er aber dennoch Interesse an der Aufrechterhaltung der nationalen Lage hat. Der Betroffene kann sich in einer Art auf die nationale Lage eingerichtet haben und sich beispielsweise Wettbewerbsvorteile verschafft haben im Vertrauen auf den Bestand der Gesetzeslage, die durch die unionale Rechtslage

verpuffen. Der Bürger kann sich so auf die Situation eingerichtet haben, dass die Umstellung saldiert nachteilig wirkt.[34]

Das Merkmal Vorteil muss daher stets in Beziehung zur unionsrechtlichen Lage gesehen werden und darf nicht rein national beurteilt werden. Maßgebend ist also die Disposition im Vertrauen auf den rückwirkenden Bestand der Rechtslage. Die rückwirkende Änderung der Gesetzeslage führt zu einem Schadenseintritt.

cc) Ausschluss von Unmittelbarkeitsfällen

Von dem Standardfall abzugrenzen sind die Fälle einer unmittelbaren Vorteilsgewährung. In diesen wird unmittelbar auf gesetzlicher Grundlage eine Begünstigung für den Betroffenen gewährt, ohne dass ein selbstständiges Tätigwerden erforderlich wäre. Der zentrale Unterschied zur Standardbetrachtung liegt in dem Vertrauensaspekt und der Möglichkeit der Entstehung eines traditionellen Vertrauensschadens.

Diese Unmittelbarkeitsfälle sind aus der Untersuchung grundsätzlich auszugrenzen. Sie können regelmäßig keinen klassischen Vertrauensschaden herbeiführen, wie er dem Ausgangsfall *Honeywell* zugrunde liegt. Ein Vertrauensschaden setzt in seiner Grundidee die Betätigung des Vertrauens durch den Betroffenen voraus.[35] Dieses Wesenselement des Vertrauensschadens – Bestätigung des Vertrauens – wird auch in einfachgesetzlichen Regelungen deutlich. Zu denken ist hierbei etwa an § 39 BauGB. Zudem rekurriert auch das Bundesverfassungsgericht in einer *Honeywell*-Entscheidung auf die Voraussetzung der Ausübung des Vertrauens.[36] Ein gleiches Verständnis findet sich im Zivilrecht als Ersatz des negativen Interesses. Der dabei zu ersetzende Schaden umfasst nach höchstrichterlicher Rechtsprechung alle Vermögensnachteile, die dem Geschädigten dadurch entstanden sind, dass er auf die Gültigkeit der Erklärung vertraut und sich bei seinem weiteren Verhalten daran orientiert hat.[37] Für die Ersatzpflicht kommt es daher allein darauf an, ob sich die Vermögenslage des Geschädigten durch Maßnahmen verschlechtert hat, die er im Vertrauen auf die Beständigkeit der Erklärung getroffen oder unterlassen hat.

Bei der Gewährung eines Vorteils muss klar danach differenziert werden, ob es sich um einen unmittelbaren Vorteil, oder um einen mittelbaren Vorteil handelt. Auch bei einer direkten Begünstigung kann die Vertrauensbetätigung etwa in der

---

34 Zum Gedanke, dass eine vermeintlich vorteilhafte Regelung, die Rückwirkung entfaltet, auch nachteilig für den Betroffenen sein kann und sich daher ebenfalls am Rückwirkungsverbot messen lassen muss vgl. *v. Arnauld*, Rechtssicherheit, 2006, S. 333.

35 S. etwa *Maurer*, Kontinuitätsgewähr und Vertrauensschutz, in: Isensee/Kirchhof (Hrsg.), Handbuch des Staatsrechts der Bundesrepublik Deutschland, Bd III, 2. Aufl. 1996, § 60 Rn. 7, der das mehrstufige Verständnis des Vertrauens-schadens ebenso betont.

36 BVerfGE 126, 286 (314 f.).

37 St. Rsp. schon seit RGZ 170, 281 (284).

Annahme des Vorteils – falls dieser überhaupt abgelehnt werden kann – gesehen werden, oder in einer Reinvestition. In diesen Fällen ist auch eine „Mittelbarkeitskonstellation" denkbar. Fehlt es an einer klar abgrenzbaren zweischrittigen Entstehung eines Schadens – dem staatlichen Vertrauenstatbestand und der selbstverantwortlichen Betätigung des Vertrauens durch den Bürger –, liegt lediglich ein Fall unmittelbarer Vorteilsgewährung vor. Die Entstehung eines Vertrauensschadens scheidet hierbei grundsätzlich aus.

Die Untersuchung konzentriert sich daher auf Konstellationen mittelbarer Vorteilsgewährung.

dd) Grundfälle einer Kollision mit unmittelbar anwendbarem Unionsrecht

Eine unionsrechtswidrige nationale Gesetzeslage kann bei holzschnittartiger Betrachtung durch zwei verschiedene Fallvarianten auftreten, die auf unterschiedlichem Fehlverhalten des Gesetzgebers beruhen. In Bezug auf unmittelbar anwendbares Unionsrecht kann der Zeitpunkt des Eintritts der Unionsrechtswidrigkeit variieren. Die erste Fallkonstellation beschreibt die Situation, dass das Gesetz bereits bei seinem Erlass dem Unionsrecht widersprochen hat. Der Konflikt mit dem Unionsrecht bestand also von Beginn an.

Die Rechtswidrigkeit kann aber auch erst zu einem späteren Zeitpunkt eintreten aufgrund einer Änderung der unionsrechtlichen Rechtslage, die erst ab diesem Moment in Konflikt mit den national bestehenden Regelungen tritt.

Aus dieser Grundentscheidung ergeben sich unter anderem Unterschiede in Bezug auf das jeweils vorwerfbare Verhalten (dazu unter Teil 1, Kapitel 5, II.).

Diese Zweiteilung besteht ebenfalls bei nicht unmittelbar anwendbaren Richtlinien. Der Gesetzgeber kann zum einen eine vollständige Umsetzung der Richtlinie unterlassen, ab dem Inkrafttreten der Richtlinie, und zum anderen später Normen erlassen, die mit den Zielen der Richtlinie kollidieren.

ee) Sonderfall der Teilunionsrechtswidrigkeit

Diese Aufgliederung muss jedoch – der Komplexität eines Mehrebenensystems geschuldet – noch weiter aufgefächert werden. Im Rahmen dieser beiden Grundfälle kann eine weitere Zweiteilung entstehen in einen rechtswidrigen Gesetzesteil und einen rechtmäßigen Gesetzesteil.

Es können beispielsweise Konstellationen auftreten, in denen nur ein Teil des Gesetzes dem Unionsrecht widerspricht oder – noch komplexer – das Gesetz, je nach vorzufindendem Sachverhalt, in den Anwendungsbereich des Unionsrechts fällt und damit die Unionsrechtswidrigkeit und die Anwendbarkeit des Gesetzes von der genauen Sachlage abhängt. Der Bürger hat es womöglich selbst in der Hand und kann beeinflussen, ob das Gesetz anwendbar ist, indem sein Verhalten nicht stets unionsrechtliche Relevanz aufweist. Diese Besonderheiten, die auf der Verwobenheit der nationalen und der unionsrechtlichen Rechtsordnung beruhen, werden stets im Hinterkopf zu halten sein.

ff) Schadenseintritt durch richterliche Auslegung

Ein Vertrauensschaden kann aber auch vermittelt über die Judikative eintreten. Der Gesetzgeber erlässt ein unionsrechtswidriges Gesetz – oder hält dieses aufrecht –, sodass die Gerichte eine unional gebotene Auslegung vornehmen und das Normverständnis ändern. Der Normadressat kann im Vertrauen auf die europarechtswidrige Auslegungsvariante Dispositionen getroffen haben, die sich nun als unrentabel erweisen (dazu unter Teil 1, Kapitel 2, III. sowie Teil 1, Kapitel 3, II.).

6. Gang der Untersuchung

Als zentraler Bestandteil der Arbeit soll der vom Bundesverfassungsgericht offen gelassenen Frage einer Integration der Vertrauenshaftung für unionsrechtswidrige Gesetze in das bestehende Haftungssystem nachgegangen werden. Die Integrationsfähigkeit ist maßgeblich geprägt von der Thematik einer Haftung für legislatives Unrecht, die in den 70er und 80er Jahren heftig diskutiert wurde, mittlerweile aber im Dornröschenschlaf liegt. Es wird daher zu Beginn nochmal der „alte" Streitstand aufgegriffen und einer neuen Bewertung unterzogen. Im Rahmen dessen wird insbesondere auf die Besonderheiten der hier untersuchten Konstellationen eingegangen und überprüft, ob die althergebrachten Argumente auch bei Unionsrechtswidrigkeit des Gesetzes weiterhin ihre Berechtigung haben. Dabei ist zwischen den einzelnen Haftungsinstituten zu differenzieren.

Selbst wenn eine Haftung de lege lata dogmatisch möglich sein sollte, muss erörtert werden, ob diese im Widerstreit zum Unionsrecht steht. Eine unionsrechtliche Unzulässigkeit der Haftung würde den rechtlichen Tod des Haftungsanspruches nach sich ziehen. Zunächst wird dabei untersucht, ob der Ersatz eines Vertrauensschadens im Wege des unional anerkannten Ersatzanspruches nach der *Francovich*-Rechtsprechung möglich ist. Dies wirft jedoch erhebliche Probleme auf, sodass anschließend beleuchtet wird, ob eine Haftung de lege ferenda im Einklang mit dem Unionsrecht steht oder sogar europarechtlich wünschenswert ist. Maßstab sind insbesondere die unionsrechtlichen Rechtsgrundsätze der Unionstreue, des effet utile sowie des Individualrechtsschutzes.

Bevor in diese Untersuchung eingestiegen werden kann, muss das verfassungsrechtliche Bedürfnis nach einer Vertrauenshaftung in seinen Grundlagen unterstrichen werden. Um die Notwendigkeit einer Haftung vollumfänglich beurteilen zu können, müssen die europarechtlich geforderten Konsequenzen eines unionsrechtswidrigen Gesetzes ebenso näher erörtert werden, wie der Umgang der nationalen Rechtsprechung mit einem solchen Verstoß. Zentraler Aspekt ist die Reichweite des unionalen Spielraumes für die Gewährung von Vertrauensschutz auf der Primärebene. Aus dem verbleibenden Umfang einer Beachtungsmöglichkeit von Vertrauensschutz resultiert die Forderung nach einem sekundärrechtlichen, umfassenden Schutz. Zunächst wird die besondere Bedeutung des Vertrauensschutzes und des Gesetzes als Vertrauenstatbestand für jede freiheitliche Grundordnung hervorgehoben, um die Sensibilität der Thematik für unsere rechtsstaatliche und grundrechtlich geprägte Rechtsgemeinschaft zu schärfen.

II. Verfassungsrechtliches Bedürfnis nach einem Vertrauensschutz für Gesetze

Vor der Darstellung der detaillierten Problematik soll die abstrakte Bedeutung des Vertrauensschutzes und seine verfassungsrechtliche Fundierung in gebotener Kürze dargestellt werden. An späterer Stelle wird auf diese Grundlagen zurückzugreifen sein. Der Grundsatz des Vertrauensschutzes ist Basis der Diskussion um eine Haftung für unionsrechtswidrige Gesetze.

1. Dogmatische Fundierung

Sowohl die Rechtsprechung als auch die Gesetzgebung sind an die verfassungsrechtlichen Rechtsgrundsätze der Rechtssicherheit und des Vertrauensschutzes gebunden – wenn auch in unterschiedlichem Umfang.[38] Vertrauensschutz ist verfassungsrechtlich im Grundgesetz nur explizit in Art. 103 Abs. 2 GG erwähnt, in Gestalt des strafrechtlichen Rückwirkungsverbotes. Vertrauensschutz ist als allgemeines – aber ungeschriebenes – Verfassungsprinzip anerkannt.[39] Über die Herleitung aus dem Grundgesetz besteht jedoch kein Konsens. Die Deduktion des Vertrauensschutzes erfolgt überwiegend aus dem Rechtsstaatsprinzip, Art. 20 Abs. 3 GG, sowie den subjektiv-rechtlichen Grundrechten, aber auch aus dem Rechtsgrundsatz von Treu und Glauben, der objektiv-rechtlichen Dimension der Grundrechte und dem Sozialstaatsprinzip.[40]

Das Bundesverfassungsgericht spannt den Bogen über das Rechtsstaatsprinzip zum Grundsatz der Rechtssicherheit zum Vertrauensschutz.[41] Rechtssicherheit bedeute aus der Perspektive des Bürgers vorrangig Vertrauensschutz.[42] Das Gericht erkennt aber auch eine grundrechtliche Anknüpfung des echten und unechten Rückwirkungsverbotes an.[43] Das Vertrauensschutzprinzip scheint das Bundesverfassungsgericht jedoch vorrangig aus dem Rechtsstaatsprinzip abzulei-

38 Zur Entwicklung des Vertrauensschutzgedankens: *Maurer*, Kontinuitätsgewähr und Vertrauensschutz, in: Isensee/Kirchhof (Hrsg.), Handbuch des Staatsrechts der Bundesrepublik Deutschland, Bd III, 2. Aufl. 1996, § 60 Rn. 13 ff.

39 *Borchardt*, Der Grundsatz des Vertrauensschutzes im Europäischen Gemeinschaftsrecht, 1988, S. 1 Fm. 1 mit zahlreichen Nachweisen.

40 Zur verfassungsrechtlichen Herleitung ausführlich *Blenke*, Vertrauensschutz im deutschen und europäischen Verwaltungsrecht, 2000, S. 12 ff. zu den Grundrechten als Herleitung nochmals umfassend S. 51 ff. allerdings im Hinblick auf exekutivisches Handeln. Zu den Grundrechten als Herleitung auch umfassend: *Schwarz*, Vertrauensschutz als Verfassungsprinzip, 2002, S. 260 ff.; ein Überblick bei *Schwarze*, Europäisches Verwaltungsrecht, 2005, S. 84 ff.

41 Ebenso *Kunig*, Das Rechtsstaatsprinzip, 1986, S. 394; *Kimminich*, JZ 1962, 518 (521).

42 S. nur BVerfGE 13,261 (271); 45, 142 (168) st. Rsp.

43 BVefGE 68, 287 (306); 97, 67 (79); 127, 1 (16); 127, 81 (75) zur unechten Rückwirkung. Im Falle der echten Rückwirkung ist der Rückgriff auf die Grundrechte nicht so zahlreich s. *Maurer*, Kontinuitätsgewähr und Vertrauensschutz, in: Isensee/Kirch-

ten, dessen Gehalt sich in den Grundrechten widerspiegelt.[44] Insbesondere in der Eigentumsgarantie nach Art. 14 GG und der Berufsfreiheit nach Art. 12 GG finde das Rechtsstaatsprinzip mit dem Vertrauensschutz eine besondere Ausprägung in den Grundrechten.[45] Dennoch wird jüngst vermehrt eine kombinierende Formel verwandt: „Die Grundrechte wie auch das Rechtsstaatsprinzip garantieren im Zusammenwirken die Verlässlichkeit der Rechtsordnung."[46]

In der Literatur finden sich starke Bestrebungen,[47] den Vertrauensschutz primär aus den Grundrechten abzuleiten.[48] Nur die Rechtssicherheit als objektiv-rechtlicher Grundsatz sei aus dem Rechtsstaatsprinzip abgeleitet und der Vertrauensschutzgrundsatz folge allein aus den Grundrechten.[49] Greife der Staat in eine individuelle Rechtsposition ein, die unter einen grundrechtlichen Gewährleistungsgehalt falle, so sei die grundrechtliche Freiheit tangiert. Der verfassungsrechtliche Vertrauensschutz sei auf Ebene des Schutzbereiches „Akzidenz der grundrechtlich geschützten Freiheit".[50]

Wenn in bestehende Rechtspositionen eingegriffen werde, aktiviere dies den grundrechtlichen Schutzgehalt.[51] Schutz gegen zukünftige Änderungen des Gesetzgebers im Sinne einer Realisierung einer Kontinuitätserwartung seien vom Vertrauensschutz zu trennen.[52] Gegen ein streng dogmatisches Verständnis einer grundrechtlichen Fundierung wird nicht völlig zu Unrecht vorgetragen, dass in allen vertrauensschutzrechtlich relevanten Fällen eine Abwägung mit dem öffentlichen Interesse an der Rückwirkung erfolgen müsste, also auch in den Fällen, bei denen das Bundesverfassungsgericht die Rückwirkung zulasse aufgrund fehlender

---

hof (Hrsg.), Handbuch des Staatsrechts der Bundesrepublik Deutschland, Bd III, 2. Aufl. 1996, § 60 Rn. 18 m.w.N.

44 S. dazu *Blenke*, Vertrauensschutz im deutschen und europäischen Verwaltungsrecht, 2000, S. 18 f.

45 BVerfGE 45, 142 (168); 101, 239 (262) zu Art. 14 GG und BVerfGE 32, 1 (22 f.) zu Art. 12 GG.

46 BVerfGE 127, 1 (16); 131, 20 (38).

47 Dazu *Schwarz*, Vertrauensschutz als Verfassungsprinzip, 2002, S. 260 ff.

48 Dabei werden verschiedene Ansätze vertreten, von einer Beschränkung auf Art. 14 und 12 GG bis hin zu einem Vertrauensschutz, der jedem Schutzbereich eines Grundrechts innewohnen kann, s. dazu *Blenke*, Vertrauensschutz im deutschen und europäischen Verwaltungsrecht, 2000, S. 23 ff.

49 *Schwarz*, Vertrauensschutz als Verfassungsprinzip, 2002, S. 259 ff.

50 So *Schwarz*, Vertrauensschutz als Verfassungsprinzip, 2002, S. 260 ebenso zum Zitat. Dem zustimmend: *Blenke*, Vertrauensschutz im deutschen und europäischen Verwaltungsrecht, 2000, S. 29 f. sowie *Weber-Dürler*, Vertrauensschutz im öffentlichen Recht, 1983, S. 56 ff. Zur Bedeutung von Vertrauensschutz für die Wahrung des Verhältnismäßigkeitsprinzips *Blenke*, Vertrauensschutz im deutschen und europäischen Verwaltungsrecht, 2000, S. 133 ff. sowie *Schwarz*, Vertrauensschutz als Verfassungsprinzip, 2002, S. 273 ff.

51 Vgl. BVerfGE 72, 200 (242).

52 *Schwarz*, Vertrauensschutz als Verfassungsprinzip, 2002, S. 290 ff.

Schutzwürdigkeit des Vertrauens. Die Vorhersehbarkeit des Eingriffs allein könne grundrechtsdogmatisch eine Rückwirkung nicht mehr rechtfertigen, da sie für sich genommen nicht ein überwiegendes öffentliches Interesse zu begründen vermöge.[53]

Demgegenüber wird der Vertrauensschutz als Ausfluss des Rechtsstaatsprinzips gesehen[54], da dieses die Grundsätze der Gerechtigkeit und der Rechtssicherheit beheimate.[55] Die Rechtssicherheit sei als essenzielles und eines der wichtigsten Elemente des Rechtsstaatsprinzips zu begreifen.[56] Zu den Strukturelementen der Rechtssicherheit werden Verlässlichkeit, Erkennbarkeit und Berechenbarkeit gezählt.[57]

Der Untersuchung soll folgendes Verständnis der Begriffe Rechtssicherheit und Vertrauensschutz zugrunde gelegt werden: Vertrauensschutz als subjektives Pendant zum objektiven Grundsatz der Rechtssicherheit.[58] Der Ganzsatz der Rechtssicherheit bezieht sich vorrangig auf die Erwartungen der Allgemeinheit an die Vorhersehbarkeit der Rechtsanwendung[59], während das Vertrauensschutzprinzip das konkrete Vertrauen des Bürgers auf die seinem Handeln zugrunde gelegte Rechtslage zum Gegenstand hat.[60] Vertrauensschutz ist damit die subjektive Komponente, die die objektive Rechtssicherheit in Bezug zum Bürger setzt.[61]

---

53 *Maurer*, Kontinuitätsgewähr und Vertrauensschutz, in: Isensee/Kirchhof (Hrsg.), Handbuch des Staatsrechts der Bundesrepublik Deutschland, Bd III, 2. Aufl. 1996, § 60 Rn. 25.

54 Zum Rechtsstaatsprinzip: *Kunig*, Das Rechtsstaatsprinzip, 1986, passim sowie *Sobota*, Das Prinzip Rechtsstaat, 1997, passim.

55 *Blenke*, Vertrauensschutz im deutschen und europäischen Verwaltungsrecht, 2000, S. 79 ff. sowie S. 84 ff. zu einer eigenständigen Vertrauensschutzfunktion des Rechtsstaatsprinzips.

56 *Sobota*, Das Prinzip Rechtsstaat, 1997, S. 154; *v. Arnauld*, Rechtssicherheit, 2006, S. 101 mit weiteren verwendeten sprachlichen Formulierungen.

57 *v. Arnauld*, Rechtssicherheit, 2006, S. 104, der auch seine weitere Arbeit nach diesen drei Elementen gliedert.

58 Zutreffend: *Schwarz*, Vertrauensschutz als Verfassungsprinzip, 2002, S. 258; *Pieroth*, Rückwirkung und Übergangsrecht, 1991, S. 118.

59 *Maurer*, Kontinuitätsgewähr und Vertrauensschutz, in: Isensee/Kirchhof (Hrsg.), Handbuch des Staatsrechts der Bundesrepublik Deutschland, Bd III, 2. Aufl. 1996, § 60 Rn. 1 ff. sieht die Abgrenzung von Kontinuitätsgewähr und Vertrauensschutz, indem erstgenannter Grundsatz als objektiv-rechtlich eingeordnet wird.

60 *Schaer*, Rechtssicherheit und Vertrauensschutz als Grenzen rückwirkender Rechtsprechung im europäischen Arbeitsrecht, 2010, S. 115; *Riechelmann*, Struktur des verfassungsrechtlichen Bestandsschutzes, 2006, S. 19 postuliert: Vertrauensschutz sei Bestandsschutz und gehe in dem Begriff vollständig auf.

61 *Maurer*, Kontinuitätsgewähr und Vertrauensschutz, in: Isensee/Kirchhof (Hrsg.), Handbuch des Staatsrechts der Bundesrepublik Deutschland, Bd III, 2. Aufl. 1996, § 60 Rn. 19.

2. Bedeutung für die Rechtsordnung

Die Bedeutung des Vertrauensschutzes für eine Rechtsordnung kann nicht hoch genug eingeschätzt werden.[62] Im Schrifttum wird Vertrauensschutz etwa mit folgenden Worten in seiner Bedeutung geadelt: „unaufgebbare Errungenschaft des demokratischen Rechtsstaates“, „elementares Gebot an die Rechtsordnung“ oder „Grundlage und Essenz des Rechts überhaupt“.[63] Zudem wird die Bedeutung des Vertrauensschutzes für die „Unverbrüchlichkeit der Rechtsordnung“[64] sowie Verlässlichkeit und Berechenbarkeit, Vorhersehbarkeit und Orientierungssicherheit betont.[65] Die Verlässlichkeit der Rechtsordnung sei eine Rahmenbedingung einer jeden freiheitlichen Verfassung[66] und das Vertrauen ein „elementarer Tatbestand des sozialen Lebens“[67]. Der Vertrauensschutzgedanke trage die gesamte Rechtsordnung, er sei eine „Grundforderung rechtlicher Ordnung“, „ein Prinzip richtigen Rechts“, sowie ein „Bestandteil der material verstandenen Rechtsidee selbst“.[68]

Gerade in jüngerer Zeit sei die Bedeutung des Vertrauensschutzes immer mehr in den Fokus gerückt, da das Gesetz an seiner Geltungskraft verloren habe durch immer kurzlebigere Gesetzgebung. Es diene daher dazu, das Gesetz als Verlässlichkeitsakt wieder neu aufzuwerten.[69] Die Forderung nach Vertrauensschutz wurzelt in einer starken Abhängigkeit des Bürgers vom Staat.[70]

Der Dispositionsschutz ist ein wesentliches Element des Vertrauensschutzes.[71] Dieser ist nicht nur in Gefahr durch gesetzgeberischen Aktionismus, sondern auch durch die immer weiter voranschreitende Europäisierung des nationalen Rechts. Das unionale höherrangige Recht kann eine rückwirkende Änderung der Rechtslage gebieten und so den Vertrauensschutz in Form seines Dispositionsschutzes gefährden. Es liegt nun an der nationalen Rechtsordnung, den Vertrauensschutz notfalls mittels sekundärrechtlicher Regelung hinreichend zu sichern.

---

62 S. aber auch zu den „Gefahren“ des Vertrauensschutzes: *Muckel*, Kriterien des verfassungsrechtlichen Vertrauensschutzes bei Gesetzesänderungen, 1989, S. 78 ff.

63 Aufstellung mit den Nachweisen bei *Schwarz*, Vertrauensschutz, in: Heun/Starck (Hrsg.), Grundrechte, Rechtsstaat und Demokratie als Grundlagen des Verwaltungsrechts, 2015, S. 161 (163).

64 *Jellinek*, Allgemeine Staatslehre, 3. Aufl. 1914, S. 369 f.

65 S. zu den Begriffen: *Blenke*, Vertrauensschutz im deutschen und europäischen Verwaltungsrecht, 2000, S. 36.

66 BVerfGE 105, 17 (37) unter Hinweis auf BVerfGE 30, 272 (285); 45, 142 (168).

67 *Luhmann*, Vertrauen, 1968, S. 1.

68 *Muckel*, Kriterien des verfassungsrechtlichen Vertrauensschutzes bei Gesetzesänderungen, 1989, S. 14 f. mit den Nachweisen.

69 *Burmeister*, Vertrauensschutz im Rechtsstaat, 1974, Bd. I, S. 185.

70 Vgl. *Muckel*, Kriterien des verfassungsrechtlichen Vertrauensschutzes bei Gesetzesänderungen, 1989, S. 13.

71 Dazu *Blenke*, Vertrauensschutz im deutschen und europäischen Verwaltungsrecht, 2000, S. 41 ff.

Kapitel 2 Entstehung eines Vertrauensschadens

Wurzel allen Übels ist die rückwirkende unional geforderte Änderung der Rechtslage. Rechtsgrund der rückwirkenden Anpassung sind die unionsrechtlichen Rechtsinstitute des Anwendungsvorranges und der unionsrechts-/richtlinienkonformen Auslegung. Diese Mechanismen zur Durchsetzung des Unionsrechts in den mitgliedsstaatlichen Rechtsordnungen sollen zum besseren Verständnis überblicksartig dargestellt werden.

In den folgenden beiden Abschnitten wird sodann dargelegt werden, in welchen Fällen eine rückwirkende Anpassung der mitgliedsstaatlichen Gesetzeslage gefordert ist. Dabei muss grundlegend zwischen der rückwirkenden Nichtanwendung eines Gesetzes und der rückwirkenden unionsrechts-/richtlinienkonformen Auslegung nationaler Normen unterschieden werden. Im Anschluss an diese Erkenntnisse wird im nächsten Kapitel untersucht werden, in wieweit diese unionalen Verpflichtungen reichen und, ob Möglichkeiten bestehen, bereits auf der Primärebene Vertrauensschutz im nationalen Recht hinreichend zu berücksichtigen.

I. Die maßgebenden Rechtsinstitute des Unionsrechts

1. Anwendungsvorrang und unionsrechtskonforme Auslegung

Der Anwendungsvorrang ist das zentrale Institut zur Sicherung der Durchsetzung des Europarechts gegenüber den mitgliedsstaatlichen Normen im Kollisionsfall.[72]

Nach ständiger Rechtsprechung des EuGH haben die Vertragsbestimmungen und die Rechtsakte mit unmittelbarer Geltung und Anwendbarkeit zur Folge, dass allein durch ihre Existenz jede entgegenstehende nationale Bestimmung unanwendbar wird.[73]

Der Anwendungsvorrang muss strikt vom Geltungsvorrang unterschieden werden. Die nationale Regelung ist nicht als nichtig anzusehen, sondern bleibt nur unanwendbar, sodass sie in unionsrechtlich nicht determinierten Fällen weiter Regelungswirkung entfaltet.[74] Diese Vorrangregel dient nur der Auflösung von

72 S. *Obwexer*, in: von der Groeben/Schwarze/Hatje (Hrsg.), Europäisches Unionsrecht, Bd I, 7. Aufl. 2015, Art. 4 EUV Rn. 114.

73 Erstmals in EuGH v. 15.07.1964, Rs. 6/64, Slg. 1964, 253, 1269 f. seitdem st. Rsp. und allgemein anerkannt s. etwa *Streinz*, Europarecht, 9. Aufl. 2012, Rn. 203. Dabei bedarf es keines Tätigwerdens des Gesetzgebers, EuGH v. 22.06.2010, Rs. C-188/10 u C-189/10, Slg 2010, I – 5667, Rn 43.

74 *Sauer*, Staatsrecht III, 3. Aufl. 2015, Rn. 30; *Haratsch/König/Pechstein*, Europarecht, 9. Aufl. 2014, Rn. 179. Das Bundesverfassungsgericht erkennt den Vorrang an, leitet ihn aber, anders als der EuGH, nicht aus dem Wesen der Verträge ab, sondern aus der verfassungsrechtlichen Ermächtigung, etwa BVerfGE 123, 267 (397); 126, 286 (301).

Konfliktlagen zwischen nationalen Normen und unmittelbar anwendbarem Unionsrecht.[75] Dieses Gebot der rückwirkenden Nichtanwendung des unionsrechtswidrigen Gesetzes bedingt den Eintritt eines Vertrauensschadens.

Als Vorstufe des Anwendungsvorranges ist der Grundsatz der unionsrechtkonformen Auslegung zu sehen.[76] In den Anwendungsbereich des Unionsrechts fallende nationale Normen sind, soweit wie möglich, im Einklang mit den Vorgaben des Europarechts auszulegen.[77] Bei Regelungskonflikten ist nicht stets eine rückwirkende Nichtanwendung des Gesetzes aufgrund des Anwendungsvorranges gefordert, sondern es soll zunächst dem unionalen Regelungsgehalt im Wege unionsrechtskonformer Auslegung zur Wirksamkeit verholfen werden. Das nationale Gesetz wird vom Richter in unionsrechtlich geforderter Weise ausgelegt und mittels einer Anpassung des Normverständnisses die Durchsetzung des Unionsrechts gesichert. Eine Normkollision wird somit verhindert. Das Gebot der Konformauslegung genießt dabei Priorität vor dem Anwendungsvorrang.[78] Dieser lebt wieder im vollen Umfang auf, wenn keine methodische Möglichkeit zur unionsrechtskonformen Auslegung besteht.[79] Auf nähere Ausführungen zur Herleitung, Zweck und Reichweite der unionsrechtskonformen Auslegung wird an dieser Stelle verzichtet und auf die sogleich folgenden Ausführungen zur richtlinienkonformen Auslegung verwiesen.[80] Einer weiterreichenden Differenzierung bedarf es für die Zwecke dieser Arbeit nicht. Sowohl der Anwendungsvorrang als auch das Gebot der unionsrechtskonformen Auslegung setzen die innerstaatliche Geltung der Unionsnorm voraus.[81] Nicht alle Akte der Union weisen aber diese Wirkung auf. Es bedarf einer näheren Erörterung, welche Normen potenziell tauglich sind den Anwendungsvorrang auszulösen und damit einen Vertrauensschaden hervorzurufen.

S. zu den Begründungsansätzen des Vorranges ausführlich *Streinz*, Europarecht, 9. Aufl. 2012, Rn. 204 ff.

75 *Haratsch/König/Pechstein*, Europarecht, 9. Aufl. 2014, Rn. 182.

76 *Haratsch/König/Pechstein*, Europarecht, 9. Aufl. 2014, Rn. 183.

77 EuGH v. 05.10.2004, Rs. C-397/01 bis C-403/01, Slg. 2004, I – 8835, Rn. 114; EuGH v. 23.04.2009, Rs. C-378/07 bis C-380/07, Slg. 2009, I – 3071, Rn. 197 f.; EuGH v. 24.01.2012, Rs. C-282/10, NJW 2012, 509, Rn. 24.

78 EuGH v. 04.02.1988, Rs. 157/86, Slg. 1988, 673, Rn. 11; EuGH v. 24.01.2012, Rs. C-282/10, NJW 2012, 509, Rn. 23.

79 EuGH v. 19.06.2014, Rs. C-501/12 u.a., EuZW 2014, 749, Rn. 89; jüngst bestätigt durch EuGH v. 19.04.2016, Rs. C-441/14, ZIP 2016, 1085, Rn. 35; *Sauer*, Staatsrecht III, 3. Aufl. 2015, § 9 Rn. 34 f.; *Haratsch/König/Pechstein*, Europarecht, 9. Aufl. 2014, Rn. 184, 189 ff.

80 Das Gebot unionsrechtskonformer Auslegung ist auch eine Weiterentwicklung der Pflicht zur richtlinienkonformen Auslegung s. *Obwexer*, in: von der Groeben/Schwarze/Hatje (Hrsg.), Europäisches Unionsrecht, Bd I, 7. Aufl. 2015, Art. 4 EUV Rn. 117.

81 *Haratsch/König/Pechstein*, Europarecht, 9. Aufl. 2014, Rn. 182.

2. Richtlinienkonforme Auslegung

a) *Unterschied zum Anwendungsvorrang*

Zu den grundsätzlich nicht am Anwendungsvorrang teilnehmenden Rechtsakten der Union gehören Richtlinien, die im Grundsatz keine unmittelbare Anwendbarkeit aufweisen, sondern eines Umsetzungsaktes durch den jeweiligen Mitgliedsstaat bedürfen.[82] Im Falle einer Normkollision verdrängt das Richtlinienrecht nicht die nationale Norm. In Ermangelung der Vorrangregel kann es ohne Tätigwerden der mitgliedsstaatlichen Legislative nicht zu einer Unanwendbarkeit des Gesetzes kommen. Eine Pflicht zur Konformauslegung nationalen Rechts besteht aber insbesondere auch bei Richtlinien. Der richtlinienkonformen Auslegung liegt dabei keine Normkollision zugrunde.[83] Konformauslegung ist gerade auch möglich bei Richtlinien, die einer unmittelbaren Anwendbarkeit nicht zugänglich sind, solange ihr Ziel hinreichend deutlich bestimmt ist und sich die Auslegung daran orientieren kann.[84] Diese Pflicht führt ebenfalls, wie der Anwendungsvorrang, zu einer rückwirkenden Anpassung des nationalen Rechts durch die Judikative. Auch die richtlinienkonforme Auslegung kann somit durch die Änderung des Normverständnisses zu einem Vertrauensschaden führen.[85]

b) *Gebot der richtlinienkonformen Auslegung*

Das Gebot der richtlinienkonformen Auslegung[86] findet seine unionsrechtliche Grundlage[87] in der Umsetzungsverpflichtung der Mitgliedsstaaten aus Art. 288 Abs. 3 AEUV in Verbindung mit dem Grundsatz der Unionstreue, Art. 4 Abs. 3 EUV[88]. Der Gerichtshof verpflichtet das nationale Gericht unter Anwendung seiner Auslegungsmethoden

82 Dazu sogleich unter II. näher.

83 *Roth*, Europäisches Recht und nationales Recht, in: Canaris/Heldrich u. a. (Hrsg.), 50 Jahre Bundesgerichtshof, Bd II, 2000, S. 842 (875).

84 Vgl. EuGH v. 10.04.1984, Rs. C-79/83, Slg. 1984, 1921. Rn. 27 f.

85 Dazu unter Teil 1, Kapitel 2, III. sowie Kapitel 3, II. näher. Ein guter Überblick zur Problematik: *Schinkels*, JZ 2011, 394 ff.; *Nettesheim*, WM 2006, 457 ff.

86 S. bzgl. eines Vergleichs zur verfassungskonformen Auslegung etwa: *Franzen*, Privatrechtsangleichung durch die Europäische Gemeinschaft, 1999, S. 323 ff. sowie *Weber*, Grenzen EU-rechtskonformer Auslegung und Rechtsfortbildung, 2010, S. 158 ff.

87 Zur Begründung einer Pflicht zur richtlinienkonformen Auslegung aus dem nationalen Recht mithilfe des Willens des Gesetzgebers: *Höpfner*, Die systemkonforme Auslegung, 2008, S. 254 f.

88 S. etwa *Roth/Jopen*, Die richtlinienkonforme Auslegung, in: Riesenhuber (Hrsg.), Europäische Methodenlehre, 3. Aufl. 2015, § 13 Rn. 3 ff.; *Suhr*, Richtlinienkonforme Auslegung im Privatrecht und nationale Auslegungsmethodik, 2011, S. 47 ff., 220 ff.; *Herresthal*, JuS 2014, 289 (290); *Geismann*, in: von der Groeben/Schwarze/Hatje (Hrsg.), Europäisches Unionsrecht, Bd IV, 7. Aufl. 2015, Art. 288 AEUV Rn. 55; *Franzen*, Privatrechtsangleichung durch die Europäische Gemeinschaft, 1999, S. 294 ff.

alles zu tun, „was in seiner Zuständigkeit liegt, um die volle Wirksamkeit der Richtlinie (...) zu gewährleisten“[89]. Dieses Gebot besteht ab dem Zeitpunkt des Ablaufes der Umsetzungsfrist.[90] Bereits zuvor trifft den Mitgliedsstaat die Pflicht keine Maßnahmen zu ergreifen, welche die Erreichung des mit der Richtlinie verfolgten Zweckes gefährden würden, sodass die Richtlinie eine Vorwirkung entfaltet, Frustrationsverbot.[91] Diese Unabhängigkeit des unionsrechtlichen Gebots der richtlinienkonformen Auslegung vom Umsetzungsakt der Mitgliedsstaaten[92] führt dazu, dass auch eine fehlerhafte oder nicht umgesetzte Richtlinie die Auslegung des nationalen Rechts im Sinne der Richtlinie fordert. Daher müssen ab dem Zeitpunkt des Ablaufes der Umsetzungsfrist nationale, der Richtlinie entgegenstehende Normen, im Sinne der Richtlinie ausgelegt werden und können dadurch einen Bedeutungswandel erfahren.

Die richtlinienkonforme Auslegung wurde im Laufe der Jahre sowohl von der europäischen Rechtsprechung als auch von der nationalen Gerichtsbarkeit geprägt.[93] Der Europäische Gerichtshof konstatiert eine Verpflichtung der nationalen Gerichte zur richtlinienkonformen Auslegung des innerstaatlichen Rechts. Dabei haben die Gerichte die nationale Rechtsordnung „im Lichte des Wortlauts und des Zwecks der Richtlinie auszulegen“[94]. Diese Pflicht baute er weiter aus zu einer Auslegung, die „so weit wie möglich am Wortlaut und Zweck der Richtlinie aus(zu)richten“ sei, um das mit der Richtlinie verfolgte Ziel zu erreichen.[95] Teils wird sogar ein Wandel des Bedeutungsgehalts in Form einer „fiktiven Normkollision zum Zwecke der Auslegung“[96] durch den EuGH gesehen, indem der Hinweis an die nationalen

89 EuGH v. 09.03.2004, Rs. C-397/01 bis C-403/01, Slg. 2004, I – 8835, Rn. 118. S. bzgl. drei Phasen der Entwicklung des Gebots richtlinienkonformer Auslegung: *Franzen*, Privatrechtsangleichung durch die Europäische Gemeinschaft, 1999, S. 292 ff.

90 EuGH v. 04.07.2006, Rs. C-212/04, Slg. 2006, I – 06057, Rn. 113 ff., insbes. 115; dazu *Roth/Jopen*, Die richtlinienkonforme Auslegung, in: Riesenhuber (Hrsg.), Europäische Methodenlehre, 3. Aufl. 2015, § 13 Rn. 11; *Auer*, NJW 2007, 1106 (1108 f.).

91 EuGH v. 18.12.1997, Rs. C-129/96, Slg. 1997, I – 7411, Rn. 43 ff., insbes. 45; EuGH v. 22.11.2005, Rs. C-144/04, Slg. 2005, I – 9981, Rn. 67 sowie *Auer*, NJW 2007, 1106 (1109) zur Möglichkeit die Richtlinie vor Ablauf der Umsetzungsfrist als „Abwägungsgesichtspunkt“ bei der Auslegung zu berücksichtigen.

92 EuGH v. 13.11.1990, Rs. C-106/89, Slg. 1990, I – 4135, Rn. 8.

93 EuGH v. 10.04.1984, Rs. 14/83, Slg. 1984, 1891, Rn. 26. Ein Überblick über die frühe nationale Rechtsprechung findet sich etwa bei *Brechmann*, Die richtlinienkonforme Auslegung, 1996, S. 77 ff.

94 EuGH v. 10.04.1984, Rs. 14/83, Slg. 1984, 1891, Rn. 26.

95 St. Rsp. EuGH v. 13.11.1990, Rs. C-106/89, Slg. 1990, I – 4135, Rn. 8; EuGH v. 27.06.2000, Rs. C-240/98 bis C-244/98, Slg. 2000, I – 4941, Rn. 30; EuGH v. 15.05.2003, Rs. C-160/01, Slg. 2003, I – 4791, Rn. 36; EuGH v. 05.10.2004, Rs. C-397/01 bis C-403/01, Slg. 2004, I – 8835, Rn. 113; EuGH v. 16.07.2009, Rs. C-12/08, Slg. 2009, I – 6653, Rn. 60; EuGH v. 24.01.2012, Rs. C-282/10, NJW 2012, 509, Rn. 24; EuGH v. 15.01.2014, Rs. C-176/12, DÖV 2014, 306, Rn. 38.

96 S. dazu *Mörsdorf*, NJW 2009, 219 (224 f. mit Zitat auf 225) sowie kritisch dazu: *Baldauf*, Richtlinienverstoß und Verschiebung der Contra-legem-Grenze im

Gerichte erging, dass eine richtlinienkonforme Auslegung die Möglichkeit zur Auflösung von Normkonflikten zwischen Unionsrecht und mitgliedsstaatlichem Recht biete.[97] Ob dieser Entscheidung ein solches Verständnis beigemessen werden kann, darf bezweifelt werden. Semantisch scheint sich die fragliche Passage[98] wohl eher auf die Verpflichtung zur Ausschöpfung der gesamten nationalen Methodenlehre zu beziehen und damit auf eine Gleichbehandlung von nationalem Recht mit Unionsrecht. Aber dennoch hat die richtlinienkonforme Auslegung weite Kreise gezogen (s. bzgl. Beispielen Teil 1, Kapitel 2, IV. sowie Teil 1, Kapitel 3, II.).

Diese richtlinienkonforme Auslegung lässt sich allerdings nicht als eigenständige Methode begreifen, sondern stellt eine Modifikation des klassischen Auslegungskanons dar.[99] Der richtlinienkonformen Auslegung kommt aber im Vergleich zu den herkömmlichen Auslegungsmethoden eine übergeordnete Rolle zu. Es wird teils sogar von einem Auslegungsvorrang der Richtlinien gesprochen.[100] Ob sich dieser bereits in den einzelnen Auslegungsmethoden auswirkt, oder als weiterer Grundsatz von höherem Rang über den klassischen Auslegungsmethoden anordnet, kann hier nicht näher dargestellt werden.[101] Der EuGH verlangt stets nur eine vorrangige Berücksichtigung innerhalb nationaler Methodenlehre (dazu unter Teil 1, Kapitel 3, II., 2.). Eine richtlinienkonforme Auslegung setzt dabei die Auslegungsoffenheit der Norm voraus. Unter mehreren Auslegungsmöglichkeiten ist diejenige in Konformität mit dem Unionsrecht zu wählen.[102]

Die Bedeutung der richtlinienkonformen Auslegung und ihre Besonderheit bestehen darin, dass es sich nicht um eine klassische Vorrangregelung handelt. Durch

---

Privatrechtsverhältnis, 2013, S. 97 f. Zur Annäherung der richtlinienkonformen Auslegung an die unionsrechtskonforme Auslegung s. *Roth/Jopen*, Die richtlinienkonforme Auslegung, in: Riesenhuber (Hrsg.), Europäische Methodenlehre, 3. Aufl. 2015, § 13 Rn. 9.

97 *Mörsdorf*, NJW 2009, 219 (224 f.) unter Hinweis auf EuGH v. 05.10.2004, Rs. C-397/01 bis C-403/01, Slg. 2004, I – 8835, Rn. 115 f.

98 EuGH v. 05.10.2004, Rs. C-397/01 bis C-403/01, Slg. 2004, I – 8835, Rn. 116.

99 Dazu *Franzen*, Privatrechtsangleichung durch die Europäische Gemeinschaft, 1999, S. 338 ff. so auch *Lorenz*, in: Rixecker/Säcker (Hrsg.), Münchener Kommentar zum Bürgerlichen Gesetzbuch, Bd 3, 6. Aufl. 2012, Vorb. § 474 Rn. 3.

100 *Mörsdorf*, NJW 2009, 219 (226) ebenfalls einen Vorrang annehmend: *Herresthal*, JuS 2014, 289 (289, 291) mit ausführlichen Ausführungen sowie *Canaris*, Die richtlinienkonforme Auslegung und Rechtsfortbildung im System der juristischen Methodenlehre, in: Koziol/Rummel (Hrsg.), Festschrift für Franz Bydlinski, 2002, S. 519, 537 ff.; *Roth/Jopen*, Die richtlinienkonforme Auslegung, in: Riesenhuber (Hrsg.), Europäische Methodenlehre, 3. Aufl. 2015, § 13 Rn. 26 sowie 42 ff.; dazu auch *Schünbrand*, JZ 2007, 910 (911) zur rechtlichen Zulässigkeit der Verschiebung der contra-legem Grenze durch einige Ansätze.

101 Dazu *Mörsdorf*, NJW 2009, 219 (226 f.) m.w.N. sowie mit umfassender Analyse der Literatur: *Baldauf*, Richtlinienverstoß und Verschiebung der Contra-legem-Grenze im Privatrechtsverhältnis, 2013, S. 106 ff.

102 *Brechmann*, Die richtlinienkonforme Auslegung, 1996, S. 125 f.

die Konformauslegung bleibt der nationale Norminhalt faktisch angewendet und das Unionsrecht setzt sich dennoch durch, obwohl es selber nicht unmittelbar anwendbar ist und es an einer nationalen Umsetzungsregelung fehlt. Durch die Konformauslegung nutzt das Unionsrecht den nationalen Regelungsapparat als Sprungbrett und gelangt zu seiner vollen Wirksamkeit.[103]

Die richtlinienkonforme Auslegung dient damit nicht nur der Vermeidung von richtlinienwidrigen Zuständen, sondern auch der Umsetzung einer Richtlinie in das nationale Recht ohne expliziten Umsetzungsakt – auch wenn dies durch den Gedanken des Individualrechtsschutzes getragen sein mag und durch das Transparenzgebot (dazu unter Teil 1, Kapitel 3, II., 2., c), cc) sowie Teil 2, Kapitel 6, II., 2., f), bb)) beschränkt wird.

II. Unmittelbare Anwendbarkeit als Auslöser einer rückwirkenden Gesetzesanpassung

Nachdem ein Einblick in die zentralen Mechanismen der Durchsetzung des Unionsrechts gewährt wurde, sollen nun die Fallkonstellationen näher beschrieben werden, in denen diese Institute ihre Wirkung entfalten können. Die rückwirkende Nichtanwendung des Gesetzes kann nur bei unmittelbar anwendbaren Rechtsakten der Union eintreten, nur dann greift der Anwendungsvorrang.

1. Grundsatz der unmittelbaren Anwendbarkeit

Zum unmittelbar anwendbaren Unionsrecht zählt das gesamte Primärrecht[104] sowie, gemäß Art. 288 Abs. 1 AEUV, Verordnungen als Sekundärrechtsakte, sofern sie hinreichend bestimmt und unbedingt sind.[105] Neben diesen vertraglich normierten Fällen hat der EuGH durch richterliche Rechtsfortbildung weitere Fallgruppen im Zusammenhang mit Richtlinienrecht kreiert, die nun teils unmittelbar gelten und unmittelbar anwendbar sind. Das Dogma der fehlenden unmittelbaren Richtlinienanwendung wurde von der Rechtsprechung damit aufgeweicht und in einigen Fällen eine faktische unmittelbare Richtlinienwirkung erzeugt, oder sogar eine unmittelbare Geltung und Anwendbarkeit der Richtlinie postuliert. Zum einen können Richtlinien unter bestimmten Umständen unmittelbar gelten und anwendbar sein, oder zumindest im Falle der Normkollision zu einer Verdrängung des nationalen

---

103 *Borchardt*, Auslegung, Rechtsfortbildung und Rechtsschöpfung, in: Schulze/Zuleeg/Kadelbach, (Hrsg.), Europarecht, 3. Aufl. 2015, § 15 Rn. 67; s. dazu auch *Nettesheim*, in: Grabitz/Hilf/Nettesheim (Hrsg.), EUV/AEUV, Bd III, 57. EGL 2015, Art. 288 AEUV Rn. 133 ff.

104 *Nettesheim*, in: Grabitz/Hilf/Nettesheim (Hrsg.), EUV/AEUV, Bd I, 57. EGL 2015, Art. 1 AEUV Rn. 67.

105 *Geismann*, in: von der Groeben/Schwarze/Hatje (Hrsg.), Europäisches Unionsrecht, Bd IV, 7. Aufl. 2015, Art. 288 AEUV Rn. 35.

Rechts führen und zum anderen gelangt der Richtlinieninhalt, vermittelt über seinen primärrechtlichen Gehalt, zur Anwendbarkeit.[106]

2. Unmittelbare Anwendbarkeit im Zusammenhang mit Richtlinien

Die folgende Passage stellt dar, in welchen Fällen der Europäische Gerichtshof bei Richtlinien eine Direktwirkung anerkennt und ihnen damit unmittelbare Geltung und Anwendung zuteilwerden lässt und so eine Nichtanwendung richtlinienwidriger Gesetze statuiert und das Tor zum Eintritt eines Vertrauensschadens im Zusammenhang mit fehlerhafter Richtlinienumsetzung weit öffnet.

a) Direktwirkung

aa) Dogmatische Herleitung

Richtlinien sind von ihrer Natur nach eine Regelungsform, die der Umsetzung durch die Mitgliedsstaaten bedarf.[107] Ihr Geltungsanspruch tritt zwar mit Ablauf der Umsetzungsfrist ein, aber die unmittelbare Geltung des Inhalts hängt grundsätzlich vom Umsetzungsakt ab.[108] Diese Abhängigkeit vom Verhalten der Mitgliedsstaaten kann sich als problematisch erweisen, wenn diese ihrer Verpflichtung zur Umsetzung nicht nachkommen. Der EuGH hat für solche Fälle eine unmittelbare Wirkung der Richtlinien zwischen dem Bürger und dem Staat statuiert, sodass sich derjenige, welchem die Richtlinie ein Recht einräumen will, gegenüber dem Staat auf die Richtlinie berufen kann, wenn die Umsetzungsfrist abgelaufen ist und der Richtlinieninhalt hinreichend bestimmt und unbedingt ist.[109] Aus Art. 288 Abs. 2 AEUV, der nur Verordnungen erfasst, könne nicht geschlossen werden, dass eine unmittelbare Wirkung von Richtlinien unzulässig wäre.[110] Zur Begründung verweist der Gerichtshof auf die Notwendigkeit zur Sicherung der

---

106 S. zur Bedeutung der unmittelbaren Anwendbarkeit etwa: *v. Danwitz*, JZ 2007, 697 (699).

107 S. zur Frage der unmittelbaren Wirkung von Richtlinien umfassend: *Herrmann*, Richtlinienumsetzung durch die Rechtsprechung, 2003, S. 31 ff.

108 S. zur Rechtsform der Richtlinie etwa *v. Danwitz*, JZ 2007, 697 (698 f.).

109 EuGH v. 04.12.1974, Rs. 41/74, Slg. 1974, 1337, Rn. 12; EuGH v. 05.04.1979, Rs. 148/78, Slg. 1979, 1629, Rn. 18 ff.; EuGH v. 10.09.2002, Rs. C-141/00, Slg. 2002, I – 6833, Rn. 51. Zur Frage, ob die unmittelbare Wirkung einer Richtlinienbestimmung die Existenz eines subjektiven Rechts voraussetzt s. *Ruffert*, in: Calliess/Ruffert (Hrsg.), EUV/AEUV, 4. Aufl. 2011, Art. 288 AEUV Rn. 66 ff., der EuGH und die Literatur haben hier einen Wandel erfahren und sehen mittlerweile kein Erfordernis mehr für einen Individualrechtsbezug – allenfalls faktisch ist dies erforderlich, damit sich vor den nationalen Gerichten auf die Regelung berufen werden kann.

110 EuGH v. 06.10.1970, Rs. 9/70, Slg. 1970, 825, Rn. 5; EuGH v. 19.01.1982, Rs. 8/81, Slg. 1982, 53, Rn. 21.

vollen Wirksamkeit des Unionsrechts[111] sowie auf den Rechtsgedanken venire contra factum proprium, der Mitgliedsstaat solle nicht rechtsmissbräuchlich Vorteile aus seiner säumigen Umsetzung ziehen.[112] Zudem sei die Verpflichtung für die Mitgliedsstaaten verbindlich und ein derartiger Verstoß sanktionswürdig.[113] Diese unmittelbare Anwendbarkeit von Richtlinien – wie sie im Schriftum oftmals bezeichnet wird – stellt eine Kombination von innerstaatlicher Geltung, die durch den Ablauf der Umsetzungsfrist erreicht wird und unmittelbarer Anwendbarkeit, die bei hinreichend bestimmter und unbedingter Normfassung besteht, dar. Dogmatisch sinnvoller wäre es folglich von einer Direktwirkung zu sprechen, da auch eine innerstaatliche Geltung erzeugt wird.[114]

bb) Beschränkungen

Eine unmittelbare Richtlinienwirkung wird jedoch vom EuGH nicht in allen Fallkonstellationen ermöglicht. Eine vertikale Wirkung, eine Berufung des Staates auf den Richtlinieninhalt gegenüber dem Bürger, lehnt der EuGH konsequenterweise in ständiger Rechtsprechung grundsätzlich[115] ab, da Richtlinien im Gegensatz zu Verordnungen nicht unmittelbar an den Unionsbürger Verpflichtungen richten können.[116] Der Gerichtshof verwehrt ebenfalls in ständiger Rechtsprechung eine unmittelbare Wirkung zwischen Privaten ohne Umsetzungsakt. Eine horizontale Direktwirkung könne Richtlinien auch nicht nach Ablauf der Umsetzungsfrist zukommen.[117] Eine derartige Wirkung sei nicht mit dem Grundsatz der Rechtssicherheit vereinbar.[118]

---

111 EuGH v. 04.12.1974, Rs. 41/74, Slg. 1974, 1337, Rn. 12; EuGH v. 06.04.1979, Rs. 148/78; Slg. 1979, 1629, Rn. 21; EuGH v. 19.01.1982, Rs. 8/81, Slg. 1982, 53. Rn. 23.

112 EuGH v. 05.04.1979, Rs. 148/78, Slg. 1979, 1629, Rn. 22 f.; EuGH v. 19.01.1982, Rs. 8/81, Slg. 1982, 53, Rn. 24; EuGH v. 14.07.1994, Rs. C-91/92, Slg. 1994, I – 3325, Rn. 23.

113 EuGH v. 19.01.1982, Rs. 8/81, Slg. 1982, 53, Rn. 22–24; EuGH v. 07.03.1996, Rs. C-192/94, Slg. 1996, I – 1281, Rn. 16.

114 *Sauer*, Staatsrecht III, 3. Aufl. 2015, § 9 Rn. 20 f.

115 Zu den Ausnahmen s. *Jarass/Beljin*, EuR 2004, 714 (725 ff.).

116 Der säumige Mitgliedsstaat würde nur „belohnt", wenn er sich ohne Umsetzungsakt auf die Vorteile der Richtlinie berufen könnte: EuGH v. 26.02.1986, Rs. 152/84, Slg. 1986, 723, Rn. 48; EuGH v. 08.10.1987, Rs. 80/86, Slg. 1987, 3969, Rn. 10; EuGH v. 14.07.1994, Rs. C-91/92, Slg. 1994, I – 3325, Rn. 20; EuGH v. 05.10.2004, Rs. C-397/01 bis C-403/01, Slg. 2004, I – 8835, Rn. 108; EuGH v. 07.06.2007, Rs. C 80/06, Slg. 2007, I – 4473, Rn. 20. Im älteren Schrifttum wird zum Teil eine unmittelbare Anwendbarkeit von Richtlinien befürwortet s. bzgl. Nachweise *Mörsdorf*, EuR 2009, 219 (219 Fn. 10).

117 S. nur EuGH v. 26.02.1986, Rs. 152/84, Slg. 1986, 723, Rn. 48l; EuGH v. 05.10.2004, Rs. C-397/01 u. a., Slg. 2004, I – 8835, Rn. 108 f.; kritisch *Schroeder*, in: Streinz (Hrsg.), EUV/AEUV, 2. Aufl. 2012, Art. 288 AEUV Rn. 116 f.

118 EuGH v. 07.01.2004, Rs. C-201/02, Slg. 2004, I – 723, Rn. 56.

Dieses Dogma beginnt aber zu bröckeln; nicht nur durch die Konstruktion der primärrechtskonkretisierenden Richtlinie, oder dem Grundsatz der richtlinienkonformen Auslegung, welche beide faktisch einer horizontalen Drittwirkung gleichkommen[119] (dazu sogleich), sondern auch durch Anerkennung einer „echten" unmittelbaren Wirkung. In der Rechtssache *Security International*[120] sowie *Unilever Italia*[121] machte der Gerichtshof eine Ausnahme vom grundsätzlichen Verbot der unmittelbaren Drittwirkung. Er begründete dies mit dem besonderen Regelungsgehalt der streitigen Richtlinienbestimmungen, welcher sich nur auf Verfahrensvorschriften beschränkte und keine Angleichung der nationalen Standards zum Ziel hatte. Die Begründung von Rechten oder Pflichten für Private sei daher ausgeschlossen.[122] Der EuGH erteilt damit im Ergebnis einer unmittelbaren Benachteiligung Privater, eine Absage, insbesondere wenn die Auferlegung von Handlungspflichten im Raum steht. Demgegenüber sind mittelbare, reflexartig benachteiligende Folgen von Privaten zu dulden.[123]

Insgesamt wird vom EuGH somit eine Direktwirkung von Richtlinien nicht in sämtlichen Konstellationen ausgeschlossen[124], aber zumindest in der haftungsrechtlich sehr relevanten Fallgestaltung einer privatrechtsausgestaltenden Richtlinie. Daher ist diese Form der vom Gerichtshof entwickelten unmittelbaren Geltung und Anwendbarkeit von Richtlinien für diese Arbeit von nur mäßigem Interesse. Der Fokus wird im Zusammenhang mit Richtlinien auf dem Institut der richtlinienkonformen Auslegung liegen.

b) Genuine Anwendbarkeit

aa) Extension der Richtlinienwirkung

Teilweise wird auch eine genuine Anwendbarkeit von Richtlinien gefordert.[125] In diesem Zusammenhang hat sich die Unterscheidung in negative und positive unmittelbare Wirkung etabliert.[126]

---

119 Bzgl. der richtlinienkonformen Auslegung *Mörsdorf*, EuR 2009, 219 (219, 222 ff.); *Dendrinos*, Rechtsprobleme der Direktwirkung der EWG-Richtlinien, 1989, S. 200, 290. Bzgl. der primärrechtskonkretisierenden Richtlinien *Mörsdorf*, EuR 2009, 219 (235 f.); *Böhm*, JZ 2008, 324 (328); *Mörsdorf*, NJW 2010, 1046 (1048).

120 EuGH v. 30.04.1996, Rs. C-194/94, Slg. 1996, I – 2201, Rn. 42 ff.

121 EuGH v. 26.09.2000, Rs. C-443/98, Slg. 2000, I – 7535, Rn. 31 ff.

122 EuGH v. 26.09.2000, Rs. C-443/98, Slg. 2000, I – 7535, Rn. 50 f.

123 EuGH v. 07.01.2004, Rs. C-201/02, Slg. 2004, I – 723, Rn. 56 f. Zu den beiden Spielarten der horizontalen Direktwirkung *Haratsch/König/Pechstein*, Europarecht, 9. Aufl. 2014, Rn. 396. Zur Frage der Wirkung von Richtlinien: *Jarass/Beljin*, EuR 2004, 714 (716, 719 ff.).

124 S. umfassend zu der Problematik *Jarass/Beljin*, EuR 2004, 714 ff.

125 S. bzgl. der teilweise vertretenen generellen negativen horizontalen Wirkung *Jarass/Beljin*, EuR 2004, 714 (724 ff.); *Herrmann*, Richtlinienumsetzung durch die Rechtsprechung, 2003, S. 78 ff.; s. dazu auch *Steindorff*, EG-Richtlinien und Illusionen, in: Due (Hrsg.), Festschrift für Ulrich Everling, Bd II, 1995, S. 1455 (1460 f.).

126 *Herrmann*, Richtlinienumsetzung durch die Rechtsprechung, 2003, S 33 f.

Positive oder echte Wirkung umschreibt die den mitgliedsstaatlichen Umsetzungsakt ersetzende Anwendung der Richtlinie als Rechtsgrundlage auch im Privatrechtsverhältnis. Das geltend gemachte Recht wird unmittelbar aus der Richtlinie abgeleitet. Diese Wirkung wird vom EuGH im Horizontalverhältnis grundsätzlich abgelehnt (s. unter a)).

Daneben tritt die Forderung nach einer negativen oder unechten Wirkung.[127] Diese soll zwar keine Berufung auf die Richtlinienrechte ermöglichen, aber im Falle der Kollision mit dem nationalen Recht zu einer Unanwendbarkeit desselbigen führen.[128] Im Schrifttum sowie von einigen Generalanwälten wird diese negative Wirkung grundsätzlich Richtlinien zugesprochen.[129] Die Pflicht zur Außerachtlassung der nationalen Rechtsvorschrift kann sich mangels Normenkollision nicht aus dem Anwendungsvorrang, sondern allenfalls aus dem Grundsatz der Unionstreue, Art. 4 Abs. 3 EUV, ergeben. Befürworter sehen den entscheidenden Unterschied zwischen unzulässiger positiver und zulässiger negativer horizontaler Direktwirkung im Bezug zum nationalen Recht. Bei mittelbarer Direktwirkung ergebe sich die Rechtsfolge nicht aus der Richtlinie, sondern sei lediglich Folge des nationalen Rechts. Damit können keine weiterreichenden Rechtsregelungen erzeugt werden als nach nationalem Recht schon bestehen.[130]

Beide horizontalen Wirkungsarten führen im Ergebnis zu einer Belastung des anderen Privatrechtssubjektes und unterscheiden sich daher keinesfalls grundlegend.[131] Es handelt sich zudem um eine zu formalistische Betrachtungsweise, dass sich die Rechtsfolge aus dem nationalen Recht ergebe. Die Rechtsfolge beruht wohl meist auf der Richtlinienwertung.[132] Findet etwa eine nationale Norm, die einen

127 Mittelbare Direktwirkung und negative Drittwirkung scheinen das gleiche Phänomen zu umschreiben vgl. *Haratsch/König/Pechstein*, Europarecht, 9. Aufl. 2014, Rn. 395; *Sauer*, Staatsrecht III, 3. Aufl. 2015, § 9 Rn. 22.

128 Zu den beiden Spielarten der horizontalen Direktwirkung *Haratsch/König/Pechstein*, Europarecht, 9. Aufl. 2014, Rn. 394; *Jarass/Beljin*, EuR 2004, 714 (717 f.).

129 Eine negative horizontale Wirkung annehmend: *Steindorff*, EG-Richtlinien und Illusionen, in: Due (Hrsg.), Festschrift für Ulrich Everling, Bd. II, 1995, S. 1455 (1460); *Reich*, EuZW 2006, 20 (21); *GA Colomer*, Schlussanträge v. 27.04.2004, Rs. C-397/01 bis C-403/01, Slg. 2004, I – 8835, Rn. 58; *GA Kokott*, Schlussanträge v. 14.10.2004, Rs. C-387/02 u. a., Slg. 2005, I – 3568, Rn. 138; *GA Bot*, Schlussanträge v. 07.07.2009, Rs. C-555/07, Slg. 2010, I – 365, Rn. 70. Zur Problematik: *Herrmann*, EuZW 2006, 69 (69 f.); *Reich/Rörig*, EuZW 2002, 87 (88); *Schinkels*, JZ 2011, 394 (397); *Herrmann*, Richtlinienumsetzung durch die Rechtsprechung, 2003, S. 78 ff.; *Rörig*, Die Direktwirkung von Richtlinien in Privatrechtsverhältnissen, 2001, S. 56 ff.

130 *Sauer*, Staatsrecht III, 3. Aufl. 2015, § 9 Rn. 22.

131 *Sauer*, Staatsrecht III, 3. Aufl. 2015, § 9 Rn. 22; *Haratsch/König/Pechstein*, Europarecht, 9. Aufl. 2014, Rn. 395; s. auch *v. Danwwitz*, JZ 2007, 697 (703).

132 *Sauer*, Staatsrecht III, 3. Aufl. 2015, § 9 Rn. 22. Für eine formalere Betrachtung offenbar *Haratsch/König/Pechstein*, Europarecht, 9. Aufl. 2014, Rn. 395, der in einem solchen Fall wohl eine Konstellation der mittelbaren Direktwirkung annimmt, aber diese als Rechtsfigur ablehnt.

Anspruch gewährt, keine Anwendung und besteht damit kein privatrechtlicher Anspruch einer Partei, darf nicht verkannt werden, dass diese Freihaltung vom Anspruch direkt aus der Richtlinie resultiert.[133]

Die Zahl der Fälle, in denen überhaupt eine negative horizontale Wirkung stattfinden kann, weist eine steigende Tendenz auf, da sich ein Trend zu immer detaillierteren Richtlinienbestimmungen der Union abzeichnet.[134] Die Figur der negativen Wirkung von Richtlinien wird stets virulent, wenn das nationale Recht keiner richtlinienkonformen Auslegung zugänglich ist und damit keine Möglichkeit besteht, dem Richtlinienrecht ohne Mitwirkung des Mitgliedsstaates zu seiner vollen Wirksamkeit zu verhelfen.

Der EuGH lehnt jedoch diese Direktwirkung konsequenterweise ab, da sie zu einer grundlegenden Vermischung der Handlungsformen Richtlinie und Verordnung führen würde.[135] Bei einer Rechtsetzung durch Richtlinien darf der Bürger berechtigt darauf vertrauen, dass erst der mitgliedsstaatliche Umsetzungsakt belastende Folgen für ihn entfalten kann.[136]

bb) Relevanz in der nationalen Rechtsprechung

Allerdings sind zwei Entscheidungen nationaler Höchstgerichte ergangen, die scheinbar von einer negativen Direktwirkung der Richtlinie ausgehen und die entgegenstehende nationale Norm aufgrund einer Kollision mit einer Richtlinie unberücksichtigt gelassen haben.

Zum einen sei auf die Entscheidung des Bundesfinanzhofes aus dem Jahre 2015 hingewiesen.[137] Streitgegenständlich war die Versagung von Ausfuhrerstattung wegen eines Verstoßes gegen tierschutzrechtliche Vorschriften beim Eisenbahntransport von lebenden Rindern. Die maximal zulässige Transportzeit, welche durch eine Richtlinie geregelt ist, wurde überschritten. Dies stellt einen Verstoß gegen die Richtlinie dar, der auch vom EuGH im Wege eines Vorabentscheidungsverfahren festgestellt wurde. Der Verstoß beruhte allerdings auf der fehlerhaften Umsetzung der Tierschutztransportverordnung (TierSchTrV) in das nationale Recht. Gemäß dem damaligen § 24 Abs. 5 dieser Vorschrift waren für die Berechnung der Transportdauer explizit keine Schienentransportzeiten zu berücksichtigen. Eine richt-

133 *Sauer*, Staatsrecht III, 3. Aufl. 2015, § 9 Rn. 36.

134 *v. Danwitz*, JZ 2007, 697 (697).

135 EuGH v. 26.09.1996, Rs. C-168/95, Slg. 1996, I – 4705, Rn. 43 u. 39 f.; EuGH v. 05.10.2004, Rs, C-397/01 u.a., Slg. 2004, I – 8835, Rn. 108. Das BVerfG spricht in der Rechtssache *Honeywell* von einer Anerkennung einer negativen Wirkung von Richtlinien BVerfGE 126, 286 (311 f.). Ob eine generelle negative Direktwirkung anerkannt wurde, mag jedoch bezweifelt werden, ebenso zweifelnd: *Baldauf*, Richtlinienverstoß und Verschiebung der Contra-legem-Grenze im Privatrechtsverhältnis, 2013, S. 199 f.

136 *Ruffert*, in: Calliess/Ruffert (Hrsg.), EUV/AEUV, 4. Auf. 2011, Art. 288 AEUV Rn. 64 m.w.N.

137 BFH v. 13.05.2015, VII R 63/13.

linienkonforme Auslegung war aufgrund des klaren Wortlautes nicht möglich. Das Gericht entschied sich, zur Durchsetzung der unionalen Wertung, die nationale Norm unangewendet zu lassen. Ob dies dogmatisch auf einer Rechtsfortbildung im Sinne einer teleologischen Reduktion beruhte, oder ob sich des Institutes der negativen Richtlinienwirkung bedient wurde, blieb offen. Das Gericht betonte nur die unionsrechtliche Notwendigkeit und lehnte Vertrauensschutz ab.[138]

Methodisch erscheint dies höchst fragwürdig, da zum einen eine teleologische Reduktion auf Null im Wege der richterlichen Rechtsfortbildung im Widerstreit zum Gewaltenteilungsprinzip steht (dazu unter Teil 1, Kapitel 3, II., 2., b), bb), (1), (d)) und zum anderen eine Teilnahme der Richtlinie am Anwendungsvorrang grundsätzlich ausscheidet und der EuGH eine unmittelbare Richtlinienwirkung im vertikalen Verhältnis ablehnt. Es bleibt abzuwarten, welche Reaktionen diese Entscheidung hervorrufen wird.

Zum anderen lässt auch der BGH eine nationale Norm, die im Widerstreit zu einer nicht unmittelbar anwendbaren fehlerhaft umgesetzten Richtlinie steht, unangewendet.[139] Der EuGH hatte im Vorabentscheidungsverfahren festgestellt, dass die bisherige Auslegung der Zivilgerichte zum Preisweitergaberecht von Stromversorgern gegen eine Richtlinie verstößt. Der BGH lehnt eine richtlinienkonforme Auslegung des nationalen Rechts ab, da diese gegen den erkennbaren Willen des Gesetzgebers verstoße,[140] und lässt die Norm als Folge unangewendet. Die sich ergebende Regelungslücke schließt der Senat im Wege der ergänzenden Vertragsauslegung und kommt damit zu einer Beibehaltung des bisherigen Preisweitergaberechts ohne Beachtung der unionalen Transparenzanforderungen.[141]

Dieser Weg des Senats muss im Zusammenhang mit der vorausgehenden Entscheidung des EuGH betrachtet werden. Der EuGH hatte in dem Verfahren eine ex-tunc Wirkung seiner Auslegung angeordnet.[142] Der BGH erkannte diese Rückreichung im Grundsatz an[143], entschied sich jedoch für diese „Umgehungskonstruktion“ durch Kombination einer negativen Direktwirkung mit einer ergänzenden Vertragsauslegung. Damit gewährte der Senat auf primärer Ebene Vertrauensschutz für die Unternehmen.[144] Dies hat zur Konsequenz, dass die Richtlinie nicht mittels richterlicher Auslegung in das nationale Recht integriert wurde und der Vertragsverstoß sich manifestiert. Der Gesetzgeber muss nun nachbes-

138 BFH v. 13.05.2015, VII R 63/13, Rn. 17 f. allerdings unter Hinweis auf eine Aussage des EuGH, die er im Zusammenhang mit exekutivischen Maßnahmen getroffen hatte.

139 BGH ZIP 2015, 2226 ff.

140 BGH ZIP 2015, 2226 (2229).

141 BGH ZIP 2015, 2226 (2232 f.).

142 EuGH v. 23.10.2014, Rs. C-359/11 u. C-400/11, NJW 2015, 849, Rn. 47.

143 BGH ZIP 2015, 2226 (2229).

144 Wie der BGH hier so auch der Vorschlag von *Tillmanns*, Zum Vertrauensschutz im Arbeitsvertragsrecht, in: Bauer/Kort/Möllers/Sandmann (Hrsg.), Festschrift für Herbert Buchner zum 70 Geburtstag, 2009, S. 885 (895 f.).

sern und der Staat sieht sich einer möglichen Haftung nach den Grundsätzen der *Francovich*-Rechtsprechung ausgesetzt. Der BGH hat daher entgegen dem BFH die Figur der negativen Direktwirkung nicht genutzt, um die unionalen Wertungen in das nationale Recht zu überführen, sondern um die nationalen Regelungsgehalte weiter beizubehalten. Es ist zu bezweifeln, ob es dieser Konstruktion überhaupt bedurft hätte, oder ob nicht bereits die Ablehnung einer Möglichkeit zur Konformauslegung nach nationaler Methodenlehre die Fortgeltung des unionsrechtswidrigen Gesetzes zur Konsequenz gehabt hätte (dazu unter Teil 1, Kapitel 3, II., 2., b), bb), (2), (e) ebenso zur Frage der unionsrechtlichen Zulässigkeit einer solchen Vorgehensweise).

Konsequenzen aus dieser neuen Rechtsprechung der nationalen Höchstgerichte, die keinesfalls als dogmatisch fundiert und gesichert gelten kann, sollen für die Untersuchung noch nicht gezogen werden. Für die Arbeit ist vorrangig die Rechtsprechung des EuGH maßgebend, um die zwingenden Vorgaben des Unionsrechts zu markieren. Dieser lehnt grundsätzlich eine negative Direktwirkung von Richtlinien ab, und es kommt nur in wenigen anerkannten Ausnahmefällen zu einer unmittelbaren Direktwirkung.

c) Primärrechtskonkretisierende Richtlinien

aa) Die Kreation der Rechtsfigur

Neben der begrenzten genuinen Anwendbarkeit einer Richtlinie hat der EuGH die Figur der primärrechtskonkretisierenden Richtlinie geschaffen. Diese führt zwar nicht zu einer unmittelbaren Geltung und Anwendbarkeit der Richtlinie als solche, aber zu einem Effekt, welcher der horizontalen negativen Direktwirkung gleichkommt.[145]

Diese faktische unmittelbare negative Wirkung wird durch die Aufladung der Richtlinie mit einem primärrechtlichen Grundsatz erreicht. Der Primärrechtsgrundsatz nimmt grundsätzlich uneingeschränkt am Anwendungsvorrang des Unionsrechts teil und nimmt die Richtlinie „Huckepack" mit über die Hürde der unmittelbaren Geltung und Anwendbarkeit. Dadurch, dass die Richtlinie einen primärrechtlichen Grundsatz konkretisiert, wirkt ihr Inhalt, vermittelt über den Rechtsgrundsatz, unmittelbar. Es handelt sich damit dogmatisch um einen Fall der unmittelbaren Geltung und Anwendbarkeit von Primärrecht. Der faktische Anwendungsvorrang der Richtlinie kann rückwirkend nationales Recht zur Unanwendbarkeit verdammen.[146] Dies erstaunt, da der EuGH wie bereits dargelegt (s. oben unter a)), sich vehement gegen eine horizontale Drittwirkung von Richtlinien

---

145 Kritisch dazu *Reich*, EuZW 2006, 20 ff., es sei eine Kombination aus Vorwirkung und Direktwirkung von Richtlinien im horizontalen Bereich.

146 S. dazu *Schinkels*, JZ 2011, 394 (397); *Mörsdorf*, NJW 2010, 1046 (1048); *Mörsdorf*, EuR 2009, 219 (232); *Pfeiffer*, NJW 2009, 412 (412); *Streinz/Herrmann*, RdA 2007, 165 (168 ff.).

wehrt.[147] In der Rechtssache *Mangold*[148] und *Kücükdeveci*[149] kreierte der Gerichtshof jedoch eine „primärrechtskonkretisierende(n) Richtlinie (...), welche im Rahmen ihrer Primärrechtskonkretisierung am Anwendungsvorrang des Primärrechts teilhaben soll".[150] Der EuGH verpflichtet den Mitgliedsstaat, die entgegenstehende Norm „unangewendet" zu lassen.[151] Dieser Formulierung, welche der Gerichtshof üblicherweise im Zusammenhang mit dem Anwendungsvorrang verwendet, kann die mittelbare Partizipation der Richtlinie am Anwendungsvorrang entnommen werden.[152] In der Konsequenz muss eine nationale Norm stets unangewendet bleiben, wenn die Richtlinienbestimmung Ausdruck eines allgemeinen Rechtsgrundsatzes ist und einer Konformauslegung nicht zugänglich.[153] Es wurde vom EuGH aber nur eine indirekte unmittelbare Wirkung von Richtlinien im horizontalen Verhältnis postuliert, sodass der Einzelne sich zwar nicht auf die Richtlinie berufen kann, aber auf die Unvereinbarkeit von entgegenstehendem nationalen Recht.[154] Diese primärrechtliche Aufladung kann sowohl nach Ablauf der Umsetzungsfrist ohne mitgliedsstaatlichen Umsetzungsakt – Rechtssache *Kücükdeveci*[155] – als auch vor Ablauf der Umsetzungsfrist der Richtlinie – Rechtssache *Mangold*[156], erfolgen.

Allerdings muss bei der Rechtssache *Mangold* zwingend beachtet werden, dass nicht die streitige Richtlinie den Anwendungsbereich des Unionsrechts eröffnet hat, sondern dieser bereits durch eine andere Richtlinie eröffnet war.[157] Der EuGH stellte in der Rechtssache *Bartsch* klar, dass unionsrechtliche Grundsätze keine Anwendung finden, wenn der Sachverhalt nicht in den Anwendungsbereich des Unionsrechts fällt.[158] Vor Ablauf der Umsetzungsfrist einer Richtlinie ist es daher nicht möglich, eine Richtlinie primärrechtlich aufzuwerten, wenn die Richtlinie die Funktion hat, den Anwendungsbereich des Unionsrechts und damit den primärrechtlichen Grundsatz erst das Tor zu öffnen.[159] Die Eröffnung des Anwendungsbereiches erfolgt aber

---

147 Grundlegend EuGH v. 14.07.1994, Rs. C-91/92, Slg. 1994, I – 3325, Rn. 19 ff. sowie weitere Nachweise in Teil 1, Kapitel 2, II., 2., a).

148 EuGH v. 22.11.2005, Rs. C-144/04, Slg. 2005, I – 9981 ff.

149 EuGH v. 19.01.2010, Rs. C-555/07, Slg. 2010, I – 365 ff. Mittlerweile bestätigt durch EuGH v. 19.04.2016, Rs. C-441/14, ZIP 2016, 1085 ff.

150 *Schinkels*, JZ 2011, 394 (397).

151 S. dazu auch *Bauer/Arnold*, NJW 2006, 6 (9 f.).

152 EuGH v. 22.11.2005, Rs. C-144/04, Slg. 2005, I – 9981, Rn. 77.

153 *Grosche*, Rechtsfortbildung im Unionsrecht, 2001, S. 285.

154 *Grosche*, Rechtsfortbildung im Unionsrecht, 2001, S. 284 f.

155 EuGH v. 19.01.2010, Rs. C-555/07, Slg. 2010, I – 365, Rn. 51.

156 EuGH v. 22.11.2005, Rs. C-144/04, Slg. 2005, I-9981, Rn. 55 ff. Zum Fall *Böhm*, JZ 2008, 324 (324 ff.).

157 Kritisch zur Berufung auf eine andere Richtlinie zur Öffnung des Anwendungsbereiches des Unionsrechts *Grosche*, Rechtsfortbildung im Unionsrecht, 2001, S. 282 f.

158 EuGH v. 23.09.2008, Rs. C-427/06, Slg. 2008, I – 7245, Rn. 17 ff.

159 S. zu dieser Frage *Schaer*, Rechtssicherheit und Vertrauensschutz als Grenzen rückwirkender Rechtsprechung im europäischen Arbeitsrecht, 2010, S. 163 f.

nicht erst mit Umsetzung der Richtlinie durch den Mitgliedsstaat, sondern schon mit Ablauf der Umsetzungsfrist wie in der Rechtssache *Kücükdeveci*.[160] Die Richtlinie dient allenfalls noch zur Eröffnung des Anwendungsbereiches des Primärrechtsgrundsatzes, sofern dieser noch nicht besteht, sodass der Anwendungsvorrang entweder mit Existenz der Richtlinie oder spätestens mit Ablauf der Umsetzungsfrist eintritt.[161]

Zusammenfassend sei nochmals die Brisanz der Rechtsfigur betont: Eine nationale privatrechtliche Norm, die gegen eine Richtlinie verstößt und nicht richtlinienkonform ausgelegt werden kann, muss aufgrund der primärrechtlichen Aufladung der Richtlinie unangewendet bleiben. Die Grenzen der Pflicht zur richtlinienkonformen Auslegung, zu denen auch der Grundsatz der Rechtssicherheit und des Vertrauensschutzes gehört (dazu ausführlich unter Teil 1, Kapitel 3, II., 2.), werden damit aufgehoben.[162]

bb) Spezifische Bedeutung für die Vertrauenshaftung

Diese neue Figur der primärrechtskonkretisierenden Richtlinie ist von höchster praktischer Relevanz. Die genuine Ausweitung des Anwendungsvorranges in Form einer negativen Direktwirkung erscheint durch die primärrechtliche Aufladung von Richtlinien weitergehend bedeutungslos. Primärrechtliche Rechtsgrundsätze durchziehen weite Teile des Unionsrechts und es muss in der Großzahl der Fälle davon ausgegangen werden, dass die Richtlinie irgendeinen allgemeinen Rechtsgrundsatz näher konkretisiert.[163] Zudem kann der EuGH zur Begründung auch einen neuen Rechtssatz in dem jeweiligen Verfahren konstatieren. Die Folge einer unmittelbaren horizontalen Wirkung einer Richtlinie ist aber höchst problematisch, da sie nicht nur den entscheidenden Unterschied des Normtypus Verordnung und Richtlinie aufhebt, sondern auch mit dem unionsrechtlichen Vorbehalt des Gesetzes und dem Grundsatz der Rechtssicherheit kollidiert.[164]

Diese noch nicht überschaubare Virulenz zeigt *Mörsdorf* auf. Er möchte aus den in der Grundrechtecharta verankerten Unionsrechtsgrundrechten allgemeine Rechtsgrundsätze ableiten, etwa aus Art. 38 GRC den Grundsatz des Verbraucherschutzes. Alle Richtlinien auf dem Gebiet des Verbraucherschutzes sollen folglich primärrechtskonkretisierend sein, welche damit stets negative Direktwirkung

160 Dazu *Grosche*, Rechtsfortbildung im Unionsrecht, 2001, S. 283 f.

161 S. *Franzen*, RIW 2010, 577 (578).

162 Anschaulich: EuGH v. 19.04.2016, Rs. C-441/14, ZIP 2016, 1085 ff., insbes. Rn. 35 ff. Allerdings erkennt das Gericht einen Letztvorbehalt an für Ausnahmefälle, s. Rn. 40.

163 Ebenso *Mörsdorf*, NJW 2010, 1046 (1048 f.).

164 S. dazu *Ukrow*, NJW 1994, 2469 (2469) sowie zur Frage der Kompetenz des EuGH zu einer derartigen Rechtsfortbildung; zum Grundsatz der Rechtssicherheit als tragendes Gegenargument: EuGH v. 07.01.2004. Rs. C-201/02, Slg. 2004, I – 723, Rn. 56.

und somit Wirkung zwischen Privatrechtssubjekten auch ohne Umsetzungsakt entfalten. Dies gelte zwar momentan nur für Vorschriften, die zum Nachteil des Verbrauchers abweichen und Bereiche betreffen, in denen noch keine Vollharmonisierung stattgefunden habe.[165] Bei einer Vollharmonisierung seien aber sogar sämtliche Abweichungen auf dem Rechtsgebiet unzulässig und stellen einen Verstoß gegen die von der Grundrechtecharta ebenfalls geschützten Unternehmerfreiheit (Art. 16 GRC) dar.[166]

Die Dimension, die die Figur der primärrechtskonkretisierenden Richtlinie annehmen wird, ist noch nicht abzusehen. Es entstehen jedenfalls massive Rechtsunsicherheiten, wenn selbst vor Ablauf der Umsetzungsfrist einer Richtlinie nicht mehr auf die Anwendung nationaler Gesetze vertraut werden kann.[167] Die Forderung nach einer Möglichkeit zur Gewährung nationalen Vertrauensschutzes durch Ersatzleistung wird hier besonders laut ertönen.

III. Richtlinienkonforme Auslegung als Auslöser eines Vertrauensschadens

Die von den nationalen Gerichten angenommene Verpflichtung zur richtlinienkonformen Auslegung hat im Laufe der Zeit, wie soeben beispielhaft skizziert, zu einer extensiven Auslegung nationaler Vorschriften geführt, die teils beängstigende Züge angenommen hat.[168] Es handelt sich nicht nur um eine richtlinienkonforme Auslegung, die noch mit der Wortlautgrenze der Norm vereinbar ist, sondern sogar um Rechtsfortbildung, die sich über den engstmöglichen Wortsinn hinwegsetzt.[169] Auch der Gerichtshof versteht den Begriff der „Auslegung" in diesem weiten Sinne und erfasst damit nicht nur den engsten Sinn der Norminterpretation im Einklang mit dem Wortsinn, sondern auch darüber hinausgehende

---

165 Mit der Umsetzung der Richtlinie 2005/29/EG wurde das nationale Wettbewerbsrecht vollständig angeglichen im Bereich von unlauteren Geschäftspraktiken von Unternehmen gegenüber Verbrauchern im Binnenmarkt. Mit Inkrafttreten der Verbraucherrechte – Richtlinie 2011/83/EU mit Wirkung zum 11. 06. 2014 ist das Verbraucherschutzrecht mittlerweile im Fernabsatzrecht vollharmonisiert.

166 *Mörsdorf*, NJW 2010, 1046 (1048 f.).

167 *Schaer*, Rechtssicherheit und Vertrauensschutz als Grenzen rückwirkender Rechtsprechung im europäischen Arbeitsrecht, 2010, S. 171 allerdings mit Hinweis auf die Möglichkeit, den Umfang und die Rechtsfolgen der ungeschriebenen Rechtsgrundsätze zu erkennen und das Verhalten daran zu orientieren.

168 Kritik an der Praxis der Rechtsprechung *Herdegen*, WM 2009, 2202 (2202).

169 Vgl. zur Unterscheidung zwischen Auslegung und Rechtsfortbildung *Canaris*, Die richtlinienkonforme Auslegung und Rechtsfortbildung im System der juristischen Methodenlehre, in: Koziol/Rummel (Hrsg.), Festschrift für Franz Bydlinski, 2002, S. 519 (556).

Rechtsfortbildungen vom Gebot der richtlinienkonformen Auslegung.[170] Inwieweit sich genau eine richtlinienkonforme Auslegung über die Wortlautgrenze erstrecken kann, soll später genauer untersucht werden.[171] Die Vorhersehbarkeit einer Auslegungsänderung und damit auch die Schutzbedürftigkeit des Vertrauens in die bestehende Norminterpretation werden wohl von der Entfernung vom Wortsinn abhängen. Je weiter sich die Auslegung vom Wortlaut entfernt, desto schutzwürdiger erscheint auf den ersten Blick das Vertrauen des Normunterworfenen. Mithilfe des Rechtinstituts der richtlinienkonformen Auslegung kann faktisch[172] eine unmittelbare Geltung und Anwendung der Richtlinie erreicht werden, ohne dass es eines Umsetzungsrechtsaktes bedarf.[173]

IV. Beispielsfälle aus der nationalen Rechtspraxis

Um die praktische Relevanz dieser Fallkonstellationen zu unterstreichen und den Sinn für die Vielfältigkeit der möglichen Sachverhalte zu schärfen, wird ein grober Überblick, anhand von einigen Beispielen, über haftungsrelevante Fälle in den vergangenen Jahren gegeben. Dabei tritt insbesondere eine Änderung der Rechtslage durch richtlinienkonforme Auslegung/Rechtsfortbildung unionsrechtswidriger zivilrechtlicher nationaler Normen, die in die Vergangenheit zurückwirken, in den Fokus.[174] Die Sachverhalte werden dem zivilrechtlich geneigten Leser wohl-

---

170 National bestätigt durch: BGHZ 179, 27 (34 f.); BVerwGE 150, 74 (91); BGHZ 201, 101 (108 f.); BAGE 130, 119 (135 f.); dazu *Roth*, EWS 2005, 385 (388 f.); *Neuner*, Die Rechtsfortbildung, in: Riesenhuber (Hrsg.), Europäische Methodenlehre, 3. Aufl. 2015, § 12 Rn. 2; *Grosche*, Rechtsfortbildung im Unionsrecht, 2001, S. 81 f. Zur Rechtsfortbildung im Unionsrecht im Allgemeinen: *Grosche*, Rechtsfortbildung im Unionsrecht, 2001, passim. Als Oberbegriff kann richtlinienkonforme Rechtsgewinnung gewählt werden: *Herresthal*, JuS 2014, 289 (290).

171 *GA Leger* ging sogar davon aus, dass die Wortlautgrenze die feste äußere Grenze der richtlinienkonformen Auslegung darstellen würde so in: Schlussanträge v. 28.09.20011, Rs. C-350/03, Slg. 2005, I – 9215, Rn. 81 ff., insb. 88 u. 94.

172 Selbstverständlich sind das Institut der unmittelbaren Anwendbarkeit und der richtlinienkonformen Rechtsfindung dogmatisch nicht vergleichbar, da der Normanwendungsbefehl bei richtlinienkonformer Auslegung auf einer abstrakt-generellen Regelung des innerstaatlichen Rechts beruht, im Rahmen derer Auslegungsspielräume die Judikative die Wertungen der Richtlinien berücksichtigt *Franzen*, Privatrechtsangleichung durch die Europäische Gemeinschaft, 1999, S. 361.

173 S. zur Problematik, ob eine richtlinienkonforme Auslegung gegen die Grundsätze des EuGH zur unmittelbaren Wirkung von Richtlinien verstößt etwa: *Herrmann*, Richtlinienumsetzung durch die Rechtsprechung, 2003, S. 152. Eine Kollision annehmend *Scherzberg*, Jura 1993, 225 (232); *Hilf*, EuR 1993, 1 (10 f.); kritisch *Müller-Graff*, NJW 1993, 13 (22).

174 Ein Beispiel aus jüngerer Zeit für eine rückwirkende Unanwendbarkeit einer nationalen Norm aufgrund eines Verstoßes gegen das Primärrecht ist § 8c Körper-

bekannt sein – vermutlich aber nicht im Zusammenhang mit einer Vertrauenshaftung.[175]

1. Zivilgerichtliche Entscheidungen

Ein sehr prominentes Beispiel ist die Rechtsprechung des BGH in der Sache *Quelle*. Streitgegenständlich war § 439 Abs. 4 BGB a.F. Stand dem Unternehmer ein Nutzungsersatz bei Nachlieferung einer mangelfreien Sache im Rahmen eines Verbrauchsgüterkaufes zu? Der BGH hatte Zweifel an der Vereinbarkeit von § 439 Abs. 4 BGB a.F. mit der Verbrauchsgüterkaufrichtlinie, die es untersagte, an die Wahrnehmung von Gewährleistungsrechten durch den Verbraucher Nachteile zu knüpfen.[176] Der EuGH bestätigte die Zweifel in dem eingeleiteten Vorabentscheidungsverfahren.[177] In der *Quelle*-Nachfolgeentscheidung[178] als Reaktion auf das EuGH Urteil erkennt der Senat eine die Wortlautgrenze überschreitende richtlinienkonforme Rechtsfortbildung im Wege teleologischer Reduktion zur Schließung verdeckter Regelungslücken an.[179] Der Gesetzgeber hat mittlerweile eine neue Regelung in das BGB eingefügt, die die Rechtsprechung kodifiziert, § 474 Abs. 5 BGB n.F. In haftungsrechtlicher Hinsicht stellt sich die Frage, ob das Unternehmen *Quelle* seinen Schaden, der ihm durch das Ausbleiben des Nutzungsersatzes entstanden ist, liquidieren kann, da das nationale Recht die Existenz eines solchen Anspruches ausdrücklich normierte.

In dem Zusammenhang mit einer Wertersatzpflicht für Verbraucher steht auch die Entscheidung des EuGH, dass bei Wahrnehmung eines Widerrufsrechts bei Fernabsatzverträgen der Verbraucher nicht generell dazu verpflichtet ist, dem Verkäufer Wertersatz für die Nutzung der Ware zu leisten.[180]

Ebenfalls ein bekanntes Beispiel ist die Rechtssache *Schulte*.[181] Grundlage des Falles war die nicht ordnungsgemäße Umsetzung eines richtlinienrechtlich geregelten Widerrufsrechts bei Haustürgeschäften. Die in der Richtlinie geforderte

---

schaftsteuergesetz (KStG). Dieser ermöglicht für Unternehmer die Steuern auf zukünftige Gewinne in bestimmten Situationen zu reduzieren. Die Kommission sieht eine unzulässige Beihilfe in der Regelung und erklärte sie rückwirkend für mit dem EU-Recht unvereinbar s. zum Fall *Brandis*, in: Blümich (Begr.), EStG, KStG, GewStG, Bd 4, 130. EGL 2015, § 8c KStG Rn. 5.

175 Weitere Fälle der richtlinienkonformen Rechtsfortbildung: BAGE 130, 119 (135 ff.); BGHZ 201, 101 (109 ff.); BGH NvwZ 2014, 1111 (1112 f.); BGH v. 17.12.2014, IV ZR 260/11.

176 BGH v. 16.08.2006, VIII ZR 200/05.

177 EuGH v. 17.04.2008, Rs. C-404/06, Slg. 2008, I – 2685 ff. Dazu etwa *Grosche/Höft*, NJOZ 2009, 2294 ff.

178 BGHZ 179, 27 ff.

179 BGHZ 179, 27 (36 f. sowie Ls. b)).

180 EuGH v. 03.09.2009, Rs. C-489/07, Slg. 2009, I – 7315 ff.

181 EuGH v. 25.10.2005, Rs. C-350/03, Slg. 2005, I – 9215 ff. Zu diesem Beispiel: *Schinkels*, JZ 2011, 294 (395 f.).

Belehrung über das Widerrufsrecht ist nicht durch den Darlehensgeber erfolgt. Die bloße Zubilligung eines Widerrufsrechts nach mehreren Jahren aufgrund dieser fehlenden Belehrung würde dem Verbraucherschutzziel der Richtlinie nicht gerecht werden. Die Ausübung des Widerrufsrechts bei Darlehensverträgen hätte nach nationalem Recht eine sofortige Rückzahlung der Darlehenssumme samt Zinsen zur Folge. Der Gerichtshof statuierte daher, dass der Mitgliedsstaat verpflichtet sei, Maßnahmen zu treffen, um den Verbraucher vor den Folgen einer nicht erfolgten Belehrung zu schützen.[182] Als Reaktion postulierte das OLG Bremen eine Haftung der Banken.[183] Es könnte jedoch ein Ersatz des Vertrauensschadens der Bank geboten erscheinen, da nach dem Stand der Wissenschaft, der Rechtsprechung des BGH und dem Wortlaut der Norm nicht von einer Belehrungspflicht auszugehen war, und ein eigentlich unvermeidbarer Irrtum für das Kreditinstitut vorlag. Dennoch wurde ein Verschulden konstruiert, um eine Haftung aus culpa in contrahendo zu begründen mittels einer Art richtlinienkonformen Auslegung des § 276 BGB. Das Risiko wurde auf die Banken übertragen und damit eine „verschuldensunabhängige Haftung Privater für legislatives Unrecht" kreiert.[184]

Das Verbraucherwiderrufsrecht war auch in einem anderen Rechtsstreit virulent. Im Fall *Heiniger* hatte der EuGH in einem Vorabentscheidungsverfahren festgestellt, dass Realkreditverträge als Haustürgeschäft zu qualifizieren seien und die national vorgesehene absolute Verfristung des Widerrufsrechts bei Belehrungsfehlern richtlinienwidrig sei.[185] In der daraufhin ergangenen zivilgerichtlichen Entscheidung wurde dem Kreditnehmer ein Widerrufsrecht eingeräumt, obwohl der Vertragsschluss bereits Jahre zurücklag. Dies geschah, indem der BGH eine einschränkende richtlinienkonforme Auslegung vornahm.[186] Brisanz erlangt dieses methodische Vorgehen, da der Senat noch im Vorlagebeschluss an den EuGH eine die Wortlautgrenze überschreitende richtlinienkonforme Auslegung für methodisch unzulässig hielt[187], und damit seine Folgeentscheidung eigentlich ausgeschlossen hatte.[188] Es liegt daher auf der Hand, dass der Kreditgeber nicht mit einer rückwirkenden Anpassung der nationalen Rechtslage gerechnet hatte und zudem die bisherige geübte Praxis der Rechtsprechung des BGH entsprach. Auch hier besteht ein Interesse des Kreditgebers an einem Ersatz des Vertrauensschadens, der auf einer fehlhaften Richtlinienumsetzung beruht.

---

182 EuGH v. 25.10.2005, Rs. C-350/03, Slg. 2005, I – 9215, Rn. 100.

183 OLG Bremen NJW 2006, 1210 (1213 f.).

184 *Schinkels*, JZ 2011, 394 (395 f.), zum Zitat S. 396.

185 EuGH v. 13.12.2001, Rs C-481/99, Slg. 2001, I – 9945, Ls. 1 u. 2.

186 BGHZ 150, 248 ff.

187 BGH v. 29.11.1999, XI ZR 91/99.

188 Es spricht einiges für eine Überschreitung der Wortlautgrenze durch die vorgenommene richtlinienkonforme Auslegung so *Baldauf*, Richtlinienverstoß und Verschiebung der Contra-legem-Grenze im Privatrechtsverhältnis, 2013, S. 179; *Herdegen*, WM 2005, 1921 (1922); *Nettesheim*, WM 2006, 457 (457).

Ebenfalls ein Sachverhalt, der es zu gewisser Berühmtheit gebracht hat und die haftungsrechtliche Bedeutsamkeit richtlinienkonformer Auslegung näherbringen kann, ist der Rechtsstreit um die Auslegung von § 439 BGB.[189] Der EuGH ordnet die richtlinienkonforme Auslegung des § 439 Abs. 1 Var. 2 BGB dahin gehend an, dass „Lieferung einer mangelfreien Sache" auch den Ausbau und Abtransport der mangelhaften Kaufsache sowie den Einbau der als Ersatz gelieferten Kaufsache erfasst. Der Verkäufer ist also auch zum Ersatz dieser Kosten im Rahmen der Nachlieferung verpflichtet. Die Auslegung durch den BGH überschritt den Wortlaut des Gesetzes und beruht auf einer den Wortsinn übersteigenden Rechtsfortbildung.[190] Auch hier war diese Auslegung Resultat einer fehlerhaften Richtlinienumsetzung durch den Gesetzgeber und schwerlich erkennbar für den Verkäufer. Gleiches gilt für die Rechtsfortbildung des § 439 Abs. 3 BGB. „Die Vorschrift ist beim Verbrauchsgüterkauf einschränkend dahingehend anzuwenden, dass ein Verweigerungsrecht des Verkäufers nicht besteht, wenn nur eine Art der Nacherfüllung möglich ist, oder der Verkäufer die andere Art der Nacherfüllung zu Recht verweigert."[191].[192] Auch hier muss grundsätzlich über eine Liquidation des Vertrauensschadens nachgedacht werden, da der Wortlaut der Normen klar überschritten wurde und die Vorhersehbarkeit der Rechtsprechungsänderung keine Anknüpfung im Normtext findet.

2. Arbeitsgerichtliche Rechtsprechung

Auch die arbeitsgerichtliche Rechtsprechung ist eine wahre Fundgrube möglicher Vertrauenshaftungskonstellationen.

Beispielhaft kann der Wandel der Rechtsprechung zur Massenentlassungsrichtlinie angeführt werden.[193] Streitig war die Wirksamkeit der Kündigung eines Arbeitsverhältnisses. Die Massenentlassungsrichtlinie fordert eine Anzeigepflicht gegenüber der Bundesagentur für Arbeit, § 17 KSchG, vor der Entlassung. Unklar war der genaue Zeitpunkt der Mitteilungspflicht. Das BAG stellte in ständiger Rechtsprechung auf den Zeitpunkt des Wirksamwerdens der Kündigung ab,[194] der EuGH hingegen auf den früheren Zeitpunkt der Kündigungserklärung.[195] Das BAG

189 EuGH v. 16.06.2011, Rs. C-65/09 u. C-87/09, Slg. 2011, I – 5257 ff.; BGHZ 192, 148 (158 f.).

190 BGHZ 192, 148 (159).

191 BGHZ 192, 148 (Ls. b)).

192 BGHZ 192, 148 (160 ff.); dazu *Leenen*, Jura 2012, 753 ff.

193 S. zum Fall: *Arnold/Schansker*, ArbRAktuell 2015, 89 ff. sowie *Wissmann*, Vertrauensschutz – europäisch und deutsch, in: Festschrift für J.-H. Bauer zum 65. Geburtstag, 2010, S. 1161 (1161 f.); *Lunk*, Vertrauensschutz in der Rechtsprechung des Bundesarbeitsgerichts, in: Martinek/Rawert/Weitemeyer (Hrsg.), Festschrift für Dieter Reuter, S. 689 (691).

194 BAGE 107, 318 (333 f.).

195 EuGH v. 27.01.2005, Rs. C-188/03, Slg. 2005, I – 885, Rn. 31 ff.

änderte infolgedessen seine Rechtsprechung[196], obwohl es zuvor noch die Möglichkeit zur richtlinienkonformen Auslegung abgelehnt hatte.[197] Der Senat erkannte das Vertrauen der Arbeitgeber in die langjährige Praxis seiner Rechtsprechung an und beschränkte die Auslegungsänderung auf zukünftige Fälle[198] (zur Frage der Zulässigkeit s. unter Teil 1, Kapitel 3, II., 2., b), bb), (2), (e)).

Abschließend sei auf eine Rechtsprechungsänderung, eingeleitet durch ein Verfahren vor dem LAG Düsseldorf,[199] aufmerksam gemacht. Im Rahmen der eingeholten Vorabentscheidung urteilte der EuGH, dass die ständige Rechtsprechung des BAG, wonach ein Urlaubs- bzw. Urlaubsabgeltungsanspruch bei Arbeitsunfähigkeit bis zum Ende des Übertragungszeitraums des § 7 Abs. 3 BUrlG erlischt, mit den Maßgaben der Europäischen Arbeitszeitrichtlinie unvereinbar sei.[200] Das BAG passte seine Rechtsprechung durch eine richtlinienkonforme Rechtsfortbildung im Wege der teleologischen Reduktion der zeitlichen Grenzen des § 7 Bas. 3 u. 4 BUrlG an die unionalen Vorgaben an.[201] Der Arbeitgeber konnte auch in diesem Sachverhalt mit einer Rechtsprechungsänderung nicht rechnen und ihm entstand ein Schaden, indem er auf die Richtlinienkonformität des nationalen Rechts vertraut hatte.

196 BAGE 117, 281 (289 ff.); BAG NZA 2007, 1101 (1102); BAG NZA 2008, 112 (118).
197 BAGE 107, 318 (336).
198 BAGE 117, 281 (291 ff.); BAG NZA 2007, 1101 (1102); BAG NZA 2008, 112 (118); BAG v. 01.02.2007, 2 AZR 15/06, Rn. 8 ff.
199 LAG Düsseldorf NZA-RR 2009, 242 (247).
200 EuGH v. 20.01.2009, Rs. C-350/06 u. C-520/06, Slg. 2009, I – 7245, Rn. 19 ff.
201 BAGE 130, 119 (135 ff.).

Kapitel 3 Nationaler Primärrechtsschutz

Nachdem soeben die auftretenden rückwirkenden Effekte aufgezeigt wurden, ist dieser Abschnitt ganz den Möglichkeiten gewidmet, bestehendes Vertrauen auf der Primärebene zu schützen. Falls dies dogmatisch möglich sein sollte, würde die Bedeutung einer Ersatzmöglichkeit für enttäuschtes Vertrauen stark gemindert. Dabei muss differenziert werden zwischen Möglichkeiten zur Berücksichtigung von Vertrauensschutz bei rückwirkender Nichtanwendung eines Gesetzes aufgrund einer Kollision mit unmittelbar anwendbarem Primärrecht und einer Anpassung des nationalen Rechts an nicht unmittelbar anwendbares Richtlinienrecht im Wege richterlicher richtlinienkonformer Auslegung. Es ist somit zwischen der Rückwirkung von Legislativakten und dem ex-tunc wirkenden Effekten der Judikative zu trennen.

Neben der dogmatischen Möglichkeit einer Berücksichtigung von Vertrauen muss aber auch beleuchtet werden, inwieweit die Rechtsprechung von ihrem Freiraum Gebrauch macht, oder sich eine Rechtsprechung entwickelt hat, die den bestehenden Spielraum zum Nachteil des Normunterworfenen verengt.

I. Rückwirkende Gesetzesanpassung durch die Legislative

1. Das nationale Rückwirkungsverbot

Primärrechtsschutz gegen rückwirkende gesetzliche Änderungen gebietet – nicht nur auf nationaler Rechtsebene – das Rückwirkungsverbot.[202] Es ist zentraler Maßstab zur Beurteilung legislativer Änderungen.[203] Der Anwendungsvorrang führt zwar nicht zu einer rückwirkenden Nichtigkeit des Gesetzes, sondern nur zu seiner Unanwendbarkeit, aber dennoch wirken sich beide Rechtsfolgen in gleicher Weise auf das Vertrauen in den „Bestand" des Gesetzes aus, sodass ebenfalls eine Überprüfung am Maßstab des Rückwirkungsverbotes geboten erscheint.[204] Die Unterscheidung zwischen vollständiger dauerhafter Unanwendbarkeit und Aufhebung der Norm ist nur rein formaler Natur.[205] Hinzu kommt, dass im Falle eines vollständig unanwendbar gewordenen Gesetzes eine rückwirkende Aufhebung durch den Gesetzgeber verfassungsrechtlich geboten ist (dazu unter Teil 1, Kapitel 3, I., 2., a)).

---

202 Ein Überblick etwa bei *Maurer*, Kontinuitätsgewähr und Vertrauensschutz, in: Isensee/Kirchhof (Hrsg.), Handbuch des Staatsrechts der Bundesrepublik Deutschland, Bd III, 2. Aufl. 1996, § 60 Rn. 11 ff.

203 Zum Rückwirkungsverbot als Bestandteil „richtigen Rechts" *Larenz*, Richtiges Recht, 1979, S. 147 ff.

204 BVerfGE 126, 286 (313).

205 *Kokott/Henze*, NJW 2006, 177 (1788).

Das Rückwirkungsverbot – explizit in der Verfassung nur für strafrechtliche Rückwirkungen geregelt – findet seine Verankerung im Rechtsstaatsprinzip[206] und in den Grundrechten[207]. Es wird als subjektives Recht aus dem Vertrauensschutzprinzip abgeleitet, welches in obigen Prinzipien wurzelt[208], und „schützt das Vertrauen in die Verlässlichkeit und Berechenbarkeit der (...) Rechtsordnung und der auf ihrer Grundlage erworbenen Rechte".[209]

Demgegenüber sind Änderungen des Rechts durch den Gesetzgeber im Hinblick auf Sachverhalte der Zukunft grundsätzlich ohne rechtsstaatliche Beschränkungen möglich.[210] Rechtsstaatliche Grenzen zeigt das Rückwirkungsverbot aber nur bei Gesetzesänderungen, die geeignet sind, Entscheidungen und Dispositionen des Bürgers hervorzurufen, auf. Die Messung am Rückwirkungsverbot setzt eine Verschlechterung einer bestehenden Rechtsposition des Normunterworfenen voraus.[211]

Die Rechtsprechung unterscheidet traditionell zwischen zwei Kategorien von Gesetzesrückwirkungen, der echten Rückwirkung – Rückwirkung von Rechtsfolgen – und der unechten Rückwirkung – tatbestandliche Rückanknüpfung.[212] Über beide Figuren soll ein grober Überblick gewährt werden.

---

206 BVerfGE 13, 261 (271); *Grzeszick*, in: Maunz/Dürig (Begr.), Grundgesetz, Bd III, 75. EGL 2015, Art. 20 VII. Rn. 72; *Sobota*, Das Prinzip Rechtsstaat, 1997, S. 155 sieht das Rückwirkungsverbot als zentrales Element der Rechtssicherheit an und weist daraufhin, dass es Bestrebungen gibt, den Begriff Rechtssicherheit durch das Rückwirkungsverbot zu substituieren.

207 St. Rsp. etwa: BVerfGE 63, 343 (356 f.); 127, 1 (16); 135, 1 (23); *Huster/Rux*, in: Epping/Hillgruber (Hrsg.), Beck'scher Online-Kommentar Grundgesetz, 27. EGL 2015, Art. 20 Rn. 184.

208 *Schwarz*, Vertrauensschutz als Verfassungsprinzip, 2002, S. 260 ff.; skeptisch *Sobota*, Das Prinzip Rechtsstaat, 1997, S. 160 ff. Zur objektiv-rechtlichen Begründung *Leisner*, Kontinuität als Verfassungsprinzip, 2002, S. 355 f.; *v. Arnauld*, Rechtssicherheit, 2006, 271 ff.

209 BVerfGE 135, 1 (23) st. Rsp. dort m.w.N.

210 St. Rsp. BVerfGE 38, 61 (83); 68, 193 (222 f.); 103, 271 (287); sowie einhellige Literaturansicht: *Schulze-Fielitz*, in: Dreier (Hrsg.), Grundgesetz Kommentar, Bd II, 3. Aufl. 2015, Art. 20 (Rechtsstaat) Rn. 151; *Grzeszick*, in: Maunz/Dürig (Begr.), Grundgesetz, Bd III, 75. EGL 2015, Art. 20 VII. Rn. 71; s. bezüglich ausnahmsweise bestehendem Vertrauensschutz bei Gesetzesänderungen für die Zukunft *Maurer*, Kontinuitätsgewähr und Vertrauensschutz, in: Isensee/Kirchhof (Hrsg.), Handbuch des Staatsrechts der Bundesrepublik Deutschland, Bd III, 2. Aufl. 1996, § 60 Rn. 55 ff. sowie *Muckel*, Kriterien des verfassungsrechtlichen Vertrauensschutzes bei Gesetzesänderungen, 1989, S. 80 ff.

211 *Grzeszick*, in: Maunz/Dürig (Begr.), Grundgesetz, Bd III, 75. EGL 2015, Art. 20 VII. Rn. 74.

212 Zu der Einteilung in echte und unechte Rückwirkung etwa: *Grzeszick*, in: Maunz/Dürig (Begr.), Grundgesetz, Bd III, 75. EGL 2015, Art. 20 VII. Rn. 76 ff.; *Schulze-Fielitz*, in: Dreier (Hrsg.), Grundgesetz Kommentar, Bd II, 3. Aufl. 2015, Art. 20 (Rechtsstaat) Rn. 154. Sprachlich ebenfalls geläufig ist die Unterscheidung zwischen retroaktiver (echter) und retrospektiver (unechter) Rückwirkung etwa bei

a) „Echte" Rückwirkung

Die echte Rückwirkung ist grundsätzlich unzulässig wegen eines Verstoßes gegen den rechtsstaatlichen Vertrauensschutz gemäß Art. 20 Abs. 3 GG.[213] Eine solche Rückwirkung von Rechtsfolgen liegt vor, wenn das Gesetz nachträglich in einen abgeschlossenen Sachverhalt ändernd eingreift,[214] insbesondere wenn die Rechtsfolge mit belastender Wirkung für bereits vor dem Zeitpunkt der Gesetzesverkündung abgeschlossene Sachverhalte gelten soll.[215] Echte Rückwirkung kann also dadurch entstehen, dass das Gesetz den Beginn seiner Geltung vor dem Tag seiner Verkündung anordnet, oder dass das Gesetz zwar erst mit seiner Verkündung in Kraft tritt, aber an einen bereits vor der Verkündung liegenden abgeschlossenen Sachverhalt Folgen knüpft. Echte Rückwirkung bewirkt eine fiktive Regelung der Vergangenheit, die von niemanden beachtet werden musste, weil sie damals noch keine Geltung entfaltet hatte.[216] Durch echte Rückwirkung wird nicht nur das Kontinuitätsvertrauen, sondern insbesondere das Geltungsvertrauen des Normunterworfenen zerstört.[217]

Von diesem Verbot der echten Rückwirkung hat die Rechtsprechung jedoch Ausnahmen anerkannt.[218] Vertrauensschutz ist sowohl Grundlage des Verbots als auch seine Grenze.[219] In bestimmten Konstellationen kann es ausnahmsweise an einem Vertrauen in die bestehende Gesetzeslage fehlen,[220] oder dieses Vertrauen sich als nicht schutzwürdig erweisen.[221] Eine Ausnahme wird angenommen, wenn die Normunterworfenen bereits im Zeitraum, auf den die Rückwirkung sich erstreckt, nicht auf den Fortbestand der Gesetzeslage vertrauen durften, da mit einer Änderung zu rechnen war.[222] Zudem kann auch die Entstehung des Vertrauens

---

v. Arnauld, Rechtssicherheit, 2006, S. 352. Für eine Aufgabe der Unterscheidung *Kirchhof*, DStR 2015, 717 (717 f.).

213 BVerfGE 45, 142 (167 f.); 101, 239 (262); 132, 302 (318).

214 BVerfGE 11, 139 (145 f.); 30, 367 (386); 101, 239 (263); 123, 186 (257); 126, 369 (391); 132, 302 (318).

215 BVerfGE 72, 200 (241 f.); 97, 67 (78); 114, 258 (300); 127, 1 (16 f.).

216 *Maurer*, Kontinuitätsgewähr und Vertrauensschutz, in: Isensee/Kirchhof (Hrsg.), Handbuch des Staatsrechts der Bundesrepublik Deutschland, Bd III, 2. Aufl. 1996, § 60 Rn. 14; sehr deutlich *v. Arnauld*, Rechtssicherheit, 2006, S. 325.

217 *Heckmann*, Geltungskraft und Geltungsverlust von Rechtsnormen, 1997, S. 241; vgl. *Leisner*, Das Gesetzesvertrauen des Bürgers, in: Blumenwitz (Hrsg.), Festschrift für Friedrich Berber, 1973, S. 273 (280 ff.).

218 BVerfGE 101, 239 (263 f.); 122, 374 (394 f.); 131, 20 (39).

219 BVerfGE 88, 384 (404); 122, 374 (394); 126, 369 (393). Vgl. näher zur Begrenzungsfunktion des Vertrauensschutzes *Maurer*, Kontinuitätsgewähr und Vertrauensschutz, in: Isensee/Kirchhof (Hrsg.), Handbuch des Staatsrechts der Bundesrepublik Deutschland, Bd III, 2. Aufl. 1996, § 60 Rn. 19, 21.

220 BVerfGE 72, 200 (258); 97, 67 (79 f.).

221 BVerfGE 13, 261 (271 f.); 50, 177 (193).

222 BVerfGE 122, 374 (394); 45, 142 (173 ff.).

aufgrund einer verworrenen und unklaren Rechtslage, bei der mit einer Klärung gerechnet werden musste, verhindert werden.[223] Ursprünglich wurde diese Fallgruppe zwar für die Wirren der Nachkriegszeit entwickelt, mittlerweile hat das Bundesverfassungsgericht die Bedeutung aber gewandelt und erfasst auch Fälle „lückenhaft(er)" oder „in dem Maße systemwidrig(er) und unbillig(er Regelungen), (so) daß ernste Zweifel an deren Verfassungsmäßigkeit bestehen"[224]. Mit der Verfassungswidrigkeit der Norm sei dann ernstlich zu rechnen gewesen.[225] Außerdem steht das Rückwirkungsverbot unter dem Vorbehalt einer Abwägung, sodass überragend wichtige Belange des Gemeinwohls eine Beschränkung rechtfertigen können.[226] Ausnahmen werden aber auch anerkannt bei nur ganz geringfügigen Schäden, Bagatellvorbehalt.[227] Das Vertrauen ist in den beiden Konstellationen – im Gegensatz zu den anderen Fallgruppen – zwar schutzwürdig, muss aber dennoch zurücktreten.[228]

b) „Unechte" Rückwirkung

Demgegenüber steht die unechte Rückwirkung. Diese tatbestandliche Rückanknüpfung ist grundsätzlich zulässig,[229] oder nicht grundsätzlich unzulässig.[230]

Eine unechte Rückwirkung liegt vor, wenn eine Rechtsnorm auf gegenwärtige, noch nicht abgeschlossene Lebenssachverhalte für die Zukunft einwirkt.[231] Die Norm knüpft also künftige Rechtsfolgen an Gegebenheiten aus der Zeit vor ihrer Verkündung.[232]

Das abgeschwächte Schutzniveau im Vergleich zur echten Rückwirkung folge aus dem Umstand, dass eine Gewährung vollständigen Schutzes zugunsten des Fortbestehens der bisherigen Rechtslage dem Gemeinwohl verpflichteten Gesetzgeber in weitem Umfang lähmen würde. Der stets erforderliche Ausgleich zwischen der Verlässlichkeit der Rechtsordnung einerseits und der Notwendig-

223 BVerfGE 11, 64 (72 f.); 13, 261 (272); 88, 384 (404); 122, 374 (394); 126, 369 (393 f.); kritisch zu dieser Ausnahme etwa *Hey*, NJW 2014, 1564 (1565).

224 *Maurer*, Kontinuitätsgewähr und Vertrauensschutz, in: Isensee/Kirchhof (Hrsg.), Handbuch des Staatsrechts der Bundesrepublik Deutschland, Bd III, 2. Aufl. 1996, § 60 Rn. 29 unter Hinweis auf BVerfGE 30, 367 (388).

225 BVerfGE 13, 215 (224); 18, 429 (439).

226 BVerfGE 18, 429 (439); 88, 384 (404); 101, 239 (263 f.); 122, 374 (394 f.); 101, 239 (263 f.).

227 BVerfGE 30, 367 (389); 72, 200 (258).

228 *Maurer*, Kontinuitätsgewähr und Vertrauensschutz, in: Isensee/Kirchhof (Hrsg.), Handbuch des Staatsrechts der Bundesrepublik Deutschland, Bd III, 2. Aufl. 1996, § 60 Rn. 17.

229 BVerfGE 101, 239 (263); 103, 392 (403); 109, 96 (122); 132, 302 (318).

230 BVerfGE 127, 1 (17). S. bzgl. einer wohl damit einhergehenden Beweislastverlagerung auf den Staat etwa *Maciejewski/Theilen*, DÖV 2016, 271 (276).

231 St. Rsp. s. nur etwa BVerfGE 101, 239 (263); 123, 186 (257).

232 BVerfGE 72, 200 (242); 79, 29 (45 f.).

keit ihrer Änderung im Hinblick auf einen gesellschaftlichen Wandel andererseits, gebiete eine weitgehende Anpassungsfähigkeit der Rechtsordnung. Der verfassungsrechtliche Vertrauensschutz vermag nicht die Bürger vor jeder Enttäuschung zu bewahren. Soweit nicht besondere Momente der Schutzwürdigkeit hinzutreten, genieße die bloße allgemeine Erwartung, die aktuelle Gesetzeslage werde zukünftig unverändert fortbestehen, keinen besonderen verfassungsrechtlichen Schutz.[233]

Der Gesetzgeber müsse aber, soweit er für künftige Rechtsfolgen an zurückliegende Sachverhalte anknüpft, dem Vertrauensschutz in ausreichendem Maße Rechnung tragen. Dabei sind die Interessen der Allgemeinheit, die mit der Regelung verfolgt werden, und das Vertrauen des Einzelnen auf die Fortgeltung der Rechtslage gegeneinander abzuwägen am Maßstab des Verhältnismäßigkeitsprinzips.[234]

2. Das Rückwirkungsverbot unter europäischem Einfluss

a) Kollision mit unmittelbar anwendbarem Unionsrecht

Die Aufhebung eines unionsrechtswidrigen Gesetzes, welche aus der gänzlichen Unanwendbarkeit einer Norm fließt (dazu unter Teil 2, Kapitel 6., II., 2., b) und c)), soll am Maßstab des Rückwirkungsverbots gemessen werden.[235] Regelmäßig wird es sich um einen Fall der echten Rückwirkung handeln, da in einen bereits abgeschlossenen Sachverhalt eingegriffen wird.

Eine echte Rückwirkung ist nur dann zulässig, wenn überragend wichtige Belange des Gemeinwohls den Vertrauensschutz überwiegen. Als ein solcher Belang ist die Integration des nationalen Staates in ein supranationales Gefüge anzusehen. Das Unionsrecht gebietet – wie bereits erläutert – in bestimmten Fällen einen Anwendungsvorrang vor nationalen Bestimmungen.[236] Dieser Anwendungsvorrang schließt einen möglichen Primärrechtsschutz aus. Die Rückwirkung ist aufgrund der unionalen Überlagerung als zulässig anzusehen. Es besteht keine Möglichkeit, die Anpassung des nationalen Rechts auf zukünftige Fälle zu begrenzen. Der EuGH räumt sich betreffend unmittelbar anwendbarem Unionsrecht uneingeschränkt das Monopol bezüglich der zeitlichen Begrenzung von Entscheidungen seinerseits über Auslegungs- und Vereinbarkeitsfragen ein, die grundsätzlich ex-tunc wirken (dazu unter Teil 3, Kapitel 11, I., 1. und 2.).[237]

---

233 St. Rsp. s. nur BVerfGE 127, 1 (17) m.w.N.

234 St. Rsp. s. nur BVerfGE 127, 1 (17 f.) m.w.N.

235 A.A. vermutlich *Michael*, JZ 2015, 425 (430), der eine Erlaubnis des Gesetzgebers anzuerkennen scheint, verfassungswidrige Normen rückwirkend aufzuheben, um die Durchsetzung höherrangiger Normen zu sichern.

236 S. oben unter Teil 1, Kapitel 2, I., 1. Der BFH, BFHE 193, 204 (213), führt aus, dass aufgrund des Vorranges des Unionsrechts der Bürger mit einer Anpassung rechnen müsse und sein Vertrauen grundsätzlich nicht schutzwürdig sei.

237 Anerkannt durch BVerfGE 126, 286 (314).

Eine Ausnahme wird nur anerkannt, wenn die Nichtanwendung unionsrechtswidrigen nationalen Rechts strafrechtliche oder administrative Sanktionen für ein in der Vergangenheit liegendes Verhalten auslöst und das streitige Verhalten durch nationales Recht vorgeschrieben war.[238]

Sollte lediglich eine Konstellation der unechten Rückwirkung vorliegen, steht diese erst recht im Einklang mit den verfassungsrechtlichen Grundsätzen. Die Anforderungen sind hier weniger streng.

b) Rückwirkende Gesetze zur Umsetzung von Richtlinien

Neben der gebotenen rückwirkenden Unanwendbarkeit aufgrund des Anwendungsvorranges könnte dem Gesetzgeber möglicherweise der Gedanke kommen, Richtlinien rückwirkend umzusetzen, um einen Vertragsverstoß zu beseitigen und sich damit eines Vertragsverletzungsverfahrens und einer möglichen Haftung nach den Grundsätzen der *Francovich*-Doktrin zu entziehen. Auch diese rückwirkende gesetzliche Umsetzung einer Richtlinie muss sich am nationalen Rückwirkungsverbot messen lassen.[239] Im Zusammenhang mit Richtlinien ist die Interessenabwägung jedoch anders determiniert, als bei unmittelbar anwendbarem Unionsrecht. Die Mitgliedsstaaten müssen die Richtlinie in das nationale Recht umsetzen, bevor sie Wirkung entfalten kann. Dies ergibt sich aus der Natur der Richtlinie als zweistufigen Rechtssetzungsakt. Wenn die Umsetzungsfrist abläuft, ohne Integration des Richtlinieninhalts in die nationale Rechtsordnung, kann der Vorrang des Unionsrechts keine rückwirkende Gesetzesänderung rechtfertigen. Die Richtlinie ist grundsätzlich nicht unmittelbar anwendbar. Es besteht keine unionale Verpflichtung zum Erlass eines rückwirkenden Umsetzungsgesetzes. Der Gesetzgeber nimmt dies aus „freiwilligen Stücken" auf sich, um unionale Konsequenzen der Vertragsverletzung zu vermeiden. Diese Rückwirkung ist allein unter nationalen Gesichtspunkten zu beurteilen und gegebenenfalls sogar am unionalen Rückwirkungsverbot. Die drohenden unionsrechtlichen Sanktionsmechanismen können keinen überragenden Gemeinwohlbelang darstellen. Allenfalls wäre eine Rechtfertigung möglich aufgrund fehlender Schutzwürdigkeit des Vertrauens. Es sind aber sehr hohe Maßstäbe an diese Ausnahme anzulegen, um ein für jede freiheitliche Rechtsordnung unabdingbares Gesetzesvertrauen nicht grundlegend zu erschüttern. Allein die Existenz einer Richtlinie zerstört

---

238 EuGH v. 09.09.2003, Rs. C-198/01, Slg. 2003, I – 8055, Rn. 53. Der EuGH hat jedoch eine Beschränkungsmöglichkeit des Anwendungsvorranges aus Gründen der Rechtssicherheit angesprochen. Er ließ offen, ob derartige Erwägungen „ausnahmsweise zu einer vorübergehenden Aussetzung der Verdrängungswirkung führen können", über die Voraussetzungen einer solchen Aussetzung kann aber „nur der Gerichtshof entscheiden" EuGH v. 08.09.2010, Rs. C-409/06, Slg 2010, I – 8015, Rn. 67.

239 *Altmeyer*, Vertrauensschutz im Recht der Europäischen Union und im deutschen Recht, 2003, S. 103.

nicht das abstrakte Gesetzesvertrauen (dazu unter Teil 1, Kapitel 3, II., 2., b), bb), (2), c), (bb)).[240]

c) Rückwirkende klarstellende Gesetze zur Richtlinienumsetzung

Denkbar ist neben dem Erlass eines rückwirkenden Umsetzungsgesetzes, auch die Verabschiedung eines rückwirkenden klarstellenden Gesetzes zur Umsetzung einer Richtlinie. Der Gesetzgeber möchte mit der Norm deklaratorisch klarstellen, dass er eine mit dem Unionsrecht konforme Auslegungsvariante beabsichtigt hatte. Diese Variante der Umsetzung einer Richtlinie kommt als Nachbesserung eines Umsetzungsgesetzes in Betracht. Dabei ist es denkbar, dass die Legislative einen noch offenen Auslegungsstreit in die unionsrechtlich gewünschte Richtung lenkt und ein klarstellendes Gesetz erlässt. Das Parlament könnte aber auch mittels einer Rechtsnorm die bestehende Rechtsprechung ändern und eine Umsetzung der Richtlinie mittels eines solchen Nichtanwendungsgesetzes erreichen.[241] Diese Vorgehensweise hat auch neben dem Institut der unionsrechtskonformen Auslegung Relevanz, da die Rechtsprechung ein Transparenzgebot postuliert (s. unter Teil 2, Kapitel 6, II., 2., f), bb)), welches neben einer konformen Auslegung eine gesetzliche Anpassungsmaßnahme fordern kann und zudem der Gesetzgeber den Norminhalt weitreichender ändern kann als die Judikative, da ihn die methodischen Grenzen zur Wahrung des Gewaltenteilungsgrundsatzes nicht binden – freilich besteht im Gegenzug eine wesentlich stärkere Bindung an das Rückwirkungsverbot.

Das Bundesverfassungsgericht misst auch die rückwirkende Klarstellung des Gesetzgebers am echten Rückwirkungsverbot.[242] Es handele sich nicht grundsätzlich um einen rein deklaratorischen Akt, sondern es muss im Einzelfall durch die Gerichte geprüft werden, ob eine konstitutive Neuregelung vorliegt.[243] Der Norm sei eine konstitutive Wirkung beizumessen, wenn die Legislative beabsichtigt, mit der Vorschrift die höchstrichterliche Auslegung von Gesetzen zu ändern, oder eine Auslegungskontroverse der Fachgerichte zu entscheiden,[244] sowie, wenn eine vorher zulässige Auslegungsvariante der Norm nun durch die Gesetzesänderung unzulässig wird.[245] Daher sind auch Überlegungen, die die Aufhebung einer unionsrechtswidrigen Norm nicht am Rückwirkungsverbot messen möchten, da es sich nur um eine rückwirkende Klarstellung handele, dass die Norm seit dem Zeitpunkt

---

240 Ebenfalls kritisch: *Kadelbach/Sobotta*, EWS 1996, 11 ff. sowie *Michael*, Der Staat 54 (2015), 349 (372).

241 *Hey*, JZ 2014, 500 (502 ff.) zur Frage der Vereinbarkeit der Entscheidung mit der vorherigen Rechtsprechung zu Nichtanwendungsgesetzen. Ein weiteres anhängiges Verfahren zur Problematik der Rückwirkung in Bezug auf Nichtanwendungsgesetze BVerfG 2 BvL 15/14 vorgelegt vom BFH v. 11.12.2013, I R 4/13.

242 BVerfGE 135, 1 ff.; dazu *Selmer*, JuS 2014, 763 ff.

243 BVerfGE 135, 1 (16 ff., 18).

244 BVerfGE 135, 1 (19).

245 BVerfGE 135, 1 (18).

der Unionsrechtskollision unangewendet bleiben solle, energisch zurückzuweisen. Es handelt sich nicht um eine rein deklaratorische Wirkung der Aufhebungsnorm.

In der der Entscheidung des Bundesverfassungsgerichtes zugrunde liegenden Fallkonstellation, wurde das rückwirkende Gesetz für unzulässig erachtet.[246] In der unional überlagerten Variante ist jedoch, wie bei der rückwirkenden Aufhebung eines Gesetzes, an die Ausnahme eines überragenden wichtigen Belanges des Gemeinwohls zu denken. Allerdings ist im Falle der rückwirkenden Klarstellung durch Gesetz eine ex-tunc Wirkung nicht unionsrechtlich geboten. Es besteht grundsätzlich keine unmittelbare Anwendbarkeit der Richtlinie, die zu einem Anwendungsvorrang vor dem nationalen Recht führen kann. Die Pflicht zur richtlinienkonformen Auslegung trifft allein die nationalen Gerichte, und zwar auch nur im Rahmen der nationalen Methodenlehre (dazu unter Teil 1, Kapitel 3, II., 2., a)). Der Gesetzgeber nimmt aus autonomen Motiven eine rückwirkende Umsetzung der Richtlinie mittels eines klarstellenden Gesetzes vor. Eine Rechtfertigung der Rückwirkung durch unionale Gebotenheit scheidet aus. Zudem sei auch daran erinnert, dass das Rückwirkungsverbot bei Gesetzen auch unionsrechtlich anerkannt ist (dazu unter Teil 3, Kapitel 11, II., 2., e), cc)).[247] Der EuGH fordert sogar die Mitgliedsstaaten auf, das Rückwirkungsverbot beim Erlass von Gesetzen im europarechtlich determinierten Bereich zu achten.[248]

3. Fazit

Daher sind insgesamt rückwirkende Umsetzungsgesetze – entweder in ihrer Reinform oder „getarnt“ als klarstellende Gesetze – regelmäßig unzulässig. Es ergeben sich keine Besonderheiten und es greifen dieselben Ausnahmen wie im rein nationalen Rechtsraum. Dies hat zur Konsequenz, dass der Rechtsprechung im Rahmen richtlinienkonformer Auslegung weiterreichendere Möglichkeiten eingeräumt werden, rückwirkend das nationale Recht an das Unionsrecht anzupassen als dem Gesetzgeber.[249] Praktische Relevanz kann das rückwirkende Gesetz nur deshalb

---

246 BVerfGE 135, 1 (21 ff.).

247 EuGH v. 12.11.1981, Rs. 212/80, Slg. 1981, 2735, Rn. 10; EuGH v. 14.07.1983, Rs. 224/82, Slg. 1983, 2539, Rn. 12; EuGH v. 29.01.1985, Rs. 234/83, Slg. 1985, 327, Rn. 20.

248 EuGH v. 26.04.2005, Rs. C-376/02, Slg. 2005, I – 3445, Rn. 34; EuGH v. 12.12.2013, Rs. C-362/12, IStR 2014, 144, Rn. 44 f. Bezieht sich allerdings auf einen Fall, bei dem durch die rückwirkende Gesetzesänderung ein Anspruch auf Steuerrückzahlung von Steuern, die entgegen dem Unionsrecht erhoben wurden, ausgeschlossen wurde, also auf eine Konstellation von unionsrechtlich nicht wünschenswerter Rückwirkung.

249 Dies ist auch ein Hauptansatzpunkt der Kritik an der Entscheidung des Bundesverfassungsgerichts. BVerfGE 135, 1 ff., zur klarstellenden Rückwirkung von Gesetzen: BVerfGE 135, 1 (29 ff.) – Sondervotum *Masing* sowie die Auseinandersetzung zwischen *Lepsius* und *Michael*, *Lepsius*, JZ 2014, 488 ff. Erwiderung durch *Michael*, JZ 2015, 425 ff. Replik durch *Lepsius*, JZ 2014, 435 ff.

erhalten, weil es den unionsrechtlichen Anforderungen an einer transparenten Umsetzung in das nationale Recht vollumfänglich Genüge tut.

In den Fällen rückwirkender, freiwilliger Richtlinienumsetzung lässt das Unionsrecht hinreichend Spielraum für die nationale Rechtsordnung, dem Vertrauen des Normunterworfenen ausreichend Rechnung zu tragen. Einer Vertrauenshaftung bedarf es grundsätzlich nicht.

Anders gestaltet sich die Rechtslage bei unmittelbar anwendbarem Unionsrecht. Hier scheidet Primärrechtsschutz im vollen Umfang aus. Eine Rückwirkung ist aufgrund des Unionsrechts geboten und auch verfassungsrechtlich gerechtfertigt. Vertrauensschutz kann nur möglicherweise durch Ersatzansprüche gewährt werden.

II. Gesetzesanpassung durch die Judikative

1. Spezifische Problematik

Nachdem im obigen Abschnitt die unionalen Grenzen der Berücksichtigung von Vertrauensschutz auf der Primärebene bei Legislativakten dargestellt wurden, soll nun eine parallele Betrachtung für judikative Anpassungen der nationalen Rechtslage im Wege richtlinienkonformer Auslegung erfolgen.[250] Die Beurteilung dieser Rechtsfrage gestaltet sich jedoch weitaus komplexer als eine legislative Auflösung der Konfliktlage, da das Gebot richtlinienkonformer Auslegung kein Instrument zur Beseitigung direkter Normkollisionen zwischen unmittelbar anwendbarem recht und nationalem Recht ist, und im Gegensatz zur unionsrechtskonformen Auslegung keine Vorstufe des Anwendungsvorranges darstellt.

Auch bei richterlicher Auslegung im Sinne des Unionsrechts besteht grundsätzlich ein Bedürfnis nach Berücksichtigung von Vertrauensschutz. Die in einer etablierten Rechtsprechung zum Ausdruck kommenden präjudiziellen Regeln können Grundlage für berechtigte Erwartungen der Normadressaten sein.[251] Die Normunterworfenen können auf den Bestand des Bedeutungsinhalts der Norm vertraut haben und durch den Bedeutungswandel einen Schaden erleiden. Damit ein solch schutzwürdiges Vertrauen überhaupt enttäuscht werden kann, muss es sich freilich um einen massiven Eingriff in den Regelungsgehalt einer Norm handeln, da eine Fortbildung des Rechts – freilich nur in Grenzen – zu den verfassungsrechtlichen Aufgaben des Richters zählt. An dieser Stelle sei nochmals daran erinnert,

---

250 Die Überlegungen zur richtlinienkonformen Auslegung sind auch auf die unionsrechtskonforme Auslegung anwendbar. Die Verpflichtung zur unionsrechtskonformen Auslegung basiert auf dem Gebot der richtlinienkonformen Auslegung s. dazu oben unter Teil 1, Kapitel 2, I., 1. und 2. Beachtung finden muss jedoch, dass es bei unionsrechtskonformer Auslegung um die Auslegung von unmittelbar anwendbarem Unionsrecht geht, welches am Vorrang teilnimmt. Eine mangelnde Konformauslegungsmöglichkeit mündet in einer Durchsetzung der Unionsvorschrift im Wege des Vorrangs.

251 *Bydlinski*, JBl. 2001, 2 (8).

dass der EuGH unter Auslegung – nach französischer Tradition – auch Rechtsfortbildung versteht, sodass der Gesetzesinterpretation weite Möglichkeiten eröffnet werden.[252] Es wird bei einem Bedeutungswandel durch die Rechtsprechung nicht nur das Vertrauen in die Kontinuität der richterlichen Auslegung erschüttert, sondern reflexartig auch das Vertrauen in das Gesetz selbst, wenn es einen bestimmten, allgemein anerkannten Regelungsgehalt aufweist. Die Änderung der Rechtsprechungslinie kommt einer Änderung des Gesetzes zumindest nahe.[253] Die Brisanz des Vertrauensschutzes bei richterlicher Auslegung ergibt sich durch die naturgegebene retrospektive Wirkung richterlicher Entscheidungen.

Im folgenden Abschnitt werden die Grenzen der Pflicht zur richtlinienkonformen Auslegung näher untersucht, um herauszuarbeiten, ob ein Spielraum für den Mitgliedsstaat besteht, Vertrauensschutz auf primärer Ebene durch Ablehnung einer richtlinienkonformen Auslegung zu gewähren. Gleichzeitig wird aber auch das Ausmaß einer Konformauslegung näher beleuchtet, um das Bedürfnis nach einem zumindest sekundären Vertrauensschutz zu untermauern. Bei diesen Ausführungen soll aber gleichzeitig nicht aus den Augen verloren werden, ob überhaupt ein berechtigtes Interesse der Normadressaten an einer Gewährung von Vertrauensschutz besteht.

Die allgemeine Zulässigkeit einer Rechtsfortbildung durch die Rechtsprechung soll nur im Überblick dargestellt werden. Der Fokus der Arbeit liegt vornehmlich auf den Folgen dieser Vorgehensweise und der Verpflichtung zur Schaffung eines Ausgleichsanspruches für den Vertrauenden. Die rechtsdogmatischen Ausführungen sollen nur der Darstellung der Problematik dienen und das Bedürfnis nach einer Vertrauenshaftung unterstreichen.

2. Grenzen der richtlinienkonformen Auslegung

a) Überblick

Die Pflicht zur richtlinienkonformen Auslegung besteht nicht uneingeschränkt, sondern ist gewissen Grenzen unterworfen.[254] Der EuGH statuiert in ständiger Rechtsprechung, dass eine richtlinienkonforme Auslegung contra legem nicht

---

252 *Roth*, EWS 2005, 385 (388 f.); *Neuner*, Die Rechtsfortbildung, in: Riesenhuber (Hrsg.), Europäische Methodenlehre, 3. Aufl. 2015, § 12 Rn. 2; *Grosche*, Rechtsfortbildung im Unionsrecht, 2001, S. 81 f.

253 *Herdegen*, WM 2005, 1921 (1931) für eine Vergleichbarkeit von Legislativ- und Judikativänderungen.

254 Dazu insbesondere: *Brechmann*, Die richtlinienkonforme Auslegung, 1996, 265 ff.; *Franzen*, Privatrechtsangleichung durch die Europäische Gemeinschaft, 1999, S. 358 ff.; *Canaris*, Die richtlinienkonforme Auslegung und Rechtsfortbildung im System der juristischen Methodenlehre, in: Koziol/Rummel (Hrsg.), Festschrift für Franz Bydlinski, 2002, S. 47 ff.; *Herrmann*, Richtlinienumsetzung durch die Rechtsprechung, 2003, S. 136 ff., die sich jeweils mit dem Regelungszweck und dem Wortlaut als Grenze isoliert beschäftigen.

unionsrechtlich gefordert sei,[255] und beschränkt damit die Pflicht zur richtlinienkonformen Auslegung auf die Grenzen der innerstaatlichen Methodenlehre.[256] Das Unionsrecht erkennt somit die innerstaatliche Methodenlehre als Grenze seiner unionalen Verpflichtung an.[257] Ein Mitgliedsstaat verletzt daher nicht seine unionsrechtlichen Obliegenheiten, wenn eine richtlinienkonforme Auslegung nach nationalem Recht unzulässig ist und er diese deshalb unterlässt[258] – dies kann aber ggf. Schadensersatzansprüche auslösen. Damit kann bereits an dieser Stelle festgehalten werden, dass anders als bei direkten Kollisionslagen potenziell unionaler Raum für eine Berücksichtigung von Vertrauensschutz auf der Primärebene bestehen kann. Maßgebend ist daher, inwieweit nach nationaler Methodenlehre die Möglichkeit besteht, Vertrauensschutz zu beachten, und in welcher Weise die Rechtsprechung von ihrem Freiraum Gebrauch macht. Dieser Maßstab der nationalen Methodenlehre bestimmt sich ausschließlich nach nationalem Recht. Der Gerichtshof betont, es sei eine Angelegenheit der Mitgliedsstaaten zu bestimmen, in wieweit nach nationaler Methodenlehre eine richtlinienkonforme Auslegung möglich ist.[259]

Neben diesen nationalen Schranken bestehen aber auch Grenzen aus dem Unionsrecht in Form der allgemeinen Rechtsgrundsätze.[260] Der Abschnitt unterteilt sich daher in eine Untersuchung der nationalen Grenzen in Form der innerstaatlichen Methodenlehre und eine Darstellung der unionalen Schranken der allgemeinen Rechtsgrundsätze. Als unionsrechtliche Grenze sind insbesondere das Vertrauensschutzprinzip und das Transparenzgebot näher zu durchleuchten. Im Rahmen der nationalen Methodenlehre soll zunächst ein knapper Überblick über die verfassungsrechtliche Fundierung der Beschränkung richterlicher Rechtsent-

---

255 EuGH v. 04.07.2006, Rs. C-212/04, Slg. 2006, I – 6057, Rn. 110; EuGH v. 15.04.2008, Rs. C-268/06, Slg. 2008, I – 2483, Rn. 103; EuGH v. 23.04.2009, Rs. C-378/07 bis C-380/07, Slg. 2009, I – 3071, Rn. 199; EuGH v. 27.02.2014, Rs. C-351/12, EuZW 2014, 435, Rn. 45; so auch schon EuGH v. 16.06.2005, Rs. C-105/03, Slg. 2005, I – 5285, Rn. 44, 47 in Bezug auf Rahmenbeschlüsse. S. auch *Roth/Jopen*, Die richtlinienkonforme Auslegung, in: Riesenhuber (Hrsg.), Europäische Methodenlehre, 3. Aufl. 2015, § 13 Rn. 29.

256 BVerfG(K) EuZW 2012, 196 (1999 f.); BGHZ 201, 101 (108 f.); *Auer*, NJW 2007, 1106 (1107); *Herresthal*, JuS 2014, 289 (290 f.); *Canaris*, Die richtlinienkonforme Auslegung und Rechtsfortbildung im System der juristischen Methodenlehre, in: Koziol/Rummel (Hrsg.), Festschrift für Franz Bydlinski, 2002, S. 47 (91).

257 Anerkannt durch die nationale Rechtsprechung etwa BGHZ 179, 27 (38 f.); BGH NJW 2013, 2674 (2678).

258 Teils wird eine Pflicht zur richtlinienkonformen Rechtsfortbildung abgelehnt s. dazu *Herrmann*, Richtlinienumsetzung durch die Rechtsprechung, 2003, S. 144, dies gewinnt vor dem Hintergrund der Gewaltenteilung an Überzeugungskraft.

259 EuGH v. 05.10.2004, Rs. C-397/01, Slg. 2004, I – 8835, Rn. 116 f.; EuGH v. 16.07.2009, Rs. C-12/08, Slg. 2009, I – 6653, Rn. 63 f.

260 EuGH v. 08.10.1987, Rs. 80/86, Slg. 1987, 3969, Rn. 13; EuGH v. 16.06.2005, Rs. C-105/03, Slg. 2005, I – 5285, Rn. 44; EuGH v. 04.07.2006, Rs. C-212/04, Slg. 2006, I – 6057, Rn. 110.

wicklung gegeben werden und deren Übertragbarkeit auf unional determinierte Rechtsverhältnisse, bevor anschließend ausführlich auf die inhaltlichen und zeitlichen Grenzen eingegangen wird. Als inhaltliche Grenzen sollen sowohl der Wortlaut als auch der Wille des Gesetzgebers als mögliche Schranke untersucht werden. Diese Einschränkung der Rechtsentwicklungsmöglichkeit des Richters bezieht sich nicht nur auf retroperspektivische Änderungen des Normverständnisses, sondern stellt auch eine Grenze für zukünftigen Bedeutungswandel dar. Daneben wird im Rahmen der zeitlichen Grenzen diskutiert werden müssen, ob sich unabhängig von der sachlichen Zulässigkeit der Fortbildung auch eine temporale Begrenzung in Form einer Beschränkung des Rechtsprechungswandels auf zukünftige Streitfälle ergeben kann.

b) Schranken aus dem nationalen Recht

aa) Verfassungsrechtliche Vorgaben

Die Grenzen der richterlichen Rechtsfortbildung beruhen auf dem Gewaltenteilungsgrundsatz, Art. 20 Abs. 2 S. 2 GG, der Gesetzesbindung des Richters, Art. 20 Abs. 3 GG und der Stellung des Richters nach Art. 97 GG. Der Richter ist nach Art. 20 Abs. 3 GG an Recht und Gesetz gebunden.[261] Alle Einflüsse außerhalb des Gesetzes sollen von ihm fernbleiben. Richterliche Rechtsfortbildung soll nicht ermöglichen, die richterlichen materiellen Gerechtigkeitsvorstellungen an die Stelle derjenigen des Gesetzgebers zu setzen.[262] Richterliche Rechtsentwicklung ist damit im Kern ein Gewaltenteilungsproblem.[263]

Bei einer unionsrechtlich determinierten Rechtsfortbildung besteht eine Besonderheit im Vergleich zur rein nationalen Rechtsfortbildung. Durch die unionsrechtliche Richtlinie werden bereits vorgefertigte Wertungen in das nationale Recht übernommen. Der Richter setzt nicht seine eigene Rechtsauffassung über die des Gesetzgebers,[264] sondern er setzt einen Akt der Legislative – wenn auch der europäischen – um.[265] Damit besteht die Gefahr der Missachtung der demokratischen Wertungen des Gesetzgebers und das Treffen politischer Ent-

---

261 St. Rsp. vgl. aus jünger Zeit BVerfG(K) EuZW 2012, 196 (198); BGH v. 29.10.2015, VIII ZR 13/12, Rn. 43 f. Bzgl. eines Überblicks über die verfassungsrechtlichen Begrenzungen der richterlichen Rechtsfortbildung: *Drechsler*, ZJS 2012, 344 (345 f.) sowie ausführlich *Franzen*, Privatrechtsangleichung durch die Europäische Gemeinschaft, 1999, S. 420 ff.

262 BVerfG(K) EuZW 2012, 196 (198).

263 BVerfGE 122, 248 (282 ff.) – Sondervotum *Voßkuhle, Osterloh* und *Di Fabio*; *Wank*, Die Auslegung von Gesetzen, 6. Aufl. 2015, S. 82.

264 Dies würde eine unzulässige Rechtsfortbildung kennzeichnen so BVerfGE 82, 6 (12).

265 *Herresthal*, JuS 2014, 289 (291) sowie *Herresthal*, Rechtsfortbildung im europarechtlichen Bezugsrahmen, 2006, S. 322 f. mit der Argumentation *Herresthal* auseinandersetzend *Schünbrand*, JZ 2007, 910 (917).

scheidungen[266] durch den Richter, bei richtlinienkonformer Rechtsfortbildung nur in einem erheblich abgeschwächten Maß.[267] Zudem wird teils vorgebracht, dass der nationale Gesetzgeber seine Regelungskompetenz im Bereich des Richtlinienrechts verloren habe und es so nicht zu einer unzulässigen Verlängerung der Entscheidung auf die Judikative kommen könne.[268] Es muss jedoch daran erinnert werden, dass die Handlungsform der Richtlinie auf einem zweistufigen Umsetzungsmodell beruht und eine innerstaatliche Anwendbarkeit des Inhalts grundsätzlich eines Umsetzungsakts des Mitgliedsstaates bedarf, bei dem noch ein Spielraum besteht. Innerhalb dieses Spielraums ist der Gesetzgeber frei in seiner Ausgestaltung.

Aber selbst wenn die Grenzen richterlicher Rechtsfortbildung im unionalen Raum gelockert sind, darf nicht vergessen werden, dass das Rechtsstaatsprinzip und damit auch der Grundsatz der Rechtssicherheit und des Vertrauensschutzes eine Grenze richterlicher Rechtsentwicklung ziehen.[269] Auch die Rechtsprechung ist gemäß Art. 20 Abs. 3 GG als Teil der öffentlichen Gewalt an das Rechtsstaatsprinzip gebunden.

bb) Grenzen nationaler Methodenlehre

(1) Wortlaut und Wille des Gesetzgebers als inhaltliche Beschränkung

(a) Dogmatische Grundlagen

Nach nationaler Methodenlehre ist eine klassische Auslegung wohl unzulässig, wenn sie gegen Wortlaut und Sinn der auszulegenden Vorschrift verstößt,[270] insbesondere wenn der Normzweck in sein Gegenteil verkehrt, oder der Norm jedweder Anwen-

---

266 Zur Unzulässigkeit *Larenz*, Methoden richterlicher Rechtsfortbildung, 6. Aufl. 1991, S. 427 f.

267 S. dazu *Baldauf*, Richtlinienverstoß und Verschiebung der Contra-legem-Grenze im Privatrechtsverhältnis, 2013, S. 206 f.

268 S. *Baldauf*, Richtlinienverstoß und Verschiebung der Contra-legem-Grenze im Privatrechtsverhältnis, 2013, S. 206 sowie S. 210 f.

269 S. dazu etwa *Herresthal*, Rechtsfortbildung im europarechtlichen Bezugsrahmen, 2006, S. 310; *Louven*, Problematik und Grenzen rückwirkender Rechtsprechung des Bundesarbeitsgerichts, 1996, S. 78 ff.

270 *Canaris*, Die richtlinienkonforme Auslegung und Rechtsfortbildung im System der juristischen Methodenlehre, in: Koziol/Rummel (Hrsg.), Festschrift für Franz Bydlinski, 2002, S. 519 (567 ff. m.w.N.); *Larenz/Canaris*, Methodenlehre der Rechtswissenschaft, 3. Aufl. 1995, S. 143; BVerfGE 71, 81 (105) spricht von im Wortlaut und Sinn einer Norm eindeutig zum Ausdruck gelangtem Willen des Gesetzgebers als Grenze der Rechtsfortbildung. Speziell zu den Grenzen richtlinienkonformer Rechtsfortbildung etwa BVerfG(K) EuZW 2012, 196 (199). S. auch insgesamt zur contra-legem Grenze: *Bydlinski*, Juristische Methodenlehre und Rechtsbegriff, 2. Aufl. 1991, S. 496 ff.; *Larenz/Canaris*, Methodenlehre der Rechtswissenschaft, 3. Aufl. 1995, S. 187 ff.

dungsbereich genommen würde[271].[272] Als absolute Grenze kann der Regelungszweck der Norm identifiziert werden.[273] Eine richtlinienkonforme Auslegung im Sinne einer nationalen Rechtsfortbildung kann ihre Schranken allerdings nicht mehr im Wortlaut finden.[274] Der Wortlaut markiert die Schwelle von Auslegung zu Rechtsfortbildung.[275] Bei richtlinienkonformer Rechtsfortbildung, wie sie vom EuGH gefordert wird, kann daher nur der Wille des Gesetzgebers als verbleibende Grenze dienen.[276] Auch bei

---

271 Dazu unten unter Teil 1, Kapitel 3, II., 2., b), bb), (1), (d).

272 Vgl. *Neuner*, Die Rechtsfindung contra legem, 2. Aufl. 2005, S. 132; s. spezifisch in Bezug auf richtlinienkonforme Rechtfortbildung: *Mörsdorf*, EuR 2009, 219 (231). Zum Ganzen ein guter Überblick über die einzelnen Ansichten im Detail bei *Franzen*, Privatrechtsangleichung durch die Europäische Gemeinschaft, 1999, S. 373 ff.

273 *Brechmann*, Die richtlinienkonforme Auslegung, 1996, S. 268, der dem Normzweck die zentrale Begrenzungsfunktion zuteilwerden lässt. Den Wortlaut als Grenze der unionalen Rechtsfortbildung ablehnend: *Herresthal*, Rechtsfortbildung im europarechtlichen Bezugsrahmen, 2006, S. 317 ff. Zur Kritik am Wortlaut als Grenze der Auslegung ausführlich *Depenheuer*, Der Wortlaut als Grenze, 1988 S. 38 ff. Eine Überschreitung des Wortlautes sowie des Normzweckes könne aber unter Umständen aufgrund übergeordneter Wertungen der Gesamtrechtsordnung geboten sein so *Larenz/Canaris*, Methodenlehre der Rechtswissenschaft, 3. Aufl. 1995, S. 251.

274 *Brechmann*, Die richtlinienkonforme Auslegung, 1994, S. 266; *Franzen*, Privatrechtsangleichung durch die Europäische Gemeinschaft, 1999, S. 374.

275 S. für die h.M. nur *Sauer*, Juristische Methodenlehre, in: Krüper (Hrsg.), Grundlagen des Rechts, 2011, § 9 Rn. 35.

276 Teils wird zwar die generelle Zulässigkeit einer richtlinienindizierten Rechtsfortbildung statuiert, da die Richtlinie zur Gesamtrechtsordnung gehöre und damit die Wertung beinhalte, dass keine unzulässige Auslegung contra legem vorliegen könne. Dem kann jedoch nicht zugestimmt werden, da das Vorliegen einer Regelungslücke sinnvollerweise nur national bestimmt werden kann, denn anderenfalls würde eine uferlose Ausweitung erfolgen, die weder mit dem Gebot der Rechtssicherheit, noch dem Gewaltenteilungsprinzip im Einklang stehen würde. So aber *Auer*, NJW 2007, 1106 (1108); kritisch: *Gsell*, JZ 2009, 522 (524), dazu auch *Hainthaler*, JZ 2015, 13 (18). Hintergrund dieser Ansicht ist, dass die Rechtsfortbildung ein systemwidriges Regelungsdefizit voraussetzt, welches am Maßstab der Gesamtrechtsordnung gemessen wird, zu der auch die Richtlinie nach Ablauf der Umsetzungsfrist gehört s. dazu: *Herresthal*, JuS 2014, 289 (292); *Canaris*, Die richtlinienkonforme Auslegung und Rechtsfortbildung im System der juristischen Methodenlehre, in: Koziol/Rummel (Hrsg.), Festschrift für Franz Bydlinski, 2002, S. 519, 557, 560 f.; dazu auch *Gebauer*, GPR 2009, 82 (84); *Franzen*, Privatrechtsangleichung durch die Europäische Gemeinschaft, 1999, S. 414, der allerdings für eine innerstaatliche und unionsrechtliche Betrachtungsweise plädiert bei der Frage, ob eine Gesetzeslücke vorliegt. Die Planwidrigkeit will *Franzen* jedoch rein nach nationalem Recht beurteilen, S. 416 ff. So auch *Herresthal*, EuZW 2007, 396 (398), der aber auf das Kriterium der Planwidrigkeit verzichten möchte *Herresthal*, EuZW 2007, 396 (398).

einer Rechtsfortbildung darf nicht der objektive konkrete Wille des Gesetzgebers überschritten werden.[277]

Der Wortlaut als Grenze einer Rechtsfindung hat damit an Bedeutung verloren[278] und kann allenfalls dann als Schranke anzuerkennen sein, wenn der Wortsinn eindeutig ist.[279] Der Grundsatz der Rechtssicherheit und des Vertrauensschutzes fordert, dass der Bürger nicht mit einer anderweitigen Regelungsabsicht des Gesetzgebers rechnen muss.[280] Freilich wird ein eindeutiger Wortlaut nur selten anzutreffen und seine Feststellung nicht immer eindeutig sein, zumal sich der Wortlaut wohl aus dem Regelungszusammenhang ergibt.

Das Bundesverfassungsgericht hat sich ebenfalls zu den inhaltlichen Grenzen einer richtlinienkonformen Rechtsfortbildung geäußert.[281] Eine verfassungsrechtlich unzulässige richterliche Rechtsfortbildung sei dadurch gekennzeichnet, dass sie – ausgehend von einer teleologischen Interpretation – den klaren Wortlaut des Gesetzes hinten anstelle, ihren Widerhall nicht im Gesetz finde und vom Gesetzgeber nicht ausdrücklich oder – bei Vorliegen einer erkennbar planwidrigen Gesetzeslücke – stillschweigend gebilligt werde. Richterliche Rechtsfortbildung überschreite die verfassungsrechtlichen Grenzen, „wenn sie deutlich erkennbare, möglicherweise sogar ausdrücklich im Wortlaut dokumentierte gesetzliche Entscheidungen abändert, oder ohne ausreichende Rückbindung an gesetzliche Aussagen neue Regelungen“[282] treffe. Der Wortlaut stelle grundsätzlich keine feste Grenze der Auslegung dar.[283]

Auch der Grundsatz des Vertrauensschutzes stehe der teleologischen Reduktion einer Norm nicht generell entgegen.[284] Das Vertrauen auf den Wortlaut einer Norm sei nicht schutzwürdig, da die Wortlautauslegung nur eine den Gerichten zur Ver-

---

277 *Weber*, Grenzen EU-rechtskonformer Auslegung und Rechtsfortbildung, 2010, S. 161 f.; a.A. *Herresthal*, EuZW 2007, 396 (399), der eine Modifikation der Grenze fordert für den Fall richtlinienkonformer Rechtsfortbildung.

278 Die Bedeutung des Wortsinns als Grenze der Auslegung ist stark eingeschränkt s. dazu ausführlich *Franzen*, Privatrechtsangleichung durch die Europäische Gemeinschaft, 1999, S. 388 ff. Im Ergebnis sieht *Franzen* nur den Wortsinn nach Ablauf der Umsetzungsfrist als Grenze an und plädiert für dessen Überwindung bei Hinzutreten weiterer richtlinienunabhängiger Wertungskriterien.

279 *Neuner*, Die Rechtsfindung contra legem, 2. Aufl. 2005, S. 90 ff., 114 f.; a.A. *Herresthal*, Rechtsfortbildung im europarechtlichen Bezugsrahmen, 2006, S. 317.

280 *Neuner*, Die Rechtsfindung contra legem, 2. Aufl. 2005, S. 114 f.; ähnlich *Herdegen*, WM 2005, 1921 (1931); *Weber*, Grenzen EU-rechtskonformer Auslegung und Rechtsfortbildung, 2010, S. 180.

281 BVerfG EuZW 2012, 196 ff. zum Fall *Heininger* s. auch BVerfG (K) ZIP 2013, 924 (926).

282 BVerfG(K) EuZW 2012, 196 (199) st. Rsp. auch schon in BVerfGE 128, 193 (210) unter Hinweis auf BVerfGE 118, 212 (243).

283 BVerfG(K) EuZW 2012, 196 (199 f.) so auch etwa BGHZ 179, 27 (34 f.); BGH NVwZ 2014, 1111 (1112).

284 BVerfG(K) EuZW 2012, 196 (200).

fügung stehende Auslegungsmethode darstelle und diese daher frei seien, eine Vorschrift auch nach dem Telos auszulegen.[285] Die vom BGH in dem Fall *Heininger* vorgenommene Rechtsfortbildung, die wohl die Grenze des Wortlautes überschritt (dazu sogleich näher unter (aa)), wurde vom Bundesverfassungsgericht nicht beanstandet.[286] Dies verdeutlicht, dass das Bundesverfassungsgericht einen weiten Maßstab anlegt, wohl um das Kooperationsverhältnis zum EuGH nicht zu gefährden und weitreichende Folgen für das nationale Recht zu vermeiden.

Damit ist nach nationaler Methodenlehre der Wortlaut in seiner Bedeutung als Grenze für die Auslegung stark in den Hintergrund gedrängt worden. Die Unabhängigkeit der Rechtsentwicklung vom Wortlaut unterstreicht die Virulenz eines Vertrauensschutzes. Der Wortlaut als klassischer Anknüpfungspunkt für das Vertrauen in ein Gesetz hat seine Schutzfunktion eingebüßt und es bedarf anderweitiger Mechanismen zur Sicherung berechtigten Vertrauens in den Norminhalt. Der Wille des Gesetzgebers als verbleibende Grenze der richterlichen Rechtsfindung markiert allein die verfassungsrechtliche Schranke der Gewaltenteilung.[287] Der gesetzgeberische Wille erweist sich dabei nach der Rechtsprechung als dehnbares Verständnis, und vermag dem Gesetz als Vertrauenstatbestand keine hinreichende Kontur mehr zu verleihen.

(b) Rechtsprechung des BGH zum Willen des Gesetzgebers

(aa) Ausgangslage

Die Rechtsprechung des BGH zur Möglichkeit einer richtlinienkonformen Auslegung nationalen Rechts hat einen Wandel erfahren.[288] Geprägt ist die rechtliche Argumentation vom Willen des Gesetzgebers[289] als Grenze einer möglichen Konformauslegung. Ziel der Auslegung ist stets die Ermittlung des Willens des Gesetzgebers. Dem althergebrachten Streitstand, ob der Wille des Gesetzgebers objektiv oder subjektiv zu ermitteln ist, kann an dieser Stelle keine eingehende Aufmerksamkeit gewidmet werden.[290] Der BGH wendet zur Fundierung eine

285 BVerfG(K) EuZW 2012, 196 (200).

286 BVerfG(K) EuZW 2012, 196(200).

287 Der erkennbare Wille des nationalen Gesetzgebers darf nicht verändert werden, s. BVerfGE 93, 37 (81) zur verfassungskonformen Auslegung. So auch *Herrmann*, Richtlinienumsetzung durch die Rechtsprechung, 2003, S. 135; *Sauer*, Juristische Methodenlehre, in: Krüper (Hrsg.), Grundlagen des Rechts, 2011, § 9 Rn. 38.

288 Die Zulässigkeit befürwortend *Pfeiffer*, NJW 2009, 412 (413).

289 Zum Willen des Gesetzgebers allgemein als Auslegungsgesichtspunkt *Wischmeyer*, JZ 2015, 957 ff. sowie spezifisch *Franzen*, Privatrechtsangleichung durch die Europäische Gemeinschaft, 1999, S. 306 ff.

290 Nach der objektiven Theorie ist der verobjektivierte Wille des Gesetzgebers maßgebend wie er sich aus dem Wortlaut der Norm und dem Sinnzusammenhang ergibt und die subjektive Theorie, stellt auf den historischen Gesetzeswillen ab, freilich gibt es auch vermittelnde Ansichten. Zum Streit zwischen objektiver und

subjektiv-teleologische Methode an, und begründet die Pflicht zur richtlinienkonformen Auslegung mit dem Willen des nationalen Gesetzgebers[291] mit dem Normerlass der Verpflichtung zur Richtlinienumsetzung nachkommen zu wollen.[292]

Ursprünglich sah der BGH in der Überschreitung des Wortsinns eine unzulässige Auslegung „contra legem",[293] mittlerweile steht der Wortlaut einer Weiterbildung des Rechts nicht mehr entgegen, solange die Überschreitung als nach allgemeinen methodischen Grundsätzen gerechtfertigt anzusehen ist.[294]

Ausgangspunkt der Rechtsprechungsentwicklung war der Vorlagebeschluss an den EuGH in der Rechtssache *Heininger.*[295] Dort sah der BGH noch die Wortlautgrenze der streitigen Norm als Hindernis einer richtlinienkonformen Auslegung an,[296] änderte aber nach der Entscheidung des EuGH[297] seine Ansicht.[298] Bei der Ermittlung des Wortsinns müsse auch der Normzweck Beachtung finden und der Wille des Gesetzgebers die Richtlinie umzusetzen.[299] Der BGH nimmt daraufhin eine einschränkende richtlinienkonforme Auslegung vor, die – je nach Sichtweise[300] – wohl die Grenze des Wortlautes überschreitet.[301] Die Bestimmung des Wortsinns könne nicht ohne Beachtung des Zweckes der Richtlinienumsetzung erfolgen.[302]

---

subjektiver Auslegungsmethode: *Engisch*, Einführung in das juristische Denken, 11. Aufl. 2010, S. 160 ff.; *Larenz/Canaris*, Methodenlehre der Rechtswissenschaft, 3. Aufl. 1995, S 137 ff.;·*Wank*, Grenzen richterlicher Rechtsfortbildung, 1978, S. 59 ff.; *Zipp*elius, Juristische Methodenlehre, 11. Aufl. 2012, S. 17 ff. Einen guten knappen Überblick bietet *Weber*, Grenzen EU-rechtskonformer Auslegung und Rechtsfortbildung, 2010, S. 23 ff.

291 Das BAG hat bereits einen Ansatz gezeigt sich vom Willen zu lösen und seine Konformauslegung auf die europarechtliche Verpflichtung zur Richtlinienumsetzung gestützt und eine Norm konform ausgelegt, obwohl der Gesetzgeber noch keine Richtlinienumsetzung vorgenommen hatte BAG NZA 1996, 998 (1002).

292 S. dazu *Brechmann*, Die richtlinienkonforme Auslegung, 1996, S. 124.

293 BGH NJW 2004, 154 (155 f.).

294 BGHZ 179, 27 (34 f.) s. auch *Pfeiffer*, NJW 2009, 412 (413), der eine Ausweitung über den Wortlaut auch als unionsrechtlich geboten ansieht.

295 Ausführlich dazu *Suhr*, Richtlinienkonforme Auslegung im Privatrecht und nationale Auslegungsmethodik, 2011, S. 224 ff.

296 BGH NJW 2000, 521 (522) sowie BGH NJW 2006, 3200 (3201).

297 EuGH v. 13.12.2001, Rs. C-481/99, Slg. 2001, I – 9945 ff.

298 BGHZ 150, 248 (254).).

299 BGHZ 150, 248 (254 ff.).

300 So *Baldauf*, Richtlinienverstoß und Verschiebung der Contra-legem-Grenze im Privatrechtsverhältnis, 2013, S. 179; *Herdegen*, WM 2005, 1921 (1921 f.); s. bzgl. weiterer Nachweise für beide Seiten *Schinkels*, JZ 2011, 394 (396 Fn. 33).

301 BGHZ 150, 248 ff.

302 BGHZ 150, 248 (253 ff.); s. auch BGHZ 152, 331 (334 f.); erneut in: BGHZ 159, 280 (284 f.) sowie BGHZ 192, 148 (159).

In der *Quelle*-Nachfolgeentscheidung erkennt der BGH[303] offen eine die Wortlautgrenze überschreitende richtlinienkonforme Rechtsfortbildung extra legem im Wege der teleologischen Reduktion zur Schließung einer verdeckten Regelungslücke an.[304]

Auch dieser Entscheidung ging eine konträre Ansicht des BGH voraus. Er postulierte, eine teleologische Reduktion verstoße gegen den Wortlaut und den erklärten Willen des Gesetzgebers.[305] Diese Rechtsansicht erfuhr jedoch einen Sinneswandel nach der Entscheidung des EuGH.[306] Neben die richtlinienkonforme Auslegung trete auch das Institut der Rechtsfortbildung im Sinne der Richtlinie.[307] Der BGH wahrt dabei aber noch Zurückhaltung und erkennt die Möglichkeit einer derartigen Rechtsfortbildung nur in dem Fall an, dass der Gesetzgeber den Inhalt der Richtlinie mit der Norm umsetzen wollte, dies aber aus Unfähigkeit nicht vermochte.[308] Ein konkret geäußerter spezifischer Konformitätswille des Gesetzgebers legitimiere eine solche Rechtsfortbildung.[309]

Eine Weiterentwicklung des nationalen Rechts gegen den ausdrücklichen Willen des Gesetzgebers zur Umsetzung der Richtlinie bleibt unzulässig – freilich wird dies nur äußerst selten vorliegen.[310] Zudem kann aber auch nicht der allgemeine Willen des Gesetzgebers unterstellt werden, stets Richtlinien umsetzen zu wollen. Der Gesetzgeber muss die Problematik erkannt haben und Willens gewesen sein das Recht der Richtlinie anzupassen.[311]

(bb) Der generelle Umsetzungswille

Neuerlich scheint der BGH fast sämtliche Zurückhaltung abgelegt zu haben: Er will im Vergleich zum Grundsatzurteil in der Rechtssache *Quelle* nun wohl auch dann eine planwidrige Regelungslücke annehmen, wenn sich der Gesetzgeber zwar nicht explizit zur Richtlinienkonformität geäußert hat – anders in der Ent-

---

303 BGHZ 179, 27 ff. auch in dieser Rechtssache sah der BGH die Rechtslage noch anders vor der Entscheidung des EuGH und erachtete die streitige Norm – aufgrund des klaren Wortlautes – der richtlinienkonformen Auslegung für nicht zugänglich.

304 BGHZ 179, 27 (34 ff. insbes. 36 f. sowie Ls. b.)); BCHZ 192, 148 (161 ff.); BGHZ 201, 101 (109).

305 BGH NJW 2006, 3200 (3201).

306 EuGH v. 17.04.2008, Rs. C-404/06, Slg. 2008, I – 2685 ff.

307 BGHZ 179, 27 (34 f.).

308 BGHZ 179, 27 (36 f.); BGHZ 192, 148 (162 f.); BGH NVwZ 2014, 1111 (1112); BGHZ 201, 101 (110). Zur Entscheidung *Quelle* und dem Konformitätswillen auch *Suhr*, Richtlinienkonforme Auslegung im Privatrecht und nationale Auslegungsmethodik, 2011, S. 238 ff.

309 *Pfeiffer*, NJW 2009, 412 (412).

310 S. dazu *Mörsdorf*, EuR 2009, 219 (230).

311 Dazu *Pfeiffer*, NJW 2009, 412 (412). S. bzgl. Nachweise aus dem Schrifttum, die sich gegen die Relevanz des Umsetzungswillens wenden *Herresthal*, JuS 2014, 289 (293).

scheidung *Quelle* –, sondern stillschweigend von der Richtlinienkompatibilität ausgegangen ist.[312] Dies könne als genereller Umsetzungswille des Gesetzgebers verstanden werden.[313] Schon in seiner ersten Entscheidung *Heininger* erkennt man bei sorgsamer Analyse, dass der BGH bereits hier eine – nach eigenen Aussagen – richtlinienkonforme Auslegung vorgenommen hat unter geringeren Anforderungen an den Gesetzgeberwillen. Der Senat begründete seine Auslegung mit einem hypothetischen Willen des Gesetzgebers, die Richtlinie korrekt umzusetzen.[314] Der BGH „fingiert damit (...) einen generellen Umsetzungswillen des Gesetzgebers bei unbewussten Umsetzungsverstößen“[315]. Bei einer Vermutung des generellen Umsetzungswillens von Umsetzungsgesetzen trägt derjenige das Risiko, welcher darauf vertraut hat, dass der Gesetzgeber bewusst von der Richtlinie abgewichen ist.[316]

Diese Argumentationslinie des BGH im Hinblick auf die Fiktion des Umsetzungswillens befindet sich rechtdogmatisch auf sehr dünnem Eis. Die Tendenz zum generellen gesetzgeberischen Willen zur Umsetzung mag eine Stütze in höchstgerichtlicher Rechtsprechung gefunden haben. Das Bundesverfassungsgericht erkannte an, „dass der Gesetzgeber im Zweifel nicht gegen seine Pflicht aus Art. 288 Abs. 3 AEUV, das Ziel der Richtlinie fristgemäß umzusetzen, verstoßen wollte“[317]. Auch der EuGH geht zumindest in den Fällen, dass die Richtlinie vom Gesetzgeber umgesetzt wurde und dieser dabei vom Gestaltungsspielraum Gebrauch gemacht hat, davon aus, dass er die Absicht hatte, eine solche Regelung zu schaffen, die der unionsrechtlichen Verpflichtung vollumfänglich nachkommt.[318] Dies kann jedoch keinesfalls über eine unzulässige Ausweitung der Methodenlehre zum Zwecke der Verhinderung von Vertragsverstößen hinwegtäuschen.

Die dogmatische Perversion wird jedoch noch weiter gesteigert: Die Fiktion des Umsetzungswillens wird kombiniert mit einer Vorrangigkeit des Willens zur

312 BGHZ 192, 148 (163), der konkrete Bezug zum Gesetzgeberwillen wird aber über § 439 III 3 BGB vermittelt.

313 S. *Baldauf*, Richtlinienverstoß und Verschiebung der Contra-legem-Grenze im Privatrechtsverhältnis, 2013, S. 190 f. Allg. kritisch zum generellen Umsetzungswillen *Franzen*, JZ 2003, 321 (324).

314 BGHZ 150, 248 (257).

315 *Baldauf*, Richtlinienverstoß und Verschiebung der Contra-legem-Grenze im Privatrechtsverhältnis, 2013, S. 178.

316 Vgl. *Schulte-Nölke/Busch*, in: Mittelbare horizontale Direktwirkung von umgesetzten EG-Richtlinien, in: Heldrich/Prölss/Koller (Hrsg.), Festschrift für Claus-Wilhelm Canaris zum 70. Geburtstag, Bd II, 2007, S. 795 (806).

317 BVerfG(K) EuZW 2012, 196 (199). S. bzgl. der fraglichen Bedeutung dieser Aussage *Baldauf*, Richtlinienverstoß und Verschiebung der Contra-legem-Grenze im Privatrechtsverhältnis, 2013, S. 202 f.

318 EuGH v. 05.10.2004, Rs. C-397/01 bis C-403/01, Slg. 2004, I – 8835, Rn. 112. Gedanke angelegt schon etwa in EuGH v. 16.12.1993, Rs. C-334/92, Slg. 1993, I – 6911, Rn. 20. Diese Aussage macht sich auch der BGH zur Rechtfertigung seiner Rechtsfortbildung außerhalb der Methodenlehre zu eigen, etwa in: BGHZ 201, 101 (112).

Umsetzung der Richtlinie vor der konkreten Regelungsabsicht. So führt der BGH explizit aus: „Strebt der Gesetzgeber eine richtlinienkonforme Umsetzung an, ist diesem – wenn auch möglicherweise unvollkommen verwirklichten – Zweck Vorrang vor der mit der Einzelnorm verfolgten Zielrichtung zu geben“[319]. Schon in der Rechtssache *Heininger* wurde die Auslegung entgegen dem konkreten Willen des Gesetzgebers vorgenommen.[320]

In der *Quelle*-Nachfolgeentscheidung beruht die Rechtfertigung der Rechtsfortbildung auf einem Vorrang des konkret geäußerten Umsetzungswillens vor der Regelungsabsicht, da die gefundene Norminterpretation gegen den Gesetzeswillen verstieß. Aus den Gesetzgebungsmaterialien ging hervor, dass der Gesetzgeber eine Wertersatzpflicht bei Nacherfüllung normieren wollte.[321]

Neuerdings scheint sich der BGH von jedweden verfassungsrechtlichen Fesseln befreit zu haben, und nimmt eine rückwirkende Rechtsfortbildung sogar vor, obwohl der Gesetzgeber die Richtlinie mit seinem Umsetzungsgesetz nur ex-nunc in das nationale Rechtssystem integrieren wollte.[322] Der Wille des Gesetzgebers wird nicht nur materiell in Form einer teleologischen Reduktion – teils sogar auf Null – ignoriert, sondern ebenfalls die explizite Wertentscheidung über den Geltungszeitpunkt der Rechtsänderung. Dies übersteigt nun endgültig eklatant die Grenzen verfassungsrechtlich zulässiger Rechtsfortbildung, wenn die Judikative die legislative Richtlinienumsetzung nach eigenem Gusto neu gestaltet.[323]

(cc) Kritische Würdigung

Diese Auswüchse erscheinen höchst problematisch aus Sicht der nationalen Methodenlehre. Rechtsfortbildung setzt eine planwidrige Regelungslücke als planwidrige Unvollständigkeit des Gesetzgebers voraus.[324] Diese Gesetzeslücke liegt vor, wenn der Wortsinn eine Regelung nicht enthält, obwohl sie aufgrund der immanenten Teleologie des Gesetzes zu erwarten gewesen wäre.[325] Maßstab für das Feststellen einer Lücke ist die Rechtsordnung in ihrer Gesamtheit.[326] Auch bei der Rechtsfortbildung ist somit der gesetzgeberische Regelungswille maßgeblich. Als unzulässig ist eine Rechtsfortbildung anzusehen, wenn sie gegen die gesetzgeberische Zweck-

---

319 BGHZ 201, 101 (112).

320 BGH NJW 2000, 521 (522).

321 Dies ablehnend *Sauer*, Staatsrecht III, 3. Aufl. 2015, § 9 Rn. 36; ebenfalls kritisch zum Vorgehen in der Rechtssache *Quelle Streinz*, Europarecht, 9. Aufl. 2012, Rn. 501.

322 BGHZ 201, 101 ff. sowie BGH v. 17.12.2014, IV ZR 260/11. Zu der Problematik *Michael*, Der Staat 54 (2015), 349 ff. (insbes. 355 ff.).

323 So auch *Michael*, Der Staat 54 (2015), 349 (etwa 356).

324 *Larenz/Canaris*, Methodenlehre der Rechtswissenschaft, 3. Aufl. 1995, S. 191 ff.

325 *Canaris*, Die Feststellung von Lücken im Gesetz, 1964, S. 39.

326 *Canaris*, Die Feststellung von Lücken im Gesetz, 1964, S. 38; zustimmend: *Neuner*, Die Rechtsfindung contra legem, 2. Aufl. 2005, S. 83.

setzung verstößt.[327] Damit kann die nationale Methodenlehre keine Überlagerung des konkreten Gesetzeswillens durch andere Wertungsgesichtspunkte ermöglichen.

Fragwürdig erscheint eine Rechtsfortbildung aber auch, wenn kein konkreter Umsetzungswille geäußert wurde.[328] Rechtsdogmatische Bedenken bestehen umso mehr im Falle eines unbewussten Richtlinienverstoßes, wenn also keine Aussage bezüglich eines konkreten Konformitätswillens getroffen wurde, der potenziell die Fortentwicklung rechtfertigen könnte.[329] Dies erschütterte den BGH jedoch nicht, und er berief sich auf den generellen Konformitätswillen, der Vorrang vor der konkreten Regelungsabsicht genieße.[330] Der Gesetzgeber hatte sich nicht explizit zur Richtlinienkonformität geäußert, sondern war stillschweigend von einer Kompatibilität ausgegangen. Der Senat nahm daher eine Rechtsfindung vor, obwohl der konkrete objektive Gesetzeswille nicht diese Auslegungsvariante erfasste.[331]

Eine weiterreichende generelle Vermutung des Umsetzungswillens des Gesetzgebers in Kombination mit dem Vorrang vor dem konkreten Willen führt zu einer uferlosen Rechtsfortbildung,[332] die die verfassungsrechtlichen Grenzen zwischen Judikative und Legislative überschreitet. Daher sind die Ansichten aus der Literatur,[333] die sogar eine Pflicht zur Konformauslegung von Umsetzungsgesetzen – bei denen der Gesetzgeber der unionalen Verpflichtung nachkommen wollte, oder absichtlich sowie irrtümlich die bestehende Gesetzeslage nicht geändert hat, weil er sie für richtlinienkonform gehalten, oder eine Kollision mit Richtlinienrecht schlicht verkannt hatte – anerkennen und eine Grenze allein im eindeutigen Wortlaut sehen, und damit die Regelungsabsicht hinten anstehen lassen, abzulehnen.[334]

---

327 *Rüthers/Fischer/Birk*, Rechtstheorie, 8. Aufl. 2015, Rn. 949 ff.; *Looschelders/Roth*, JZ 1995, 1034 (1044 f.); *Larenz/Canaris*, Methodenlehre der Rechtswissenschaft, 3. Aufl. 1995, S. 232 ff. sowie zur gesetzesübersteigenden Rechtsfortbildung.

328 So in BGHZ 192, 148 ff.

329 So auch *Suhr*, Richtlinienkonforme Auslegung im Privatrecht und nationale Auslegungsmethodik, 2011, S. 278 ff.; a. A. *Schulte-Nölke/Busch*, in: Mittelbare horizontale Direktwirkung von umgesetzten EG-Richtlinien, in: Heldrich/Prölss/Koller (Hrsg.), Festschrift für Claus-Wilhelm Canaris zum 70. Geburtstag, Bd II, 2007, S. 795 (796).

330 BGHZ 201, 101 (112).

331 BGHZ 192, 148 (163 ff.).

332 *Lorenz*, in: Rixecker/Säcker (Hrsg.), Münchener Kommentar zum Bürgerlichen Gesetzbuch, Bd 3, 6. Aufl. 2012, Vorb. § 474 Rn. 3 der daher an die Feststellung des Konformitätswillens strenge Anforderungen stellen möchte.

333 Etwa *Brechmann*, Die richtlinienkonforme Auslegung, 1996, S. 269 f.; *Kroll-Ludwigs/Ludwigs*, ZJS 2009, 123 (127). Für eine Vermutung bei Umsetzungsgesetzen auch *Franzen*, Privatrechtsangleichung durch die Europäische Gemeinschaft, 1999, S. 303 sowie S. 314. Aufgrund des vermuteten Willens des nationalen Gesetzgebers sei die Konformauslegung auch nach nationaler Methodenlehre geboten.

334 Ebenfalls gegen die Vermutung, dass ein Umsetzungsgesetz unionsrechtskonform auszulegen ist, weil ein Umsetzungswille des Gesetzgebers anzunehmen sei *Höpfner*, Die systemkonforme Auslegung, 2008, S. 255 ff.

Eine richtlinienkonforme Auslegung ist auch bei geäußertem Umsetzungswillen des Gesetzgebers abzulehnen, wenn er eine der Richtlinie entgegenstehende Regelungsabsicht hatte.[335]

Selbst dem konkret geäußerten Umsetzungswillen kann nur begrenzte Aussagekraft beigemessen werden, da der Gesetzgeber den Umfang der unionalen Verpflichtung nicht zum Zeitpunkt der Umsetzung vollumfänglich erkennen konnte. Der EuGH konkretisiert grundsätzlich rückwirkend den genauen Regelungsinhalt der Richtlinie, dies kann auch erst Jahre nach Ablauf der Umsetzungsfrist erfolgen. Dieser Norminhalt kann mit dem Verständnis des Gesetzgebers zum Zeitpunkt der Umsetzung nicht konform gehen. Auch ein konkreter Umsetzungswille kann daher zu einer reinen Fiktion verkommen.[336] Diesen Zustand nimmt *Herresthal* zum Anlass, um die aktuelle Wertentscheidung des Gesetzgebers als Grenze der Rechtsfortbildung zu postulieren.[337] Durch den unionalen Einfluss könne unter bestimmten Umständen die Wertentscheidung des Gesetzgebers an Aktualität verlieren. Ein Gesetz etwa aus der Zeitspanne vor der Richtlinienverpflichtung weise keinen aktuellen Willen mehr auf und könne daher konform fortgebildet werden.[338] Bei Gesetzen aus der Zeit nach der Entstehung der unionalen Verpflichtung mangele es an der Aktualität erst dann, „wenn keine für die Reichweite der nationalen Norm quantitativ oder qualitativ wesentliche, abweichende Auslegung oder Konkretisierung des Gemeinschaftsrechts erfolgt, sodass Reichweite oder Intensität der Rechts(setzungs)pflicht nun von dem Verständnis abweicht, das der nationale Gesetzgeber und die folgende Objektivierung seiner Wertungsentscheidung zugrunde gelegt haben".[339] Zudem sei die Ablehnung der Umsetzung ebenfalls nicht mehr aktuell, wenn sich die unionalen Vorgaben so wesentlich verändert haben, dass sie nun nicht mehr dem Verständnis entsprechen, welches der Gesetzgeber bei der Ablehnung seiner Umsetzungsverpflichtung zugrunde gelegt hatte.[340] Diese Ableitung des Aktualitätsbezuges allein aus der unionalen Überlagerung scheint zwar ein alternativer Ansatz zu sein, gibt dem Kind aber nur einen neuen Namen. Faktisch unterstellt auch dieser Ansatz einen generellen Umsetzungswillen – wie die Rechtsprechung – und setzt sich über die konkrete Regelungsabsicht hinweg. Daher überschreite auch dieses Begründungsmodell – ebenso wie der BGH – die Grenzen des Gewaltenteilungsprinzips. Es ist Aufgabe des Gesetzgebers die neue unionale Wertentscheidung in das nationale Gesetzessystem zu integrieren.

---

335 *Sauer*, Staatsrecht III, 3. Aufl. 2015, § 9 Rn. 36; *Weber*, Grenzen EU-rechtskonformer Auslegung und Rechtsfortbildung, 2010, S. 163 ff., insbes. 165.

336 Gedanke bei *Höpfner*, Die systemkonforme Auslegung, 2008, S. 258 sowie *Franzen*, Privatrechtsangleichung durch die Europäische Gemeinschaft, 1999, S. 312 f.

337 *Herresthal*, Rechtsfortbildung im europarechtlichen Bezugsrahmen, 2006, S. 328 ff.

338 *Herresthal*, Rechtsfortbildung im europarechtlichen Bezugsrahmen, 2006, S. 329 f.

339 *Herresthal*, Rechtsfortbildung im europarechtlichen Bezugsrahmen, 2006, S. 330.

340 *Herresthal*, Rechtsfortbildung im europarechtlichen Bezugsrahmen, 2006, S. 331 ff.

Erfreulicherweise scheint der BGH zumindest wieder einen Schritt auf den rechten Pfad der verfassungsrechtlichen Tugend der Gewaltenteilung gemacht zu haben, als er in einer kürzlich ergangenen Entscheidung betonte: „Der Grundsatz der richtlinienkonformen Auslegung nationalen Rechts findet dort seine Grenze, wo die nationale Vorschrift nicht richtlinienkonform ausgelegt werden könnte, ohne dabei die Grenzen der verfassungsrechtlichen Bindung des Richters an das Gesetz zu sprengen. Eine richtlinienkonforme Auslegung setzt daher voraus, dass durch eine solche Auslegung der erkennbare Wille des Gesetz- oder Verordnungsgebers nicht verändert wird, sondern die Auslegung seinem Willen (noch) entspricht“[341]. Dem folgend lehnt der BGH hier eine richtlinienkonforme Auslegung ab. Eine Rechtsfortbildung dürfe nicht vorgenommen werden, wenn der Wille des nationalen Gesetzgebers überschritten würde und erkennbaren Veränderungen unterzogen werde. Eine richtlinienkonforme Auslegung müsse stets noch dem Gesetzeswillen entsprechen.[342] Im vorliegenden Fall ergab sich aus den Gesetzgebungsmaterialien, dass der Gesetzgeber mit der Norm nicht die Richtlinie umsetzen, sondern vielmehr dies dem Verordnungsgeber überlassen wollte.[343] Ob die Entscheidung einen Richtungswandel in der Rechtsprechung des BGH begründet, bleibt abzuwarten. Das Judikat war womöglich der Sondersituation geschuldet, dass der Umsetzungswille nicht auf die konkrete Norm bezogen war.[344] Der BGH hatte sich in seiner bisherigen Judikatur bereits mehrfach konträr zu diesen Leitlinien verhalten und entgegen dem Gesetzeswillen das Recht fortgebildet.

Die Anknüpfung der Rechtsprechung an den Willen des Gesetzgebers zur Umsetzung der Richtlinie wird vor weitere Probleme gestellt, wenn der Gesetzgeber keinen Umsetzungsakt zur Richtlinie erlassen hat und insbesondere, wenn die Richtlinie in den Regelungsgehalt einer Norm fällt, die bereits vor Inkrafttreten der Richtlinie bestand. Die Umsetzungsverpflichtung einer Richtlinie bezieht sich nicht nur auf den Erlass von Umsetzungsvorschriften, sondern auch auf die Herstellung von Kompatibilität mit bestehendem nationalen Recht. Das Konformitätsgebot erfasst das gesamte nationale Recht und nicht nur etwaige Umsetzungsakte. Alle Normen sind im Lichte der Richtlinie auszulegen.[345] Das Gebot zur richtlinienkonformen Auslegung ist unabhängig von einem gesetzgeberischen Umsetzungsakt.[346]

---

341 BGH ZIP 2015, 2226 (2226 Ls. 3).

342 BGH ZIP 2015, 2226 (2230).

343 BGH ZIP 2015, 2226 (2230 f.).

344 Allerdings hatte der BGH bereits in einem ähnlich gelagerten Fall eine Konformauslegung angenommen: BGHZ 201, 101 (109 ff.).

345 EuGH v. 10.04.1984, Rs. 14/83, Slg. 1984, 1891, Rn. 26; EuGH v. 27.06.2000, Rs. C-240/98 his C-244/98, Slg. 2000, I – 4941, Rn. 30; EuGH v. 05.10.2004, Rs. C-397/01 bis C-403/01, Slg. 2004, I – 8835, Rn. 115.

346 Anderenfalls würde die Wirksamkeit des Unionsrechts beeinträchtigt *Obwexer*, in: von der Groeben/Schwarze/Hatje (Hrsg.), Europäisches Unionsrecht, Bd I, 7. Aufl. 2015, Art. 4 EUV Rn. 116; a.A. *Hilf*, EuR 1993, 1 (10 f.), der dies in Bezug auf die Belastung Privater ablehnt.

In derartigen Fällen scheidet ein Rekurs – wie in der *Quelle*-Nachfolgeentscheidung – auf den konkret geäußerten Umsetzungswillen des Gesetzgebers aus,[347] da der Gesetzgeber keine Umsetzung vorgenommen hat.[348] Eine Rechtsfortbildung kann nur mit einem generellen Umsetzungswillen des Parlaments,[349] unionsrechtliches Recht mit Ablauf der Umsetzungsfrist auch gemäß der Verpflichtung umsetzen zu wollen, begründet werden.[350]

Sicherlich kann von einem solchen Willen nicht ausgegangen werden, wenn der Gesetzgeber sich bewusst gegen die Umsetzung der Richtlinie wehrt.[351] Eine richtlinienkonforme Auslegung ist in derartigen Fallkonstellationen nach nationaler Methodenlehre nicht möglich.[352] Der Umsetzungswille würde bei seiner umfassenden Generalisierung, auch unabhängig von Umsetzungsgesetzen, zu einer bloßen Fiktion verkümmern.[353]

Die Anknüpfung an den Willen des Gesetzgebers zur Umsetzung ist auch Ansatzpunkt für die Kritik aus dem Schrifttum,[354] welche eine Rechtsfortbildung unabhängig von dem Gesetzgeberwillen fordert, zumal diese ebenfalls unionsrechtlich geboten sei.[355]

---

347 Der BGH hatte in der Entscheidung auf die Gesetzgebungsmaterialien zurückgegriffen und damit einen konkreten Umsetzungswillen begründet: BGHZ 179, 27 (35 ff.).

348 So im Fall BAGE 130, 119 (138) und BGH NJW 2013, 2674 (2678 f.).

349 S. dazu *Baldauf*, Richtlinienverstoß und Verschiebung der Contra-legem-Grenze im Privatrechtsverhältnis, 2013, S. 178.

350 Wohl eine Vermutung des gesetzgeberischen Umsetzungswillens annehmend beim Erlass von Normen nach Ablauf der Umsetzungsfrist *Mörsdorf*, EuR 2009, 219 (230). Zu Fragen des generellen Umsetzungswillens des Gesetzgebers *Baldauf*, Richtlinienverstoß und Verschiebung der Contra-legem-Grenze im Privatrechtsverhältnis, 2013, S. 151 ff.

351 Vgl. *Mörsdorf*, EuR 2009, 219 (230); implizit BGHZ 179, 27 (36 f.); BGHZ 192, 148 (163).

352 S. etwa *Brechmann*, Die richtlinienkonforme Auslegung, 1996, S. 269.

353 *Höpfner*, Die systemkonforme Auslegung, 2008, S. 257.

354 Diese Schwächen der Rechtsprechung, dass nur Umsetzungsgesetze fortgebildet werden können, kritisierend: *Brechmann*, Die richtlinienkonforme Auslegung, 1994, S. 124; *Jarass*, EuR 1991, 211 (217); *Franzen*, Privatrechtsangleichung durch die Europäische Gemeinschaft, 1999, S, 305.

355 S. dazu *Herresthal*, JuS 2014, 289 (293); *Canaris*, Die richtlinienkonforme Auslegung und Rechtsfortbildung im System der juristischen Methodenlehre, in: Koziol/Rummel (Hrsg.), Festschrift für Franz Bydlinski, 2002, S. 47 (85); kritisch zum Kriterium des Gesetzgeberwillens auch *Gsell*, JZ 2009, 522 (523 ff.). *Brechmann* schlägt vor, die Regelungsabsicht vor dem Hintergrund der Umsetzungsverpflichtung zu modifizieren, um eine Konformauslegung ohne Umsetzungswillen zu ermöglichen: *Brechmann*, Die richtlinienkonforme Auslegung, 1996, S. 271, allerdings sei bei hoheitlichen belastenden Maßnahmen der Vertrauensschutz höher zu gewichten, sodass in derartigen Fällen eine richtlinienkonforme Auslegung nicht möglich sei, dazu S. 277 f.

Methodisch wünschenswert und notwendig ist es, die Rechtsfortbildung vom – mehr oder weniger – konkreten Umsetzungswillen des Gesetzgebers zu lösen, da dieses Kriterium mehr Probleme schafft als es löst. Maßgebend für eine Rechtsfortbildungsmöglichkeit kann nur sein, ob der unional gebotene Regelungsinhalt noch dem objektivierten Willen des Gesetzgebers entnommen werden kann, wenn die unionsrechtliche Auslegung mit dem Normzweck im Einklang steht.[356] Diesen Weg hat auch das BAG bestritten, auch wenn in diesem Fall die streitige Norm eigentlich nicht nach dem Willen des Gesetzgebers den unionsrechtlich geregelten Sachverhalt abdeckte und das BAG sich damit behelfen musste darauf abzustellen, dass die unionsrechtlichen Wertungen mit dem gesundheitspolitischen Verständnis des nationalen Gesetzgebers vereinbar seien.[357] Der objektive Wille des Gesetzgebers werde jedoch nicht als absolute Grenze angesehen, sondern könne bei einem fundamentalen Wertewandel, der zu erheblichen Wertungswidersprüchen führe, überwunden werden.[358]

(c) Zwischenfazit

Zusammenfassend kann also festgehalten werden, dass die nationale Rechtsprechung sich am – teils generellen – Umsetzungswillen des Gesetzgebers orientiert, und diesem gegenüber der Regelungsabsicht Vorrang einräumt. Eine Konformauslegung ist daher nur insoweit möglich, wie ein Umsetzungsgesetz besteht. Eine generelle Vermutung eines gesetzgeberischen Willens, der auch bei Nichtumsetzungsakten, oder sogar bei unterlassener Richtlinienumsetzung fingiert wird, besteht noch nicht. Die Generalisierung des Umsetzungswillens ist bereits isoliert dogmatisch problematisch, wird jedoch dadurch verstärkt, dass diesem ein Vorrang vor der konkreten Regelungsabsicht eingeräumt wird. Ein konkreter Regelungswille des Gesetzgebers kann jedoch nicht durch den Umsetzungswillen, auch in konkret geäußerter Form, ersetzt werden. Es ist geboten, auch bei der Richtlinienumsetzung auf den konkreten objektivierten Willen des Gesetzgebers abzustellen.

Diese starke Ausdehnung der Methodenlehre durch die Rechtsprechung unterstreicht das Bedürfnis nach einer nationalen Vertrauenshaftung in zweierlei Hinsicht. Zum einen wird das Schutzbedürfnis sichtbar, zum anderen vermag ein Haftungsanspruch die Rechtsprechungslinie wieder einzufangen und auf ein moderates Maß zu begrenzen.

---

356 So auch geschehen im Fall BAGE 130, 119 (138). Es wurde eine Vorschrift, die bereits vor Erlass der Richtlinie bestand konform ausgelegt, da die Regelungsabsicht des nationalen Gesetzgebers sich mit dem Richtlinieninhalt deckte.

357 BAGE 130, 119 (135 ff.). Dazu kritisch *Schaer*, Rechtssicherheit und Vertrauensschutz als Grenzen rückwirkender Rechtsprechung im europäischen Arbeitsrecht, 2010, S. 196.

358 Dazu *Herresthal*, Rechtsfortbildung im europarechtlichen Bezugsrahmen, 2006, S. 326, aber hier wohl eine restriktive Handhabung vornehmend.

(d) Teleologische Reduktion auf Null als absolute Grenze

Als absolute inhaltliche nationale Grenze der Rechtsfortbildung ist das Verbot einer Derogation des Norminhaltes durch die Rechtsprechung anzusehen. Die Rechtsfortbildung darf keine inhaltsleeren Normen hervorbringen im Wege einer teleologischen Reduktion auf Null. Eine richtlinienkonforme Auslegung kann nicht die Norm in ihrem gesamten Regelungsgehalt außer Kraft setzen. Dies widerspricht dem Regelungswillen des Gesetzgebers und übersteigt die Grenze des Gewaltenteilungsprinzips. Die Aufhebung einer Norm obliegt einzig dem Gesetzgeber.[359]

Die Rechtsprechung wurde bereits mit der Problematik konfrontiert, sah jedoch – teils unberechtigterweise – von einer Stellungnahme ab. In der Rechtssache *Quelle* wurde zwar der Norminhalt durch eine teleologische Reduktion ausgehebelt, aber die Vorschrift verblieb nicht vollständig bedeutungslos. Sie besah weiter einen Anwendungsbereich für Kaufverträge, die nicht der Verbrauchgüterkaufrichtlinie unterfallen. Daher konnte der Senat auch die Frage offenlassen, ob eine teleologische Reduktion auf Null noch mit der Methodenlehre vereinbar ist.[360] Im Fall *Heininger* gelangte der BGH jedoch zu einer „einschränkenden Auslegung“, die keinen nennenswerten Anwendungsbereich der Norm mehr hinterließ,[361] bestritt jedoch gleichzeitig die faktische Derogation der Vorschrift und wischte das Problem beiseite.[362] Zu einer glasklaren Derogation kam es allerdings in einer Rechtssache aus dem Jahre 2014. Der BGH schenkte den verfassungsrechtlichen Bedenken keine vermehrte Aufmerksamkeit: „(Es) ergeben sich (...) keine durchgreifenden Bedenken daraus, dass die richtlinienkonforme Auslegung hier (...) zur vollständigen Aufhebung der (...) getroffenen Regelung führt.“[363].

---

359 Zu dieser Frage *Weber*, Grenzen EU-rechtskonformer Auslegung und Rechtsfortbildung, 2010, S. 170 ff., der eine Konformauslegung zum inhaltsleeren Gesetz ablehnt; so auch: *Mörsdorf*, EuR 2009, 219 (231); *Krieger*, Die gemeinschaftsrechtskonforme Auslegung des deutschen Rechts, 2005, S. 355; ähnlich *Canaris*, Die richtlinienkonforme Auslegung und Rechtsfortbildung im System der juristischen Methodenlehre, in: Koziol/Rummel (Hrsg.), Festschrift für Franz Bydlinski, 2002, S. 47 (97); *Jarass/Beljin*, JZ 2003, 768 (775); a.A. *Herresthal*, Rechtsfortbildung im europarechtlichen Bezugsrahmen, 2006, S. 321 f., der im unionalen Bereich noch zusätzliche Gesichtspunkte für die Zulässigkeit sieht; *Suhr*, Richtlinienkonforme Auslegung im Privatrecht und nationale Auslegungsmethodik, , 2011, S. 298 ff. mit ausführlicher Erörterung. Differenzierend: *Michael*, Der Staat 54 (2015), 349 (358 ff., insbes. 365 f.), der eine Abwägung vornehmen möchte. Berechtigt ist sein Hinweis auf die Wertung des Art. 100 I GG, s. S. 363. Hinzutritt, dass eine rückwirkende Derogation sich konsequenterweise am legislativen Rückwirkungsverbot messen lassen müsste, s. S. 371 f.

360 BGHZ 179, 27 (38). Ein Restanwendungsbereich verblieb auch noch in BGHZ 201, 101 ff.

361 *Mörsdorf*, EuR 2009, 219 (231).

362 BGHZ 150, 249 (259).

363 BGH v. 17.12.2014, IV ZR 260/11, Rn. 23.

(e) Schutzwürdigkeit des Vertrauens

Das Vertrauen in den Wortlaut und die Regelungsabsicht des Gesetzgebers im unionsrechtlich überformten Raum müsste aber auch generellen Schutz verdienen, damit ein Haftungsanspruch als Konsequenz aus einer Verletzung von subjektivem Vertrauensschutz resultieren kann.

Bei einem Umsetzungsgesetz könnte die Schutzwürdigkeit des Vertrauens ausgeschlossen sein aufgrund des Vorwurfes, dass der Betroffene erkennen kann, dass dieses mit der Richtlinie konform sein soll. Der Bürger hätte den Richtlinieninhalt anhand dieser ermitteln sollen, und sein Verhalten an der Richtlinie ausrichten können.[364] Es muss dem jedoch entgegengehalten werden, dass der Normadressat nicht zu erkennen vermag, ob sich der Gesetzgeber bewusst gegen die Richtlinie entschieden hat, oder ob er aus Unfähigkeit die Richtlinie nicht korrekt umzusetzen vermochte.[365] Er kann daher nicht eruieren, welcher Rechtslage nun von den Gerichten zur Durchsetzung verholfen wird. Im erstgenannten Fall, einer bewussten Abweichung von den Vorgaben der Richtlinie, wäre das Tor der richterrechtlichen Rechtsfortbildung verschlossen. Anders als im zweiten Fall. In diesen Zweifelssituationen erscheint der vom Unionsrecht benachteiligte Bürger genauso schützenswert wie der Begünstigte, welcher einen Schadensersatzanspruch gegebenenfalls geltend machen kann. In einer derartigen Zwickmühle liegt es nahe, dem nationalen Recht zu vertrauen und damit auf die Rechtmäßigkeit des Gesetzes. Es kann sinnvollerweise nicht verlangt werden, dass in unklaren Rechtslagen die Richtlinienwidrigkeit der Norm unterstellt werden muss. Allein das nationale Recht ist für den Bürger verbindlich.[366]

Zudem muss auch angeführt werden, dass sich die Absicht, eine Richtlinie umzusetzen, grundsätzlich nur aus den Gesetzgebungsmaterialen ergibt und regelmäßig nicht aus dem Wortlaut der Vorschrift erkennbar ist.[367] Ein Studium der Materialien durch den Bürger erscheint unzumutbar.

Bei einer richterlichen Rechtsfortbildung eines Nichtumsetzungsgesetzes fehlt dem Bürger sogar jedweder Bezug zur Richtlinie. Er müsste bei jedem Gesetz potenziell mit einer Rechtsfortbildung rechnen. Eine Informationspflicht über Richtlinien und eine Überprüfung des bestehenden Rechts auf seine Vereinbarkeit mit dem Unionsrecht können keinesfalls erwartet werden.[368]

---

364 Ähnlich *Möllers/Möhring*, JZ 2008, 919 (923 f.).

365 Diesen Einwand sehend: *Baldauf*, Richtlinienverstoß und Verschiebung der Contra-legem-Grenze im Privatrechtsverhältnis, 2013, S. 153.

366 Gedanken bei *Baldauf*, Richtlinienverstoß und Verschiebung der Contra-legem-Grenze im Privatrechtsverhältnis, 2013, S. 153 sowie S. 251, 253 f., der dies aber als Argument dafür anführt, die Rechtsfortbildung zu beschränken und dafür den Schadensersatzanspruch des unionsrechtlich begünstigten Bürgers weiter auszuweiten, um damit die Schutzlücken zu schließen.

367 Anklingend bei *Grosche/Höft*, NJOZ 2009, 2294 (2308).

368 *Heiderhoff*, Constitutional Interpretation and European Interpretation of Private Law in Germany, in: Heiderhoffin/Zmij (Hrsg.), Interpretation in Polish, German and European Private Law, 2011, S. 101 (117).

Es ist aber nochmals zu betonen: Ist das nationale Recht offensichtlich mehrdeutig und mehreren Auslegungsvarianten zugänglich, die mit der Regelungsabsicht im Einklang stehen, kann die richtlinienkonforme Auslegung kein schutzwürdiges Vertrauen verletzen, da es kein vorhersehbares Auslegungsergebnis als Anknüpfungspunkt für Vertrauen gab.[369] Allenfalls durch eine gefestigte Rechtsprechung kann ein Vertrauen in Hinsicht auf die temporale Wirkung der Auslegungsentscheidung entstehen (dazu sogleich).

Insgesamt kann daher die Schutzwürdigkeit des Vertrauens nicht durch den unionalen Bezug verdrängt werden.

(2) Grenzen in zeitlicher Hinsicht

Nachdem die inhaltlichen Grenzen einer richterlichen Rechtsfindung dargestellt wurden, widmet sich dieser Abschnitt der zeitlichen Dimension. Gegenständlich ist die Zulässigkeit einer „Rückwirkung" der Rechtsprechung bei Änderungen der bisherigen Rechtsauffassung.[370]

In dieser Passage wird zunächst der rückwirkende Effekt von Rechtsprechungsänderungen beschrieben, bevor anschließend die Möglichkeiten nationaler Methodenlehre zur zeitlichen Begrenzung aufgezeigt werden. Dabei liegt das Augenmerk auf der Bedeutung der zeitlichen Wirkung für eine Verletzung des Vertrauens. Die retroperspektivische Wirkung der Auslegungsentscheidungen ist die Wurzel der Vertrauensenttäuschung. In Bezug auf den Grundsatz des

---

369 Vgl. *Baldauf*, Richtlinienverstoß und Verschiebung der Contra-legem-Grenze im Privatrechtsverhältnis, 2013, S. 152.

370 Ein kurzer Überblick bei *Grzeszick*, in: Maunz/Dürig (Begr.), Grundgesetz, Bd III, 75. EGL 2015, Art. 20 VII. Rn. 10 ff. Zur Problematik einer Rechtssprechungsänderung und einer zeitlichen Begrenzung der Wirkungen eingehend etwa *Arndt*, Probleme rückwirkender Rechtsprechungsänderung, 1974; *Pohl*, Rechtsprechungsänderung und Rückanknüpfung, 2005; *Berdesinski*, Die rückwirkende Änderung der Rechtsprechung, 1998; *Stüsser*, Rückwirkende Rechtsprechungsänderungen im Zivilrecht, 1998; *Lübbe*, Grenzen der Rückwirkung bei Rechtsprechungsänderungen, 1998; *Probst*, Die Änderung der Rechtsprechung, 1993. Ein Überblick über den Meinungsstand bzgl. zeitlicher Begrenzungen von Rechtssprechungsänderungen *Klappstein*, Die Rechtsprechungsänderung mit Wirkung für die Zukunft, 2009, S. 83 ff. sowie bzgl. möglicher Kritikpunkte einer Begrenzung der „Rückwirkung" von Rechtsprechung umfassend S. 268 ff.; ebenfalls zur Kritik an einer zeitlich begrenzten Wirkung *Bydlinski*, JBl. 2001, 2 (13 ff.) zudem *Medicus*, NJW 1995, 2577 ff. und bzgl. Ausführungen zur Gewährung von Vertrauensschutz durch materiell-rechtliche Bestimmungen; ebenso dazu *Schaer*, Rechtssicherheit und Vertrauensschutz als Grenzen rückwirkender Rechtsprechung im europäischen Arbeitsrecht, 2010, S. 131 f. sowie S. 140 ff.; *Maurer*, Kontinuitätsgewähr und Vertrauensschutz, in: Isensee/Kirchhof (Hrsg.), Handbuch des Staatsrechts der Bundesrepublik Deutschland, Bd III, 2. Aufl. 1996, § 60 Rn. 109, 112; *Bydlinski*, JBl. 2001, 2 (21 ff.).

Vertrauensschutzes erweist sich eine weitreichende Rechtsfortbildung, die auf zukünftige Fälle beschränkt ist, nicht als grundlegend problematisch. Der Bürger kann weder auf den Fortbestand einer Norm vertrauen, noch auf die absolute Unabänderlichkeit einer Rechtsprechung. Verfassungsrechtlich bedenklich ist eine weitreichende Rechtsfortbildung allerdings vor dem Hintergrund des Gewaltenteilungsgrundsatzes. Der Richter ist an das Recht gebunden und darf es nicht selbstständig setzen (s. Teil 1, Kapitel 3, II., 2., b), aa)). Schärfe gelangt in die Debatte um den Vertrauensschutz, indem die inhaltliche Ausweitung mit einer weitreichenden Möglichkeit der rückwirkenden Rechtsfortbildung kombiniert wird. Die obigen Erwägungen zur Gewährung von Vertrauensschutz werden noch verstärkt.

Im Anschluss an diese Betrachtung muss jedoch die jüngste Diskussion aufgegriffen werden, ob die nationalen Gerichte überhaupt die Kompetenz besitzen, die zeitliche Wirkung ihrer Konformauslegung selbstständig zu bestimmen, oder ob diese Kompetenz allein beim Europäischen Gerichtshof liegt. Eine überraschende Wende hat die Diskussion durch die erst jüngst ergangene Kammerentscheidung des Bundesverfassungsgerichts genommen.[371]

(a) Retroperspektivische Wirkung der Rechtsprechung

Die Wirkung einer Entscheidung bezieht sich bei strikter Betrachtungsweise freilich nur auf die Zukunft. Rechtsprechung ist aber ihrer Natur nach retroperspektivisch angelegt.[372] Der Richter entscheidet in der Regel über eine Sachlage, die sich bereits in der Vergangenheit ereignet hat.[373] Insgesamt gilt: Die Gesetzgebung entscheidet über Zukünftiges und die Rechtsprechung über Gegenwärtiges mit Vergangenheitsbezug.[374] Die Auslegung des Rechts wirkt regelmäßig rückwirkend, weil sie den Inhalt der Norm bereits zum früheren Zeitpunkt feststellt.[375] Dem Recht wird dadurch ein anderes Verständnis beigemessen zum streitgegenständlichen Ereignis.[376] Eine Rechtsprechungsänderung wirkt zwar streng dogmatisch nur inter partes, aber aufgrund der Präjudizwirkung der Entscheidungen wirkt sie

371 BVerfG(K) ZIP 2015, 335 ff.

372 *Maurer*, Kontinuitätsgewähr und Vertrauensschutz, in: Isensee/Kirchhof (Hrsg.), Handbuch des Staatsrechts der Bundesrepublik Deutschland, Bd III, 2. Aufl. 1996, § 60 Rn. 102, 106: so auch etwa *Louven*, Problematik und Grenzen rückwirkender Rechtsprechung des Bundesarbeitsgerichts, 1996, S. 5.

373 S. bzgl. eines anschaulichen Beispiels *Hager*, Rechtsmethodik in Europa, 2009, Rn. 236.

374 *Husserl*, Recht und Zeit, 1955, S. 52 ff. i.V.m. S. 42 ff., der von *Rosenkranz* angeführt wird neben weiteren Nachweisen; *Rosenkranz*, Die Beschränkung der Rückwirkung von Entscheidungen des Europäischen Gerichtshofs, 2015, S. 17.

375 *Leisner*, Kontinuität als Verfassungsprinzip, 2002, S. 629.

376 *Maurer*, Kontinuitätsgewähr und Vertrauensschutz, in: Isensee/Kirchhof (Hrsg.), Handbuch des Staatsrechts der Bundesrepublik Deutschland, Bd III, 2. Aufl. 1996, § 60 Rn. 102, 106.

sich auch auf andere Fälle mittelbar aus.[377] Eine Bindungspflicht an die höchstrichterliche Rechtsprechung für Instanzgerichte besteht freilich nicht, Art. 20 Abs. 3, Art. 97 Abs. 1 GG, aber es bestehen gewichtige Gründe für eine Orientierung.[378] Durch diese Präjudizwirkung und die Vergangenheitsorientiertheit der Rechtsprechung kommt es zu einer „Rückwirkung" von Auslegungsentscheidungen und Änderungen des gesetzlichen Bedeutungsgehaltes. Im unional determinierten Bereich besteht ein besonderes Interesse, den Bedeutungswandel des Gesetzes nicht nur auf zukünftige Fälle zu beschränken, da der Unionsrechtsverstoß oftmals erst später zutage tritt, beispielsweise durch eine Vorabentscheidung des EuGH. Die Rechtsprechung sieht sich dann gehalten, den Vertragsverstoß von Anfang an zu beseitigen.[379]

(b) Standpunkt des Bundesverfassungsgerichts

Das Bundesverfassungsgericht hatte jüngst die Gelegenheit in einem Nichtannahmebeschluss seine Position zur Thematik des „overruling"[380] erneut zu bestätigen.[381] Eine retroperspektive Wirkung der Rechtsprechungsänderung sei grundsätzlich unbedenklich, „wenn sie hinreichend begründet ist und sich im Rahmen einer vorhersehbaren Entwicklung hält"[382]. Höchstrichterliche Rechtsprechung stelle kein Gesetzesrecht dar und erzeuge damit keine vergleichbare Rechtsbindung.[383] Es erfolge lediglich die Feststellung der Rechtslage in einem konkreten Fall. Durch

---

377 Etwa *Maurer*, Kontinuitätsgewähr und Vertrauensschutz, in: Isensee/Kirchhof (Hrsg.), Handbuch des Staatsrechts der Bundesrepublik Deutschland, Bd III, 2. Aufl. 1996, § 60 Rn. 101.

378 S. *Maurer*, Kontinuitätsgewähr und Vertrauensschutz, in: Isensee/Kirchhof (Hrsg.), Handbuch des Staatsrechts der Bundesrepublik Deutschland, Bd III, 2. Aufl. 1996, § 60 Rn. 102.

379 Zur rückwirkenden Auslegung durch den EuGH: EuGH v. 13.04.2010, Rs. C-73/08 u. a., Slg. 2010, I – 2735, Rn. 90; EuGH v. 21.03.2013, Rs. C-92/11, NJW 2013, 2253, Rn. 58; EuGH v. 19.12.2013, Rs, C-209/12, NJW 2014, 452, Rn. 35; EuGH v. 16.01.2014, Rs. C-429/12, NVwZ 2014, 433, Rn. 30; EuGH v. 09.04.2014, Rs. C-616/11, EuZW 2014, 464, Rn. 50.

380 S. zum Begriff *Hager*, Rechtsmethodik in Europa, 2009, Rn. 235; *Keil*, Die Systematik privatrechtlicher Rechtssprechungsänderungen, 2007, S. 83.

381 BVerfG(K) NJW 2015, 1867 ff.

382 BVerfG(K) NJW 2015, 1867 (1868); aufgegriffen auch von BVerfG(K) EuZW 2012, 196 (200).

383 *Medicus*, NJW 1995, 2577 (2582) sowie *Herrmann*, Richtlinienumsetzung durch die Rechtsprechung, 2003, S. 194 und *Schaer*, Rechtssicherheit und Vertrauensschutz als Grenzen rückwirkender Rechtsprechung im europäischen Arbeitsrecht, 2010, S. 132 ff. wollen für die Beurteilung der Zulässigkeit der „Rückwirkung" die Maßstäbe des BVerfG zur Rückwirkung von Gesetzen anwenden; dagegen schon BVerfGE 84, 212 (227); 122, 248 (277) sowie *Brocker*, NJW 2012, 2996 (2998), Rechtsprechung sei eine im Vergleich zum Gesetz abgeschwächte Rechtsquelle. Für eine (ausnahmsweise) Beurteilung der Zulässigkeit einer rückwirkenden Rechtsfort-

das Abweichen von einer früher vertretenen Rechtsansicht verstoße der Richter daher grundsätzlich nicht gegen Art. 20 Abs. 3 GG.[384] Es könne nicht gefordert werden, dass die Rechtsprechung zwar zu der Erkenntnis gelange, dass die bisherige Auslegung fehlerhaft sei und nun den streitigen Fall nach den verfehlten Rechtsauffassungen entscheide.[385] Eines Nachweises wesentlicher Änderungen der Verhältnisse bedürfe es für die Abkehr von der bisherigen Rechtsprechung nicht.[386] Eine Anpassung sei erforderlich, wenn sich die frühere Rechtsprechung als fehlerhaft oder nicht mehr zeitgemäß erweist.[387]

Das Bundesverfassungsgericht erkennt dabei zwar die Möglichkeit von Vertrauen in die Rechtsprechung grundlegend an[388], betont aber, dass grundsätzlich kein Vertrauen bestehe, dass die Rechtsprechung an ihrer Linie festhalte.[389] Vertrauen in eine Rechtsprechung schutzwürdig zu begründen, bedürfe weiterer, zur bloßen richterlichen Entscheidung hinzutretender Umstände. Eine richterliche Wertungsentscheidung suggeriere nicht ihre Beständigkeit und Unabänderbarkeit. Ein hinreichendes Maß an Kontinuität sei erforderlich und Vertrauen könne sich allenfalls dann bilden, wenn eine gefestigte höchstrichterliche Rechtsprechung bestehe.[390]

In Bezug auf die Rechtsprechung des BGH im Zusammenhang mit dem Fall *Heininger* (s. Teil 1, Kapitel 3, II., 2., b), bb), (1), (b), (aa)) erkannte das Bundesverfassungsgericht keinen Verstoß.[391] Das Gericht sieht die Rechtsprechung des BGH als vorhersehbare Entwicklung und damit als zulässige Rechtsprechungsänderung an.[392] Dies mag jedoch erheblich angezweifelt werden[393] und scheint vom Ergebnis getragen zu sein.

---

bildung am Maßstab des legislativen Rückwirkungsverbotes *Michael*, Der Staat 54 (2015), 349 (371).

384 BVerfGE 38, 386 (397); 84, 212 (227); 122, 248 (277).

385 *Maurer*, Kontinuitätsgewähr und Vertrauensschutz, in: Isensee/Kirchhof (Hrsg.), Handbuch des Staatsrechts der Bundesrepublik Deutschland, Bd III, 2. Aufl. 1996, § 60 Rn. 109, 112.

386 BVerfGE 84, 212 (227 f.); 122, 248 (277).

387 St. Rsp. BVerfGE 18, 224 (240 f.); BVerwGE 28, 122 (126).

388 *Herdegen* hat sechs Kriterien zur Begrenzung der „Rückwirkung“ von Entscheidungen entwickelt: *Herdegen*, WM 2009, 2202 (2205 ff.).

389 BVerfGE 78, 123 (126); 87, 273 (278); 131, 20 (42).

390 *Brocker*, NJW 2012, 2996 (3000) unter Hinweis auf die entsprechende Rechtsprechung des Bundesverfassungsgerichts.

391 BVerfG(K) EuZW 2012, 196 (200); zu dieser Frage auch schon BAGE 130, 119 (137 ff.).

392 BVerfG(K) EuZW 2012, 196 (200).

393 Zweifel an der Vorhersehbarkeit von Rechtssprechungsänderungen hat auch *Baldauf*, Richtlinienverstoß und Verschiebung der Contra-legem-Grenze im Privatrechtsverhältnis, 2013, S. 186 sowie S. 197.

(c) Kritische Auseinandersetzung

(aa) Das Vertrauen

In der Literatur wird diese Frage nach dem Vertrauensschutz kontrovers diskutiert. Teilweise wird dem Vertrauen in die Rechtsprechung keine weitreichende Wirkung beigemessen, sondern für eine Beschränkung plädiert[394] und das Willkürverbot als hinreichende Grenze angesehen,[395] sodass eine fallbezogene Begründung bereits ausreichend sei, um den verfassungsrechtlichen Anforderungen Genüge zu tun.[396] Es wird aber auch eine Identität von Rechtsprechung und Gesetzesrecht postuliert, sodass Entscheidungen ebenfalls am Rückwirkungsverbot zu messen seien.[397] Grundlage dieser Bestrebungen ist die Ähnlichkeit der Wirkung einer Rechtsprechungsänderung durch die Höchstgerichte mit einer Gesetzesänderung durch die Legislative.[398] Die Rechtsprechung füllt die gesetzliche Regelung aus und bestimmt damit – freilich in Grenzen – den Inhalt der Norm mit. Eine ständige Rechtsprechung wird zum Inhalt des Gesetzes und eine Rechtsprechungsänderung kann das Vertrauen in das Gesetz enttäuschen.[399] Besonders deutlich tritt dies nach außen zutage, wenn durch die Rechtsprechung erst die rechtlichen Kriterien zur Beurteilung einer Sachanlage entwickelt wurden.[400] Vertrauen in ein Gesetz und Vertrauen in die Rechtsprechung sind miteinander verknüpft.[401]

Grundlage einer jeden Beschränkung von rückwirkenden Effekten muss stets die Vornahme einer Interessenabwägung sein.[402] Aus dem Rechtsstaatsprinzip und den Grundrechten ist das Prinzip des Vertrauensschutzes abzuleiten (dazu oben unter Teil 1, Kapitel 1, II., 1.),[403] welches in die Abwägung mit einfließen muss. Bei Begrenzungen im Bereich des Zivilrechts sowie bei verwaltungsrechtlichen Sach-

---

394 *Robbers*, in: Kahl/Waldhoff/Walter (Hrsg.), Bonner Kommentar zum Grundgesetz, Bd 5, 175. EGL 2015, Art. 20 I. Rn. 2459; liberaler wohl *Sachs*, in: Sachs (Hrsg.), GG, 7. Aufl. 2014, Art. 20 Rn. 144.

395 *Brocker*, NJW 2012, 2996 (2998) will den Schutz vor Rechtsprechungsänderungen auf den Willkürmaßstab begrenzen.

396 BVerfGE 87, 273 (278 f.); BVerfG(K) NVwZ 2005, 81 (82).

397 *Burmeister*, Vertrauensschutz im Prozessrecht, 1979, S. 28.

398 *Hager*, Rechtsmethodik in Europa, 2009, Rn. 237.

399 *Herdegen*, WM 2005, 1921 (1931).

400 *Herdegen*, WM 2005, 1921 (1931); vgl. zur Konkretisierung durch die Rechtsprechung BVerfGE 59, 128 (168).

401 *Herdegen*, WM 2005, 1921 (1931).

402 *Klappstein*, Die Rechtsprechungsänderung mit Wirkung für die Zukunft, 2009, S. 384 ff. auch BGHZ 132, 119 (129 f.); 145, 158 (169 f.); s. bzgl. der Interessenabwägung durch das BAG: *Lunk*, Vertrauensschutz in der Rechtsprechung des Bundesarbeitsgerichts, in: Martinek/Rawert/Weitemeyer (Hrsg.), Festschrift für Dieter Reuter, 2010, S. 689 (690 ff.); bzgl. einer umfassenden Analyse der Rechtsprechung des BGH: *Klappstein*, Die Rechtsprechungsänderung mit Wirkung für die Zukunft, 2009, S 62 ff.

403 *Herdegen*, WM 2009, 2202 (2204).

verhalten mit Drittwirkung muss die Zweipoligkeit des Rechtsverhältnisses hinreichend mitberücksichtigt werden. Der Schutz der einen Partei vor rückwirkender Rechtsprechung ist gleichzeitig der verminderte Schutz der anderen Partei in seinem Anspruch auf effektiven Rechtsschutz aus Art. 19 Abs. 4 GG.[404] Das Vertrauen in die tatsächliche Rechtslage würde bei einer zeitlichen Begrenzung unberücksichtigt bleiben.[405] Derjenige, der eine Rechtsänderung erstritten hat, kann nicht von ihr profitieren.[406]

Der Rechtsprechung wird eine besonders große vertrauensbildende Wirkung zuteil bei auslegungsbedürftigen Gesetzen, die einer Konkretisierung von Verhaltensanforderungen bedürfen.[407] Der Normunterworfene kann sich nur an der Rechtsprechung orientieren, wenn das Gesetz näherer Angaben entbehrt. Aber auch bei gesetzlich normierten Handlungspflichten muss der Bürger sich darauf verlassen, dass an einem abgeschlossenen Tatbestand nachträglich keine anderen – ungünstigeren – Voraussetzungen geknüpft werden, als die zum Zeitpunkt der Vollendung des Sachverhalts. Ein rechtlich gefordertes Verhalten darf nicht von der Rechtsprechung nachträglich als rechtswidrig oder nicht ausreichend eingestuft werden.[408] Eine Rechtsprechungsänderung kann nicht in zulässiger Weise einer Partei rückwirkend Handlungspflichten auferlegen, die sie nachträglich nicht mehr erfüllen kann. Dies käme einer echten Rückwirkung gleich.[409]

Im Fall der europarechtlich determinierten Rechtsfortbildung werden die soeben vorgebrachten Argumente noch um einiges verstärkt. Die ursprüngliche Verpflichtung der Legislative zur Umsetzung der Richtlinie wird durch die Judikative übernommen, und damit ersetzt die Rechtsprechungsänderung die legislative Anpassung des nationalen Rechts an das Richtlinienrecht. Der Gedanke liegt damit nahe, die Rechtsprechungsänderung am Maßstab des Rückwirkungsverbotes und damit der Rechtssicherheit sowie des Vertrauensschutzes zu messen. Es spricht daher einiges für eine grundsätzliche Beschränkung von Rechtsprechungsänderungen auf die Zukunft. Bestrebungen, die ein schutzwürdiges Vertrauen immer schon dann annehmen, wenn sich ein Verhalten nach ständiger Rechtsprechung als pflichtgemäß erweist und dann eine Rechtsprechungsänderung eintritt,[410] gewinnen im unionalen Kontext zunächst an Überzeugungskraft. Freilich kann gegen diese

---

404 *Brocker*, NJW 2012, 2996 (2999).

405 Dies kritisierend *Bydlinski*, JBl. 2001, 2 (16).

406 *Kunig*, Das Rechtsstaatsprinzip, 1986, S. 434, eine Lösung könne auf der Ebene des materiellen Zivilrechts erfolgen etwa durch den Grundsatz von Treu und Glauben.

407 *Herdegen*, WM 2009, 2202 (2204 f.).

408 BAG v. 01.02.2007, Az. 2 AZR 15/06, Rn. 10 unter Hinweis auf BVerfGE 63, 343 (357).

409 BAG v. 01.02.2007, Az. 2 AZR 15/06, Rn. 10 st. Rsp. des BAG.

410 *Herdegen*, WM 2009, 2202 (2205 f.) sowie *Klappstein*, Die Rechtsprechungsänderung mit Wirkung für die Zukunft, 2009, S. 378 f., 382 f., der eine konkrete Vertrauensbestätigung nicht für erforderlich hält, sondern es ausreichen lässt, dass sich das Verhalten an der alten Rechtsprechung orientiert.

Überlegung eingewandt werden, dass auch bei einer rein nationalen Rechtsfortbildung die Judikative eine Aufgabe des Gesetzgebers wahrnimmt. Es besteht aber die Besonderheit, dass eine planwidrige Regelungslücke vorliegt, also der Gesetzgeber an diesen Fall nicht gedacht hat, und oftmals auch nicht denken konnte. Zumindest bei unterlassener Umsetzung der Richtlinie liegt aber gerade keine solche planwidrige Lücke vor. Der Gesetzgeber wusste, dass er tätig werden musste. Wenn die Judikative die Verpflichtung des Gesetzgebers nun substitutiv wahrnimmt, muss der Maßstab vergleichsweise strenger sein. Es wird auch berechtigterweise ein Vergleich zwischen der Auslegung des Unionsrechts durch die nationalen Gerichte und Verwaltungstätigkeit gezogen (dazu unten erneut unter Teil 3, Kapitel 10, III., 2., b)).[411] Eine Begrenzung der Wirkung der Rechtsprechung auf die Zukunft sei folglich geboten.[412]

Daher ist als Zwischenfazit festzuhalten, dass die Rechtsprechung grundsätzlich geeignet ist, eine Vertrauensgrundlage zu bilden – insbesondere, wenn sie gefestigt ist und konkretisierungsbedürftige Normen ausfüllt. Daher kann aus der Sicht des nationalen Rechts grundsätzlich eine Beschränkung der ex-tunc Wirkung von unional gebotener Auslegung und Rechtsfortbildung verfassungsrechtlich notwendig sein.

(bb) Zerstörung des Vertrauens

Vertrauensschutz kann aber nur gewährt werden, wenn durch den Erlass der Richtlinie die Schutzwürdigkeit des Vertrauens nicht zerstört wurde.

Richtlinien werden im Amtsblatt veröffentlicht. Ihr Inhalt und ihr Geltungszeitpunkt sind potenziell erkennbar. Daher ist eine Änderung der höchstrichterlichen Rechtsprechung, die nach Ablauf der Umsetzungsfrist ohne hinreichenden Umsetzungsakt den Inhalt der Gesetze – wie unionsrechtlich gefordert – konform auslegt, in gewisser Weise vorhersehbar. Dem Normunterworfenen könnte vorgeworfen werden, dass er – zumindest – mit Verstreichen der Umsetzungsfrist mit der inhaltlichen Durchsetzung des Unionsrechts rechnen musste.[413] Allerdings sind Richtlinien als Handlungsform der Union spezifisch gekennzeichnet durch ihr zweistufiges Umsetzungsverfahren, Art. 288 Abs. 2 AEUV. Der Adressat müsse daher grundsätzlich nicht mit einer unmittelbaren Anwendbarkeit rechnen.[414] Diese allgemeinen Bedenken gegen eine Anwendbarkeit des Richtlinieninhalts können

---

411 *Weber*, Grenzen EU-rechtskonformer Auslegung und Rechtsfortbildung, 2010, S. 143.

412 *Weber*, Grenzen EU-rechtskonformer Auslegung und Rechtsfortbildung, 2010, S. 143. Für einen strengeren Maßstab *Bydlinski*, JBl. 2001, 2 (25).

413 So *Weber*, Grenzen EU-rechtskonformer Auslegung und Rechtsfortbildung, 2010, S. 181 f.

414 Daher geht *Brechmann* bei privatrechtsgestaltenden Richtlinien davon aus, dass bei unterlassener Umsetzung durch den Gesetzgeber, der nachteilig von der Richtlinienregelung Betroffene sich stets auf das Ausbleiben einer Verpflichtung ohne

jedoch hier nicht mehr erfolgreich ins Feld geführt werden. Der EuGH hat bereits das Systemargument beiseite gewischt, um der Wirksamkeit des Unionsrechts und dem Individualrechtsschutz zur Geltung zu verhelfen. Daher ist das Vertrauen in die Rechtsprechung im richtliniendeterminierten Bereich im Vergleich zum rein nationalen Recht eingeschränkt.[415] Dogmatisch erscheint zwar – wie oben bereits dargestellt – ein stärkerer Schutz des Vertrauens im unionalen Bereich geboten aufgrund der Substitution des legislativen Umsetzungsaktes. Dies wird aber faktisch durch das strukturelle unionsrechtliche Vertrauensdefizit wieder teils ausgeglichen oder überlagert.

Die Möglichkeit einer Erkennbarkeit wird jedoch wieder aufgefangen durch die schwache Stellung der Wortlautgrenze. Rechtsfortbildungen sind auch außerhalb des Wortsinns methodisch zulässig. Insbesondere bei solchen Rechtsentwicklungen außerhalb des Wortsinns ist wohl von einem berechtigten Vertrauen auszugehen.[416] Der Bürger befindet sich in einem Zwiespalt zwischen dem Wissen um das Institut der richtlinienkonformen Auslegung und der zweistufigen Struktur einer Richtlinie. Allein der Wortlaut einer Norm kann dem Bürger als Orientierungshilfe dienen, ob er mit einer Konformauslegung rechnen musste. Der Bürger kann die Gesetzesauslegung nicht in dem Umfange vornehmen wie ein Richter. Allein der Wortlaut ist ihm mit seinem laienhaften Verständnis des Sprachgebrauchs zugänglich. Andere Auslegungsgesichtspunkte sind nicht offenkundig für den Adressaten. Insbesondere vermag er nur schwerlich zu beurteilen, ob eine Rechtsfortbildung im streitigen Fall möglich ist, oder ob eine Kollision mit dem konkreten objektivierten Gesetzgeberwillen besteht. Auslegungen jenseits des Wortlautes mögen daher zwar methodisch möglich sein, überschreiten aber oftmals die Grenze des Vertrauensschutzes bei rückwirkender Wirkung. Daher kann *Weber-Dürler* nur uneingeschränkt beigepflichtet werden, wenn sie postuliert, dass die „Hermeneutik (...) offensichtlich den Verständnishorizont des Bürgers bei Weitem (überschreitet)“[417]. Als Konsequenz muss der Vertrauensschutz als Korrektiv eingeführt werden. Nach Treu und Glauben und dem Rechtsstaatsprinzip bestehe ein Gebot des Schutzes des Gesetzesvertrauens.[418]

Den kritischen Überlegungen liegt das Paradigma zugrunde, dass der Normunterworfene von der Existenz der Richtlinie weiß, oder zumindest hätte wissen können aufgrund deren Veröffentlichung im Amtsblatt. Die Argumentation basiert also auf einer Kenntnis um die drohende Konformauslegung. Bei einer unterlasse-

---

innerstaatlichen Umsetzungsakt verlassen könne, *Brechmann*, Die richtlinienkonforme Auslegung, 1996, S. 279.

415 Nicht nur durch das Institut der unmittelbaren Anwendbarkeit, sondern insbesondere auch durch das Gebot der richtlinienkonformen Auslegung.

416 Bei Rechtsfortbildung will *Herdegen* die Vorhersehbarkeit auf Fälle vorheriger Ankündigung beschränken, *Herdegen*, WM 2009, 2202 (2208).

417 Zum Ganzen ebenso wie zum Zitat *Weber-Dürler*, Vertrauensschutz im öffentlichen Recht, 1983, S. 268.

418 *Weber-Dürler*, Vertrauensschutz im öffentlichen Recht, 1983, S. 270 ff.

nen Umsetzung der Richtlinie ist jedoch festzuhalten, dass der Bürger im Regelfall keine Kenntnis von der Existenz einer Richtlinie hat, da er wohl nicht das Amtsblatt der Union studiert. Er hat daher keinen Anlass an der bisherigen Rechtsprechung zu zweifeln. Aber selbst, wenn man eine solche Informationspflicht des Bürgers annehmen sollte, hilft ihm die Kenntnis von der Richtlinie nicht. Zum einen sind Richtlinien aus ihrer Natur als mehrstufiger Regelungsakt oftmals noch ausfüllungsbedürftig durch den nationalen Gesetzgeber, und zum anderen ist Basis der richtlinienkonformen Auslegung eine richterliche Wertung. Den Normadressaten als juristischem Laien ist es nicht zumutbar, eigene komplexe rechtliche Erwägungen anzustellen, die noch nicht mal Richter mit eindeutiger Sicherheit treffen können. Je nachdem wie viel Umsetzungsspielraum eine Richtlinie den Mitgliedsstaaten belässt, sieht sich der Betroffene unbestimmten und offenen Rechtsbegriffen gegenüber, die es ihm weiter erschweren, die Rechtslage zu ermitteln. Selbst ein Verstoß gegen Primärrecht ist nicht immer eindeutig, wie die vielen Verfahren vor dem EuGH zeigen. Diese Unwägbarkeiten machen deutlich, dass dem Bürger auch eine Lektüre der Richtlinien nicht zur Rechtsklarheit zu verhelfen vermag.

Ein anderes mag sich allenfalls dann ergeben, wenn ein Sonderwissen der Normadressaten besteht, etwa aufgrund einer öffentlichen Diskussion über eine Richtlinie, oder ihnen – parallel zum Beihilfenrecht – eine Informationspflicht obliegt. Die Annahme einer solchen Pflicht wird möglicherweise bei größeren Unternehmen billig erscheinen.[419] Berücksichtigung finden muss aber, dass eine Beschränkung der ex-tunc Wirkung aufgrund von Vertrauen nur einheitlich gegenüber allen Normadressaten erfolgen sollte. Wenn die Richtlinie also einen heterogenen Adressatenkreis aufweist, kann sich die Konfliktlage eröffnen, dass ein Teil Kenntnis von der Richtlinie hatte, oder hätte haben müssen, und ein anderer Teil schutzwürdig in Unkenntnis war. Diese Kollision sollte im Zweifel für die vertrauenden Adressaten gelöst werden. Die Erkennbarkeit der Rechtsanpassung kann sinnvollerweise nur objektiviert ermittelt werden, anderenfalls wäre eine einheitliche Beurteilung kaum möglich. Eine objektivierte Betrachtung muss aber auch in dem Sinne vorgenommen werden, dass es nicht auf die Kenntnis des Normadressaten von der aktuellen Rechtsprechung ankommen kann, um ein schutzwürdiges Vertrauen in sie zu bilden. Dies würde das widersinnige Ergebnis nach sich ziehen, dass das Vertrauen beispielsweise davon abhängig gemacht wird, wie gut die Rechtskenntnisse eines Normadressaten oder die seiner Berater sind.[420] Bei diesen Überlegungen ist aber auch die obige Argumentation stets virulent, dass eine Kenntnis der Richtlinie noch keine Vorhersehbarkeit der Rechtsfortbildung begründen kann.

---

419 Dazu unter Teil 3, Kapitel 11, II., 2., a), bb), (2), (a), (cc). Die Union hat im Jahr 2017 76 Richtlinien und 754 Verordnungen erlassen, vgl. Datenbank „Eur-Lex".

420 S. dazu im Überblick *Bydlinski*, JBl. 2001, 2 (13); ebenso *Schaer*, Rechtssicherheit und Vertrauensschutz als Grenzen rückwirkender Rechtsprechung im europäischen Arbeitsrecht, 2010, S. 126; a.A. *Weber-Dürler*, Vertrauensschutz im öffentlichen Recht, 1983, S. 91; zur Frage der Kenntnis als Voraussetzung für ein Vertrauen unten unter Teil 1, Kapitel 4, II., 3. nochmals näher.

Bei einem erlassenen Umsetzungsakt ist zumindest Vertrauen im Falle einer höchstrichterlichen Rechtsprechung anzuerkennen, die die Konformität der Norm mit der Richtlinie bestätigt hat. In einem solchen Fall muss regelmäßig nicht mit einer rückwirkenden Rechtsprechungsänderung gerechnet werden auf der Grundlage einer abweichenden EuGH-Entscheidung. Als Beispiel[421] kann die Rechtsprechung des BAG zur Massenentlassungsrichtlinie dienen (zum Fall unter Teil 1, Kapitel 2, IV., 2.). Zunächst sieht sich das BAG[422] nicht imstande konform auszulegen, ändert jedoch seine Rechtsprechung nach der Entscheidung des EuGH.[423] Die ex-tunc Wirkung der Auslegung wurde allerdings beschränkt (dazu näher unter Teil 3, Kapitel 11, I., 1. und 2.).[424] Diese höchstrichterliche Bestätigung als zwingende Voraussetzung für ein Vertrauen zu fordern,[425] erscheint die Anforderungen zu überspannen, da sich auch ohne gefestigte Rechtsprechung ein Vertrauen bilden kann bei allgemeiner Rechtsauffassung. Ein einheitliches Rechtsverständnis einer Norm kann in gleicher Art und Weise berechtigte Erwartungen der Normunterworfenen hervorrufen.[426] Zumindest einer neuen, erstmaligen, höchstrichterlichen Rechtsprechungslinie, muss vertrauensbildende Kraft zugeschrieben werden.[427] Einer allgemeinen Rechtsauffassung kommt es gleich, wenn der Gesetzgeber eine nach dem objektiven Willen eindeutige Regelung erlassen hat. In einem solchen Fall kann auch ohne höchstrichterliche Rechtsprechung ein Vertrauenstatbestand entstehen, beispielsweise im Fall *Heininger* und *Quelle* (s. oben zu den Fällen unter Teil 1, Kapitel 2, IV, 1.).[428]

Teils wird eine Zerstörung des Vertrauens – auch in eine höchstrichterliche gefestigte Rechtsprechung – angenommen, wenn sich die Änderung im Rahmen vorhersehbarer Erwartungen bewegt, welche sich aus einer öffentlichen Diskussion über die Fortführung der Rechtsprechung im Schrifttum und auf fachgerichtlicher Ebene ergeben kann.[429] Dieser Ansatz wurde auch von den Höchstgerichten auf-

---

421 Dazu *Weber*, Grenzen EU-rechtskonformer Auslegung und Rechtsfortbildung, 2010, S. 182 f.

422 BAGE 107, 318 (336).

423 BAGE 117, 281 (289 ff.); BAG NZA 2007, 1101 (1102); BAG NZA 2008, 112 (118) in Folge von EuGH v. 27.01.2005, Rs. C-188/03, Slg. 2005, I – 885, Rn. 31 ff.

424 BAGE 117, 281 (291 ff.); BAG NZA 2007, 1101 (1102); BAG NZA 2008, 112 (118); BAG v. 01.02.2007, 2 AZR 15/06, Rn. 8 ff.

425 S. *Weber*, Grenzen EU-rechtskonformer Auslegung und Rechtsfortbildung, 2010, S. 182.

426 *Herdegen*, WM 2009, 2202 (2205); a.A. *Hey*, JZ 2014, 500 (505), die Ansichten in Literatur und Verwaltung für die Begründung von Vertrauensschutz als unbeachtlich ansehend.

427 Vgl. *Schaer*, Rechtssicherheit und Vertrauensschutz als Grenzen rückwirkender Rechtsprechung im europäischen Arbeitsrecht, 2010, S. 123 f.

428 *Weber*, Grenzen EU-rechtskonformer Auslegung und Rechtsfortbildung, 2010, S. 182.

429 *Brocker*, NJW 2012, 2996 (3000) unter Hinweis auf die entsprechende Rechtsprechung des Bundesverfassungsgerichts.

gegriffen. Im unionsrechtlich determinierten Bereich sei neben einer gefestigten Rechtsprechung auch die Vorhersehbarkeit der Entscheidung maßgeblich.[430] Das BAG hat in der Rechtssache *Honeywell* ein Vertrauen verneint, da die Unionsrechtskonformität der Norm in der Literatur kontrovers erörtert und sogar Arbeitgebern empfohlen wurde, von der Befristungsmöglichkeit keinen Gebrauch zu machen.[431]

Allerdings bezog sich die Kritik nur auf die Vereinbarkeit der nationalen Regelung mit der Richtlinie. Ein Vertrauen bestand also noch in der Hinsicht, dass bis zum Ablauf der Umsetzungsfrist, oder sogar bis zur Umsetzung der Richtlinie, eine Befristung der Arbeitsverhältnisse zulässig ist. Der EuGH betont stets die Unzulässigkeit einer horizontalen Drittwirkung von Richtlinien, sodass es zur innerstaatlichen Anwendbarkeit des Richtlinieninhalts eines nationalen Umsetzungsaktes bedarf.[432] Diesen Aspekt des Vertrauens ließ das BAG völlig außer Acht – wohl im Bestreben eine Konfliktlage zu vermeiden. Der Senat wollte sich offensichtlich nicht mit der Frage befassen, ob nationaler Vertrauensschutz gewährt werden kann.[433] Ebenfalls begründet der BGH in der Rechtssache *Quelle* seine Entscheidung mit der Erkennbarkeit der Unionsrechtswidrigkeit. Die Europarechtskonformität der Vorschrift sei im hohen Maße fragwürdig gewesen, zahlreiche Anmerkungen im Schrifttum hätten dies unterstrichen.[434]

Andererseits entschied sich das BAG, Vertrauen bei jahrelang gefestigter Rechtsprechung zu schützen, und damit eine Beschränkung der ex-tunc Wirkung vorzunehmen, selbst wenn ein Vorlagebeschluss an den EuGH erfolgt war, und die Schlussanträge des Generalanwaltes oder die nationale juristische Auseinandersetzung konträre Rechtspositionen vertraten.[435] Schutzwürdiges Vertrauen sei erst mit Bekanntwerden der EuGH Entscheidung zerstört.[436] Wenn ein Höchstgericht zuvor die richtlinienkonforme Auslegung abgelehnt habe, trete sogar erst mit der nationalen Rechtsprechungsänderung eine Zerstörung des Vertrauens ein.[437] Dem

---

430 Dazu ausführlich in Bezug auf die Rsp. des BAG *Schaer*, Rechtssicherheit und Vertrauensschutz als Grenzen rückwirkender Rechtsprechung im europäischen Arbeitsrecht, 2010, S. 203 ff.

431 BAGE 118, 76 (93) allerdings lag dem Fall eine Kollision mit unmittelbar anwendbarem Primärrecht zugrunde und das BAG machte nur Ausführungen zum Vertrauensschutz für den Fall, dass es auch bei einem Unanwendbarkeitsausspruch des EuGH noch dazu berechtigt wäre, Vertrauensschutz zu beachten

432 *Schaer*, Rechtssicherheit und Vertrauensschutz als Grenzen rückwirkender Rechtsprechung im europäischen Arbeitsrecht, 2010, S. 172.

433 BAGE 118, 76 (93 f.).

434 BGHZ 179, 27 (294).

435 BAGE 117, 281 (294 f.).

436 BAGE 117, 281 (294); so auch *Schaer*, Rechtssicherheit und Vertrauensschutz als Grenzen rückwirkender Rechtsprechung im europäischen Arbeitsrecht, 2010, S. 215.

437 *Schaer*, Rechtssicherheit und Vertrauensschutz als Grenzen rückwirkender Rechtsprechung im europäischen Arbeitsrecht, 2010, S. 215 f.; BAGE 119, 66 (80).

steht jedoch die Rechtsentwicklung in der Rechtssache *Heininger* und *Quelle* durch den BGH entgegen.[438]

In einer weiteren Entscheidung des BAG wurde hingegen wieder Vertrauensschutz verwehrt unter Hinweis auf das Vorlageverfahren sowie kritische nationale Literatur, sodass der Arbeitgeber mit einer Rechtsprechungsänderung rechnen müsse.[439]

Inwieweit Diskussionen in der juristischen Fachliteratur geeignet sind, Vertrauen zu zerstören, oder zu begründen, lässt sich pauschal nicht feststellen.[440] Zum einen erscheint es fraglich, ob der Normunterworfene Kenntnis von der Literatur haben muss, und zum anderen ist eine Kontroverse in der Literatur nur begrenzt geeignet, Rückschlüsse auf die Vorhersehbarkeit von Entscheidungen zu ziehen. Im Schrifttum werden sich wohl zu fast allen Rechtsfragen kritische Ansichten zur Rechtsprechungslinie finden lassen. Der Grad der Intensität, ab dem eine vertrauenszerstörende Wirkung eintreten kann, lässt sich nur schwerlich messen. Zudem müssen sich Höchstgerichte nicht zwingend der Kritik aus dem Schrifttum beugen, sondern können auch an ihrer Rechtsprechungslinie festhalten.[441] Wenn Literaturkontroversen überhaupt geeignet sein sollten, ein Vertrauen zu zerstören, dann sollten hohe Anforderungen an den Grad der Kritik und die Einheitlichkeit gestellt werden. Wie die soeben beschriebenen Entscheidungen zeigen, verweist die Rechtsprechung teils auf die vertrauenszerstörende Wirkung von Kontroversen im Schrifttum.[442]

Losgelöst von dieser Diskussion ist zu statuieren, dass zumindest schutzwürdiges Vertrauen vor Ablauf der Umsetzungsverpflichtung besteht.[443] Zunächst erkennt der EuGH eine unionsrechtliche Verpflichtung zu vorzeitigen richtlinienkonformen

---

438 S. oben unter Teil 1, Kapitel 3, II., 2., b), bb), (1), (b), (aa).

439 BAGE 130, 119 ff. zugrunde lag EuGH v. 20.01.2009, Rs. C-350/06, Slg. 2009, I – 179 ff.; a.A. LAG Düsseldorf NZA-RR 2009, 242 (249).

440 *Weber*, Grenzen EU-rechtskonformer Auslegung und Rechtsfortbildung, 2010, S. 183: Literaturansichten können kein Vertrauen begründen wie die höchstrichterliche Rechtsprechung, die die Richtlinienkonformität des Gesetzes bestätigt. Gegen die Relevanz von Literaturmeinungen *Lunk*, Vertrauensschutz in der Rechtsprechung des Bundesarbeitsgerichts, in: Martinek/Rawert/Weitemeyer (Hrsg.), Festschrift für Dieter Reuter, 2010, S. 689 (702). Beispielhaft für eine Rechtsprechungsänderung trotz einheitlicher Literaturansichten s. den beschriebenen Fall in *Herdegen*, WM 2009, 2202 (2203).

441 Vgl. dazu auch *Schaer*, Rechtssicherheit und Vertrauensschutz als Grenzen rückwirkender Rechtsprechung im europäischen Arbeitsrecht, 2010, S. 124 ff.

442 So in jüngerer Zeit auch BGHZ 201, 101 (115 f.); dem zustimmend: *Bydlinski*, JBl. 2001, 2 (12).

443 So *Weber*, Grenzen EU-rechtskonformer Auslegung und Rechtsfortbildung, 2010, S. 181 f.; *Herresthal*, Rechtsfortbildung im europarechtlichen Bezugsrahmen, 2006, S. 310 ff.; *Brechmann*, Die richtlinienkonforme Auslegung, 1996, S. 275, der ein Vertrauen nur annehmen möchte, wenn die Richtlinie nicht oder zu spät umgesetzt wurde.

Auslegung nicht an. Zum anderen erscheint aber auch eine vorzeitige Umsetzung nicht mit dem Gewaltenteilungsprinzip im Einklang zu stehen. Die Legislative ist verpflichtet, bis zum Umsetzungszeitpunkt die Richtlinie in nationales Recht zu integrieren. Die Judikative darf sich also nicht durch eine schnellere Umsetzung des Richtlinieninhalts durch Auslegung in den Aufgabenbereich des Parlaments einmischen und ihre Wertungen an die Stelle des Gesetzgebers setzen. Es darf nicht zu einem Wettlauf kommen.[444]

(d) Zwischenfazit

Es hat sich also gezeigt, dass auch die Rechtsprechung Grundlage eines Vertrauens ist und damit verfassungsrechtlich eine Beschränkung der „Rückwirkung" national geboten sein kann. Es besteht aber eine starke Zurückhaltung bei der Judikative, die zeitliche Wirkung der Rechtsentwicklung auf zukünftige Sachverhalte zu begrenzen. Dies wird dem Vertrauensschutz nicht hinreichend gerecht. Im Geflecht der Rechtsordnungen ist es für den Normadressaten besonders diffizil, die Entwicklung der Rechtslage vorherzusehen.[445] Mehrere Akteure beeinflussen die Rechtsänderung.

Es muss jedoch untersucht werden, ob ein erhöhtes Schutzniveau durch die nationale Rechtsprechung überhaupt auf der Primärebene gewährleistet werden kann oder mit unionalen Vorgaben kollidiert.

(e) Umfassende Monopolstellung des EuGH bzgl. einer zeitlichen Begrenzung

(aa) Dogmatische Grundlagen

Der EuGH betont sein Monopol bzgl. der Entscheidung über die zeitliche Begrenzung seiner Urteilswirkungen.[446] Dies sei erforderlich zur Sicherung der einheitlichen Geltung des Unionsrechts und zur Entfaltung seiner Wirksamkeit.[447]

---

444 Vgl. BVerfGE 128, 193 (210 f.) unter Hinweis auf BVerfGE 82, 6 (13).

445 So auch *Herresthal*, Rechtsfortbildung im europarechtlichen Bezugsrahmen, 2006, S. 311. Er sieht im Ergebnis jedoch ein geringeres Schutzniveau, da der Grundsatz der Gesetzmäßigkeit die Schutzbedürftigkeit überlagere.

446 Etwa EuGH v. 27.03.1980, Rs. 61/79, Slg. 1980, 1205, Rn. 18; dazu *Ludewig*, Die zeitliche Beschränkung der Wirkung von Urteilen des EuGH im Vorabentscheidungsverfahren, 2012, S. 162 f. Zur Kompetenzgrundlage für die Festsetzung der zeitlichen Wirkung des EuGH ausführlich *Rosenkranz*, Die Beschränkung der Rückwirkung von Entscheidungen des Europäischen Gerichtshofs, 2015, S. 112 ff. sowie *Kovacs*, Die temporale Wirkung von Urteilen des EuGH im Vorabentscheidungsverfahren, 2014, S. 89 ff.

447 *Ludewig*, Die zeitliche Beschränkung der Wirkung von Urteilen des EuGH im Vorabentscheidungsverfahren, 2012, S. 162. Auch das BAG erkennt die Notwendigkeit zur Sicherung einer einheitlichen Anwendung des Unionsrechts BAG v. 30.09.2010, 2 AZR 456/09, Rn. 22; BAGE 118, 76 (89); BAGE 119, 66 (78).

Auch das Bundesverfassungsgericht konstatiert: Eine Beschränkung der ex-tunc Wirkung von EuGH-Entscheidungen durch nationale Gerichte dürfe nicht erfolgen, da allein der EuGH entscheidungsbefugt sei.[448] Der Gerichtshof entscheidet grundsätzlich ex-tunc, sowohl im Rahmen des Vorabentscheidungsverfahrens als auch bei der Nichtigkeitsfeststellung. Er hat zwar die Kompetenz, seine Entscheidungswirkungen auf die Zukunft zu begrenzen, macht aber davon regelmäßig keinen Gebrauch.[449] Die vom EuGH getroffene Wertung, die Wirkung des Urteils nicht auf die Zukunft zu beschränken, ist damit abschließend und bindend für die Mitgliedsstaaten (dazu unter Teil 1, Kapitel 3, II., 2., b), bb), (2), (e), (aa) sowie Teil 3, Kapitel 11, I., 1.).[450]

Aufgrund der Monopolstellung des EuGH ist aber noch kein endgültiges Urteil über die generelle Zulässigkeit von nationalen Begrenzungen der Konformauslegung getroffen. Dogmatisch führt dieses Primat des EuGH nur bei unmittelbar anwendbarem Unionsrecht zu einem Ausschluss einer nationalen Begrenzungsmöglichkeit. Bei unmittelbar anwendbarem Recht besteht das Gebot der unionsrechtskonformen Auslegung des nationalen Rechts. Sollte ein nationales Gericht sich methodisch nicht in der Lage sehen, eine solche Konformauslegung vorzunehmen, greift der Anwendungsvorrang und führt zu einer rückwirkenden Unanwendbarkeit der kollidierenden nationalen Norm. Ab welchem Zeitpunkt diese Kollisionslage existiert, entscheidet der EuGH. Daher besteht bei unmittelbar anwendbarem Unionsrecht keine Möglichkeit, Vertrauensschutz auf der Primärebene zu gewähren.[451] Allein auf sekundärrechtlicher Ebene kann dem Vertrauensschutz noch zur Geltung verholfen werden.

Es bedarf jedoch einer näheren Betrachtung, ob bei sekundärem Unionsrecht, insbesondere bei Richtlinien, der Grundsatz der Alleinentscheidungskompetenz des EuGH uneingeschränkt und in einer Allgemeingültigkeit aufrechterhalten werden kann. Die Beachtungsmöglichkeit von Vertrauensschutzerwägungen könnte davon abhängig sein, ob unmittelbar anwendbares Unionsrecht in seiner zeitlichen Wirkung beschränkt werden soll. Richtlinien, die keine unmittelbare Anwendbarkeit genießen, könnten einen Freiraum für eine zeitliche Begrenzung über das Institut der richtlinienkonformen Auslegung eröffnen.[452]

---

448 BVerfGE 126, 286 (314); BVerfG(K) ZIP 2015, 335 (338). Im Fall *Mangold* lehnte der Senat eine Beschränkung der ex-tunc Wirkung ab und erkennt die Entscheidung des EuGH an, BVerfGE 126, 286 (314).

449 *Ehricke*, in: Streinz (Hrsg.), EUV/AEUV, 2. Aufl. 2012, Art. 267 AEUV Rn. 75.

450 A.A. *Tavakoli/Westhauser*, Der Betrieb 2008, 702 (705).

451 *Schaer*, Rechtssicherheit und Vertrauensschutz als Grenzen rückwirkender Rechtsprechung im europäischen Arbeitsrecht, 2010, S. 160, der sogar allgemein von dem Ausschluss der Gewährung jedweden Vertrauensschutzes spricht.

452 Vgl. *Schaer*, Rechtssicherheit und Vertrauensschutz als Grenzen rückwirkender Rechtsprechung im europäischen Arbeitsrecht, 2010, S. 200 f.

(bb) Kontroverse in der nationalen Judikative

Diesen Ansatz verfolgt auch das BAG[453] in seinen Entscheidungen zur Massenentlassungsrichtlinie.[454] Der Senat sah ein rechtsstaatliches Bedürfnis zur Gewährung von Vertrauensschutz durch Beschränkung der zeitlichen Wirkung seiner Rechtsprechungsänderung, die aufgrund richtlinienkonformer Auslegung geboten war, nachdem der EuGH[455] dem Begriff „Entlassung" aus der Massenentlassungsrichtlinie ein der deutschen arbeitsgerichtlichen Auffassung abweichendes Verständnis beigemessen hatte.[456] Sowohl die jahrelange gefestigte Rechtsprechung des BAG[457] sowie die Verwaltungspraxis als auch das arbeitsrechtliche Schrifttum[458] haben an den Verhaltensanforderungen für Arbeitgeber bei Entlassungen keine Zweifel gelassen. Insbesondere hatte sich das BAG im Jahr 2003[459] mit der Massenentlassungsrichtlinie explizit befasst und eine Auslegung im Sinne des Rechtsverständnisses des EuGH abgelehnt.[460] Der Arbeitgeber durfte daher berechtigterweise auf die Rechtmäßigkeit und Beständigkeit seiner Entlassungen vertrauen.

Das Gericht hält sich befugt nationalen Vertrauensschutz zu gewähren, obwohl der EuGH die Begrenzung seiner Vorabentscheidung (implizit) abgelehnt hatte.[461] Es handele sich um eine reine nationale Rechtsangelegenheit, um die Auslegung nationaler Gesetze.[462] In einer anderen Entscheidung – ebenfalls zur Massenent-

---

453 BAGE 117, 281 (191 ff.); BAG NZA 2007, 1101 (1102); BAG NZA 2008, 112 (118); BAG v. 01.02.2007, 2 AZR 15/06, Rn. 8 ff.

454 Die Umsetzung der Massenentlassungsrichtlinie in das deutsche Recht wurde begleitet von einem jahrelangen Rechtsstreit, der zunächst die Frage der Auslegung betraf, bevor nun die zeitliche Begrenzung des Auslegungsverständnisses in den Fokus gelangte; s. zum Sachverhalt und den ergangenen Entscheidungen im Überblick etwa *Sagan*, NZA 2015, 341 (341) sowie *Wissmann*, Vertrauensschutz – europäisch und deutsch, in: Baeck/Hauck u. a. (Hrsg.), Festschrift für Jobst-Hubertus Bauer zum 65. Geburtstag, 2010, S. 1161 (1161 f.).

455 EuGH v. 27.01. 2005, Rs. C-188/03, Slg. 2005, I – 885 ff. Das ArbG Berlin, ZIP 2003, 1265 ff., machte die Vorlage zum EuGH und nicht das BAG; dies lehnte 2003 noch die Vorlagepflicht ab, BAGE 107, 318 (337).

456 BAGE 117, 281 (292 ff.) zum Vertrauensschutz.

457 BAGE 117, 281 (293).

458 BAGE 117, 281 (293).

459 BAGE 107, 318 (336 f.).

460 BAGE 117, 281 (293 f.).

461 Der EuGH ging in seiner Rechtssache *Junk*, EuGH v. 27.01.2005, Rs. C-188/03, Slg. 2005, I – 885 ff., nicht auf eine zeitliche Begrenzung ein, welches einem Ausschluss der Beschränkung entspricht.

462 BAGE 117, 281 (296) sowie BAG NZA 2007, 1101 (1102); BAG v. 01.02.2007, 2 AZR 15/06, Rn. 24; *Schaer*, Rechtssicherheit und Vertrauensschutz als Grenzen rückwirkender Rechtsprechung im europäischen Arbeitsrecht, 2010, S. 200 f.; a.A. *Sagan*, Dogmatik europäischer Richtlinien in: Preis/Sagan (Hrsg.) Europäisches Arbeitsrecht, 2015, § 1 Rn. 157.

lassungsrichtlinie – präzisierte das BAG seine Rechtsauffassung.[463] Der Senat verwies auf die – auch vom EuGH stets postulierten[464] – Grenzen der richtlinienkonformen Auslegung des nationalen Rechts. Es bestehe nur eine unionsrechtliche Verpflichtung im Rahmen der nationalen Methodenlehre. Die Pflicht zur Konformauslegung werde durch die allgemeinen Rechtsgrundsätze und insbesondere den Grundsatz der Rechtssicherheit begrenzt. Ob eine Auslegung im unionsrechtlichen Sinne möglich sei, können nur die nationalen Gerichte nach nationalem Recht entscheiden. Zu den allgemeinen Rechtsgrundsätzen und damit zu den Grenzen der nationalen Methodenlehre gehöre auch der Vertrauensschutz, abgeleitet aus dem Rechtsstaatsprinzip, Art. 20 Abs. 3 GG, in Verbindung mit dem jeweiligen Individualgrundrecht.[465] Es bestehe sogar eine Verpflichtung der nationalen Gerichte, Vertrauensschutz zu gewähren, wenn dies durch Verfassungsrecht geboten sei. Die verfassungskonforme Auslegung setzt sich gegenüber der richtlinienkonformen Auslegung durch.[466] Eingewandt wird jedoch, dass die Schranke der Rechtssicherheit keine Beachtung nationalen Vertrauensschutzes rechtfertigen könne, da es sich um rein europarechtliche Rechtsgrundsätze handele.[467]

Gegen diese Entscheidung wurde Verfassungsbeschwerde eingelegt, die nun jüngst – nach mehr als sieben Jahren – durch einen Kammerbeschluss zur Entscheidung gelangte.[468]

Das BVerfG hat eine Vorlagepflicht nationaler Gerichte, die die zeitliche Wirkung begrenzen möchten, an den EuGH bekräftigt. Das Urteil des BAG wurde aufgehoben und an ihn zurückverwiesen aufgrund eines Entzuges des gesetzlichen Richters gemäß Art. 101 Abs. 1 S. 2 GG. Der Senat hätte den EuGH im Wege des Vorabentscheidungsverfahren nach Art. 267 AEUV die Frage vorlegen müssen, ob es mit der Pflicht zur richtlinienkonformen Auslegung vereinbar sei, zur Sicherung nationalen Vertrauensschutzes die Urteilwirkungen zu beschränken.[469] Es

463 BAG NZA 2007, 1101 ff.

464 EuGH v. 08.10.1987, Rs. 80/86, Slg. 1987, 3969, Rn. 13; EuGH v. 16.06.2005, Rs. C-105/03, Slg. 2005, I – 5285, Rn. 44; EuGH v. 04.07.2006, Rs. C-212/04, Slg. 2006, I – 6057, Rn. 110 f.

465 BAG NZA 2007, 110 (1103) unter Hinweis auf EuGH v. 05.10.2004, Rs. C-397/01 bis C-403/01, Slg. 2004, I – 8835, Rn. 113 ff.; EuGH v. 04.07.2006, Rs. C-212/04, Slg. 2006, I – 6057, Rn. 110.

466 *Wissmann*, Vertrauensschutz – europäisch und deutsch, in: Baeck/Hauck u. a. (Hrsg.), Festschrift für Jobst-Hubertus Bauer zum 65. Geburtstag, 2010, S. 1161 (1166).

467 *Sagan*, Dogmatik europäischer Richtlinien in: Preis/Sagan (Hrsg.) Europäisches Arbeitsrecht, 2015, § 1 Rn. 156; a.A. *Wank*, Methodische Bemerkungen zu einigen neueren EuGH-Urteilen zum Arbeitsrecht, in: Konzen (Hrsg.), Festschrift für Rolf Birk, 2008, S. 929 (936).

468 BVerfG(K) ZIP 2015, 335 ff. Dazu einen kurzen Überblick bei *Arnold*, ArbRAktuell 2015, 85 (85); *Arnold/Schansker*, ArbRAktuell 2015, 89 ff.; *Sagan*, NZA 2015, 341 ff.

469 Begrüßend *Sagan*, Dogmatik europäischer Richtlinien in: Preis/Sagan (Hrsg.) Europäisches Arbeitsrecht, 2015, § 1 Rn. 157 f.

handele sich entgegen dem BAG nicht um die Anwendung rein nationalen Rechts, sondern zumindest auch des Unionsrechts.[470] Eine richtlinienkonforme Auslegung sei methodisch möglich gewesen, daher auch uneingeschränkt vorzunehmen und gegebenenfalls der EuGH nach einer zeitlichen Begrenzung zu befragen.[471] Das Bundesverfassungsgericht erkannte daher indirekt einen Pflichtverstoß gegen den Grundsatz der richtlinienkonformen Auslegung an.

(cc) Kritische Analyse und Würdigung

Bemerkenswert ist, dass sowohl das BAG als auch das BVerfG einheitlich – und zutreffend – von einer Grenze der Konformauslegungspflicht in der nationalen Methodenlehre ausgehen. Zu den Grenzen der nationalen Methodenlehre scheint die Kammer aber nicht den Grundsatz des Vertrauensschutzes zu zählen. Sie beanstandet, dass das Bundesarbeitsgericht, trotz methodischer Möglichkeit, nicht richtlinienkonform ausgelegt habe.[472] Für die contra-legem Grenze sollen daher wohl nur solche Belange von Relevanz sein, die eine generelle Konformauslegung verbieten und nicht nur eine zeitliche Begrenzung fordern. Der Grundsatz des Vertrauensschutzes bei rückwirkenden Rechtsprechungsänderungen wird damit kein Bestandteil der nationalen Methodenlehre sein, der gegen die Konformauslegungspflicht erfolgreich in Stellung gebracht werden kann.[473]

Die Entscheidung des Bundesverfassungsgerichts bietet Anlass zur Kritik. Zunächst geht die Kammer mit keinem Wort auf eine mögliche differenzierte Betrachtung in Bezug auf die unmittelbare Anwendbarkeit des Unionsrechtssatzes ein. Die Monopolstellung des EuGH räumt sich dieser nur unstreitig bezüglich der zeitlichen Wirkung seiner Urteile ein. Das BAG verkennt nicht die zeitliche Wirkung der EuGH-Entscheidung an sich, sondern sieht sich an einer richtlinienkonformen Auslegung gehindert durch nationale Rechtsgrundsätze.[474] Ausschließlich bei unmittelbar anwendbarem Unionsrecht führt eine Begrenzung der Wirkung im nationalen Recht stets zu einer Beschränkung der zeitlichen Wirkung der EuGH-Entscheidung.[475] An der unionsrechtlichen Determination, der zeitlichen Wirkung der Auslegung einer Richtlinie und dem Geltungsanspruch

470 Zustimmend *Sagan*, Dogmatik europäischer Richtlinien in: Preis/Sagan (Hrsg.) Europäisches Arbeitsrecht, 2015, § 1 Rn. 157.

471 BVerfG(K) ZIP 2015, 335 (339 ff.) zu der gesamten Passage.

472 BVerfG(K) ZIP 2015, 335 (339).

473 So auch *Sagan*, NZA 2015, 341 (342); a.A. *Wissmann*, Vertrauensschutz – europäisch und deutsch, in: Festschrift für Jobst-Hubertus Bauer zum 65. Geburtstag, 2010, S. 1161 (1166).

474 So auch BVerfG(K) ZIP 2015, 335 (339).

475 Auch *Lunk*, Vertrauensschutz in der Rechtsprechung des Bundesarbeitsgerichts, in: Martinek/Rawert/Weitemeyer (Hrsg.), Festschrift für Dieter Reuter, 2010, S. 689 (699) geht davon aus, dass keine zeitliche Begrenzung der Wirkung des EuGH vorliegt, sondern nur eine zeitliche Begrenzung der nationalen Auslegung. Es bestehe daher kein Eingriff in die EuGH-Entscheidung.

der Richtlinie ab dem Zeitpunkt des Ablaufes der Umsetzungsfrist, wird nicht gerüttelt.[476]

Die Kammer erkennt zwar an, dass sich die contra-legem Grenze der Konformauslegung nach innerstaatlichem Recht bemisst und der Grundsatz der Rechtssicherheit Bestandteil der Schranke ist.[477] Aber wie vermögen der Grundsatz der Rechtssicherheit und das Rückwirkungsverbot anders ins Feld geführt werden gegen eine richtlinienkonforme Auslegung, als durch eine zeitliche Begrenzung? Diese beiden Rechtsgrundsätze haben ihr Paradeeinsatzfeld im retroperspektivischen Bereich. Zwar können diese Grundsätze auch gegen zukünftige Rechtsänderungen wirken, dies kann aber nicht darüber hinwegtäuschen, dass das Fundament in einem Vergangenheitsschutz liegt. Es kann daher nicht überzeugen, dass der EuGH die beiden Rechtsprinzipien als Beispiele einer Schranke der Konformauslegungspflicht nennt, aber gleichzeitig den tradierten Anwendungsbereich aushöhlt. Zudem obliegt den nationalen Gerichten die Entscheidung über das methodisch Mögliche.[478]

Ob es sich bei der Frage um rein nationales Recht oder zumindest auch um eine unionsrechtliche Fragestellung handelt,[479] ist für die verfassungsgerichtlich postulierte Vorlagepflicht ohne Bedeutung. Da der EuGH in ständiger Rechtsprechung den nationalen Gerichten die Kompetenz über die Beurteilung der contra-legem Grenze zugewiesen hat,[480] kann er auch nicht in einem Vorabentscheidungsverfahren beurteilen, wie sich die Rechtslage nach nationalem Recht darstellt. Eine Vorlagepflicht kann daher nur in Bezug auf unmittelbar anwendbares Unionsrecht bestehen. Die Erfolgsaussichten eines Vorabentscheidungsersuchens bezüglich einer zeitlichen Begrenzung erscheinen sehr gering, zumal der EuGH nur in Ausnahmefällen diese vornimmt, und zudem eine Beschränkung bereits in seinem Urteil vorzunehmen pflegt (s. unter Teil 3, Kapitel 11, I., 1.).[481] Dieses Vorlageersuchen wäre dann auf eine unionale Begrenzung der zeitlichen Wirkung gerichtet und nicht auf die Zulässigkeit einer nationalen Beschränkung.[482]

---

476 A.A. *Sagan*, NZA 2015, 341 (342).

477 BVerfG(K) ZIP 2015, 335 (339) unter Hinweis auf EuGH v. 05.10.2004, Rs. C-397/01, Slg. 2004, I – 8835, Rn. 113 u. 116; EuGH v. 16.07.2009, Rs. C-12/08, Slg. 2009, I – 6653, Rn. 63.

478 EuGH v. 05.10.2004, Rs. C-397/01, Slg. 2004, I – 8835, Rn. 116 f.; EuGH v. 16.07.2009, Rs. C-12/08, Slg. 2009, I – 6653, Rn. 63 f.

479 BVerfG(K) ZIP 2015, 335 (340).

480 BVerfG(K) ZIP 2015, 335 (339) unter Hinweis auf EuGH v. 05.10.2004, Rs. C-397/01, Slg. 2004, I – 8835, Rn. 113 u. 116; EuGH v. 16. 07.2009, Rs. C-12/08, Slg. 2009, I – 6653, Rn. 63.

481 *Wissmann*, Vertrauensschutz – europäisch und deutsch, in: Festschrift für Jobst-Hubertus Bauer zum 65. Geburtstag, 2010, S. 1161 (1163) sieht ebenfalls keine Möglichkeit der zeitlichen Beschränkung durch den EuGH; a.A. *Sagan*, NZA 2015, 341 (343 f.).

482 *Wissmann*, Vertrauensschutz – europäisch und deutsch, in: Festschrift für Jobst-Hubertus Bauer zum 65. Geburtstag, 2010, S. 1161 (1166).

Aufgrund der Unterscheidungsnotwenigkeit zwischen unmittelbar und nicht unmittelbar anwendbarem Unionsrecht kann der Hinweis auf die konsequente Fortführung der im *Honeywell*-Beschluss begründeten Rechtsprechung des Bundesverfassungsgerichts nicht überzeigen.[483] Zwar hat das Bundesverfassungsgericht primärrechtlichen Vertrauensschutz ausgeschlossen, allerdings war der Inhalt der Richtlinie Bestandteil eines allgemeinen Rechtsgrundsatzes und damit auf der Primärrechtsebene anzusiedeln.

Nicht völlig von der Hand zu weisen ist allerdings der Hinweis, dass das hier gefundene Ergebnis zu dem scheinbar paradoxen Phänomen führt, dass Vertrauensschutz vor rückwirkender Konformauslegung einen stärkeren Schutz genießt, als bei rückwirkender Unanwendbarkeit von Gesetzen.[484] Es sei aber daran erinnert, dass dieser vermehrte Schutz eine Konsequenz aus der unionale Unterscheidung zwischen unmittelbar anwendbarem Primärrecht und Richtlinien ist.

(f) Gesamtbetrachtung

Damit ist festzuhalten, dass entgegen dem Bundesverfassungsgericht eine zeitliche Begrenzung der richtlinienkonformen Auslegung durch nationale Gerichte ohne Vorlage an den EuGH möglich ist, da Richtlinien kein unmittelbar anwendbares Unionsrecht darstellen und die Pflicht zur richtlinienkonformen Auslegung ihre Grenze in der nationalen Methodik findet.[485] Bei unmittelbar anwendbarem Recht ist den nationalen Gerichten eine temporale Beschränkung jedoch unionsrechtlich verwehrt.[486] Die Monopolstellung des EuGH bezüglich der zeitlichen Wirkung seiner Entscheidungen bezieht sich nur auf die Gewährung unionalen Vertrauensschutzes durch Beschränkung der Urteilswirkung und nicht auf die Pflicht zur Konformauslegung.[487]

Dies ist auch vor dem Hintergrund der dogmatischen Unterscheidung zwischen nicht unmittelbar anwendbaren Richtlinien und unmittelbar anwendbarem Primärrecht nur konsequent. Die Mitgliedsstaaten sind verpflichtet, das unionale Recht ab dem Zeitpunkt des Ablaufes der Umsetzungsfrist. Die Verpflichtung dies um-

---

483 So aber *Sagan*, NZA 2015, 341 (342).

484 *Sagan*, NZA 2015, 341 (342).

485 So wohl auch *Koch*, Die Berücksichtigung des Vertrauensschutzes im Anwendungsvorrang des Gemeinschaftsrechts, in: Schmidt (Hrsg.), Jahrbuch des Arbeitsrechts 44, 2007, S. 91 (104); *Wissmann*, Vertrauensschutz – europäisch und deutsch, in: Festschrift für Jobst-Hubertus Bauer zum 65. Geburtstag, 2010, S. 1161 (1164 ff.); *Selge*, FA 2011, 34 (35). Für eine Vorlagepflicht aller nationalen Gerichte bzgl. der zeitlichen Wirkung einer Auslegung des Unionsrechts *Rosenkranz*, Die Beschränkung der Rückwirkung von Entscheidungen des Europäischen Gerichtshofs, 2015, S. 430; *Schiek*, AuR 2006, 41 (43 f.); *Sagan*, NZA 2015, 341 ff. (insbes. 342); *Schubert*, AuR 2015, 233 ff.; *Höpfner*, RdA 2013, 16 (26 f.).

486 S. dazu auch *Franzen*, RIW 2010, 577 (579).

487 So auch *Wissmann*, Vertrauensschutz – europäisch und deutsch, in: Festschrift für Jobst-Hubertus Bauer zum 65. Geburtstag, 2010, S. 1161 (1164 ff.).

zusetzen trifft den Gesetzgeber. Wenn nun dieser nicht aktiv wird und auch die Gerichte keine Rechtsprechungsänderung vornehmen, ist die Richtlinienumsetzung pflichtwidrig unterblieben. An dem Dogma des Unionsrechts, dass die Pflicht zur richtlinienkonformen Auslegung auf den Zeitpunkt des Ablaufes der Umsetzungsfrist zurückwirkt, wird nicht berührt. Der „Schuldvorwurf" trifft dabei eindeutig den Gesetzgeber. Er hätte durch eine klare Regelung diesen Verstoß verhindern müssen. Eine Umsetzung durch die Rechtsprechung steht unter dem Vorbehalt der methodischen, verfassungsrechtlichen Zulässigkeit vor dem Hintergrund der Gewaltenteilung. Bei der Handlungsform „Richtlinie" kann daher eine Umsetzung unterbleiben. Der Staat haftet dann für seine Pflichtverletzung gegenüber der Union im Wege eines Vertragsverletzungsverfahrens[488] und gegebenenfalls gegenüber Privaten auf der Basis der *Francovich*-Doktrin.

Es kann aber weiterhin trotz der statuierten Vorlagepflicht durch das BVerfG zu einer Gewährung von primärrechtlichem Vertrauensschutz kommen. Dies hat jüngst der BGH[489] mit einem „eleganten" Judikat bewiesen (zum Fall bereits unter Teil 1, Kapitel 2, II., 2., b), bb)). Der EuGH hatte im Vorabentscheidungsverfahren festgestellt, dass die bisherige Auslegung der Zivilgerichte zum Preisweitergaberecht von Stromversorgern gegen eine Richtlinie verstößt. Der BGH lehnte nach dieser Antwort des EuGH auf die Vorlagefrage eine richtlinienkonforme Auslegung des nationalen Rechts ab, da diese gegen den erkennbaren Willen des Gesetzgebers verstoße[490] und ließ die Norm als Folge unangewendet. Die sich ergebende Regelungslücke schloss der Senat im Wege ergänzender Vertragsauslegung und kam damit zu einer Beibehaltung des bisherigen Preisweitergaberechts ohne Beachtung der unionalen Transparenzanforderungen.[491] Der EuGH hatte im Vorabentscheidungsverfahren noch eine rückwirkende Wirkung seiner Auslegung angeordnet.[492] Der BGH erkennt diese ex-tunc Wirkung im Grundsatz an,[493] umschiffe sie jedoch durch eine methodische Ablehnung der Auslegung mit anschließender negativen Direktwirkung in Kombination mit einer ergänzenden Vertragsauslegung. Damit gewährte der Senat auf primärer Ebene Vertrauensschutz für die Unternehmen. Dies hat zur Konsequenz, dass die Richtlinie nicht mittels richterlicher Auslegung in das nationale Recht integriert wurde und der Vertragsverstoß sich manifestiert. Der Gesetzgeber muss nun nachbessern und der Staat sieht sich möglicherweise einer Haftung nach den Grundsätzen der *Francovich*-Rechtsprechung ausgesetzt.

---

488 Dies wird wohl nicht zu einer Verurteilung führen, da der Vertragsverstoß für die Zukunft abgestellt wurde durch die Rechtsprechungsänderung, so *Wissmann*, Vertrauensschutz – europäisch und deutsch, in: Festschrift für Jobst-Hubertus Bauer zum 65. Geburtstag, 2010, S. 1161 (1168).

489 BGH ZIP 2015, 2226 ff.

490 BGH ZIP 2015, 2226 (2229).

491 BGH ZIP 2015, 2226 (2232 f.).

492 EuGH v. 23.10.2014, Rs. C-359/11 u. C-400/11, NJW 2015, 849, Rn. 47.

493 BGH ZIP 2015, 2226 (2229).

Diese Ablehnung der Konformauslegung steht im Einklang mit den unionalen Vorgaben und den Anforderungen des Bundesverfassungsgerichts. Die von der Kammer postulierte Vorlagepflicht kann nur für die zeitliche Komponente als Grenze der nationalen Methodik gelten. Über die weiteren methodischen Grenzen, wie den Wortlaut und den Willen des Gesetzgebers, vermag der EuGH, keine sinnhaften Äußerungen zu tätigen. Eine Vorlagepflicht in dem Bereich ist daher widersinnig. Dieser umständlichen rechtlichen Konstruktion des BGH hätte es wohl nicht gebraucht, um zu einer Beibehaltung der nationalen Wertungen zu kommen. Bereits die Ablehnung einer Konformauslegbarkeit aufgrund nationaler Methodenlehre hätte zu einer Beibehaltung der bestehenden Rechtslage geführt. Der Gesetzgeber muss dann im vollen Umfang tätig werden, um seiner Umsetzungsverpflichtung nachzukommen.

c) Schranken aus dem Unionsrecht

Neben die contra-legem Grenze des nationalen Rechts treten die allgemeinen unionsrechtlichen Rechtsgrundsätze,[494] insbesondere der Grundsatz der Rechtssicherheit und das Rückwirkungsverbot[495] – als weitere Beschränkung der Pflicht zur richtlinienkonformen Auslegung. Auch der Grundsatz des Vertrauensschutzes als Ausprägung der Rechtssicherheit stellt eine unionale Schranke der Konformauslegung dar (dazu unter Teil 3, Kapitel 11, II., 2., e)).[496] Dieser europäische Vertrauensschutz steht neben der Gewährung nationalen Vertrauensschutzes mittels mitgliedsstaatlicher Methodenlehre.[497] Die Unzulässigkeit der Rechtsfortbildung könnte sich auch aus dem Verstoß gegen diese allgemeinen Rechtsprinzipien ergeben.[498]

---

494 Der EuGH sieht die Rechtsgrundlage der Rechtsgrundsätze wohl im Unionsrecht so auch *Rosenkranz*, Die Beschränkung der Rückwirkung von Entscheidungen des Europäischen Gerichtshofs, 2015, S. 482.

495 EuGH v. 08.10.1987, Rs. 80/86, Slg. 1987, 3969, Rn. 13 f.; EuGH v. 16.06.2005, Rs. C-105/03, Slg. 2005, I – 5285, Rn. 47; EuGH v. 04.07.2006, Rs. C-212/04, S1g. 2006, I – 6057, Rn. 110 f.; EuGH v. 24.01.2012, Rs. C-282/10, NJW 2012, 509, Rn. 25; EuGH v. 05.09.2012, Rs. C-42/11, NJW 2013, 141, Rn. 55 f. S. bzgl. Literaturstimmen *Franzen*, Privatrechtsangleichung durch die Europäische Gemeinschaft, 1999, S. 359 Fn. 10.

496 *Herresthal*, Rechtsfortbildung im europäischen Bezugsrahmen, 2006, S. 302 ff.; *Weber*, Grenzen EU-rechtskonformer Auslegung und Rechtsfortbildung, 2010, S. 142 ff.

497 *Herresthal*, Rechtsfortbildung im europarechtlichen Bezugsrahmen, 2006, S. 303, 305 f.

498 EuGH v. 08.03.1988, Rs. 80/87, Slg. 1988, 1601, Rn. 13; EuGH v. 04.07.2006, Rs. C-212/04, Slg. 2006, I – 6091, Rn. 110; EuGH v. 16.07.2009, Rs. C-12/08, Slg. 2009, I – 6653, Rn. 61; EuGH v. 30.04.2014, Rs. C-26/13, NJW 2014, 2335, Rn. 65. S. bzgl. Literaturnachweise: *Baldauf*, Richtlinienverstoß und Verschiebung der Contra-legem-Grenze im Privatrechtsverhältnis, 2013, S. 105 Fn. 105 m.w.N.; *Freitag* möchte den EuGH die Frage vorlegen, ob die Rechtsprechung des BGH mit den vom EuGH in der Rechtssache

aa) Allgemeines Prinzip der Rechtssicherheit und des Vertrauensschutzes

(1) Verwandtschaft mit der horizontalen Direktwirkung

Eine weitreichende richtlinienkonforme Rechtsfortbildung durch die nationalen Fachgerichte könnte mit den vom EuGH aufgestellten Grundsätzen zur horizontalen Direktwirkung von Richtlinien kollidieren. Zwischen Privaten lehnt der EuGH grundsätzlich aus Gründen der Rechtssicherheit eine unmittelbare Geltung und Anwendung von Richtlinien ab (s. dazu oben unter Teil 1, Kapitel 2, II., 2., a)). Durch Rechtsfortbildung kann der Richtlinie aber faktische Geltung zwischen den Privatrechtssubjekten eingeräumt werden – je nach Einzelfallentscheidung –, ohne dass sie in das nationale Recht umgesetzt wurde. Dies resultiert in einem der unmittelbaren Richtlinienwirkung zwischen Privaten vergleichbaren Effekt.[499] Der Gerichtshof unterscheidet jedoch strikt zwischen dem Institut der richtlinienkonformen Auslegung und der unmittelbaren Direktwirkung, auch wenn sich die Resultate ähneln. Die nationalen Gerichte sind zur richtlinienkonformen Auslegung verpflichtet, die auch eine teleologische Reduktion oder Analogiebildung fordern kann.[500] Der entscheidende Unterschied zur Direktwirkung besteht in der Ableitung der nachteiligen Wirkung aus dem nationalen Recht (dazu oben schon unter Teil 1, Kapitel 2, II., 2., a) und b), aa)). Die nationalen Kompetenzen des Richters bleiben vom Unionsrecht unangetastet.[501] Somit besteht aufgrund einer Verwandtschaft mit dem Verbot der horizontalen Direktwirkung keine Beschränkung der Pflicht zur richtlinienkonformen Auslegung.[502]

(2) Vertrauensschutz

Eine Beschränkung der richtlinienkonformen Auslegung könnte des Weiteren aus dem unionsrechtlichen Rechtsgrundsatz des Vertrauensschutzes fließen (s. zum unionalen Vertrauensschutz nochmals ausführlich unter Teil 3, Kapitel 11, II., 2., e)).

Die unionalen Voraussetzungen eines Vertrauensschutzes sind abstrakt mit den nationalen Kriterien kongruent – die konkreten Anforderungen unterscheiden sich jedoch.[503] Die Hürde für die Gewährung von Vertrauensschutz liegt beim EuGH

Adeneler (EuGH v. 04.07.2006, Rs. C-212/04, Slg. 2006, I – 6091 ff.) aufgestellten Grundsätzen im Einklang steht und das Verbot der Rückwirkung sowie das Gebot der Rechtssicherheit achtet: *Freitag* EuR 2009, 796 (800).

499 *Höpfner/Rüthers*, AcP 209 (2009), 1 (35); die richtlinienkonforme Rechtsfortbildung als mittelbare horizontale Direktwirkung begreifend etwa *Schulte-Nölke/Busch*, Mittelbare horizontale Direktwirkung von umgesetzten EG-Richtlinien, in: Heldrich/Prölss/Koller (Hrsg.), Festschrift für Claus-Wilhelm Canaris zum 70. Geburtstag, Bd II, 2007, S. 795 (813).

500 Vgl. EuGH v. 09.03.2004, Rs. C-397/01 u. a., Slg. 2004, I – 8835, Rn. 116.

501 EuGH v. 10.04.1984, Rs. 14/83, Slg. 1984, 1891, Rn. 28.

502 Dem zustimmend *Freitag*, EuR 2009, 796 (798).

503 Vergleichende Analyse von unionalem und verfassungsrechtlichem Vertrauensschutz *Altmeyer*, Vertrauensschutz im Recht der Europäischen Union und im deutschen Recht, 2003, S. 150 ff.

denkbar hoch.[504] Vertrauensschutzerwägungen greifen nur selten durch.[505] Dies beruht auf dem strengen Maßstab, den der Gerichtshof an die Schutzwürdigkeit des Vertrauens anlegt.[506] Der EuGH wendet einen objektiven Maßstab an und stellt auf die Kenntnis eines „besonnenen Wirtschaftsteilnehmers" ab.[507] Er verweist dabei auf folgende Formel: „Nach ständiger Rechtsprechung des Gerichtshofes kann sich jeder Wirtschaftsteilnehmer, bei dem ein Gemeinschaftsorgan begründete Erwartungen geweckt hat, auf den Grundsatz des Vertrauensschutzes berufen. Ist ein umsichtiger und besonnener Wirtschaftsteilnehmer in der Lage, den Erlass einer seiner Interessen berührenden Unionsmaßnahme vorherzusehen, so kann er sich nicht auf Vertrauensschutz berufen".[508] Auf subjektive Vorstellungen der Betroffenen kann es wohl nicht ankommen. Diese können nicht die Wirksamkeit des Unionsrechts beeinflussen.[509]

Diese Zurückhaltung wird durch die Rechtsprechung zur echten Rückwirkung unterstrichen. Der EuGH betont stets, dass eine Rückwirkung von Normen zulässig sei, „wenn das angestrebte Ziel es verlangt und das berechtigte Vertrauen des Betroffenen gebührend beachtet ist".[510] Das berechtigte Vertrauen wird jedoch bereits überlagert, wenn öffentliche Interessen dies gebieten.[511] „Ist ein umsichtiger und besonnener Wirtschaftsteilnehmer in der Lage, den Erlass einer seine Interessen berührenden Maßnahme vorherzusehen, so kann er sich im Fall ihres Erlasses nicht auf diesen Grundsatz (Vertrauensschutz) berufen."[512] Dabei werden hohe Anforderungen an die Vorhersehbarkeit der ex-tunc Wirkung gestellt.[513] Zulässig soll sie sein, insbesondere bei unklarer und verworrener Rechtslage, wenn mit der Änderung gerechnet werden musste, oder sich eine neue Norm als rechts-

---

504 *Schwarz*, Vertrauensschutz in: Heun/Starck (Hrsg.), Grundrechte, Rechtsstaat und Demokratie als Grundlagen des Verwaltungsrechts, 2015, S. 161 (173).

505 *Schwarze*, Europäisches Verwaltungsrecht, 2005, S. 912 sowie 1077 mit Nachweisen, bei denen ein Vertrauen beachtlich war.

506 *Altmeyer*, Vertrauensschutz im Recht der Europäischen Union und im deutschen Recht, 2003, S. 45.

507 Etwa EuGH 15.07.2004, Rs. C-459/02, Slg. 2004, I – 7315, Rn. 29.

508 EuGH v. 01.02.1978, Rs. 78/77, Slg. 1978, 169, Rn. 6; EuGH v. 11.03.1987, Rs. 265/85, Slg. 1987, 1155, Rn. 44; EuGH v. 15.04.1997, Rs. C-22/94, Slg. 1997, I – 1809, Rn. 25; EuGH v. 07.06.2005, Rs. C-17/03, Slg. 2005, I – 4983, Rn. 74.

509 *Rosenkranz*, Die Beschränkung der Rückwirkung von Entscheidungen des Europäischen Gerichtshofs, 2015, S. 486 f.

510 EuGH v. 25.01.1979, Rs. 99/78, Slg, 1979, 69, Rn. 20; EuGH v. 14.07.1983, Rs 224/82, Slg. 1983, 2540, Rn. 12; EuGH v. 26.04.2005, Rs. C-376/02, Slg. 2005, I – 3445, Rn. 33.

511 *Schwarze*, Europäisches Verwaltungsrecht, 2005, S. 1093; s. bzgl. Beispielen, wann eine Erforderlichkeit vorliegt s. *v. Arnauld*, Rechtssicherheit, 2006, S. 517.

512 Etwa EuGH v. 15.07.2004, Rs. C-459/02, Slg. 2004, I – 7315, Rn. 29.

513 *v. Arnauld*, Rechtssicherheit, 2006, S. 518 f.; Beispielsfälle für die Vorhersehbarkeit der echten Rückwirkung bei *Altmeyer*, Vertrauensschutz im Recht der Europäischen Union und im deutschen Recht, 2003, S. 11 f.

widrig erweist und rückwirkend korrigiert wird.[514] Somit ist auf europäischer Ebene selbst ein rückwirkender Legislativakt, der den denkbar intensivsten Eingriff in den Vertrauensschutz darstellt, unter keinen übermäßigen Vertrauensschutz gestellt. Es verwundert daher keinesfalls, dass Fälle einer unechten Rückwirkung kaum noch Schutz genießen. Der EuGH räumt den Unionsinteressen an der Änderung der Rechtslage regelmäßig vorrangiges Gewicht ein.[515] Die Anforderungen an den Vertrauensschutz liegen noch höher als bei nationaler Rechtslage.[516] Auch die Gewährung von Vertrauensschutz bei Judikativakten durch eine Beschränkung der Entscheidungswirkungen auf die Zukunft schreibt diese restriktive Rechtsprechungslinie fort. Nur in seltenen Ausnahmefällen überwiegt der Vertrauensschutz (dazu unter Teil 3, Kapitel 11, I., 1.).

Die Messlatte zur Gewährung unionalen Vertrauensschutzes ist somit in allen Bereichen hoch. Dies ist wohl insbesondere der Wirksamkeit des Unionsrechts geschuldet. Es wird daher kaum praktische Relevanz entfalten, ob sich der Bezugspunkt des zu berücksichtigen Vertrauens ausschließlich aus dem Unionsrecht ergeben kann,[517] oder ob neben Handlungen von Unionsorganen auch mitgliedsstaatliche Organe vertrauensbegründend wirken können.

Insgesamt ist die Grenze der richtlinienkonformen Auslegung im unionsrechtlichen Rechtsgrundsatz des Vertrauensschutzes faktisch ohne durchschlagende Relevanz.[518] Sie kann allenfalls nur als Letztvorbehalt verstanden werden für absolut unbillige Ausnahmefälle.[519]

bb) Vorbehalt des (Umsetzungs-)Gesetzes

Eine unionale Grenze der richtlinienkonformen Auslegung hat der EuGH den Mitgliedsstaaten im Bereich des Strafrechts gesetzt. Zum einen erkannte er in Strafsachen ein Rückwirkungsverbot der Auslegung an.[520] Zum anderen sieht der

---

514 *Frenz*, Handbuch Europarecht, Bd. 4, 2009, Rn. 3069.

515 *Frenz*, EuR 2008, 468 (486). Ein Beispiel für die ausnahmsweise Anerkennung von Vertrauensschutz: EuGH v. 14.03.1986, Rs 120/86, Slg. 1988, 2321 ff.

516 Ausführlich *v. Arnauld*, Rechtssicherheit, 2006, S. 521 f.; *Ramin*, DVP 2012, 274 (282 f.): *Schwarz*, Vertrauensschutz als Verfassungsprinzip, 2002, S. 378 – die Aussage bezog sich wohl auf exekutivische Handlungen.

517 *Weber*, Grenzen EU-rechtskonformer Auslegung und Rechtsfortbildung, 2010, S. 144; s. dazu *Rosenkranz*, Die Beschränkung der Rückwirkung von Entscheidungen des Europäischen Gerichtshofs, 2015, S. 485 ff.; a.A. *Prechal*, Directives in EC Law, 2. Aufl. 2005, S. 204, der die Rechtsgrundsätze nur als unionsrechtliche Rahmen für nationale Ausprägungen des Vertrauensschutzes sieht und damit eine Berücksichtigung auch nationaler Wertungen für möglich hält, wenn die nationalen Wertungen mit dem Unionsrecht konform gehen.

518 *Herresthal*, Rechtsfortbildung im europäischen Bezugsrahmen, 2006, S. 302.

519 So auch der EuGH, wenn auch im Zusammenhang mit einer primärrechtskonkretisierenden Richtlinie EuGH v. 19.04.2016, Rs. C-441/14, ZIP 2016, 1085, Rn. 40.

520 Art. 49 I GRC, der über Art. 6 I EUV Teil des Primärrechts ist.

Gerichtshof auch für die Zukunft ein Verbot der richtlinienkonformen Auslegung von Strafbestimmungen. Eine nicht umgesetzte Richtlinie sei nicht geeignet, die Strafbarkeit in irgendeiner Weise zu begründen, oder zu verschärfen.[521] Die Pflicht zur richtlinienkonformen Auslegung wurde durch den allgemeinen Rechtsgrundsatz der Rechtssicherheit und des Rückwirkungsverbotes beschränkt.[522] Das Vertrauen knüpfte an den Umstand an, dass hoheitliche Maßnahmen, die auf einer Richtlinie beruhen, erst nach der Umsetzung durch den Gesetzgeber nachteilige Wirkung entfalten können, und vorher grundsätzlich nicht mit einer unmittelbaren Anwendung der Richtlinie zu rechnen ist. Dies wird zum Anlass genommen, auch im vertikalen Verhältnis ein Vorrang des Rückwirkungsverbotes und der Rechtssicherheit bei nicht umgesetzten Richtlinien zu fordern, unabhängig davon, ob deren Umsetzungsfrist bereits abgelaufen ist.[523] Der Ausschluss der Konformauslegung sei jedoch nicht nur auf vertikale Verhältnisse zu beschränken, sondern auch im Zivilrecht könne durch die Rechtsprechung schutzwürdiges Vertrauen entstehen.[524] Der unionale Vertrauensschutzgrundsatz greife stets ein, wenn der EuGH von seinem bisherigen Rechtsverständnis zulasten einer Partei abweiche, welches von beiden Privatrechtssubjektiven bei Vertragsschluss zugrunde gelegt wurde. Daher komme eine Begrenzung der Auslegung in Betracht.[525] Das Vertrauen in das Unterbleiben einer Belastung ohne Umsetzungsakt sei aufgrund des mehrstufigen Umsetzungsmechanismus von Richtlinien als schutzwürdiger anzusehen als das Vertrauen der anderen Partei in die inhaltliche Durchsetzung des Richtlinienrechts.[526]

---

521 EuGH v. 08.10.1987, Rs. 80/86, Slg. 1987, 3969, Rn. 13 f. unter Hinweis auf EuGH v. 11.06.1987, Rs. 14/86, Slg. 1987, 2545 ff.; EuGH v. 13.11.1990, Rs. 331/88, Slg. 1990, I – 4023, Rn. 43; EuGH v. 12.12.1996, Rs. C-74/95 u. C-129/95, Slg. 1996, I – 6609, Rn. 25 f.; s. auch EuGH v. 03.05.2005, Rs. C-387/02 u. a., Slg. 2005, I – 3565, Rn. 66 ff.

522 Dazu *Brechmann*, Die richtlinienkonforme Auslegung, 1996, S. 277 ff.; *Herrmann*, Richtlinienumsetzung durch die Rechtsprechung, 2003, S. 161 ff.; s. dazu *Krieger*, Die gemeinschaftsrechtskonforme Auslegung des deutschen Rechts, 2005, S. 82 ff.

523 *Brechmann*, Die richtlinienkonforme Auslegung, 1996, S. 277 f.; *Herrmann*, Richtlinienumsetzung durch die Rechtsprechung, 2003, S. 163. Vertrauensschutz sei dabei unionsrechtlicher Art, weil er den nationalen Organen in ihrer Funktion als unionale Ausführungsorgane entgegengehalten wird.

524 *Krieger*, Die gemeinschaftsrechtskonforme Auslegung des deutschen Rechts, 2005, S. 89 f. will aus der Rechtsprechung zu Strafbestimmungen keine Rückschlüsse für den vertikalen Bereich ziehen.

525 *Weber*, Grenzen EU-rechtskonformer Auslegung und Rechtsfortbildung, 2010, S. 143 f.

526 *Herrmann*, Richtlinienumsetzung durch die Rechtsprechung, 2003, S. 163 f.: *Weber*, Grenzen EU-rechtskonformer Auslegung und Rechtsfortbildung, 2010, S. 144 ähnlich *Herresthal*, Rechtsfortbildung im europarechtlichen Bezugsrahmen, 2006, S. 302 ff. gegenteilige Tendenzen auf S. 322.

Bei allen Forderungen nach einer Gewährung von Vertrauensschutz auf horizontaler Ebene muss allerdings Beachtung finden, dass sich die beiden Subjekte auf einer Gleichordnungsebene gegenüberstehen und der Vorteil des einen gleichzeitig der Nachteil des anderen ist. Daher kann der Vertrauensschutz des einen Subjektes nicht gegen das Vertrauen des anderen aufgewogen werden. Beide Schutzinteressen neutralisieren sich gegenseitig, sodass eine richtlinienkonforme Auslegung ohne Umsetzungsakt möglich ist.[527] Würde man einen Umsetzungsakt des Mitgliedsstaates im horizontalen Verhältnis als notwendige Bedingung für die Konformauslegungspflicht ansehen, droht die Aushöhlung des Rechtsinstitutes. Die richtlinienkonforme Auslegung entfaltet gerade im Privatverhältnis besonders hohe Relevanz, da eine Direktwirkung der Richtlinie regelmäßig scheitert und damit kein Mechanismus besteht, dem unionalen Recht auch bei Umsetzungsverweigerung durch den Mitgliedsstaat zu seiner vollen Wirksamkeit zu verhelfen. Nur im Einzelfall kann aus Gründen der Rechtssicherheit eine Beschränkung des Gebotes zur richtlinienkonformen Auslegung erfolgen (dazu oben unter Teil 1, Kapitel 3, II., 2., a)). Aus der Adaption der unionalen Grenze der Rechtssicherheit und des Vertrauensschutzes aus der Rechtsprechung zu Strafbestimmungen[528] kann nicht geschlossen werden, dass die Wertungen übertragen werden sollten. Der generelle Ausschluss einer Konformauslegung bei Strafnormen ist dem besonderen Umstand geschuldet, dass freiheitsrelevante Maßnahmen drohen, an die strengere Anforderungen zu stellen sind. Strafbarkeit muss sich stets eindeutig aus dem Gesetz ergeben.[529] Es handelt sich daher um eine Einzelfallrechtsprechung.[530]

Ein genereller Vorbehalt des Umsetzungsgesetzes ist somit mit Ausnahme von Strafnormen abzulehnen. Der Vorbehalt des Umsetzungsgesetzes findet jedoch eine allgemeine Ausprägung im Transparenzgebot.

---

527 *Brechmann*, Die richtlinienkonforme Auslegung, 1996, S. 278 f.; a.A. *Franzen*, Privatrechtsangleichung durch die Europäische Gemeinschaft, 1999, S. 371 sieht ein Widerspruch zur Rechtsprechung des EuGH zur unmittelbaren Wirkung im horizontalen Verhältnis; *Brechmann*, Die richtlinienkonforme Auslegung, 1996, S. 280 Fn. 86 verweist auf die Ausführungen des Generalanwalts *van Gerven* in dem „Marleasing"-Urteil, wo dieser die Frage aufwirft, ob auch in horizontalen Verhältnissen die Frage des Vertrauensschutzes überwiegen muss, wenn das Zivilrecht, wie das Strafrecht, Sanktionsfolgen beinhaltet z.B. § 817 BGB.

528 EuGH v. 04.07.2006, Rs. C-212/04, Slg. 2006, I – 6057, Rn. 110; EuGH v. 15.04.2008. Rs. C-268/06, Slg. 2008, I – 2483, Rn. 100, nennt die Grenzen der Konformauslegung auch in zivilrechtlichen Rechtsverhältnissen. Ursprünglich zum ersten Mal aufgetaucht in Entscheidungen zu Strafbestimmungen EuGH v. 08.10.1987, Rs. 80/86, Slg. 1987, 3969, Rn. 13 f. unter Hinweis auf EuGH v. 11.06.1987, Rs. 14/86, Slg. 1987, 2545 ff.; EuGH v. 12.12.1996, Rs. C-74/95 u. C-129/95, Slg. 1996, I – 6609, Rn. 25 f.

529 So etwa EuGH v. 12.12.1996, Rs. C-74/95 u. C-129/95, Slg. 1996, I – 6609, Rn. 25.

530 *Krieger*, Die gemeinschaftsrechtskonforme Auslegung des deutschen Rechts, 2005, S. 89 f. will ebenfalls aus der Rechtsprechung zu Strafbestimmungen keine Rückschlüsse für den vertikalen Bereich ziehen.

cc) Transparenzgebot

Zu den Grenzen der Konformauslegung aus unionsrechtlicher Sicht könnte auch das Transparenzgebot, welches sich aus dem Grundsatz der Rechtssicherheit ableitet (dazu unten ausführlicher Teil 2, Kapitel 6, II., f), bb)) zählen.

Das Transparenzgebot dient sowohl der wirksamen und effektiven Umsetzung des Unionsrechts als auch der mitgliedsstaatlichen Kontrolle durch die Kommission sowie der Sicherung der individuellen Möglichkeit zur Kenntniserlangung vom Richtlinieninhalt.[531]

Entwickelt wurde das Gebot im Zusammenhang mit einer drohenden wirkungslosen Richtlinienumsetzung.[532] Der EuGH stellt seitdem qualifizierte Anforderungen an den Umsetzungsakt des Mitgliedsstaates. Der Nationalstaat ist allerdings nicht stets verpflichtet, eine ausdrückliche Gesetzesvorschrift zu erlassen, um das Unionsrecht positiv-rechtlich in das nationale Recht zu integrieren. Ein allgemeiner rechtlicher Kontext sei ausreichend – allerdings auch nur dann –, wenn dieser den Richtlinieninhalt mit hinreichender Klarheit und Genauigkeit ins nationale Recht transferiert. Beabsichtigt eine Richtlinie die Gewährung von Individualrechten, muss der Begünstigte in die Lage versetzen werden, von seinen Ansprüchen Kenntnis zu erlangen, um diese notfalls gerichtlich geltend machen zu können.[533]

Der Verweis auf eine höchstrichterliche Rechtsprechung ist als Umsetzungsakt regelmäßig nicht geeignet.[534] Dies erscheint vor dem Hintergrund, dass der Judikative nur eine Leitbildfunktion zukommt und sie keine Wertentscheidungskompetenz und Festigkeit wie der Gesetzgeber innehat, nur konsequent.[535] Aus dem Transparenzgebot leitet sich jedoch keine Grenze der Konformauslegung ab, sondern nur eine Schranke im Hinblick auf die Tauglichkeit zur Erfüllung der Umsetzungsverpflichtung.

Das Gebot richtlinienkonformer Auslegung ist einzelfallorientiert und auf Individualrechtsschutz bezogen. Es soll dem Individuum zu seinem unionalen Recht verhelfen, auch wenn der Mitgliedsstaat der Umsetzungsverpflichtung nicht hinrei-

---

531 Vgl. EuGH v. 09.04.1987, Rs. 363/85, Slg. 1987, 1733, Rn. 7; EuGH v. 28.02.1991, Rs. C-131/88, Slg. 1991, I – 825, Rn. 6; EuGH v. 30.05.1991, Rs. C-361/88, Slg. 1991, I – 2567, Rn. 15; EuGH v. 13.03.1997, Rs. C-197/96, Slg. 1997, I – 1489, Rn. 15.

532 So *Franzen*, Privatrechtsangleichung durch die Europäische Gemeinschaft, 1999, S. 366 unter Hinweis auf EuGH v. 15.03.1983, Rs. 145/82, Slg. 1983, 711 ff.; EuGH v. 15.03.1986, Rs. 168/85, Slg. 1986, 2945 ff.; EuGH v. 03.03.1988, Rs. 116/86, Slg. 1988, 1323 ff.

533 EuGH v. 09.04.1987, Rs. 363/85, Slg. 1987, 1733, Rn. 7; EuGH v. 28.02.1991, Rs. C-131/88, Slg. 1991, I – 825, Rn. 6; EuGH v. 30.05.1991, Rs. C-361/88, Slg. 1991, I – 2567, Rn. 15; EuGH v. 13.03.1997, Rs. C-197/96, Slg. 1997, I – 1489, Rn. 15.

534 *GA Leger*, Schlussanträge v 20.06.1996, Rs. C-236/95, Slg. 1996, I – 4459, Rn. 24; *GA Tesauro*, Schlussanträge v. 28.11.1995, Rs. C-178/94 u. a., Slg. 1996, I – 4845, Rn. 24.

535 Vgl. *Franzen*, Privatrechtsangleichung durch die Europäische Gemeinschaft, 1999, S. 365 f.: s. dazu *Dreher*, EuZW 1997, 522 (523 f.); *Nettesheim*, AöR 119 (1994), 261 (283 ff.).

chend nachgekommen ist. Bei bereits erfolgter Umsetzung gewährleistet die Konformauslegung eine vollumfängliche Entfaltung des Richtlinieninhalts im gesamten nationalen Rechtssystem. Richtlinienkonforme Auslegung hat auch bei erfolgtem Umsetzungsakt große Bedeutung für die Wirksamkeit des Unionsrechts. Der nationale Gesetzgeber kann aus praktischen Gründen nicht jede nationale Norm explizit und exakt an das unionale Recht anpassen. Die Berücksichtigung der Richtlinienwertungen durch die nationale Judikative ist die einzig praktikable, zweckmäßige Möglichkeit, um eine einheitliche und vollumfängliche Wirkung zu sichern. Die richtlinienkonforme Auslegung ist ihrer Funktion nach aber kein genuines Instrument der Erfüllung der Umsetzungsverpflichtung, sondern nur ein Hilfsmittel. Eine Konformauslegung als alleiniger Umsetzungsakt erfüllt grundsätzlich nicht die Anforderungen des EuGH an eine klare Integration von Richtlinien in das nationale Rechtssystem. Eine ungenügende Umsetzung der Richtlinie durch die Judikative kann den unionsrechtlichen Verpflichtungen zwar nicht vollumfänglich gerecht werden, ist aber dennoch tauglich, den Verstoß zumindest zu lindern.[536] Daher besteht wohl auch eine Verpflichtung zur Konformauslegung, selbst wenn diese nicht zur vollumfänglichen Umsetzungspflichterfüllung ausreicht. Der Individualrechtsschutz fordert zumindest eine Teilanpassung. Zudem kann dies eine Haftung nach den Grundsätzen der *Francovich*-Doktrin gegebenenfalls verhindern. Die richtlinienkonforme Auslegung entbindet den Mitgliedsstaat nicht von der Pflicht zur Umsetzung der Richtlinie, sondern sichert nur die Wirksamkeit des Unionsrechts bis zur Erfüllung.[537] Parallel zu dieser Problematik statuiert der EuGH, dass die unmittelbare Direktwirkung einer Richtlinie den Mitgliedsstaat nicht vor der Verpflichtung zur Umsetzung der Richtlinie entbindet.[538]

Das Transparenzgebot stellt somit keine unionale Grenze der richtlinienkonformen Auslegung dar, sondern beschränkt nur die Möglichkeit zur Erfüllung der unionalen Umsetzungsverpflichtung durch die Rechtsprechung.

dd) Fazit

Die unionsrechtlichen Schranken einer richtlinienkonformen Auslegung sind regelmäßig nicht geeignet, Vertrauensschäden zu verhindern. Der Vertrauensschutzgrundsatz ist zwar vom EuGH als Schranke anerkannt, verkommt aber durch seine hohen Anforderungen an die Schutzwürdigkeit zur Bedeutungslosigkeit. Das Gebot eines Umsetzungsvorbehaltes in seiner Reinform findet nur auf strafrechtliche Re-

---

536 *Franzen*, Privatrechtsangleichung durch die Europäische Gemeinschaft, 1999, S. 366 f.; a.A. zu dieser Fragestellung *Herrmann*, Richtlinienumsetzung durch die Rechtsprechung, 2003, S. 165 f.

537 So auch *GA Tizzano*, Schlussanträge v. 23.01.2001, Rs. C-144 /99, Slg. 2001, I – 3541, Rn. 35: *Nettesheim*, AöR 119 (1994), 261 (284).

538 EuGH v. 06.05.1980, Rs. 102/79, Slg. 1980, 1473, Rn. 12; EuGH v. 11.08.1995, Rs. C-433/93, Slg. 1995, I – 2303, Rn. 24; EuGH v. 20.03.1997, Rs. C-96/95, Slg. 1997, I – 1653, Rn. 37.

gelungen Anwendung und ist somit regelmäßig nicht einschlägig. Das Transparenzgebot stellt demgegenüber keine Schranke der Pflicht zur Konformauslegung dar, sondern begrenzt nur die Möglichkeit, europarechtliche Pflichtverletzungen durch richtlinienkonforme Auslegung zu vermeiden.

d) Gesamtresümee zu den Grenzen richtlinienkonformer Auslegung

Vorab kann nicht oft genug betont werden, dass die oben aufgezeigten Grenzen der Konformauslegungspflicht allein im Hinblick auf Richtlinien und nicht auf unmittelbar anwendbares Unionsrecht eine Beschränkung bezüglich der Durchsetzungskraft des Europarechts darstellen. Dies gilt freilich auch für Richtlinien, sofern sie – zumindest faktisch – unmittelbar anwendbar sind, etwa aufgrund einer Aufladung mit primärrechtlichen Wertungen. Es besteht zwar nicht nur eine Pflicht zur richtlinienkonformen, sondern auch zur unionsrechtskonformen Auslegung, ist diese jedoch methodisch nicht möglich, greift der Anwendungsvorrang vollumfänglich durch – auch über die Grenze des Vertrauensschutzes und der Rechtssicherheit hinweg.[539]

Die oben skizzierte Reichweite der möglichen Rechtsfortbildung, sowohl in inhaltlicher als auch in zeitlicher Hinsicht, eröffnet ein weites Feld für die Rechtsprechung, den Richtlinieninhalt auch zwischen Privatrechtssubjekten zur Wirksamkeit zu verhelfen – ohne aktiven Umsetzungsakt durch die Legislative. Die Ausschaltung des Wortlautes und – weitreichend auch – der Regelungsabsicht des Gesetzgebers als Grenze mag zwar eine Erweiterung nach sich ziehen, ist aber dennoch inhaltlich an den Regelungsgehalt der Norm gebunden. Ein noch größeres Potenzial für Rechtsfortbildungen eröffnen Generalklauseln. Ihr Anwendungsbereich ist naturgemäß sehr weit gefasst, sodass sie fast jedem Rechtsgrundsatz eine Heimstadt zu gewähren vermögen, man denke an § 242 BGB. Einen derartigen Schritt sind die Fachgerichte – soweit ersichtlich – noch nicht vollständig gegangen. Eine richtlinienkonforme Auslegung zivilrechtlicher Generalklauseln wäre das Ende der transparenten Richtlinienumsetzung und damit der Rechtsklarheit.[540] Der EuGH hat bisher nur konstatiert, dass auch Generalklauseln nicht richtlinienwidrig ausgelegt werden dürfen.[541]

Man darf die Augen jedoch nicht vor der Realität verschließen. Die Gefahren einer Rechtsfortbildung werden sich wohl auch ohne das Einfallstor der Generalklauseln realisieren, wenn die Rechtsprechung weiterhin bei ihrem Kurs bleibt und den konkreten Regelungswillen des Gesetzgebers als Grenze ausschaltet durch einen fingierten vorrangigen Willen zur Richtlinienumsetzung. Es wird sich im Zweifel oftmals – aufgrund der hohen Normierungsdichte – eine Norm finden lassen, deren

539 EuGH v. 19.04.2016, Rs. C-441/14, ZIP 2016, 1085, Rn. 35, 38 f. Der EuGH sieht lediglich einen Reservevorbehalt für Ausnahmefälle, dazu Rn. 40.

540 Eine richtlinienkonforme Auslegung von Generalklauseln als zulässig erachtend: *Pfeiffer*, NJW 2009, 412 (413); hingegen stark zur Vorsicht mahnend *Leible*, EuZW 2001, 438 (438 f.).

541 EuGH v. 13.11.1990, Rs. C-106/89, Slg. 1990, I – 4135, Rn. 8 ff.

Inhalt so „umgedeutet“ werden kann, dass der Richtlinieninhalt zur Geltung gelangt. Auf der anderen Seite hat das Institut der richtlinienkonformen Auslegung auch seine Berechtigung. Es ist nicht von der Hand zu weisen, dass die Forderung nach einer, in jedem Einzelfall bestehenden ins Detail genauen Umsetzungsregelung eine massive Aufblähung der Zivilrechtkodifikationen mit sich bringen würde und damit das Gebot an Klarheit in sein Gegenteil verkehren würde.[542] Zudem führt die Masse an Anpassungen wohl zu einer Überforderung der Legislative und würde sie schlicht in weiten Teilen handlungsunfähig machen.[543]

Sicherlich sind geringfügig modifizierende Auslegungen sinnvollerweise nicht durch eine textliche Fixierung zu ersetzen und die Konformauslegung als vorzugswürdigere Umsetzungsmethode anzusehen. Jedoch handelt es sich bei den streitigen Fällen um Auslegungen entgegen dem Wortlaut und den Willen des Gesetzgebers, die rechtsstaatlich nicht tragbar sind. Zudem führt die Normierung nicht stets zu einer Ausweitung der zivilrechtlichen Regelungsdichte, da die alte Fassung durch eine grundlegend neue richtlinienkonforme Fassung ersetzt werden kann, wie beispielsweise im Verbraucherschutzrecht.

Diese bedenklichen methodischen Auswüchse der Fachgerichtsbarkeiten fundieren das Bedürfnis nach einem Ausgleich des Vertrauensschadens auf sekundärrechtlicher Ebene[544], welches sich insbesondere aus der temporalen Wirkung der Auslegung ergibt.

Der methodische Wildwuchs ist jedoch nicht unional geboten. Wenn das nationale Gericht sich außerstande sieht, aufgrund des Rechtsgrundsatzes des Vertrauensschutzes eine rückwirkende Auslegung der Norm auf der Basis des Richtlinienverständnisses des EuGH vorzunehmen, ist dieses Verhalten unionsrechtskonform. Unabhängig davon besteht aber eine Vertragsverletzung ab dem Zeitpunkt der unterlassenen Umsetzung. Der Vorwurf knüpft jedoch nicht an die Judikative an, sondern an die Legislative, die ihrer Pflicht zur Richtlinienumsetzung nicht im hinreichendem Maße nachgekommen ist, indem keine Rechtsnorm besteht, die entweder bereits den Richtlinieninhalt vollumfänglich umsetzt, oder aber zumindest einer richtlinienkonformen Auslegung zugänglich ist. Konsequenz der Vertragsverletzung ist möglicherweise ein Staatshaftungsanspruch nach den Grundsätzen der *Francovich*-Rechtsprechung.

---

542 Vor dieser Gefahr warnend *Leible*, EuZW 2001, 438 (438 f.).

543 Vgl. *Roth/Jopen*, Die richtlinienkonforme Auslegung, in: Riesenhuber (Hrsg.), Europäische Methodenlehre, 3. Aufl. 2015, § 13 Rn. 58.

544 Das Bedürfnis unterstreichend: *Bydlinski*, Grundzüge der juristischen Methodenlehre, 2. Aufl. 2012, S. 142 ff.

Kapitel 4 Erforderlichkeit einer Vertrauenshaftung

Nachdem das methodische Vorgehen der Fachgerichte umfassend beschrieben und kritisiert wurde, soll im aktuellen Abschnitt nochmals spezifisch das Bedürfnis nach einer Vertrauenshaftung unterstrichen werden. In diesem Rahmen wird auch ein Fokus auf die Besonderheiten des Gesetzes als Vertrauenstatbestand gelegt.

I. Allgemeines Bedürfnis

Hat der nationale Gesetzgeber das Unionsrecht entgegen seiner unionalen Verpflichtungen nicht ins innerstaatliche Recht umgesetzt, oder bestehende Gesetze nicht an unmittelbar anwendbares Europarecht angepasst, löst dieses Verhalten einen Schaden beim Normunterworfenen aus. dass Der Gedanke einer Ersatzmöglichkeit durch den Verursacher liegt nahe.[545] Die Rechtssache *Honeywell*, die Grundlage dieser Untersuchung ist, lässt das Bedürfnis nach einer Vertrauenshaftung deutlich zutage treten. Mit der Kreation des neuen Rechtsinstitutes der primärrechtskonkretisierenden Richtlinie durch den EuGH war nicht zu rechnen. Auch bei „normaler" Durchsetzung des Richtlinienrechts im Weg der Auslegung besteht kein Anlass, das Vertrauen auf das Ausbleiben der Richtlinienwirkung vor der Umsetzung als per se geringwertiger einzustufen, als das Vertrauen in die Durchsetzung des Richtlinieninhaltes.[546]

Der Schutz des Vertrauens auf der primären Ebene ist in solchen Fällen weitestgehend ausgeschlossen. Bei unmittelbar anwendbarem Unionsrecht verhindert der Vorrang des Unionsrechts Primärschutz. Der Anwendungsvorrang gebietet grundsätzlich eine Durchsetzung des Unionsrechts ab dem Zeitpunkt seiner innerstaatlichen Geltung. Wird die Kollisionslage erst zu einem späteren Zeitpunkt erkannt, fordert das Europarecht grundsätzlich eine rückwirkende Auflösung des Konflikts. Daher besteht bei unmittelbar anwendbarem unionalen Recht keine Möglichkeit durch eine Begrenzung der Zulässigkeit von rückwirkenden Gesetzen national Vertrauensschutz zu gewähren (s. oben unter Teil 1, Kapitel 3, II., 2., b), bb), (2), (e), (aa)). Bei richtlinienkonformer Auslegung besteht zwar die Möglichkeit durch das Einfallstor der Grenze nationaler Methodenlehre, oder unional durch die Wahrung allgemeiner Rechtsgrundsätze, diese sind jedoch nicht hinreichend, um den Vertrauensschutz zu sichern (dazu unter Teil 1, Kapitel 4, IV.).

Das Bedürfnis nach einer nationalen Ersatzmöglichkeit steigt durch die Methode der Rechtsgewinnung seitens des EuGH, der die Vorgaben für die mitgliedsstaatliche Rechtsordnung festlegt. Der EuGH betreibt nicht nur Auslegung nach

545 *Kümper*, Risikoverteilung im Staatshaftungsrecht, 2011, passim.

546 *Rosenkranz*, Die Beschränkung der Rückwirkung von Entscheidungen des Europäischen Gerichtshofs, 2015, S. 491.

dem klassischen nationalen Rechtsverständnis, sondern greift auch auf das Institut der Rechtsfortbildung zurück. Dem Gerichtshof steht daher ein weites Feld offen für die Ausgestaltung und den Wandel des Unionsrechts. Im Rahmen dessen legen die Luxemburger Richter das Rechtsverständnis ohne tragende Beachtung des Vertrauensschutzes fest. Der EuGH erkennt im abstrakten Vertrauensschutz keine Grenze seiner Kompetenz bezüglich Rechtsprechungsänderung an.[547] Allenfalls eine zeitliche Begrenzung der Urteilswirkungen kommt in Betracht, die aber nur in Ausnahmenfällen erfolgt (dazu unter Teil 3, Kapitel 11, I., 1.).

Das Bedürfnis nach einem sekundären Vertrauensschutz wird zudem durch die fehlende rechtliche Präjudizienbindung des EuGH unterstrichen. Eine faktische Präjudizienbindung scheint keine deutliche Ausprägung auf europäischer Ebene erfahren zu haben.[548]

Im Folgenden soll die Bedeutung des Gesetzes als Vertrauenstatbestand für die Rechtsordnung unterstrichen werden. Anschließend wird dargelegt, dass das Gesetz per se einen Vertrauenstatbestand darstellt. Das Vertrauen in ein Gesetz bedarf keiner Begründung, es kann allenfalls durch besondere Umstände zerstört werden. Nachdem festgestellt wurde, dass das Gesetz einen abstrakten Vertrauenstatbestand bildet, widmet sich der Abschnitt der Untersuchung eines konkret schutzwürdigen Vertrauens der Normunterworfenen. An dieser Stelle der Arbeit steht nur die Notwendigkeit eines Sekundärrechtsschutzes im Vordergrund. Erst in den folgenden beiden Teilen wird die Zulässigkeit eines solchen Haftungsanspruches eingehend erörtert werden.

II. Das Gesetz als besonderer Vertrauenstatbestand

1. Charakter des Gesetzes

Das Gesetz ist wohl der stärkste Vertrauenstatbestand, den das Recht kennt.

Das Gesetz ist diejenige Regelungsform, die seine Legitimation unmittelbar vom demokratisch legitimierten Parlament ableitet. Das Gesetz durchläuft bis zu seiner Geburt zahlreiche Stationen, innerhalb dessen es auf verfassungsrechtliche Herz und Nieren geprüft wird. Es beginnt damit, dass die Erarbeitung eines Gesetzesentwurfes zumeist durch Juristen in den jeweiligen Ministerien erfolgt und setzt sich insbesondere im Rahmen der Ausschussarbeit fort. Das Gesetz wird zudem von der Verfassung in seinem Bestand besonders geschützt. Allein das Bundesver-

---

547 So *Rosenkranz*, Die Beschränkung der Rückwirkung von Entscheidungen des Europäischen Gerichtshofs, 2015, S. 66 f. unter Hinweis auf EuGH v. 17.10.1990, Rs. C-10/89, Slg. 1990, I – 3711 ff.; EuGH v. 24.11.1993, Rs. C-267/91, Slg. 1993, I – 6097 ff.; EuGH v. 30.04.1996, Rs. C-308/93, Slg. 1996, I – 2097 ff.; EuGH v. 30.06.1998, Rs. C-394/96, Slg. 1998, I – 4185 ff.; EuGH v. 05.10.1999, Rs. C-179/95, Slg. 1999, I – 6475 ff.; EuGH v. 16.05.2000, Rs. C-388/95, Slg. 2000, I – 3123, Rn. 51 ff.; EuGH v. 25.07.2008, Rs. C-127/08, Slg. 2008, I – 6241, Rn. 58 ff.

548 So *v. Arnauld*, Rechtssicherheit, 2006, S. 506.

fassungsgericht vermag es für nichtig zu erklären, Art. 100 Abs. 1 GG. Die prinzipale Normenkontrolle durch den Bürger ist durch § 93 Abs. 3 BVerfGG auf ein Jahr seit dem Inkrafttreten des Gesetzes begrenzt. Zudem kann nach § 15 Abs. 4 S. 3 BVerfGG bei Stimmengleichheit ein Verstoß gegen die Verfassung nicht festgestellt werden, welches eine Vermutung für die Grundgesetzkonformität zum Ausdruck bringt. Hinzukommt, dass das Bundesverfassungsgericht im Rahmen einer Überprüfung von Gesetzen dem Gesetzgeber eine gewisse Einschätzungsprärogative zubilligt.

Das Gesetz stellt sich auch gegenüber der Handlungsform „Verwaltungsakt" als besonderer Vertrauenstatbestand dar.

Im Rahmen eines solchen Vergleiches muss beachtet werden, dass grundlegende Unterschiede bestehen und man „Äpfel mit Birnen" vergleicht. Das Gesetz ist abstrakt-genereller Natur und der Verwaltungsakt in seiner Grundform konkret-individuell. Dies führt dazu, dass der Bürger beim Verwaltungsakt auf Einzelfallentscheidungen trifft, die auch ihm gegenüber bekannt gegeben werden müssen. Dies mag bei ihm ein berechtigtes Vertrauen in die Rechtmäßigkeit auslösen, dem auch die §§ 48 f. VwVfG Rechnung tragen. Das Gesetz als Vertrauenstatbestand weist aber eine andere Qualität auf. Rein formal betrachtet ist das Gesetz Basis aller nachfolgenden Handlungen und damit auch des Verwaltungsaktes. Das Gesetz ist der Grundpfeiler unserer Rechtsordnung. Das Gesetz muss Kontinuität gewährleisten. Daher sieht auch das nationale Rechtssystem keine besonderen, standardisierten Vorschriften für die Rücknahme von Gesetzen vor, wohl aber für die Rücknahme von Verwaltungsakten, §§ 48 f. VwVfG. Die Aufhebung eines Gesetzes ist demselben Prozedere unterworfen wie die Verabschiedung eines neuen Gesetzes. Hinzutritt, dass der Prüfungsumfang beim Erlass eines Verwaltungsaktes deutlich geringer sein wird, als vor Erlass eines Gesetzes. Regelmäßig wird in der Verwaltung kein Jurist am Erlass beteiligt sein auch wenn das Verwaltungshandeln durch Verwaltungsvorschriften stark konkretisiert ist. Der Bürger mag zwar subjektiv das Gefühl haben, dass aufgrund des Individualbezuges eine zutreffende, für ihn verbindliche Entscheidung getroffen sei, dies kann jedoch die besondere Natur des Gesetzes nicht aufwiegen. Die Rechtsordnung und auch das Grundgesetz, Art. 19 Abs. 4 GG, gehen durch Anerkennung des Grundsatzes des effektiven Rechtsschutzes davon aus, dass Verwaltungsakte rechtsfehlerhaft sein können und dies mit Regelmäßigkeit vorkommt.

Insgesamt genießt das Gesetz eine herausragende Stellung in unserer Rechtsordnung.

2. Bedeutung des Gesetzesvertrauens für die freiheitliche Grundordnung

Die Rechtsprechung genießt einen weitreichenderen Spielraum bei der „Rückwirkung" von Entscheidungen (s. unter Teil 1, Kapitel 3, II., 2., b), bb), (2), (b)) und die Exekutive befindet sich unter dem drohenden Damoklesschwert der Aufhebung durch die Rechtsprechung. Die wichtigste Funktion des Rechts ist die Gewährung von Rechtssicherheit. Würde kein schutzwürdiges Vertrauen in ein Gesetz bestehen, käme es zu untragbarer Rechtsunsicherheit und damit zu einem Zusammenbruch des freiheitlichen Rechtssystems. Die Verlässlichkeit der Rechtsordnung ist das Fundament für die Verwirklichung individueller Selbstbestimmung und somit Grundlage einer freiheitlichen Ordnung. Die Freiheit würde erhebliche Einschnitte erfahren, wenn an das Verhalten der Bürger, oder an sie betreffende Umstände, im Nachhinein belastende Rechtsfolgen geknüpft werden könnten, die zum Zeitpunkt des rechtserheblichen Verhaltens noch nicht galten.[549] Gesetze schaffen den Rahmen für ein freiheitliches menschliches Gemeinschaftssystem[550] und sind Voraussetzung zur Gestaltung des Lebens (dazu auch schon oben unter Teil 1, Kapitel 1, II., 2.).[551]

Rechtssicherheit und Erwartungsschutz sind auch Basis des Rechtsgehorsams. Wer sich rechtskonform verhält, wird vom Rechtssystem für seine Treue belohnt und durch das Recht geschützt. Vertrauen kann daher sogar als die zentrale Funktionsbedingung des menschlichen Zusammenlebens angesehen werden.[552] Bei fehlendem Schutz vor rückwirkenden Gesetzen würde sich die Rechtstreue der Normunterworfenen nicht mehr auszahlen und das Recht in Folge an Akzeptanz einbüßen. Dem Bürger, der sich im Zeitpunkt der Vornahme seiner Handlung rechtskonform verhält, darf nicht nachträglich vorgeworfen werden, er hätte sich anders verhalten müssen.[553] „Was bislang Recht war, darf nicht im Nachhinein Unrecht sein".[554]

Das Recht begründet bereits Kraft seiner Verbindlichkeit Vertrauensschutz. Wegen dieser Verbindlichkeit kann sich der Bürger seiner Beachtung gewiss sein. Der Vertrauensschutz ist daher „Grundsatz und Essenz des Rechts überhaupt"[555].[556] Rechtssicherheit wahrt nicht nur den Rechtsfrieden, sondern auch den sozialen Frieden.[557]

An das schutzwürdige Vertrauen dürfen daher keine überhöhten Anforderungen gestellt werden, um drohende Ungewissheiten bei der Freiheitsausübung zu vermeiden.[558]

---

549 BVerfGE 135, 1 (22) st. Rsp. dort m.w.N.; *Sachs*, in: Sachs (Hrsg.), GG, 7. Aufl. 2014, Art. 20 Rn. 131.

550 *Rawls*, Theorie der Gerechtigkeit, S. 266.

551 *v. Arnauld*, Rechtssicherheit, 2006, S. 109.

552 *Luhmann*, Vertrauen, 1968, S. 1 ff.

553 *v. Arnauld*, Rechtssicherheit, 2006, S. 326.

554 *Sobota*, Das Prinzip Rechtsstaat, 1997, S. 163.

555 *Maurer*, Kontinuitätsgewähr und Vertrauensschutz, in: Isensee/Kirchhof (Hrsg.), Handbuch des Staatsrechts der Bundesrepublik Deutschland, Bd III, 2. Aufl. 1996, § 60 Rn. 6.

556 *Maurer*, Kontinuitätsgewähr und Vertrauensschutz, in: Isensee/Kirchhof (Hrsg.), Handbuch des Staatsrechts der Bundesrepublik Deutschland, Bd III, 2. Aufl. 1996, § 60 Rn. 6.

557 *v. Arnauld*, Rechtssicherheit, 2006, S. 111.

558 *Herdegen*, WM 2009, 2202 (2204).

3. Das Gesetz als objektiver Vertrauenstatbestand

Trotz dieser fundamentalen Bedeutung des Gesetzesvertrauens für unsere Rechtsordnung wird diskutiert, ob das Gesetz einen objektiven Vertrauenstatbestand darstellt, der stets durch das Rückwirkungsverbot zu schützen sei.[559] Diese Diskussion ist auch für die hier zu untersuchende Haftungsfrage von Relevanz, da nur, wenn das Gesetz einen Vertrauenstatbestand darstellt, berechtigte Erwartungen des Normadressaten entstehen können, welche möglicherweise auch im konkreten Fall ersatzfähig sind. Die nachfolgenden Überlegungen entfalten insbesondere ihre Bedeutung bei auslegungsbedürftigen Normen.

Das abstrakte Gesetzesvertrauen wurde unlängst durch das Bundesverfassungsgericht[560] gestärkt.[561] Die Senatsmehrheit gewährte Rückwirkungsschutz, obwohl kein konkretes tatsächliches Vertrauen entstanden war. Die Rechtsfrage bezüglich des streitgegenständlichen Steuervorteils wurde von der Rechtsprechung noch nicht abschließend geklärt. Dies stehe laut den mehrheitstragenden Verfassungsrichtern einem Vertrauensschutz nicht entgegen.[562] Dem ablehnend gegenüber steht der Verfassungsrichter *Masing*, der den Schutz konkreten Vertrauens als Kern der Rechtsprechung zur echten Rückwirkung ansieht.[563]

Diese Diskussion wird sowohl virulent in Bezug auf die Frage, ob ein Vertrauen auch bei auslegungsoffenen, noch nicht von der höchstrichterlichen Rechtsprechung konkretisierten Gesetzen, möglich ist, als auch im Hinblick auf die teils geforderte Kenntnis als Voraussetzung schutzwürdigen Vertrauens.

Dem ausschließlichen Schutz konkreten Vertrauens ist entschieden entgegenzutreten: Das Vertrauen in ein Gesetz bedarf keiner positiven Begründung, keines positiven Anhaltspunktes. Es kann allein negativ zerstört werden, etwa durch eine unklare, verworrene Gesetzeslage. Es sind jedoch aus Gründen der Rechtssicherheit und der Verlässlichkeit der Rechtsordnung hohe Anforderungen an diese Ausnahmen zu richten. Es ist daher ein Vertrauen in die objektive Gesetzeslage zu postulieren, was nur in Ausnahmefällen zerstört werden kann.[564]

---

559 Diese Frage kontrovers diskutierend: *Lepsius*, JZ 2015, 435 ff., *ders.* schon in JZ 2014, 488 ff. sowie *Michael*, JZ 2015, 425 ff.

560 BVerfGE 135, 1 ff. mit dem Sondervotum sich ausführlich auseinandersetzend *Buchheim/Lassahn*, NVwZ 2014, 562 ff.; *Wiese/Berner*, DStR 2014, 1260 ff.

561 S. zu dieser Entscheidung auch *Birkenfeld/Dötsch/Fuest/Hey* u. a., DB 2015, 513 ff.; *Kirchhof*, DStR 2015, 717 ff.; *Maciejewski/Theilen*, DÖV 2016, 271 ff.; *Nacke*, NWB 2014, 2699 ff.; *Drüen*, StuW 2015, 210 ff. Es sind momentan drei Vorlagen des BFH beim BVerfG anhängig, sodass in absehbarer Zeit mit einer Konkretisierung der Rechtsprechung zu rechnen ist, BFHE 232, 121; 244, 1 ff.; 246, 486 ff. S. bzgl. eines Überblickes über die bisherige Rechtsprechung des BVerfG *Drüen*, StuW 2015, 210 (215 f.).

562 BVerfGE 135, 1 (24).

563 BVerfGE 135, 1 (37 f.) – Sondervotum *Masing*; ebenso: *Lepsius*, JZ 2015, 435 (insbes. 425 f., 441).

564 Ebenso *Völker/Ardizzoni*, NJW 2004, 2413 (2415); *Michael*, JZ 2015, 425 (427 f.), bei echter Rückwirkung wird das abstrakte Vertrauen in den Bestand des Gesetzes

Auch die allgemeine Bedeutung eines Gesetzes für das Rechtssystem unterstreicht die Forderung nach einer objektivierten Begründung von Gesetzesvertrauen. „Die Unverbrüchlichkeit der Rechtsordnung[565] und die Maßgeblichkeit von Gesetzen[566] stehen auf dem Spiel",[567] wenn ein Gesetz keinen verlässlichen Rechtsakt mehr darstellt, an dem sich das Verhalten orientieren kann.[568] Die Verpflichtung der Normadressaten, Gesetze zu beachten und gegebenenfalls gerichtliche Überprüfung am Maßstab der Gesetze zu akzeptieren, hängt maßgeblich davon ab, dass für die Gegenwart klar ist, welches Gesetz Geltung beansprucht. Das Verbot echter Rückwirkung korrespondiert daher mit der Gehorsamspflicht.[569] Es bedarf einer objektiven Geltungsbestandsgarantie als Basis dafür, dass sich rechtlich begründetes subjektives Vertrauen erst zu entwickeln vermag.[570]

Das Verständnis von einem rein subjektiven Gesetzesvertrauen ist bereits dogmatisch verfehlt. Vertrauen in eine Rechtsnorm kann im Grundsatz nicht individuell, sondern nur abstrakt und objektiviert gemessen werden.[571] Eine generell-abstrakte Betrachtungsweise korreliert mit dem generell-abstrakten Charakter des Gesetzes. Anders als Maßnahmen der Exekutive, die sich an einen bestimmten Adressatenkreis richten, schafft das Gesetz allgemein verbindliche Regelungen für eine Vielzahl von Individuen. Die typische Lage ist somit maßgebend.[572] „Die Frage kann daher bei der Rückwirkung von Gesetzen nur lauten, ob „man" auf den Bestand des früheren Gesetzes vertrauen durfte."[573] Die vom Richter *Masing* proklamierte subjektive, grundrechtliche Fundierung des Vertrauensschutzes ist somit nicht so subjektiviert, wie es auf den ersten Blick scheint.

Eine starke Individualfokussierung bei der Beurteilung des schutzwürdigen Vertrauens ist auch schlicht unpraktikabel. Ein Gesetz kann nur einheitlich gegenüber allen Normadressaten schutzwürdiges Vertrauen begründen und gegebenenfalls

---

geschützt, nur bei unechter Rückwirkung komme es auf tatsächliches subjektives Vertrauen an; so auch *Drüen*, StuW 2015, 210 (213 f.).

565 *Jellinek*, Allgemeine Staatslehre, 3. Aufl. 1914, S. 369 f.

566 *Sommermann*, in: v. Mangoldt/Klein/Starck (Hrsg.), GG, Bd 2, 6. Aufl. 2010, Art. 20 Abs. 3 Rn. 293.

567 *Michael*, JZ 2015, 425 (428).

568 Dies ebenfalls betonend: *Kirchhof*, DStR 2015, 717 (717, 723).

569 *Michael*, JZ 2015, 425 (430).

570 *Michael*, JZ 2015, 425 (428) unter Hinweis auf *v. Arnauld*, Rechtssicherheit, 2006, S. 153 f.

571 Etwa *Hey*, NJW 2014, 1564 (1566); kritisch zur objektiven Betrachtung aber *Lepsiuss*, JZ 2014, 488 (492, 498 f.).

572 *Grabitz*, DVBl 1973, 675 (683); vgl. *v. Arnauld*, Rechtssicherheit, 2006, S. 334; *Maurer*, Kontinuitätsgewähr und Vertrauensschutz, in: Isensee/Kirchhof (Hrsg.), Handbuch des Staatsrechts der Bundesrepublik Deutschland, Bd III, 2. Aufl. 1996, § 60 Rn. 35.

573 *Maurer*, Kontinuitätsgewähr und Vertrauensschutz, in: Isensee/Kirchhof (Hrsg.), Handbuch des Staatsrechts der Bundesrepublik Deutschland, Bd III, 2. Aufl. 1996, § 60 Rn. 22; zustimmend *Hey*, NJW 2014, 1564 (1566).

zu einem Rückwirkungsverbot führen. Es bedarf eines einheitlichen objektivierten Beurteilungsmaßstabes. Ein Bezug auf subjektiv-rechtliche Betrachtungen und damit einhergehend eine Differenzierung des Vertrauensschutzes nach dem „Sonderwissen" verschiedener Normunterworfenen – etwa zwischen Privaten und Großunternehmen – erscheint nicht sinnvoll.[574] Das Gesetz kann sich auch auf verschiedene Normadressaten beziehen und eine Rückwirkungsentscheidung muss für alle einheitlich gelten. Erwägungen eines Sonderwissens können allenfalls dann zu einer gerechten Lösung führen, wenn eine hinreichende Homogenität der Normadressaten besteht.

Erst auf Ebene des Schadensersatzes kann Vertrauen im Einzelfall systemgerecht näher untersucht werden. Auf der Primärebene muss auf objektiviertes Vertrauen und auf der Sekundärebene auf subjektives Vertrauen im Einzelfall abgestellt werden.

Zudem unterscheidet sich die subjektive Betrachtungsweise, wie sie etwa *Masing* vertritt nicht grundlegend von der Forderung nach einem abstrakten Vertrauen in ein Gesetz. Knüpft man an die gesetzliche Grundlage als Vertrauenstatbestand an und nicht an das Auslegungsergebnis, dann kann man im Fall der ändernden Rückwirkung auch von einem subjektiven Vertrauen sprechen. Auf den tatsächlichen Bestand der Norm besteht regelmäßig ein Vertrauen, lediglich – wenn man den Kritikern folgen möchte – nicht in den Inhalt der Norm, da dieser noch kontrovers diskutiert wurde.[575] Es existiert daher zugleich ein subjektives Vertrauen auf den Fortbestand der Auslegungsgrundlage. Wird dem Gesetz ein anderer Normtext gegeben, muss dies am Rückwirkungsgebot und damit am Vertrauensschutz gemessen werden.[576] Es ist mit *Osterloh* von einem „subjektiven Recht auf objektive Rechtssicherheit" zu sprechen.[577]

Dies verdeutlicht, dass auch bei einem subjektiven Anknüpfungspunkt wohl grundsätzlich von einem Vertrauen in den Bestand der Norm auszugehen ist. Der subjektive Ansatzpunkt ist also – bei eingehender Betrachtungsweise – verobjektiviert. Ebenso finden sich aber auch bei Anerkenntnis eines abstrakten Vertrauens in ein Gesetz subjektiv-rechtliche Aspekte in Form der vom Bundesverfassungsgericht anerkannten Ausnahmen vom Rückwirkungsverbot (dazu oben unter Teil 1, Kapitel 3, I., 1., a)).[578]

Besondere Relevanz entfaltet der obige Diskurs bei der Frage, ob ein Vertrauen in ein Gesetz überhaupt gebildet werden kann, das verschiedene Auslegungsvarianten zulässt und von der Rechtsprechung noch nicht gefestigt konkretisiert wurde.

---

574 So aber *Lepsius*, JZ 2014, 488 (499 f.); Bedenken hat *Michael*, JZ 2015, 425 (434).

575 *Michael*, JZ 2015, 425 (428): *Hey*, JZ 2014, 501 (503 f.); s. dazu auch *Osterloh*, StuW 2015, 201 (204).

576 *Buchheim/Lassahn*, NVwZ 2014, 562 (563).

577 *Osterloh*, StuW 2015, 201 (204).

578 A.A wohl *Michael*, JZ 2015, 425 (427 f.), der von verfassungsimmanenten Schranken bei der echten Rückwirkung ausgeht, die rein objektiv begründbar sind. Kritisch zur Kompatibilität eines objektiven Gesetzesvertrauens mit den subjektiven Ausnahmetatbeständen *Osterloh*, StuW 2015, 201 (206 ff.).

Ein subjektives Vertrauensverständnis resultiert in der Ablehnung berechtigter Erwartungen aufgrund der offenen und ungeklärten Rechtslage.[579] Dem wendet das Bundesverfassungsgericht zutreffend entgegen: „Die schlichte Auslegungsoffenheit und Auslegungsbedürftigkeit einer Norm und die damit bestehende Unsicherheit über deren Inhalt ist keine solche Besonderheit, die dieses grundsätzlich berechtigte Vertrauen zerstören könnte“[580]. Bei dieser Betrachtungsweise würden nur eindeutige Gesetze – welche es wohl nur schwerlich geben könne – Vertrauen begründen können. Dies münde in der Aufgabe eines Gesetzesvertrauens. In den Anfangsjahren einer gesetzlichen Regelung würde grundsätzlich ein schutzwürdiges Vertrauen gegen rückwirkende Änderungen ausbleiben, solange sich noch keine gefestigte Rechtsprechung gebildet habe.[581] Damit kann ein Vertrauen sowohl bei erstmaligen als auch lediglich fachgerichtlichen Entscheidungen entstehen.[582]

Als Folge werden Überlegungen vorgebracht, dass – aufgrund der Abstraktheit und Auslegungsbedürftigkeit von Normen – zwangsläufig kein punktuelles Vertrauen begründbar sei, sondern bereits jede mögliche Auslegungsvariante vom Vertrauensschutz miterfasst sei und damit der Normunterworfene auf die Anwendung, der ihm günstigeren Auslegungsalternative, vertrauen dürfe. Erst durch eine höchstrichterliche Entscheidung reduziere sich der Schutz auf diese eine Auslegungsmöglichkeit.[583] Solch differenziertem Verständnis bedarf es jedoch nicht, wenn man ein abstraktes Vertrauen in den Bestand des Gesetzes anerkennt. Die Auslegungsbedürftigkeit einer Norm weist keine Relevanz auf, da der Vertrauensschutz an den Rechtsakt und nicht die Auslegungsvariante, den Gesetzesinhalt – wie soeben dargestellt –, anknüpft.

Im Zusammenhang mit der obigen Diskussion um das Gesetz als objektiven Vertrauenstatbestand steht auch die Forderung nach einer Kenntnis des Gesetzes als notwendige Voraussetzung für Vertrauensschutz. Auf eine Kenntnis des einzelnen Betroffenen von dem Gesetz kann es aber nicht ankommen.[584] Auch hier greifen die

---

579 BVerfGE 135, 1 (29 ff.) – Sondervotum *Masing* so auch *Lepsiuss*, JZ 2014, 488 (491).

580 BVerfGE 135, 1 (24).

581 BVerfGE 135, 1 (24) ebenso *Hey*, NJW 2014, 1564 (1565 f.).

582 BVerfGE 135, 1 (19) ebenso *Nacke*, NWB 2014, 2699 (2703); *Drüen*, StuW 2015, 210 (219).

583 *Hey*, JZ 2014, 500 (502 f.) sowie *Hey*, NJW 2014, 1564 (1566).

584 Eine Kenntnis ablehnend: *Arndt*, Probleme rückwirkender Rechtsprechungsänderung, 1974, S. 82 ff.; a.A. *Schwarz*, Vertrauensschutz als Verfassungsprinzip, 2002, S. 302; ausführlich mit der Literatur auseinandersetzend: *Riechelmann*, Struktur des verfassungsrechtlichen Bestandsschutzes, 2006, S. 118 ff. sowie ein Überblick bei *Muckel*, Kriterien des verfassungsrechtlichen Vertrauensschutzes bei Gesetzesänderungen, 1989, S. 90 f., der im Ergebnis das Kriterium aufrechterhalten möchte. Einer der Hauptverfechter einer Kenntnis: *Huber*, Vertrauensschutz, in: Bachof u. a. (Hrsg.), Festgabe aus Anlass des 25-jährigen Bestehen des Bundesverwaltungsgerichts, 1978, S. 313 (326 f.); *Huber*, Vertrauen und Ver-

obigen Argumente des abstrakt-generellen Charakters des Gesetzes ein sowie die Dysfunktionalität einer individuellen Differenzierung.[585]

Das Problem der Kenntnis der Norm löst sich aber in Wohlgefallen auf, wenn der Betroffene Dispositionen getätigt hat und sein Vertrauen in die Norm dadurch bestätigt[586] – wie es in den hier zu untersuchenden Fallkonstellationen vorliegt. Nun kann nicht mehr überzeugend vorgebracht werden, das Vertrauen sei mangels Kenntnis der genauen Rechtsnorm nicht schützenswert.[587]

Damit ist das Gesetz als objektiver Vertrauenstatbestand anzusehen, der potenziell geeignet ist als Grundlage eines Ersatzanspruches zu dienen.[588] Ein subjektives, an den Norminhalt geknüpftes Vertrauensverständnis ist abzulehnen. Sowohl die Auslegungsbedürftigkeit einer Norm als auch die Unkenntnis des Normadressaten von der speziellen Normierung hindern nicht die Entstehung eines grundsätzlich berechtigten Vertrauens. Vertrauensgrundlage ist „jeder zum geltenden Recht gehörende Normtext"[589].

---

trauensschutz im Rechtsstaat, in: Häfelin (Hrsg.) u. a., Festschrift zum 70. Geburtstag von Werner Kägi, 1978, S. 193 (196 f.); Zusammenfassung der Ansichten *Hubers* bei *Riechelmann*, Struktur des verfassungsrechtlichen Bestandsschutzes, 2006, S. 120 ff.

585 Ein positives Wissen um die genaue rechtliche Lage kann nicht verlangt werden. Eine Kenntnis des juristischen Laiens von der exakten Norm besteht regelmäßig nicht. Der allgemeingültige Charakter eines Gesetzes – damit einhergehend auch die Verbindlichkeit für jeden Bürger gleich seinem Bildungsstand – legt die Absurdität der Forderung nach einer Normkenntnis offen. Dem Gesetz kommt eine Schutzfunktion für alle Normadressaten zu, die sich gesetzeskonform verhalten (s. *Riechelmann*, Struktur des verfassungsrechtlichen Bestandsschutzes, 2006, S. 126). Die generelle Kenntnis von Gesetzen wird zudem allgemein fingiert. Niemand kann sich etwa auf die Unkenntnis einer Strafnorm berufen. Voraussetzung einer hoheitlichen Belastung ist das Vorliegen einer Ermächtigungsgrundlage und Basis für Privilegiengewährung ist die Erfüllung der Tatbestandsvoraussetzungen (s. *Riechelmann*, Struktur des verfassungsrechtlichen Bestandsschutzes, 2006, S. 127, ebenfalls auf Gleichheitsprobleme hinweisend S. 125; vgl. dazu auch *Arndt*, Probleme rückwirkender Rechtsprechungsänderung, 1974, S. 82 ff.).

586 Vertrauensschutz ohne Kenntnis als nur selten auftretende Erscheinung ansehend: *Weber-Dürler*, Vertrauensschutz im öffentlichen Recht, 1983, S. 91; wohl auch *Huber*, Vertrauen und Vertrauensschutz im Rechtsstaat, in: Häfelin (Hrsg.) u. a., Festschrift zum 70. Geburtstag von Werner Kägi, 1978, S. 193 (196).

587 Ebenfalls für ein weites Verständnis der Kenntnis und damit für eine Regelvermutung *Riechelmann*, Struktur des verfassungsrechtlichen Bestandsschutzes, 2006, S. 122 f.

588 S. bzgl. eines Vorschlages, das Rückwirkungsverbot vom Vertrauensschutz zu lösen und dogmatisch an den Gleichheitssatz und den Vorbehalt des Gesetzes anzuknüpfen *Grosche*, Der Staat 54 (2015), 309 (340 ff.).

589 *Osterloh*, StuW 2015, 201 (204).

4. Konkreter Anknüpfungspunkt des Gesetzesvertrauens

Verstärkt wird das Verständnis vom abstrakten Vertrauen in den Bestand der Norm auch durch Überlegungen zum Erklärungsgehalt.

Dem Gesetz wird eine positive Vermutung seiner Verfassungskonformität zuteil, abgeleitet aus der Bindung des Gesetzgebers an die Verfassung, Art. 20 Abs. 3 GG. Diese Vermutung findet auch ihren Ausdruck in einfachgesetzlichen Regelungen. Zu nennen sind etwa der Grundsatz des Vorranges der verfassungskonformen Auslegung vor der Normverwerfung[590] oder § 15 Abs. 4 S. 3 BVerfGG, der bei Stimmengleichheit unter den Verfassungsrichtern von der Verfassungsmäßigkeit des Legislativaktes ausgeht. Es besteht ein Vertrauen auf die Grundgesetzkonformität von Rechtsnormen. Gegen diese Vermutung kann auch nicht die Existenz von verfassungswidrigen Gesetzen angeführt werden.[591] Die Tatsache, dass es auch Normen gibt, die nicht mit der Verfassung im Einklang stehen, zerstört nicht die Vermutung, dass der Gesetzgeber regelmäßig seiner verfassungsrechtlichen Verpflichtung aus Art. 20 Abs. 3 GG nachkommt. Diese Vermutung untermauert ein abstraktes Vertrauen in den Bestand eines Gesetzes. Aber selbst, wenn man eine solche Konformitätsaussage als nicht miterklärt erachtet, beinhaltet eine Norm zumindest einen Geltungsanspruch. Jede Norm beansprucht Durchsetzung im Rechtssystem. Die verbindliche Rechtsqualität eines Gesetzes ist ihm wesensimmanent. Da zumindest ein abstraktes Vertrauen in den Geltungsanspruch einer Norm anzuerkennen ist, kommt es für die Begründung des Gesetzes als Vertrauenstatbestand und Schranke der Rückwirkung nicht auf die Erklärung einer Konformität mit der Verfassung an.

5. Objektives Gesetzesvertrauen im unional determinierten Rechtsraum

Sowohl die Bedeutung des Gesetzes als Vertrauenstatbestand für jede rechtliche Grundordnung als auch zumindest der Geltungsanspruch streiten für ein abstraktes Gesetzesvertrauen. Dabei knüpft die Erwartung an den Bestand der Norm wie zum Erlasszeitpunkt an. Diese Betrachtung muss jedoch durch den unionalen Kontext auf ihre Übertragbarkeit hin überprüft werden. Kann ein abstraktes Vertrauen in ein Gesetz auch bestehen, wenn es mit dem Unionsrecht kollidiert?

---

590 S. etwa BVerfGE 86, 288 (320); *Imboden*, Normkontrolle und Norminterpretation, in: Imboden/Baumlin/Eichenberger (Hrsg.), Festschrift für Hans Huber zum 60. Geburtstag, 1961, S. 133 (139).

591 Kritisch aber *Canaris*, Die verfassungskonforme Auslegung und Rechtsfortbildung im System der juristischen Methodenlehre, in: Honsell/Zäch u. a. (Hrsg.), Festschrift für Ernst A. Kramer, 2004, S. 141 (147); *Voßkuhle*, AöR 125 (2000), 177 (182 f.); gegen diese Vermutung auch *Höpfner*, Die systemkonforme Auslegung, 2008, S. 184 ff., bei der Vermutung des Bundesverfassungsgerichtes handele es sich nur um eine Argumentation auf Basis des Geltungswillens des Gesetzgebers, S. 186.

Bezweifelt wird insbesondere eine Vermutung der Unionsrechtskonformität.[592] Es existiere kein Anschein, dass die Mitgliedsstaaten bei neu gesetztem Recht das Unionsrecht in seiner Gesamtheit achten. Dies gelte erst recht für die Konformität mit bereits bestehendem nationalen Recht.[593] Vertrauen in die Anwendbarkeit nationalen Rechts sei europarechtlich nur schützenswert, wenn es Folge eines konkreten Vertrauens in die Konformität von nationalem Recht mit Unionsrecht sei. Eine Gültigkeitsvermutung – wie sie das Unionsrecht genieße – könne dem nationalen Recht nicht entnommen werden, da es andernfalls zu einer Kollision mit den Zielen der Union komme.[594]

Diese Ausführungen verkennen jedoch, dass unterschieden werden muss zwischen dem Gesetz als abstrakten Vertrauenstatbestand und einer möglicherweise bestehenden Rechtfertigungsmöglichkeit der Durchbrechung des Vertrauensschutzes aufgrund unionsrechtlicher Gebotenheit. Zudem sei erneut darauf verwiesen, dass maßgebend für die Bildung eines Vertrauens bereits der Geltungsanspruch einer Norm ist und nicht erst eine Konformitätsaussage bezüglich höherrangigen Rechtes Recht. Die Unionsrechtswidrigkeit einer Norm führt nicht zum Verlust dieses Anspruches, sondern nur zu einer Unanwendbarkeit im unionsrechtlich überformten Regelungsbereich.

Ein anderes könnte sich nur ergeben, wenn konkret mit der Unanwendbarkeit der Norm gerechnet werden musste. Diese spezifische Vorhersehbarkeit könnte sich aus dem Anwendungsvorrang des Unionsrechts ergeben. In einem rein nationalen Rechtsraum sind Auslegungszweifel unbeachtlich und es muss – wenn überhaupt – nur mit einer ungünstigeren Auslegungsvariante gerechnet werden. Der Bestand einer Norm ist nur in seltenen Ausnahmefällen bedroht, sodass ein abstraktes Geltungsvertrauen begründet ist. Bei unionsrechtlicher Überlagerung könnte diese Vertrauenslage zerstört sein. In solchen Fällen droht aufgrund des Anwendungsvorranges eine Unanwendbarkeit der Norm, die regelmäßig auch rückwirkend wirkt ab dem Zeitpunkt des Unionsrechtsverstoßes (s. dazu oben unter Teil 1, Kapitel 3, II., 2., b), bb), (2), (e), (aa)). Dies rechtfertigt jedoch keine Abkehr vom abstrakten Gesetzesvertrauen. Der Gesetzgeber war unions- und verfassungsrechtlich verpflichtet, ein unionsrechtskonformes Gesetz zu erlassen. Zudem ist oftmals nicht eindeutig erkennbar, wann eine unionsrechtliche Überformung einer Norm vorliegt und damit eine rückwirkende Unanwendbarkeit droht. Würde man ein abstraktes Vertrauen im Bereich des Unionsrechts aberkennen, schwächt dies auch maßgeblich das Vertrauen in rein nationale Gesetze, da der Normunterworfene sich seiner berechtigten Erwartungen nicht sicher sein kann – sie bestünden nur noch unter Vorbehalt.

---

592 Ablehnend: *Höpfner*, Die systemkonforme Auslegung, 2008, S. 236 f.; a.A. *Steiner*, EuZA 2009, 140 (151 f.).

593 So wohl *Rosenkranz*, Die Beschränkung der Rückwirkung von Entscheidungen des Europäischen Gerichtshofs, 2015, S. 150 sowie 468 f.

594 *Rosenkranz*, Die Beschränkung der Rückwirkung von Entscheidungen des Europäischen Gerichtshofs, 2015, S. 468 f.

Den Überlegungen kann auch allgemein nicht entgegengebracht werden, dass das Vertrauen auf verfassungswidrige Normen keinen Schutz verdiene.[595] Auch eine nichtige Norm sonnt sich im Schein ihrer Gültigkeit.[596]

Daher ergeben sich aus dem unionalen Bezug keine Besonderheiten für die Forderung nach einem objektiven Gesetzesvertrauen.

6. Zwischenfazit

Insgesamt stellt das Gesetz sowohl im nationalen also auch im unionsrechtlich determinierten Bereich einen abstrakten Vertrauenstatbestand dar. Diese Eignung trifft aber noch keine zwingende Aussage über eine mögliche Ersatzfähigkeit des Vertrauensschadens. Liegt der Beurteilung des Gesetzes als Vertrauensbasis noch eine objektive Betrachtungsweise zugrunde, muss auf sekundärrechtlicher Ebene das Individuum in den Fokus gerückt werden. Es bedarf einer Einzelfallprüfung, ob ein schützenswertes Vertrauen bestand, welches einen Ersatz gebietet.

Der nächste Abschnitt führt Gesichtspunkte an, die jeweils für eine Gewährung von Vertrauensschutz auf der Sekundärebene sprechen. Die Untersuchung orientiert sich an den verfassungsrechtlichen Anforderungen des Vertrauensschutzes. Die Ausführungen konzentrieren sich auf das Bestehen eines schutzwürdigen, ersatzfähigen Vertrauens in Hinblick auf die legislative Anpassung der Gesetzeslage. Inwieweit berechtigte Erwartungen bei richterlichen Anpassungen an die unionalen Verpflichtungen verletzt wurden, wurde oben bereits im Zusammenhang mit der Berücksichtigung von Vertrauen auf der Primärebene erörtert (s. dazu oben unter Teil 1, Kapitel 3, II., 2., b), bb), (1) sowie (2), (c)).

Auf die unionsrechtlichen Wertungen, die maßgebend die Ersatzmöglichkeit prägen, wird erst in Teil 3, Kapitel 11 eingegangen. Die folgende Argumentation unterstreicht lediglich das Bedürfnis nach einer Vertrauenshaftung aus national verfassungsrechtlicher Perspektive.

III. Ersatzfähiges Vertrauen bei Unanwendbarkeit des Gesetzes

Damit der Schaden des Normunterworfenen ersatzfähig ist, bedarf es eines schutzwürdigen Vertrauens im Einzelfall.

An dieser Stelle sei nochmals in Erinnerung gerufen, dass sich diese Untersuchung auf die Fälle mittelbarer Vorteilsgewährung konzentriert (vgl. Teil 1, Ka-

---

595 Vgl. BVerfGE 13, 261 (272); 19, 187 (197).

596 *Muckel*, Kriterien des verfassungsrechtlichen Vertrauensschutzes bei Gesetzesänderungen, 1989, S. 87 f. unter Betonung der subjektiv-rechtlichen Komponente des Vertrauensschutzes. Dazu auch *Maurer*, Kontinuitätsgewähr und Vertrauensschutz, in: Isensee/Kirchhof (Hrsg.), Handbuch des Staatsrechts der Bundesrepublik Deutschland, Bd III, 2. Aufl. 1996, § 60 Rn. 30; s. auch *v. Arnauld*, Rechtssicherheit, 2006, S. 300 ff.

pitel 1, I., 5., c), bb)). Diesen „Mittelbarkeitsfällen" ist die Betätigung des Vertrauens inhärent. Der Schaden ist zwangsläufig verbunden mit einer Ausübung des Vertrauens. Ob ein Schadensersatzanspruch nur dann in Betracht kommt, wenn der Bürger auf der Grundlage des unionsrechtswidrigen Gesetzes eigene Dispositionen getroffen hat, soll nicht eingehend untersucht werden. Um die Entstehung eines Vertrauensschadens im klassischen Sinne handelt es sich hierbei nicht.

Als Voraussetzung eines schutzwürdigen Vertrauens wird traditionell, neben der Vertrauensgrundlage und dem tatsächlichen Vertrauen, eine Interessenabwägung mit den widerstreitenden öffentlichen Interessen gefordert zur Feststellung der Schutzwürdigkeit des Vertrauens.[597] An einem Vertrauen fehlt es bei Kenntnis oder Erkennbarkeit/Vorhersehbarkeit des hoheitlichen Handelns.[598] Das tatsächliche Vertrauen muss sich nach tradiertem Verständnis in einer Vertrauensbetätigung manifestieren[599] und kausal auf der Vertrauensgrundlage beruhen.[600]

1. Erkennbarkeit als restriktives Kriterium

Das Gesetz ist zwar eine Vertrauensgrundlage per definitionem (dazu oben unter Teil 1, Kapitel 4, II. sowie Teil 1, Kapitel 1, II., 2.),[601] aber „die Schutzwürdigkeit des Vertrauens in ein unionsrechtswidriges Gesetz bestimmt sich insbesondere danach, inwieweit vorhersehbar war, dass der Gerichtshof eine derartige Regelung als unionsrechtswidrig einordnet."[602] Damit also eine Änderung der Vertrauensgrundlage einen Reaktionsanspruch nach sich ziehen muss, bedarf es eines guten Glaubens an die staatliche Handlung. Der Kenntnis von der Fehlerhaftigkeit wird die fahrlässige Unkenntnis gleichgesetzt. Hat der Normadressat seine Sorgfaltspflichten verletzt und hätte erkennen können, dass eine Veränderung der Vertrauensgrundlage droht, scheidet eine Ersatzpflicht aus.[603]

---

597 *Schwarz*, Vertrauensschutz als Verfassungsprinzip, 2002, S. 295 ff.; *Riechelmann*, Struktur des verfassungsrechtlichen Bestandsschutzes, 2006, S. 121 ff.; *Weber-Dürler*, Vertrauensschutz im öffentlichen Recht, 1983, S. 79 ff.

598 Dazu etwa *Muckel*, Kriterien des verfassungsrechtlichen Vertrauensschutzes bei Gesetzesänderungen, 1989, S. 93 ff. in Bezug auf die Legislative.

599 Kritisch zur Vertrauensbetätigung als notwendiges Element *Weber-Dürler*, Vertrauensschutz im öffentlichen Recht, 1983, S. 98 ff.

600 Zur Problematik der Kenntnis des Gesetzes s. unter Teil 1, Kapitel 4, II., 2.

601 *Schwarz*, Vertrauensschutz als Verfassungsprinzip, 2002, S. 296; *Muckel*, Kriterien des verfassungsrechtlichen Vertrauensschutzes bei Gesetzesänderungen, 1989, S. 80 ff.; *Weber-Dürler*, Vertrauensschutz im öffentlichen Recht, 1983, S. 81. Gesetze können nicht nur Vertrauensgrundlage für die Vergangenheit sein, sondern auch für die Zukunft unter gewissen Umständen, dazu *Schwarz*, Vertrauensschutz als Verfassungsprinzip, 2002, S. 296 ff.; *Muckel*, Kriterien des verfassungsrechtlichen Vertrauensschutzes bei Gesetzesänderungen, 1989, S. 79 ff.

602 BVerfGE 126, 286 (313).

603 *Weber-Dürler*, Vertrauensschutz im öffentlichen Recht, 1983, S. 91 ff.

Die Vorhersehbarkeit der rückwirkenden Aufhebung des Gesetzes hängt maßgeblich von der Erkennbarkeit der Unionsrechtskonformität ab. Anders als bei unional gebotener Anpassung durch den Richter, besteht bei einer Kollision mit unmittelbar anwendbarem Unionsrecht kein nationaler Spielraum hinsichtlich der Rechtsfolge. Die Kenntnis der Unionsrechtswidrigkeit ist untrennbar mit der Kenntnis von der rückwirkenden Aufhebung verbunden.

Bei der Konkretisierung der Nachforschungspflichten des Bürgers muss der besonderen Handlungsform „Gesetz" hinreichend Rechnung getragen werden.[604] Dem Gesetzgeber obliegt die Verpflichtung, unionsrechtskonforme Gesetze zu erlassen. Es ist nicht Aufgabe des Bürgers, die gesetzlichen Grundlagen zu überprüfen. Der Gesetzgeber verfügt über ein weitaus größeres und fundiertes Fachwissen.[605] Die Gesetzeslage ist so verworren, dass nicht von einer allgemeinen Rechtskenntnis des Bürgers ausgegangen werden kann. Laien, die wohl die meisten Normunterworfenen sind, kann mangelnde Kenntnis von Fachliteratur oder Präjudizien nicht vorgehalten werden.[606] Die Anforderungen an den Bürger sind nach nationalem Recht geringer als nach Unionsrecht. Die nationale Rechtsprechung lässt eine allgemeine Vorhersehbarkeit staatlicher Änderungen – etwa aufgrund eines Wandels der wirtschaftlichen Verhältnisse – nicht ausreichen, um Vertrauensschutz grundsätzlich abzusprechen.[607]

Der Legislative wird im Rechtsstaat die größte Bestandskraft und Vermutung der Gemeinwohlorientierung unter Wahrung der Verfassung beigemessen (s. oben unter Teil 1, Kapitel 3, I., 1.). Aber selbst, wenn der Bürger besser als die Legislative den Unionsrechtsverstoß hätte erkennen können, darf nicht ignoriert werden, dass der Erlass unionsrechtskonformer Gesetze in den Verantwortungsbereich des Gesetzgebers fällt, ebenso wie die Überprüfung bestehender Gesetze.[608] Andererseits kann der Gesetzgeber das Vertrauen aber auch zerstören, indem er rückwirkende Gesetzgebung ankündigt.[609] Diese Wirkung vermag sich aber nur bis zum Ankündigungszeitpunkt zu entfalten.

---

604 Für eine Hinterfragungspflicht des nationalen Gesetzgebers offenbar *Rosenkranz*, Die Beschränkung der Rückwirkung von Entscheidungen des Europäischen Gerichtshofs, 2015, S. 493.

605 *Weber-Dürler*, Vertrauensschutz im öffentlichen Recht, 1983, S. 95, zwar in Bezug auf die Exekutive, das Argument sollte aber für das legislative Unrecht erst recht Überzeugungskraft entfalten.

606 *Weber-Dürler*, Vertrauensschutz im öffentlichen Recht, 1983, S. 94, zwar ebenso rein national bezogen, dies sollte aber auch für die Union gelten.

607 *Muckel*, Kriterien des verfassungsrechtlichen Vertrauensschutzes bei Gesetzesänderungen, 1989, S. 94. *Muckel* entwickelte bestimmte Fallkonstellationen, bei denen sich aus dem Norminhalt ihre Abänderbarkeit ergeben soll, S. 95 f.

608 Vgl. *Cornils*, ZJS 2008, 534 (536 f.) unter Hinweis auf BGHZ 149, 50 (53 f.), zu rechtswidrigen Baugenehmigungen.

609 *Maurer*, Kontinuitätsgewähr und Vertrauensschutz, in: Isensee/Kirchhof (Hrsg.), Handbuch des Staatsrechts der Bundesrepublik Deutschland, Bd III, 2. Aufl. 1996, § 60 Rn. 27.

Das Vertrauen des Bürgers kann allerdings auch durch die Judikative weiter verstärkt werden. Haben Höchstgerichte, etwa im Falle der Massenentlassungsrichtlinie (zum Fall Teil 1, Kapitel 2, IV. 1.), eine unionsrechtskonforme Auslegung abgelehnt oder sogar die Unionsrechtskonformität bestätigt, wird die ohnehin schon bestehende Vertrauenslage in das Gesetz noch weiter bestärkt.[610] Kritik in der Literatur an der Unionsrechtskonformität einer Norm ist im Grundsatz nicht geeignet, Gesetzesvertrauen zu zerstören (dazu unter Teil 1, Kapitel 3, II., 2., b), bb), (2), (c), (bb)).[611] Fast jeder Rechtsakt wird wohl Zweifel aufkeimen lassen. Schutzwürdiges Vertrauen kann daher allenfalls erst mit Vorliegen einer Entscheidung des EuGH entfallen, der verbindlich die Unionsrechtskonformität feststellen kann.[612] Fachliterarische Diskurse bedürfen eines sehr gravierenden Gewichtes und breiten Konsenses damit sie überhaupt tauglich sein können, eine Vertrauensgrundlage zu zerstören. Außer Acht bleiben darf aber daneben nicht, dass die Kontroverse auch in der breiten Öffentlichkeit ausgetragen werden muss. Nur dann kann eine Unkenntnis vorwerfbar sein.

Teils wird vorgebracht, dass Zweifel an der Konformität aus der Judikative ein höheres Gewicht haben. Eine Vorlage zur Klärung der Rechtslage an den EuGH zerstöre das Vertrauen.[613] Diese Zweifel haben wohl ein stärkeres Gewicht, da die Rechtsprechung sich ihrer Bedeutung bewusst sein wird. In Bezug auf die unionale Ebene und die Vorlage an den EuGH sei jedoch daran erinnert, dass keine strengen Anforderungen an die Zulässigkeit einer Vorlage im Wege des Vorabentscheidungsverfahrens gestellt werden, im Gegensatz zu einer Vorlage nach Art. 100 GG.[614]

2. Mögliche Zwangslage

Der Ausschluss von Vertrauensschutz aufgrund einer Vorhersehbarkeit hat eine maßgebliche Schwachstelle, selbst wenn der Bürger darum weiß, dass die Rechtslage unionsrechtswidrig ist und sich daher rückwirkend ändern wird. An welches Gesetz

---

610 *Lunk*, Vertrauensschutz in der Rechtsprechung des Bundesarbeitsgerichts, in: Martinek/Rawert/Weitemeyer (Hrsg.), Festschrift für Dieter Reuter, 2010, S. 689 (700 f.); Gedanke auch bei *Rosenkranz*, Die Beschränkung der Rückwirkung von Entscheidungen des Europäischen Gerichtshofs, 2015, S. 492.

611 Vgl. *Steiner*, EuZA 2009, 140 (151),

612 A.A. *Tavakoli/Westhauser*, Der Betrieb 2008, 702 (705).

613 Vgl. *Steiner*, EuZA 2009, 140 (151), Gedanke in Bezug auf nationale Vorlagen nach Art. 100 GG.

614 Die Entscheidungserheblichkeit wird vom EuGH nur auf offenkundige Fehlentscheidungen der nationalen Gerichte hin untersucht *Karpenstein*, in: Grabitz/Hilf/Nettesheim (Hrsg.), EUV/AEUV, Bd III, 57. EGL 2015, Art. 267 AEUV Rn. 25, auch nicht letztinstanzliche Gerichte können eine Vorlage vornehmen (Rn. 61), zudem reichen bereits Zweifel für eine Vorlage aus. Auch insgesamt ist die Zulässigkeitsvoraussetzung wenig streng (Rn. 13). Eine Vorlage nach Art. 100 GG setzt die Überzeugung des Gerichts von der Verfassungswidrigkeit des Gesetzes voraus s. *Dederer*, in: Maunz/Dürig (Begr.), Grundgesetz, Bd VI, 75. EGL 2015, Art. 100 Rn. 128.

soll er sich halten, an das alte rechtswidrige Gesetz, welches aufgehoben wird – es beansprucht weiter den Schein einer Wirksamkeit – oder an die unionsrechtskonforme Rechtslage, deren nähere Ausgestaltung durch den nationalen Gesetzgeber noch ungewiss ist? Wenn der Normunterworfene auf eine gesetzliche Regelung angewiesen ist, entsteht ein nur schwerlich auflösbarer Konflikt.[615] Maßgeblich ist daher, ob der Geschädigte gezwungen war der nationalen Lage zu folgen – sei es auch nur aus wirtschaftlichen Gründen –, oder ob zumutbare Möglichkeiten bestanden– etwa durch die Nutzung von Spielräumen – sich auf die Unsicherheiten einzustellen und gegebenenfalls keinen Gebrauch von den rechtlichen Rahmenbedingungen zu machen.[616] Die Handlungsfähigkeit darf nicht unzumutbar beschnitten werden. Rechtsunterworfene müssen auch bei Ungewissheit handeln können, anderenfalls würde die verfassungsrechtlich garantierte Handlungsfähigkeit bis zur höchstrichterlichen Klärung stark beeinträchtigt.[617]

Diese Zwickmühle wird durch den Fall *Heininger*[618] verdeutlicht. Belehrt die Bank unionsrechtskonform über ein nach (rein) nationaler Rechtslage nicht bestehendes Widerrufsrecht im Vertrauen auf die Notwendigkeit und Möglichkeit richtlinienkonformer Auslegung, so führt sie die Verbraucher in die Irre, wenn sich herausstellen sollte, dass die unionsrechtlichen Vorgaben letztlich doch nicht ohne eine Gesetzesänderung umsetzbar sind.[619] Unterlässt die Bank aber die Belehrung und folgt dem nationalen Recht, mündet dies in einem unbegrenzten Widerrufsrecht. Der Bank wird somit das Risiko bezüglich der Einschätzung der Unionsrechtslage aufgebürdet.[620] Freilich gibt es auch Fallkonstellationen, die keinen derartigen Zwiespalt hervorrufen.[621]

Von einer besonderen Schutzwürdigkeit muss daher ausgegangen werden, wenn der Adressat der mitgliedsstaatlichen Vorschrift (faktisch) keine andere Wahl hatte, als der Norm Folge zu leisten – unabhängig von seiner Überzeugung der Rechtswidrigkeit. Der Bürger, der sich zwei widerstreitenden Normbefehlen ausgesetzt

---

615 Gedanke bei *Maurer*, Kontinuitätsgewähr und Vertrauensschutz, in: Isensee/Kirchhof (Hrsg.), Handbuch des Staatsrechts der Bundesrepublik Deutschland, Bd III, 2. Aufl. 1996, § 60 Rn. 34.

616 Gedanke bei *Rosenkranz*, Die Beschränkung der Rückwirkung von Entscheidungen des Europäischen Gerichtshofs, 2015, S. 505.

617 Gedanke bei *Buchheim/Lassahn*, NVwZ 2014, 562 (563).

618 BGHZ 150, 248 ff.

619 Zwar kann die Bank sich auch „freiwillig“ zu einem Widerrufsrecht verpflichten, dies könnte ihr aber einen Wettbewerbsnachteil gegenüber anderen Banken bereiten, wenn keine rechtliche Verpflichtung bestand.

620 *Rosenkranz*, Die Beschränkung der Rückwirkung von Entscheidungen des Europäischen Gerichtshofs, 2015, S. 511; Gedanke auch bei *Nettesheim*, WM 2006, 457 (465).

621 *Rosenkranz*, Die Beschränkung der Rückwirkung von Entscheidungen des Europäischen Gerichtshofs, 2015, S. 511 weist auf die Rechtsprechung zu § 622 Abs. 2 S. 2 BGB hin,

sieht und sich aufgrund seiner Not für die „falsche" Alternative entscheidet, sollte Ersatz verlangen können, zumal das Risiko nicht in seinen Verantwortungsbereich fällt. Diese eklatanten Rechtsunsicherheiten sind nicht hinnehmbar.[622]

3. Intention der Norm

Die Schutzbedürftigkeit wird auch durch den materialen Gehalt der Vertrauensgrundlage beeinflusst.[623] Die Intention des Gesetzgebers sei hierbei prägend. Wenn dieser eine Norm schaffe, die spezifisch auf die Betätigung des Bürgers im Rahmen dieses Regelungskomplexes abziele, liege ein besonders schutzwürdiges Vertrauen vor, dass auch ein Bestandsinteresse pro futura rechtfertigen könne. Anders gelagert verhalte es sich bei Rahmengesetzen, denen es an der finalen Intention fehle.[624] Diesem intendierten Vertrauen sei im Rahmen der Interessenabwägung besonderes Gewicht zu verleihen.[625] Zudem müsse bei der Abwägung Berücksichtigung finden, dass der Bürger dem beabsichtigten Verhalten des Gesetzgebers folge und damit auch das Allgemeininteresse fördere.[626] Das Argument gewinnt für diese Arbeit weiter an Überzeugungskraft, da der Untersuchungsgegenstand sich nicht nur auf zukünftige Gesetzesänderungen bezieht, sondern auch Fälle echter Rückwirkung umfasst.

Als weiterer Gesichtspunkt muss auch die Intensität des Eingriffs berücksichtigt werden.[627] Die rückwirkende Aufhebung einer Norm führt regelmäßig zu massiven Belastungen, insbesondere bei Normen, die über einen langen Zeitraum Geltung beanspruchten.[628] Die Intensität des Eingriffs im unionsrechtlich determinierten

---

622 *Schaer*, Rechtssicherheit und Vertrauensschutz als Grenzen rückwirkender Rechtsprechung im europäischen Arbeitsrecht, 2010, S. 173 unter Hinweis auf BAGE 118, 340 ff.

623 Diese Argumentation wird zwar in Bezug auf einen Schutz vor zukünftigen Änderungen vorgebracht, ist aber erst recht übertragbar auf rückwirkende Änderungen und die Ersatzbedürftigkeit von Vertrauensschäden.

624 *Schwarz*, Vertrauensschutz als Verfassungsprinzip, 2002, S. 299 ff.; ebenfalls differenzierend zwischen Gesetzen mit Ordnungsfunktion und solchen, die zu einer Disposition veranlasst haben *Muckel*, Kriterien des verfassungsrechtlichen Vertrauensschutzes bei Gesetzesänderungen, 1989, S. 84 f. Diese Unterscheidung aufgreifend unter anderer Terminologie *Riechelmann*, Struktur des verfassungsrechtlichen Bestandsschutzes, 2006, S. 132 ff.

625 *Muckel*, Kriterien des verfassungsrechtlichen Vertrauensschutzes bei Gesetzesänderungen, 1989, S. 101 f.

626 *Muckel*, Kriterien des verfassungsrechtlichen Vertrauensschutzes bei Gesetzesänderungen, 1989, S. 109.

627 *Muckel*, Kriterien des verfassungsrechtlichen Vertrauensschutzes bei Gesetzesänderungen, 1989, S. 113.

628 *Muckel*, Kriterien des verfassungsrechtlichen Vertrauensschutzes bei Gesetzesänderungen, 1989, S. 18; Gedanke auch bei *Riechelmann*, Struktur des verfassungsrechtlichen Bestandsschutzes, 2006, S. 135 ff.

Bereich kann auch nicht durch die klassische Möglichkeit einer Abmilderung durch Übergangsregelungen erreicht werden, da das Unionsrecht auf der Primärebene uneingeschränkte Durchsetzung fordert.

4. Zwischenfazit und Erkenntnisse für den Fall *Honeywell*

Für die zu untersuchende Sachlage *Honeywell* können aus den obigen Ausführungen folgende Erkenntnisse gewonnen werden. Zum einen war zwar die Unvereinbarkeit der nationalen Regelung des § 14 TZBfG möglicherweise aufgrund des öffentlichen Diskurses erkennbar,[629] zum anderen darf aber nicht ignoriert werden, dass mit den unionalen Konsequenzen nicht zu rechnen war. Die Umsetzungsfrist der Richtlinie war noch nicht abgelaufen. Der EuGH hatte bisher noch nicht auf die Figur der primärrechtskonkretisierenden Richtlinie zurückgegriffen, um einem Richtlinieninhalt zur Wirksamkeit zu verhelfen. Eine Änderung der Methodenlehre ist nur schwer vorhersehbar.[630] Aber auch nach Ablauf der Umsetzungsfrist konnte nicht zwingend mit einer innerstaatlichen Wirkung gerechnet werden. Richtlinien sind nicht unmittelbar anwendbares Recht und der EuGH lehnt in ständiger Rechtsprechung eine unmittelbare horizontale Direktwirkung ab. Eine richtlinienkonforme Auslegung scheint ebenfalls sehr fragwürdig aufgrund des doch recht eindeutigen Wortlautes und des erkennbar entgegenstehenden Regelungswillens.[631] Vorgeworfen werden könnte dem Arbeitgeber allerdings, dass er von der Möglichkeit einer Sonderbefristung für ältere Arbeitnehmer nicht notwendigerweise Gebrauch machen musste, um sein Unternehmen wettbewerbsfähig zu halten. Er hätte erst mal die gerichtliche Klärung abwarten können. Anderseits verstärkt sich aber auch das Vertrauen, indem die gesetzliche Norm gerade auf die Ausnutzung durch Private angelegt war. Der Gesetzgeber verfolgte die Intention, ältere Arbeitnehmer wieder leichter in den Arbeitsmarkt zu integrieren und Altersarbeitslosigkeit zu minimieren.

Aus einer Gesamtschau dieser Argumente und dem Umstand, dass der Mitgliedsstaat die verfassungsrechtliche Verantwortung für die Konformität seiner Gesetze trägt, kann von einem grundsätzlich schutzwürdigen Vertrauen ausgegangen werden, welches zum nationalen Ersatz berechtigen könnte.

IV. Spezifische Notwendigkeit und Resümee

Das Bedürfnis nach einer nationalen Vertrauenshaftung entfaltet sich in seiner vollen Bandbreite bei rückwirkender Unanwendbarkeit nationaler Gesetze aufgrund einer Kollision mit unmittelbar anwendbarem Unionsrecht. Dem Mitgliedsstaat ist jedwede Möglichkeit der Gewährung primärrechtlichen Vertrauensschutzes genom-

629 So BAGE 118, 76 (92).

630 Vgl. *Schaer*, Rechtssicherheit und Vertrauensschutz als Grenzen rückwirkender Rechtsprechung im europäischen Arbeitsrecht, 2010, S. 212 f., 214.

631 Ebenso *Bauer/Arnold*, NJW 2006, 6 (11).

men und der EuGH macht von seiner ausschließlichen Kompetenz zur zeitlichen Begrenzung seiner Entscheidungswirkungen nur seltenst Gebrauch.

Die Bedeutung eines neuartigen Haftungsanspruches ist – im Vergleich zu Kollisionen nationalen Rechts mit unmittelbar anwendbarem Unionsrecht – bei Richtlinienrecht stark abgeschwächt. Es bestehen unional zulässige Möglichkeiten des Primärrechtsschutzes. Im Rahmen richtlinienkonformer Auslegung kann das nationale Recht auf der Basis der nationalen Methodenlehre insbesondere die ex-tunc Wirkung beschränken. Wenn sich die nationalen Gerichte ihrer Verpflichtung zur Gewährung von Vertrauensschutz wieder stärker annehmen würden, bestünde kein weitreichendes Bedürfnis mehr für eine Vertrauenshaftung. Der Haftungsanspruch rechtfertigt seine Existenz im Bereich der richtlinienkonformen Auslegung weitreichend durch die Rückbesinnungsfunktion auf verfassungsrechtliche Wertungen. Lediglich in unbilligen Einzelfällen gewinnt die Haftungsmöglichkeit an genuiner Relevanz.

Es sei an dieser Stelle nochmals klargestellt: Eine Haftung für das Vertrauen auf unionsrechtswidrige Gesetze ist keine Haftung der Judikative, sondern der Legislative. Es soll keine Einstandspflicht der Judikative aufgrund der Nichtgewährung von Vertrauen begründet werden. Allein das Unterlassen des Gesetzgebers – entgegen dem verfassungsrechtlichen und unionalen Transparenzgebot (dazu näher unter Teil 2, Kapitel 6, II., 2., f), bb)) – vorhersehbar und klar die Richtlinie umzusetzen, vermag den Ersatzanspruch zu stützen.

Obwohl rechtlich bei einer Kollision mit nicht unmittelbar anwendbarem Unionsrecht ein Spielraum zur Gewährung von primärrechtlichem Vertrauensschutz besteht, hat die Vertrauenshaftung dennoch eine hohe rechtsstaatliche Notwendigkeit, auch wenn der Anwendungsbereich – verglichen mit unmittelbar anwendbarem Unionsrecht – klein ist. Richtlinienkonforme Auslegung führt zu einer Haftungsverlagerung. Private haften für legislatives Unrecht. Besonders deutlich wird dies im Falle der – nahezu – unbegrenzten richtlinienkonformen Rechtsfortbildung.[632] Hier besteht die besondere Situation, dass eine Richtlinie nicht fristgerecht umgesetzt wurde und damit der Begünstigte eigentlich einen Schadensersatzanspruch – bei hinreichend qualifiziertem Rechtsverstoß, der zumindest bei unterlassener Richtlinienumsetzung stets vorliegt – nach der *Francovich*-Doktrin gegenüber dem säumigen Staat hätte. Der Mitgliedsstaat wendet diese Haftung aber ab, indem er die Umsetzungsverpflichtung durch richtlinienkonforme rückwirkende Auslegung zumindest soweit erfüllt, dass ein haftungsauslösender hinreichend qualifizierter Rechtsverstoß nicht mehr vorliegt.[633] Damit wird der Schaden auf den von der Richtlinie benachteiligten Unionsbürger abgeladen, der auf den Bestand der Rechtslage

---

632 S. zu dieser Fragestellung ausführlich: *Schinkels*, JZ 2011, 394 ff.; *Freitag*, EuR 2009, 796 (800). Die Gefahr wird auch gesehen von *Baldauf*, Richtlinienverstoß und Verschiebung der Contra-legem-Grenze im Privatrechtsverhältnis, 2013, S. 186.

633 Es kann auch bei richtlinienkonformer Auslegung immer noch eine Umsetzungsverpflichtung bestehen aus dem Transparenzgebot, dazu unter Teil 2, Kapitel 6, II., 2., f), bb).

vertraut hatte. Für den Mitgliedsstaat kann die richtlinienkonforme Auslegung als eine Art Enthaftungsmechanismus genutzt werden. Diese Enthaftung kann durch die spezifische retroperspektive Wirkung der Rechtsprechung für die gesamte Zeit der unterlassenen Umsetzung eintreten.

Auch nationalstaatlich sind keine Haftungsfolgen zu befürchten. Selbst bei einer verfassungsrechtlich unzulässigen Überschreitung der Grenzen richterlicher Rechtsfortbildung sind keine haftungsrechtlichen Konsequenzen zu erwarten. Sollte das Bundesverfassungsgericht einen Verstoß gegen das Gewaltenteilungsprinzip und das Rechtsstaatsgebot feststellen, würde ein Haftungsanspruch nach Amtshaftungsgrundsätzen an dem Spruchrichterprivileg des § 839 Abs. 2 BGB scheitern. Der Mitgliedsstaat hat damit keine Sanktionen zu fürchten, wenn seine Gerichte die Richtlinie im Wege der Rechtsfortbildung umsetzen.[634]

Bereits im *Honeywell*-Beschluss zeigt das Bundesverfassungsgericht auf, dass nicht nur der vom Unionsrecht Begünstigte eine schützenswerte Rechtsposition innehat, sondern auch das Vertrauen in den unionsrechtswidrigen Wortlaut einer Norm, oder deren rückwirkender Bestand, schutzwürdig sein kann.[635]

Schinkels führt daher zutreffend aus: „Demnach ist es zumindest ein rechtspolitisches Desiderat, dass bei qualifizierten Richtlinienverstößen die Alternative nicht Staatshaftung oder richtlinienkonforme Rechtsfortbildung lautet, sondern entweder Staatshaftung gegenüber den nach der Richtlinie zu Begünstigenden (wenn nicht richtlinienkonform fortgebildet werden kann) oder Staatshaftung gegenüber den in ihrem Vertrauen auf den durch Rechtsfortbildung entwerteten Normwortlaut Enttäuschten (wenn richtlinienkonform fortgebildet wird)".[636]

Das Damoklesschwert einer Staatshaftung mag wohl auch das geringe richterliche Interesse an einer Gewährung von Vertrauensschutz erklären. Dem würde ein nationaler Haftungsanspruch für das Vertrauen auf unionsrechtswidrige Gesetze entgegenwirken. Bestünde für den Staat sowohl eine Haftung bei unterlassener Umsetzung gegenüber dem unionsrechtlich Begünstigten als auch eine Haftung gegenüber dem national vertrauenden Begünstigten, würde sich das Bedürfnis nach einer möglichst weitreichenden Konformauslegung relativieren und die rechtsstaatlichen Gebote von Vertrauensschutz und Rechtssicherheit wieder ins Lot gerückt. Dem Mitgliedsstaat verbliebe nur noch die Wahl zwischen einer Haftung gegenüber dem Richtlinienbegünstigten wegen fehlerhafter Richtlinienumsetzung und der Haftung gegenüber dem Richtlinienbenachteiligten aufgrund eines Vertrauensschadens.[637]

Das neue Haftungsinstitut sichert zudem die Wirksamkeit des Unionsrechts,[638] da ansonsten durch die Haftungsverlagerung der Sanktionsmechanismus der

---

634 Gedanke auch bei *Freitag*, EuR 2009, 796 (800).

635 BVerfGE 126, 286 (314 f.).

636 *Schinkels*, JZ 2011, 394, (398).

637 Vgl. *Schinkels*, JZ 2011, 394 (398).

638 So auch *Schinkels*, JZ 2011, 394 (398); *Nettesheim*, WM 2006, 457 (459); *Rosenkranz*, Die Beschränkung der Rückwirkung von Entscheidungen des Europäischen

Francovich-Rechtsprechung ausgehebelt werden kann. Durch die Rechtsfortbildung wird der begünstigten Partei ihr Recht verliehen und es besteht kein Interesse mehr ihrerseits gegen den Vertragsverstoß vorzugehen. Es fehlte folglich an einem Durchsetzungsmechanismus, um der oftmals aus Klarheitsgründen weiterhin gebotenen Richtlinienumsetzung in das nationale positive Recht Nachdruck zu verleihen.[639]

In der wissenschaftlichen Diskussion schlägt *Freitag* vor, dem EuGH die Frage vorzulegen, ob die Rechtsprechung des BGH mit den vom EuGH in der Rechtssache *Adeneler*[640] aufgestellten Grundsätzen im Einklang steht und das Verbot der Rückwirkung sowie das Gebot der Rechtssicherheit achtet.[641] Vorgeschlagen wird in diesem Zusammenhang aber auch, die Frage nach einer Entschädigung für das Vertrauen direkt zur Vorabentscheidung vorzulegen und damit dem EuGH die Möglichkeit zu geben, eine Haftungsmöglichkeit für die enttäuschten Unionsbürger zu schaffen.[642]

Am Ende sei noch betont, dass es sich bei dem Mechanismus: Transformation eines fehlenden Primärrechtsschutzes in einen Sekundäranspruch, um ein allgemeines Rechtsprinzip handelt, das in der gesamten Rechtsordnung bekannt ist. Ist es aus rechtsdogmatischen oder sonstigen Gründen nicht möglich oder nicht erwünscht, dem Betroffenen bereits auf der Primärebene Rechtsschutz zu gewähren, kann zumindest auf der Sekundärebene ein Ausgleich in Form eines Ersatzanspruches in Betracht kommen. Dafür finden sich zahlreiche Beispiele in der Rechtspraxis. Man denke etwa daran, dass ein Nichtstörer im Polizeirecht die Inanspruchnahme dulden muss, aber ihm ein Entschädigungsanspruch zusteht[643] oder beispielsweise, dass ein Anscheinsstörer, der ebenfalls als Verantwortlicher anzusehen ist, nur im Nachhinein Ersatz verlangen kann.

Gerichtshofs, 2015, S. 507, sieht aber auch die Gefahr, dass dadurch der Anreiz der Privaten, sich am Unionsrecht zu orientieren sinkt, S. 508.

639 Gedanke bei *Nettesheim*, WM 2006, 457 (459); *Rosenkranz*, Die Beschränkung der Rückwirkung von Entscheidungen des Europäischen Gerichtshofs, 2015, S. 508 f., der Gedanke der Umgehung der *Francovich*-Haftung durch eine Verlagerung auf Private könne nur als Argument greifen, wenn auch tatsächlich im Falle der unterlassenen Konformauslegung eine Haftung für den Mitgliedsstaat bestehe. Dies trete aber nur in seltenen Fällen eines hinreichend qualifizierten Rechtsverstoßes ein.

640 EuGH v. 04.07.2006, Rs. C-212/04, Slg. 2008, I – 6057, Rn. 110.

641 *Freitag*, EuR 2009, 796 (800).

642 Vorschlag von *Netteesheim*, WM 2006, 457 (462 f.), dies könne einerseits durch Fortentwicklung der *Francovich*-Rechtsprechung erfolgen – Wurzel allen Übels sei auch hier die fehlerhafte Richtlinienumsetzung, also ein Vertragsverstoß – oder aber alternativ durch eine Aufopferungshaftung.

643 In NRW etwa in § 39 I a) OBG NRW, ggf. i.V.m. § 67 PolG NRW, normiert.

Kapitel 5 Anknüpfungspunkt der Haftung

Bevor der Versuch einer Integration eines Haftungsanspruches für das Vertrauen auf unionsrechtswidrige Gesetze in das national bestehende System der Haftungsansprüche unternommen wird, muss näher beleuchtet werden, welche Maßnahme sich als haftungsauslösendes Verhalten herausstellt.

Die Erörterung dieser Problematik hat ihre Daseinsberechtigung nicht nur aus Darstellungs- und Kategorisierungsgründen, sondern ist maßgeblich für die Einordnung der Vertrauenshaftung de lege lata. Die nationale Haftungssystematik ist geprägt durch eine Klassifizierung anhand des Kriteriums der „Rechtswidrigkeit".[644] Um überhaupt potenziell taugliche nationale Ansprüche zu identifizieren, soll daher in einer Voraberörterung das haftungsauslösende Verhalten herausgearbeitet und der Kategorie Rechtmäßigkeit oder Rechtswidrigkeit zugeordnet werden.

I. Das haftungsauslösende Verhalten

1. Zwei mögliche Anknüpfungspunkte bei unmittelbar anwendbarem Unionsrecht[645]

Beruht der Vertrauensschaden auf einer rückwirkenden Unanwendbarkeit des Gesetzes kann dieser aufgrund zweier möglicher Handlungen der Mitgliedsstaaten hervorgerufen werden. Zum einen kann der Nationalstaat ein Gesetz erlassen, welches seit seinem Inkrafttreten mit dem Unionsrecht kollidiert. Zum anderen kann aber auch ein bestehendes Gesetz, aufgrund eines Wandels des Unionsrechtsverständnisses oder aufgrund des Erlasses neuer europäischer Vorgaben, mit dem Unionsrecht konfligieren.

Als mögliche haftungsauslösende Verhaltensweise kommt in der ersten Variante der Erlass des Gesetzes in Betracht. Der Vertrauensschaden manifestiert sich aber noch nicht unmittelbar durch den Gesetzeserlass, sondern erst durch die spätere rückwirkende Unanwendbarkeit der Norm. Der Erlass schafft erst die Vertrauensgrundlage, die Basis von Dispositionen wird. Daher kommt als zweites haftungsauslösendes Verhalten die spätere Unanwendbarkeit der Norm in Betracht.

---

644 S. zur Frage einer allgemeinen Dogmatik des Staatshaftungsrechts: *Morlok*, Allgemeine Elemente der Einstandspflichten für rechtswidriges Staatshandeln, in: Hoffmann-Riem/Schmidt-Aßmann/Voßkuhle (Hrsg.), Grundlagen des Verwaltungsrechts, Bd III, 2. Aufl. 2013, § 52 sowie § 54, Retrospektive Kompensation der Folgen rechtswidrigen Hoheitshandelns.

645 Die Problematik, welche sich aus einem nur in Teilbereichen unionsrechtswidrigem Gesetz ergibt, ist an dieser Stelle aus Verständnisgründen nicht weiter auszudifferenzieren, s. dazu unter Teil 2, Kapitel 6, II., 2., e).

Als Anknüpfungspunkt für Einstandspflichten in der zweiten Konstellation einer „nachträglichen" Unionsrechtswidrigkeit sind ebenfalls zwei Handlungen denkbar. Als Erstes kann eine Haftung an die unterlassene Aufhebung des Gesetzes ab dem Zeitpunkt der Kollisionslage anknüpfen. Eine Anknüpfung an den Erlass als haftungsauslösendes Verhalten scheidet aus, da zu diesem Zeitpunkt das Gesetz noch mit nationalem und europäischem Recht im Einklang stand. Zudem kann auch wieder an die später eintretende rückwirkende Unwandelbarkeit der Norm angebunden werden.

2. Anknüpfungspunkt im Zusammenhang mit Richtlinien ohne Direktwirkung

Aber auch im Zusammenhang mit nicht unmittelbar anwendbarem Unionsrecht können haftungsauslösende Verhaltensweisen des Gesetzgebers auftreten. Der Gesetzgeber kann zum einen eine vollständige Umsetzung der Richtlinie unterlassen. Dieses Verhalten ist Auslöser einer richtlinienkonformen Auslegung durch die Judikative. Der Richter passt das Gesetz regelmäßig rückwirkend an die unionalen Vorgaben an. Indem der Gesetzgeber also nicht hinreichend die Vorgaben kodifiziert, tritt vermittelt über die Judikative ein Vertrauensschaden ein.[646] Zum anderen kann die Umsetzung auch fehlerhaft sein, welches dieselben Folgen nach sich zieht.

Diese Fälle bedürfen keiner weiteren Untersuchung. Sie weisen nur einen Anknüpfungspunkt auf, der als rechtswidrig zu qualifizieren ist: fehlerhafte oder unterlassene Richtlinienumsetzung.

II. Kategorisierung des Verhaltens

Die soeben herausgearbeiteten Anknüpfungspunkte bei einer Kollision mit unmittelbar anwendbarem Unionsrecht sollen nun auf ihre Klassifizierung als rechtmäßige oder rechtswidrige Verhaltensweisen hin untersucht werden.

In diesem Abschnitt wird auf die detaillierte Herleitung der jeweiligen Pflichtverletzung verzichtet und nur die Ergebnisse überblicksartig zusammengefasst. Bezüglich umfassender Ausarbeitungen sei auf die Ausführungen zur Amtspflichtverletzung verwiesen (s. unten unter Teil 2, Kapitel 6, II., 2., b), c) und speziell e) betreffend den Sonderfall einer teilweisen Unionsrechtswidrigkeit).

---

646 Schädigende Verhaltensweisen könnten zwar auch in dem Erlass eines Gesetzes, welches mit den Zielen der Richtlinie kollidiert oder in dem Erlass eines rückwirkenden Umsetzungsgesetzes für eine Richtlinie bestehen, es wird jedoch an dieser Stelle auf eine Erörterung verzichtet, um ein unnötiges Aufblähen der Thematik zu verhindern; zu den Fällen oben unter Teil 1, Kapitel 3, I., 2., b) und c).

1. Erlass eines unionsrechtswidrigen Gesetzes oder unterlassene Aufhebung

Der Erlass eines Gesetzes, welches von Anbeginn mit dem Unionsrecht kollidiert, verstößt gegen Europarecht. Als höherrangiges Recht, am Maßstab dessen der Gesetzgeber sich beim Erlass eines Gesetzes orientieren muss, kommt nicht nur die nationale Verfassung[647] in Betracht, sondern auch das Recht der Europäischen Union.[648] Um die Wirksamkeit des Unionsrechts zu sichern, besteht eine unionsrechtliche Verpflichtung aus der Unionstreue, Art. 4 Abs. 3 EUV, mit unmittelbar anwendbarem Unionsrecht kollidierende nationale Vorschriften nicht zu erlassen.[649] Auch die Anwendung eines erst nach seinem Erlass mit unmittelbar anwendbarem Unionsrecht kollidierenden nationalen Gesetzes verstößt gegen Unionsrecht. Der Anwendungsvorrang gebietet, dem Unionsrecht entgegenstehendes nationales Recht im unionsrechtlich determinierten Bereich ab dem Zeitpunkt der Kollision unangewendet zu lassen.[650] Daher sind beide Handlungen unionsrechtlich rechtswidrig.

Fraglich erscheint jedoch, ob sie auch verfassungsrechtlich zu beanstanden sind. Die Gesetze sind rein national betrachtet verfassungskonform. Sie können sich jedoch nicht der unionalen Determinierung entziehen. Die verfasste Gewalt hat kraft verfassungsrechtlicher Ermächtigung Kompetenzen an die Europäische Union übertragen und ist daher an die Vorgaben grundsätzlich gebunden. Sowohl der Erlass des Gesetzes, als auch die unterlassene Aufhebung, führen zur Schaffung oder Aufrechterhaltung eines gesetzlichen Vertrauenstatbestandes, der rechtlich keinen Bestand hat. Dies verstößt nicht nur gegen den rechtsstaatlichen Grundsatz der Rechtssicherheit, sondern auch gegen den Grundsatz des Vertrauensschutzes und mögliche betroffene Grundrechte. Es ist daher verfassungsrechtlich nicht nur geboten unionsrechtswidrige Gesetze unangewendet zu lassen, sondern auch sie nicht zu erlassen oder aufzuheben. Die Gebote der Rechtssicherheit und des Vertrauensschutzes fordern inhaltsleere Gesetze, die den Schein einer Anwendbarkeit entfallen, zu eliminieren. Aufgrund dieser Pflicht bedarf es bei vollständiger Unanwendbarkeit des Gesetzes stets einer Aufhebung der Norm.[651] Daher braucht im weiteren Verlauf dieses Abschnittes nicht mehr zwischen Unanwendbarkeit des Gesetzes als unionale Folge und Gesetzesaufhebung differenziert werden. Es

---

647 S. *Fetzer*, Die Haftung des Staates für legislatives Unrecht, 1994, S. 58 f.

648 S. dazu *Jarass*, NJW 1991, 2665 (2669); vgl. auch *Pernice*, NVwZ 1990, 414 (425).

649 Dazu unten sowie *Kahl*, in: Calliess/Ruffert (Hrsg.), EUV/AEUV, 4. Aufl. 2011, Art. 4 EUV Rn. 98. Aus Gründen der Transparenz ist es geboten, Gesetze, die in ihrem gesamten Regelungsgehalt dem Unionsrecht widersprechen, nicht zu erlassen, obwohl das Unionsrecht nur eine Unanwendbarkeit entgegenstehenden Rechts fordert und keinen Geltungsvorrang.

650 S. dazu unter Teil 1, Kapitel 2, I., 1.

651 Zu beachten ist die Sonderkonstellation der teilweisen Unionsrechtswidrigkeit s. dazu unter Teil 1, Kapitel 1, I., 5., c), ee) sowie Teil 2, Kapitel 6, II., 2., e).

ist zwar europarechtlich nur die Unanwendbarkeit gefordert, aber zumindest aus verfassungsrechtlicher Perspektive kommt dies einer Aufhebungspflicht gleich.[652]

Dem Gesetzgeber gebührt auch die Obliegenheit zur Überprüfung, ob die bestehenden Regelungen mit neu erlassenen unionalen Vorgaben im Einklang stehen.[653] Dem Umstand, dass es sich bei der Anknüpfung an die Nichtaufhebung des nationalen Rechts um ein gesetzgeberisches Unterlassen handelt, braucht keine eingehende Aufmerksamkeit geschenkt zu werden.[654]

Damit sind, sowohl unionsrechtlich als auch verfassungsrechtlich betrachtet, die beiden haftungsauslösenden Verhaltensweisen als rechtswidrig einzuordnen.

2. Aufhebung des Gesetzes

Als alternative Anknüpfung für eine Staatshaftung konnte die Aufhebung des unionsrechtswidrigen Gesetzes ausfindig gemacht werden. Bei anfänglicher Unionsrechtskollision war der Gesetzgeber zum Nichterlass eines solchen Gesetzes verpflichtet. Diese Obliegenheitsverletzung wirkt fort in einem Aufhebungsgebot als verlängerter Arm der Pflicht zum Nichterlass. Der Gesetzgeber ist gehalten rechtmäßige Zustände wiederherzustellen. Die Aufhebung des Gesetzes war damit unionsrechtlich sowie verfassungsrechtlich – aufgrund der Pflicht zum Nichterlass inhaltsleerer Normen – zwingend. Selbiges gilt für die nachträglich eintretende Kollision mit Europarecht. Auch hier war der Gesetzgeber – sogar unmittelbar – veranlasst zur Aufhebung des Gesetzes. Daher handelt es sich bei der Aufhebung um eine unional rechtmäßige Handlung des Staates.

An der verfassungsrechtlichen Rechtmäßigkeit der Aufhebung bestehen aber Zweifel. Zwar war es verfassungsrechtlich geboten das inhaltsleere Gesetz zu beseitigen, dies führt jedoch nur zu einer Rechtmäßigkeit der Handlung. Der Erfolg

---

652 Darüber hinaus sprechen auch aus unionaler Perspektive gute Gründe für eine Aufhebung der Norm. Der Grundsatz der Rechtssicherheit ist unionsrechtlich anerkannt und es würde die Wirksamkeit des Unionsrechts beeinträchtigen, wenn ein vollumfänglich unionsrechtswidriges Gesetz den Schein einer Rechtsgeltung entfaltet.

653 Der Anwendungsvorrang sowie die Pflicht zur richtlinienkonformen Auslegung bezieht sich auf die gesamte Rechtsordnung. Vgl. bzgl. des Anwendungsvorranges *Obwexer*, in: von der Groeben/Schwarze/Hatje (Hrsg.), Europäisches Unionsrecht, Bd I, 7. Aufl. 2015, Art. 4 EUV Rn. 112, und zur richtlinienkonformen Auslegung EuGH v. 10.04.1984, Rs. 14/1983, Slg. 1984, Rn. 26.

654 Eine Pflichtwidrigkeit kann zwar nur unter strengen Voraussetzungen einer Rechtspflicht zum Handeln abgeleitet werden, die sich hier aber aus dem Unionsrecht zwingend ergibt. Es liegt nicht die für ein Unterlassen typische Situation einer Schutzpflichtverletzung vor, bei der der Staat seine Pflicht verletzt, sich schützend vor die Grundrechte der Bürger zu stellen, und diese vor Beeinträchtigungen seitens anderer Privater zu schützen. Hier stellt das Unterlassen des Staates einen Eingriff in die Rechte dar. Die abwehrrechtliche Seite der Grundrechte entfaltet hier ihre Schutzdimension. Siehe dazu unter Teil 2, Kapitel 6, II., 2., d).

kann dennoch weiterhin rechtswidrig sein, wenn dieser ein von der Handlungsermächtigung nicht mehr gedecktes Sonderopfer darstellt. Die Gesetzesaufhebung führt möglicherweise zur Enttäuschung von berechtigtem Gesetzesvertrauen und damit rechtswidrigen Folgen. Dies greift die Rechtmäßigkeit der Maßnahme grundsätzlich nicht an, führt nur gegebenenfalls zu einer Ersatzpflicht des Staates für diese unzulässigen Folgen. Die rechtswidrigen Folgen der Handlung münden nur dann in einer Gesamtrechtswidrigkeit, wenn sie regelmäßig auftreten. Eine Handlung des Staates, die gewohnlicherweise zu rechtswidrigen Schädigungen des Bürgers führt und keinen Ausgleich für ihn vorsieht, kann nicht mehr als rechtens angesehen werden.

Ein Auseinanderfallen der beiden Unrechtsformen tritt nur bei Maßnahmen auf, die nicht gewollt und gezielt sind. Diese Frage der Vorhersehbarkeit ist gekoppelt mit dem Merkmal „Sonderopfer". Eine typische, vorhersehbare Nebenfolge kann keine besondere Belastung darstellen.[655] Der Schaden entsteht bei einer Haftung für das Vertrauen auf unionsrechtswidrige Gesetze durch die rückwirkende Aufhebung des Gesetzes. Die ex-tunc Wirkung ist schadensauslösend. Aufgrund der Rückwirkung der Aufhebung muss jedoch unterstellt werden, dass der Gesetzgeber beabsichtigt, oder zumindest billigend in Kauf nimmt, dass es zu schädigenden Effekten bei betroffenen Bürgern kommen wird, da ein Vertrauen auf die Gesetzeslage zerstört wird. Dies ist typische und vorhersehbare Nebenfolge. Klassische Fälle, in denen ein Sonderopfer von der Rechtsprechung angenommen wurde, sind zukunftsorientiert und der Geschehensablauf nicht berechenbar gewesen.[656] Auch ein Einzelfallcharakter der Schädigung besteht nicht. Es liegt damit kein entschädigungspflichtiges Sonderopfer vor, sondern es trifft den Gesetzgeber die Pflicht eine

655 Die Unterscheidung zwischen Erfolgs- und Handlungsunrecht wird traditionell beim enteignenden und enteignungsgleichen Eingriff verwandt, s. etwa *Morlok*, Allgemeine Elemente der Einstandspflichten für rechtswidriges Staatshandeln, in: Hoffmann-Riem/Schmidt-Aßmann/Voßkuhle (Hrsg.), Grundlagen des Verwaltungsrechts, B III, 2. Aufl. 2013, § 52 Rn. 22 ff. Seit dem *Naßauskiesungs*-Beschluss, BVerfGE 58, 300 ff., sowie dem Denkmalschutz-Beschluss, BVerfGE 100, 226 ff., des BVerfG ist das Institut des enteignenden Eingriffs wohl auf unvorhersehbare Nebenfolgen beschränkt, um dem vom Bundesverfassungsgericht aufgestellten umfassenden Gesetzesvorbehalt für alle Ausgleichsregelungen zur kompensatorischen Herstellung der Verfassungsmäßigkeit von Inhalts- und Schrankenbestimmungen des Eigentums und dem Vorrang des Primärrechtsschutzes gerecht zu werden. S. dazu auch *Ossenbühl/Cornils*, Staatshaftungsrecht, 6. Aufl. 2013, S. 331. Zum Fortbestand des Institutes nach dem *Naßauskiesungs*-Beschluss *Papier*, NVwZ 1983, 258 ff.; der BGH sieht dies nicht so streng und hat in einigen Fällen auch bei vorhersehbaren Nebenfolgen eine Haftung angenommen, so etwa in: BGHZ 122, 76 (77 ff.); 129, 124 (126 ff.). Zur Streitigkeit um eine Existenz des enteignenden Eingriffs s. *Ossenbühl/Cornils*, Staatshaftungsrecht, 6. Aufl. 2013, S. 327 f. sowie *Papier*, in: Maunz/Dürig (Begr.), Grundgesetz, Bd II, 75. EGL 2015, Art. 14 Rn. 714 ff.

656 Z. B. Sonderopfer bei Impfschäden BGHZ 9, 83 ff.; Sonderopfer bei Zwangsbehandlung BGHZ 25, 238 (241).

Ausgleichsregelung zu schaffen, wenn man diese Fälle als unzumutbar ansieht. Eine kompensationslose Aufhebung der Norm ist national rechtswidrig.

Bei einem solchen Widerstreit zwischen unionalem Gebot der Aufhebung und nationalstaatlicher Rechtswidrigkeit, setzt sich die europäische Betrachtungsweise durch und überlagert die mitgliedsstaatliche Unzulässigkeit aufgrund des Vorrangs des Unionsrechts.

Damit ist die Aufhebung des unionsrechtswidrigen Gesetzes insgesamt als rechtmäßige Handlung einzustufen.

3. Zwischenfazit

Somit ist eine Divergenz der beiden Anknüpfungspunkte für eine Vertrauenshaftung aufgetreten. Die Aufhebung des Gesetzes war rechtmäßig, aber der Erlass bzw. die Nichtaufhebung rechtswidrig. Es kommen folglich unterschiedliche nationale Haftungsansprüche in Betracht, sodass es zwingend erforderlich ist, zu untersuchen, welche Handlung haftungsbegründend ist.

Im Zusammenhang mit der Umsetzung von Richtlinien kommt nur ein vorwerfbares Verhalten, Nichtumsetzung, in Betracht. Diese war unionsrechtswidrig und verfassungsrechtlich unzulässig. Diesbezügliche Vertrauensschäden können nur durch Haftungsansprüche für rechtswidrige Maßnahmen liquidiert werden.

III. Maßgeblicher Anknüpfungspunkt und Folgen für die Einordnung de lege lata

Die beiden Anknüpfungspunkte gilt es nun zu vergleichen. Sie unterscheiden sich dadurch, dass nicht der Erlass des Gesetzes oder seine unterlassene Aufhebung unmittelbar zur Schädigung geführt haben, sondern erst die Aufhebung des Gesetzes. Zwischen beiden Handlungen liegt eine – gegebenenfalls große – Zeitspanne, die es dem Betroffenen erst ermöglicht hat, Dispositionen zu treffen und damit sein Vertrauen zu betätigen. Der Vertrauensschaden beim Bürger entsteht erst durch die Nichtanwendung oder Aufhebung des Gesetzes. Erst nach dem das Gesetz ex-tunc keine Wirkung mehr entfaltet, erweisen sich die Dispositionen des Betroffenen als unrentabel. Auslöser ist aber nicht das unmittelbar schädigende Ereignis der Aufhebung, sondern Wurzel allen Übels ist die vorgelagerte Verletzung der Obliegenheiten. Der Schwerpunkt des vorwerfbaren Verhaltens liegt nicht bei der Aufhebung, sondern beim Erlass eines unionsrechtswidrigen Gesetzes oder bei dessen unterlassener Nichtaufhebung.[657] Die Aufhebung des Gesetzes ist lediglich zwingende Folge der ursprünglichen Pflichtverletzung des Gesetzgebers. Dieser Gedanke ist auch in der Diskussion um Waldschäden durch schädliche Umweltimmissionen schon angeklungen. Es wurde vorgeschlagen, den Anknüpfungspunkt

657 So auch *Rosenkranz*, Die Beschränkung der Rückwirkung von Entscheidungen des Europäischen Gerichtshofs, 2015, S. 510.

der Haftung vorzuverlegen, von dem unterlassenen hinreichenden Schutz hin zu mangelhaft schützenden Immissionsschutzregelungen.[658]

Für eine Integration der Vertrauenshaftung de lege lata in das nationale Rechtssystem sind also nur Haftungsinstitute in den Fokus zu nehmen, die eine Ersatzpflicht für rechtswidrige Handlungen normieren. Hier kommen insbesondere der Amtshaftungsanspruch sowie das Institut des enteignungsgleichen oder aufopferungsgleichen Eingriffs in Betracht.

658 Gedanke bei *Murswiek*, NVwZ 1986, 611 (611) dazu auch *Langner*, NVwZ 1987, 195 (195).

Teil 2 Integration in das nationale Haftungssystem

Der zweite Teil der Untersuchung ist der Suche nach einer Integrationsmöglichkeit der Vertrauenshaftung in das bestehende Staatshaftungssystem gewidmet. Dabei soll in diesem Abschnitt untersucht werden, ob nach nationaler Dogmatik eine Ersatzmöglichkeit besteht, bevor im dritten Teil die unionsrechtliche Ebene in den Fokus genommen wird.

Da die Haftung an eine rechtswidrige Handlung anknüpft, werden als mögliche Haftungsinstitute der Amtshaftungsanspruch, Art. 34 GG iVm. § 839 BGB, sowie die richterrechtlich entwickelten Rechtsinstitute des enteignungs- und aufopferungsgleichen Eingriffs einer Untersuchung unterzogen.[659]

---

659 Ein kurzer Überblick bei *Karpenstein/Johann*, NJW 2010, 3405 ff.

Kapitel 6 Der Amtshaftungsanspruch

Im Folgenden müssen zunächst die spezifischen Merkmale der Amtshaftung unter dem Gesichtspunkt einer Haftung für legislatives Unrecht beleuchtet werden. Seit Jahrzehnten tobt ein erbitterter Streit, ob die Tatbestandsmerkmale auch eine Haftung für gesetzgeberisches Unrecht erfassen. Dabei wird im Hinblick auf die allgemeine Diskussion Bezug auf die einschlägige Literatur und Rechtsprechung genommen. Die Argumente sind im Wesentlichen bereits ausgearbeitet und nur noch einer neuen Gewichtung zugänglich. Dennoch soll diese Untersuchung nicht nur Darstellungs- und Verständniszwecken dienen, sondern gewinnt ihre Berechtigung auch dadurch, dass sie den Streitstand umfassend zusammenfasst und einer aktuellen Neubewertung unterzieht. Soweit ersichtlich, widmet sich in jüngerer Zeit keine selbstständige Schrift mehr der Problematik. Diese Arbeit nimmt sich zudem den spezifischen Besonderheiten einer Haftung für das Vertrauen auf unionsrechtswidrige Gesetze an. Daher soll im Rahmen dieser Untersuchung das vornehmliche Augenmerk auf die Spezifika dieser Fallkonstellation gerichtet werden und die Frage, inwieweit sich dadurch bedingt eine neue Bewertung der gängigen Argumente aufzwingt. Auch um dies beurteilen zu können, wird der Meinungsstand zusammenfassend in gebotener Breite dargestellt.

I. Das Haftungsinstitut

Der Amtshaftungsanspruch gemäß Art. 34 GG iVm. § 839 BGB ist ein antiquierter historisch gewachsener Anspruch, der seiner Ursprungsidee nach eine persönliche Haftung des Beamten regelte und daher auch auf diese Konstellation gemünzt wurde. Eine Anpassung des Tatbestandes ist nicht erfolgt, sodass sich immer noch die historischen Elemente der Beamtenhaftung wie die Amtspflicht, das Verschulden, oder das Verweisungsprivileg als Haftungsmerkmale finden. Die Haftungsüberleitung auf den Staat wurde erst nachträglich in der Verfassung, Art. 34 GG, aufgenommen.

Traditionell erfährt ein Amtshaftungsanspruch für legislatives Unrecht Ablehnung. Schon das Reichsgericht[660] – später fortgeführt durch den BGH[661] – erteilte der Haftung für Gesetze eine Abfuhr. Ausschlussgründe für eine Haftung bei Gesetzesunrecht werden bei fast jedem Tatbestandsmerkmal der Amtshaftung zu finden sein.

660 Vgl. etwa RGZ 130, 319 (321).

661 St. Rsp. etwa: BGHZ 56, 40 (44 ff.); 84. 292 (300); 87, 321 (335); BGH WM 1973, 491 (497); BGH VersR 1975, 737 (738); BGHZ 102, 350 (367 f.); BGH VersR 1988, 1046. (1046).

II. Tatbestandliche Voraussetzungen

1. In Ausübung eines anvertrauten öffentlichen Amtes

Der Amtshaftungsanspruch setzt das Handeln eines Amtswalters in Ausübung eines ihm anvertrauten öffentlichen Amtes voraus. Bezüglich des Abgeordneten ist bereits diese Voraussetzung bestritten worden.[662] Alternativ wurde vereinzelt eine Haftung der Exekutive thematisiert. Die Regierung habe oftmals den Gesetzesentwurf in den Bundestag eingebracht und sei für die fehlerhafte Ausarbeitung verantwortlich.[663]

Unter „öffentlichem Amt" ist die Erfüllung öffentlicher Aufgaben mit öffentlich-rechtlichen Mitteln, also eine hoheitliche Tätigkeit, zu verstehen.[664] Legislativakte zählen zum hoheitlichen Tätigkeitsfeld des Staates. Vormals wurde bereits dieser öffentlich-rechtliche Bezug bestritten, da das Parlament nur ein Gesellschaftsorgan sei sowie die Abgeordneten nur ein gesellschaftliches Mandat innehätten. Unter dem

---

662 So etwa *Bettermann,* in: Bettermann/Nipperdey/Scheuner, Die Grundrechte, Bd III/2, 1959, S. 836; *Luhmann,* Öffentlich-rechtliche Entschädigung rechtspolitisch betrachtet, 1965, S. 127;·*Schack*, MDR 1953, 514 (515), der seine Ansicht jedoch später aufgab, in: MDR 1968, 186 (187 f.) sowie DÖV 1971, 446 (447) sowie NJW 1963, 1336 (1338); *Mondry*, Die öffentlich-rechtliche Gefährdungshaftung in Frankreich, 1964, S. 165; Es*chenburg*, Staat und Gesellschaft in Deutschland, 1956, S. 503; *Pfennig*, Der Begriff des öffentlichen Dienstes und seiner Angehörigen, S. 62. Früher wurde die Amtsträgereigenschaft bereits mit der Argumentation abgelehnt, dass das Parlament kein Staatsorgan, sondern lediglich ein Gesellschaftsorgan sei so *Kelsen*, Hauptprobleme der Staatsrechtslehre, 1911, 2. unver. Aufl. 1923, S. 405 ff. (insbes. 408, 410, 412); *Thomas*, in: Palandt (Begr.), Bürgerliches Gesetzbuch, 29. Aufl. 1968, § 839 Anm. 2 B, a. A. in den neueren Aufl.; *Stern*, Das Staatsrecht der Bundesrepublik Deutschland. Bd I, 2. Aufl. 1984, S. 387. Im Ergebnis die Nichtanwendung auf Abgeordnete befürwortend: *Lange*, Grundrechtsbindung des Gesetzgebers, 2010, S. 368; kritisch: *Sehröder*, Jus 1973, 355 (359); *Tatarin-Tamheyden*, Die Rechtsstellung der Abgeordneten, ihre Rechte und Pflichten, in: Anschütz/Thoma (Hrsg.), Handbuch des deutschen Staatsrechts, Bd 1, 1930, § 38 S. 413 (415 ff.); *Achterberg*, Parlamentsrechts, 1984, § 26 S. 781 ff.; *Mattern*, Grundlinien des Parlaments, 1969, S. 15 f.; RGZ 130, 319 (321); bzgl. Kreistagsmitglieder bejahend etwa BHZ 11, 192 (197); 84, 292 (298 f.).

663 S. dazu *Schack*, DÖV 1971, 446 (448) sowie auch in Bezug auf den Bundespräsidenten: BGHZ 45, 83 (86 f.); zur Frage einer Haftung wegen Gesetzesvorbereitung und Ausfertigung auch *Weber*, Staatshaftung für rechtswidrige Gesetzgebungsmaßnahmen, 1975, S. 122 ff.

664 S. nur *Papier*, in: Rixecker/Säcker (Hrsg.), Münchener Kommentar zum Bürgerlichen Gesetzbuch, Bd 6, 6. Aufl. 2013, § 839 Rn. 143. Differenzierend: *Frenz/Götzkes*, JA 2009, 759 (765), auch privatrechtliche Handlungen können eine Haftung auslösen bei Verstoß des Staates gegen Unionsrecht.

heutigen Staatsverständnis sind diese Argumente nicht mehr haltbar. Abgeordnete üben als Volksvertreter im Bundestag Staatsgewalt aus.[665]

Bezweifelt wird daneben, ob Abgeordnete zu der Gruppe von haftungsauslösenden Amtswaltern gehören können. Als Amtswalter wird grundsätzlich jede natürliche Person begriffen, deren Tätigkeit dem hoheitlichen Funktionskreis angehört oder zuzurechnen ist. Der Beamtenbegriff im staatshaftungsrechtlichen Sinne unterscheidet sich daher von der statusrechtlichen Begriffsbestimmung.[666] Die Eigenschaft als Amtswalter steht in Abhängigkeit zur Obliegenheit einer Amtspflicht. Abgeordnete können auch Adressat einer Amtspflicht sein und damit Amtsträger.[667] Der BGH ließ es bisher jedoch offen, ob den Abgeordneten überhaupt Amtspflichten obliegen können.[668] Im Schrifttum wird die generelle Fähigkeit der Obliegenheit einer Amtspflicht bezüglich Abgeordneter teilweise angezweifelt.[669]

---

665 S. dazu *Fetzer*, Die Haftung des Staates für legislatives Unrecht, 1994, S. 51 ff.; im Überblick auch *Achterberg*, Parlamentsrecht, 1984, § 26 S. 780.

666 Vgl. nur *Wöstmann*, in: Staudinger (Begr.), BGB, 15. Aufl. 2012, § 839 Rn. 37 m.w.N.

667 S. allgemein zur Thematik insbes. *Fetzer*, Die Haftung des Staates für legislatives Unrecht, 1994, S. 51 ff.; offengelassen BHZ 56, 40 (44) sowie ausführlich dazu OLG Hamburg DÖV 1971, 238 (239); *Defren*, Der haftungsrechtliche Beamtenbegriff, S. 215 ff.; für die h.M. etwa: *Papier*, in: Maunz/Dürig (Begr.), Grundgesetz, Bd IV, 75. EGL 2015, Art. 34 Rn. 108; *Dagtoglou*, Ersatzpflicht des Staates bei legislativem Unrecht?, 1963, S. 34 ff.; *Pfab*, Staatshaftung in Deutschland, 1997, S. 79 f.; *Hochgürtel*, Die staatliche Haftung für rechtswidrig getätigte und unterlassene Normsetzung, 2000, S. 52; *Wroblewski*, Die Staatshaftung für legislatives Unrecht in Deutschland, 2005, S. 71; *Ipsen*, NdsVBl. 2006, 321 (321); *Masing*, in: Umbach/Clemens (Hrsg.), Grundgesetz, Bd I, 2002, Art. 34 Rn. 72; *Sodan/Ziekow*, Grundkurs Öffentliches Recht, 6. Aufl. 2014, § 86 Rn. 7; *Dagtoglou*, in: Kahl/Waldhoff/Walter (Hrsg.), Bonner Kommentar zum Grundgesetz, Bd 8, 175. EGL 2015, Art. 34 Rn. 428; kritischer *Eckert*, Die Haftung des Staates bei nichtigen Gesetzen und Verordnungen, 1973, S. 84 ff.; *Jerusalem*, SJZ 1950, 2 (7); *v. Arnim*, Die Haftung der Bundesrepublik Deutschland für das Investitionshilfegesetz, 1986, S. 37; *Weber*, Staatshaftung für rechtswidrige Gesetzgebungsmaßnahmen, 1975, S. 42 ff.; *Scheuing*, Haftung für Gesetze, in: Rüttner (Hrsg.), Festschrift für Otto Bachof zum 70. Geburtstag, 1984, S. 343 (356); *v. Danwitz* in: v. Mangoldt/Klein/Starck (Hrsg.), GG, Bd 2, 6. Aufl. 2010, Art. 34 Rn. 57; *Bender*, Staatshaftungsrecht, 2. Aufl. 1974, Rn. 289; *Speiser*, Ersatzpflicht des Staates bei unmittelbaren Eingriffen durch verfassungswidrige Gesetze, 1974, S. 90 ff.; *Wunderlich*, Die Rechtsprechung des Bundesverfassungsgerichts zur Eigentumsgarantie und ihre Auswirkungen auf die Staatshaftung für legislatives Unrecht, 1994, S. 148 ff.; *Schenke*, DVBl 1975, 121 (124); *Ruland*, Der Staat 14 (1975), 457 (487 ff.); *Detterbeck/Windthorst/Sproll*, Staatshaftungsrecht, 2000, S. 153; *Rohr*, DVP 1999, 135 (136); *Hartmann/Thieben*, JA 2014, 401 (402); *Dohmold*, DÖV 1991, 152 (152); *Häde*, BayVBl. 1992, 449 (449); *Tremml/Krager/Luber*, Der Amtshaftungsprozess, 3. Aufl. 2009, Rn. 135, ausdrücklich: OLG Hamburg DÖV 1971, 238 (239).

668 BGHZ 56, 40 (44).

669 So *Schröder*, JuS 1973, 355 (359); *Eschenburg*, Staat und Gesellschaft in Deutschland, S. 509 f.

Abgeordnete übten kein ihnen anvertrautes Amt aus, da sie in keinem Dienstverhältnis stünden.[670] Zudem stehe die Freiheit des Mandates, Art. 38 Abs. 1 S. 2 GG, und die Repräsentationsfunktion für das gesamte Volk im Widerspruch zu einer Amtspflicht.[671] Dem ist jedoch entschieden entgegenzutreten. Das freie Mandat soll nur den Abgeordneten vor verfassungsrechtlich unerwünschten Einflussnahmen schützen und nicht die Bindung des Gesetzgebers an die Grundrechte und die verfassungsmäßige Ordnung, Art. 1 Abs. 3 GG sowie Art. 20 Abs. 3 GG, unterlaufen.[672] Auch die Indemnität des Abgeordneten gemäß Art. 46 Abs. 1 GG kann nicht gegen die Einordnung als Amtswalter vorgebracht werden.[673]

2. Amtspflichtverletzung

a) Allgemeine Anforderungen

Der Amtswalter muss auch eine ihm obliegende Pflicht verletzt haben. Der Beamte muss eine persönliche Verhaltenspflicht in Bezug auf seine Amtsführung missachtet haben. Der Inhalt der Amtspflicht umfasst die objektiv rechtmäßige Wahrnehmung

---

670 Wohl zurückzuführen auf die Aussage von *O. Mayer* „kein Amt ohne öffentliche Dienstpflicht" in: *Mayer*, Deutsches Verwaltungsrecht II, unver. Nachdr. d. 3. Aufl., 1969, S. 141; a.A BHGZ 11, 192 (197 f.) bgl. Mitgliedern des Kreistages.

671 So aber etwa *Bender*, Staatshaftungsrecht, 2. Aufl. 1974, Rn. 654.

672 Vgl. zu dieser Problematik mit weiteren Nachweisen *Fetzer*, Die Haftung des Staates für legislatives Unrecht, 1994, S. 51 ff., insbes. Fn. 29, S. 55, 57 f., 91 f.; *Hochgürtel*, Die staatliche Haftung für rechtswidrig getätigte und unterlassene Normsetzung, 2000, S. 53.f.; *Dagtoglou*, Ersatzpflicht des Staates bei legislativem Unrecht, 1963, S. 36 f.; *Weber*, Staatshaftung für rechtswidrige Gesetzgebungsmaßnahmen, 1975, S. 46 f.; *Ossenbühl/Cornils*, Staatshaftungsrecht, 6. Aufl. 2013, S. 105 sowie allgemein *Klein*, in: Maunz/Dürig (Begr.), Grundgesetz, Bd IV, 75. EGL 2015, Art. 38 Rn. 194 ff.

673 So *Lange*, Grundrechtsbindung des Gesetzgebers, 2010, S. 367 f.; *Bender*, Staatshaftungsrecht, 2. Aufl. 1974, S. 250; *Pfab*, Staatshaftung in Deutschland, 1997, S. 83; s. dazu *Dagtoglou*, Ersatzpflicht des Staates bei legislativem Unrecht, 1963, S. 46 ff.; *Vonnahme*, Staatshaftung für Umweltschäden infolge normativen Unrechts, 1994, S. 134 ff.; a.A. *Haverkate*, NJW 1973, 441 (441); *Scheuing*, Haftung für Gesetze, in: Rüttner (Hrsg.), Festschrift für Otto Bachof zum 70. Geburtstag, 1984, S. 343 (356 f.); *Achterberg*, Parlamentsrecht, 1984, § 26 S. 782 f.; ausführend *Ruland*, Der Staat 14 (1975), 457 (464 f., 476 f.); *Eckert*, Die Haftung des Staates bei nichtigen Gesetzen und Verordnungen, 1973, S. 105 ff. m. jeweils w.N.; ablehnend: *Weber*, Staatshaftung für rechtswidrige Gesetzgebungsmaßnahmen, 1975, S. 68 f.; *Speiser*, Ersatzpflicht des Staates bei unmittelbaren Eingriffen durch verfassungswidrige Gesetze, 1974, S. 109 ff.; *Dohmold*, DÖV 1991, 152 (154); *Wunderlich*, Die Rechtsprechung des Bundesverfassungsgerichts zur Eigentumsgarantie und ihre Auswirkungen auf die Staatshaftung für legislatives Unrecht, 1994, S. 164 f.; *Fetzer*, Die Haftung des Staates für legislatives Unrecht, 1994, S. 117 f.

der Aufgaben und Befugnisse des Trägers öffentlicher Gewalt, im Namen dessen der Amtswalter tätig wird. Demgegenüber statuiert die Rechtspflicht, die dem Staat oder einem Träger öffentlicher Gewalt obliegenden Pflichten. Diese Rechtspflichten des Trägers öffentlicher Gewalt determinieren die Amtspflichten der Beamten in der Weise, dass eine Amtspflicht zur Gesetzmäßigkeit besteht. Die Verletzung einer Rechtspflicht ist also regelmäßig mit einer Amtspflichtverletzung gekoppelt.[674] Rechtspflichten und damit auch Amtspflichten folgen insbesondere aus dem Verfassungsrecht sowie dem Europarecht.[675]

Ein Rechtsverstoß gegen das Unionsrecht sowie das Verfassungsrecht mündet aufgrund der Amtspflicht zur Gesetzmäßigkeit in einem Amtspflichtverstoß. Die Amtspflicht zum Erlass eines rechtmäßigen Gesetzes oder zur Aufhebung eines rechtswidrigen Gesetzes, kann mit der Systematisierung von *Blankenagel*[676] als absolute, gegenüber jedermann bestehende, Amtspflicht beschrieben werden.

Bei Legislativakten treten die Spezifika einer Deckungsgleichheit von Amtspflichten und Rechtspflichten des Abgeordneten – also Innen- und Außenverhältnis – auf. Es fehlt an einem „Dienstherrn" im eigentlichen Sinne demgegenüber die Amtspflicht bestehen kann, sondern das Parlament ist dem Volk verpflichtet gemäß Art. 20 Abs. 3 GG. Der klassischen Differenzierung zwischen Amtspflicht und Rechtspflicht bedarf es daher nicht.[677]

Damit ist maßgebend für eine Amtspflichtverletzung, ob die Legislativ Rechtspflichten verletzt, indem sie bereits anfänglich unionsrechtswidrige Gesetze erlässt, oder es unterlässt, Gesetze ab dem Zeitpunkt eines Europarechtsverstoßes aufzuheben. Pflichtverletzungen können sich jeweils aus dem nationalen Recht oder dem Europarecht ergeben (dazu oben schon im Überblick Teil 1, Kapitel 5, II.).

Zur spezifischen Problematik des Anknüpfungspunktes einer Amtspflichtverletzung bei Gesetzgebungsakten, die sich aus den Besonderheiten des Bundestages als Kollegialorgan und damit verbunden dem Abstimmungsverhalten der Abgeordneten ergeben, sei auf die umfassenden Untersuchungen von *Fetzer* verwiesen.[678]

---

674 S. nur *Papier*, in: Maunz/Dürig (Begr.), Grundgesetz, Bd IV, 75. EGL 2015, Art. 34 Rn. 156 sowie 161 m.w.N.; so auch schon BGH NJW 1979, 642 (643).

675 In Bezug auf das Unionsrecht vgl. *Papier*, in: Rixecker/Säcker (Hrsg.), Münchener Kommentar zum Bürgerlichen Gesetzbuch, Bd 6, 6. Aufl. 2013, § 839 Rn. 193, 207; *Papier*, in: Maunz/Dürig (Begr.), Grundgesetz, Bd IV, 75. EGL 2015, Art. 34 Rn. 161, 168; *Bonk/Detterbeck*, in: Sachs (Hrsg.), GG, 7. Aufl. 2014, Art. 34 Rn. 63; dazu *Jarass*, NJW 1991, 2665 (2669); *Pernice*, NVwZ 1990, 414 (425).

676 *Blankenagel*, DVBl 1981, 15 (19 ff.).

677 Diese Differenzierung wird auch generell kritisiert s. dazu *Papier*, in: Rixecker/Säcker (Hrsg.), Münchener Kommentar zum Bürgerlichen Gesetzbuch, Bd 6, 6. Aufl. 2013, § 839 Rn. 191 f. sowie *Papier*, in: Maunz/Dürig (Begr.), Grundgesetz, Bd IV, 75. EGL 2015, Art. 34 Rn. 157 ff.

678 *Fetzer*, Die Haftung des Staates für legislatives Unrecht, 1994, S. 77 ff.

b) *Amtspflichtverletzung bei anfänglicher Unionsrechtswidrigkeit*[679]

Das Unionsrecht fordert – unter bestimmten Voraussetzungen – Anwendungsvorrang vor dem nationalen Recht, kollidierende nationale Normen finden im unional determinierten Bereich keine Anwendung. Der Gesetzgeber hat daher die Pflicht, keine unionsrechtswidrigen Gesetze anzuwenden. Hiermit korreliert nicht unmittelbar eine Obliegenheit zum Nichterlass einer dem Unionsrechts widersprechenden Norm. Ein unionsrechtswidriges Gesetz ist nicht nichtig, sondern nur unanwendbar im unionsrechtlich determinierten Bereich. Damit tritt die Unterscheidung zwischen Anwendungs- und Geltungsvorrang zutage. Erlässt der Gesetzgeber eine Norm, welche mit dem Europarecht nicht im Einklang steht, erscheint es eine widersinnige Konstruktion zu sein, dass der Erlass des Gesetzes nicht mit dem Anwendungsvorrang kollidiert und der Pflichtverstoß nur in der ab dem Zeitpunkt des Inkrafttretens des Gesetzes unterlassenen Nichtanwendung liegt. Auch dem EuGH ist der Gedanke, dass die Einführung einer unionsrechtswidrigen Vorschrift der Aufrechterhaltung einer unionsrechtswidrigen Norm gleichkommt, nicht fremd.[680] Um den materialen Gehalt und den Vorrang des Unionsrechts zu sichern, dürfen dem Europarecht entgegenstehende Gesetze nicht erlassen werden. Dies folgt aus dem Grundsatz der Unionstreue, Art. 4 Abs. 3 EUV, der es den Mitgliedsstaaten untersagt, Maßnahmen zu ergreifen, die die Ziele der Union gefährden.[681] Dieser Grundsatz umfasst auch die Verpflichtung der Mitgliedsstaaten das Recht der Union zu wahren und deren Vorrang bei der nationalen Gesetzgebung zu beachten.[682] Der Unionstreue ist daher ein Gebot inhärent, dass der Gesetzgeber keine Gesetze erlassen darf, die in jedem denkbaren Fall dem Unionsrecht widersprechen. Die Effektivität der Durchsetzung des Unionsrechts würde durch die Existenz anwendungsloser Normen gefährdet. Wenn die Bürger den unionalen Regelungsgehalt nicht zweifelsfrei erkennen können, werden die Wirksamkeit und die Durchsetzung des Unionsrechts im mitgliedsstaatlichen Rechtsraum bedroht (dazu sogleich noch näher unter f), bb)).

Aber nicht nur aus unionsrechtlicher Perspektive stellt der Erlass eines unionsrechtswidrigen Gesetzes einen Verstoß gegen eine Rechtspflicht dar. Auch das nationale Verfassungsrecht gebietet keine inhaltsleeren Gesetze zu erlassen, oder aufrechtzuerhalten. Der Normadressat kann nicht ohne Weiteres erkennen, dass dieses Gesetz nur ein „Scheingesetz" ist mit einem „Scheinrechtsbefehl", den er nicht befolgen muss. Der rechtstreue Bürger wird ihm solange Folge leisten bis es aufgehoben wird.[683] Eine unionsrechtswidrige Norm entfaltet ebenso den Schein einer Wirksamkeit wie ein verfassungswidriges Gesetz. Der Gesetzgeber ist nicht nur aus

679 Zu diesen Fragestellungen bereits oben im Überblick unter Teil 1, Kapitel 5, II., 1. und 2.

680 EuGH v. 27.01.1988, Rs. 74/86, Slg. 1988, 2139, Rn. 10.

681 *Kahl*, in: Calliess/Ruffert (Hrsg.), EUV/AEUV, 4. Aufl. 2011, Art. 4 EUV Rn. 98.

682 *Kahl*, in: Calliess/Ruffert (Hrsg.), EUV/AEUV, 4. Aufl. 2011, Art. 4 EUV Rn. 54.

683 S. dazu *Fetzer*, Die Haftung des Staates für legislatives Unrecht, 1994, S. 61 f.

Gründen der rechtsstaatlichen Rechtssicherheit, sondern auch zur Vermeidung der Entstehung von Vertrauenstatbeständen verpflichtet, Vorschriften ohne Regelungsgehalt nicht zu erlassen.

c) Amtspflichtverletzung bei später eintretender Unionsrechtswidrigkeit

Ab dem Zeitpunkt einer Kollision nationalen Rechts mit Unionsrecht fordert der Anwendungsvorrang mitgliedsstaaatliche Normen unangewendet zu lassen.[684] Die unionale Verpflichtung erschöpft sich jedoch nicht in der Vorrangdoktrin. Der Gesetzgeber muss die Vereinbarkeit seiner Rechtsordnung mit dem dynamischen Unionsrecht stets überprüfen und widerstreitendes Recht anpassen.[685] Ihm obliegt dabei eine Beobachtungspflicht.[686]

Die Verpflichtung der Legislative, das nationale Recht so anzupassen, zu ändern oder aufzuheben, dass das Unionsrecht seine praktische Wirksamkeit entfalten kann, leitet sich aus dem Grundsatz der Unionstreue in Verbindung mit der jeweils verletzten Primärvorschrift ab.[687] Diese Anpassungspflicht mündet bei einem Gesetz, welches vollständig dem Anwendungsvorrang zum Opfer fällt, in einem Aufhebungsgebot.

Aus der Unionstreue folgt ebenfalls eine Verpflichtung des nationalen Gesetzgebers unionsrechtswidrige Normen ohne verbleibenden Anwendungsbereich aufzuheben.[688] Der EuGH versteht die Vorrangregel nur als eine Mindestgarantie, die nicht ausreichend sei, um eine volle Durchsetzung des Unionsrechts zu gewährleisten.[689] Eine bloße Nichtanwendung werde dem Gebot der Rechtsklarheit nicht gerecht. So führen die Luxemburger Richter gegen das Vorbringen Italiens, dass das unionsrechtswidrige Gesetz durch die Rechtsprechung keinerlei Wirkung mehr entfalten würde, aus: Die Norm sei immer noch Bestandteil der nationalen Rechtsordnung und eine negative unmittelbare Wirkung befreie den Mitgliedsstaat nicht von seiner Verpflichtung unionsrechtswidrige Normen zu beseitigen und damit

---

684 S. dazu unter Teil 1, Kapitel 2, I., 1.

685 *Jacob/Kottmann*, in: Grabitz/Hilf/Nettesheim (Hrsg.), EUV/AEUV, Bd III, 57. EGL 2015, Art. 340 AEUV Rn. 163.

686 Zustimmend: *Weber*, Grenzen EU-rechtskonformer Auslegung und Rechtsfortbildung, 2010, S. 171. Das Bundesverfassungsgericht hat dem Gesetzgeber auch bereits auf nationaler Ebene Beobachtungspflichten bezüglich der Verfassungskonformität seiner Gesetze auferlegt in Bereichen, die einem Wandel unterliegen z. B. Berücksichtigung von Minderjährigen beim Wahlkreiszuschnitt BVerfGE 130, 212 (236 f.) und Sperrklausel zu den Europawahlen BVerfGE 135, 259 (20).

687 *Lembach*, Grundlagen und Ausgestaltung gemeinschaftsrechtlicher Staatshaftung, 2003, S. 152; *Lück*, Die Gemeinschaftstreue als allgemeines Rechtsprinzip im Recht der Europäischen Gemeinschaft, 1992, S. 29 f.; EuGH v. 27.01.1988, Rs. 74/86, Slg. 1988, 2139, Rn. 12; EuGH v. 24.03.1988, Rs. 104/86, Slg. 1988, 1799, Rn. 13.

688 EuGH v. 11.06.1991, Rs. C-307/89, Slg. 1991, I – 2903, Rn. 13; EuGH v. 18.01.2001, Rs. C-162/99, Slg. 2001, I – 541, Rn. 33.

689 EuGH v. 15.10.1986, Rs. 168/85, Slg. 1986, 2945, Rn. 11 u. 16.

Unklarheiten bei den Normunterworfenen zu verhindern.[690] Die Wirksamkeit des Unionsrechts werde auch hierdurch beeinträchtigt, da der Bürger im Unklaren gelassen werde bezüglich seiner Möglichkeiten, sich auf Unionsrecht zu berufen.[691]

Es besteht eine europäische Verpflichtung zur Aufhebung und Anpassung nationalen Rechts.[692] Das Bundesverwaltungsgericht zweifelt jedoch an dieser Obliegenheit und statuiert, dass es keinen Grund gäbe „der es rechtfertigen könne, vom nationalen Gesetzgeber eine uneingeschränkte Anpassung seiner Arbeit an dem jeweiligen Entwicklungsstand der gemeinschaftsrechtlichen Bestimmungen zu verlangen".[693]

Auch verfassungsrechtlich ist es rechtsstaatlich geboten, inhaltsleere Gesetze aufzuheben und den Schein einer Rechtsgeltung zu beseitigen. Anderenfalls könnte der Bürger in Ungewissheit über die rechtlichen Bedingungen verbleiben und sein Verhalten, im Vertrauen auf die Geltungskraft der Norm, an einer unbeachtlichen Vorschrift ausrichten und einen Schaden erleiden – wenn die wahre Rechtslage sich als ungünstiger erweist.

Teils wird vorgetragen, diese Anpassungspflicht des Gesetzgebers sei auf offenkundige und erhebliche Verstöße gegen das Unionsrecht zu beschränken.[694] Das Bedürfnis ergebe sich aus der unübersichtlichen Vielzahl unionsrechtlicher Regelungen und den oftmals bestehenden Unklarheiten der Regelungslage des Europarechts.[695] Diese Überlegungen mögen eine Berechtigung haben, sind jedoch an dieser Stelle verfehlt. Die Pflichtwidrigkeit des nationalen Gesetzgebers ergibt sich bereits aus dem objektiven Verstoß gegen das Unionsrecht. Das Unionsrecht gebietet eine Aufhebung, unabhängig von der subjektiven Vorwerfbarkeit. Dies ist auch zwingend erforderlich zur Sicherung der Wirksamkeit und Einheitlichkeit des Unionsrechts. Subjektive Elemente spielen daher für die Frage der Pflichtwidrigkeit erst mal keine Rolle. Sie können nur auf sekundärrechtlicher Ebene an Bedeutung gewinnen, wenn der Ersatzanspruch an ein vorwerfbares Verhalten anknüpft. Die

---

690 EuGH v 24.03.1988, Rs. 104/86, Slg. 1988, 1799, Rn. 12 f.; EuGH v. 26.04.1988, Rs. 74/86, Slg. 1988, 2139, Rn. 10 f.; EuGH v. 13.07.2000, Rs. C-160/99, Slg. 2000, I – 6137, Rn. 22 f. sowie *v. Bogdandy/Schill*, in: Grabitz/Hilf/Nettesheim (Hrsg.), EUV/AEUV, Bd I, 57. EGL 2015, Art. 4 EUV Rn. 78.

691 *Haratsch/König/Pechstein*, Europarecht, 9. Aufl. 2014, Rn. 185; EuGH v. 26.04.1988, Rs. 74/86, Slg. 1988, 2139, Rn. 10; EuGH v. 25.07.1991, Rs. C-58/90, Slg. 1991, I – 4193, Rn. 12; EuGH v. 29.10.1998, Rs. C-185/96, Slg. 1998, I – 6601, Rn. 32.

692 *Ehlers*, JZ 1996, 776 (781); dazu *Frenz*, Handbuch Europarecht, Bd 5, 2010, Rn. 2083 f.; *Hamenstädt*, EuR 2011, 263 (267 f.).

693 BVerwGE 87, 154 (160).

694 Dazu ausführlich: *Zenner*, Die Haftung der EG-Mitgliedstaaten für die Anwendung europarechtswidriger Rechtsnormen, 1995, S. 115 ff.; *Deckert*, EuR 1997, 203 (223); *Lembach*, Grundlagen und Ausgestaltung gemeinschaftsrechtlicher Staatshaftung, 2003, S. 150 f.; vgl. auch *Geiger*, DVBl 1993, 465 (473).

695 *Zenner*, Die Haftung der EG-Mitgliedstaaten für die Anwendung europarechtswidriger Rechtsnormen, 1995, S. 112 f.

vorgebrachten Einschränkungen werden beim Tatbestandsmerkmal „Verschulden“ also noch mal ausführlich aufzugreifen sein.

d) Sonderproblem: Unterlassen als Anknüpfung

Wird ein bereits erlassenes Gesetz nachträglich unionsrechtswidrig, basiert das haftungsauslösende Verhalten auf einem Unterlassen. Der EuGH differenziert nicht zwischen dem Unterlassen der Anpassung und dem Erlass eines neuen unionsrechtswidrigen Gesetzes.[696] Auch der BGH hat bereits eine Haftung nach der *Francovich*-Doktrin an das Unterlassen des Gesetzgebers, die nationale Rechtslage an die unionalen Verpflichtungen anzupassen, angeknüpft.[697]

Aus rein nationaler Dogmatik bedarf es jedoch einer näheren Beleuchtung, ob ein Unterlassen eine Haftung auslösen kann, da konkrete Rechtspflichten stets mit dem Gestaltungsspielraum des Gesetzgebers im Widerstreit stehen.

Die Anknüpfung an die Nichtaufhebung eines unionsrechtswidrigen Gesetzes und damit an das Unterlassen einer gesetzgeberischen Maßnahme[698] setzt eine Amtspflichtverletzung voraus. Auch ein Unterlassen des parlamentarischen Gesetzgebers kann grundsätzlich eine Amtspflichtverletzung begründen.[699] Eine Gleichsetzung mit einer aktiven Handlung ist geboten, wenn eine Rechtspflicht zum Handeln bestand.[700] Diese setzt eine Verpflichtung zum Erlass eines Gesetzes (hier: Aufhebungsgesetz) voraus. Teilweise wird weiterreichend die evidente Verletzung der Rechtspflicht gefordert.[701] Eine Pflicht, ein Gesetz mit einem bestimmten

---

696 Etwa EuGH v. 05.03.1996, Rs. C-46/93 u. C-48/93, Slg. 1996, I – 1029, Rn. 59 ff.

697 BGHZ 134, 30 ff. im Ergebnis am Drittbezug scheiternd. Ebenfalls in einem anderen Fall die Nichtaufhebung eines Gesetzes als Anknüpfungspunkt für eine Haftung ansehend: *Schenke/Guttenberg*, DÖV 1991, 945 (947).

698 Vgl. bzgl. Einzelheiten im Hinblick auf den genauen Anknüpfungspunkt bei gesetzgeberischem Unterlassen *Fetzer*, Die Haftung des Staates für legislatives Unrecht, 1994, S. 82 ff.

699 BGHZ 56, 40 (46) offengelassen, ob das Unterlassen eine Amtspflichtverletzung darstellen kann. Die Möglichkeit bejahend hingegen BGHZ 102, 350 (368); *Häde*, BayVBl. 1992, 449 (450 f.); bzgl. eines Überblicks ablehnend: *Achterberg*, Parlamentsrecht, 1984, § 26 S. 787; *Tremml/Karger/Luber*, Der Amtshaftungsprozess, 3. Aufl. 2009, Rn. 143.

700 *Tremml/Karger/Luber*, Der Amtshaftungsprozess, 3. Aufl. 2009, Rn. 143; *Papier*, in: Maunz/Dürig (Begr.), Grundgesetz, Bd IV, 75. EGL 2015, Art. 34 Rn. 197; *Weber*, Staatshaftung für rechtswidrige Gesetzgebungsmaßnahmen, 1975, S. 118; *Vonnahme*, Staatshaftung für Umweltschäden infolge normativen Unrechts, 1994, S. 224; *Papier*, Staatshaftung bei der Verletzung von Gemeinschaftsrecht, in: Rengeling (Hrsg.), Handbuch zum europäischen und deutschen Umweltrecht, Bd I, 2003, § 43 Rn. 33.

701 S. dazu die eingehenden Ausführungen von *Vonnahme*, Staatshaftung für Umweltschäden infolge normativen Unrechts, 1994, S. 226 ff. Im Ergebnis unterscheiden sich diese Anforderungen wohl kaum von denen einer Rechtspflicht, weil diese

Inhalt zu erlassen, könne nur in besonderen Ausnahmefällen angenommen werden. Grundsätzlich obliege dem Gesetzgeber ein Ausgestaltungsspielraum.[702] Bei einem Legislativakt fehle es an einer hinreichend bestimmten Handlungspflicht, wenn diese Ausfluss einer verfassungsrechtlichen Schutzpflicht sei.[703] Eine in einem ausreichenden Maße konkretisierte Pflicht, die einem Eingriff gleichwertig erscheine, sei – wie auch das Bundesverfassungsgericht in ständiger Rechtsprechung ausführe – nur in seltenen Fällen möglich. Über die Art und Weise, wie der Gesetzgeber eine ihm obliegende Schutzpflicht erfüllen müsse, entscheide dieser in eigener Verantwortung, insbesondere vor dem Hintergrund der Komplexität der Beurteilung. Nur bei evidenter Verletzung der in den Grundrechten verkörperten Grundentscheidung werde die Grenze des Spielraumes überschritten.[704]

Die Verpflichtung zum Erlass eines Aufhebungsgesetzes ist aber nicht mit der Verpflichtung zum Erlass eines konkret gestaltenden Gesetzes identisch. Bezüglich der Aufhebung besteht eine verfassungsrechtliche, bestimmte Verpflichtung, die auch nicht in den Gestaltungsspielraum des Gesetzgebers eingreift. Gegenstand des Gebotes ist nur die Aufhebung eines bereits bestehenden Inhalts, nicht die Schaffung eines neuartigen Regelungskomplexes, welcher in vielfacher Hinsicht getroffen werden kann. Dem Gesetzgeber steht es zudem frei, die Norm zu beseitigen oder mit einem neuen, unionsrechtskonformen Inhalt erneut zu erlassen. Der Ausgestaltungsspielraum entfaltet seine Bedeutung insbesondere bei gestaltender Tätigkeit, nicht jedoch bei der Entschließung überhaupt in irgendeiner Weise tätig zu werden.[705]

Zudem ist entscheidend, dass die Verpflichtung zum Tätigwerden bereits unional zwingend erforderlich war (s. oben unter b) und c)). Bezüglich des „ob" bestand ebenfalls kein Handlungsspielraum des Gesetzgebers. Dies gilt in gleicher Weise für die Art und Weise der Maßnahme. Die Handlungspflicht hat sich unionsrechtlich zu einer nur noch rechtmäßigen Handlungsalternative verfestigt,[706] der Aufhebung des Gesetzes.

---

hinreichend konkretisiert sein muss, was wohl nur bei gleichzeitigem Vorliegen von Evidenz der Fall sein wird, später auch durch *Vornahme* relativierend.

702 BVerfG NJW 1983, 2931 (2932). Das BVerfG prüft grundsätzlich nur erlassene Gesetze auf ihre Verfassungsmäßigkeit, BVerfG 1, 97 ff. (100 ff.) – Ausnahme bei Bezug zum Europa- und Völkerrecht.

703 BGHZ 102, 350 (364 f.); s. auch *Papier*, in: Rixecker/Säcker (Hrsg.), Münchener Kommentar zum Bürgerlichen Gesetzbuch, Bd 6, 6. Aufl. 2013, § 839 Rn. 261 sowie *Papier*, in: Maunz/Dürig (Begr.), Grundgesetz, Bd IV, 75. EGL 2015, Art. 34 Rn. 197; in Bezug auf legislatives Unrecht *Fetzer*, Die Haftung des Staates für legislatives Unrecht, 1994, S. 69 ff.

704 BVerfGE 56, 54 (80 f.) mit Hinweis auf BVerfG 39, 1 (44); 46, 160 (164); 77, 381 (405); 79, 174 (202); 92, 26 (46); BVerfG NJW 1983, 2931 (2932).

705 Vgl. BVerfGE 85, 191 (212) auch etwa bei der Entscheidung ein Wahlrecht zu schaffen.

706 Handlungspflichten können sich auch aus dem Unionsrecht ergeben. Vgl. *Fetzer*, Die Haftung des Staates für legislatives Unrecht, 1994, S. 68 f. sowie 75.

Aber auch aus einem weiteren Gesichtspunkt ist aufgrund der unionalen Überlagerung die Gestaltungsfreiheit des Gesetzgebers begrenzt. Es wird nicht die Schutzpflichten-Dimension der Grundrechte aktiviert, um eine Pflichtverletzung des Parlaments zu begründen. Die Verpflichtung, ein rechtswidriges Gesetz aufzuheben, ergibt sich aus der abwehrrechtlichen Wirkung der Grundrechte. Es liegt hier nicht die für ein Unterlassen typische Situation einer Schutzpflichtverletzung vor, bei der der Staat seine Obliegenheit verletzt, sich schützend vor die Grundrechte der Bürger zu stellen und diese vor Beeinträchtigungen seitens anderer Privater zu schützen. Die Verpflichtung, ein Gesetz, welches in Grundrechte eingreift, aufzuheben, ist der verlängerte Arm des abwehrrechtlichen Anspruchs ein solches Gesetz erst gar nicht zu erlassen.

Dies wird deutlich, wenn man den Anknüpfungspunkt der Verpflichtung anders wählt.[707] Das Gebot zur Aufhebung des Gesetzes ist Ausfluss eines Verstoßes des Gesetzgebers gegen höherrangiges Recht. Wenn der Gesetzgeber ein Gesetz erlässt, welches etwa gegen die Grundrechte verstößt, dann erklärt das BVerfG dieses Gesetz für nichtig aufgrund des Verfassungsverstoßes. Diese Nichtigkeitserklärung des Gerichts führt zur unmittelbaren erga omnes Unwirksamkeit der Norm. Der Gestaltungsspielraum des Gesetzgebers wird nicht tangiert. Er ist frei, ein neues Gesetz zu erlassen, welches den verfassungsrechtlichen Anforderungen gerecht wird. Substanziell ist nicht die ansonsten bestehende Verpflichtung des Parlaments, gestaltend tätig zu werden. Die Situation beleuchtet die abwehrrechtliche Dimension aus einer anderen Perspektive.[708] Es vermag keinen Unterschied zu machen, ob der Gesetzgeber ein bestehendes Gesetz nicht aufhebt, oder ein Gesetz nachträglich erlässt. In der zweiten Fallkonstellation würde niemand bestreiten, dass die Abwehrfunktion der Grundrechte greift. Die Unterlassung hält nur einen schon geschehenen Eingriff in das Grundrecht rechtswidrig aufrecht. Dies umschreibt auch das von *Schwabe* verwendete Beispiel, es sei irrelevant, ob ein Strafgefangener sofort nach der Entlassung ohne Rechtsgrundlage wieder inhaftiert, oder aber – rechtswidrig – gar nicht entlassen werde.[709]

Daher ist nicht die Sonderkonstellation eines gesetzgeberischen Unterlassens in Gestalt einer Schutzpflichtverletzung gegeben, sondern der Abwehranspruch, der sich aus der Verfassungswidrigkeit des Gesetzes ergibt, wird aktiviert.

Auch aus einem weiteren Blickwinkel wird deutlich, dass es sich vorliegend nicht um die Fallkonstellation einer Nachbesserungspflicht auf der Grundlage

---

707 Gedanke auch bei *Schröder*, JuS 1973, 355 (357) sowie *Schwabe*, NJW 1971, 1657 (1658).

708 Vgl. bzgl. einer „Doppeldeutigkeit“ in der Schutzpflichtenkonstellation *Murswiek*, NVwZ 1986, 611 ff., der eine „Umdeutung“ in eine Handlung vornimmt; dazu *Langner*, NVwZ 1987, 195 (195 ff.).

709 *Schwabe*, NJW 1971, 1657 (1657) kritisch hierzu *Schröder*, JuS 1973, 355 (357); ein paralleles Bsp. bei *Schenke*, NJW 1991, 1777 (1788).

einer Schutzpflichtverletzung handelt.[710] Der Gesetzgeber hat zwar eine Regelung geschaffen, die gewissen sachlichen Veränderungen erlegen ist – wenn auch vorliegend nicht durch neue technische Möglichkeiten, so aber durch weitreichenden zusätzlichen Erkenntnisgewinn seitens des EuGH –, welche eine Nachbesserung erforderlich macht. Der Nachbesserungspflicht im klassischen Sinne kann aber nur mittels einer gestaltenden Änderung der Gesetzeslage Genüge getan werden, durch die Erhöhung des Schutzniveaus.[711] Eine bloße Aufhebung der Vorschrift, wie sie im zu untersuchenden Fall gefordert ist, reicht nicht aus. Die Rechtsbewahrung in den hier untersuchten Fällen realisiert sich durch diese bloße Aufhebung der Norm. Darüberhinausgehende Verpflichtungen zu einer neuen Regelung können sich gegebenenfalls aus Schutzpflichten gegenüber Dritten ergeben, die von der Regelung geschützt wurden.[712]

Kein Fall des gesetzgeberischen Unterlassens liegt vor, wenn zwar eine Verpflichtung zur Nachbesserung bestand, diese sich aber nicht erst im Laufe der Zeit herauskristallisiert hat, sondern bereits seit dem Zeitpunkt des Inkrafttretens des Gesetzes bestand, weil dieses von Anbeginn an mangelhaft war. Der Schwerpunkt der vorwerfbaren Handlung liegt nicht in der Unterlassung der Nachbesserung.[713] Der Vorwurf knüpft an die aktive Handlung des Normerlasses an.

Bezüglich einer Amtspflichtverletzung ist es somit insgesamt nur von Relevanz, dass dem Gesetzgeber ein Pflichtverstoß unterlaufen ist. Diesbezüglich kann auf die obigen allgemeinen Ausführungen verwiesen werden.

e) Sonderproblem: Teilrechtswidrigkeit

Die Verwobenheit der nationalen Rechtsebene mit dem Unionsrecht führt zu der Problematik eines Auseinanderfallens des Rechtswidrigkeitsmaßstabes. Es entsteht das seltsam anmutende Phänomen, dass das Gesetz je nach Sachlage unangewendet bleiben muss, oder wiederauflebt. Die Unionsrechtswidrigkeit erfasst dann nicht alle sachlichen Anwendungsbereiche, die Lebenssachverhalte sind nicht stets unionsrechtlich determiniert,sodass dem Gesetz Anwendungsfälle verbleiben. Die obige Argumentation in Bezug auf eine Aufhebungspflicht von inhaltsleeren Gesetzen aus

---

710 Wie etwa bei BVerfGE 49, 89 ff.; s. zu dieser Fallkonstellation *Badura*, Die verfassungsrechtliche Pflicht des gesetzgebenden Parlaments zur „Nachbesserung" von Gesetzen, in: Müller/Rhinow (Hrsg.), Festschrift für Kurt Eichenberger zum 60. Geburtstag, 1982, S. 481 (482 ff.); aber auch in den Nachbesserungsfällen liege eine Verpflichtung nur bei Evidenz vor etwa BVerfGE 56, 54 (81).

711 Selbst die Fallkonstellation wird etwa von *Vonnahme*, Staatshaftung für Umweltschäden infolge normativen Unrechts, 1994, S. 223 ff. nicht als ein Unterlassen der Nachbesserung begriffen, sondern als eine positive Handlung, Erlass einer nicht hinreichend schützenden Rechtsnorm.

712 Vgl. etwa BVerfGE 85, 191 (212).

713 Paralleler Gedanke bei *Schwabe*, NJW 1971, 1657 (1657), das Unterlassen hält einen schon bestehenden Eingriff nur aufrecht und stellt keinen neuen Eingriff dar.

Transparenzgründen muss modifiziert werden.[714] Bei Normen, die ausschließlich unionsrechtlich überlagerte rechtswidrige Fälle normieren, ist ein Nichterlass oder eine Aufhebung des Gesetzes zu postulieren. Wenn ein Gesetz nur in Teilbereichen ausnahmslos unionsrechtswidrig ist, ist der Nichterlass, oder die Aufhebung spezifisch dieses Teils zu fordern und die Norm an die Differenzierungen anzupassen. Dies ist dem Gebot der Klarheit geschuldet. Der Bürger vermag auch hier nur schwerlich erkennen, welcher Teil des Gesetzes von ihm zu beachten ist. Daher muss der Gesetzgeber aus denselben Gründen, die oben für eine Nichterlasspflicht oder Aufhebungspflicht anwendungsleerer Gesetze angeführt wurden, einen Teilnichterlass oder Teilaufhebung vornehmen. Ebenso ist für den weitaus schwieriger zu beurteilenden Fall, dass je nach Sachlage unionsrechtswidrige Anwendungsfälle produziert werden, zu fordern, dass der Gesetzgeber eine ausdifferenzierte Regelung trifft. Das Unionsrecht gebietet eine vollumfängliche Vereinbarkeit mit nationalem Recht. Eine grundsätzlich konforme Norm kann den Pflichtverstoß nicht abmildern solange – mag es auch nur in wenigen Fällen sein – eine Unvereinbarkeit mit dem Unionsrecht entstehen kann.[715] Auch das nationale Rechtsstaatsprinzip fordert eine klare gesetzliche Regelung. Freilich mag es in diesen Fällen bei hochkomplexen Sachverhalten Grenzen geben. Ein Mindestmaß an Ausdifferenzierung darf aber erwartet werden.

f) Amtspflichtverletzung durch fehlerhafte Umsetzung von Richtlinien

aa) Spezifika der Richtlinie

Auch bei einer fehlerhaften Umsetzung von Richtlinien verletzt der Gesetzgeber unionale Verpflichtungen. Aus Art. 288 Abs. 2 AEUV in Verbindung mit dem effet utile ist der Mitgliedsstaat verpflichtet, Richtlinien nach Ablauf der Umsetzungsfrist in das nationale Recht zu integrieren.[716] Diese Verpflichtung bezieht sich nicht nur auf den Erlass eines Umsetzungsgesetzes, sondern auch auf die Anpassung schon bestehenden nationalen Rechts an das neue Richtlinienrecht.[717] Die europarechtliche Umsetzungsverpflichtung trifft aber nicht nur die Legislative, sondern auch die Judikative in Form richtlinienkonformer Auslegung. Richtlinienumsetzung erfolgt durch ein Duett beider Staatsgewalten. Es muss daher näher untersucht werden, inwieweit eine Pflichtverletzung des Gesetzgebers besteht, wenn das Unionsrecht auch durch richtlinienkonforme Auslegung in der nationalstaatlichen Rechtsord-

---

714 *Herresthal*, Rechtsfortbildung im europarechtlichen Bezugsrahmen, 2006, S. 323 sieht einen möglichen Konflikt mit Art. 2 I GG, die Aufrechterhaltung der Norm könnte eine willkürliche Differenzierung darstellen.

715 Vgl. *Jacob/Kottmann* in: Grabitz/Hilf/Nettesheim (Hrsg.), EUV/AEUV, Bd III, 57. EGL 2015, Art. 340 AEUV Rn. 163 f.

716 *Lembach*, Grundlagen und Ausgestaltung gemeinschaftsrechtlicher Staatshaftung, 2003, S. 152.

717 EuGH v. 10.04.1984, Rs. 14/1983, Slg. 1984, 1891, Rn. 26; EuGH v. 04.07.2006, Rs. C-212/04, Slg. 2006, I – 6057, Rn. 108.

nung Wirkung entfalten kann. Maßgebend zur Beurteilung ist das vom EuGH entwickelte Transparenzgebot.[718] Dabei handelt es sich nicht um eine unionale Besonderheit, sondern auch verfassungsrechtlich verbürgt das Rechtsstaatsprinzip ein Gebot der Normklarheit.[719]

bb) Transparenzgebot

Die Umsetzung des Unionsrechts muss dem Gebot der Rechtssicherheit Genüge tun.[720] „Nach der Rechtsprechung des Gerichtshofes([721]) verlangt die Umsetzung einer Richtlinie in innerstaatliches Recht nicht notwendigerweise, daß ihre Bestimmungen förmlich und wörtlich in einer ausdrücklichen besonderen Gesetzesvorschrift wiedergegeben werden; je nach dem Inhalt der Richtlinie kann ein allgemeiner rechtlicher Rahmen genügen, wenn er tatsächlich die vollständige Anwendung der Richtlinie in so klarer und bestimmter Weise gewährleistet, daß – soweit die Richtlinie Ansprüche des einzelnen begründen soll – die Begünstigten in der Lage sind, von allen ihren Rechten Kenntnis zu erlangen und diese gegebenenfalls vor den nationalen Gerichten geltend zu machen."[722] Zumindest die völlige Untätigkeit des nationalen Gesetzgebers bei einem ausdrücklichen Rechtsetzungsauftrag und offensichtlicher Unzulänglichkeit der nationalen Regelungslage stellt einen unionalen Pflichtverstoß dar.[723]

Die Umsetzung einer Richtlinie kann daher nicht stets durch richtlinienkonforme Auslegung erfolgen,[724] sodass eine grundsätzliche Exkulpationsmöglichkeit des

---

718 Zum Transparenzgebot *Weber*, Grenzen EU-rechtskonformer Auslegung und Rechtsfortbildung, 2010, S. 149 ff.; sowie umfassend *Herrmann*, Richtlinienumsetzung durch die Rechtsprechung, 2003, S. 207 ff.

719 *Grzeszick*, in: Maunz/Dürig (Begr.), Grundgesetz, Bd III, 75. EGL 2015, Art. 20 VII. Rn. 21 ff.

720 Vgl. aus der Rechtsprechung z. B. EuGH v. 13.03.1997, Rs. C-197/96, Slg. 1997, I – 1489, Rn. 14, 15; EuGH v. 04.12.1997, Rs. C-207/96, Slg. 1997, I – 6869, Rn. 26.

721 Hinweis auf die Rechtsprechung in EuGH v. 28.02.1991, Rs. C-131/88, Slg. 1991, I – 825 ff.

722 Beispielhaft EuGH v. 30.05.1991, Rs. 361/88, Slg. 1991, I – 2567, Rn. 15. Es werden Zweifel an der Übertragbarkeit der Bestimmtheit- und Klarheitsanforderungen auf zivilrechtliche Rechtsverhältnisse vorgebracht. Die Anforderungen seien im Zusammenhang mit öffentlich-rechtlichen Normen entwickelt worden, im Ergebnis aber eine Übertragung befürwortend mit einem weniger strengen Maßstab s. *Herrmann*, Richtlinienumsetzung durch die Rechtsprechung, 2003, S. 237 ff. Allerdings hat der EuGH mittlerweile diese Anforderungen auch bei zivilrechtlichen Richtlinien gestellt.

723 *Jacob/Kottmann* i n: Grabitz/Hilf/Nettesheim (Hrsg.), EUV/AEUV, Bd III, 57. EGL 2015, Art. 340 AEUV Rn. 164 mit Hinweis auf EuGH v. 08.10.1996, Rs. C-178/94 u. a., Slg. 1996, I – 4845, Rn. 29 in Bezug auf einen qualifizierten Rechtsverstoß, der eine Haftung des Mitgliedsstaates auslöst.

724 So *Schinkels*, JZ 2011, 394 (395 f.); a.A. *Freitag*, EuR 2009, 796 (800). S. bzgl. Stellungsnahmen von Generalanwälten zur Frage, ob eine höchstrichterliche Recht-

Gesetzgebers bezüglich seiner unterlassenen Umsetzung nicht besteht. Der EuGH bestätigt auch explizit, dass „eine etwa bestehende nationale Rechtsprechung, die innerstaatliche Rechtsvorschriften in einem Sinn auslegt, der als den Anforderungen einer Richtlinie entsprechend angesehen wird, nicht die Klarheit und Bestimmtheit aufweisen kann, die notwendig sind, um dem Erfordernis der Rechtssicherheit zu genügen.".[725] Daher ist zwar methodisch eine Auslegung im Sinne der Richtlinie oftmals möglich, aber der europäischen Verpflichtung wird dadurch nicht im vollen Umfang nachgekommen.

Gegen die Transparenzanforderungen wurde von nationalstaatlicher Regierungsseite vorgebracht, dass eine solche Verpflichtung nicht bestehen könne, da das von der Richtlinie verfolgte Ziel bereits im nationalen Recht verwirklicht worden sei.[726] Der Gerichtshof erwiderte jedoch, dass das Ziel von individualrechtsverleihenden Richtlinien nur umgesetzt werde, wenn der Begünstigte von seinem Recht Kenntnis erlangen könne. Nur im Falle der Kenntniserlangung könne er seine Rechte notfalls gerichtlich durchsetzen.[727] Aus der Richtlinie fließende Rechte Privater müssen in einer klaren und eindeutig formulierten Art umgesetzt werden.[728]

Aber nicht nur aus dieser subjektivrechtlichen Perspektive ist eine Kenntnis des Begünstigten relevant. Auch das Prinzip der vollen Wirksamkeit des Unionsrechts erfordert die Kenntnis des Begünstigten, da dieser nur so als „Wächter" für das Unionsrecht tätig werden kann und dem Europarecht zu seiner Geltung verhilft.

Es kann auch nicht mit durchgreifender Wirkung eingewandt werden, dass die Wahl der zur Zielerreichung erforderlichen Mittel grundsätzlich den ausführenden mitgliedsstaatlichen Stellen überlassen ist. Dabei sind sie an den Grundsatz der praktischen Wirksamkeit, effet utile, gebunden und müssen diejenigen Maßnahmen ergreifen, welche das Richtlinienziel am besten realisieren[729], um das Gebot der Rechtssicherheit und Normklarheit zu achten.[730]

---

sprechung der Umsetzungsverpflichtung im hinreichenden Maße nachkommt: *Herrmann*, Richtlinienumsetzung durch die Rechtsprechung, 2003, S. 220 ff.

725 EuGH v. 10.05.2001, Rs. C-144/99, Slg. 2001, I – 3541, Rn. 21. S. bezgl. der Ansichten in der Literatur zu dieser Rechtsprechung: *Herrmann*, Richtlinienumsetzung durch die Rechtsprechung, 2003, S. 218 f.; vgl. auch EuGH v. 10.05.2007, Rs. C-508/04, Slg. 2007, I – 3787, Rn. 79; EuGH v. 03.03.2011, Rs. C-50/09, Slg. 2011, I – 873, Rn. 46 f.

726 S. zum Vorbringen EuGH v. 10.05.2001, Rs. C-144/99, Slg. 2001, I – 3541, Rn. 16.

727 EuGH v. 10.05.2001, Rs. C-144/99, Slg. 2001, I – 3541, Rn. 17 unter Hinweis auf EuGH v. 23.03.1995, Rs. C-365/93 Slg. 1995, I – 499, Rn. 9.

728 EuGH v. 21.06.1988, Rs. 257/86, Slg. 1988, 3249, Rn. 12; EuGH v. 28.02.1991, Rs. 360/87, Slg. 1991, I – 791, Rn. 12; EuGH v. 20.05.1992, Rs. 190/90, Slg. 1992, I – 3265, Rn. 17; EuGH v. 15.06.1995, Rs. C-220/94, Slg. 1995, I – 1589, Rn. 10; EuGH v. 13.02.1996, Rs. C-143/93, Slg. 1996, I – 431, Rn. 27; EuGH v. 18.01.2001, Rs. C-162/99, Slg. 2001, I – 541, Rn. 22; s. auch *Herdegen*, WM 2005, 1921 (1927 f.); *Jarass/Beljin*, NVwZ 2004, 1 (8).

729 St. Rsp. s. EuGH v. 08.04.1976, Rs. 48/75, Slg. 1976, 497, Rn. 69/73.

730 EuGH v. 01.03.1983, Rs. 300/81, Slg. 1983, 449, Rn. 10.

Von einer ausdrücklichen gesetzlichen Umsetzung kann laut Gerichtshof nur abgesehen werden, wenn bereits die bestehenden nationalen Regelungen eine klare und bestimmte Umsetzung ermöglichen.[731] Wenn sich der unionsrechtliche Inhalt nicht mit hinreichender Klarheit aus der nationalen Norm ableiten lässt, wird der Umsetzungsverpflichtung durch richtlinienkonforme Auslegung nicht Genüge getan.[732] Die Auslegung schützt den Staat nur vor etwaigen Schadenersatzansprüchen der Richtlinienbegünstigten nach den Grundsätzen der *Francovich*-Rechtsprechung (dazu oben schon unter Teil 1, Kapitel 3, II., 2., c), cc)).[733]

Im Schrifttum wird die Rechtsprechungslinie des EuGH teils begrüßt unter Hinweis auf das Bestimmtheitsgebot und die fehlende formale Präjudizienbindung der Rechtsprechung.[734] Andererseits wird aber auch eingewandt, dass eine Kontinuität und Integrität der Rechtsprechung bestehe, die ein hinreichendes Maß an Klarheit sichere, insbesondere Generalklauseln werden durch den Richter konkretisiert. Es sei die spezifische Aufgabe der Judikative Rechtsnormen zu konkretisieren. Schon aus Effektivitätsgesichtspunkten sei eine stetige detaillierte Umsetzung durch die Legislative abzulehnen.[735]

Es ist jedoch festzuhalten, dass auch die Legislative gegen unionale Verpflichtungen verstoßen kann, obwohl die Richtlinie bereits richtlinienkonform ausgelegt wurde. Insbesondere bei einer Konformauslegung unbestimmter Rechtsbegriffe und Generalklauseln wird eine richtlinienkonforme Auslegung zur Umsetzung am Transparenzgebot scheitern.[736] Dies gilt vor allem bei detaillierten Richtlinienbestimmungen, die der Begründung von Individualrechten dienen[737] – speziell im Bereich des Verbraucherschutzes[738] als auch bei Gewährungen von Rechten an Unionsbürger aus anderen Mitgliedsstaaten.[739]

---

731 EuGH v. 30.05.1991, Rs. 361/88, Slg. 1991, I – 2567, Rn. 15.

732 *Herdegen*, WM 2005, 1921 (1927); *Nettesheim*, AöR 119 (1994), 261 (283 f.); *Weber*, Grenzen EU-rechtskonformer Auslegung und Rechtsfortbildung, 2010, S. 150; ausführlicher *Herrmann*, Richtlinienumsetzung durch die Rechtsprechung, 2003, S. 209 ff.

733 *Weber*, Grenzen EU-rechtskonformer Auslegung und Rechtsfortbildung, 2010, S. 151.

734 Dazu ausführlich *Herrmann*, Richtlinienumsetzung durch die Rechtsprechung, 2003, S. 223 f.

735 S. näher dazu *Herrmann*, Richtlinienumsetzung durch die Rechtsprechung, 2003, S. 224 ff. Daher wird auch vorgeschlagen, dass stets eine Umsetzung durch Richterrecht zuzulassen sei, wenn dies im Wege methodischer Auslegung möglich sei.

736 Vgl. EuGH v. 23.05.1985, Rs. 29/84, Slg. 1985, 1661, Rn. 28; EuGH v. 28.02.1991, Rs. 131/88, Slg. 1991, I – 825, Rn. 19. Siehe dazu *Gellermann*, Beeinflussung des bundesdeutschen Rechts durch Richtlinien der EG, S. 27 ff. Zur Vorsicht mahnend bei unbestimmten Rechtsbegriffen und Generalklauseln *Leible*, EuZW 2001, 438 (438 f.).

737 *Herrmann*, Richtlinienumsetzung durch die Rechtsprechung, 2003, S. 211.

738 EuGH v. 07.05.2002, Rs. C-478/99, Slg. 2002, I – 4147, Rn. 18.

739 EuGH v. 10.05.2001, Rs. C-144/99, Slg. 2001, I – 3541, Rn. 18.

Es scheint in diesem Zusammenhang bereits einiges dafür zu sprechen, dass eine nationale Norm, die sowohl unionsrechtskonforme als auch unionsrechtskonträre Auslegungsalternativen ermöglicht, als nicht hinreichender Umsetzungsakt anzusehen ist.[740]

Das Transparenzgebot wird damit bei richterlicher Rechtsfortbildung über den Wortlaut der Norm hinaus stets seine Wirkung entfalten. Der Wortlaut ist für den Bürger das einzig greifbare Kriterium, um den Norminhalt zu erfassen. Bei einer Abkehr vom Wortsinn vermag der Normadressat seine Rechte nicht mehr zu erkennen.[741] Auch der Gesetzgeber erkannte, dass durch die *Quelle*-Nachfolgeentscheidung[742] der Regelungsgehalt des § 439 Abs. 4 BGB a.F. für den Bürger nicht mehr klar erkennbar war, und goss die teleologische Reduktion in Gesetzesform, § 474 Abs. 5 BGB n.F. (zum Fall Teil 1, Kapitel 2, IV, 1.).

Ein explizites und vollumfängliches Umsetzungsgebot durch den Gesetzgeber besteht im Bereich von strafrechtlichen Bestimmungen. Eine richtlinienkonforme Auslegung scheidet vollständig aus (dazu oben unter Teil 1, Kapitel 3, II., 2., c), bb)).

cc) Fehlerhafte Richtlinienumsetzung und Unterlassen

Auch im Zusammenhang mit fehlerhafter Richtlinienumsetzung ergibt sich wieder die Sonderkonstellation einer Anknüpfung an gesetzgeberisches Unterlassen. Für die Annahme einer Amtspflichtverletzung bedarf es einer Rechtspflicht zum Erlass eines Gesetzes. Ein Verstoß gegen eine solche Rechtspflicht erfordert nicht, dass der Erlass eines Gesetzes mit einem ganz bestimmten Inhalt geboten war, sondern es ist bereits ausreichend, wenn der Gesetzgeber überhaupt ein Gesetz erlassen musste, also eine Pflicht zum Handeln bestand. Diese Handlungspflicht in Form eines Gebots zur Umsetzung von Richtlinien ergibt sich aus dem Unionsrecht. Ergreift der Gesetzgeber also keinerlei Umsetzungsmaßnahmen zur Integration einer Richtlinie in das nationale Recht, verletzt er grundsätzlich – es sei denn, dass nationale Recht ist bereits mit dem Richtlinienrecht im Einklang – seine unionsrechtliche Handlungsobliegenheit. Das Europarecht lässt dem Gesetzgeber bezüglich des „ob“ einer Richtlinienumsetzung keinen Gestaltungsspielraum. Eine vollständig unterlassene Richtlinienumsetzung stellt also eine Amtspflichtverletzung dar.[743]

Aber auch bei einer fehlerhaft erfolgten Umsetzung der Richtlinie ergibt sich keine andere Bewertung. Im Zusammenhang mit dem Transparenzgebot knüpft die Pflichtverletzung nicht an die inhaltliche Umsetzung der Richtlinie – bei der

---

740 Vgl. EuGH v. 09.12.2003, Rs. C-129/00, Slg. 2003, I – 14637, Rn. 32 f., allerdings nicht in Bezug auf eine Richtlinie.

741 In der Entscheidung EuGH v. 19.09.1996, Rs. C-236/95, Slg. 1996, I – 4459, Rn. 14 wurde den Anforderungen an die Rechtssicherheit nicht Genüge getan, angesichts des Wortlautes der richterlich ausgelegten Norm. Vgl. auch *Herdegen*, WM 2005, 1921 (1926 f.).

742 BGHZ 179, 27 ff.

743 S. etwa *Detterbeck*, VerwArch 85 (1994), 160 (163 f.).

ein Gestaltungsspielraum des Gesetzgebers besteht – an, sondern ebenfalls an eine Pflicht zum Handeln. Selbst ein bestehender Gestaltungsfreiraum bei der Wahl der Umsetzungsmaßnahmen wird unionsrechtlich überformt. Das Unionsrecht konkretisiert die Transparenzpflicht in einem hinreichenden Maße, letztverbindlich durch den EuGH. Dem Mitgliedsstaat verbleibt keine Entscheidungskompetenz. Daher besteht eine konkrete Rechtspflicht zum Handeln. Damit ist eine Amtspflichtverletzung des Gesetzgebers auch bei fehlerhafter Richtlinienumsetzung möglich.[744]

dd) Verfassungsrechtliche Anknüpfung

Die Amtspflichtverletzung leitet sich nicht nur aus dem unionalen Gebot der Transparenz ab, sondern auch aus der Verfassung. Ebenso fordern das nationale Rechtsstaatsprinzip und die Grundrechte Normklarheit und Beachtung von Vertrauensschutz (dazu oben unter Teil 1, Kapitel 1, II., 1.). Zwar ist eine richterliche Rechtsfortbildung und damit der unmittelbar schadensauslösende Bedeutungswandel der Norm verfassungsrechtlich zulässig, den Gesetzgeber trifft aber dennoch die Pflicht, seine Gesetzgebungsaufgabe nicht auf die Rechtsprechung abzuwälzen. Im unional überformten Rahmen besteht keine vergleichbare Notwendigkeit auf das Institut der Rechtsfortbildung durch den Richter als „Notnagel" zurückzugreifen, da den Gesetzgeber klare unionale Handlungsverpflichtungen treffen. Es ist nicht gerechtfertigt den Bürger einer ungewissen Rechtslage auszusetzen, wenn die Möglichkeit einer Abhilfe besteht.

ee) Sonderfall Erlass richtlinienwidriger Gesetze

Des Weiteren kann der Gesetzgeber aber auch seine unionsrechtlichen Pflichten verletzen, indem er Gesetze erlässt, die mit den Zielen der Richtlinie kollidieren. Richtlinien nehmen zwar nicht am Anwendungsvorrang teil, aber dennoch besteht ein Verbot entgegenstehendes nationales Recht zu erlassen. Dies statuiert der EuGH sogar schon vor Ablauf der Umsetzungsfrist einer Richtlinie (Frustrationsverbot).[745]

g) Ergebnis

Als Fazit kann festgehalten werden, dass der Erlass eines bereits anfänglich unionsrechtswidrigen Gesetzes ebenso wie die unterlassene Aufhebung einer später mit dem Europarecht kollidierenden Norm, sowohl eine unionsrechtliche als auch eine verfassungsrechtliche Pflichtverletzung darstellen. Auch im Zusammenhang mit fehlerhafter Richtlinienumsetzung oder dem Erlass einer richtlinienwidrigen

---

744 Ausdrücklich ungeklärt, was dies für die *Francovich*-Haftung bedeutet *Rosenkranz*, Die Beschränkung der Rückwirkung von Entscheidungen des Europäischen Gerichtshofs, 2015, S. 503.

745 *Geismann*, in: von der Groeben/Schwarze/Hatje (Hrsg.), Europäisches Unionsrecht, Bd I, 7. Aufl. 2015, Art. 288 AEUV Rn. 43; *Streinz*, in. Streinz (Hrsg.), EUV/AEUV, 2. Aufl. 2012, Art 4 EUV Rn. 69.

Vorschrift treten Pflichtverstöße auf. Daher kommt ein Amtshaftungsanspruch grundsätzlich in Betracht. Ein Amtswalter hat in Ausübung eines ihm obliegenden öffentlichen Amtes Amtspflichten verletzt.

3. Drittgerichtetheit der Amtspflicht

a) Allgemeine Anforderungen

Ein Amtshaftungsanspruch kann nur bei der Verletzung einer drittbezogenen Amtspflicht ausgelöst werden.

Aus der Verletzung einer Rechtsnorm resultiert keine umfassende Haftung für alle daraus entstehenden Schäden, sondern nur für solche, die in einem spezifischen Zusammenhang zur Amtspflichtverletzung stehen. Dem liegt eine Differenzierung zwischen der Verantwortung für die Handlung und für deren Folgen zugrunde. Diesem Gedanken trägt im Zivilrecht die Normzwecklehre Rechnung. Das Kriterium des Drittbezuges hat eine solche parallele haftungsbegrenzende Funktion,[746] die den Ausschluss von entfernten Drittschäden ermöglicht.[747] Die Drittgerichtetheit führt faktisch zu einer normativen Selbstzurechnung durch den Staat.

Die Ermittlung des Drittbezuges erfolgt in Anlehnung an die Schutznormtheorie durch Bestimmung des Zwecks der Amtspflicht. Diese muss zumindest auch dem Schutz des Einzelnen zu dienen bestimmt sein.[748] Eine drittbezogene Amtspflicht liegt daher zumindest immer dann vor, wenn sich die Amtspflicht aus einer Rechtsnorm ableitet, die ein subjektives Recht gewährt.

b) Besonderheiten des legislativen Unrechts

aa) Tradierter Standpunkt der Rechtsprechung und älteren Literatur

Traditionell – insbesondere in der Rechtsprechung – wird gegen eine Haftung für legislatives Unrecht vorgebracht, es fehle an der Drittgerichtetheit der Amtspflicht mit Ausnahme von Maßnahmen- und Einzelfallgesetzen.[749]

---

746 Vgl. nur BGHZ 56, 40 (44).

747 *Ossenbühl/Cornils*, Staatshaftungsrecht, 6. Aufl. 2013, S. 60 f.; v. *Danwitz*, in: v. Mangoldt/Klein/Starck (Hrsg.), GG, Bd 2, 6. Aufl. 2010, Art. 34 Rn. 80; *Gurlitz*, in: v. Münch/Kunig (Hrsg.), Grundgesetz-Kommentar, Bd 1, 6. Aufl. 2012, Art. 34 Rn. 24. S. zur Entstehungsgeschichte auch *Hartmann*, VerwArch 98 (2007), 500 (509 ff.).

748 Vgl. etwa BGHZ 63, 35 (38 f.); 65, 196 (198 f.); 69, 128 (136); 74, 144 (146 f.); 89, 1 (5 ff.); 90, 310 (311 f.); 93, 87 (91 f.); 106, 323 (331 ff.); 110, 1 (8 f.); 137, 11 (15 f.); 140, 380 (382); 182, 370 (374 f.); *Papier*, in: Rixecker/Säcker (Hrsg.), Münchener Kommentar zum Bürgerlichen Gesetzbuch, Bd 6, 6. Aufl. 2013, § 839 Rn. 228 ff.; *Papier*, in: Maunz/Dürig (Begr.), Grundgesetz, Bd IV, 75. EGL 2015, Art. 34 Rn. 180. Bzgl. normativen Unrechts: BGHZ 56, 40 (45 f.); 84, 292 (299 ff.).

749 Ausführlich zum Merkmal Drittbezug auch: *Albers*, Die Haftung der Bundesrepublik Deutschland für die Nichtumsetzung von EG-Richtlinien, 1995, S. 174 ff.; Gesetzgebung stelle nur eine Aufgabe gegenüber der Allgemeinheit dar: BGH WM

Das Erfordernis der Drittgerichtetheit der Amtspflicht sei ein haftungsbegrenzendes Element der Amtshaftung.[750] § 839 BGB ermögliche als deliktsrechtliche Regelung grundsätzlich nur den Ersatz des unmittelbaren Schadens.[751] Der Amtshaftungstatbestand fordere somit eine „individualisierte Beziehung“[752] zwischen Schädiger und Geschädigten, die durch die Drittgerichtetheit der Amtspflicht sichergestellt werde. Amtspflichten dienen primär dem Interesse der Allgemeinheit an einem funktionierenden Staatswesen[753] und nur solche, die diese besondere Verbindung aufweisen, können eine Haftung auslösen. Eine pflichtwidrige Amtsausübung könne zwar außenstehende Personen in ihren Rechten beeinträchtigen, dieser Schaden sei aber nicht mit dem Amtshaftungsanspruch ersatzfähig.[754] Der Drittbezug der Amtspflicht sei durch Bestimmung des Zwecks der Amtspflicht zu ermitteln, ob diese gegenüber dem konkret Geschädigten bestünde und zumindest auch dem Schutz dieses Einzelnen zu dienen bestimmt sei.[755]

Dem abstrakten und allgemeinen Charakter von Gesetzen müsse jedoch entnommen werden, dass der Gesetzgeber ausschließlich im Interesse der Allgemeinheit gesetzgeberisch tätig werde und nicht im Interesse des einzelnen Bürgers. Es könne daher niemals – mit Ausnahme von Maßnahmen- und Einzelfallgesetzen[756] – eine

1968, 544 (545). Mit dem Hinweis auch auf Einzelfallgesetze als Ausnahme: BGHZ 56, 40 (44 ff., insbes. 46); 84, 292 (300); 87, 321 (335); 102, 350 (367 f.); 134, 30 (32) sowie BGH WM 1973, 491 (497); BGH VersR 1975, 737 (738); BGH NJW 1989, 101 (101); BGH DVBl 1993, 718 (718). Zustimmend aus der Literatur: *Antoni*, in: Hömig/Wolff (Hrsg.), Grundgesetz für die Bundesrepublik Deutschland, 11. Aufl. 2016, Art. 34 Rn. 3; *Bryde*, in: *v. Münch/Kunig* (Hrsg.), Grundgesetz-Kommentar, Bd 1, 5. Aufl. 2000, Art. 34 Rn. 27; *Klein*, in: Soergel (Begr.), BGB, Bd 12, 13. Aufl. 2005, Anh. § 839 Rn. 318; *Pieper*, in: Schmidt-Bleibtreu/Hofmann/Henneke (Hrsg.), GG, 13. Aufl. 2014, Art. 34 Rn. 48; *Wienlmes*, in: Baldus/Grzeszick/Wienhues, Staatshaftungsrecht, 4. Aufl. 2013, Rn. 139; *Sprau*, in: Palandt (Begr.), Bürgerliches Gesetzbuch, 75. Aufl. 2016, § 839 Rn. 49.

750 Zur haftungsbegrenzenden Funktion: *Albers*, Die Haftung der Bundesrepublik Deutschland für die Nichtumsetzung von EG-Richtlinien, 1995, S. 196 f.

751 BGHZ 56, 40 (45); BGH NJW 1989, 101 (101 f.); BGHZ 182, 370 (374 f.).

752 *Ossenbühl/Cornils*, Staatshaftungsrecht, 6. Aufl. 2013, S. 106.

753 BGH NJW 1971, 1699 (1700).

754 St. Rsp. BGHZ 39, 358 (363); 65, 196 (202); 69, 128 (136); 74, 144 (146 f.); 89, 1 (5 f.); 90, 310 (311 f.); 93, 87 (91 f.); 106, 323 (331); 110, 1 (8 f.); 137, 11 (15 f.); 182, 370 (374 f.).

755 St. Rsp. BGHZ 63, 35 (38 f.); 65, 196 (198 f.); 69, 128 (136); 74, 144 (146 f.); 84, 292 (299); 89, 1 (5 f.); 90, 310 (311 f.); 93, 87 (91 f.); 106, 323 (331); 110, 1 (8 f.); 137, 11 (15 f.); 140, 380 (382); 182, 370 (374 f.).

756 Den generellen Drittbezug ohne jede Ausnahme ablehnend: *Mondry*, Die öffentlich-rechtliche Gefährdungshaftung in Frankreich, S. 165; *Schack*, MDR 53, 514 (515), später seine Ansicht ändernd *Schack*, NJW 1963, 1336 (1338); *Bender*, Staatshaftungsrecht, 2. Aufl. 1974, Rn. 652 ff. (insbes. 654). Wohl auch bei Einzelfallgesetzen zumindest kritisch *Häde*, BayVBl 1992, 449 (449). Zur Frage wann ein

drittbezogene Amtspflicht auf Erlass eines rechtmäßigen Gesetzes bestehen.[757] *Schack* sah zunächst über Einzelfall- und Maßnahmengesetze hinaus den Drittbezug auch bei Gesetzen gegeben, die Lebensverhältnisse eines eng begrenzten Personenkreises regeln.[758]

bb) Kritische Würdigung

(1) Verfehlter Anknüpfungspunkt

Diese Auslegung des Merkmals Drittbezogenheit ist aber höchst inkonsequent.[759]

Mit dem BGH liegt Drittbezug vor, wenn „sich aus den die Amtspflicht begründenden und sie umreißenden Bestimmungen und der besonderen Natur des Amtsgeschäftes ergibt, daß der Geschädigte zu dem Personenkreis zählt, dessen Belange nach dem Zweck und der rechtlichen Bestimmung des Amtsgeschäftes geschützt

---

Einzelfallgesetz vorliegt etwa *Albers*, Die Haftung der Bundesrepublik Deutschland für die Nichtumsetzung von EG-Richtlinien, 1995, S. 187 f.

757 *v. Danwitz*, in: v. Mangoldt/Klein/Starck (Hrsg.), GG, Bd 2, 6. Aufl. 2010, Art. 34 Rn. 112; *Dagtoglou*, in Kahl/Waldhoff/Walter (Hrsg.), Bonner Kommentar zum Grundgesetz, Bd 8, 175. EGL 2015, Art. 34 Rn. 432; *Detterbeck*, JA 1991, 7 (11); *Eckert*, Die Haftung des Staates bei nichtigen Gesetzen und Verordnungen, 1973, S. 87 ff.; *Jaenicke*, VVDStRL 20 (1963), 135 (149 f.); *Pfab*, Staatshaftung in Deutschland, 1997, S. 81 ff.; *Ossenbühl/Cornils*, Staatshaftungsrecht, 6. Aufl. 2013, S. 105 ff.; *Steinberg/Lubberger*, Aufopferung – Enteignung und Staatshaftung, 1991, S. 302; *Traving*, Die Staatshaftung nach Art. 34 GG und ihre Anwendbarkeit in Fällen rechtswidriger Gesetzesbeschlüsse durch Abgeordnete, 1956, S. 145 ff.; *Menger*, VerwArchiv 63 (1972), 81 (84 ff.); *Wöstmann*, in: Staudinger (Begr.), BGB, 15. Aufl. 2012, § 839 Rn. 178; *Boujong*, Staatshaftung für legislatives und normatives Unrecht in der neueren Rechtsprechung des Bundesgerichtshofes, in: Faller/Kirchhof/Träger (Hrsg.), Festschrift für Willi Geiger zum 80. Geburtstag, 1989, S. 433 (434 ff.); *Dagtoglou*, Ersatzpflicht des Staates bei legislativem Unrecht?, 1963, S. 38 ff.; *Medicus*, JZ 1988, 458 (458); *Spengler*, JZ 1954, 692 (693); *Achterberg*, Parlamentsrecht, 1984, § 26 S. 784, wendet sich auch ausdrücklich gegen die Grundrechtsargumentation; wohl auch *Rinne/Schlick*, NJW 2004, 1919 (1922 f.) dem BGH nicht widersprechend *Vahle*, DVP 2008, 221 (224).

758 *Schack*, MDR 1968, 186 (188); *ders.*, DÖV 1971, 446 (447), Abkehr wohl in NJW 1963, 1336 (1338).

759 So auch *Wroblewski*, Die Staatshaftung für legislatives Unrecht in Deutschland, 2005, S. 75 f.; *Bröhmer*, JuS 1997, 117 (123); *Hartmann*, Öffentliches Haftungsrecht, 2013, S. 173 f.; *Triantafyllou*, DÖV 1992, 564 (570); *Hösch*, DÖV 1999, 192 (197); *Langer*, NVwZ 1987, 195 (197); *Kosmider*, Staatshaftung für Satzungsunrecht, 1983, S. 78 f.; *Hermes*, Verw 31 (1998), 371 (394 f.); *Leisner-Egensperger*, DÖV 2004, 65 (72); *Höfling*, VVDStRL 61 (2002), 260 (276); vom Ansatz her auch *Speiser*, Ersatzpflicht des Staates bei unmittelbaren Eingriffen durch verfassungswidrige Gesetze, 1974, S. 100 ff. sowie *Forsthoff*, BB 1960, 1135 (1138); *Hartmann*, VerwArch 98 (2007), 500 (509 f.); *Schoch*, Verw 34 (2001), 261 (281); *Wieland*, in: Dreier (Hrsg.), Grundgesetz Kommentar, Bd II, 3. Aufl. 2015, Art. 34 Rn. 49 f.

und gefördert werden sollen“[760]. In konsequenter Übertragung dieser Voraussetzungen auf Legislativfälle müsste der BGH auf den Schutzzweck von Art. 20 Abs. 3 GG sowie Art. 1 Abs. 3 GG abstellen, weil sich aus diesen die Amtspflicht zum verfassungskonformen Handeln ergibt. Der BGH stellt stattdessen auf den Charakter der angegriffenen Maßnahme, Gesetze, ab. § 839 BGB verlangt hingegen aber die Drittbezogenheit der Amtspflicht und nicht der schädigenden Maßnahme.[761]

(2) Begründung anhand einer Grundrechtsverletzung

Wenn der Fokus der Betrachtung dogmatisch zwingend auf der Amtspflicht liegt, ergibt sich eine anderweitige Beurteilung. Die Amtspflicht grundrechtlich geschützte Rechtspositionen zu wahren, Art. 1 Abs. 3 GG, weist Drittbezug aufgrund des subjektiv-rechtlichen Charakters der Grundrechte auf.[762] Die Grundrechte sind als subjektive Abwehrrechte des Bürgers gegen den Staat konzipiert.[763] Sie sind individuelle Rechte des Einzelnen, auch wenn der geschützte Personenkreis – im Vergleich zu vielen anderen einfachgesetzlich geregelten subjektiven Rechten – naturgemäß ausgeweitet ist. Der Erlass eines grundrechtswidrigen Gesetzes führt

---

760 Vgl. etwa BGHZ 56, 40 (45); 84, 292 (299).

761 Vgl. hierzu *Oldiges*, Der Staat 15 (1976), 381 (388 ff.); *Hartmann*, VerwArch 98 (2007), 500 (514).

762 So auch: *Papier*, Staatshaftung bei der Verletzung von Gemeinschaftsrecht, in: Rengeling (Hrsg.), Handbuch zum europäischen und deutschen Umweltrecht, Bd I, 2003, § 43 Rn. 33; *Hartmann/Thieben*, JA 2014, 401 (404); *Dohmold*, DÖV 1991, 152 (153); *Detterbeck/Windthorst/Sproll*, Staatshaftungsrecht, 2000, S. 156 ff.; *Haverkate*, NJW 1973, 441 (442 f.); *Gurlitz*, in: v. Münch/Kunig (Hrsg.), Grundgesetz-Kommentar, Bd 1, 6. Aufl. 2012, Art. 34 Rn. 27; *v. Arnim*, Die Haftung der Bundesrepublik Deutschland für das Investitionshilfegesetz, 1986, S. 44, 46 ff.; *Vonnahme*, Staatshaftung für Umweltschäden infolge normativen Unrechts, 1994, S. 92 ff. geht ausführlich auf die Grundrechte ein, ist aber kritisch. Nur bei schwerer und unerträglicher Betroffenheit könne aus den Grundrechten ein Drittbezug abgeleitet werden: *Oldiges* Der Staat 15 (1976), 381 (389 f.); *Scheuing*, Haftung für Gesetze, in: Rüttner (Hrsg.), Festschrift für Otto Bachof zum 70. Geburtstag, 1984, S. 343 (343, 357); *Schenke*, DVBl 1975, 121 (125 f.); *Schenke/Guttenberg*, DöV 1991, 945 (949 f.); *Fuss*, EuR 1978, 353 (358); *Herdegen*, Haftung der Europäischen Wirtschaftsgemeinschaft, 1983, S. 62 f.; *Papier*, in: Maunz/Dürig (Begr.), Grundgesetz, Bd IV, 75. EGL 2015, Art. 34 Rn. 195 ff.; *Papier*, in: Rixecker/Säcker (Hrsg.), Münchener Kommentar zum Bürgerlichen Gesetzbuch, Bd 6, 6. Aufl. 2013, § 839 Rn. 260 ff.; *Papier*. DVBl 1974, 573 (577); *Krüger*, ZBR, 1959, 407 (407); *Schmidt*, ZRP 1987, 345 (347); *Weber*, Staatshaftung für rechtswidrige Gesetzgebungsmaßnahmen, 1975, S. 54 f.; *Frings*, Amtshaftungsansprüche bei „Schein-Bebauungsplänen“, 1989, S. 56 f.; *Teschner*, Die Amtshaftung der Gemeinden nach rechtswidrigen Beschlüssen ihrer Kollegialorgane, 1990, S. 54; in diese Richtung wohl auch *Scholz*, NJW 1972, 1217 (1217 f.); *Schack*, DÖV 1963, 281 (286); *Dohnold*, DÖV 1991, 152 (152); *Ehlers*, JZ 1996, 776 (783).

763 S. nur BVerfGE 7, 198 (204).

zu einer Verletzung drittbezogener Amtspflichten.[764] Eine Haftung für legislatives Unrecht scheitert daher nicht an der grundsätzlich mangelnden Drittbezogenheit der Amtspflicht. Anderenfalls ließe sich mit der Argumentation des BGH auch eine Haftung für exekutivisches Unrecht ablehnen. Auch Verwaltungsbeamte dienen der Allgemeinheit, „dienen dem ganzen Volk" und sie haben „ihr Amt zum Wohl der Allgemeinheit zu führen“ (§ 33 Abs. 1 S. 1, 2 BeamtStG).[765] Mittlerweile hat aber bereits das Bundesverfassungsgericht die grundsätzliche Möglichkeit, dass der Gesetzgeber im Falle legislativen Unterlassens drittbezogene Amtspflichten verletzen könnte, angesprochen.[766]

Hochgürtel verweist zwar auch zur Ermittlung der Drittbezogenheit auf den Charakter der Amtspflicht, gelangt jedoch zu einem gegenteiligen Ergebnis. Die Amtspflicht zum Erlass rechtmäßiger Gesetze leitet er nicht aus den Grundrechten ab, sondern aus dem Rechtsstaatsprinzip, Art. 20 Abs. 3 GG. Das Rechtsstaatsprinzip enthalte grundsätzlich nur ein objektiv-rechtliches Prinzip und keine subjektiven Rechte, sodass im Ergebnis der Drittbezug der Amtspflicht zum Erlass verfassungskonformer Gesetze abzulehnen sei – selbst für Einzelfall- und Maßnahmengesetze.[767] Die Pflicht zur Beachtung der Grundrechte mag sich auch objektiv-rechtlich aus der rechtsstaatlichen Bindung des Gesetzgebers ergeben, erschöpft sich jedoch nicht hierin. Art. 1 Abs. 3 GG bindet ausdrücklich den Gesetzgeber an die Grundrechte. Eine allein objektivrechtliche Fundierung der Bindung wird dem subjektivrechtlichen Charakter der Grundrechte als Abwehrrecht gegen den Staat nicht gerecht. Der Drittbezug bei Legislativakten kann daher nicht mit der Fundierung der Amtspflicht auf dem Rechtsstaatsprinzip abgelehnt werden.

Der BGH hingegen sieht aber nicht in jeder Missachtung – wie beim administrativen Unrecht – eines subjektiven öffentlichen Rechts eine Verletzung einer drittbezogenen Amtspflicht. Nicht jeder Grundrechtsverstoß sei ausreichend. Es bedürfe eines überschaubaren und individuell begrenzten Personenkreises.[768] Art. 2 Abs. 1 GG führe zu einer generellen Bejahung des Drittbezuges und damit zu einem Abkommen von der haftungsbegrenzenden Funktion des Merkmales. Aber auch die Betroffenheit des Art. 12 GG löse keinen Drittbezug aufgrund der gleichmäßigen Belastung aller Normadressaten aus.[769]

Noch weiter scheint *Vonnahme* zu gehen, indem er den grundrechtlichen Argumentationsansatz kritisch hinterfragt und nur bei schweren und unerträglichen

764 Vgl. bereits BGH v. 30.11.1953, III ZR 275/52, S. 16 Rn. 29 und BGH NJW 1989, 101 (101 f.) mit Ablehnung der Argumentation aus den Grundrechten.

765 *Langner*, NVwZ 1987, 195 (197) mit Hinweis auf *Schenke*, DVBl 1975, 121 (125 f.).

766 BVerfG(K) NVwZ-RR 2007, 266 (268) ebenfalls aus der Rechtsprechung in Betracht ziehend OLG Köln NJW 1986, 589 (591).

767 *Hochgürtel*, Die staatliche Haftung für rechtswidrig getätigte und unterlassene Normsetzung, 2000, S. 57 ff.

768 BGH NJW 1989, 101 (101 f.); BayObLG NJW 1997, 1541 (1515).

769 BGH NJW 1989, 101 (101 f.).

Beeinträchtigungen einen Drittbezug ableitet.[770] In diese Richtung geht auch der Vorschlag, die Drittbezogenheit der Amtspflicht auf Fälle eines evidenten Verfassungsverstoßes mittels teleologischer Reduktion zu beschränken.[771]

Eine ebenfalls vorgeschlagene Beschränkung des Drittbezuges auf materielle Verfassungsverstöße[772] verkennt den subjektivrechtlichen Charakter der Grundrechte und auch die Funktion des Art. 2 Abs. 1 GG im Verfassungsgefüge.[773] Getragen sind diese Gedanken von dem Bestreben nach einer Haftungsbeschränkung und damit dem Schutz vor einer übermäßigen Belastung des Staatshaushaltes. Argumentativ wird in Anlehnung an das Fehlerfolgenrecht im Verwaltungsrecht – § 46 VwVfG – angeführt, dass der Betroffene den materiell-rechtlichen Gehalt der Rechtsnorm hätte dulden müssen.[774]

Es ist dogmatisch inkonsequent, nach dem Drittbezug der Amtspflicht „Beachtung von Verfahrens- und Zuständigkeitsvorschriften" zu fragen und mit der Argumentation abzulehnen, dass der Zweck der Amtspflicht im ersten Fall nur den Ablauf eines ordentlichen Gesetzgebungsverfahrens sichern soll, oder im zweiten Fall den Kompetenzbereich der Körperschaften wahren und die bundesstaatliche Ordnung sichern soll.[775] Dies missachtet, dass ein formell verfassungswidriges Gesetz keinen Eingriff in ein Grundrecht rechtfertigen kann und damit eine Grundrechtsverletzung auslöst. Die Pflicht zur Beachtung der Grundrechte wird also auch

770 *Vonnahme*, Staatshaftung für Umweltschäden infolge normativen Unrechts, 1994, S. 92 ff.

771 *Kleinert/Podewils*, BB 2008, 2329 (2331).

772 So etwa *Wunderlich*, Die Rechtsprechung des Bundesverfassungsgerichts zur Eigentumsgarantie und ihre Auswirkungen auf die Staatshaftung für legislatives Unrecht, 1994, S. 156 f.; einschränkend auch *Windhorst*, JuS 1995, 892 (895); *Haverkate*, ZRP 1977, 33 (37). Der Entscheidung des OLG Freiburg MDR 1953, 564 (565), kann kein Hinweis entnommen werden. Die Ausführungen beziehen sich auf den Amtshaftungsanspruch und zudem erging die Entscheidung vor dem *Elfes*-Urteil des BVerfG, sodass formelle Verfassungswidrigkeit des Gesetzes noch nicht als Grundrechtseingriff aufgefasst wurde.

773 Eine Haftung auch bei formellen Verfassungsverstößen befürwortend: *Scheuing*, Haftung für Gesetze, in: Rüttner (Hrsg.), Festschrift für Otto Bachof zum 70. Geburtstag, 1984, S. 343 (357 in Fn. 58); *Speiser*, Ersatzpflicht des Staates bei unmittelbaren Eingriffen durch verfassungswidrige Gesetze, 1974, S. 103 ff.; *Dagtoglou*, Ersatzpflicht des Staates bei legislativem Unrecht, 1963, S. 40 ff., erkennt die Möglichkeit eines Drittbezuges auch bei formellen Verstößen an; *Fetzer*, Die Haftung des Staates für legislatives Unrecht, 1994, S. 93 ff. (insbes. 94 f.); *Weber*, Staatshaftung für rechtswidrige Gesetzgebungsmaßnahmen, 1975, S. 55 f.

774 So *Haverkate*, ZRP 1977, 33 (37); ablehnend *Scheuing*, Haftung für Gesetze, in: Rüttner (Hrsg.), Festschrift für Otto Bachof zum 70. Geburtstag, 1984, S. 343 (357 in Fn. 58).

775 *Wunderlich*, Die Rechtsprechung des Bundesverfassungsgerichts zur Eigentumsgarantie und ihre Auswirkungen auf die Staatshaftung für legislatives Unrecht, 1994, S. 155 ff. (insbes. 157).

durch einen formellen Verfassungsverstoß verletzt. Die Amtspflicht der Wahrung der Grundrechte hat stets drittschützenden Charakter.[776]

Bezüglich der Argumentation, dass über das Einfallstor des Art. 2 Abs. 1 GG jeder formelle Verfassungsverstoß gerügt werden könne,[777] sei darauf verwiesen, dass diese Versubjektivierung von der Verfassung vorgesehen ist.[778] Über Art. 2 Abs. 1 GG können auch Verletzungen formellen Verfassungsrechts gerügt werden, die nicht zugleich einen Eingriff in den Schutzbereich eines speziellen Grundrechtes darstellen. Eine Norm, welche gegen Verfassungsrecht verstößt, ist nicht Bestandteil der verfassungsmäßigen Ordnung und damit verfassungswidrig. Der drittschützende Charakter der Grundrechte ist nicht nur auf materielle Verstöße gegen spezielle Grundrechte beschränkt, sondern allumfassend.[779]

Die Behauptungen *v. Arnims* bezüglich der Rechtsprechung des BGH im Bereich legislativen Unrechts sind widerlegbar. Sowohl die Schlussfolgerung, dass nur ein Grundrechtsverstoß den Drittbezug einer Amtspflicht auslösen könne, als auch die Behauptung der Senat habe noch keinen solchen Fall zu entscheiden gehabt, sind nicht belegbar. Sie basieren auf der ersten Grundsatzentscheidung des BGH im Bereich der Drittbezogenheit bei legislativem Unrecht aus dem Jahre 1971.[780] Der Senat hatte über einen Amtshaftungsanspruch im Falle gesetzgeberischen Unterlassens bezüglich einer Rechtsverordnung zu entscheiden. In der Sachverhaltskonstellation lag keine Grundrechtsverletzung von Art. 14 GG vor.[781] *V. Arnim* vermag daraus zu erkennen, dass der Senat 1971 keinerlei Veranlassung hatte, die Folgen einer Grundrechtsverletzung für den Amtshaftungsanspruch näher zu hinterfragen: „Wenn der Gesetzgeber sich aber innerhalb der Grenzen der Verfassung, insbesondere der Grundrechte, hält, nimmt er ‚in der Regel ausschließlich Aufgaben gegenüber der Allgemeinheit wahr'." In den Folgeentscheidungen habe der BGH ebenfalls noch nie eine Entscheidung in einem Fall treffen müssen, bei dem eine Grundrechtsverletzung vorlag.[782]

---

776 *Scheuing*, Haftung für Gesetze, in: Rüttner (Hrsg.), Festschrift für Otto Bachof zum 70. Geburtstag, 1984, S. 343 (357 in Fn. 58).

777 *Boujong*, Staatshaftung für legislatives und normatives Unrecht in der neueren Rechtsprechung des Bundesgerichtshofes, in: Faller/Kirchhof/Träger (Hrsg.), Festschrift für Willi Geiger zum 80. Geburtstag, 1989, S. 430 (433); BGH NJW 1989, 101 (102).

778 S. schon BVerfGE 6, 32 (41); *Haverkate* anerkennt dies, möchte aber dennoch eine Unterscheidung vornehmen, zumindest im Bereich des Sekundärrechts, ZRP 1977, 33 (36 f.).

779 *Scheuing*, Haftung für Gesetze, in: Rüttner (Hrsg.), Festschrift für Otto Bachof zum 70. Geburtstag, 1984, S. 343 (357 in Fn. 58).

780 BGHZ 56, 40 (44 ff.).

781 So der BGH bei der Prüfung eines Anspruches aus enteignungsgleichem Eingriff BGHZ 56, 40 (44 ff., insbes. 46).

782 *v. Arnim*, Die Haftung der Bundesrepublik Deutschland für das Investitionshilfegesetz, 1986, S. 45 f.

Dogmatisch ist das Abstellen auf den Grundrechtsverstoß unscharf. Es bedarf einer Trennung zwischen Drittgerichtetheit einer Amtspflicht und Verletzung der Amtspflicht. Die Amtspflicht „Wahrung der Grundrechte" weist stets Drittbezug – aufgrund des subjektiv-rechtlichen Charakters der Grundrechte – auf. Sobald Grundrechte beachtet werden müssen, obliegt dem Amtswalter eine drittbezogene Amtspflicht. Diese Pflicht erst bei einer Grundrechtsverletzung anzunehmen, setzt die drittgerichtete Amtspflicht mit einem Verstoß gegen dieselbe gleich. Die Amtspflicht trifft jeden Amtswalter ab dem Zeitpunkt in dem er den Schutzbereich eines Grundrechts berührt. Die Rechtfertigung der Maßnahme führt nicht zur Ablehnung des Drittbezuges, sondern der Amtspflichtverletzung – das Verhalten ist verfassungskonform.[783] Konsequenterweise darf nicht der Drittbezug der Maßnahme bei fehlendem Grundrechtsverstoß abgelehnt werden. Der BGH hatte damit entgegen *v. Arnim* bereits 1971 eine Fallkonstellation zu entscheiden, bei der, aufgrund der Betroffenheit von Art. 14 GG durch die Wohnungszwangsbewirtschaftung, die Amtspflicht zur Beachtung der Grundrechte virulent war. Der Senat hatte wohl den Gesichtspunkt der Grundrechtsbetroffenheit damals als nicht erwähnenswert angesehen.

Die Etablierung dieser Rechtsprechung erfolgt durch zahlreiche weitere Judikate, die alle die Entscheidung aus dem Jahre 1971 rezipieren.

Zwei Beispiele zeigen, dass sich der BGH auch in Ansehung einer Grundrechtsverletzung nicht veranlasst sah, von seiner Rechtsprechungslinie abzusehen.[784] Die Aussage *v. Arnims* ist damit eindeutig widerlegt.

(3) Weitere Inkonsequenzen der Rechtsprechung

(a) Vergleich mit rechtswidrigen Bebauungsplänen

Der BGH erkennt mittlerweile die Möglichkeit des Drittbezuges beim Erlass von Bebauungsplänen an, obwohl es sich streng genommen auch um normatives Unrecht handelt.[785] Bebauungspläne werden zwar in der Form einer gemeindlichen Satzung (§ 10 Abs. 1 BauGB) erlassen, seien aber bezüglich des Adressatenkreises und des Regelungsgehaltes mit einem Maßnahme- oder Einzelfallgesetz vergleichbar, sodass drittgerichtete Amtspflichten zum Erlass rechtmäßiger Bebauungspläne bestehen können, sofern diese die Berücksichtigung konkreter Interessen des einzelnen Bürgers, oder einer Gruppe von Bürgern, erfordern.[786] Verfahrens- und Formvorschriften – auch wenn sie die Nichtigkeit des Bebauungsplans zur Folge haben – weisen grundsätzlich keinen Drittbezug auf.[787]

---

783 Gedanke taucht wohl auf in BGHZ 87, 321 (335).

784 BGH DVBl 1993, 718 (718), Verstoß einer Rechtsverordnung gegen Art. 14 GG; BayObLG NJW 1997, 1514 (1515), Änderungsverordnung verstößt gegen Art. 12 GG und löst unmittelbar einen Schaden aus.

785 Früher differenzierte der BGH noch nicht zwischen legislativem Unrecht und Bebauungsplänen so etwa BGHZ 84, 292 (300) oder BGH VersR 1975, 737 (738).

786 BGHZ 84, 292 (300); 92, 34 (51 ff.); 106, 323 (330 ff.).

787 Etwa BGHZ 84, 292 (300 f.); BGH NJW 1990, 245 (246).

Der BGH stellt nun wieder streng dogmatisch auf den Charakter der zu beachtenden Vorschrift und damit der Amtspflicht ab.

Begründet wird die Ausnahme für Bebauungspläne mit dem begrenzten Adressatenkreis, der nicht mit der Allgemeinheit identisch sei, sondern sich auf den Geltungsbereich des Bebauungsplans beschränke. Die Vermutung drängt sich auf, dass diese dogmatisch unhaltbaren Differenzierungen rechtspolitischen Erwägungen geschuldet sind, insbesondere der Furcht vor einer ausufernden Staatshaftung und damit einer übermäßigen Belastung des Staatshaushaltes.[788]

(b) Vergleich mit administrativem Unrecht

Aber auch aus zwei weiteren Gesichtspunkten erscheint die Ablehnung des Drittbezuges im Vergleich zu exekutivischem Unrecht inkonsequent.

Zum einen wirkt es befremdlich, dass bei administrativem Unrecht die Betroffenheit eines Grundrechts durch die Entscheidung der Verwaltung und damit einhergehend die Pflicht zur Beachtung der Grundrechte, den drittschützenden Charakter des Amtsgeschäftes zu begründen vermag.[789]

Zum anderen zeigt eine Analyse der Fallgruppen, in denen die Rechtsprechung eine drittbezogene Amtspflicht angenommen hat, Inkonsistenzen auf. Drittschutz wird nicht nur in den Fällen der Verletzung von Haupt- und Nebenpflichten in einem Rechtsverhältnis, welches durch eine spezifische Beziehung zwischen Bürger und Staat gekennzeichnet ist und über die gegenüber allen Bürgern bestehenden Rechtsbeziehungen hinausgeht – also in Fällen direkten Drittschutzes wie etwa Auskunft und Zusagen im Verwaltungsrecht[790] oder das Gebot der fristgerechten Erledigung von Verwaltungssachen[791] – anerkannt, sondern auch bei Verletzung allgemeiner Verhaltenspflichten zum Schutze der Allgemeinheit.[792] Diese Kategorie ist gerade nicht gekennzeichnet durch einen individuellen, spezifischen Bezug zum Bürger, sondern umfasst Pflichten, die gegenüber jedermann greifen, wie beispielsweise die Amtspflicht keine Verletzung des § 823 BGB zu begehen.[793] Jedermann kann Dritter sein. Auch hier nimmt die Rechtsprechung Drittbezug an, obwohl jeder Verletzter sich als Dritter erweist und der sonst geforderte spezifische Charakter nicht vorliegt.[794]

Diese deliktsrechtliche Seite der drittbezogenen Amtspflicht macht deutlich, dass die Rechtsprechung auch in vielen anderen Fällen, den Drittschutz der Amtspflicht annimmt, wiewohl sie gegenüber potenziell jedem Bürger besteht. Bei der Pflicht

---

788 S. dazu unter Teil 2, Kapitel 8, II., 1.

789 Beispielhaft BGH NJW 1994, 2415 (2416).

790 BGHZ 71, 386 (391).

791 BGHZ 15, 305 (311 f.); 30, 19 (26 f.).

792 Zu dieser Kategorisierung: *Blankenagel*, DVBl 1981, 15 ff.

793 RGZ 91, 381 (384); 140, 423 (430); BGHZ 16, 111 (113 f.); 69, 128 (138); 68, 217 (221 f.).

794 *Blankenagel*, DVBl 1981, 15 (21 f.).

zum Erlass rechtmäßiger Gesetze verhält es sich nicht anders als bei diesen deliktischen Amtspflichten. Der Drittbezug kann nicht von der Anzahl der betroffenen Personen abhängig gemacht werden.[795]

Es soll nun anhand einiger Beispiele aufgezeigt werden, dass die Drittbezogenheit der Amtspflicht stark durchgeweicht ist und auch bei administrativem Unrecht der Geschädigtenkreis mit der Allgemeinheit identisch sein kann.[796]

Der BGH hat bei der statischen Prüfung von Bauwerken anerkannt, dass die Überprüfung der Standsicherheit eines Gebäudes nicht nur Bewohner und Eigentümer vor Körperschäden schützen soll, sondern auch zufällig vorbeikommende Menschen. Der Kreis der potenziell betroffenen Personen kann nicht abschließend bestimmt werden.[797] Ebenso verhält es sich mit der Amtspflicht der Verkehrsbehörde Verkehrszeichen sachgemäß und deutlich anzubringen. Sie besteht allen Wegbenutzern gegenüber, die die Straße nach der Art ihrer Verkehrseröffnung benutzen dürfen. Der Kreis der Geschädigten kann nicht genau beziffert werden.[798] Man denke aber auch an die Pflicht, ein nichthaftpflichtversichertes Kraftfahrzeug aus dem Verkehr zu ziehen. Sie bezweckt den Schutz aller Personen, denen durch das Kraftfahrzeug Schäden zugefügt werden können.[799] Faktisch besteht dann keinerlei Unterschied mehr zu einer Haftung für Gesetzesunrecht mit nicht bestimmbarem Adressatenkreis.

cc) Fazit

Die Beurteilung des Kriteriums „Drittbezug“ scheint damit einer recht willkürlichen Betrachtung durch den BGH ausgesetzt zu sein und ist wohl auch von der Furcht vor übermäßiger finanzieller Belastung des Staatshaushaltes geleitet.[800] *Ossenbühl* formuliert daher zutreffend: Der Drittbezug der Amtspflicht sei eine „Drehscheibe“ in der Hand des Richters, auf der er das Ergebnis im Sinne restriktiver oder extensiver Schadenersatzrechtsprechung nach Belieben einstellen könne.[801] Der BGH verklärt dies sogar nicht, sondern lehnt offen den Drittbezug ab, unter Hinweis auf die potenzielle Betroffenheit einer Vielzahl von Bürgern.[802]

---

795 So auch *Ladeur*, DÖV 1995, 665 (669).

796 S. dazu *Vonnahme*, Staatshaftung für Umweltschäden infolge normativen Unrechts, 1994, S. 91.

797 BGHZ 39, 358 (363 f).

798 BGH NJW 1966, 1456 (1456).

799 OLG Düsseldorf NJW-RR 1988, 219 (219).

800 Dies offen ansprechend: *Boujong*, Staatshaftung für legislatives und normatives Unrecht in der neueren Rechtsprechung des Bundesgerichtshofes, in: Faller/Kirchhof/Träger (Hrsg.), Festschrift für Willi Geiger zum 80. Geburtstag, 1989, S. 430 (433).

801 *Ossenbühl*, DVBl 1994, 977 (978).

802 Die Festsetzung der Rotwilddichte betreffe fast alle Bürger des Landes aufgrund der weiten Verbreitung der Tiere BGHZ 91, 243 (250).

Im Hinblick auf legislatives Unrecht kann wohl von einem Wandel der früher herrschenden Ansicht, welche auch noch vom BGH gestützt wird, gesprochen werden. Auch wenn in einigen Schriften die Ablehnung des Drittbezuges noch als vorherrschend dargestellt wird, muss mittlerweile von einem Umschwung der Literatur ausgegangen werden. Insbesondere das jüngere Schrifttum plädiert für eine Abkehr. Es wird daher nur eine Frage der Zeit sein, bis sich der BGH der erdrückenden Argumentationslast der Literatur nicht mehr verschließen kann und ein Paradigmenwechsel eingeleitet wird.[803]

c) Besonderheiten des Unionsrechtsbezuges

Auch bei diesem Tatbestandsmerkmal des Amtshaftungsanspruches müssen die Besonderheiten des Unionsrechtsbezuges beachtet werden. Die Drittbezogenheit der Amtspflicht ließe sich sowohl aus dem nationalen Recht als auch aus dem Unionsrecht begründen.

aa) Nationale Begründung des Drittbezuges

Bezüglich einer nationalen Begründung des Drittbezuges soll der von der überwiegenden Literaturauffassung vorgebrachte Begründungsansatz zum drittschützenden Charakter der Grundrechte auf seine Übertragbarkeit hin untersucht werden.

Bedenken gegen eine Adaption der Argumentationslinie auf die hier zu untersuchenden Fallkonstellationen könnten sich aus der nationalen Verfassungsmäßigkeit der Norm ergeben. Das Gesetz ist nach rein nationalem Maßstab verfassungskonform und eine Grundrechtsverletzung scheidet bei oberflächlicher Betrachtung aus. Die Rechtswidrigkeit des Gesetzes beruht auf einem Verstoß gegen das Unionsrecht. Eine Anknüpfung an die drittbezogene Amtspflicht, keine grundrechtswidrigen Gesetze zu erlassen, erscheint erst mal fernliegend.

(1) Grundrechte in Verbindung mit dem Grundsatz des Vertrauensschutzes

Der Drittbezug der Amtspflichtverletzung lässt sich jedoch stets aus den Grundrechten in Verbindung mit ihrer vertrauensschutzrechtlichen Komponente, oder zumindest in Verbindung mit dem Rechtsstaatsprinzip herleiten.

Durch die Nichtaufhebung oder den Erlass eines unionsrechtswidrigen Gesetzes sowie die fehlerhafte Umsetzung von Richtlinien wird ein Vertrauenstatbestand zerstört, den der Betroffene zum Anlass für vermögenswirksame Dispositionen genommen hat.

Aus dem jeweils betroffenen Grundrecht ist auch der materielle Gehalt der Gewährung von Vertrauensschutz abzuleiten. Selbst wenn man diesem Ansatz nicht zu folgen vermag, ergibt sich aus dem Rechtsstaatsprinzip eine Pflicht, keine Ver-

---

803 So auch *Leisner-Egensspergel*, DÖV 2004, 65 (71) sowie schon früh *v. Arnim*, Die Haftung der Bundesrepublik Deutschland für das Investitionshilfegesetz, 1986, S. 49.

trauenstatbestände zu schaffen, welche über Art. 2 Abs. 1 GG ebenfalls Grundrechtsrelevanz aufweist (dazu oben Teil 1, Kapitel 1, II., 1.).

Das Bundesverfassungsgericht führt ebenfalls aus, dass ein Gesetz dem Betroffenen eine Vertrauensposition in der Weise verschafft, dass seine auf geltendes Recht gegründete Rechtsposition nicht durch eine zeitlich rückwirkende Änderung der gesetzlichen Rechtsfolgenanordnung nachteilig verändert wird.[804] Durch die Unionsrechtswidrigkeit der Norm ist stets eine rückwirkende Anpassung der nationalen Rechtslage notwendig, sodass mit der unionalen Pflichtverletzung regelmäßig auch eine Grundrechtsverletzung in Gestalt von Vertrauen besteht. Da das jeweilige Grundrecht in seiner Ausprägung als Vertrauensschutztatbestand verletzt wird, besteht eine drittbezogene Amtspflicht.[805]

Damit lässt sich der Drittbezug der Amtspflichtverletzung schon aus nationaler Perspektive, vermittelt über den Hebel der Grundrechte als Missachtung subjektiven Rechts, begründen.

(2) Alternative Ansätze

Es könnte sich ein möglicher Anknüpfungspunkt für eine Verletzung von Grundrechten durch den Erlass eines unionsrechtswidrigen Gesetzes oder eine unterlassene Aufhebung, auch losgelöst vom Vertrauensschutzgesichtspunkt ergeben. Aufgrund eines Unionsrechtsverstoßes kann gleichfalls eine materielle Grundrechtsverletzung eintreten. Als Beispiel sei das Bierreinhaltegesetz angeführt. Eine Verfassungsbeschwerde gegen das Bierreinhaltegesetz wäre begründet gewesen aufgrund einer Verletzung von Art. 12 GG. Isoliert national betrachtet ist das Gesetz zwar aus Gründen des Gesundheitsschutzes gerechtfertigt, jedoch gilt dies nicht in Bezug auf EU-Ausländer. Eine Rechtfertigung des Eingriffs in die Berufsfreiheit aus den nationalen Gründen des Gesundheitsschutzes scheidet bei dieser Personengruppe aufgrund der primärrechtlichen Wertungen der Warenverkehrsfreiheit aus. Der Verstoß gegen europäisches Primärrecht mündet damit in einem personengruppenspezifischen Grundrechtsverstoß.[806] Der Umstand, dass das benachteiligende Gesetz unanwendbar ist und damit keine Folgen entfalten kann, heilt nicht die Grundrechtsverletzung. Solange das Gesetz noch aufrechterhalten bleibt, besteht eine Beeinträchtigung durch den Schein seiner Wirksamkeit. Problematisch an diesem Begründungsansatz ist jedoch, dass sich der Grundrechtsverstoß wohl nur beim unionsrechtlich begünstigten Personenkreis manifestieren kann. In den hier zu untersuchenden Fallkonstellationen beruft sich allerdings der unionsrechtlich Benachteiligte auf eine Amtspflichtverletzung. Eine Begründung des Drittbezuges durch den speziellen materiellen Gehalt der Grundrechte scheidet damit aus.

---

804 St. Rsp. vgl. BVerfGE 13, 261 (271); 127, 1 (17).

805 Die Amtspflicht keine ungesicherten Vertrauenstatbestände zu schaffen wird von der haftungsrechtlichen Rechtsprechung in Bezug auf exekutivisches Unrecht anerkannt. Dazu näher *Küch*, Vertrauensschutz durch Staatshaftung, 2003, S. 46 ff.

806 *Ehlers*, JZ 1996, 776 (782 f.).

Eine Verletzung von Grundrechten könnte sich auch aus einem Verstoß gegen den Grundsatz des Vorbehalts des Gesetzes, Art. 20 Abs. 3 GG, ergeben. Jeder Eingriff in den Schutzbereich eines Grundrechtes bedarf einer gesetzlichen Ermächtigungsgrundlage. Diese gesetzliche Ermächtigungsgrundlage in Form eines unionsrechtswidrigen Gesetzes wird jedoch aufgrund der Normkollision unanwendbar. Die verfassungsrechtliche Rechtfertigung des Grundrechteingriffes kann nicht mehr vom unionsrechtswidrigen Gesetz getragen werden. Damit ergibt sich zwar kein Grundrechtsverstoß in materieller Hinsicht, jedoch aber aufgrund der Verletzung des Vorbehalts des Gesetzes. Diese Argumentation würde zu einem Gleichlauf von Unionsrechtswidrigkeit und Verfassungsverstoß führen, wenn in den Schutzbereich eines Grundrechts durch die unionsrechtswidrige Regelung eingegriffen wurde. Als problematisch könnte sich jedoch erweisen, dass die hier untersuchten Sachverhalte zumeist eine vergleichsweise begünstigende nationale Regelung normieren und somit – wenn man nicht der Lehre vom Totalvorbehalt folgt[807] – nicht stets eine gesetzliche Ermächtigungsgrundlage erforderlich war. Ein grundrechtlich gestützter Drittbezug lässt sich somit auch aus diesem Ansatz regelmäßig nicht begründen.

bb) Herleitung der Drittgerichtetheit aus dem Unionsrecht

Auf den ersten Blick stellt die Amtspflicht zum Erlass unionsrechtskonformer Gesetze, oder zur Aufhebung unionsrechtswidriger Gesetze, eine aus dem Unionsrecht begründete Pflicht des Gesetzgebers dar, die aus nationaler Perspektive ausschließlich zur Sicherung des Vorranges des Unionsrechts dient. Es bedarf jedoch einer eingehenderen Betrachtung.

Amtspflichten aus dem Europarecht ergeben sich nicht nur um der Einheitlichkeit des Unionsrechts willen, sondern auch zum Schutze des Individuums. Das Europarecht selbst umfasst individualschützende Vorschriften. Diese finden sich sowohl im Primär-[808] als auch im Sekundärrecht.[809] Einige Unionsnormen verleihen dem Einzelnen unmittelbar Rechte, es finden sich aber auch Normen, die zwar Pflichten statuieren, aber gleichzeitig auch Individualrechte beinhalten. Freilich kann nicht jede Pflicht des Mitgliedsstaates ein Individualrecht begründen.[810] Insbesondere kann sich der drittschützende Charakter aus der unionsrechtlichen Obliegenheit zur Beachtung der Grundrechtecharta sowie ungeschriebenen allgemeinen Grundsätzen des Unionsrechts ergeben. Bei der Umsetzung von Unionsrecht und im An-

807 S. dazu etwa *Grzeszick*, in: Maunz/Dürig (Begr.), Grundgesetz, Bd III, 75. EGL 2015, Art. 20 VI. Rn. 108 ff.

808 *Nicolaysen*, Europarecht I, 2. Aufl. 2002, S. 223 mit dem Beispiel des Petitionsrechts aus den Rechten der Unionsbürgerschaft; zur Unionsbürgerschaft insgesamt etwa *Borchardt*, Die rechtlichen Grundlagen der Europäischen Union, 4. Aufl. 201, S. 141 ff.

809 Dazu unter Teil 3, Kapitel 10, II., 1., a). Zur Frage des „subjektiven Rechts" im Unionsrecht *Beljin*, Staatshaftung im Europarecht, 2000, S. 135 ff.

810 Dazu *Beljin*, Staatshaftung im Europarecht, 2000, S. 137 ff.

wendungsbereich desselben sind von den nationalen Organen die Grundrechte der Grundrechtecharta zu beachten, Art. 51 GRC. Die unionsrechtlichen Grundrechte weisen ebenfalls, aus ihrer Konzeption als Abwehrrechte, individual schützenden Charakter auf. Ebenso gewährleisten die Grundfreiheiten individuelle Rechte.

Die Pflicht zur Beachtung solcher individual schützenden Vorschriften ist selbst drittschützend. Sie dient auch der Protektion des Einzelnen. Der EuGH legt zwar einen weiteren Maßstab zur Ermittlung des Individualschutzes an als die nationalen Gerichte bei der Beurteilung der Drittgerichtetheit,[811] dies rechtfertigt jedoch keine andere Betrachtungsweise. Die Wertungen des Unionsrechts sollen auf das nationale Recht übertragen werden. Der Anwendungsvorrang des Unionsrechts gebietet aufgrund der Überformung der nationalen Rechtslage eine Anpassung des Maßstabes. Daher sind Verletzungen individualschützender Normen aus dem Unionsrecht als drittgerichtete Amtspflichtverletzungen anzusehen.[812]

Ebenso weisen Richtlinien Individualbezug auf, wenn das von ihnen vorgeschriebene Ziel die Verleihung von Rechten an den Einzelnen umfasst.[813] Maßgebend ist daher nicht, ob die Pflicht zur ordnungsgemäßen Richtlinienumsetzung aus Art. 288 Abs. 2 AEUV drittschützend ist,[814] sondern der EuGH stellt auf den Individualbezug des konkreten Richtlinienrechts ab.[815] Dies verdeutlicht auch der primärrechtliche Grundsatz des Transparenzgebotes (dazu unter Teil 2, Kapitel 6, II., 2. f), bb)). Der EuGH legt einen besonders strengen Maßstab an eine klare und eindeutige Umsetzung an, wenn Unionsbürgern ein Recht verliehen werden soll – insbesondere bei Verbraucherrechten und Ansprüchen von Unionsbürgern aus anderen Mitgliedsstaaten.[816] Es handelt sich daher nicht nur um einen Mechanismus zur Sicherung der vollen Wirksamkeit des Unionsrechts, sondern auch um einen individualschützenden Rechtsgrundsatz.[817] Somit stellt die Verletzung der transparenten Umsetzungs-

---

811 *Ossenbühl/Cornils*, Staatshaftungsrecht, 6. Aufl. 2013, S. 607; *Ruffert*, in: Calliess/Ruffert (Hrsg.), EUV/AEUV, 4. Aufl. 2011, Art. 340 AEUV Rn. 55.

812 Wohl zustimmend: *Buschhaus*, JA 1992, 142 (149).

813 EuGH v. 08.10.1996, Rs. C-178/94 u. a., Slg. 1996, I – 4845, Rn. 33 ff.

814 So aber *Detterbeck*, AöR 125 (2000), 202 (235), er stellt auf die Umsetzungspflicht des Art. 288 III AEUV als Pflichtverletzung ab, erkennt aber Drittbezug bei der Umsetzung einer individualrechtsverleihenden Richtlinie an.

815 Dem zustimmend: *Frenz/Götzkes*, JA 2009, 759 (765 f.); *Geiger*, DVBl 1993, 465 (472); *Schinke*, EuZW 1993, 698 (699); *Triantafyllou*, DÖV 1992, 564 (570); *Frenz*, Handbuch Europarecht, Bd 5, 2010, Rn. 2061: a.A. *Detterbeck*, VerwArch 85 (1994),160 (165 f.) er lehnt auch national den Drittbezug auf Basis der Grundrechtsargumentation ab, erkennt aber die unionsrechtliche Überlagerung an und damit doch den Drittbezug bei der Nichtumsetzung von Richtlinien, die individuelle Rechte verleihen.

816 Allgemein: *Herrmann*, Richtlinienumsetzung durch die Rechtsprechung, 2003, S. 211; zum Verbraucherschutz: EuGH v. 07.05.2002, Rs. C-478/99, Slg. 2002, I – 4147, Rn. 18; zu Rechten von Unionsbürger: EuGH v. 10.05.2001, Rs. C-144/99, Slg. 2001, I – 3541, Rn. 18.

817 Vgl. *Giegerich*, EuR 2012, 373 (383).

pflicht, zumindest bei einer individualbegünstigen Richtlinie, eine drittbezogene Amtspflichtverletzung dar.

In diesem Zusammenhang muss jedoch der Schutzzweck der Norm beachtet werden. Die Drittbezogenheit der Amtspflicht gliedert sich in zwei Dimensionen, die personale und die sachliche.[818] Von Relevanz ist im vorliegenden Fall die zweite Dimension, welche durch den Schutzzweck der Amtspflicht geprägt ist. Es sind nur solche Schäden ersatzfähig, bei denen die Amtspflicht ausgestaltende Rechtsnorm zumindest auch den Schutz des Betroffenen vor solchen Rechts(gut)beeinträchtigungen bezweckt (Normzwecklehre).[819]

Es besteht zwar eine unionsrechtliche drittschützende Amtspflicht, unionsrechtswidrige Gesetze nicht zu erlassen oder diese aufzuheben, der Schutzzweck richtet sich aber auf die unional begünstigte Person, der ein Recht verliehen werden soll. Vorliegend soll allerdings eine Haftung für solche Vertrauensschäden begründet werden, die dem nicht unional begünstigten Normadressaten entsteht. Das Unionsrecht streitet gerade gegen die Perpetuierung des unionsrechtswidrigen Zustandes. Die Amtspflicht unionsrechtskonform zu handeln, soll den unionsrechtlich Begünstigten schützen und nicht Vertrauensschäden verhindern, die auf einem europarechtswidrigen Verhalten der Mitgliedsstaaten beruhen. Daher scheidet eine Begründung des Drittbezuges der Amtspflicht aus dem Europarecht aus.

cc) Zwischenergebnis

Es bleibt insgesamt nur eine verfassungsrechtliche Begründung der Drittgerichtetheit der verletzten Amtspflicht, vermittelt über den Vertrauensschutzgehalt der Grundrechte. Eine Begründung des Drittbezuges aus dem Unionsrecht scheitert. Zwar weisen die Amtspflichten zum Erlass, oder zur Aufhebung unionsrechtswidriger Gesetze sowie zur transparenten Umsetzung von Richtlinien Drittbezug auf, wenn dadurch europäische Vorschriften verletzt werden, die dem Schutz des Einzelnen zu dienen bestimmt sind, jedoch sind Vertrauensschäden nicht vom Schutzzweck der Amtspflichtverletzung umfasst.

dd) Sonderproblem: Unterlassen

Auch bei einer Amtspflichtverletzung in Form von Unterlassen ist ein Drittbezug derselbigen erforderlich.[820] Teilweise wird eine Rechtspflicht zur Vornahme der Handlung und deren Drittbezug als ausreichend erachtet und kein Rechts-

---

818 *Papier*, in: Maunz/Dürig (Begr.), Grundgesetz, Bd IV, 75. EGL 2015, Art. 34 Rn. 180; *Ossenbül/Cornils*, Staatshaftungsrecht, 6. Aufl. 2013, S. 71.

819 *Papier*, in: Rixecker/Säcker (Hrsg.), Münchener Kommentar zum Bürgerlichen Gesetzbuch, Bd 6, 6. Aufl. 2013, § 839 Rn. 234; *Ossenbül/Cornils*, Staatshaftungsrecht, 6. Aufl. 2013, S. 71.

820 *Detterbeck/Windthorst/Sproll*, Staatshaftungsrecht, 2000, S. 158; *Weber*, Staatshaftung für rechtswidrige Gesetzgebungsmaßnahmen, 1975, S. 119.

anspruch des Bürgers gefordert.[821] Es kann zugestimmt werden, dass Rechtspflicht und Rechtsanspruch keinesfalls deckungsgleich sind, eine Differenzierung zwischen Rechtsanspruch und Rechtspflicht ist aber bei einem Amtshaftungsanspruch durch Unterlassen nicht erforderlich. Eine Rechtspflicht zum Handeln ergibt sich grundsätzlich nur aus einer hinreichend konkreten Handlungspflicht und kommt damit wohl einem Rechtsanspruch auf Vornahme der Handlung gleich. Das Merkmal Drittbezug negiert die Differenzierung. Eine drittbezogene Rechtspflicht zum Handeln ist daher ausschlaggebend. Der BGH führt in Bezug auf die Untätigkeit des Gesetzgebers ebenfalls aus, dass eine Amtspflichtverletzung immer dann drittschützenden Charakter aufweise, wenn durch die Untätigkeit subjektive öffentliche Rechte oder sonstige drittschützende Rechtsnormen verletzt werden.[822]

In der vorliegend zu untersuchenden Fallkonstellation einer Haftung für das Vertrauen auf unionsrechtswidrige Gesetze ergibt sich, dass nicht die Schutzpflichten-Dimension der Grundrechte aktiviert wird, sondern die abwehrrechtliche Seite und damit der Rechtsanspruch auf Unterlassen des Eingriffs bereits unmittelbar aus der Grundrechtsverletzung fließt. Maßgeblich ist also allein die Handlungsverpflichtung aus den Grundrechten. Auf die Problematik, ob eine Schutzpflicht einen rein objektiv-rechtlichen Grundrechtsgehalt konkretisiert – so das Bundesverfassungsgericht[823] – oder aus der subjektiv-rechtlichen Dimension der Grundrechte abzuleiten ist[824] und damit Drittbezug entwickeln kann, kommt es hier nicht an.[825] Mittlerweile hat auch das Bundesverfassungsgericht die grundsätzliche Möglichkeit, dass der Gesetzgeber im Falle legislativen Unterlassens drittbezogene Amtspflichten verletzen kann, angesprochen.[826]

Die obige Argumentation in Bezug auf die Drittgerichtetheit der Amtspflicht unionsrechtswidrige Gesetze nicht zu erlassen, kann auf die Amtspflicht unionsrechtswidrige Gesetze aufzuheben übertragen werden und damit Drittbezug begründen.

821 So *Schröder*, JuS 1973, 355 (360); dazu auch *Kosmider*, Staatshaftung für Satzungsunrecht, 1983, S. 185 ff., er fordert einen Rechtsanspruch, der sich aus den Grundrechten aber ergeben könne.

822 BGHZ 56, 40 (46); 102, 350 (367 f.). BGHZ 134, 30 (32) lehnt bei Unterlassen eine Haftung ab, mit der allgemeinen Argumentation, dass ein Gesetz keinen Drittbezug aufweise. Auf den Drittbezug hinweisend als weitere Voraussetzung zu einer hinreichend bestimmten Rechtspflicht *Schoch*, DV 34 (2001), 261 (283).

823 BVerfGE 39, 1 (42); 53, 30 (57); 56, 54 (73).

824 *Murswiek*, WiVerw 1986, 179 ff.; *ders.*, NVwZ 1986, 611 ff.; *Schwabe*, AöR 100 (1975), 442 ff.

825 Ein Überblick dazu: *Isensee*, Abwehrrecht und Schutzpflicht, in: Isensee/Kirchhof (Hrsg.), Handbuch des Staatsrechts der Bundesrepublik Deutschland, Bd IX, 3. Aufl. 2011, § 191 insb. Rn. 159, 170 f., 174 ff.; *Klein*, NJW 1989, 1633 (1635 ff.); *Dietlein*, Die Lehre von grundrechtlichen Schutzpflichten, 2. Aufl. 2005, S. 34 ff.

826 BVerfG NVwZ-RR 2007, 266 (268); ebenfalls aus der Rechtsprechung in Betracht ziehend OLG Köln NJW 1986, 589 (591).

d) *Fazit*

Somit lässt sich ein Schadensersatzanspruch für das Vertrauen auf unionsrechtswidrige Gesetze bisweilen – mit der mittlerweile als herrschend anzusehenden Literaturauffassung – dogmatisch in den Amtshaftungsanspruch integrieren. Vermittelt über den subjektiv-rechtlichen Charakter der Grundrechte besteht eine drittbezogene Amtspflicht unionsrechtswidrige Gesetze nicht zu erlassen, oder ab dem Zeitpunkt der Kollision aufzuheben, ebenso wie die drittgerichtete Amtspflicht einer transparenten Richtlinienumsetzung. Eine Beheimatung im Amtshaftungsanspruch würde aber einen Wandel der seit Jahrzehnten hartnäckig bestehenden Rechtsprechungslinie voraussetzen.

4. Verschulden

a) *Allgemeine Anforderungen*

Der Amtshaftungsanspruch fordert zudem ein Verschulden des Gesetzgebers bezüglich des Erlasses einer unionsrechtswidrigen Norm. Das Parlament als solches kann kein Verschulden treffen, sondern nur seine Abgeordneten sind als natürliche Personen in der Lage schuldhaft zu handeln.[827]

Verschulden ist nach zivilrechtlichen Maßstäben bei Fahrlässigkeit oder Vorsatz anzunehmen. Ein vorsätzlicher Verstoß der Abgeordneten wird wohl im Regelfall nicht anzunehmen sein, zumindest in Hinblick auf den Erlass eines unionsrechtswidrigen Gesetzes. Relevant werden wird daher insbesondere eine fahrlässige Verletzung der Amtspflichten. Fahrlässigkeit liegt gemäß § 276 Abs. 1 BGB beim Außerachtlassen der im Verkehr erforderlichen Sorgfalt vor. Die Parlamentarier müssten den Unionsrechtsverstoß des Gesetzes unter Missachtung ihrer Sorgfaltspflichten verkannt haben.

Der Fahrlässigkeitsmaßstab wurde unter der Rechtsprechung des BGH zunehmend im Laufe der Jahre verobjektiviert, sodass nicht mehr die individuellen Fähigkeiten des Beamten maßgebend sind, sondern auf den Durchschnittsamtsträger abgestellt wird.[828] Den Amtswalter trifft dabei die Pflicht sich hinreichende rechtliche Kenntnisse zu verschaffen, auch unter Inanspruchnahme rechtskundigen Beistandes.[829]

---

827 BGH WM 1960,1304 (1305) in Bezug auf Amtspflichtverletzungen von Behörden. Zur Problematik, dass der Amtshaftungstatbestand auf individuelles Verschulden angelegt ist und nicht auf das Verschulden eines Kollegialorgans, s. *Fetzer*, Die Haftung des Staates für legislatives Unrecht, 1994, S. 104 ff.

828 *Papier*, Staatshaftung, in: Isensee/Kirchhof (Hrsg.), Handbuch des Staatsrechts der Bundesrepublik Deutschland, Bd VIII, 3. Aufl. 2010, § 180 Rn. 46; *Bonk/Detterbeck*, in: Sachs (Hrsg.), GG, Art. 34 Rn. 82 f.; BGHZ 117, 240 (249); 123, 1 (6); 139, 200 (203).

829 *Dagtoglou*, in: Kahl/Waldhoff/Walter (Hrsg.), Bonner Kommentar zum Grundgesetz, Bd 8, 175. EGL 2015, Art. 34 Rn. 182 ff.

b) Spezifische Besonderheiten einer Legislativhaftung

Teilweise wird ein Verschulden der Abgeordneten prima facie angenommen aufgrund der grundlegenden Möglichkeiten der Information während des Gesetzgebungsverfahrens.[830] Diese schematische Betrachtungsweise wird der Lebenswirklichkeit jedoch nicht gerecht. Das Gesetzgebungsverfahren weist zwar spezifische Besonderheiten mit weitreichenderen Erkenntnismöglichkeiten für die Parlamentarier im Vergleich zu Verwaltungsbeamten auf, diese besonderen Informationswege sprechen aber ebenso gegen die Annahme eines Schuldvorwurfes. Den Entscheidungen der Abgeordneten gehen umfassende Beratungen und Vorbereitungen voraus, insbesondere wird der Rechtsausschuss bei allen Gesetzesvorhaben, die verfassungsrechtliche Fragestellungen aufwerfen, beratend tätig. Es erfolgt daher regelmäßig eine eingehende Auseinandersetzung mit dem Gesetzesinhalt.

Ein Schuldvorwurf anknüpfend an alle abstimmenden Abgeordneten ist nicht haltbar. Der Abgeordnete muss sich auf die rechtliche Einschätzung der spezialisierten Ausschüsse verlassen können und ihn trifft daher – nicht zuletzt vor dem Hintergrund der Funktionsfähigkeit des Parlaments und der damit einhergehenden Arbeitsteilung – kein Verschulden, wenn er für ein rechtswidriges Gesetz abstimmt. Schuldhaft handelt er nur bei offenkundiger Rechtswidrigkeit der Norm. Denkbar wäre es nur den Verschuldensvorwurf an die Ausschussmitglieder zu knüpfen. Von ihnen kann jedoch nicht mehr als eine sorgfältige Prüfung getreu dem Rechtsgrundsatz „impossibilium nulla est obligatio" verlangt werden. Eine abweichende Bewertung ist auch hier nur bei Offenkundigkeit geboten.[831] Die Beurteilung der Verfassungswidrigkeit eines Gesetzes stellt sich oftmals aufgrund der Deutungs-

---

830 *Haverkate*, NJW 1973, 441 (444); ähnlich auch *Dagtoglou*, Ersatzpflicht des Staates bei legislativem Unrecht, 1963, S. 44 f.; *ders.*, in: Kahl/Waldhoff/Walter (Hrsg.), Bonner Kommentar zum Grundgesetz, Bd 8, 175. EGL 2015, Art. 34 Rn. 434, der von einer Vermutung spricht; vgl. auch *Weber*, Staatshaftung für rechtswidrige Gesetzgebungsmaßnahmen, 1975, S. 58 ff., der allerdings einen prima-facie-Beweis für das Verschulden der Abgeordneten ablehnt und nur ein regelmäßig vorliegendes Verschulden bejaht. Grundsätzlich ein Verschulden des Abgeordneten ablehnend: *Boujong*, Staatshaftung für legislatives und normatives Unrecht in der neueren Rechtsprechung des Bundesgerichtshofes, in: Faller/Kirchhof/Träger (Hrsg.), Festschrift für Willi Geiger zum 80. Geburtstag, 1989, S. 430 (434); *Eckert*, Die Haftung des Staates bei nichtigen Gesetzen und Verordnungen, 1973, S. 94 ff.; für eine Einzelfallprüfung etwa *Scheuing*, Haftung für Gesetze, in: Rüttner (Hrsg.), Festschrift für Otto Bachof zum 70. Geburtstag, 1984, S. 343 (358); *Weber*, Staatshaftung für rechtswidrige Gesetzgebungsmaßnahmen, 1975, S. 60; *Fetzer*, Die Haftung des Staates für legislatives Unrecht, 1994, S. 105; wohl auch *Speiser*, Ersatzpflicht des Staates bei unmittelbaren Eingriffen durch verfassungswidrige Gesetze, 1974, S. 108 f.

831 S. auch *Fetzer*, Die Haftung des Staates für legislatives Unrecht, 1994, S. 106 ff. im Ergebnis auch *Hochgürtel*, Die staatliche Haftung für rechtswidrig getätigte und unterlassene Normsetzung, 2000, S. 62 f.

offenheit des Grundgesetzes als sehr komplexe Materie dar und bedarf daher der Ausdifferenzierung durch die Rechtsprechung des Bundesverfassungsgerichtes.[832] In Anlehnung an die Rechtsprechung zur rechtsfehlerhaften Gesetzesanwendung durch die Verwaltung[833] kann – im Falle der weitaus komplexeren Rechtslage – auch für den Erlass von Gesetzen nur in besonderen Situationen, wie unsorgfältige Information oder Offenkundigkeit, von einem Verschulden ausgegangen werden.[834]

Eine derartige Eindeutigkeit wird wohl nur vorliegen, wenn das Gesetz einer Verfassungsnorm, oder einer dazu ergangenen klaren Rechtsprechung des Bundesverfassungsgerichtes, widerspricht, oder ernsthafte Bedenken des Rechtsausschusses an der Rechtmäßigkeit bestanden. Ebenfalls vermag ein Sonderwissen einzelner Abgeordneter ein Schuldvorwurf zu begründen.[835]

Andererseits muss jedoch der Maßstab, welchen das Bundesverfassungsgericht an die Feststellung der Verfassungswidrigkeit eines Gesetzes ansetzt, Beachtung finden. Dem Gesetzgeber wird nicht nur eine Einschätzungsprärogative eingeräumt, die in kontroversen Fällen schützt,[836] sondern der Vorrang der verfassungskonformen Auslegung einer Norm gebietet auch, dass die Nichtigkeitsfeststellung nur erfolgt, „wenn keine nach anerkannten Auslegungsgrundsätzen zulässige und mit der Verfassung zu vereinbarende Auslegung möglich ist. Lassen der Wortlaut, die Entstehungsgeschichte, der Gesamtzusammenhang der einschlägigen Regelungen und deren Sinn und Zweck mehrere Deutungen zu, von denen nur eine zu einem verfassungsgemäßen Ergebnis führt, so ist diese geboten“.[837] Damit ein Gesetz für nichtig erklärt wird, muss es somit eine gewisse Fehlerschwelle

---

832 Gedanke auch in BGHZ 30, 19 (22): *Schenke*, DVBl 1975, 121 (127); *Dilcher*, AcP 163 (1962), 193 (211 f.).

833 Bezüglich der Exekutive begründet eine objektiv unrichtige Gesetzesauslegung oder Rechtsanwendung nur dann einen Schuldvorwurf, wenn sie gegen den klaren, bestimmten und eindeutigen Wortlaut der Vorschrift verstößt, oder im Widerspruch zur gefestigten höchstrichterlichen Rechtsprechung steht, also nur bei fehlender sorgfältiger rechtlicher und tatsachlicher Prüfung: BGHZ 30, 19 (20); 119, 365 (369 f.); BGH NJW 1993, 530 (531); BGH NJW 1994, 3158 (3159); BGH NJW 2011, 2586 (3587). Die Übertragung auf Legislativakte ablehnend *Weber*, Staatshaftung für rechtswidrige Gesetzgebungsmaßnahmen, 1975, S. 59.

834 Ein Verschulden des Gesetzgebers nur ausnahmsweise befürwortend: *Schenke*, DVBl 75, 121 (127); *Dilcher*, AcP 163, 193 (211 f.); *Schack*, DÖV 71, 446 (467); *Boujong*, Staatshaftung für legislatives und normatives Unrecht in der neueren Rechtsprechung des Bundesgerichtshofes, in: Faller/Kirchhof/Träger (Hrsg.), Festschrift für Willi Geiger zum 80. Geburtstag, 1989, S. 430 (434); *Eckert*, Die Haftung des Staates bei nichtigen Gesetzen und Verordnungen, 1973, S. 98 f.

835 So *Fetzer*, Die Haftung des Staates für legislatives Unrecht, 1994, S. 106 ff.; einen solchen Ausnahmefall annehmend beim Investitionshilfegesetz *v. Arnim*, Die Haftung der Bundesrepublik Deutschland für das Investitionshilfegesetz, 1986, S. 55 f.

836 *Dagtoglou*, Ersatzpflicht des Staates bei legislativem Unrecht, 1963, S. 45.

837 BVerfG seit BVerfGE 83, 201 (214 f.).

überschritten haben. Hieraus aber bereits ein starkes Indiz für ein Verschulden bei Nichtigkeit abzuleiten, greift zu weit.[838] Bei ordnungsgemäß abgelaufenem Gesetzgebungsverfahren unter Wahrung der erforderlichen Sorgfalt, muss ein Verschulden abgelehnt werden mit Ausnahme eines offenkundigen verfassungswidrigen Ergebnisses. Ein solches kann bei sorgfältigem Gesetzgebungsverfahren nur in den seltensten Fällen auftreten.

Diese Kontroverse eines Verschuldens des Gesetzgebers unterstreicht nur, dass das Merkmal einer Rechtswidrigkeitshaftung eigentlich wesensfremd ist.[839] Der Verstoß gegen eine Rechtspflicht sollte allein aus ihrer Rechtswidrigkeit heraus zu einer Haftung führen. Das Element des Verschuldens ist noch ein Relikt aus der Zeit der persönlichen Beamtenhaftung.[840] Der Staat bedarf einer Haftungsbefreiung durch schuldloses Verhalten nicht. Dies gilt insbesondere auch für Einstandspflichten der Legislative, da diese an das Parlament als Ganzes anknüpfen und nicht an das persönliche Fehlverhalten eines einzelnen Abgeordneten.

c) Beeinflussung durch das Unionsrecht

aa) Erlass/Nichtaufhebung eines unionsrechtswidrigen Gesetzes

Auch im Zusammenhang mit Legislativunrecht basierend auf einem Unionsrechtsverstoß wird eine offensichtliche oder schwerwiegende, evidente Verletzung gefordert, um ein Verschulden des Gesetzgebers zu bergründen.[841] Man mag dieses notwendige Kriterium mit einer Vielzahl von Worthülsen umschreiben. Im Ergebnis ist aber alles nur Wortklauberei und alle Autoren fordern eine gewisse Qualifikation des Verstoßes. Ob man dies mit dem einen oder anderen unbestimmten Rechtsbegriff umschreibt, weist keine inhaltliche Relevanz auf. Es muss nun also geklärt werden, wie hoch die Anforderungen an diese Qualifikation des Verstoßes sind.

---

838 In diese Richtung gehend aber *Weber*, Staatshaftung für rechtswidrige Gesetzgebungsmaßnahmen, 1975, S. 57 f., 60; *Dagtoglou*, Ersatzpflicht des Staates bei legislativem Unrecht, 1963, S. 44 f.

839 Als „Fremdkörper" bezeichnend: *Morlok*, Staatshaftungsrecht als öffentliches Sekundärrecht, in: Dekan der Juristischen Fakultät der Heinrich-Heine-Universität Düsseldorf (Hrsg.), Freundesgabe der Juristischen Fakultät für Professor Ulf Pallme König zum 65. Geburtstag, 2014, S. 291 (311); *Wieland*, in: Dreier (Hrsg.), Grundgesetz Kommentar, Bd II, 3. Aufl. 2015, Art. 34 Rn. 54.

840 Ein knapper Überblick über die historische Entwicklung bei *Morlok*, Staatshaftungsrecht als öffentliches Sekundärrecht, in: Dekan der Juristischen Fakultät der Heinrich-Heine-Universität Düsseldorf (Hrsg.), Freundesgabe der Juristischen Fakultät für Professor Ulf Pallme König zum 65. Geburtstag, 2014, S. 291 (292 ff.).

841 *Detterbeck*, AöR 125 (2000), 202 (227); *Deckert*, EuR 1997, 203 (223); *Lembach*, Grundlagen und Ausgestaltung gemeinschaftsrechtlicher Staatshaftung, 2003, S. 150 f.; *Zenner*, Die Haftung der EG-Mitgliedstaaten für die Anwendung europarechtswidriger Rechtsnormen, 1995, S. 116; *Jarass*, NJW 1994, 881 (885); *Karpenstein/Johann*, NJW 2010, 3405 (3406); vgl. auch *Streinz*, EuZW 1993, 599 (604).

Zunächst erscheint ein offenkundiger Verstoß gegen das Unionsrecht, welcher zur Begründung eines Schuldvorwurfs auf rein nationaler Ebene notwendig ist, noch unwahrscheinlicher in Bezug auf Unionsrecht. Die Anzahl und die Komplexität der Regelungen nehmen durch die Vorschriften der Europäischen Union im Vergleich zum nationalen Verfassungsrecht stark zu. Auf nationaler Ebene muss der Abgeordnete „nur" das Verfassungsrecht im Blick halten, da nur derartige Verstöße zur Rechtswidrigkeit des Gesetzes führen. Im Hinblick auf das Europarecht erhöht sich die Komplexität der Rechtslage erheblich. Alle Normen des Primärrechts genießen Anwendungsvorrang. Die Fülle dieser Regelungen ist kaum zu überblicken. Ein Verschulden des Abgeordneten kann erst recht nur im Falle offenkundigen Unionsrechtsverstoßes sinnvollerweise angenommen werden.

Einen Schuldvorwurf begründet zumindest ein Feststellungsurteil in einem Vertragsverletzungsverfahren.[842] Würde in einem derartigen Verfahren erkannt, dass der Mitgliedsstaat unionale Pflichten verletzt, handelt er stets schuldhaft, wenn er nicht sofort alle erforderlichen Maßnahmen ergreift, um diesen Verstoß zu beseitigen. Gleiches muss für Auslegungen des Unionsrechts durch den EuGH im Weg eines Vorabentscheidungsverfahrens gelten. Zwar ist diese Verfahrensart nicht auf die Feststellung von Vertragsverletzungen gerichtet, mündet aber dennoch in einer Beurteilung, ob das nationale Recht mit dem Unionsrecht vereinbar ist.[843] Den Mitgliedsstaat trifft zumindest die Pflicht, sich über die eigene Rechtsordnung betreffende Verfahren zu informieren.[844] Sollte etwa festgestellt werden, dass die nationalen Regelungen eine Richtlinie nicht hinreichend umsetzen, muss der Gesetzgeber nachbessernd tätig werden und darf sich nicht auf eine richtlinienkonforme Rechtsfortbildung seiner Gerichte verlassen. Unterlässt er diese Obliegenheit, trifft ihn ein Schuldvorwurf. Eine Entscheidung des EuGH konkretisiert die Rechtspflichten in einem solchen Maße, dass der Mitgliedsstaat seine Pflichten erkennen und sich nicht mehr hinter einer unklaren Rechtslage verstecken kann.

Auch Mahnungen und begründete Stellungnahmen durch die Kommission sind geeignet, einen Schuldvorwurf zu begründen. Sie informieren den Mitgliedsstaat über mögliche Unstimmigkeiten und lenken seine Aufmerksamkeit auf die Rechtsproblematik. Diese Hinweise müssen allerdings nicht zwingend in einer Vorwerfbarkeit münden, da die Kommission nicht letztverbindlich Verstöße feststellen

---

842 *Zenner*, Die Haftung der EG-Mitgliedstaaten für die Anwendung europarechtswidriger Rechtsnormen, 1995, S. 116; *Deckerl*, EuR 1997, 203 (223).

843 Vgl. *Karpenstein*, in: Grabitz/Hilf/Nettesheim (Hrsg.), EUV/AEUV, Bd III, 57. EGL 2015, Art. 267 AEUV Rn. 1 f.

844 *Zenner*, Die Haftung der EG-Mitgliedstaaten für die Anwendung europarechtswidriger Rechtsnormen, 1995, S. 118 ff.; *Lenz*, NJW 1994, 2063 (2067); vgl. auch *Everling*, Zur Funktion des Gerichtshofs bei der Rechtsangleichung in der Europäischen Gemeinschaft, in: Leßmann/Großfeld/Vollmer (Hrsg.), Festschrift für Rudolf Lukes, 1989, S. 357 (369).

kann.[845] Allerdings dürfte ein Verschulden vorliegen, wenn das Parlament sich nicht hinreichend damit befasst.

Schwierigkeit dieser Anknüpfung an Handlungen von Unionsorganen, die den Mitgliedsstaat auf Vertragsverstöße aufmerksam machen, bereitet jedoch, dass sich der Schuldvorwurf nur für die Zukunft begründen lässt. Der EuGH beschränkt allerdings regelmäßig seine Urteilswirkung zeitlich nicht. Der Vertrauensschaden beruht auf der Rückwirkung des Aufhebungsgesetzes. Um eine Verantwortlichkeit auch für diese Vorzeit zu begründen, kann nur an die materielle Offenkundigkeit angeknüpft werden.

Zur Konkretisierung der Offenkundigkeit könnte der Gedanke eines acte clair herangezogen werden.[846] Diese Doktrin wurde vom EuGH im Zusammenhang mit einer Pflicht der nationalen Gerichte zur Einlegung eines Vorabentscheidungsverfahren vor dem EuGH gemäß Art. 267 AEUV entwickelt. Bei einer offenkundigen und zweifelsfreien richtigen Anwendung des Unionsrechts können nationale Gerichte von einer Vorlage absehen.[847] Es muss jedoch berücksichtigt werden, dass im Unterschied zu den vorherig beschriebenen Sachlagen keine Handlung der Union vorliegt, welche den Mitgliedsstaat explizit auf sein Fehlverhalten aufmerksam macht und damit ein schuldhaftes Unterlassen begründen kann. Ein Verschulden lässt sich hier nur aus der Qualität des Fehlverhaltens ableiten. Ein acte clairstellt aber einen solch evidenten Verstoß gegen das Unionsrecht dar, dass allein diese Offenkundigkeit schon die Aufmerksamkeit des Mitgliedsstaates auf sich ziehen und ihn dazu veranlassen sollte, die Rechtslage anzupassen, anderenfalls kann ihm vorgehalten werden, dass er selbst bei einer so ersichtlichen Sachlage den Verstoß verkannte.

Eine Beschränkung auf offenkundige Fälle nach der acte clair Rechtsprechung erscheint jedoch zu eng. Der EuGH legt zur Wahrung der Wirksamkeit des Vorlageverfahrens einen strengen Maßstab an diese Pflichtenbefreiung an.[848]

Eine Vorwerfbarkeit kann aber auch dadurch hervorgerufen werden, dass bei Rechtsunsicherheit des nationalen Gesetzgebers über die Vereinbarkeit mit dem Unionsrecht keine Erkenntnisse bei der Kommission eingeholt und bis zur Klärung der Rechtslage entweder die Vorschrift nicht erlassen, oder ihre Wirksamkeit ausgesetzt wurde.[849]

---

845 *Zenner*, Die Haftung der EG-Mitgliedstaaten für die Anwendung europarechtswidriger Rechtsnormen, 1995, S. 121 f.

846 Dazu *Zenner*, Die Haftung der EG-Mitgliedstaaten für die Anwendung europarechtswidriger Rechtsnormen, 1995, S. 122 ff. nimmt aber noch die Einschränkung vor, dass ein acte clair nur Vorliegen könne, wenn sich das Kriterium aus einer Entscheidung des EuGH denselben Mitgliedsstaat betreffend ergebe; zur acte clair Dokrin s. S. 128 ff.

847 *Karpenstein*, in: Grabitz/Hilf/Nettesheim (Hrsg.), EUV/AEUV, Bd III, 57. EGL 2015, Art. 267 AEUV Rn. 57.

848 *Karpenstein*, in: Grabitz/Hilf/Nettesheim (Hrsg.), EUV/AEUV, Bd III, 57. EGL 2015, Art. 267 AEUV Rn. 58.

849 So geschehen bei der Sanierungsklausel im Steuerrecht. Deutschland hat die Anwendung des § 8c Ia KStG bis zur endgültigen Klärung ausgesetzt und für den Fall

Beruht das Fehlverhalten auf einer unterlassenen Aufhebung eines nachträglich unionsrechtswidrig gewordenen Gesetzes, scheiden Erkundigungen bei der Europäischen Union zumeist aufgrund der Unkenntnis des Mitgliedsstaates von der Kollisionslage aus. Resultiert die Pflichtverletzung auf neu gesetztem Unionsrecht, muss Beachtung finden, dass über den Rat der Europäischen Union als stets mitbeteiligtes Rechtssetzungsorgan auch jeweils ein Vertreter der Mitgliedsstaaten am Normsetzungsverfahren beteiligt ist. Sollte es sich bei dem Vertreter um einen Abgeordneten handeln, vermag sein Sonderwissen ein Verschulden der Legislative zu begründen.[850]

Außerdem rückt eine neu erlassene Vorschrift tendenziell eher in den Fokus der Aufmerksamkeit als eine bereits seit Jahren bestehende Regelung. Auf der anderen Seite muss aber auch Berücksichtigung finden, dass bei neuartigen Fallkonstellationen noch keine gefestigte Rechtsprechung besteht, anhand derer sich die Parlamentarier orientieren können und lange bestehende Regelungen eher als bekannt vorauszusetzen sind.

Insgesamt wird somit ein Schuldvorwurf beim Erlass eines unionsrechtswidrigen Gesetzes, oder der unterlassenen Aufhebung desselbigen – ebenfalls wie bei nationalen Normen – nur bei Offenkundigkeit anzunehmen sein. Eine solche Offensichtlichkeit wird aufgrund der Komplexität der Regelungslage, ohne eine hinweisende Aktivität eines europäischen Organs, nur selten vorliegen, insbesondere in retroperspektivischer Hinsicht.

bb) Fehlerhafte Richtlinienumsetzung

Bei fehlerhafter Richtlinienumsetzung gestaltet sich die Rechtslage hingegen differenziert. Eine unterlassene Richtlinienumsetzung stellt grundsätzlich ein schuldhaftes Verhalten des Gesetzgebers dar.[851] Er verletzt seine Umsetzungspflicht. Dies unterstreicht der EuGH, indem er einen qualifizierten, nach der *Francovich*-Doktrin haftungsauslösenden Rechtsverstoß des Mitgliedsstaates stets in einer unterlassenen Richtlinienumsetzung sieht.[852] Es kann von einer nahezu unwiderlegbaren Vermutung des Verschuldens ausgegangen werden.[853] Dies gilt zumindest in den Fällen, in denen der Gesetzgeber ohne triftigen Grund – etwa Zweifel an der Ver-

---

der erneuten Anwendung bzw. Weiteranwendung in § 34 VIIc KStG a. F. gesetzlich Vorsorge getroffen, s. dazu *Brandis*, in: Blümich (Begr.), EStG, KStG, GewStG, Bd 4, 130. EGL 2015, § 8c KStG Rn. 5.

850 Ähnlich *Lembach*, Grundlagen und Ausgestaltung gemeinschaftsrechtlicher Staatshaftung, 2003, S. 150 f.

851 *Haratsch/König/Pechstein*, Europarecht, 9. Aufl. 2014, Rn. 639; *Detterbeck*, VerwArch 85 (1994), 160 (167) sowie *Geiger*, DVBl 1993, 465 (472).

852 EuGH v. 08.10.1996, Rs. C-178/94 u. a., Slg. 1996, I – 4845, Rn. 26 unter Hinweis auf EuGH v. 19.11.1991, Rs. C-6/90 u. C-9/90, Slg. 1991, I – 5403 ff.

853 *Zenner*, Die Haftung der EG-Mitgliedstaaten für die Anwendung europarechtswidriger Rechtsnormen, 1995, S. 115.

einbarkeit mit Unionsrecht – eine Umsetzung unterlässt. Es besteht stets eine Pflicht zur Umsetzung bis zum Ablauf der Umsetzungsfrist, oder zumindest sich der Thematik anzunehmen und nach rechtlichen Lösungen zu suchen – sei es auch eine Entscheidung des EuGH herbeizuführen. Die Pflicht zur Umsetzung ist durch die Umsetzungsfrist genau bestimmt. Eine reine Untätigkeit stellt immer einen Pflichtenverstoß dar.

Schwieriger beurteilt sich die Rechtslage, wenn der Gesetzgeber diese geprüft hat und einen Umsetzungsakt nicht für notwendig befindet, da er die aktuelle Gesetzeslage als ausreichend erachtet. Diese Fallgruppe ist eher mit der Konstellation der sogleich erörterten nicht hinreichenden Umsetzung einer Richtlinie vergleichbar. Es fehlt an einem reinen schuldhaften Unterlassen.

Der strikte Grundsatz des EuGH im Rahmen des Ersatzanspruches nach der *Francovich*-Rechtsprechung, dass bei unterlassener Richtlinienumsetzung von einem qualifizierten, die Haftung auslösenden Rechtsverstoß auszugehen ist,[854] kann so in seiner Absolutheit nicht vollumfänglich auf die Verschuldensfrage im nationalen Recht übertragen werden. Zum einen ist ein qualifizierter Rechtsverstoß als Haftungselement nicht mit der Voraussetzung des Verschuldens identisch und zum anderen hat sich der Gerichtshof bei der Entwicklung des Haftungsinstitutes stark vom Grundsatz des effet utile leiten lassen.[855] Es muss ein weniger strenger einzelfallbezogener Maßstab angewandt werden für den Fall der bewussten, nachvollziehbaren Nichtumsetzung.

Bei einer bloß mangelhaften Umsetzung ist daher erneut auf einen offenkundigen Verstoß zu verweisen.[856] Allerdings sollten sich die Sorgfaltsanforderungen an den Gesetzgeber erhöhen, da er funktional unionale Gesetzgebungsaufgaben wahrnimmt. Es besteht daher eine besondere Verpflichtung auf die Unionsrechtskonformität zu achten und sich zu vergewissern, ob die Richtlinienumsetzung den Anforderungen genügt.[857] Zudem ist eine Verkennung des unionalen Bezuges bei fehlerhafter Richtlinienumsetzung – zumindest Umsetzungsgesetze betreffend – nur schwerlich denkbar. Dem Parlament sollte stets bewusst sein, dass es im unionsrechtlich determinierten Bereich agiert und erhöhte Sorgfalt an den Tag legen muss.

d) Fazit

Insgesamt kann festgehalten werden, dass ein Verschulden des Gesetzgebers bezüglich vergangenem Fehlverhalten nur aufgrund eines materiell offenkundigen Verstoßes zu begründen ist – mit Ausnahme einer unterlassenen Richtlinienumsetzung in Form der reinen Untätigkeit. Daher wird der Ersatz eines Vertrauensschadens

---

854 EuGH v. 08.10.1996, Rs. C-178/94 u.a., Slg. 1996, I – 4845, Rn. 26 unter Hinweis auf EuGH v. 19.11.1991, Rs. C-6/90 u. C-9/90, Slg. 1991, I – 5403 ff.

855 Zu Letzterem s. Teil 3, Kapitel 10, II., 1.

856 *Detterbeck*, VerwArch 85 (1994), 160 (196).

857 *Giegerich*, EuR 2012, 373 (383).

regelmäßig am fehlenden Verschulden scheitern.[858] Auf die resultierende Folgeproblematik, ob bei einem solchen offenkundigen Verstoß immer noch von einem schutzwürdigen Vertrauen des Bürgers ausgegangen werden kann, soll unter dem Punkt des Mitverschuldens eingegangen werden.

5. Kausalität

a) Allgemeine Anforderungen

Das Kausalitätserfordernis muss üblicherweise wie sonst auch bei deliktischen Ansprüchen in zweierlei Hinsicht bestehen: Zum einen zwischen der Handlung und der Amtspflichtverletzung – zwischen der Abstimmung der Abgeordneten und dem Erlass eines rechtswidrigen Gesetzes – sowie zum anderen zwischen der Amtspflichtverletzung und dem Schaden.

Der Amtshaftungsanspruch weist bei der Kausalitätsermittlung ein Spezifikum auf, bedingt durch sein besonderes, haftungsbegrenzend wirkendes Merkmal des Drittbezuges. Die conditio sine qua non Formel, welche zu einer umfassenden Kausalitätsermittlung führt, bedarf bei anderen deliktischen Ansprüchen der Einschränkung durch Überlegungen der Adäquanz. Beim Amtshaftungsanspruch wird eine weiterreichende Haftungsbegrenzung bereits durch das Erfordernis des Drittbezuges der Amtspflicht erreicht. Daher beschränkt sich die Kausalitätsprüfung auf den haftungsausfüllenden Ursachenzusammenhang zwischen Amtspflichtverletzung und Schaden. Die haftungsbegründende Kausalität zwischen Amtshandlung und Amtspflichtverletzung wird durch die notwendige Drittbezogenheit der Amtspflicht impliziert. Erforderlich ist aber auch im Rahmen des ersten Ursachenzusammenhanges Kausalität im Sinne der conditio sine qua non Formel – Verlauf der Dinge bei pflichtgemäßem Handeln.[859] Im Falle der Haftung des Gesetzgebers weist eine solche Kausalitätsfeststellung aber einige Probleme auf, die für Beschlüsse durch Kollegialorgane spezifisch sind. Zur Korrektur durch eine wertende Betrachtung sei auf die umfassenden Ausführungen *Fetzers* verwiesen.[860]

b) Der Rechtswidrigkeitszusammenhang

Nähere Aufmerksamkeit ist daher der haftungsausfüllenden Kausalität zu widmen. Die Ermittlung erfolgt hier nach den Grundsätzen der Adäquanz. Die Kausalitätsbeziehung muss zwischen der Amtspflichtverletzung, dem Erlass des Gesetzes und dem Schaden bestehen. Bei einer Haftung der Legislative bedarf es aufgrund der

---

858 Aufgrund einer nur selten auftretenden unterlassenen Richtlinienumsetzung hält auch *Papier* den Amtshaftungsanspruch für ungeeignet, um eine Vertrauenshaftung zu beheimaten *Papier*, in: Rixecker/Säcker (Hrsg.), Münchener Kommentar zum Bürgerlichen Gesetzbuch, Bd 6, 6. Aufl. 2013, § 839 Rn. 261.

859 BGHZ 96, 157 (171) m.w.N.

860 *Fetzer*, Die Haftung des Staates für legislatives Unrecht, 1994, S. 11 f.

weiten Haftungsmöglichkeiten einer genaueren Betrachtung. Die Anknüpfung an die Amtspflichtverletzung im Sinne des Erlasses eines rechtswidrigen Gesetzes muss näher spezifiziert werden. Entscheidend ist, dass sich die Grundrechtsverletzung, die zur Rechtswidrigkeit des Gesetzes geführt, im Schaden realisiert hat. Es ist ein Rechtswidrigkeitszusammenhang zwischen der Verletzung des Grundrechts und dem Schaden zu fordern.[861] In Bezug auf die hier untersuchte besondere Konstellation der Rechtswidrigkeit aufgrund eines Unionsrechtsverstoßes bedeutet dies, dass der Schaden aus der grundrechtlichen Verletzung des Vertrauensschutzes entstehen muss.[862]

Bei einem Vertrauensschaden könnte es jedoch an diesem Rechtswidrigkeitszusammenhang fehlen. Der Schaden beruht nicht unmittelbar auf dem unionsrechtswidrigen Gesetz, sondern basiert auf einer Vertrauensbetätigung des Bürgers. Erst seine Dispositionen verursachen die finanziellen Einbußen. Selbst beim Adressaten der europarechtswidrigen Regelung tritt die Beeinträchtigung erst durch eigenverantwortliches Handeln ein. Der Bürger schädigt sich selbst. Selbstschädigende Handlungen können einen ersatzfähigen Schaden nur hervorrufen, wenn der Vertrauenstatbestand einen rechtfertigenden Anlass für die Disposition des Bürgers bot und sich die Reaktion nicht als unangemessen und atypisch darstellt. Ein berechtigter Anreiz besteht, wenn der Vertrauenstatbestand zumindest im Ansatz billigenswerte Motivation zum schädigenden Willensentschluss war.[863] Ein Gesetz bildet eine solch hinreichende Motivationsgrundlage, eigenständig von den gebotenen Rahmenbedingungen Gebrauch zu machen.

Aber nicht nur die Selbstschädigung an sich kann möglicherweise den Ausschluss der Haftung begründen, sondern es bedarf einer näheren Untersuchung, ob der Amtshaftungsanspruch generell auch mittelbare Schädigungen erfasst. Der Amtshaftungsanspruch könnte als seinem Ursprung nach deliktischer Anspruch nur auf unmittelbare Schäden gemünzt sein. Vorliegend besteht jedoch bei wertender Betrachtung ein unmittelbarer Kausalzusammenhang zwischen schadensauslösendem Verhalten und Schaden. Im Zeitpunkt der rechtswidrigen

---

861 *Haverkate*, NJW 1973, 441 (444).

862 Unter Berufung auf das Erfordernis des Rechtswidrigkeitszusammenhanges wird vereinzelt, bei ausschließlich formeller Rechtswidrigkeit des Gesetzes unter Bezugnahme auf den hypothetischen Geschehensverlauf, der Kausalzusammenhang verneint. Der Gesetzgeber sei befugt, das Gesetz mit dem identischen materiellen Inhalt erneut zu erlassen, sodass der Schaden unabhängig von der formellen Rechtswidrigkeit des Gesetzes entstehen werde. Dazu *Schenke*, DVBl 1975, 121 (127 f.). Die alleinige Möglichkeit rechtmäßigen Alternativverhaltens, der Erlass eines inhaltsgleichen aber formell rechtmäßigen Gesetzes als solchem, kann nicht den Kausalverlauf unterbrechen; allenfalls beim Erlass eines formell ordnungsgemäßen Gesetzes mit Rückwirkung – soweit diese verfassungsrechtlich zulässig ist – kann über den Einwand nachgedacht werden.

863 BGH NJW 1980, 2576 (2577); BGHZ 70, 374 (376) aber in Bezug auf administratives Unrecht.

Maßnahme, also dem Erlass oder der Nichtaufhebung des Gesetzes, ist bereits der Schaden – das Vertrauen des Normunterworfenen – angelegt. Es fällt somit nicht mehr ins Gewicht, das zwischen dem haftungsauslösenden Verhalten des Staates und dem Schaden ein Verhalten des Bürgers tritt, welches den Schaden erst auslöst. Es kann dennoch von einer unmittelbaren Schadenszufügung gesprochen werden. Bereits dem Erlass des Gesetzes, oder seiner Nichtaufhebung, war der Schadenseintritt inhärent.

Diese Besonderheiten sind dem Spezifikum des legislativen Unrechts geschuldet. Legislatives Unrecht unterscheidet sich strukturell vom exekutivischen Fehlverhalten, auf das der Amtshaftungsanspruch zugeschnitten ist. Das Gesetz ist durch seine abstrakt-generelle Natur oftmals nur die Grundlage für einen späteren Eingriff, oder schafft nur die notwendige Rechtsordnung samt Rahmenbedingungen für eine funktionsfähige Gesellschaft. Dem Gesetz wohnt daher eine „mittelbare" Schädigung als spezifische Eigenheit inne. Die typischerweise als mittelbare Schäden aus der deliktischen Haftung ausgeschlossenen Schäden haben einen anderweitigen Verursachungsgrund. Sie kennzeichnen sich durch den Eintritt eines weiteren Gliedes in die Schadenskausalkette, welches sich zwischen die schädigende Handlung und das Schadenereignis schiebt. In der Fallkonstellation des legislativen Unrechts fehlt es an einem solchen Dazwischentreten. Die relative Mittelbarkeit des Schadens ergibt sich aus der Natur der Sache. Auch aufgrund dieses Gedankens sollte ein Amtshaftungsanspruch nicht an der „Mittelbarkeit" der Schadensverursachung scheitern.

c) *Fazit*

Aufgrund des wertenden Verständnisses des Ursachenzusammenhanges stellt ein Vertrauensschaden eine kausale Beeinträchtigung dar. Bezüglich der Adäquanz bestehen keine Zweifel, da es vorhersehbar war, dass der Bürger auf die Gesetzeslage vertrauen wird.

Damit kommt auch ein Amtshaftungsanspruch bei einer Schädigung durch Vertrauen auf unionsrechtswidrige Gesetze in Betracht.

6. Schaden

Der Amtshaftungsanspruch liquidiert materielle sowie immaterielle Schäden.[864] Solche Schäden können zweifelsfrei bei einem Vertrauen auf unionsrechtswidrige Gesetz entstehen, besonders häufig werden freilich finanzielle Schäden auftreten. Immaterielle Schädigungen ausgelöst durch ein Vertrauen sind nur schwerlich vorstellbar. Zur spezifischen Problematik eines Schadens im Fall *Honeywell* sei auf die Ausführungen unter Teil 3, Kapitel 10, III., 4. verwiesen.

Teils wird gegen das Vorliegen eines Schadens bei verfassungswidrigen Gesetzen vorgebracht, dass solche Gesetze nichtig seien und damit auch keinen Schaden her-

864 *Cornils/Ossenbühl*, Staatshaftungsrecht, 5. Aufl. 2013, S. 11 f.

vorrufen können.[865] Diese Überlegungen sind jedoch zu undifferenziert. Eine verfassungswidrige Norm ist zwar ex-tunc nichtig und entfaltet daher keine Wirkung, aber der Schein seiner Wirksamkeit führt zur Beachtung und damit zu faktischen Folgen. Diese sind zum Teil nicht einmal rückabwickelbar, man denke etwa an eine Impfpflicht. Dies gilt in gleicher Weise bei lediglich unanwendbaren unionsrechtswidrigen Gesetzen.

Damit kann ein ersatzfähiger Schaden beim Vertrauen auf ein unionsrechtswidriges Gesetz entstehen.

7. Ausschlusstatbestände

a) § 839 Abs. 3 BGB

aa) Rechtsmitteleinlegung bei national verfassungswidrigen Gesetzen

Als relevanter Ausschlussgrund für die Haftung des Staates ist die Pflicht zur Rechtsmitteleinlegung gemäß § 839 Abs. 3 BGB zu nennen.

Als einziger „Rechtsbehelf" unmittelbar gegen formelle Gesetze kommt die Verfassungsbeschwerde, Art. 93 Abs. 1 Nr. 4a GG, in Betracht. Es ist jedoch höchst fraglich, ob § 839 Abs. 3 BGB auch die Einlegung einer Verfassungsbeschwerde gebietet.

Zunächst müsste die Verfassungsbeschwerde Rechtsmittel im Sinne des § 839 Abs. 3 BGB sein, damit ihre Nichteinlegung haftungsausschließende Wirkung zukommt. Die Rechtsprechung versteht unter Rechtsmitteln im Sinne dieser Norm „„jede vom Recht anerkannte Beschwerde an Staatsorgane, die (abstrakt) geeignet ist, einen durch Amtspflichtverletzung verursachten Schaden abzuwenden", sofern diese Beschwerde auch „(konkret) geeignet" ist, „den eingetretenen Schaden abzuwenden""[866].

Die Verfassungsbeschwerde ist ein außerordentlicher Rechtsbehelf und hat eine Sonderstellung im System des Rechtsschutzes.[867] Daraus leiten einige Stimmen ab, dass die Verfassungsbeschwerde kein Rechtsmittel im Sinne des § 839 Abs. 3 BGB sei.[868]

---

865 Etwa *Menger*, VerwArch 49 (1958), 368 (379) dagegen *Vonnahme*, Staatshaftung für Umweltschäden infolge normativen Unrechts, 1994, S. 76 f.

866 *Weber*, Staatshaftung für rechtswidrige Gesetzgebungsmaßnahmen, 1975, S. 62.

867 Schon BVerfGE 1, 332 (344).

868 BGHZ 30, 19 (28), ohne eingehende Begründung. Es handelte sich allerdings um einen Beruhensfall, sodass § 90 II BVerfGG einschlägig war; *Dagtoglou*, in Kahl/Waldhoff/Walter (Hrsg.), Bonner Kommentar zum Grundgesetz, Bd 8, 175. EGL 2015, Art. 34 Rn. 305; *Papier*, in: Rixecker/Säcker (Hrsg.), Münchener Kommentar zum Bürgerlichen Gesetzbuch, Bd 6, 6. Aufl. 2013, § 839 Rn. 331; kritisch hinterfragend: *Weber*, Staatshaftung für rechtswidrige Gesetzgebungsmaßnahmen, 1975, S. 60 ff., 66; a.A. etwa *Schenke*, DVBl 1975, 121 (127); *Fetzer*, Die Haftung des Staates für legislatives Unrecht, 1994, S. 116 sowie ohne nähere Begründung *v. Arnim*, Die Haftung der Bundesrepublik Deutschland für das Investitionshilfegesetz, 1986,

Der Ausnahmecharakter der Verfassungsbeschwerde wird auch durch eine Obliegenheit zur Einlegung gewahrt. Das Bundesverfassungsgericht würde nicht zu einer Superrevisionsinstanz verkommen. Es werden nur Verfassungsbeschwerden gegen Gesetze eingelegt, deren Überprüfung spezifisch dem Gericht obliegt.[869] Auch die Zulässigkeitsvoraussetzung der Rechtswegerschöpfung gemäß § 90 Abs. 2 BVerfGG zur Einlegung einer Verfassungsbeschwerde stellt bei formellen Gesetzen kein Hindernis für die Anerkennung der Verfassungsbeschwerde als Rechtsmittels dar, da gegen diese ohnehin kein Rechtsweg eröffnet ist.

Legt man den Fokus auf den Telos des Vorranges des Primärrechtsschutzes, erscheint es fraglich, ob die Verfassungsbeschwerde dem gerecht werden kann. Der Vorrang des Primärrechtsschutzes ist von dem Gedanken der Schadensvermeidung getragen, nach welchem der Bürger zunächst versuchen soll, den Schaden abzuwehren, bevor er ihn ersetzt verlangt.[870] Eine Haltung „dulde und liquidiere" soll nicht toleriert werden[871], sondern das Credo ist: „Dulde und prozessiere"[872].

Die Tauglichkeit der Verfassungsbeschwerde zur Vermeidung des Schadenseintrittes besteht aber nur begrenzt. Eine Beschränkung ergibt sich in zweierlei Hinsicht:

Zum einen: Eine Besonderheit der Verfassungsbeschwerde gegenüber ordentlichen Rechtsbehelfen liegt in der Klagefrist. Diese ist gemäß § 93 Abs. 3 BVerfGG auf ein Jahr ab dem Zeitpunkt des Inkrafttretens des Gesetzes beschränkt. Diese Frist beginnt damit unabhängig von der Betroffenheit des Bürgers zu laufen. Im verwaltungsgerichtlichen Verfahren berechnet sich die Klagefrist grundsätzlich ab der individuellen Betroffenheit des Bürgers, bei der Anfechtungsklage gegen einen Verwaltungsakt ab Bekanntgabe gegenüber dem Adressaten, § 74 VwGO. Hier hat der Betroffene potenziell immer die Möglichkeit, den belastenden Akt abzuwehren und damit Schäden zu vermeiden. Die Verfassungsbeschwerde bietet diese Möglich-

---

S. 61; *Scheuing*, Haftung für Gesetze, in: Rüttner (Hrsg.), Festschrift für Otto Bachof zum 70. Geburtstag, 1984, S. 343 (358), bejahend ohne nähere Begründung; wohl auch *Speiser*, Ersatzpflicht des Staates bei unmittelbaren Eingriffen durch verfassungswidrige Gesetze, 1974, S. 117 f.; *Vonnahme*, Staatshaftung für Umweltschäden infolge normativen Unrechts, 1994, S. 132 f.; *Ehlers*, JZ 1996, 776 (781).

869 So schon *Kelsen*, VVDStRL 5 (1929), 30 (60); allgemein *Bethge*, in: Maunz/Schmidt-Bleibtreu/Klein/Bethge, Bundesverfassungsgerichtsgesetz, Bd II, 47. EGL 2015, § 90 Rn. 4; in Bezug auf die konkrete Thematik: *Vonnahme*, Staatshaftung für Umweltschäden infolge normativen Unrechts, 1994, S. 132.

870 Nach älterem Verständnis diente § 839 Abs. 3 BGB dem Schutz des Beamten vor seiner persönlichen Haftung s. dazu *Ossenbühl/Cornils*, Staatshaftungsrecht, 6. Aufl. 2013, S. 93 f. sowie *Papier*, in: Rixecker/Säcker (Hrsg.), Münchener Kommentar zum Bürgerlichen Gesetzbuch, Bd 6, 6. Aufl. 2013, § 839 Rn. 320.

871 BVerfGE 58, 200 (322); vgl. BGHZ 56, 57 (63); 98, 85 (91 f.); 113, 17 (22).

872 *Morlok*, Allgemeine Elemente der Einstandspflichten für rechtswidriges Staatshandeln, in: Hoffmann-Riem/Schmidt-Aßmann/Voßkuhle (Hrsg.), Grundlagen des Verwaltungsrechts, Bd III, 2. Aufl. 2013, § 52 Rn. 19.

keit nur für Personen, die innerhalb eines Jahres ab Inkrafttreten der Norm betroffen sind. Damit ist die Geeignetheit zur Schadensvermeidung doch stark begrenzt, sodass die Funktion der Einlegung eines Rechtsmittels nur teilweise erfüllt werden kann. Dennoch liegt zumindest eine Teileignung im Hinblick auf neuere Gesetze vor, sodass der Verfassungsbeschwerde die Tauglichkeit als Rechtsmittel im Sinne von § 839 Abs. 3 BGB nicht aus diesem Gesichtspunkt grundsätzlich abzusprechen ist.

Zum anderen: Die Einlegung eines Rechtsbehelfes gegen einen belastenden Verwaltungsakt hat grundsätzlich aufschiebende Wirkung, § 80 Abs. 1 VwGO. Die Maßnahme der Behörde entfaltet damit vorerst bis zur gerichtlichen Klärung der Rechtmäßigkeit keine Wirkung, Suspensiveffekt. Die Verfassungsbeschwerde weist aber keinen Suspensiveffekt auf – die angegriffene Maßnahme entfaltet weiterhin ihre schädigende Wirkung.

Um diese zu verhindern, besteht allerdings die Möglichkeit einer einstweiligen Anordnung gemäß § 32 BVerfGG.[873] Dabei muss jedoch Beachtung finden, dass die Anordnung der Aussetzung eines Gesetzes strengen Voraussetzungen unterworfen ist und daher wohl nur in seltenen Fällen ergehen wird.[874] Zudem mag es auch Fallkonstellationen geben, in denen nicht einmal eine einstweilige Anordnung den Schadenseintritt verhindern kann.[875] Allerdings ist die Verfassungsbeschwerde auch bezüglich dieses zweiten Gesichtspunktes nicht völlig ungeeignet. Zunächst wird das Ausmaß des Schadens durch die Einlegung der Verfassungsbeschwerde ebenfalls begrenzt. Nur das Bundesverfassungsgericht kann ein rechtswidriges Parlamentsgesetz für nichtig erklären. Das ausschließliche Begehren eines Schadensersatzes, ohne Bestreben das schadensbegründende Ereignis zu beenden und zu beseitigen, ist treuwidrig. Auch wenn sich der Schaden nicht in allen Fällen durch die Verfassungsbeschwerde abwehren lässt, muss zur Vermeidung eines widersprüchlichen Verhaltens, die Erhebung der Verfassungsbeschwerde gefordert werden.

Dem kann auch nicht die mangelnde Steigerung der Prozessökonomie entgegengehalten werden. Es kann nicht abgestritten werden, dass die Zusprechung eines Schadensersatzanspruches aus Amtshaftung die Feststellung der Nichtigkeit der Norm durch das Bundesverfassungsgericht bedarf, welche das Zivilgericht vorab ersuchen muss, Art. 100 GG, und somit das Bundesverfassungsgericht auch während des Amtshaftungsprozesses mit der Materie befasst werden muss. Weder eine Entlastung noch eine Belastung des Gerichts würde durch eine nachherige Prüfung

873 *Graßhof*, in: Maunz/Schmidt-Bleibtreu/Klein/Bethge, Bundesverfassungsgerichtsgesetz, Bd II, 47. EGL 2015, § 32 Rn. 1 ff.

874 St. Rsp. BVerfGE 82, 310 (313); 96, 120 (128 f.); 104, 51 (55) s. zu den Voraussetzungen ausführlich *Graßhof*, in: Maunz/Schmidt-Bleibtreu/Klein/Bethge, Bundesverfassungsgerichtsgesetz, Bd II, 47. EGL 2015, § 32 Rn. 136 ff.

875 Im Falle des Investitionshilfegesetzes hätte die Einlegung einer Verfassungsbeschwerde den Schaden nicht verhindern können. Das Umstellen der Computerprogramme war sofort notwendig und daher bis zur Nichtigkeitserklärung bereits angefallen, so *v. Arnim*, Die Haftung der Bundesrepublik Deutschland für das Investitionshilfegesetz, 1986, S. 61 f.

erfolgen. Wenn mehrere Bürger vorab Verfassungsbeschwerde erheben, kann das Gericht diese Verfahren zusammenführen und falls die Zivilgerichte mehrfach mit einem Schadensersatzanspruch konfrontiert werden, kann das erstangerufene Gericht vorlegen und die weiteren Gerichte das Verfahren bis zur Entscheidung des Bundesverfassungsgerichtes aussetzen analog § 148 ZPO.[876] Dennoch vermag eine frühere Einlegung der Verfassungsbeschwerde und damit einhergehend eine vorzeitige Nichtigkeitsfeststellung den Schaden in zeitlicher Sicht zu begrenzen. Aus der Perspektive der Schadensvermeidung, welche maßgebend ist für den Vorrang des Primärrechtsschutzes – verdeutlicht auch durch die Verankerung im Mitverschuldensprinzip –, ist die Obliegenheit der Einlegung einer Verfassungsbeschwerde geboten.

Die Verfassungsbeschwerde ist als Rechtsmittel im Sinne des § 839 Abs. 3 BGB anzusehen. Es bilden sich zwar einige Problemkreise, die sich aus der Besonderheit der Handlungsform Gesetz und der Natur der Verfassungsbeschwerde ergeben, diese können aber durch das Korrektiv des Verschuldenserfordernisses bezüglich der Nichteinlegung sachgerecht gelöst werden. Es kann beispielhaft die Situation eintreten, dass ein Gesetz für nichtig erklärt wird, entweder durch eine Verfassungsbeschwerde eines anderen Betroffenen, oder sogar durch eine konkrete oder abstrakte Normenkontrolle. Es ist im Rahmen einer Einzelfallbetrachtung zu hinterfragen, ob es dem jeweiligen Betroffenen zumutbar war, selber Verfassungsbeschwerde einzulegen und ob er dies schuldhaft versäumt hat.[877] Diese Erwägungen sind auch dem teilweise vorgebrachten Einwand entgegenzubringen, dass der „gutgläubige" Bürger, der von dem pflichtgemäßen Verhalten des Gesetzgebers – und damit von der Verfassungskonformität des Gesetzes – ausgeht und deshalb keine Verfassungsbeschwerde einlegt, benachteiligt werde.[878] Dieselbe Argumentation kann bei Ablauf der Klagefirst gemäß § 93 Abs. 3 BVerfGG angeführt werden. Nach Ablauf des Jahres ist eine Nichteinlegung der Verfassungsbeschwerde nicht schuldhaft. Die Eigenschaft der Verfassungsbeschwerde als „Rechtsmittel" im Sinne § 839 Abs. 3 BGB vermag dies nicht zu erschüttern.[879]

Neben der Verfassungsbeschwerde kann auch an die Feststellungklage, mit der eine inzidente Überprüfung der Norm erreicht werden kann, als Rechtsmittel gedacht werden. Im Falle eines Parlamentsgesetzes müsste das Gericht das Gesetz

---

876 Keinen Unterschied für die Prozessökonomie sehend: *Weber*, Staatshaftung für rechtswidrige Gesetzgebungsmaßnahmen, 1975, S. 62 f.

877 Bzgl. Anforderungen an das Verschulden *Speiser*, Ersatzpflicht des Staates bei unmittelbaren Eingriffen durch verfassungswidrige Gesetze, 1974, S. 118.

878 *Weber*, Staatshaftung für rechtswidrige Gesetzgebungsmaßnahmen, 1975, S. 65; a.A. *Vonnahme*, Staatshaftung für Umweltschäden infolge normativen Unrechts, 1994, S. 133.

879 Der Kommissionsbericht zum StHG sah auch die Verfassungsbeschwerde als einen Rechtsweg im Sinne des § 5 I StHG an, s. Kommissionsentwurf, in: Der Bundesminister der Justiz/Der Bundesminister des Innern (Hg.), Reform des Staatshaftungsrechts. Kommissionsbericht, 1973, S. 99 Nr. 4.

aber gemäß Art. 100 Abs. 1 GG dem Bundesverfassungsgericht vorlegen. Die Feststellungsklage ist auch nach Ablauf der Jahresfrist des § 93 Abs. 3 BVerfGG noch zulässig. Aufgrund dessen, dass Rechtsbehelfe im Sinne des § 839 Abs. 3 BGB im funktionalen Sinne zu verstehen sind – also nicht nur eine streng prozessuale Betrachtung vorgenommen wird[880] – kommt auch die Feststellungsklage als Rechtsbehelf in Betracht. Die Erhebung der Feststellungsklage wäre sogar vorrangig vor der Einreichung einer Verfassungsbeschwerde zu betreiben, da diese andernfalls unzulässig wäre aufgrund der Missachtung des Subsidiaritätsgrundsatzes.[881] Auch hier muss im Einzelfall das schulhafte Versäumnis überprüft werden, insbesondere die Geeignetheit und Zumutbarkeit dieses Rechtsbehelfes.

bb) Unionsrechtliche Besonderheiten

Die vorstehenden Überlegungen müssen aber aufgrund der besonderen Konstellation, dass die Rechtswidrigkeit der Norm auf einem Unionsrechtsverstoß beruht, auf ihre Übertragbarkeit hin untersucht werden.

Maßgebender Aspekt in Bezug auf unionsrechtliche Sachkomplexe ist die Geeignetheit zur Schadensvermeidung.

Die Unionsrechtswidrigkeit des Gesetzes kann vor dem Bundesverfassungsgericht nicht gerügt werden. Das Bundesverfassungsgericht überprüft die Gesetze nur am Maßstab des Grundgesetzes, Art. 93 Abs. 1 Nr. 4a GG, § 90 BVerfGG. Diese Aufgabe wird dem Europäischen Gerichtshof zuteil. Er entscheidet über die Auslegung des Unionsrechts und damit auch über die Konformität einer nationalen Vorschrift mit dem Unionsrecht.[882] Diese Überprüfung kann im Wege eines Vorabentscheidungsverfahrens, Art. 267 AEUV, vor dem Europäischen Gerichtshof, angeregt durch die nationalen Gerichte, erfolgen. Allerdings stellt der Erlass eines unionsrechtswidrigen Gesetzes, oder die unterlassene Aufhebung einer nachträglich unionsrechtswidrigen Norm, auch einen Verstoß gegen das jeweils betroffene Grundrecht in Verbindung mit dem Grundsatz des Vertrauensschutzes dar (dazu oben unter Teil 2, Kapitel 6, II., 2., b) und c)). Unter Berufung auf die Schaffung eines Vertrauenstatbestandes kann daher dennoch eine Verfassungsbeschwerde eingelegt werden. Im Rahmen dieser Verfassungsbeschwerde ist es entscheidungserheblich, ob die streitige Norm mit dem Europarecht im Einklang steht. Das Bundesverfassungsgericht ist dann verpflichtet, die Entscheidung des EuGH bezüglich der Uni-

880 BGH VersR 1982, 953 (954); BGH VersR 1984, 947 (947); *Papier*, in: Rixecker/Säcker (Hrsg.), Münchener Kommentar zum Bürgerlichen Gesetzbuch, Bd 6, 6. Aufl. 2013, § 839 Rn. 231.

881 § 90 II 2 BVerfGG findet auch beim Subsidiaritätsgrundsatz Anwendung s. *Bethge*, in: Maunz/Schmidt-Bleibtreu/Klein/Bethge, Bundesverfassungsgerichtsgesetz, Bd II, 47. EGL 2015, § 90 Rn. 401.

882 *Karpenstein*, in: Grabitz/Hilf/Nettesheim (Hrsg.), EUV/AEUV, Bd III, 57. EGL 2015, Art. 267 AEUV Rn. 1 ff.; *Wegener*, in: Calliess/Ruffert (Hrsg.), EUV/AEUV, 4. Aufl. 2011, Art. 267 AEUV Rn. 1 f.

onsrechtskonformität im Wege eines Vorabentscheidungsverfahren einzuholen.[883] Damit richtet sich die Verfassungsbeschwerde nicht gegen die Unanwendbarkeit eines Gesetzes aufgrund eines Unionsrechtsverstoßes, sondern gegen die Nichtigkeit basierend auf einem Grundrechtsverstoß. Die Verfassungsbeschwerde stellt somit auch im unional determinierten Rechtsraum einen möglichen Rechtsbehelf im Sinne des § 839 Abs. 3 BGB dar.

Die Einschränkung der Geeignetheit der Verfassungsbeschwerde zur Schadensvermeidung aufgrund der Jahresfrist, § 93 Abs. 3 BVerfGG, wird im europäisch überformten Bereich weniger virulent. Die Jahresfrist kann bei einem nachträglich unionsrechtswidrig gewordenen Gesetz erst ab dem Zeitpunkt seines Unionsrechts – und damit zugleich seines Verfassungsverstoßes – zu laufen beginnen und nicht bereits ab dem Inkrafttreten der Norm.[884] Zudem ist eine Verfassungsbeschwerde gegen die unterlassene Aufhebung der Norm mit der Rechtsprechung des Bundesverfassungsgerichtes solange zulässig, wie die Unterlassung andauert.[885]

Beachtung finden muss jedoch auch, dass der Untersuchung eine Sonderkonstellation zugrunde liegt. Anders als bei einem verfassungswidrigen Gesetz hat der Betroffene kein Interesse an der Aufhebung des Gesetzes, sondern er möchte an der nationalen Rechtslage festhalten. Gerade die Aufhebung des Gesetzes ist die unmittelbar in die Rechte des Bürgers eingreifende Maßnahme. Telos des Vorrangs des Primärrechtsschutzes ist eine Schadensvermeidung. Der Haltung „dulde und liquidiere" ist seit dem *Nassauskiesungs*-Beschluss des Bundesverfassungsgerichtes eine Absage erteilt.[886] Der Schadenseintritt kann hier nicht durch die Aufhebung des Gesetzes vermieden werden, sondern er wird gerade dadurch verursacht.

Aber dennoch erfüllt die Aufhebung des Gesetzes einen schadensmindernden Zweck. Die Einlegung einer Verfassungsbeschwerde ermöglicht die Klärung der Rechtslage. Es wird verhindert, dass über einen noch längeren Zeitraum Dispositionen auf der Grundlage des Gesetzes getroffen werden und der Vermögensschaden sich unnötig weiter vergrößert. Es wäre eine Verhinderung des gesamten Schadens möglich, wenn zwischen dem Zeitpunkt des Eintrittes der Europarechtsrechtswidrigkeit und der Normaufhebung keinerlei Zeit verstreichen würde. Durch Einlegung von einstweiligem Rechtsschutz könnte die Entstehung eines Vertrauensschadens verhindert, oder zumindest stark reduziert werden. Aber es darf nicht außer Acht

---

883 *Wegener*, in: Calliess/Ruffert (Hrsg.), EUV/AEUV, 4. Aufl. 2011, Art 267 ARUV Rn. 26; *Ehricke*, in: Streinz (Hrsg.), EUV/AEUV, 2. Aufl. 2012, Art. 257 AEUV Rn. 43; vgl. auch BVerfGE 52, 178 (201) umfassend zur Vorlagepflicht des BVerfG an den EuGH *Schönemeyer*, Die Pflicht des Bundesverfassungsgerichts zur Vorlage an den Gerichtshof der Europäischen Union gem. Art. 267 Abs. 3 AEUV, 2014.

884 *Ehlers*, JZ 1996, 776 (782).

885 Vgl. BVerfGE 6, 257 (266); 10, 302 (308); 16, 119 (121); 77, 170 (214). Fraglich erscheint, ob diese Rechtsprechung übertragbar ist, da sie im Rahmen von Schutzpflichtverletzungen entwickelt wurde und vorliegend die abwehrrechtliche Dimension der Grundrechte aktiviert wird, dazu unter Teil 2, Kapitel 6, II., 2., d).

886 BVerfGE 58, 200 (322). Vgl. BGHZ 56, 57 (63); 98, 85 (91 f.); 113, 17 (22).

gelassen werden, dass der Normadressat vorliegend keinen belastenden Eingriffsakt abwehrt, sondern sich gegen den Bestand eines Vertrauenstatbestandes richten soll.

Unter Gesichtspunkten der Risikoverteilung liegt die Aufgabe der Beseitigung und Vermeidung von Vertrauenstatbeständen zumindest im gleichen Maße beim Staat.

Die Vertrauenslage unterscheidet sich von der Rechtseinstellung „dulde und liquidiere" aber auch in weiterer Hinsicht. Dies wird verdeutlicht durch die besondere Relevanz des schuldhaften Säumnisses der Nichteinlegung einer Verfassungsbeschwerde. Eine Vertrauenshaftung schließt grundsätzlich ihrer Natur nach schon ein schuldhaftes Versäumnis aus. Ein Vertrauen kann nur entstehen, wenn der Normadressat sich in Unkenntnis von der Unionsrechtswidrigkeit befand. Sobald er von dem Vertragsverstoß wusste, fehlt es ihm an Vertrauen. Einen Rechtsbehelf kann aber nur derjenige einlegen, der von der Verfassungswidrigkeit des Gesetzes ausgeht. Somit wird es regelmäßig an einer schuldhaften Säumnis fehlen, sollte man eine Einlegung der Verfassungsbeschwerde fordern. Ein schutzwürdiges Vertrauen und ein vorwerfbares Unterlassen der Erhebung der Verfassungsbeschwerde können nur in der Situation eintreten, dass der Normunterworfene zwar von der Europarechtswidrigkeit wusste, es ihm aber nicht möglich war auf die Inanspruchnahme der gesetzlichen Regelung zu verzichten.

Insgesamt kommt die schuldhaft säumige Einlegung der Verfassungsbeschwerde, in diesen unionsrechtlich geprägten Rechtslagen, aufgrund der Besonderheiten einer Vertrauenshaftung nur selten in Betracht.[887]

Die Verfassungsbeschwerde erweist sich als ungeeignet zur Schadensvermeidung im Zusammenhang mit fehlerhafter Richtlinienumsetzung. Anknüpfungspunkt ist ein Verstoß des Gesetzgebers gegen das Gebot der Normklarheit und des Vertrauensschutzes (s. dazu oben Teil 2, Kapitel 6, II., 2., f)). Auch in diesen Fallkonstellationen vertraut der Bürger auf den Norminhalt und sieht keine Notwendigkeit, eine Verfassungsbeschwerde zu erheben. Es kommt sogar noch erschwerend hinzu, dass auch bei nicht hinreichender Umsetzung durch den Mitgliedsstaat und einer Feststellung der Verletzung des Grundsatzes des Vertrauensschutzes durch den Gesetzgeber der Vertrauensschaden nicht ausbleibt. Die Judikative ist auch bei intransparenter legislativer Richtlinienumsetzung zur richtlinienkonformen Auslegung – im Rahmen innerstaatlicher Methodenlehre – unionsrechtlich verpflichtet. Der Schaden würde auch bei begründeter Verfassungsbeschwerde durch die richterliche Auslegung eintreten. Im Zusammenhang mit einer fehlerhaften Richtlinienumsetzung erweist sich die Verfassungsbeschwerde daher als untauglich zur Schadensvermeidung.

cc) Fazit

Insgesamt weist § 839 Abs. 3 BGB keine tragende Relevanz auf. Als „Rechtsmittel" kommt nur die Verfassungsbeschwerde in Betracht bei Vertrauensschäden, die auf unionsrechtswidrigen Gesetzen beruhen, besteht zwar eine generelle Eignung zur Schadensverminderung. Aufgrund des Vertrauens des Normunterworfenen kann

887 Selbiges gilt auch für die Einlegung einer Feststellungsklage.

aber regelmäßig keine schuldhafte Nichteinlegung begründet werden. Bei fehlerhafter Richtlinienumsetzung besteht hingegen keine schadensmindernde Wirkung.

Das Erfordernis des Primärrechtsschutzes fügt sich nicht nur schwerlich in die nationale Dogmatik einer Haftung für legislatives Unrecht ein, sondern verstärkt seine Inkompatibilität noch unter Einfluss des Europarechts.

b) Mitverschulden

Ein Ausschluss der Haftung oder zumindest eine anteilige Reduktion kommt auch in Betracht, wenn dem Geschädigten ein Mitverschulden am Schadenseintritt zur Last fällt, § 254 BGB analog. Das Mitverschulden weist im Rahmen einer Vertrauenshaftung eine besondere Virulenz auf. Der Vertrauensschutz soll als Aspekt des Mitverschuldens verstanden werden,[888] obwohl die Rechtsprechung ihn regelmäßig beim Merkmal der Drittgerichtetheit der Amtspflicht zu diskutieren pflegt oder in die Ausgestaltung der Amtspflichten miteinbezieht.[889]

Der Gesetzgeber haftet nur für offenkundige Unionsrechtsverstöße (dazu oben unter Teil 2, Kapitel 6, II., 4., b) und c)). Es bedarf daher einer Untersuchung, ob eine solche Offenkundigkeit des Verstoßes mit einem Ausschluss des Vertrauens korreliert. Eine Ersichtlichkeit des Verstoßes für den Gesetzgeber kann jedoch nicht mit einem für den Bürger offenkundigen Verstoß, der zu einer Zerstörung des schutzwürdigen Gesetzesvertrauens führen kann, gleichgesetzt werden. Es sind unterschiedliche Sorgfaltsanforderungen an Parlamentarier und den Bürger oder Unternehmer zu richten. Der Maßstab ist in Bezug auf den Abgeordneten freilich denkbar höher. Dem Bürger fehlt es an den parlamentarischen Nachforschungsmöglichkeiten und zudem auch an den grundgesetzlichen Pflichten. Es ist nicht die verfassungsmäßige Aufgabe des Normadressaten, die Rechtskonformität von Gesetzen zu überprüfen. Der Normadressat darf solange auf das Gesetz vertrauen, bis das Vertrauen positiv zerstört wird (dazu oben ausführend Teil 1, Kapitel 4, II.).

---

888 Umfassend und kritisch zu dem Streit: *Küch*, Vertrauensschutz durch Staatshaftung, 2003, S. 43 ff.; ebenfalls dazu aber eher im Überblick *Middendorf*, Amtshaftung und Gemeinschaftsrecht, 2001, S. 44 ff. Bzgl. der Möglichkeit einer Feststellungsklage zur Schadensvermeidung im Falle *Brasserie*: *Ehlers*, JZ 1996, 776 (780 f.).

889 Die Amtspflicht wird dabei unter Beachtung des Vertrauens ausgeformt und damit das abstrakte Vertrauen bereits auf seine Ersatzfähigkeit hin überprüft. Die Schutzwürdigkeit des konkreten Vertrauens wird bei der Drittbezogenheit verortet. Der Schutzzweck der verletzten Amtspflicht bestand nicht gegenüber dem Dritten, wenn er nicht in schutzwürdiger Weise vertraut hat. Im Überblick *Küch*, Vertrauensschutz durch Staatshaftung, 2003, S. 44 f. Zumindest die Schutzwürdigkeit des Vertrauens ist vorzugswürdiger beim Mitverschulden zu integrieren, welches auch eine flexiblere Handhabung der Rechtsfolge ermöglicht. Zu den Nachteilen der Lösung vom BGH s *Küch*, Vertrauensschutz durch Staatshaftung, 2003, S. 49 ff. sowie *Middendorf*, Amtshaftung und Gemeinschaftsrecht, 2001, S. 45 f. sowie 50 ff.

Damit ein solch evidenter Verstoß vorliegt, dass ein Bürger nicht mehr vernünftigerweise an die Rechtmäßigkeit glauben kann, bedarf es gewichtiger Anhaltspunkte. Bloße wage Zweifel können keinesfalls ausreichend sein. Denkbar wäre es etwa, dass eine breite öffentliche Diskussion entsteht über die Europarechtskonformität der Norm. Diese hätte auch den einzelnen Bürger auf die rechtliche Problematik aufmerksam machen können, exemplarisch: Vereinbarkeit einer Pkw-Maut für EU-Ausländer mit Unionsrecht. Aber auch bei einer öffentlichen Debatte müssen zweierlei Aspekte Berücksichtigung finden. Zum einen erscheint es bereits fraglich, inwieweit dem Bürger eine Informationspflicht über politische und rechtliche Kontroversen obliegen soll. Auch der politisch nicht interessierte Bürger verdient Schutz seines Gesetzesvertrauens. Zum anderen könnte ein strengerer Maßstab bei Unternehmern anzulegen sein, da diese über weitreichendere Informationsquellen verfügen und es zu ihrem geschäftsmäßigen Interessenskreis gehört, sich über die rechtlichen Rahmenbedingungen in Kenntnis zu setzen. Es ist daher geboten, die Sorgfaltsanforderungen je nach Adressatenkreis zu kalibrieren.[890] Aber auch die unternehmerischen Anforderungen bleiben hinter denen der Legislative zurück.

Dabei darf jedoch nicht aus dem Auge gelassen werden, dass nicht nur auf einen Verwaltungsakt vertraut wurde, sondern auf den rückwirkenden Bestand eines Gesetzes. Ein Gesetz regelt die rechtlichen Rahmenbedingungen für die wirtschaftliche Tätigkeit des Betroffenen und dieser ist darauf angewiesen, innerhalb dieses Rahmens zu agieren. Er hat oftmals keine Möglichkeit, eine rechtliche Vorschrift „unberührt" zu lassen und nicht mit ihr in Kontakt zu kommen. Er ist, wenn er nicht auf ein wirtschaftliches Agieren verzichten kann, gezwungen, auf Basis der Rechtslage zu handeln (dazu oben unter Teil 1, Kapitel 4, III., 2.). In einem solchen Fall kann selbst bei Kenntnis von der Unionsrechtswidrigkeit kein Mitverschulden begründet werden, da keine Möglichkeit bestand, den Schaden zu vermeiden.

Daher trifft den Normadressaten regelmäßig kein Mitverschulden, auch bei einem offenkundigen Verstoß des Gesetzgebers gegen europarechtliche Vorgaben.[891] Die Sorgfaltsanforderungen Privater bleiben deutlich hinter denen des Gesetzgebers zurück. Nur in Ausnahmefällen kann von einem Mitverschulden ausgegangen werden, wenn für den betroffenen Personenkreis eine evidente Erkennbarkeit vorlag und es ihm zumutbar war von der Betätigung des Gesetzesvertrauens abzusehen.

III. Gesamtergebnis zum Amtshaftungsanspruch

Der Amtshaftungsanspruch ermöglicht nach tradierter Auffassung der Rechtsprechung keine Integration einer Haftung für das Vertrauen auf unionsrechtswidrige Gesetze in das national bestehende Haftungssystem. Der Drittbezug

890 Vgl. *Ossenbühl/Cornils*, Staatshaftungsrecht, 6. Aufl. 2013, S. 90 f.

891 Ebenso *Giegerich*, EuR 2012, 373 (384); a.A. *Rosenkranz*, Die Beschränkung der Rückwirkung von Entscheidungen des Europäischen Gerichtshofs, 2015, S. 506, 513; *Karpenstein/Johann*, NJW 2010, 3405 (3406).

einer Amtspflichtverletzung bei legislativem Unrecht wird immer noch von der Judikative abgelehnt, trotz erdrückender Gegenargumente, denen sich mittelweile wohl auch die überwiegenden Stimmen aus dem Schrifttum angeschlossen haben. Aber auch das Verschuldenserfordernis, welches auf eine persönliche Beamtenhaftung zugeschnitten ist, erweist sich aufgrund seiner sehr restriktiven Handhabung als integrationsfeindliches Merkmal. Insgesamt hat sich gezeigt, dass der Amtshaftungsanspruch seiner Natur nach nicht für eine Haftung für legislatives Unrecht geschaffen ist. Strukturell ist dieses Institut für den Ausgleich individueller Schädigungen konzipiert. Eine Ausdehnung des Tatbestandes auf legislatives Unrecht würde den Anspruch denaturieren.[892] § 839 BGB ist auf exekutivisches Unrecht zugeschnitten – eine Haftung für Legislativakte ist dem Anspruch wesensfremd.[893]

Dies tritt durch den unionsrechtlichen Bezug der Vertrauenshaftung nur noch deutlicher ans Tageslicht. Die Grenzen verfassungsrechtlich zulässiger richterrechtlicher Rechtsfortbildung würden mit einer Integration der Haftung für legislatives Unrecht im Rahmen des Amtshaftungsanspruches erreicht, wenn nicht sogar überschritten.[894] Zudem lässt das für verfassungswidrig erklärte Staatshaftungsgesetz aus dem Jahre 1981, welches keine generelle Haftung für legislatives Unrecht vorsah, den entgegenstehenden Willen des Gesetzgebers in Bezug auf eine Haftung für nichtige Gesetze erkennen. Ein Ersatzanspruch bedarf damit einer speziellen, neuen gesetzlichen Regelung.

---

892 *Jaenicke*, VVDStRL 20 (1963), 135 (150); *Eckert*, Die Haftung des Staates bei nichtigen Gesetzen und Verordnungen, 1973, S. 103 ff.; *Bender*, Staatshaftungsrecht, 2. Aufl. 1974, Rn. 657; *Boujong*, Staatshaftung für legislatives und normatives Unrecht in der neueren Rechtsprechung des Bundesgerichtshofes, in: Faller/Kirchhof/Träger (Hrsg.), Festschrift für Willi Geiger zum 80. Geburtstag, 1989, S. 430 (434); ähnlich auch *Luhmann*, Öffentlich-rechtliche Entschädigung rechtspolitisch betrachtet, 1965, S. 127; *Stern*, VVDStRL 20 (1963), 246 (271); *Jaenicke*, VVDStRL 20 (1963), 135 (149).

893 Ebenso *Hösch*, DÖV 1999, 192 (197); *Steinberg/Luhberger*, Aufopferung – Enteignung und Staatshaftung, S. 303; *Oldiges*, Der Staat 15 (1976), 381 (386 f.); *Stern*, VVDStRL 20 (1963), 246 (271); *Albers*, Die Haftung der Bundesrepublik Deutschland für die Nichtumsetzung von EG-Richtlinien, 1995, S. 191 ff.; *Lange*, Grundrechtsbindung des Gesetzgebers, 2010, S. 366; vgl. auch *Eckert*, Die Haftung des Staates bei nichtigen Gesetzen und Verordnungen, 1973, S. 104; *Boujong*, Staatshaftung für legislatives und normatives Unrecht in der neueren Rechtsprechung des Bundesgerichtshofes, in: Faller/Kirchhof/Träger (Hrsg.), Festschrift für Willi Geiger zum 80. Geburtstag, 1989, S. 430, 434; *Bender*, Staatshaftungsrecht, 2. Aufl. 1974, Rn. 657; a.A. *Fetzer*, Die Haftung des Staates für legislatives Unrecht, 1994, S. 119 ff.

894 So auch *Ossenbühl/Cornils*, Staatshaftungsrecht, 6. Aufl. 2013, S. 106; *Reinert*, in: Bamberger/Roth (Hrsg.), Beck'scher Online-Kommentar BGB, 38. EGL 2015, § 839 Rn. 62.

Kapitel 7 Ansprüche aus dem Aufopferungsgedanken

Nachdem festgestellt wurde, dass sich eine Integration der Haftung für das Vertrauen auf unionsrechtswidrige Gesetze in den Amtshaftungsanspruch schweren dogmatischen Inkompatibilitäten ausgesetzt sieht, soll nun untersucht werden, ob Institute, die auf dem Aufopferungsgedanken beruhen, eine Vertrauenshaftung beheimaten können.

Die Darstellung wird anhand des Anspruches aus enteignungsgleichem Eingriff erfolgen, jedoch auch an einigen Stellen auf den aufopferungsgleichen Eingriff hinweisen und zum Institut des enteignenden Eingriffs abgrenzen.

I. Der enteignungsgleiche Eingriff

Das Haftungsinstitut des enteignungsgleichen Eingriffs,[895] welches seine Rechtsgrundlage seit dem *Nassauskiesungs*-Beschluss des Bundesverfassungsgerichtes[896] in §§ 74, 75 Einl. ALR in seiner richterrechtlich geprägten Ausformung findet, könnte ein taugliches Haftungsinstrument für eine Rechtswidrigkeitshaftung sein. Der enteignungsgleiche Eingriff ist gegenüber dem Amtshaftungsanspruch insoweit weitreichender, als er auch schuldlose, rechtswidrige Eingriffe erfasst.[897] Damit ergeben sich nicht die oben thematisierten Schwierigkeiten des Nachweises eines Verschuldens der Parlamentarier. Eine Entschädigung für legislatives Unrecht auf der Grundlage des Anspruches für enteignungsgleiche Eingriffe sieht sich – im Gegensatz zu einer Haftungsbegründung aus Amtshaftung – vermehrt grundlegenden Argumenten gegen eine Einstandspflicht der Legislative ausgesetzt.[898] Die Erörterung dieser grundlegenden Bedenken soll allerdings erst

895 Entwickelt in BGHZ 6, 270 ff. auf der Grundlage von RGZ 140, 276 ff.

896 BVerfGE 58, 300 ff.

897 BGHZ 7, 296 (298); 13, 88 (92); dazu *Heidenhain*, Amtshaftung und Entschädigung aus enteignungsgleichem Eingriff, 1965, S. 70 ff.; *Ossenbühl/Cornils*, Staatshaftungsrecht, 6. Aufl. 2013, S. 260 ff. sowie *Ossenbühl/Cornils*, Staatshaftungsrecht, in: Canaris/Heldrich u. a. (Hrsg.), 50 Jahre Bundesgerichtshof, Bd III, 2000, S. 887 (902).

898 *v. Arnauld* geht in seinem Beitrag VerwArch 93 (2002), 394 (404 ff.) weiter. Er bezweifelt, dass das Institut überhaupt einen Anwendungsbereich hat. Bei einer materiellen Verfassungswidrigkeit der Norm, die auf einer unverhältnismäßigen Sozialbindung des Eigentums beruht, seien alle Fälle über das Institut der ausgleichspflichtigen Inhalts- und Schrankenbestimmung zu regeln, um den Entscheidungsspielraum des Gesetzgebers zu wahren. Ein Anwendungsfeld sei damit nur bei formeller Verfassungswidrigkeit des Gesetzes eröffnet, allerdings nur in Fällen eines begrenzten Adressatenkreises. Zur Frage der Existenz des enteignenden Eingriffs *Ossenbühl/Cornils*, Staatshaftungsrecht, 6. Aufl. 2013, S. 326 ff.

im Anschluss an die Behandlung des enteignungsgleichen Eingriffes in einem selbstständigen Abschnitt erfolgen, da diese auch einer Haftung de lege ferenda entgegenstehen könnten. Daher wird folgend zunächst das Augenmerk auf die Darstellung der spezifischen Problematik im Bereich der Haftungsvoraussetzungen des enteignungsgleichen Eingriffs gelegt. Dabei steht insbesondere das Merkmal des Sonderopfers im Fokus.

Auf gesonderte Ausführungen zum Vertrauensschaden, hervorgerufen durch richtlinienkonforme Rechtsfortbildung, wird in diesem Abschnitt verzichtet. Es ergeben sich keine Erkenntnis gewinnenden Besonderheiten.

II. Ausgangspunkt der Rechtsprechung des BGH

Dem besseren Verständnis geschuldet wird dennoch bereits an dieser Stelle ein knapper Überblick über die Rechtsprechung gegeben. Der BGH vertrat zunächst den Standpunkt,[899] dass auch ein förmliches Gesetz eine Haftung aus enteignungsgleichem Eingriff auslösen könne.[900] Diese Haltung gab der BGH jedoch bald unter Hinweis auf die richterliche Entwicklung des Instituts und damit verbundene Bedenken bezüglich einer Überschreitung der Gewaltenteilung auf. Es werde die Haushaltsprärogative des Gesetzgebers durch unübersehbare finanzielle Folgen gefährdet. Zudem stehen diverse Lösungsmöglichkeiten für eine Haftung zur Wahl, sodass der Gesetzgeber über die genaue Umsetzung entscheiden müsse, um dessen Gestaltungsfreiheit zu wahren. Die Grenze richterrechtlicher Rechtsfortbildung sei überschritten. Eine Erstreckung der Haftung auch auf förmliche Gesetze sowie auf rechtswidrige Maßnahmen, deren Fehlerhaftigkeit auf den Mangel der Ermächtigungsgrundlage zurückzuführen ist (Beruhensakte), sei daher nicht zulässig.[901] Die gegen das Urteil erhobene Verfassungsbeschwerde,[902] welche nicht zur Entscheidung angenommen wurde, brachte keine neuen Erkenntnisse. Zwar wurde in der Entscheidung des BGH, eine Haftung aus enteignungsgleichem Eingriff abzulehnen, keine Verletzung spezifischen Verfassungsrechts gesehen. Dies ist aber wenig aussagekräftig vor dem Hintergrund, dass der Prüfungsmaßstab des Gerichts bei Rüge des Art. 101 Abs. 1 S. 2 GG auf eine reine Will-

899 Unter Aufgabe der Rsp. des RGZ 156, 305, (310 ff.); BGHZ 9, 83 (86–88).

900 BGHZ 56, 40 (42) unter grds. Ausschluss von Unterlassens-Fällen.

901 BGHZ 100, 136 (145 ff.) auch in Bezug auf eine Haftung für untergesetzliche Normen, die aufgrund rechtswirksamer Ermächtigungsgrundlage ergangen sind; BGHZ 102, 350 (358 ff.); BGH NJW 1989, 101 (102); BGHZ 111, 349 (353): Es werden keine Beruhensakte vom enteignungsgleichen Eingriff erfasst, nur untergesetzliche Normen, die an einem eigenen Fehler leiden.

902 BVerfG(K) v. 13.11.1987, 1 BvR 739/87, betont nur noch, dass weder aus den materiellen Grundrechten noch aus dem Sinnzusammenhang der verfassungsrechtlichen Grundrechtsgewährleistungen ein Anspruch auf Entschädigung abgeleitet werden kann.

kürkontrolle beschränkt ist.[903] Daher stellt eine Ablehnung der Haftung zwar keinen Verstoß gegen Verfassungsrecht dar, hieraus kann aber nicht gefolgert werden, dass eine Haftung verfassungsrechtlich unzulässig wäre.

Für untergesetzliche Normen wie Rechtsverordnungen und Satzungen erkennt der BGH hingegen eine Haftung an, soweit sie einen eigenständigen, nicht auf dem ermächtigenden Parlamentsgesetz beruhenden Fehler aufweisen.[904]

III. Tatbestandliche Voraussetzungen des Institutes

1. Geschützte Rechtspositionen

a) Allgemeine Anforderungen

Entschädigungsansprüche getragen vom Aufopferungsgedanken setzen stets die Verletzung spezifischer Rechtspositionen voraus. Der enteignungsgleiche Eingriff schützt vor hoheitlichen Eingriffen in das Eigentum sowie vom Eigentumsbegriff miterfasster vermögenswerter Rechtspositionen, Schutzbereich des Art. 14 GG.[905] Der aufopferungsgleiche Eingriff ermöglicht den Ersatz solcher Schäden, die aus einem Eingriff in Leben, Gesundheit oder Freiheit resultieren.[906] Mittlerweile wird erneut eine Erweiterung auf alle grundrechtlich geschützten nichtvermögenswerten Rechtspositionen erwogen, insbesondere in Hinblick auf die Verletzung der Berufsfreiheit, Art. 12 GG.[907] Dies wurde jedoch jüngst noch vom BGH, unter Beibehaltung seiner Rechtsprechungslinie, abgelehnt.[908]

Die klassischen Schutzgüter des aufopferungsgleichen Eingriffs werden wohl kaum je bei einer Vertrauenshaftung relevant werden. Unmittelbare Eingriffe in Leib oder Leben durch ein Gesetz sind praktisch selten,[909] ebenso wie Freiheitsbeeinträchtigungen. Es bedarf regelmäßig eines Vollzugsaktes, um diese

---

903 *Maunz*, in: Maunz/Dürig (Begr.), Grundgesetz, Bd VI, 75. EGL 2015, Art. 101 Rn. 42 ff.

904 BGHZ 100, 136 (147) und BGHZ 102, 350 (359) räumten die Haftungsmöglichkeit ein. In Bezug auf Verordnungen: BGHZ 78, 41 (43); 111, 349 (352 f.); BGH DVBl 1993, 718 (719). In Bezug auf Bebauungspläne: BGHZ 92, 34 (36 f.). Dazu vor allem *Ossenbühl/Cornils*, Staatshaftungsrecht, 6. Aufl. 2013, S. 284; *Papier*, in: Maunz/Dürig (Begr.), Grundgesetz, Bd II, 75. EGL 2015, Art. 14 Rn. 694.

905 BGHZ 90, 17 (21 f.); 92, 34 (45 f.); 102, 350 (361).

906 BGHZ 65, 196 (206); BVerfG(K) NVwZ 1998, 271 (272).

907 *Ossenbühl/Cornils*, Staatshaftungsrecht, 6. Aufl. 2013, S. 134 f.; *Papier*, in: Maunz/Dürig (Begr.), Grundgesetz, Bd II, 75. EGL 2015, Art. 14 Rn. 673; *Detterbeck/Windtlwrst/Sproll*, Staatshaftungsrecht, 2000, S. 313 f.; *Ossenbühl*, Neuere Entwicklungen im Staatshaftungsrecht, 1981, S. 21 f.; wohl befürwortend auch *Maurer*, JZ 1971, 38 (39).

908 BGH v. 22.09. 2011, III ZR 217/10, Rn. 8.

909 So auch *Weber*, Staatshaftung für rechtswidrige Gesetzgebungsmaßnahmen, 1975, S. 84 im Bezug auf den nationalen Bereich.

Einwirkungen vorzunehmen.[910] Zudem kommt hinzu, dass bei den vorliegend untersuchten Fallkonstellationen eine Sachlage vorliegen muss, in der ein Eingriff in Leib, Leben oder Freiheit durch den nationalen Gesetzgeber erfolgt und das Unionsrecht einen intensiveren Eingriff gefordert hätte. Ein für die Untersuchung bedeutsamer Sachverhalt kann sich nur aus dieser Vergleichsvorteilssituation ergeben. Im Bereich individueller Rechte werden sich aber unterschiedliche Wertungen der Rechtsgüter nur seltenst anfinden, die es erst ermöglichen, dass eine Situation entsteht, in der ein Gesetz zwar verfassungskonform, aber unionsrechtswidrig ist. Außerdem wird ein Vertrauensschaden in der Form eines Eingriffs in Leib oder Leben kaum jemals praktische Relevanz aufweisen.[911] Die kennzeichnenden Fälle der Schaffung einer Vertrauensgrundlage, die der Bürger als Grundlage für seine Dispositionen ausnutzt, bewegen sich vornehmlich im wirtschaftlichen Bereich.

Daher sollen sich die Ausführungen darauf konzentrieren, ob derartige Vertrauensschäden eine von Art. 14 GG geschützte Rechtsposition darstellen können.[912]

Aufgrund der Vielfältigkeit möglicher relevanter Sachverhalte widmet sich die Untersuchung den klassischen Streitfragen des Vermögensschutzes und des eingerichteten und ausgeübten Gewerbebetriebs, die eine spezifische Virulenz aufweisen.

Das Vermögen als solches wird zwar von Art. 14 GG nach traditioneller, wenn auch umstrittener Auffassung, nicht geschützt. Es bedarf jedoch einer näheren Betrachtung, ob es sich bei den möglichen Schäden um einen solchen nicht ersatzfähigen reinen Vermögensschaden handelt, oder um einen Eingriff in eine vom Betroffenen mit dem Vermögen geschaffene Rechtsposition. Dabei können etwa Sachwerte oder Forderungen aufgrund des Vertrauens erlangt worden sein, die vom Eigentumsbegriff des Art. 14 GG umfasst sind. Denkbar ist auch ein Eingriff in den eingerichteten und ausgeübten Gewerbebetrieb. Diese beiden Positionen werden auch vor dem Hintergrund der ursprünglich wirtschaftsrechtlichen Ausrichtung des Unionsrechts – auch wenn diese immer weiter in den Hintergrund tritt – besondere Bedeutung aufweisen.

b) Eingriff in eine von Art. 14 GG geschützte Rechtsposition

Die vom Betroffenen im Vertrauen auf die gesetzliche Regelung getroffenen Handlungen und geschaffenen Positionen müssen vom enteignungsgleichen Eingriff geschützte Werte darstellen. Es werden zunächst generelle Aussagen in Bezug auf den

---

910 Dies zeigt auch das Beispiel der Impfschäden. Streng genommen handelt es sich nicht um einen unmittelbaren Eingriff durch Gesetz, sondern erst der Arzt führt die Impfung durch, BGHZ 9, 83 ff.

911 Bei einer Vertrauenshaftung entstehe stets nur ein Vermögensschaden so *Middendorf*, Amtshaftung und Gemeinschaftsrecht, 2001, S. 32.

912 Vgl. *Maurer*, Staatshaftung im europäischen Kontext, in: Ebenroth (Hrsg.), Festschrift für Karlheinz Boujong zum 65. Geburtstag, 1996, S. 591 (610).

Schutz des eingerichteten und ausgeübten Gewerbebetriebs sowie des Vermögens getroffen, im Anschluss erfolgt eine spezifische Analyse des dieser Untersuchung zugrunde liegenden Falls *Honeywell*.

aa) Eingerichteter und ausgeübter Gewerbebetrieb

Der Schutz des eingerichteten und ausgeübten Gewerbebetriebs von der grundrechtlichen Eigentumsgarantie ist traditionell umstritten.[913] Ob diesem Gewerbebetrieb über die Summe seiner einzelnen von Art. 14 GG umfassten Bestandteile hinaus noch als solcher Schutz zukommen soll, wird uneinheitlich beurteilt.[914] Das Bundesverfassungsgericht äußerte im Laufe der Zeit Bedenken, ohne eine klare Position einzunehmen.[915] BGH[916] und Bundesverwaltungsgericht[917] erkennen die Rechtsfigur in ständiger Rechtsprechung an. Die wohl herrschende Ansicht im Schrifttum plädiert – zu Recht – ebenfalls für einen Schutz. Der besondere Wert

---

913 Zur Thematik s. *Kellenberger*, Der verfassungsrechtliche Schutz des eingerichteten und ausgeübten Gewerbebetriebs, 1999; *Papier*, in: Maunz/Dürig (Begr.), Grundgesetz, Bd II, 75. EGL 2015, Art. 14 Rn. 95 ff.; *Büchs*, Handbuch des Eigentums- und Entschädigungsrechts, 3. Aufl. 1996, Rn. 498 ff.; *Waschull*, Das Unternehmen im engeren Sinne als verfassungsrechtliches Eigentum, 1999, S. 147 ff.; *Badura*, AöR 98 (1973), 153 ff.; *ders.* Der Eigentumsschutz des eingerichteten und ausgeübten Gewerbebetriebes gegenüber der staatlichen Intervention im Bereich der Wirtschaft, in: Wilke (Hrsg.), Festschrift zum 125-jährigen Bestehen der Juristischen Gesellschaft zu Berlin, 1984, S. 1 ff.; *Engel*, AöR 118 (1993), 171 ff.

914 Bejahend: *Badura*, AöR 98 (1973), 153 ff.; *Depenheuer*, Entwicklungslinien des verfassungsrechtlichen Eigentumsschutzes, in: v. Danwitz/Depenheuer/Engel (Hrsg.), Bericht zur Lage des Eigentums, 2002, S. 111 (178 ff.); *Hofmann*, in: Schmidt-Bleibtreu/Hofmann/Henneke (Hrsg.), GG, 13. Aufl. 2014, Art 14 Rn. 16; *Wiendt*, in: Sachs (Hrsg.), GG, 7. Aufl. 2014, Art. 14 Rn. 47 ff.; *Maurer*, JZ 1971, 38 (39); *Nüßgens/Boujong*, Eigentum, Sozialbindung, Enteignung, 1987, Rn. 76 ff.; *Michael/Morlok*, Grundrechte, 5. Aufl., 2015, Rn. 383; *Schoch*, Jura 1990, 140 (142); *Boujong*, Zu den enteignungsrechtlichen Schutzgrenzen des eingerichteten und ausgeübten Gewerbebetriebes nach der Rechtsprechung, in: Bruchhausen u. a. (Hrsg.), Festschrift für Rudolf Nirk zum 70. Geburtstag, 1992, S. 61 ff.; *Ehlers*, VVDStRL 51 (1992), 211 (215); kritisch etwa *Meyer-Abich*, Der Schutzzweck der Eigentumsgarantie, 1980, S. 78 ff.; *Kutschera*, Bestandsschutz im öffentlichen Recht, 1990, S. 38 f. Ablehnend: *Berkemmm*, in: Umbach/Clemens (Hrsg.), Grundgesetz, Bd I, 2002, Art 14 Rn. 146; wohl auch *Wieland*, in: Dreier (Hrsg.), Grundgesetz Kommentar, Bd I, 3. Aufl. 2013, Art. 14 Rn. 62 ff.

915 Wohl noch bejahend etwa BVerfGE 1, 264 (277 f.); 13, 225 (229); später ausdrücklich offen gelassen BVerfGE 51, 193 (221 f.); 66, 116 (145); 68, 193 (222 f.); jüngst etwa in BVerfG(K) NJW 2005, 589 (590).

916 BGHZ 111, 349 (356); s. bezüglich Nachweise, *Ossenbühl/Cornils*, Staatshaftungsrecht, 6. Aufl. 2013, S. 176 Fn. 128.

917 BVerwGE 81, 49 (54); s. bezüglich Nachweise *Ossenbühl/Cornils*, Staatshaftungsrecht, 6. Aufl. 2013, S. 176 Fn. 128.

eines Betriebes erschöpft sich nicht in der Gesamtheit seiner Sachgüter, sondern ist geprägt durch die Zusammensetzung der Mittel und ihr Zusammenspiel.[918]

Geschützt werden von Art. 14 GG aber nicht der Fortbestand äußerer Bedingungen der gewerblichen Tätigkeit, bloße Chancen und rechtliche oder faktische Gegebenheiten. Eine Veränderung der allgemeinen Rahmenbedingungen und der äußeren Umstände muss daher entschädigungsrechtlich unbeachtlich bleiben, auch wenn diese das Erliegen des Betriebs zur Folge haben. Rahmenbedingungen sind nicht zu den Bestandteilen des Gewerbebetriebes zu zählen.[919] Dem eigentumsrechtlichen Schutz unterliegt nur die Substanz des Betriebs samt seiner eigenen Erscheinungsform, wie etwa dem Kundenstamm oder ähnliche geschäftliche Verbindungen.[920] Der Eingriff muss zielgerichtet, unmittelbar betriebsbezogen erfolgen.

Es soll sogleich anhand des Falles *Honeywell* untersucht werden, ob ein Eingriff in den eingerichteten und ausgeübten Gewerbebetrieb bei einem legislativen Verstoß gegen das Unionsrecht möglich ist.

bb) Schutz des Vermögens

Soweit im Einzelfall die Frage nach dem Schutz vor Eingriffen in das Vermögen aufkommen sollte, sei darauf verwiesen, dass nach tradierter Ansicht[921] das „Vermögen als solches" nicht geschützt wird.[922] Eine Steuerauferlegung soll nicht an Art. 14 GG

---

918 Für die herrschende Meinung etwa *Leisner*, Eigentum in: Isensee/Kirchhof (Hrsg.), Handbuch des Staatsrechts der Bundesrepublik Deutschland, Bd VIII, 3. Aufl. 2010, § 173 Rn. 199 f.; *Badura*, AöR 98, (1873), 153 (1565); *Ossenbühl/Cornils*, Staatshaftungsrecht, 6. Aufl. 2013, S. 177 f.; differenzierend *Dietlein*, in: Stern (Hrsg.) Das Staatsrecht der Bundesrepublik Deutschland, Bd IV/1, 2006, S. 2191 ff.

919 Dazu ausführlich *Dietlein*, in: Stern (Hrsg.), Das Staatsrecht der Bundesrepublik Deutschland, Bd IV/1, 2006, S. 2191 ff.; *Badura*, AöR 98 (1997), 153 (168 f.); *Papier*, in: Maunz/Dürig (Begr.), Grundgesetz, Bd II, 75. EGL 2015, Art. 14 Rn. 100 f. sowie *Krohn*, Die Bedeutung der Rechtsposition in der neuen Rechtsprechung des Bundesgerichtshofs zur Eigentumsentschädigung, in: Faller u. a. (Hrsg.), Festschrift für Willi Geiger zum 80. Geburtstag, 1989, S. 417 (426 f.); S. dazu auch BGHZ 65, 241 (247); 133, 265 (270).

920 Etwa BGHZ 23, 157 (162 ff.); 45, 150 (155); 78, 41 (44); 111, 349 (356); Überblick über Fälle, in denen die Rsp. einen Eingriff in den Gewerbebetrieb angenommen hat bei *Kessler*, DRiZ 1967, 374 (374).

921 *Papier*, in: Maunz/Dürig (Begr.), Grundgesetz, Bd II, 75. EGL 2015, Art. 14 Rn. 160 ff.; *Berkemmm*, in: Umbach/Clemens (Hrsg.), Grundgesetz, Bd I, 2002, Art. 14 Rn. 195; *Hofmann*, in: Schmidt-Bleibtreu/Hofmann/Henneke (Hrsg.), GG, 13. Aufl. 2014, Art. 14 Rn. 13; *Windt*, in: Sachs (Hrsg.), GG, 7. Aufl. 2014, Art. 14 Rn. 38; *Wieland*, in: Dreier (Hrsg.), Grundgesetz Kommentar, Bd I, 3. Aufl. 2013, Art. 14 Rn. 65 ff.

922 St. Rsp. des 1. Senates: BVerfGE 4, 7 (17); 75, 108 (154); 95, 267 (300); mit Ausnahme bei Erdrosselungssteuer BVervGE 6, 247 (266 ff.) sowie BVerfGE 14, 221 (241 f.); 108, 186 (233). Dahingegen der 2. Senat, der Art. 14 GG für möglicherweise eröffnet hält: BVerfGE 93, 121 (137 ff.); 115, 97 (112 f.).

zu messen sein.[923] Einzelne konkrete vermögenswerte Rechtspositionen wie etwa Forderungen genießen hingegen Schutz[924], oder wenn die Steuerpflichten an den Bestand des Hinzuerworbenen anknüpfen.[925]

Relevante Vertrauensschäden können jedoch durch eine reine Auferlegung einer Steuerpflicht gegenüber dem Betroffenen grundsätzlich nicht entstehen. Belastende Geldleistungspflichten, die wieder – unionsrechtlich gefordert – aufgehoben werden müssen, stellen keine nachteilige Sachlage dar, an deren Verfestigung für den Steuerpflichtigen ein Interesse bestehen könnte. Von haftungsrechtlicher Bedeutung sind hingegen Steuervorteile. Gewährt das nationale Recht etwa Unternehmen Steuervergünstigungen, die aufgrund ihres Charakters als Beihilfe von der Kommission für mit dem Unionsrecht unvereinbar erklärt werden und daher rückwirkend aufzuheben sind, kann ein Vertrauensschaden entstehen. Eine Steuerrückzahlung stellt jedoch keinen Eingriff in Art. 14 GG dar.[926]

Ebenfalls nachteilig könnte sich eine Steueraufhebung in einem Mehrpersonenverhältnis auswirken. Wenn die Steuerpflicht gegenüber einem Dritten bestand und dies den Konkurrenten Wettbewerbsvorteile verschafft hat, auf deren Bestand er vertraut und als Geschäftslage eingerichtet hat, mag sich die rückwirkende Aufhebung der Steuerpflicht nachteilig auswirken und einen Vertrauensschaden begründen. Dies stellt aber nicht zwingend nur einen nicht schutzwürdigen Eingriff in das Vermögen dar, sondern kann auch durch die Disposition geschaffene verfestigte Rechtspositionen tangieren. Ein Eingriff in den eingerichteten und ausgeübten Gewerbebetrieb wird im Ergebnis wohl aber an der geforderten Zielgerichtetheit und der Unmittelbarkeit scheitern.

Die Relevanz einer Vermögenseinbuße in der Gestalt eines Vertrauensschadens ist damit gering. Die meisten Fälle stellen sich – wenn überhaupt – als ein Eingriff in den eingerichteten und ausgeübten Gewerbebetrieb oder anderer verfestigter Rechtspositionen dar.

cc) Ersatzfähiger Schaden im Fall Honeywell

Die soeben gewonnenen Erkenntnisse sollen folgend – zum Teil – auf den dieser Arbeit zugrunde liegenden Fall *Honeywell* übertragen werden. Die Rechtssache *Honeywell* basierte auf einer begünstigenden Norm, die aber bereits seit ihrem Inkraft-

923 Zum Schutz des Vermögens s. etwa: *Kirchhof*, in: Abgaben als Grundrechtsbeeinträchtigung, in: Merten/Papier (Hrsg.), Handbuch der Grundrechte in Deutschland und Europa, Bd III, 2009, § 59 Rn. 41 ff., der einen Vermögensschutz befürwortet sowie *Kirchhof*, Die Steuern, in: Isensee/Kirchhof (Hrsg.), Handbuch des Staatsrechts der Bundesrepublik Deutschland, Bd V, 3. Aufl. 2007, § 118 Rn 117 ff.; *Kirchhof*, VVDStRL 39 (1981), 213 (231 ff.); *Waldhoff*, Verw 2008, 259 (277 ff.); *Papier*, Der Staat 11 (1972), 483 ff.; sehr ausführlich auch *Dietlein*, in: Stern (Hrsg.), Das Staatsrecht der Bundesrepublik Deutschland, Bd IV/1, 2006, S. 2200.

924 BVerfGE 45, 142 (179).

925 BVerfGE 115, 97 (112); s. dazu *Dietlein*, in: Stern (Hrsg.), Das Staatsrecht der Bundesrepublik Deutschland, Bd IV/1, 2006, S. 2203 ff., 2205 f.

926 *Papier*, in: Maunz/Dürig (Begr.), Grundgesetz, Bd II, 75. EGL 2015, Art. 14 Rn. 165.

treten mit dem Unionsrecht konfligierte. Die streitige Regelung sah eine Ausnahme von dem allgemeinen Grundsatz nach § 14 TzBfG vor, gemäß dem Arbeitsverträge nicht grundlos befristet werden dürfen. Nach § 14 Abs. 3 S. 4 TzBfG a.F. konnten Arbeitnehmer ab einem Alter von 52 Jahren nur aufgrund ihres Alters befristet eingestellt werden, wodurch ältere Arbeitssuchende wieder leichter in den Arbeitsmarkt integriert werden sollten. Diese Regelung verstößt aber gegen den allgemeinen unionsrechtlichen Rechtsgrundsatz der Altersdiskriminierung und war damit unionsrechtswidrig (zum Fall auch Teil 1, Kapitel 1, I., 2., a)).

Der Arbeitgeber wurde durch die Unanwendbarkeit der Norm aus dem Teilzeitbefristungsgesetzes an der Geltendmachung seiner vertraglichen Vereinbarungen gegenüber dem Abreitnehmer gehindert. Die Unanwendbarkeit des § 14 Abs. 3 S. 4 TzGfG a.F. führte zu einem Fortbestand des Arbeitsvertrages ohne Befristung. Die Befristungsabrede ist wegen Verstoßes gegen § 14 TzGfG und damit § 134 BGB nichtig. Aufgrund der besonderen Interessenlage im Arbeitsverhältnis findet § 139 BGB keine Anwendung, sodass als Rechtsfolge nur eine Teilnichtigkeit des Arbeitsvertrages eintritt. Der Arbeitgeber hat damit ein unbefristetes Arbeitsverhältnis begründet und kann das Arbeitsverhältnis nicht wie ursprünglich vereinbart nach Ablauf der Befristung beenden.

Das Bundesverfassungsgericht untersuchte den Vertrauensschaden unter dem Gesichtspunkt eines Verstoßes gegen das Rechtsstaatsprinzip, Art. 20 Abs. 3 GG, in Verbindung mit dem betroffenen Grundrecht. Vorliegend erachtete der Senat die Vertragsfreiheit in beruflicher Hinsicht, hergeleitet aus Art. 12 Abs. 1 GG, als betroffen.[927] Art. 12 GG stellt keine vom enteignungsgleichen oder aufopferungsgleichen Eingriff erfasste Rechtsposition dar. Ein Entschädigungsanspruch scheint daher de lege lata nicht möglich zu sein. Es sollen aber dennoch weiterreichende Überlegungen angestellt werden, ob nicht zugleich auch ein Eingriff in den eingerichteten und ausgeübten Gewerbebetrieb besteht, der eine Entschädigung aus enteignungsgleichem Eingriff ermöglichen könnte.

Es muss abgegrenzt werden zwischen „all (... dem), was in seiner Gesamtheit den wirtschaftlichen Wert des konkreten Gewerbebetriebes ausmacht“[928] und damit zum eingerichteten und ausgeübten Gewerbebetrieb als betriebszugehörig zählt (etwa den Betrieb bildende Sach- und Rechtsgesamtheit, die gesamte Erscheinungsform und den Tätigkeitskreis, die geschäftlichen Verbindungen und Beziehungen, den Kundenstamm[929]) und Änderungen der rechtlichen Rahmenbedingungen, die außerhalb des Betriebs stehen.[930] Der BGH hat etwa die Aufrechterhaltung eines Schutzzolles als nicht zum Gewerbebetrieb zugehörig angesehen, da sich nicht der Wert des Betriebes als solcher daran messe, sondern nur für die Bemessung des Unternehmerrisikos bedeutsam sei.[931] Ebenfalls abgelehnt als Eingriff in die Ei-

927 BVerfGE 126, 266 (313).
928 BGHZ 45, 83 (87) unter Hinweis auf BGHZ 23, 157 (163).
929 BGHZ 45, 83 (87).
930 BGHZ 45, 83 (87).
931 BGHZ 45, 83 (87).

gentumsgarantie wurden aufgrund dieser Erwägungen die gesetzliche Einführung der Altersbeschränkung für Filme aus Gründen des Jugendschutzes,[932] Änderungen der StVZO, die eine Anpassung der Produktion erforderlich machten[933] sowie die Einführung eines gesetzlichen Rauchverbotes in Gaststätten.[934] Das Vertrauen auf den Fortbestand der Rechtslage und eine Einrichtung der Produktion hierauf werden nicht geschützt.[935]

Bei isolierter Betrachtung der gesetzlichen Normierung der vertraglichen Beziehungen zwischen Arbeitgeber und Arbeitnehmer erweist sich diese als eine bloße äußere Rahmenbedingung, auf die sich alle Unternehmen einstellen müssen. Allerdings entsteht hier der Schaden nicht durch die Regelung an sich, sondern durch das Vertrauen auf die Wirksamkeit dieser Regelung. Die obigen Ausführungen, ein Vertrauen in den Fortbestand der Rechtslage sei nicht geschützt, passen vorliegend nicht. Das Vertrauen bezieht sich nicht auf den Fortbestand der Rechtslage, sondern auf den rückwirkenden Bestand derselben. Es ist zu untersuchen, ob diese Retroperspektivität eine andere Bewertung des Falls gebietet.

Zunächst gibt der BGH selber Hinweise, dass ausnahmsweise Vertrauensschutzerwägungen zu einer abweichenden Bewertung führen können. So führt dieser im Schutzzollfall aus, dass eine andere Wertung geboten sei, „wenn durch die besonderen Umstände des Falles ein Vertrauenstatbestand geschaffen worden wäre, aufgrund dessen ein Unternehmer sich auf das Weiterbestehen des Schutzzolles hätte verlassen dürfen, etwa wenn er durch Bundesregierung unter Hinweis auf das Bestehen eines Schutzzolles zu erhöhten Aufwendungen und Investitionen veranlasst worden wäre"[936]. In dieser besonderen Situation wird sogar das Vertrauen für die Zukunft als Eigentumsposition geschützt. Dies muss erst recht für das rückwirkende Vertrauen gelten. Zum einen ist der Verbindlichkeitsgrad eines Gesetzes wohl um ein Vielfaches höher als die Zusage der Bundesregierung, zum anderen konnte durch die wirtschaftliche Betätigung des Vertrauens schon eine gesicherte Rechtsposition erworben werden, die nicht mehr als bloße Chance oder Erwartung zu begreifen ist. In diese Rechtspositionen kann durch die rückwirkende Aufhebung der Norm eingegriffen werden. Es werden nicht nur die wirtschaftlichen Rahmenbedingungen geändert, sondern Bestandteile des Unternehmens tangiert. Durch diese Zeitspanne der Vertrauensbetätigung wird ermöglicht, dass aus den ursprünglichen Rahmenbedingungen wirtschaftlichen Handelns verfestigte Rechtspositionen des Betriebes werden. So gestaltet sich die Sachlage auch im Fall *Honeywell*. Die Sach- und Personalmittel sind besonderer Bestandteil des Unternehmens und es wird in den Betrieb als wirtschaftlichen Organismus eingegriffen, wenn der

932 BGH NJW 1964, 769 f.
933 BGH NJW 1968, 293 f.
934 BVerfGE 121, 317 (344 f.).
935 BGH NJW 1964, 769 (770); BGH NJW 1968, 293 (293 f.).
936 BGHZ 45, 83 (87 f.) wiederholend durch BGH NJW 1968, 293 (294) begründet auf BGHZ 25, 266 ff., der einen Eingriff aufgrund des Vertrauensgesichtspunktes annahm. S. auch *Badura*, AöR 98, 53 (169 f.).

Gewerbebetriebsinhaber daran gehindert wird, von der von ihm aufgebauten und aufrechterhaltenen Organisation sachlicher und persönlicher Mittel bestimmungsgemäßen Gebrauch zu machen.[937]

Es liegt damit aufgrund der besonderen Vertrauenskonstellationen auch ein Eingriff in den eingerichteten und ausgeübten Gewerbebetrieb vor.[938] Eine Entschädigung aus enteignungsgleichem Eingriff kommt somit in Betracht.

dd) Zwischenfazit

Durch die Zerstörung des Vertrauens auf ein unionsrechtswidriges Gesetz kann in eine von Art. 14 GG geschützte Rechtsposition eingegriffen werden. Vermögensschäden werden zwar nur selten Bedeutung gewinnen, aber möglicherweise gezielte und unmittelbare Beeinträchtigungen des eingerichteten und ausgeübten Gewerbebetriebes.

2. Rechtswidriger Eingriff des Staates in die geschützte Rechtsposition

a) Allgemeine Bedenken

In diese geschützten Rechtspositionen müsste der Staat auch eingegriffen haben damit ein Entschädigungsanspruch aus enteignungsgleichem Eingriff ausgelöst werden kann. Der Eingriffsbegriff war ursprünglich gekennzeichnet durch das Merkmal der Finalität. Ein hoheitlicher Eingriff lag demnach nur dann vor, wenn dieser gezielt erfolgt ist, also wissentlich und willentlich gegen vermögenswerte Rechte einzelner Personen gerichtet war. Das Finalitätskriterium hatte jedoch zur Folge, dass Fälle, die für entschädigungswürdig gehalten wurden, bei konsequenter Anwendung des Kriteriums entschädigungslos blieben. Der BGH wandelte das Kriterium der Finalität in das Unmittelbarkeitserfordernis um,[939] damit sind gegebenenfalls auftretende Probleme im Rahmen des Merkmales der Unmittelbarkeit zu erörtern.

Das Vorliegen eines Eingriffs bei legislativem Unrecht wurde aber vereinzelt aus anderweitigen Gründen abgelehnt. Es mangele an einer rechtlichen Zwangslage, durch die ein hoheitlicher Eingriff gekennzeichnet sei. Das rechtswidrige Gesetz sei anders als der rechtswidrige Verwaltungsakt nicht wirksam, sondern nichtig. Daher könne es keinen hoheitlichen Eingriff darstellen.[940] Allerdings geht zumindest eine faktische Zwangswirkung von dem Gesetz aus, da der Bürger von der Wirksamkeit ausgeht. Die sich ergebende psychologische Zwangslage lässt der

937 Vgl. BGH NJW 1967, 1857 (1857); *Papier*, in: Maunz/Dürig (Begr.), Grundgesetz, Bd II, 75. EGL 2015, Art. 14 Rn. 100.
938 A.A. wohl *Giegerich*, EuR 2012, 373 (385).
939 So schon seit BGHZ 28, 310 (313); 37, 44 (47).
940 Diese Bedenken teilend *Hochgürtel*, Die staatliche Haftung für rechtswidrig getätigte und unterlassene Normsetzung, 2000, S. 75 f.

BGH konsequenterweise zur Begründung eines Eingriffs ausreichen.[941] Es bestehen somit keine tragenden Argumente, die einen Eingriff bei legislativem Unrecht ausschließen. Weitreichendere Überlegungen müssen aber bei einer Anknüpfung an das gesetzgeberische Unterlassen der Aufhebung des unionsrechtswidrigen Gesetzes angestellt werden.

b) Sonderproblem: Unterlassen

Auch im Rahmen des enteignungsgleichen Eingriffs stellt sich – in Fällen einer nachträglich mit dem Unionsrecht kollidierenden Norm – die Problematik eines Eingriffs durch Unterlassen. Der Verstoß gegen eine Rechtspflicht ist nicht nur für den Amtshaftungsanspruch maßgebend (s. oben unter Teil 2, Kapitel 6, II., 2., d)), sondern auch für das Institut des enteignungsgleichen Eingriffs.[942]

Die Rechtsprechung erkennt eine vollumfängliche Gleichsetzung eines positiven Handelns mit einem Unterlassen nicht an. Eine Enteignung durch Unterlassen sei grundsätzlich nicht möglich. Dies sei mit dem Charakter des Art. 14 GG als Bestandsschutzgarantie nicht vereinbar.[943] Eine Ausnahme müsse jedoch gemacht werden, wenn das Unterlassen seiner Wirkung nach einem Eingriff in den Rechtskreis des Betroffenen gleichkomme. Ein solches „qualifiziertes" Unterlassen könne einen „Eingriff" darstellen.[944]

Diese Überlegungen sind getragen von dem Gedanken, dass Art. 14 GG nur bestehende Rechte schützt und im Falle des Unterlassens aufgrund desselbigen noch keine Rechte bestehen können. Nur Eingriffe in Rechtspositionen, die einem Rechtssubjekt schon zustehen, seien erfasst.[945]

Dem ist jedoch in mehrfacher Hinsicht entgegenzutreten.[946] Zum einen sind Rechtspositionen, auf die ein Anspruch besteht, bereits in den Kreis der Betroffenen

---

941 Vgl. BGHZ 24, 45 (46 f.); *Ossenbühl/Cornils*, Staatshaftungsrecht, 6. Aufl. 2013, S. 139 f.

942 Dazu ein gelungener Überblick *Ossenbühl/Cornils*, Staatshaftungsrecht, 6. Aufl. 2013, S. 308 ff.

943 Schon BGHZ 12, 52 (56); 118, 253 (260 f.); 120, 124 (132). Ein Eingriff durch Unterlassen ablehnend *Eckert*, Die Haftung des Staates bei nichtigen Gesetzen und Verordnungen, 1973, S. 141 ff.

944 BGHZ 32, 208 (211); 56, 40 (42); 102, 350 (364); 118, 253 (260 f.); 120, 124 (132). Diese Unterscheidung kritisierend: *Höfling*, VVDStRL 61 (2002), 260 (277); *Schoch*, Verw 34 (2001), 261 (283); *Papier*, Jura 1981, 65 (71); *Vonnahme*, Staatshaftung für Umweltschäden infolge normativen Unrechts, 1994, S. 224 f.: *Schenke/Guttenberg*, DÖV 1991, 945 (947).

945 Vgl. ferner *Papier*, in: Rixecker/Säcker (Hrsg.), Münchener Kommentar zum Bürgerlichen Gesetzbuch, Bd 6, 6. Aufl. 2013, § 839 Rn. 44 f. m.w.N.; *Papier*, Jura 1981, 65 (71).

946 S. zu weiteren Kritik etwa *Löwer*, Staatshaftung für unterlassenes Verwaltungshandeln, 1979, S. 130 ff.; *Schenke*, NJW 1991, 1777 (1788); *Schoch*, Jura 1990, 140 (145).

übergegangen und können damit zu ihrem Bestand gezählt werden. Es geht folglich nicht nur um die Versagung des Begehrten, sondern um den Entzug eines bestehenden Anspruches.[947] Zum anderen setzt die Voraussetzung „Beeinträchtigung einer Rechtsposition, die von Art. 14 GG geschützt wird" stets das Vorliegen eines „qualifizierten" Unterlassens voraus, da diese den Eingriff in den Kreis des Betroffenen impliziert.[948]

Aber auch, wenn man der Argumentationslinie des BGH folgt, ergibt sich für den hier untersuchten Fall kein anderes Ergebnis. Durch die besondere Situation eines Vertrauensschadens liegen bereits verfestigte Rechtspositionen vor, in die eingegriffen wurde. Der Fall ist nicht mit einem „schlichten" Unterlassen, also mit einem reinen Untätigbleiben vergleichbar, sondern mit der Konstellation einer Versagung einer Baugenehmigung[949] – wenn man von dem grundlegenden Unterschied absieht, dass es sich um legislatives Unrecht handelt. Es wird zudem die abwehrrechtliche Funktion aktiviert, sodass jeder Verstoß zugleich einen Eingriff in eine konkrete Rechtsposition darstellt (dazu auch oben schon unter Teil 2, Kapitel 6, II., 2., d)).[950]

Bei einer Haftung für Legislativakte biete es sich jedoch auch grundsätzlich nicht an, an die hinreichende Qualifikation des Unterlassens anzuknüpfen. Die bei administrativem Unrecht vorgenommene Unterscheidung zwischen schlichtem Unterbleiben und förmlicher Ablehnung ließe sich zwar auch auf das Gesetzgebungsverfahren übertragen, kann aber nicht als zweckdienlich angesehen werden. Es käme der Unterscheidung zwischen der schlichten Ablehnung der Einbringung eines Gesetzesentwurfs und der qualifizierten Ablehnung durch einen ablehnenden Beschluss des Bundestages gleich.

Entscheidend ist vielmehr, ob eine Rechtspflicht zum Handeln besteht.[951] Diese ist maßgebend im Bereich der Staatsunrechtshaftung.[952] Dies erkennt wohl auch der BGH und stellt bei seinen Erwägungen zum qualifizierten Unterlassen im

---

947 *Vonnahme*, Staatshaftung für Umweltschäden infolge normativen Unrechts, 1994, S. 224 f.; *Luhmann*, Öffentlich-rechtliche Entschädigung rechtspolitisch betrachtet, 1965, S. 113.

948 So auch *Ossenbühl/Cornils*, Staatshaftungsrecht, 6. Aufl. 2013, S. 310.

949 In diesen Fällen nimmt der BGH ein „qualifiziertes" Unterlassen an BGH NJW 1980, 387 (387); BGHZ 65, 182 (186), dazu auch sogleich nochmal.

950 Ebenfalls gegen die Heranziehung der Schutzpflichtenkonstellation, allerdings mit anderer Argumentation *Detterbeck*, VerwArch 95 (1994), 160 (171 f.).

951 *Wöstmann*, in: Staudinger (Begr.), BGB, 15. Aufl. 2012, § 839 Rn. 461; *Ossenbühl/Cornils*, Staatshaftungsrecht, 6. Aufl. 2013, S. 309 f.; *Menger*, VerwArch. 63 (1972), 81 (82); *Morlok*, Allgemeine Elemente der Einstandspflichten für rechtswidriges Staatshandeln, in: Hoffmann-Riem/Schmidt-Aßmann/Voßkuhle (Hrsg.), Grundlagen des Verwaltungsrechts, Bd III, 2. Aufl. 2013, § 52 Rn. 90; *Schoch*, Verw 34, 261 (283); wohl auch *Vonnahme*, Staatshaftung für Umweltschäden infolge normativen Unrechts, 1994, S. 224; *Luhmann*, Öffentlich-rechtliche Entschädigung rechtspolitisch betrachtet, 1965, S. 112 f.; a.A. *Nüßgens/Boujong*, Eigentum, Sozialbindung, Enteisenung, 1987, Rn. 420.

952 *Ossenbühl*, JZ 1994, 786 (787).

Waldschaden-Urteil auf das Kriterium einer Rechtspflicht zum Handeln ab.[953] Neuerdings hat der BGH aber auch explizit das Kriterium der Rechtspflicht neben der ursprünglichen Formel erwähnt.[954]

Im Ergebnis besteht daher kein Unterschied zwischen einem Amtshaftungsanspruch durch Unterlassen und einem Anspruch aus enteignungsgleichem Eingriff. Maßgeblich ist jeweils die Handlungspflicht. Bezüglich der Konkretisierungsproblematik sowie bezüglich der Begründung einer Rechtspflicht sei auf obige Ausführungen (unter Teil 2, Kapitel 6, II., 2., d)) verwiesen[955].

Es kann daher auch beim enteignungsgleichen Eingriff an ein Unterlassen angeknüpft werden.[956]

3. Unmittelbarkeit

a) Allgemeine Anforderungen

Das Unmittelbarkeitskriterium, welches nun an die Stelle des Finalitätserfordernisses rückt, um auch zufällige Beeinträchtigungen erfassen zu können,[957] wird nicht nur beim enteignungsgleichen, sondern auch beim aufopferungsgleichen Eingriff gefordert.

Als Eingriff soll nach dem BGH bereits dann eine Beeinträchtigung gelten, wenn „von der Eigenart einer hoheitlichen Maßnahme unmittelbar Auswirkungen auf das Eigentum im Sinne des Enteignungsrechts ausgehen".[958] Um eine Annäherung des enteignungsgleichen Eingriffs an einen Haftungstatbestand der allgemeinen Gefährdungshaftung zu verhindern, ergänzte die Rechtsprechung den Tatbestand um das Kriterium der Unmittelbarkeit, welches eine restriktive Auslegung erfährt und fortan eine haftungsbegrenzende Funktion einnimmt.[959]

Das Unmittelbarkeitserfordernis wurde von einer Kausalitätsbetrachtung, im Sinne des letzten Verursachungsbeitrages, weiterentwickelt zu einer wertenden Betrachtung der Zurechnung von Schadensfolgen, der Zuordnung von Risiko-

953 BGHZ 102, 350 (364 f.). Auch schon in einer früheren Entscheidung, BGHZ 56, 40 (42 ff.), ist der BGH stillschweigend davon ausgegangen, dass es nur auf die Rechtspflicht zum Handeln ankommen kann. Er stellt wohl auch auf die Rechtspflicht ab, aber verwendet den Begriff nicht, sondern verbleibt bei der alten Formel.

954 BGHZ 125, 27 (39), den Gedanken aufgreifend OLG Karlsruhe MDR 2010, 1117 (1118) unter Bezugnahme auf BGHZ 102, 350 (364 f.).

955 Zur Notwendigkeit der Konkretisierung s. auch *Ladeur*, DÖV 1986, 445 (449).

956 A.A. Bei einer fehlerhaften Richtlinienumsetzung fehle es an einem qualifiziertem Unterlassen so *Maurer*, Staatshaftung im europäischen Kontext, in: Ebenroth (Hrsg.), Festschrift für Karlheinz Boujong zum 65. Geburtstag, 1996, S. 591 (608 f.). Er bezieht sich jedoch nicht auf das Transparenzgebot als Pflichtwidrigkeit.

957 S. dazu *Ossenbühl/Cornils*, Staatshaftungsrecht, 6. Aufl. 2013, S. 300 f.

958 BGH NJW 1964, 104 (104) wiederum Hinweise auf BGHZ 28, 310 (313); 37, 44 (47) dazu auch allgemein *Wagner*, NJW 1966, 569 ff.

959 *Ossenbühl/Cornils*, Staatshaftungsrecht, 6. Aufl. 2013, S. 301.

sphären.[960] Maßgebend ist die „Eigenart der hoheitlichen Maßnahme“[961] und das typische Resultieren der Gefahrenlage aus derselben. Die von der hoheitlichen Handlung ausgehende spezifische Gefahr muss zu schädigenden Auswirkungen geführt haben.[962] Es darf nicht „ein ganz außerhalb der hoheitlichen Maßnahme liegendes, selbständiges Ereignis erst den Schaden ausgelöst habe(n)“[963]. Kennzeichnend ist eine spezifische Risikoerhöhung – ein Sonderrisiko – in Abgrenzung zum allgemeinen Lebensrisiko, welches ohnehin schon aus anderweitigen Gründen besteht[964]

b) Besonderheiten bei unionsrechtswidrigen Gesetzen

Nun sollen diese Überlegungen auf die hier zu untersuchende besondere Konstellation einer Haftung für das Vertrauen auf unionsrechtswidrige Gesetze übertragen werden.

Entscheidend ist damit: Wohnt dem Erlass eines unionsrechtswidrigen Gesetzes sowie der unterlassenen Aufhebung spezifisch die Gefahr inne, dass es zu einem Vertrauensschaden kommt? Eine eindeutige Beurteilung ist schwerlich möglich, da es sich um ein wertendes Kriterium handelt und selbst der BGH höchst inkonsequent urteilt.[965]

Mit der Linie der Rechtsprechung und insbesondere vor dem Hintergrund der haftungsbegrenzenden Funktion des Merkmales „Unmittelbarkeit“ wird wohl eine Haftung aus enteignungsgleichem Eingriff abgelehnt werden mit der Argumentation, dass eine rückwirkende Änderung der Rechtslage, wenn diese rechtlich zulässig ist, in den Bereich des allgemeinen Lebensrisikos fällt und nicht spezifisch durch die Handlung – Erlass oder unterlassene Anpassung des Gesetzes – in der Gestalt eines Sonderrisikos der Normbetroffenen bedingt ist. Zudem könnte angeführt werden, dass es einer weiteren Zwischenursache bedurfte zum Eintritt der Schädigung: Tätigung einer Vertrauenshandlung.[966]

Allerdings erkennt auch der BGH in zahlreichen Fällen einen unmittelbaren Eingriff an, obwohl die schädigende Handlung nicht das letzte Glied der Ursachenkette darstellte.[967]

---

960 BGHZ 125, 19 (21); *Ossenbühl/Cornils*, Staatshaftungsrecht, 6. Aufl. 2013, S. 302.
961 BGHZ 92, 34 (41); 102, 350 (358). Vgl. auch BGHZ 100, 335 (338).
962 *Papier*, in: Maunz/Dürig (Begr.), Grundgesetz, Bd II, 75. EGL 2015, Art. 14 Rn. 701.
963 BGH NJW 1980, 770 (770).
964 BGHZ 100, 335 (338 f.); 131, 163 (166 f.); BGH NVwZ 2006, 963 (963).
965 S. etwa die Entscheidungen zum „Feindlichen Grün“, bei denen der BGH zunächst eine Haftung ablehnte, BGHZ 54, 332 (337) und später seine Rechtsprechung änderte BGHZ 99, 249 (254 f.).
966 So *Middendorf*, Amtshaftung und Gemeinschaftsrecht, 2001, S. 32.
967 S. bzgl. einer beispielhaften Aufstellung: *Vonnahme*, Staatshaftung für Umweltschäden infolge normativen Unrechts, 1994, S. 200 f., der dies auch befürwortet, S. 202 sowie *Eckert*, Die Haftung des Staates bei nichtigen Gesetzen und Verord-

Andererseits ist es eine typische – einer rückwirkenden Handlung eigene – Gefahr, dass Vertrauen entsteht und es dadurch zu Schädigungen der Betroffenen kommt. Diese Vertrauensschäden obliegen auch der Risikosphäre des Gesetzgebers, da es in seinem Verantwortungsbereich fällt die Gesetzeslage unionsrechtskonform und damit auf Dauer auszugestalten und rückwirkende Aufhebungen zu verhindern. Dies gilt erst recht, wenn das Gesetz bereits zum Erlasszeitpunkt mit dem Unionsrecht kollidiert. Die Verantwortung für Gesetze trägt der Staat. Eine Argumentation, dass es sich bei dem Erlass eines unanwendbaren Gesetzes um ein allgemeines Lebensrisiko handele, welches der Betroffene hinzunehmen habe, überzeugt nicht. Die Schädigung war nicht bereits in einem außerhalb des Risikobereiches des Gesetzgebers liegenden Umstandes begründet. Der Schaden war beim Erlass angelegt oder ab dem Zeitpunkt der Nichtanwendungspflicht.

Es zeigt sich aber auch hier erneut, dass die bestehende Anspruchsdogmatik nicht auf eine Haftung für legislatives Unrecht ausgelegt ist und deren Besonderheiten nicht gerecht werden kann. Die haftungsbegrenzende Funktion, welche dem Element „Unmittelbarkeit" beigemessen wird, wird durch eine Ausweitung auf die Fälle legislativen Unrechts und Vertrauensschäden zerstört. Durch die Risikozuordnung zum Gesetzgeber muss in Fällen einer rückwirkenden Aufhebung des Gesetzes immer von der Unmittelbarkeit des Eingriffs ausgegangen werden, sodass dem Kriterium keinerlei Bedeutung mehr beizumessen wäre.

4. Sonderopfer

a) Das Kriterium

Das Sonderopfer ist wohl das am meisten diskutierte Kriterium[968] an dem der Ausschluss einer Haftung für legislatives Unrecht festgemacht wird.[969] Das Sonderopfer findet sich ursprünglich in der Kontroverse bezüglich seiner Heranziehung als Theorie zur Abgrenzung von Enteignung und Sozialbindung (Inhaltbestimmung des Eigentums), welche als Fortentwicklung aus der Einzelakttheorie anzusehen ist.[970]

Das Merkmal des Sonderopfers ist in dem Gedanken der Aufopferung radiziert, welcher bereits in §§ 74, 75 Einl. ALR aus dem Jahre 1794 Eingang in das positive Recht fand. Das Sonderopfer ist gekennzeichnet durch ein „den einzelnen ungleich

---

nungen, 1973, S. 135 f. ebenfalls mit Beispielen; *Ossenbühl/Cornils*, Staatshaftungsrecht, 6. Aufl. 2013, S. 302.

968 *Ossenbühl*, JZ 1987, 1027 ff.

969 So etwa *Ossenbühl/Cornils*, Staatshaftungsrecht, in: Canaris/Heldrich u. a. (Hrsg.), 50 Jahre Bundesgerichtshof, Bd III, 2000, S. 887 (903 f.); *Boujong*, Staatshaftung für legislatives und normatives Unrecht in der neueren Rechtsprechung des Bundesgerichtshofes, in: Faller/Kirchhof/Träger (Hrsg.), Festschrift für Willi Geiger zum 80. Geburtstag, 1989, S. 430 (435 ff.); *Scheuner*, BB 1960, 1253 (1256).

970 S. dazu *Leiser*, Sozialbindung des Eigentums, 1972, S. 132 ff.; *Schmitt-Kammler*, NJW 1990, 2515 (2515 f.); *Ipsen*, DVBl 1983, 1029 (1033).

belastenden Eingriff von hoher Hand",[971] welcher sich in einem Verstoß gegen den Gleichheitssatz und den Grundsatz der Verhältnismäßigkeit manifestiert.[972] Ein Sonderopfer wird dabei angenommen, wenn die Schwelle zwischen einer verfassungsrechtlich zulässigen Inhaltsbestimmung des Eigentums, welche ausgleichslos hinzunehmen ist, und dessen was die Sozialbindung dem Eigentümer auferlegt, überschritten wird. Teilweise wird die Ermittlung dieser Trennlinie unter Bezugnahme auf den Willen des Gesetzgebers präzise für den Einzelfall zu ermitteln versucht.[973]

b) Sonderopfer bei administrativem Unrecht

Die Rechtsprechung des BGH zum Sonderopfer erging im Zusammenhang mit Enteignungen und als Tatbestandsvoraussetzung des enteignenden Eingriffs, also zunächst im Rahmen einer Haftung für rechtmäßiges Verhalten – vorrangig der Exekutive. Der Aufopferungsgedanke wurde aber fortentwickelt und das Sonderopfer fand sich nun auch als Merkmal einer Rechtswidrigkeitshaftung wieder. Machte der BGH in seinen frühen Jahren eine Entschädigung bei rechtswidrigen Eingriffen wohl noch von dem gleichzeitigen Vorliegen eines Sonderopfers abhängig,[974] entwickelte er seine Rechtsprechung weiter und sah fortan bei rechtswidrigen Maßnahmen das Sonderopfer als indiziert an.[975]

Bezüglich dieser Fortentwicklung, welche sich bei exekutivischem Unrecht vollzog, regte sich Widerstand im Schrifttum.[976] Dies gilt erst recht im Hinblick auf

---

971 *Ossenbühl/Cornils*, Staatshaftungsrecht, 6. Aufl. 2013, S. 142.

972 BGHZ 6, 270 (280); 9, 83 (90); 45, 58 (76).

973 S. dazu kritisch *Ossenbühl/Cornils*, Staatshaftungsrecht, 6. Aufl. 2013, S. 142 f.; *Speiser*, Ersatzpflicht des Staates bei unmittelbaren Eingriffen durch verfassungswidrige Gesetze, 1974, S. 72 ff. Zudem sei der Wille des Gesetzgebers überhaupt nur bei Rechtmäßigkeit als Kriterium geeignet, dann sei der Wille gerade rechtswidrig, so *Dagtoglou*, Ersatzpflicht des Staates bei legislativem Unrecht, 1963, S. 58; BGHZ 9, 83 (88); BGH NJW 1963, 1828 (1839).

974 BGHZ 6, 270 (290); a.A. etwa *Krumbiegel*, Der Sonderopferbegriff in der Rechtsprechung des Bundesgerichtshofes, 1975, S. 123, der die Entscheidung BGHZ 32, 208 ff. nur als Klarstellung ansieht; ebenso *Heidenhain*, Amtshaftung und Entschädigung aus enteignungsgleichem Eingriff, 1965, S. 115.

975 BGHZ 32, 208 (211 f.); anders hingegen OLG Nürnberg v. 21.12.2009, Az.: 4 U 1436/09, Rn. 34 ff. bzgl. enteignungsgleichem Eingriff bei Verwaltungshandeln. Aus der Rechtswidrigkeit folge noch nicht die Überschreitung der Opfergrenze. Ausnahmen des BGH von der Indizierung: BGHZ 36, 379 (393 f.) wonach in Fällen von Nachteilen, infolge objektiv unrichtiger richterlicher Urteile ein Aufopferungsanspruch zugunsten des durch den Urteilsspruch nachteilig Betroffenen grundsätzlich nicht existent sei.

976 Früh schon *Heidenhain*, Amtshaftung und Entschädigung aus enteignungsgleichem Eingriff, 1965, S. 116 ff.; *Schoch*, Jura 1990, 140 (147).

die Indizierung des Sonderopfers bei legislativem Unrecht.[977] Das Vorliegen eines Sonderopfers wird weiterhin als im Einzelfall festzustellende Haftungsvoraussetzung angesehen, welche nur bei Maßnahme- und Einzelfallgesetzen überhaupt eintreten könne (dazu sogleich näher).

Diese vom BGH entwickelte grundsätzliche Gleichsetzung von Sonderopfer und Rechtswidrigkeit der Maßnahme wurde auf folgenden Überlegungen begründet, welche vom Credo geprägt sind: Wenn eine rechtmäßige Maßnahme entschädigungswürdig ist, dann muss dies erst recht für eine rechtswidrige Maßnahme gelten. Eine rechtswidrige Handlung der Exekutive stelle keine zumutbare Konkretisierung der Inhaltsbestimmungen des Eigentums dar, sondern überschreite die Opfergrenze.[978] Die Rechtswidrigkeitshaftung ist dadurch geprägt, dass der Staat nicht wegen einer im Einzelfall unzumutbaren, die Sozialbindung überschreitenden, rechtswidrigen Inanspruchnahme des Bürgers haftet, sondern für eine Rechtsverletzung. Dies lässt sich als konsequente Weiterentwicklung der Rechtmäßigkeitshaftung beim Sonderopfer auffassen. Die Haftung für eine Rechtsverletzung basiert, ebenso wie die Rechtmäßigkeitshaftung, auf einer Überschreitung der zumutbaren Opfergrenze, entweder aufgrund der im Einzelfall unzumutbaren Belastung, oder aufgrund der Rechtswidrigkeit. Damit hat sich der Haftungsgrund gewandelt und es gilt „nicht mehr Entschädigung wie für eine Enteignung trotz Rechtswidrigkeit, sondern Ent-

977 *v. Arnauld*, VerwArch 93 (2002), 3394 (406 insbes. Fn. 55); nur eine Haftung im normativen Bereich annehmend: *Cornils*, Staatshaftungsrecht, in: Canaris/Heldrich u. a. (Hrsg.), 50 Jahre Bundesgerichtshof, Bd III, 2000, S. 887 (903 f.); *Boujong*, Staatshaftung für legislatives und normatives Unrecht in der neueren Rechtsprechung des Bundesgerichtshofes, in: Faller/Kirchhof/Träger (Hrsg.), Festschrift für Willi Geiger zum 80. Geburtstag, 1989, S. 430 (435 ff.); *Scheuner*, BB 1960, 1253 (1256).

978 *Ossenbühl*, JZ 1987, 1027 (1027); *Eckert*, Die Haftung des Staates bei nichtigen Gesetzen und Verordnungen, 1973, S. 118 f., 125 ff.; *Jaenicke*, VVDStRL 20 (1963), 135 (151 ff.); einschränkend und im Ergebnis wohl auch nur Einzelfälle anerkennend; *Jaenicke*, Haftung des Staates für rechtswidrige Verhalten seiner Organe, in: Mosler (Hrsg.), Beiträge zum ausländischen öffentlichen Recht und Völkerrecht, 1964, S. 69 (125 f.); *Schneider*, Eigentum und Aufopferung, 1964, S. 24; *Speiser*, Ersatzpflicht des Staates bei unmittelbaren Eingriffen durch verfassungswidrige Gesetze, 1974, S. 53 ff. sehr differenzierend; *Schack*, MDR 1953, 514 (516) mit Bejahung der grundsätzlichen Möglichkeit eines Sonderopfers wie er in MDR 1968, 186 (187) ausführt; *Weber*, Staatshaftung für rechtswidrige Gesetzgebungsmaßnahmen, 1975, S. 90 ff.; *Detterbeck*, JA 1991, 7 (10); *Selmer*, Der Aufopferungsanspruch auf vermögensrechtlichem Gebiet, 1965, S. 103 ff.; wohl auch *Kosmider*, Staatshaftung für Satzungsunrecht, 1983, S. 146 ff.; *Maurer*, JZ 1991, 38 (38 f.); *Mondry*, Die öffentlich-rechtliche Gefährdungshaftung in Frankreich, 1964, S. 166; *Vonnahme*, Staatshaftung für Umweltschäden infolge normativen Unrechts, 1994, S. 211 ff.; *Schenke*, DVBl 1975, 121 (122) später a.A. in: NJW 1988, 858 (859 ff.); *v. Arnauld*, VerwArch 93 (2002), 3394 (406) mit der Einschränkung, dass eine Entschädigung nur bei einer Rechtswidrigkeit in Betracht kommt, die nicht auf einer unverhältnismäßigen Sozialbindung beruht.

schädigung wie für eine Enteignung wegen der Rechtswidrigkeit des staatlichen Zugriffs".[979] Im Vergleich zum Adressaten einer rechtmäßigen administrativen Maßnahme, wird dem rechtswidrig belasteten Bürger eine besondere gleichheitswidrige Last auferlegt. Daher kann der vom BGH entwickelte Gleichlauf – im Bereich der Exekutive – als zwingend angesehen werden.[980]

c) Sonderopfer bei legislativem Unrecht

Teilweise wird diese Rechtsprechung auch auf eine Haftung für legislatives Unrecht übertragen, sodass bei einer Haftung für rechtswidrige Gesetze stets ein Sonderopfer vorliegt. Wenn das Gesetz verfassungswidrig sei, dann gehen die Belastungen immer über das verfassungsrechtlich hinzunehmende Maß hinaus.[981] Bei der Übertragung des Rechtswidrigkeitsrückschlusses auf legislatives Unrecht muss zwar beachtet werden, dass das rechtswidrige Gesetz nicht die Opfergrenze der vom Gesetzgeber festgelegten Sozialbindung überschreiten kann – wie exekutivische Maßnahmen –, da es selbst die Opfergrenze konkretisiert, aber dennoch ergeben sich bei grober Betrachtung zunächst keine tragenden Unterschiede. Das Gesetz stellt bereits den Eingriff dar. Es muss sich seinerseits an der Verfassung messen lassen, welche zumindest eine äußere Opfergrenze konkretisiert und bei einem Verstoß gegen Art. 14 GG überschritten wird und dem Normbetroffenen ein Sonderopfer auferlegt.[982]

Vereinzelt werden differenzierende Betrachtungen angestellt, indem zwar der Rechtswidrigkeitsschluss anerkannt wird, aber mit Ausnahme ausschließlich formeller Rechtswidrigkeit.[983] Berücksichtigung finden müsse, dass der Rechtsposition

---

979 *Schmitt-Kammler*, NJW 1990, 2515 (2516); ebenso *Ipsen*, DVBl 1983, 1029 (1033).

980 *Oldiges*, Der Staat 15 (1976), 381 (397 ff.).

981 Eine umfassende Haftung dagegen befürwortend: *Ossenbühl/Cornils*, Staatshaftungsrecht, 6. Aufl. 2013, S. 282 f.; *Dagtoglou*, Ersatzpflicht des Staates bei legislativem Unrecht, 1963, S. 56 ff. sieht in der Rechtswidrigkeit eine Verletzung des Gleichheitssatzes; *Dagtoglou*, in: Kahl/Waldhoff/Walter (Hrsg.), Bonner Kommentar zum Grundgesetz, Bd 8, 175. EGL, 2015, Art. 34 Rn. 435; *Oldiges*, Der Staat 15 (1976), 381 (395 ff. insbes. 400); *Schenke*, NJW 1988, 858 (859 ff.); *ders.* mit Einschränkungen noch in DVBl 1975, 121 (122); *Scheuing*, Haftung für Gesetze, in: Rüttner (Hrsg.), Festschrift für Otto Bachof zum 70. Geburtstag, 1984, S. 343 (359 ff.); *Herdegen*, Haftung der Europäischen Wirtschaftsgemeinschaft, 1983, S. 69 f.; *Murswiek*, NVwZ 1086, 611 (613) einschränkend durch Gesichtspunkte der Intensität; *Steinberg/Lubberger*, Aufopferung – Enteignung und Staatshaftung, 1991, S. 358 ff.; *Heidenham*, Amtshaftung und Entschädigung aus enteignungsgleichem Eingriff, 1965, S. 89 undifferenziert bejahend; *Katzenstein*, MDR 1952, 193 (195) ohne weitere Begründung; OLG Hamburg DÖV 1971, 238 (240) insbesondere bejahend bei begrenztem Personenkreis.

982 So auch *Oldiges*, Der Staat 15 (1976), 381 (399 f.).

983 Gedanke bei *Jaenicke*, VVDStRL 20 (1963), 134 (152); *Vonnahme*, Staatshaftung für Umweltschäden infolge normativen Unrechts, 1994, S. 214 f. bzgl. legislativen

bereits eine Beschränkung inhärent sei; das Gesetz könne später durch ein formell rechtmäßiges ersetzt werden.[984] Ein Sonderopfer liege nur vor, wenn ein innerer Zusammenhang zwischen Rechtsverstoß und erlittener Vermögenseinbuße bestehe.[985]

Diese Argumentationen vermögen aber nur in Hinblick auf verwaltungsrechtliches Unrecht zu überzeugen.[986] Das Verwaltungsverfahrensrecht kennt Vorschiften, die von diesem Gedanken getragen sind und daher gewisse formelle Mängel für unbeachtlich erklären, oder eine Heilungsmöglichkeit vorsehen, so etwa §§ 42, 45, 46, 47 VwVfG. In Bezug auf verfassungswidrige Gesetze muss differenziert werden. Die formelle Verfassungswidrigkeit eines Gesetzes kann ausnahmslos mit der Verfassungsbeschwerde vom Bürger angegriffen werden und stellt eine Verletzung seiner Grundrechte dar. Erst der Grundrechtseingriff löst die formellen Rechtfertigungsanforderungen aus. Daher erscheint eine Differenzierung aus grundrechtsdogmatischer Sicht nicht überzeugend.[987] Die Einhaltung des Verfahrens dient bedeutend der Sicherung des Rechts.

Die Dogmatik des indizierten Sonderopfers sieht sich jedoch auch grundlegendem Widerstand ausgesetzt. Es wird das gesonderte Feststellen eines Sonderopfers auch bei rechtswidrigen Gesetzen gefordert. Aufgrund des abstrakt-generellen Charakters des Gesetzes könne eine solche Sonderopferlage grundsätzlich nicht begründet werden. Der Grundsatz der Lastengleichheit sei nicht verletzt, wenn alle Bürger gleichermaßen belastet werden.[988] Eine Ausnahme stellen nur Einzelfall- und Maßnahmengesetze, oder Gesetze, die einen eng begrenzten Personenkreis betreffen, dar, weil nur hier nicht ausschließlich die Allgemeinheit berührt sei.[989] Das Kriterium des Sonderopfers weise auch bei einer Rechtswidrigkeitshaftung eine eigenständige Bedeutung auf und sei Haftungsvoraussetzung, welche nur bei eng begrenztem Anwendungskreis des Gesetzes erfüllt sein könne.[990] Das Kriterium

---

Unrechts; *Krumbiegel*, Der Sonderopferbegriff in der Rechtsprechung des Bundesgerichtshofes, 1975, S. 122; *Detterbeck*, JA 1991, 7 (9) sowie *Ossenbühl/Cornils*, Staatshaftungsrecht, 6. Aufl. 2013, S. 143 jeweils in Bezug auf die Exekutive; a.A. *Ernst*, in: Rixecker/Säcker (Hrsg.), Münchener Kommentar zum Bürgerlichen Gesetzbuch, Bd 7, 6. Aufl. 2013, Vorb. zu § 903 Rn. 99.

984 *Speiser*, Ersatzpflicht des Staates bei unmittelbaren Eingriffen durch verfassungswidrige Gesetze, 1974, S. 69 bzgl. Gesetze.

985 So *Ossenbühl/Cornils*, Staatshaftungsrecht, 6. Aufl. 2013, S. 312; BGHZ 58, 124 (127 f.); dagegen *Grzeszick*, Rechte und Ansprüche, 2002, S. 347 f.

986 S. nur die Rsp. BHZ 58, 124 (127 f.).

987 So auch *Grzeszick*, Rechte und Ansprüche, 2002, S. 347 f.

988 *Jaenicke*, VVDStRL 20 (1963), 134 (152).

989 *Scheuner*, BB 1960, 1253 (1256); *Schack*, MDR 1953, 514 (516); *Schack*, DÖV 1963, 281 (286 f.) geht wohl von einer grundsätzlichen Möglichkeit des Sonderopfers aus.

990 *Ossenbühl*, JZ 1987, 1024 (1027); *Eckert*, Die Haftung des Staates bei nichtigen Gesetzen und Verordnungen, 1973, S. 118 f., 125 ff.; wohl im Ergebnis auch *Jaenicke*, VVDStRL 20 (1963), 135 (151 ff.); *ders.* Haftung des Staates für rechtswidrige Verhalten seiner Organe, in: Mosler (Hrsg.), Beiträge zum ausländischen öffentlichen

des Sonderopfers erfährt daher im Rahmen des legislativen Unrechts einen Wandel von einer haftungsbegründenden Funktion hin zu einem haftungsbegrenzenden Merkmal.[991]

d) *Grundlegende Kritik am Merkmal des Sonderopfers bei legislativem Unrecht*

Das Sonderopfererfordernis erscheint in mehrfacher Hinsicht zumindest bei Entschädigungen wegen rechtswidriger Maßnahmen nicht adäquat.

Zunächst eine klarstellende Differenzierung: Der Argumentation für eine Dogmatik des indizierten Sonderopfers kann nur soweit gefolgt werden, wie sich die Rechtswidrigkeit aus einer Verletzung des Art. 14 GG ergibt. Sollte zwar ein Eingriff in eine durch Art. 14 GG geschützte Rechtsposition vorliegen, der aber rechtmäßig ist und die Rechtswidrigkeit auf einer anderweitigen Grundrechtsverletzung beruhen, muss über einen aufopferungsgleichen Eingriff oder gegebenenfalls über einen enteignenden Eingriff nachgedacht werden. Die Indizierung soll daher hier nur als eine Folge einer Rechtswidrigkeit, die auf einer Verletzung von Art. 14 GG beruht, verstanden werden.[992]

Das Merkmal des Sonderopfers ist im Ergebnis abzulehnen.[993] Im Folgenden werden einige Inkonsistenzen des Sonderopferbegriffes aufgezeigt.

Bezüglich der Eigentumsverletzung ergibt sich: Ein Gesetz, welches gegen Art. 14 GG verstößt, überschreitet die verfassungsrechtlich zulässige Opfergrenze. Der Einwand, es werde nur die Allgemeinheit gleichmäßig belastet und es könne daher keine besondere Belastung auftreten aufgrund des abstrakt-generellen Charakters des Gesetzes, überzeugt nicht. Um zur Annahme einer Allgemeinheit der Belastung zu gelangen, wird bereits eine wertende Grundbetrachtung vorgenommen, welche aber zumeist nicht offengelegt wird. Den zwingenden Charakter, der diesem Argument beigemessen wird, hat es keineswegs. Das Merkmal des Sonderopfers ist ein

---

Recht und Völkerrecht, 1967, S. 69 (125 f.); *Schneider*, Eigentum und Aufopferung, 1964, S. 24; sehr differenzierend *Speiser*, Ersatzpflicht des Staates bei unmittelbaren Eingriffen durch verfassungswidrige Gesetze, 1974, S. 53 ff.; *Schack*, MDR 1953, 514 (516) mit der Bejahung der grundsätzlichen Möglichkeit eines Sonderopfers, so auch in MDR 1968, 186 (187); *Weber*, Staatshaftung für rechtswidrige Gesetzgebungsmaßnahmen, 1975, S. 90 ff.; *Selmer*, Der Aufopferungsanspruch auf vermögensrechtlichem Gebiet, 1965, S. 103 ff.; wohl auch *Kosmider*, Staatshaftung für Satzungsunrecht, 1983, S. 146 ff.; *Detterbeck*, JA 1991, 7 (9 f.); *Maurer*, JZ 1991, 38 (38 f.); kritisch dazu *Murswiek*, NVwZ 1086, S. 611 (614).

991 *Schoch*, Jura 1990, 140 (147); vgl. *Kerft*, Die Eigentumsgarantie und verfassungsrechtliche Entschädigungspflichten, in: Faller/Kirchhof/Träger (Hrsg.), Festschrift für Willi Geiger zum 80. Geburtstag, 1989, S. 399 (410).

992 Gedanke auch bei *Jaenicke*, VVDStRL 20 (1963), 134 (152); *Oldiges*, Der Staat 15 (1976), 381 (401).

993 Vom Ergebnis her auch *Schmitt-Kammler*, NJW 1990, 2515 (2519).

stark wertendes Kriterium. Es geht zentral um die Bildung eines Vergleichsmaßstabes, worin sich auch die Anlehnung an Art. 3 Abs. 1 GG zeigt.

Es müssen bezüglich der zu bildenden Vergleichsgruppen zwei Fälle unterschieden werden.[994] Zunächst kann sich der Vergleichsmaßstab auf die Allgemeinheit beziehen, oder aber auf die Normadressaten. Hieraus können sich zwei Situationen ergeben: Das Gesetz kann die Allgemeinheit betreffen, oder nur einen abgegrenzten Teil der Hoheitsunterworfenen, der jedoch sehr groß ausfallen kann. Die Sonderkonstellation, dass der abgegrenzte Teil nur aus einigen, wenigen Personen besteht, es sich also um ein Einzelfall- oder Maßnahmengesetz handelt, soll vorerst außen vor bleiben.

Je nach Umriss der Vergleichsgruppe gelangt man zur Annahme eines Sonderopfers. Je nachdem, ob die Bezugsgröße alle Normadressaten oder die Allgemeinheit darstellt, resultieren daraus unterschiedliche Ergebnisse. Setzt der Betrachter die Allgemeinheit in Vergleich zu den Normadressaten, lässt sich grundsätzlich – bei mangelnder Identität – von einem Sonderopfer durch Auferlegung des rechtswidrigen Gesetzes sprechen. Die Normadressaten sind durch die rechtswidrige Maßnahme besonders betroffen gegenüber der Allgemeinheit. Ein anderes kann sich nur bei Identität von Allgemeinheit und Normbetroffenen ergeben. Vergleicht man hingegen die Normadressaten nicht mit der Allgemeinheit, sondern untereinander, gelangt man zu anderen Schlüssen. Diese Vergleichsgruppe ist zumeist Basis der Argumentation gegen die Indizierung des Sonderopfers.

In zweierlei Hinsicht gehen diese Überlegungen jedoch fehl: Zum einen mangelt es an einer Begründung für diese a priori Festsetzung der Vergleichsgruppe und zum anderen ist das Sonderopfer per se kein geeignetes Kriterium zur Ermittlung einer entschädigungswürdigen Vermögenseinbuße.

Die Engstirnigkeit einer starren Anknüpfung an Vergleichsgruppen zeigt sich insbesondere, wenn man Fallkonstellationen näher betrachtet, in denen die Verfassungswidrigkeit des Gesetzes aus einem Gleichheitsverstoß resultiert. Bezüglich Fallbeispielen sei auf *Dagtoglous*[995] verwiesen, dessen Beispiele erneut von *Selmer*[996] aufgegriffen wurden.

Exemplarisch: In Fall Nummer eins benachteiligt ein Ladenschlussgesetz eine bestimmte Firma, indem es ihr eine besondere, ungünstige Ladenschlusszeit auferlegt; in Konstellation zwei lässt ein Gesetz für eine bestimmte Firmenkategorie die Sonntagsarbeit zu, nimmt aber andere Unternehmen davon aus. Das Gesetz selber begründet die Überschreitung der Sonderopferschwelle. Zumindest in diesen beiden Fallgestaltungen kann eine Ablehnung des Sonderopfers nicht überzeugen. Zwar mögen oftmals die Gegner einer Indizierung des Sonderopfers diese Fälle als Maßnahmen- oder Einzelfallgesetze, oder als Gesetze mit einem eng begrenzten

994 Gedanke der Vergleichsgruppenbildung bei *Leisner*, Sozialbindung des Eigentums, 1972, S. 37 ff.

995 *Dagtoglou*, Ersatzpflicht des Staates bei legislativem Unrecht, 1963, S. 26 f.

996 *Selmer*, Der Aufopferungsanspruch auf vermögensrechtlichem Gebiet, 1965, S. 106.

Anwendungsbereich einordnen, um sie für entschädigungswürdig erachten zu können, dies verschleiert aber nur, dass der Haftungsgrund in der Verfassungswidrigkeit in Form eines Gleichheitsverstoßes bestand.[997] Der Gleichheitsverstoß ergab sich hier durch einen Vergleich der Gruppe der Normadressaten mit dem Teil der Nichtnormadressaten, der Allgemeinheit, die sich in einer vergleichbaren Lage befanden. Es ermangelte an einem tragfähigen Grund diesen Nichtadressatenkreis gesondert zu behandeln. Zumindest im Bereich von Verstößen gegen Art. 3 Abs. 1 GG, muss der Vergleichsmaßstab variieren und ein Sonderopfer aus dem Gleichheitsverstoß fließen. Der Vergleich Normadressaten und Allgemeinheit wird dem Spezifischen nicht gerecht. Der Vergleichskreis richtet sich nicht nach den Normadressaten und Personen, in einer vergleichbaren Interessenlage, die nicht von der Norm betroffen sind. Auch bei einem großen Anwendungskreis der Norm, kann sich noch ein Sonderopfer aus dem Gleichheitsverstoß manifestieren, weil dieser immer zwangsläufig zu einem nicht hinnehmbaren Opfer führt.

Es sei nochmals darauf hingewiesen, dass auch die Stimmen, die eine Indizierung ablehnen, ein Sonderopfer annehmen, wenn es im Einzelfall vorliegt. Lediglich die Rechtswidrigkeit allein wird als nicht hinreichend tragfähige Haftungsbegründung erachtet. Ein Sonderopfer liege daher nur vor, wenn einige wenige Normadressaten im Vergleich zu den übrigen besonders stark belastet werden und zwar unabhängig davon, ob das Gesetz sich auf einen engeren Personenkreis bezieht. Eine derartige ungleiche Belastung könne auch unmittelbar aufgrund eines Gesetzes eintreten. Der BGH ermittelt die ungleiche Belastung nicht nur aus einer isolierten Betrachtung des Eingriffs, sondern im Zusammenhang mit den Folgen desselbigen, sodass trotz einer alle Normadressaten gleichermaßen treffende rechtswidrige Eingriffswirkung, eine besonders schwere Folge für den Einzelnen zu einem Sonderopfer führen kann.[998] In dieser Konstellation kann das Sonderopfer positiv festgestellt werden, sodass eine Haftung möglich ist.

Das Problem liegt in diesem Fall aber wohl – wie zutreffend von *Ossenbühl/Cornils*[999] beschrieben – in einer Frage der Zurechnung derartiger Folgen zum Staat oder wie es *Ernst*[1000] formuliert, in der Frage des Schutzzweckes der Norm und damit beim Merkmal der Unmittelbarkeit. Das Sonderopfer ist hier kein adäquates Kriterium. Dies wird vor allem deutlich, wenn man die verschiedenen Entscheidungen des BGH zur Sonderopferproblematik analysiert. Insbesondere das Kriterium des allgemeinen Lebensrisikos macht den Zusammenhang zur Zurechnungsdogmatik deutlich.[1001] Die Rechtsprechungslinie ist insgesamt zu stark an der Dogmatik einer

---

997 Dies wird sehr schön deutlich etwa bei *Selmer*, Der Aufopferungsanspruch auf vermögensrechtlichem Gebiet, 1965, S. 106 f.; *Eckert*, Die Haftung des Staates bei nichtigen Gesetzen und Verordnungen, 1973, S. 129 f.

998 S. *Jaenicke*, VVDStRL 20 (1963), 134 (154).

999 *Ossenbühl/Cornils*, Staatshaftungsrecht, 6. Aufl. 2013, S. 312 f.

1000 *Ernst*, in: Rixecker/Säcker (Hrsg.), Münchener Kommentar zum Bürgerlichen Gesetzbuch, Bd 7, 6. Aufl. 2013, Vorb. zu § 903 Rn. 99.

1001 OLG Frankfurt, NJW 1967, 632 (633 f.); vgl. BGHZ 17, 172 (175 f.).

Rechtmäßigkeitshaftung orientiert und wird den Besonderheiten der Rechtswidrigkeit nicht gerecht.

Dies zeigt etwa das Beispiel von unerwarteten schweren Impfreaktionen, die infolge einer Impfpflicht eingetreten sind.[1002] Auch hier ist der Eingriff isoliert betrachtet allen Impfpflichtigen gegenüber identisch, nur einzelne sind von den schweren Nebenwirkungen betroffen. Die Pflicht zur Impfung besteht damit weitestgehend gegenüber der Allgemeinheit, die vereinzelt auftretenden besonderen schweren Folgen stellen aber ein Sonderopfer dar. Dass der Vergleich hier innerhalb der Gruppe der Normadressaten erfolgt, ist bei einer rechtmäßigen Maßnahme nur konsequent. Hier kann sich das Sonderopfer nur aus einer den Einzelnen besonders treffenden schweren Folge ergeben. Anderenfalls wäre die Maßnahme, wenn sie typischerweise zu rechtswidrigen Folgen führen würde, nicht mehr rechtmäßig. Bei einem rechtswidrigen Gesetz gestaltet sich die Situation jedoch anders, der Normadressat wird in seinen Grundrechten rechtswidrig beeinträchtigt und muss ein Opfer tragen, welches anderen nicht auferlegt wird. Die Allgemeinheit muss keine Grundrechtsbeeinträchtigungen hinnehmen. Warum im Falle eines Einzelfallgesetzes solche Grundrechtsbeeinträchtigungen nun zu einem Sonderopfer führen sollen, welches sich konsequenterweise auch nur aus einem Vergleich zur Allgemeinheit ergeben kann, ist nicht nachvollziehbar.[1003] Hier widersprechen sich einschlägige Vertreter aus dem Schrifttum selbst und scheint nur vom Gedanken einer Haftungsbegrenzung getragen, ohne dogmatische Fundierung. Die Vielzahl von potenziell Entschädigungsberechtigten darf nicht zu einem Ausschluss der Entschädigung führen.[1004] Die Anzahl der Betroffenen kann sich etwa bei einem zeitlich nur kurzen Bestehen des Gesetzes geringhalten. Eine Entschädigung darf nicht vom Zufall abhängig gemacht werden, wie viel Zeit bis zur Feststellung der Nichtigkeit des Gesetzes vergeht.[1005] Gegen diese sogar größtenteils offen vorgebrachten haushaltspolitischen Erwägungen[1006] sei darauf verwiesen, dass auch in den Fällen normativen Unrechts eine unübersehbare Vielzahl von Fällen möglich ist.[1007] Teilweise wird dieses Argument aber auch umgekehrt und eine Haftung für normatives

---

1002 Dazu BGHZ 9, 83 ff.

1003 Diese Inkonsequenz erkennend aber keine Schlussfolgerung ziehend *Vonnahme*, Staatshaftung für Umweltschäden infolge normativen Unrechts, 1994, S. 212 f.

1004 *Murswiek*, NVwZ 1986, 611 (614). S. zu einem Parallelproblem mit der Argumentation, es fehle an einer Klagebefugnis, wenn zu viele Personen betroffen seien: *Pietzcker*, „Grundrechtsbetroffenheit" in der verwaltungsrechtlichen Dogmatik, in: Rüttner (Hrsg.), Festschrift für Otto Bachof zum 70. Geburtstag, 1984, S. 131 (143 f.).

1005 *Selmer*, Der Aufopferungsanspruch auf vermögensrechtlichem Gebiet, 1965, S. 107.

1006 Dazu unter Teil 2, Kapitel 8, II., 1.

1007 So auch *Ossenbühl/Cornils*, Staatshaftungsrecht, 6. Aufl. 2013, S. 284; vgl. *Scheuing*, Haftung für Gesetze, in: Rüttner (Hrsg.), Festschrift für Otto Bachof zum 70. Geburtstag, 1984, S. 343 (360); *Schenke*, NJW 1988, 858 (861); *Ossenbühl*, JZ 1987, 1027 (1027 f.); *Detterbeck*, JA 1991, 7 (9). *Cornils*, Staatshaftungsrecht, in: Canaris/Hel-

Unrecht gänzlich abgelehnt.[1008] Die Willkür der Annahme eines Sonderopfers tritt insbesondere dann zutage, wenn man mit einzelnen Autoren das Vorliegen eines besonderen Opfers von der Zahl der faktisch betroffenen Personen abhängig macht. Es darf keine Rolle spielen, ob nur wenige Personen von dem verfassungswidrigen Gesetz bis zu seiner Verfassungswidrigkeitsfeststellung betroffen sind oder viele. Dies ist ein rein zufälliger Faktor, der die Haftung nicht beeinflussen darf.[1009]

Der von *Dürig* vertretenen Ansicht, ein Sonderopfer könne aufgrund des generell-abstrakten Charakters des Gesetzes und insbesondere vor dem Hintergrund des verfassungsrechtlichen Verbots des Einzelfallgesetzes, Art. 19 Abs. 1 GG, nicht entstehen, ein verfassungskonformes Gesetz könne nicht „ungleich" wirken,[1010] kann keine Zustimmung finden. Die Argumentation basiert auf einem verqueren Verständnis des Art. 19 Abs. 1 GG. Ein Verstoß gegen Art. 19 Abs. 1 GG liegt nicht vor, wenn das Gesetz nur einen Anwendungsfall hat und dem Gesetzgeber dies vorher bekannt war, solange der Wortlaut auch andere Sachverhalte erfassen könnte.

e) Fazit

Gerade vor dem Hintergrund dieser Diskussion zeigt sich erneut, dass das Merkmal des Sonderopfers nicht mit einer Haftung für rechtswidrige Gesetze kompatibel ist.[1011] Das Sonderopferkriterium ist auf eine Rechtmäßigkeitshaftung ausgelegt. Alle ablehnenden Argumentationsstränge scheinen noch von dem Dogma geprägt zu sein, dass nur dann ein enteignungsgleicher Eingriff vorliegen könne, wenn es sich im Falle seiner Rechtmäßigkeit um eine Enteignung handeln würde. Aber selbst bei einer Rechtsmäßigkeitshaftung muss wohl anerkannt werden, dass das Sonderopfer als Zurechnungskriterium fungiert. Es ist daher für eine Loslösung der Haftung vom Merkmal des Sonderopfers zu plädieren und der Haftungsgrund allein in der Rechtswidrigkeit des Gesetzes zu sehen.[1012] Wenn man als Maßstab die All-

---

drich u. a. (Hrsg.), 50 Jahre Bundesgerichtshof, Bd III, 2000, S. 887 (904); Gedanke bei *v. Arnauld*, VerwArch 93 (2002), 3394 (409) allerdings andere Schlüsse ziehend.

1008 *Ossenbühl*, Staatshaftungsrecht, in: Canaris/Heldrich u. a. (Hrsg.), 50 Jahre Bundesgerichtshof, Bd III, 2000, S. 887 (904).

1009 So aber *Vonnahme*, Staatshaftung für Umweltschäden infolge normativen Unrechts, 1994, S. 213 sowie *Selmer*, Der Aufopferungsanspruch auf vermögensrechtlichem Gebiet, 1965, S. 107.

1010 *Dürig*, JZ 1954, 6 (6).

1011 Generell das Sonderopfer als Kriterium bezweifelnd *Leiser*, Sozialbindung des Eigentums, 1972, S. 1323 ff.

1012 So wohl auch *Schenke*, NJW 1988, 857 (861), der den Aspekt der Rechtssicherheit betont; *Ernst*, in: Rixecker/Säcker (Hrsg.), Münchener Kommentar zum Bürgerlichen Gesetzbuch, Bd 7, 6. Aufl. 2013, Vorb. zu § 903 Rn. 100 sowie *Schmitt-Kammler*, NJW 1990, 2515 (2518 f.); *ders.* JuS 1995, 473 (477); *Ipsen*, DVBl 1983, 1029 (1034); *Röder*, Die Haftungsfunktion der Grundrechte, 2002, S. 188 ff. Für eine Abschaffung des Kriteriums etwa *Scheuing*, Haftung für Gesetze, in: Rüttner (Hrsg.), Festschrift für Otto Bachof zum 70. Geburtstag, 1984, S. 343 (360); *Ossenbühl*, JZ

gemeinheit wählt und damit ein Sonderopfer für Legislativakte begründet, dann hat sich die Idee des Sonderopfers schon so weit von der ursprünglichen Rechtmäßigkeitshaftung wegentwickelt, dass man konsequenterweise den Haftungsgrund nur noch in der Rechtswidrigkeit des Gesetzes sehen kann.[1013]

Verbleibt man bei der Dogmatik der Rechtsprechung würde eine Haftung aus enteignungsgleichem Eingriff bei einem Vertrauen auf ein unionsrechtswidriges Gesetz ausscheiden. Es fehlt an einem Sonderopfer nach dem klassischen Verständnis, weil das Vertrauen in eine bestimmte Rechtslage von jedem Normadressaten potenziell gebildet werden kann und sich kein Kreis von spezifisch Betroffenen im Vergleich zu den übrigen Normadressaten herausbildet.[1014]

IV. Ergebnis für den enteignungsgleichen Eingriff

Das Institut des enteignungsgleichen Eingriffs bietet nach tradierter Dogmatik keine Heimstätte für eine Vertrauenshaftung. Es sind zwar Eingriffe in eine von Art. 14 GG geschützte Rechtsposition denkbar, aber bereits das von der Rechtsprechung entwickelte Kriterium der Unmittelbarkeit des Eingriffs offenbart Untiefen. Selbst bei einer großzügigen Handhabung dieses Kriteriums wird eine Haftung am Merkmal des Sonderopfers scheitern. Solange die Judikative nicht die bei legislativem Unrecht gebotene Ablösung des Haftungsinstitutes vom althergebrachten Sonderopferkriterium vornimmt, wird eine Integration einer jeden Ersatzpflicht für legislatives Unrecht und damit auch eine solche für das Vertrauen auf unionsrechtswidrige Gesetze scheitern.

1987, 1027 (1027 f.); für eine generelle Ungeeignetheit des Merkmales bei einer Haftung für legislatives Unrecht: *Murswiek*, NVwZ 1086, 611 (614); das Sonderopfer sogar grundlegend als Kriterium ablehnend: *Schmitt-Kammler*, JuS 1995, 473 (476 f.); s. auch *Leisner*, Sozialbindung des Eigentums, 1972, 1972, S. 132 ff.

1013 Einige Autoren wollen die Ablösung des enteignungsgleichen Eingriffs vom Sonderopfer hin zu materiellen Kriterien so *Ritter*, NJW 1966, 1355 (1355); dazu *Speiser*, Ersatzpflicht des Staates bei unmittelbaren Eingriffen durch verfassungswidrige Gesetze, 1974, S. 56 ff.

1014 *Rosenkranz*, Die Beschränkung der Rückwirkung von Entscheidungen des Europäischen Gerichtshofs, 2015, S. 512.

Kapitel 8 Allgemeine Argumentation gegen eine Haftung für legislatives Unrecht

Nachdem die beiden Ersatzansprüche der Amtshaftung und des enteignungsgleichen Eingriffs auf ihre Geeignetheit zur Beheimatung einer Vertrauenshaftung im bestehenden nationalen Haftungssystem hin untersucht wurden, widmet sich dieser Abschnitt den allgemein gegen eine Haftung für legislatives Unrecht vorgebrachten Bedenken. Es gilt diese zu zerstreuen, da sie auch einer Regelung de lege ferenda entgegenstehen könnten.

I. § 79 Abs. 2 BVerfGG

§ 79 Abs. 2 BVerfGG wird teilweise bemüht, um einen Schadenersatzanspruch für legislatives Unrecht generell abzulehnen.[1015] Gemäß § 79 Abs. 2 BVerfGG bleiben unanfechtbare Entscheidungen, die auf einem für nichtig erklärtem Gesetz beruhen unberührt, mit Ausnahme spezieller gesetzlicher Anordnung sowie des § 95 Abs. 2 BVerfGG.[1016] Damit ein solcher Ausschluss greift, muss sich diese Norm zum einen auf Ersatzansprüche beziehen, sowie zum anderen auch den Fall des legislativen Unrechts erfassen.

Eine Erstreckung der Regelung auch auf Schadenersatzansprüche mag jedoch vor dem Hintergrund einer Fortbestandsgarantie[1017] fragwürdig erscheinen, da der Hoheitsakt durch einen Restitutionsanspruch nicht beeinträchtigt wird. Andererseits beschränkt sich der Telos des § 79 Abs. 2 BVerfGG nicht auf ein reines Rückabwicklungsverbot, sondern umfasst auch ein Konterkarierungsverbot. Nicht nur Kondiktionsansprüche, sondern auch Kompensations- und Restitutionsansprüche, wie Schadenersatzansprüche etwa aus Amtshaftung, könnten ausscheiden, um die Wertungen der Norm nicht zu unterlaufen.[1018]

Aber selbst wenn man diese Wertungen anzweifeln sollte, gelten diese Überlegungen nicht für den Ausschluss einer Haftung bei legislativem Unrecht.

Unter „Entscheidungen“ werden zumindest Gerichtsurteile sowie Verwaltungsakte erfasst.[1019] Teilweise werden darüber hinausgehend auch Gesetze als „Ent-

1015 *Arndt*, BB 1960. 993 (994) uneindeutig.

1016 S. dazu *Kneser*, AöR 89 (1964), 29 ff.; *Bethge*, in: Maunz/Schmidt-Bleibtreu/Klein/Bethge, Bundesverfassungsgerichtsgesetz, Bd II, 47. EGL 2015, § 79 Rn. 1 ff.

1017 *Lechner/Zuck*, BVerfGG, 7. Aufl. 2015, § 79 Rn. 8.

1018 *Graßhof*, in: Umbach/Clemens/Dollinger (Hrsg.), Bundesverfassungsgerichtsgesetz, 2. Aufl. 2005, § 79 Rn. 34.

1019 *Graßhof*, in: Umbach/Clemens/Dollinger (Hrsg.), Bundesverfassungsgerichtsgesetz, 2. Aufl. 2005, § 79 Rn. 24 sowie *Bethge*, in: Maunz/Schmidt-Bleibtreu/Klein/Bethge, Bundesverfassungsgerichtsgesetz, Bd II, 47. EGL 2015, § 79 Rn. 46; *Hillgruber/Goos*, Verfassungsprozessrecht, 4. Aufl. 2015, Rn. 549.

scheidungen“ begriffen.[1020] Dem kann jedoch nicht beigepflichtet werden. § 79 Abs. 2 BVerfGG ist nur auf Beruhensfälle, also normatives Unrecht, zugeschnitten. Legislatives Unrecht wird nicht erfasst.[1021] Selbstvollziehende Gesetze haben keinen Normvollzugsakt, dessen Bestand durch § 79 Abs. 2 BVerfGG zum Schutze der Rechtssicherheit und des Rechtsfriedens[1022] gesichert werden müsste. Dies erkennt auch das Bundesverfassungsgericht in ständiger Rechtsprechung an.[1023]

Gegen die Gleichsetzung von „Entscheidungen“ mit Gesetzen spricht zudem, dass es sich um nicht mehr anfechtbare Entscheidungen handeln muss. Die Bestandskraft eines Verwaltungsaktes tritt nach Ablauf der Rechtsmittelfrist ein. Bei einem Gesetz ist der Zeitpunkt nicht immer eindeutig feststellbar. Die Verfassungsbeschwerde kann gemäß § 93 Abs. 3 BVerfGG nur ein Jahr nach Inkrafttreten des Gesetzes erhoben werden. Allerdings ist die Bestandskraft dann noch nicht eindeutig gesichert. Das Gesetz kann auch durch andere Verfahren nach Ablauf dieser Frist angegriffen werden – wenn auch nicht mehr unmittelbar durch den Bürger. Der Richter kann etwa eine konkrete Normenkontrolle nach Art. 100 GG anstreben, oder es könnte ein abstraktes Normkontrollverfahren zur Nichtigkeitserklärung des Gesetzes führen. Der Zeitpunkt der Unanfechtbarkeit müsste sich sinnvollerweise auf die Verfassungsbeschwerde als „Rechtmittel“ beziehen. Dies zeigt der Vergleich zum Verwaltungsakt. Sinn und Zweck des § 79 Abs. 2 BVerfGG ist es, keine von der all-

---

1020 So *Arndt*, BB 1960, 1351 (1351 f.) wohl ablehnend; differenzierend *Hochgürtel*, Die staatliche Haftung für rechtswidrig getätigte und unterlassene Normsetzung, 2000, S. 116 ff., plädiert im Ergebnis für eine Einzelfalllösung; uneindeutig *Bethge*, in: Maunz/Schmidt-Bleibtreu/Klein/Bethge, Bundesverfassungsgerichtsgesetz, Bd II, 47. EGL 2015, § 79 der in Rn. 46 zwar Normsetzungsakte nicht sieht, aber einen Haftungsanspruch für legislatives Unrecht aus diesem Grund in Rn. 75 ausschließt. Es ist zu vermuten, dass in Rn. 75 nur normatives Unrecht gemeint ist; *Jaenicke*, VVDStRL 20 (1963), 135 (149 f.) will zwar Normsetzungsakte erfassen, aber nicht einen generellen Ausschluss von Ersatzansprüchen daraus folgern. Dies ergebe sich aus dem Verfassungsrang der Ansprüche.

1021 *Graßhof*, in: Umbach/Clemens/Dollinger (Hrsg.), Bundesverfassungsgerichtsgesetz, 2. Aufl. 2005, § 79 Rn. 40; wohl *Scheuing*, Haftung für Gesetze, in: Rüttner (Hrsg.), Festschrift für Otto Bachof zum 70. Geburtstag, 1984, S. 343 (361 f.); *Majer*, Die Folgen verfassungswidriger Gesetze im öffentlichen Recht, 1966, S. 37 f.; *Haverkate*, NJW 1973, 441 (441); *Speiser*, Ersatzpflicht des Staates bei unmittelbaren Eingriffen durch verfassungswidrige Gesetze, 1974, S. 120 ff.; *Fetzer*, Die Haftung des Staates für legislatives Unrecht, 1994, S. 118 f.; *Selmer*, Der Aufopferungsanspruch auf vermögensrechtlichem Gebiet, 1965, S. 101 f.; *Eckert*, Die Haftung des Staates bei nichtigen Gesetzen und Verordnungen, 1973, S. 39 ff. lehnt eine Anwendung ab. Eine verfassungskonforme Auslegung der Norm ist nach hier vertretener Auffassung nicht erforderlich, weil sich der Anwendungsbereich der Norm nicht hierauf erstreckt.

1022 Zum Schutzzweck gegenüber der Einzelfallgerechtigkeit BVerfGE 2, 380 (404 f.); 7, 194 (185 f.).

1023 BVerfGE 37, 217 (263): 53, 115 (131); 108, 1 (33).

gemeinen Dogmatik losgelöste Regelung zu treffen. Alle Entscheidungen, die auf Grundlage der nichtigen Norm ergangen sind, sollen nicht starr verfestigt werden, sondern es bleibt bei den sonstigen im allgemeinen Recht bestehenden Grundsätzen. Es kann keine Fiktion der Verfassungskonformität der Ermächtigungsgrundlage, und damit der Rechtmäßigkeit, aufgebaut werden. Ein Verwaltungsakt, dessen Rechtsgrundlage für nichtig erklärt wurde, ist ex-tunc rechtswidrig und kann dann gegebenenfalls nach § 48 VwVfG aufgehoben, oder das Verfahren durch die Behörde wieder aufgenommen werden.[1024] Daher müssen alternative Unrechtsbeseitigungsmechanismen, welche sich nicht unmittelbar auf den streitigen Hoheitsakt beziehen und nur durch staatliche Stellen eingelegt werden können, außer Betracht bleiben. Aber dennoch – wenn man nur die Verfassungsbeschwerde betrachtet – kann nicht unberücksichtigt bleiben, dass die Frist des § 93 Abs. 3 BVerfGG unabhängig von der individuellen Betroffenheit des Bürgers abläuft. Es ist daher ein starkes Zufallsmoment enthalten, ob der Bürger schon so frühzeitig vom Gesetz betroffen wird, dass er noch Verfassungsbeschwerde einlegen kann, oder die Frist bereits abgelaufen ist. Eine Haftung von diesem unbeherrschbaren Faktor abhängig zu machen, erscheint unbillig.[1025] Ebenso wie die Konsequenz, dass ein Geschädigter, dessen Schaden auf ein nichtiges Gesetz zurückzuführen ist, schlechtergestellt wird als derjenige, dessen Schädigung auf einem rechtmäßigen Hoheitsakt beruht.[1026] Der Regelung des § 79 Abs. 2 BVerfGG spezifisch den Sinn zu entnehmen, dass sie insbesondere Haftungsfolgen durch diesen Ausschluss minimieren soll, kann nicht zugestimmt werden.[1027]

Zudem würde eine Erstreckung des Regelungsgehaltes des § 79 Abs. 2 BVerfGG auf Legislativakte zu einer nicht gerechtfertigten Ungleichbehandlung von Personen, die auf die Verfassungskonformität des Gesetzes vertraut und nicht Verfassungsbeschwerde eingelegt haben, führen.[1028] Ein Gesetz ist nicht mit einem

---

1024 Nach BVerwG NVwZ 2011, 888 ff. steht die Entscheidung im Ermessen der Behörde; *Graßhof*, in: Umbach/Clemens/Dollinger (Hrsg.), Bundesverfassungsgerichtsgesetz, 2. Aufl. 2005, § 79 Rn. 26; *Bethge*, in: Maunz/Schmidt-Bleibtreu/Klein/Bethge, Bundesverfassungsgerichtsgesetz, Bd II, 47. EGL 2015, § 79 Rn. 56.

1025 A.A. wohl *Arndt*, BB 1960, 993 (995), der den Zweck der Norm darin sieht, dass demjenigen, der keinen Rechtsweg bestritten hat, die Gefahr des Rechtsverlustes aufzuerlegen sei. Den Verwirkungsgedanken nicht als maßgebend ansehend: *Hochgürtel*, Die staatliche Haftung für rechtswidrig getätigte und unterlassene Normsetzung, 2000, S. 117.

1026 *Selmer*, Der Aufopferungsanspruch auf vermögensrechtlichem Gebiet, 1965, S. 101 f. unter Hinweis auf LG Freiburg MDR 1953, 564 (564). Den Gedanken aufgreifend auch *Eckert*, Die Haftung des Staates bei nichtigen Gesetzen und Verordnungen, 1973, S. 44.

1027 So allerdings *Arndt*, BB 1960, 1351 (1351 f.); ebenfalls ablehnend *Haverkate*, NJW 1973, 441 (441).

1028 Gedanke bei *Hochgürtel*, Die staatliche Haftung für rechtswidrig getätigte und unterlassene Normsetzung, 2000, S. 121 sowie *Arndt*, BB 1960, 1351 (1351 f.).

Verwaltungsakt vergleichbar. Es weist einen erhöhten Rechtsschein der Rechtmäßigkeit auf und ist zudem nicht mit dem Hinweis der drohenden Bestandskraft bei Nichteinlegung eines Rechtsmittels verbunden.[1029] Rechtstreue darf nicht zum Nachteil gereicht werden.

Als zentrales Argument sei nochmals festgehalten, dass § 79 Abs. 2 BVerfGG nur auf Beruhensfälle zugeschnitten ist. Klassischerweise beruht ein Verwaltungsakt auf einem nichtigen Gesetz. Der Verwaltungsakt wird durch den Wegfall der Ermächtigungsgrundlage rechtswidrig, aber grundsätzlich noch nicht nichtig nach § 44 VwVfG, daher wird dessen Bestandskraft nicht tangiert, § 43 Abs. 2 VwVfG. Ein Gesetz hingegen, welches rechtswidrig ist, ist auch nichtig. Es wird bei einem Gesetz nicht zwischen der Rechtsfolge Nichtigkeit und Rechtswidrigkeit unterschieden. Die Rechtsfolge Nichtigkeit durchbricht zwingend immer die Bestandskraft, so auch beim Verwaltungsakt, § 43 Abs. 3 VwVfG. Aus der fehlenden Unterscheidung beim Gesetz zeigt sich, dass keine Verfestigung der nichtigen Wertungen getroffen werden soll. Die Einzelfallgerechtigkeit überwiegt die Rechtssicherheit.[1030]

§ 79 Abs. 2 BVerfGG steht somit einer Haftung für legislatives Unrecht nicht entgegen und würde damit auch nicht im Widerspruch zu einem neu geschaffenen Haftungsanspruch stehen.

II. Zulässigkeit einer Rechtsfortbildung und grundlegende Bedenken

1. Analyse und kritische Würdigung

Gegen eine Haftung für legislatives Unrecht auf der Grundlage der bestehenden Haftungsinstitute werden auch eine Reihe von Einwendungen genereller Natur vorgebracht, die näher beleuchtet werden sollen. Teils weisen sie nicht nur Relevanz auf, bezüglich der Zulässigkeit einer richterlichen Rechtsfortbildung, sondern könnten auch einem Haftungsanspruch de lege ferenda entgegengehalten werden.[1031]

Das zentrale Argument gegen die Zulässigkeit einer Haftung des Gesetzgebers ist wohl die Überschreitung der zulässigen Grenze richterrechtlicher Rechtsfort-

---

1029 *Graßhof*, in: Umbach/Clemens/Dollinger (Hrsg.), Bundesverfassungsgerichtsgesetz, 2. Aufl. 2005, § 79 Rn. 41.

1030 Gedanke auch bei *Speiser*, Ersatzpflicht des Staates bei unmittelbaren Eingriffen durch verfassungswidrige Gesetze, 1974, S. 121.

1031 Zur Problematik einer Haftung für legislatives Unrecht auf der Grundlage des Folgenbeseitigungsanspruches *Pietzko*, Der materiell-rechtliche Folgenbeseitigungsanspruch, 1994, S. 225 ff., der die folgenden allgemeinen Gedanken, die meist im Zusammenhang mit dem enteignungsgleichen Eingriff geäußert werden, für übertragbar hält. S. zudem bezüglich historischer Argumente im Überblick etwa *Speiser*, Ersatzpflicht des Staates bei unmittelbaren Eingriffen durch verfassungswidrige Gesetze, 1974, S. 22 ff. sowie *Hochgürtel*, Die staatliche Haftung für rechtswidrig getätigte und unterlassene Normsetzung, 2000, S. 7 ff.

bildung.[1032] Es fehle an der hinreichenden Legitimation für eine richterrechtliche Ausweitung des Staatshaftungsrechts auf verfassungswidrige formelle Gesetze. Der unzulässige Eingriff in den Bewertungs- und Gestaltungsspielraum des Gesetzgebers basiere zum einen auf den weitreichenden unübersehbaren finanziellen Folgen einer Haftung, die das Budgetrecht des Parlaments beschneiden, sowie zum anderen auf den nicht unerheblich vielen voneinander abweichenden Lösungsansätzen, deren Auswahl allein dem Gesetzgeber obliegen könne.[1033] Eine Haftung für Legislativakte stelle eine nicht mehr hinnehmbare weitreichende Änderung des geltenden Rechts dar.[1034] Damit obliege dem Gesetzgeber die Aufgabe diese Materie positivrechtlich zu regeln.[1035] Eine Pflicht des Gesetzgebers zum Tätigwerden halte sich grundsätzlich in engen Grenzen, sodass es fraglich erscheine, ob diese überschritten wurden und sich eine Pflicht zum Erlass eines Haftungsgesetzes herauskristallisiert habe.[1036] „Zur Klarstellung sei darauf hingewiesen, daß sich diese Ausführungen nur auf die Haftung für verfassungswidrige formelle Gesetze und darauf gestützte Maßnahmen beziehen, nicht aber auf die Haftung für untergesetzliche Normen, die aufgrund rechtswirksamer Gesetze ergangen sind."[1037].

Diesem Argumentationsstrang kann jedoch nicht unreflektiert gefolgt werden. Es darf nicht mit zweierlei Maß gemessen werden. Die obigen Einwände sind schon bei der Entwicklung des Anspruches aus enteignungsgleichem Eingriff relevant gewesen.[1038] Die Etablierung dieses ungeschriebenen Staatshaftungsinstitutes, um Haftungslücken zu schließen, hatte ebenfalls weitreichende Konsequenzen und summa summarum betrachtet eine massive Erweiterung der Haftung im Laufe der

---

1032 Zur unzulässigen Rechtsfortbildung ausführlich *Boujong*, Staatshaftung für legislatives und normatives Unrecht in der neueren Rechtsprechung des Bundesgerichtshofes, in: Faller/Kirchhof/Träger (Hrsg.), Festschrift für Willi Geiger zum 80. Geburtstag, 1989, S. 430 (433, 436 ff.) sowie auch *Hermes*, Verw 31 (1998), 371 (395 f.) mit Hinweis auf andere europäische Staaten.

1033 Erstmals in BGHZ 100, 136 (145 f.); st. Rsp. BGHZ 134, 30 (33); sehr ausführlich dazu *Grzeszick*, Rechte und Ansprüche, 2002, S. 426 ff.; dem BGH widersprechend: *Fetzer*, Die Haftung des Staates für legislatives Unrecht, 1994, S. 145 f. sowie *Schenke/Guttenberg*, DÖV 1991, 945 (950 f.). Eine Beeinträchtigung des Gestaltungsspielraumes wurde auch gesehen in BT-Drs. 8/2080, S. 6 f., welche zu einer Ablehnung der Einbeziehung der Legislative in den neuzufassenden Art. 34 GG führte. Bezüglich des Vorschlages eines neuen Gesetzes s. u. a. *Lohse*, DVP 2006, 1 (10).

1034 *Luhmann*, Öffentlich-rechtliche Entschädigung rechtspolitisch betrachtet, 1965, S. 127 sich dagegen wendend *v. Arnim*, Die Haftung der Bundesrepublik Deutschland für das Investitionshilfegesetz, 1986, S. 76 f.

1035 BGHZ 100, 136 (146 f.); BGH NJW 1989, 101 (102); *Nüßgens/Boujong*, Eigentum, Sozialbindung, Enteignung, 1987. Rn. 446.

1036 Vgl. diesbezüglich BGHZ 102, 350 (365 f.). Zur Berechtigung des BGH zu einer solchen Rechtsfortbildung *Lange*, Grundrechtsbindung des Gesetzgebers, 2010, S. 369 ff., die diese bejaht.

1037 BGHZ 100, 136, (147).

1038 *Steinberg/Luhberger*, Aufopferung – Enteignung und Staatshaftung, 1991, S. 360 f.

Jahre zur Folge. Die verfassungsrechtlichen Probleme einer jeden Rechtsfortbildung im Staatshaftungsrecht unterscheiden sich nicht in einem derart spezifischen Maße von einer Haftung für legislatives Unrecht, dass sie dessen Ablehnung rechtfertigen könnten.

Nun zu der Beeinträchtigung der Budgethoheit des Parlaments: Es handelt sich um eine spezielle Ausprägung des Gewaltenteilungsgrundsatzes, Art. 20 Abs. 2 S. 2 GG. Es muss jedoch berücksichtigt werden, dass die Haftung des Gesetzgebers an eine Nichtigkeitsfeststellung durch das Bundesverfassungsgericht gekoppelt ist, welches die ausschließliche Normverwerfungskompetenz besitzt, Art. 100 Abs. 1 GG. Eine Belastung des Haushalts erfolgt damit erst, nachdem das Bundesverfassungsgericht das Gesetz für nichtig erklärt hat. Das BVerfG nimmt im grundgesetzlichen Gefüge eine herausgehobene Stellung ein und kann auch den Gesetzgeber zu kostenträchtigen Maßnahmen verurteilen, man denke etwa an die besondere Ausgestaltung der Sicherungsverwahrung.[1039] Durch eine Entscheidung des Bundesverfassungsgerichts wird auch nicht der Gewaltenteilungsgrundsatz, Art. 20 Abs. 2 S. 2 GG, verletzt. Das Bundesverfassungsgericht ist von der Verfassung als Kontrollorgan gegenüber dem Gesetzgeber installiert worden, Art. 93 GG. Den Besonderheiten der Legislative wird damit auch bei einer Haftung für rechtswidrige Gesetze Genüge getan, indem die Nichtigkeitsfeststellung – damit auch die Haftungsauslösung – durch das Bundesverfassungsgericht erfolgen muss, entweder im Rahmen eines Normkontrollverfahrens oder einer Verfassungsbeschwerde.[1040]

Den vereinzelt vorgebrachten Befürchtungen, das Bundesverfassungsgericht lasse sich von möglichen finanziellen Folgen einer Nichtigkeitserklärung beeinflussen und würde seine Entscheidung vor dem Hintergrund möglicher Haftungsfolgen treffen[1041], muss entschieden entgegengetreten werden.[1042] Das Bundesverfassungsgericht wird wohl genug Courage zeigen und sich nicht zum Spielball der Politik degradieren lassen. Das Gericht hat im Laufe der Zeit schon einige unliebsame Entscheidungen getroffen und sich nicht politisch unter Druck setzten lassen, welches sich insbesondere bei Entscheidungen im Zusammenhang mit der europäischen Integration gezeigt hat.

Eine Beeinträchtigung des Gewaltenteilungsgrundsatzes ist auch nicht in Gestalt einer Tangierung des Gestaltungsspielraums des Gesetzgebers zu sehen. Das Gericht muss nicht – wie behauptet – anders als im Normkontrollverfahren den Inhalt eines pflichtgemäßen Gesetzes näher konkretisieren, um über eine Amtspflichtver-

---

1039 Ähnlich auch BVerfGE 122, 210 ff., auch die rückwirkende Wiedergeltendmachung der Pendlerpauschale führte zu Steuereinbußen.

1040 *Schenke*, NJW 1988, 857 (860).

1041 *Böckenförde*, ZRP 1969, 130 (132) mit Hinweis auf *Friesenhahn* und *Heck*. Gedanke bei *Eckert*, Die Haftung des Staates bei nichtigen Gesetzen und Verordnungen, 1973, S. 40 f. sowie *Arndt*, BB 19960, 1351 (1351 f.).

1042 *Bungeroth*, ZRP 1969, 73 (75); *Fetzer*, Die Haftung des Staates für legislatives Unrecht, 1994, S. 46.

letzung urteilen zu können.[1043] Dieser Unterschied zum Normkontrollverfahren ist nicht existent. Die Amtspflichtverletzung beruht auf dem Erlass eines verfassungswidrigen Gesetzes. Diese Pflichtverletzung wird auch durch das Bundesverfassungsgericht festgestellt. Ein Haftungsanspruch durch die ordentliche Gerichtsbarkeit bedarf nur der zusätzlichen Feststellung eines Verschuldens – sofern man das Verschuldenserfordernis weiter aufrechterhalten möchte.

Auch dem traditionellen Einwand, eine Einstandspflicht für legislatives Unrecht ziehe erheblich, gar erdrückende finanzielle Folgen nach sich, stehen berechtigte Zweifel entgegen.[1044] Verschiedenen Berechnungen zufolge, die sogar aus Ministeriumskreisen stammen[1045], kann nicht mit einer nennenswerten finanziellen Belastung des öffentlichen Haushaltes gerechnet werden, die das Budgetrecht des Parlaments gefährden könnte.[1046]

Hinzutritt, dass auch eine Haftung für verwaltungsrechtliches Unrecht finanziell unüberschaubare Folgen nach sich ziehen kann.[1047] Es ist nicht absehbar beispiels-

---

1043 *Krüger*, Staatrechtslehre, 2. Aufl. 1966, S. 795; *Weber*, Staatshaftung für rechtswidrige Gesetzgebungsmaßnahmen, 1975, S. 22 ff. lehnt auch ausdrücklich *Krüger* ab.

1044 Keine übermäßigen finanziellen Folgen annehmend: *Höfling*, VVDStRL 61 (2002), 260 (281); *Lange*, Grundrechtsbindung des Gesetzgebers, 2010, S. 370 f.; *Scheuing*, Haftung für Gesetze, in: Rüttner (Hrsg.), Festschrift für Otto Bachof zum 70. Geburtstag, 1984, S. 343 (367 f.); *v. Arnim*, Die Haftung der Bundesrepublik Deutschland für das Investitionshilfegesetz, 1986, S. 68 f. beim Amtshaftungsanspruch durch die haftungsbegrenzenden Merkmale; *Schenke*, NJW 1988, 657 (860 f.); *Haverkate*, NJW 1973, 441 (443); a.A. wohl *Arndt*, BB 1960, 1351 (1351 f.); *Vogel*, Die Verwirklichung der Rechtsstaatsidee im Staatshaftungsrecht, 1977. S. 24; *Schack*, MDR 1953, 514 (518).

1045 Referentenentwürfe, in: Der Bundesminister der Justiz/Der Bundesminister des Innern (Hrsg.), Reform des Staatshaftungsrechts, Gesetz zur Änderung des Grundgesetzes, Staatshaftungsgesetz, Referentenentwürfe, 1976, S. 97 f. Der Referentenentwurf rechnet mit jährlichen Mehrausgaben von 1 Million DM bei einer zeitlichen Begrenzung des Anspruchs und einer Haftungsbegrenzungsmöglichkeit durch den Gesetzgeber. Das Bundesverfassungsgericht hat bis 1975 127 Gesetze für verfassungswidrig erklärt, davon weisen 49 keine finanziellen Folgen, 46 nur geringe Folgen und nur 31 erhebliche finanzielle Folgen auf. Lediglich ein Gesetz hätte schwerwiegende monetäre Konsequenzen nach sich gezogen. Mit einer Beschränkung, wie sie § 6 des RE vorsieht, auf nur bestimmte Rechtsgüter (Leib, Leben, Freiheit, Beruf, Eigentum), hätten sich nur 18 haftungsrelevante Fälle abgezeichnet. Auf diese Zahlen weist *Fetzer* hin in: Die Haftung des Staates für legislatives Unrecht, 1994, S. 43 f., und leitet daraus das Bedürfnis nach einer Begrenzung der Haftung in den seltenen Fällen massiver Auswirkungen ab. Hinweis auf die Zahlen auch in *Scheuing*, Haftung für Gesetze, in: Rüttner (Hrsg.), Festschrift für Otto Bachof zum 70. Geburtstag, 1984, S. 343 (368); *Grzeszick*, Rechte und Ansprüche, 2002, S. 427.

1046 Keine uferlose Ausweitung der Haftung sehend *Haverkate*, NJW 1973, 441 (443).

1047 Beispiel etwa bei *Arndt*, BB 1960, 1351 (1351 f.) sowie *Fetzer*, Die Haftung des Staates für legislatives Unrecht, 1994, S. 44.

weise wie viele Beamten rechtswidrig einen Schaden bei dem Bürger in einem Jahr hervorrufen werden und wie sich dieser beziffern wird.[1048] Die potenzielle Beeinträchtigung der Haushaltsprärogative ist damit kein Spezifikum einer Legislativhaftung, sondern wohnt jedem Schadensersatz- und Entschädigungsanspruch inne.[1049] Im Zusammenhang mit Exekutivunrecht wird aber – soweit ersichtlich – eine Ablehnung der Haftung aus fiskalischen Gründen nicht vertreten. Dies führt im Ergebnis zu einer nicht gerechtfertigten Ungleichbehandlung von legislativem und exekutivem Unrecht.[1050]

Die Einwände, die gegen die Gesetzeshaftung vorgebracht werden, müssten konsequenterweise auch bei einer Haftung für normatives Unrecht im speziellen für Rechtsverordnungen vorgebracht werden.[1051] Betrachtet man die Haftung aus enteignungsgleichem Eingriff näher – bei der der BGH eine Entschädigung für rechtswidrige Verordnungen anerkennt[1052] – zeigt sich, dass sowohl das Parlamentsgesetz, als auch die Verordnung abstrakt-generelle Regelungen sind, die aber nur im zweitgenannten Falle eine Haftung mit sich bringen. Oftmals kommt dem Zufallsmoment Bedeutung zu, ob ein Sachverhalt durch ein formelles oder materielles Gesetz geregelt wird.[1053] Auch der Regelungscharakter des Gesetzes hat sich im Laufe der Jahrzehnte verändert, von einer ursprünglichen Regelung allgemeiner und dauerhafter Sachkomplexe, hin zu oftmals detaillierten, kurzfristigen Regelungen im sozialen und wirtschaftlichen Feld, welche dem Gehalt materieller Gesetze gleichen.[1054]

Zudem können fiskalische Erwägungen keine berechtigten Gegengründe darstellen.[1055] Dem erhöhten Schadenspotenzial steht sogar eine besondere Schutzbedürftigkeit des Bürgers gegenüber.[1056]

Aber auch aus einer anderen Perspektive halten sich die finanziellen Belastungen für eine Legislativhaftung in Grenzen. Dem Gesetzgeber steht es frei ein weiteres Gesetz zu erlassen, welches die finanziellen Folgen der Haftung näher ausgestaltet

---

1048 Gedanke auch bei *Ossenbühl*, JZ 1987, 1027 (1027).

1049 *Schenke*, NJW 1988, 857 (860).

1050 *Wroblewski*, Die Staatshaftung für legislatives Unrecht in Deutschland, 2005, S. 82; auf das Fehlen sachlicher Gründe für eine Differenzierung weist auch *Ossenbühl*, JZ 1987, 1027 (1027 f.) hin sowie *Schenke*, NJW 1988, 857 (859 ff.).

1051 *Ossenbühl/Cornils*, Staatshaftungsrecht, 6. Aufl. 2013, S. 284; *Detterbeck*, JA 1991, 7. (9 f.); *Maurer*, Allgemeines Verwaltungsrecht, 18. Aufl. 2011, § 27 Rn. 91.

1052 BGHZ 78, 41 (43) dazu *Ossenbühl/Cornils*, Staatshaftungsrecht, 6. Aufl. 2013, S. 284.

1053 *Schenke*, NJW 1988, 857 (860); das Zufallsmoment erkennend *Forsthoff*, BB 1960, 1135 (1138).

1054 *Lange*, Grundrechtsbindung des Gesetzgebers, 2010, S. 362. Gedanke auch schon bei *Forsthoff*, BB 1960, 1135 (1138).

1055 Vgl. BVerfGE 121, 141 (257 f.).

1056 So *Fetzer*, Die Haftung des Staates für legislatives Unrecht, 1994, S. 42 unter Hinweis auf *Scheuing*, Haftung für Gesetze, in: Rüttner (Hrsg.), Festschrift für Otto Bachof zum 70. Geburtstag, 1984, S. 343 (346).

und den Schaden reguliert.[1057] Auch eine Deckelung der Haftung wird in diesem Zusammenhang diskutiert.[1058]

Zudem wäre auch an die Einführung einer präventiven verfassungsgerichtlichen Kontrolle des Gesetzes zu denken, wie es bereits für völkerrechtliche Verträge Praxis ist, um Völkerrechtsverstöße zu vermeiden.[1059] Aber auch das Bundesverfassungsgericht hat die Möglichkeit, die Haftungsfolgen zu beschränken. Es kann nicht nur das Gesetz für ex-tunc nichtig erklären, sondern auch nur eine Unvereinbarkeitserklärung aussprechen, welche bis zu einer neuen Regelung zur Fortgeltung des Gesetzes führt.[1060]

Neben den finanziellen Belastungen, die stets tragende Argumentation der Kritiker ist, wird auch eine Beeinträchtigung des Primats des Vorrangs des Primärrechtsschutzes vorgebracht. Die Befürchtungen des BGH, dass eine Rechtsfortbildung die Verletzung der Obliegenheit des Betroffenen gegen den Vollzug verfassungswidriger Gesetze zunächst primären Rechtsschutz in Anspruch zu nehmen, entwerten würde,[1061] erweist sich als nicht konsistent. Das Gewand der Verfassungswidrigkeit kehrt das Gesetz nicht immer eindeutig nach außen, sondern zeigt sich oftmals erst später durch eine Feststellung des Bundesverfassungsgerichts. Bis zur Nichtigkeitsfeststellung kann es zu einem Schadenseintritt kommen, den der Bürger durch den Primärrechtsschutz nicht abwehren kann. Zudem würde ein ausschließlicher Verweis des Bürgers auf den Primärrechtsschutz zu dem Ergebnis führen, dass jeder Bürger, um sich schadlos zu halten, jedes Gesetz, welches ihn berührt, angreifen müsste. Die Akzeptanz der Rechtsordnung würde dadurch gefährdet.[1062] Die Möglichkeit des Bürgers Primärrechtsschutz zu erlangen stellt keine ausreichende Haftungsrestitution dar. Rechtsschutz gegen formelle Gesetze ist nur im eingeschränkten Maße möglich. So steht nur die Verfassungsbeschwerde als außerordentlicher Rechtsbehelf zur Verfügung, die aber an das Fristerfordernis von einem Jahr seit Inkrafttreten der Norm angekoppelt ist, § 93 Abs. 3 BVerfGG. Daher wird zum Ausgleich dieses beschränkten Primärrechtsschutzes – zu Recht – eine Restitutionsmöglichkeit gefordert.[1063]

1057 Diese sah auch der Referentenentwurf zum Staatshaftungsgesetz vor. *Schenke*, DVBl 1975, 121 (128); *Scheuing*, Haftung für Gesetze, in: Rüttner (Hrsg.), Festschrift für Otto Bachof zum 70. Geburtstag, 1984, S. 343 (363), im Schlussteil mit Lösungsmöglichkeiten für die Probleme in Form besonderer Ausgestaltungen der Haftung.

1058 So etwa *Lange*, Grundrechtsbindung des Gesetzgebers, 2010, S. 371.

1059 *Fetzer*, Die Haftung des Staates für legislatives Unrecht, 1994, S. 46 ff. ausführlich zu dieser Idee.

1060 *Grzeszick*, Rechte und Ansprüche, 2002, S. 428.

1061 BGHZ 100, 136 (145).

1062 *Eckert*, Die Haftung des Staates bei nichtigen Gesetzen und Verordnungen, 1973, S. 72 f.

1063 *Forsthoff*, BB 1960, 1135 (1138).

Zudem muss Beachtung finden, dass der Bürger seine Position als Verteidiger des Rechts verliert, wenn keine Möglichkeit mehr besteht einen Schadenersatzanspruch zu erlangen. Der Bürger wird abgehalten, Rechtsschutz gegen ein verfassungswidriges Gesetz zu suchen – auch nach Ablauf der Beschwerdefrist vor dem Bundesverfassungsgericht – und damit einer konkreten Normenkontrolle nach Art. 100 Abs. 1 GG der Weg versperrt.[1064]

Nicht zuletzt werden Bedenken geäußert gegen eine Erweiterung der Einrichtungsgarantie des Art. 34 GG für legislatives Unrecht. Die Verwandtschaft dieser Haftungsnorm zu Art. 19 Abs. 4 GG stehe einer Haftung entgegen. Die Sekundärrechtsschutzgarantie des Art. 34 GG könne als Pendant zur Primärrechtsschutzgarantie nicht weiterreichen als dieselbige. Nach Auffassung des Bundesverfassungsgerichts beziehe sich Art. 19 Abs. 4 GG lediglich auf die Exekutive und nur beschränkt auf die Legislative.[1065] Sieht man jedoch vorzugswürdig als „öffentliche Gewalt“ im Sinne des Art. 19 Abs. 4 GG auch die Gesetzgebung an,[1066] gewährt die Rechtsweggarantie nicht nur Primärrechtsschutz bezüglich untergesetzlicher Normen, sondern auch bei formellen Gesetzen. Damit ist auch eine Unterscheidung im Bereich des Sekundärrechtsschutzes rechtfertigungsbedürftig.[1067] Der bestehende Widerspruch zwischen Primär- und Sekundärrechtsschutz führe zu dem paradoxen Phänomen, dass sich der Gesetzgeber durch die Ausgestaltung der Regelung als selbstvollziehend der Haftung entziehen könnte.[1068]

2. Fazit

Insgesamt haben sich die in Literatur und Rechtsprechung vorgebrachten Argumente gegen eine Haftung für legislatives Unrecht nicht als stichhaltig erwiesen – sowohl in Bezug auf die richterliche Rechtsfortbildung als auch losgelöst von dieser. Das sich in den Köpfen hartnäckig haltende Spukgespenst einer ausufernden finanziellen Belastung braucht nicht gefürchtet zu werden. Zum einen sind nur wenige Gesetze finanzrelevant und zum anderen könnte eine Haftungsbegrenzungsmöglichkeit etabliert werden. Diese mag sogar im unionsrechtlichen Raum geboten

---

1064 Gedanke auch bei *Hochgürtel*, Die staatliche Haftung für rechtswidrig getätigte und unterlassene Normsetzung, 2000, S. 120.

1065 BVerfGE 24, 33 (49); 75, 108 (165); *Pfab*, Staatshaftung in Deutschland, 1997, S. 83 der allerdings die rechtsstaatliche Gebotenheit erkennt und ein Tätigwerden des Gesetzgebers fordert.

1066 So wohl der überwiegende Teil der Literatur, s. dazu nur *Schmidt-Aßmann*, in: Maunz/Dürig (Begr.), Grundgesetz, Bd III, 75. EGL 2015, Art. 19 IV Rn. 93.

1067 *Schenke*, NJW 1988, 857 (859 f.); s. auch *Morlok*, Staatshaftungsrecht als öffentliches Sekundärrecht, in: Dekan der Juristischen Fakultät der Heinrich-Heine-Universität Düsseldorf (Hrsg.), Freundesgabe der Juristischen Fakultät für Professor Ulf Pallme König zum 65. Geburtstag, 2014, S. 291 (303); vgl. auch schon *Bachof*, Die verwaltungsgerichtliche Klage auf Vornahme einer Amtshandlung, 1951, S. 124 f.

1068 *Lücke*, AöR 104 (1979), 225 (239).

sein, da die Feststellung der haftungsauslösenden Rechtswidrigkeit allein dem EuGH obliegt. Die Beeinflussung der Gerichtsentscheidung durch seine Kostenrelevanz braucht beim EuGH nicht gefürchtet zu werden, da dieser grundsätzlich unabhängig von den nationalen Interessen agiert und allein die Wirksamkeit des Unionsrechts zu sichern pflegt. Durch die unionsrechtliche Überlagerung der Haftung für europarechtswidrige Gesetze kann auch eine Verletzung des Gestaltungsspielraumes des Gesetzgebers ausgeschlossen werden. Das Unionsrecht trifft bereits die Wertungen, welche die Legislative – einem Exekutivorgan gleich – nur in die nationale Rechtsordnung umsetzen muss (dazu unten nochmals unter Teil 3, Kapitel 10, III., 2., b)).

Als rechtspolitisch wünschenswerter Nebeneffekt einer Haftung des Staates für legislatives Unrecht könnte sogar eine Erhöhung der Sorgfalt des Gesetzgebers eintreten, welche freilich auch ohne eine Haftung keineswegs gering einzuschätzen ist.[1069]

1069 *v. Arnim*, Die Haftung der Bundesrepublik Deutschland für das Investitionshilfegesetz, 1986, S. 75 f. Allerdings wird auch vor der Gefahr gewarnt, dass mit einer Haftung das Zutrauen des Gesetzgebers sich an heikle Gesetzgebungssachen heranzuwagen, schwinden könnte: *Fetzer*, Die Haftung des Staates für legislatives Unrecht, 1994, S. 42 f. Zur ökonomischen Analyse der Haftung für legislatives Unrecht umfassend: *Schäfer*, Ökonomische Analyse der Staatshaftung für legislatives Unrecht, in: Behrens/Eger/Schäfer (Hrsg.), Ökonomische Analyse des Europarechts, 2012, S. 47 (60 ff.). Primärrechtsschutz habe keinen Einfluss auf das Abstimmungsverhalten der Parlamentarier, wenn keine Haftungsmöglichkeit bestehe. Es wird jedoch auch vor der Gefahr gewarnt, dass eine Haftungsmöglichkeit den Erlass rechtswidriger Gesetze fördern könnte, dazu S. 64 f.

Kapitel 9 Haftung de lege ferenda

Sowohl der Amtshaftungsanspruch, als auch das Haftungsinstitut des enteignungsgleichen Eingriffs weisen bei einem Integrationsversuch einer Haftung für das Vertrauen auf unionsrechtswidrige Gesetze erhebliche und teils nur schwerlich überwindbare dogmatische Unwägbarkeiten auf. Sollte man den vom Bundesverfassungsgericht angeregten Gedanken einer neu geschaffenen ernst nehmen und weiterverfolgen, bedarf es eines neugeschaffenen Haftungstatbestandes. Eine Vertrauenshaftung ist sinnvollerweise nur de lege ferenda möglich. Bei einer Neuregelung darf nicht aus dem Fokus geraten, dass eine Etablierung auf Verfassungsebene Vorzüge aufweisen und Streitigkeiten im Zusammenhang mit dem Grundsatz des lex posterior derogat legi priori vermeiden könnte. Es erweist sich zudem als vorzugswürdig im Zusammenhang mit der Einführung des neuen Haftungsanspruches das gesamte Recht der öffentlichen Ersatzleistungen zu reformieren, und insbesondere eine Regelung für eine Legislativhaftung zu schaffen.[1070] Dies würde auch Stimmen verstummen lassen, die eine ausschließliche Haftung für unionsrechtswidrige – und nicht auch für rein verfassungswidrige Normen – als systemwidrig erachten aufgrund gleichheitsrechtlicher Untiefen.[1071]

Insgesamt ist eine umfassende Rechtswidrigkeitshaftung nicht nur rechtsstaatlich, sondern auch grundrechtlich geboten.[1072] In der „(Nicht)Haftung für legislatives Unrecht liege ein nicht zu rechtfertigendes Leistungsdefizit des Staatshaftungsrechts“[1073].

Das neu etablierte Haftungsinstitut sollte sich vom verstaubten Merkmal des Verschuldens lösen und eine verschuldensunabhängige Einstandspflicht normieren. Das Verschuldenselement beim Amtshaftungsanspruch lässt sich nur aus dessen historischem Ursprung heraus erklären. § 839 BGB basiert auf einer ursprünglich persönlichen Haftung des Beamten für rechtswidrige Verwaltungstätigkeit, die aufgrund der Rechtswidrigkeit nicht mehr dem Staat zugerechnet werden konnte, sog. Mandatstheorie. Das Beamtenverhältnis wurde als zivilrechtlich verstanden, als privatrechtlicher Mandatskontrakt zwischen Landherrn und Staatsdiener. Das

---

1070 Zur Notwendigkeit und dem Stand einer Reform *Grzeszick*, ZRP 2015, 162 ff.

1071 *Papier*, in: Rixecker/Säcker (Hrsg.), Münchener Kommentar zum Bürgerlichen Gesetzbuch, Bd 6, 6. Aufl. 2013, § 839 Rn. 261.

1072 *Röder*, Die Haftungsfunktion der Grundrechte, 2002, passim insbes. S. 216 ff.: *Grzeszick*, Rechte und Ansprüche, 2002, S. 185 ff. *Breuer*, Staatshaftung für judikatives Unrecht, 2011, S. 121 ff.; *Morlok*, Staatshaftungsrecht als öffentliches Sekundärrecht, in: Dekan der Juristischen Fakultät der Heinrich-Heine-Universität Düsseldorf (Hrsg.), Freundesgabe der Juristischen Fakultät für Professor Ulf Pallme König zum 65. Geburtstag, 2014, S. 291 (300 ff.). Eine Haftung aus den Grundrechten begründend: LG Freiburg MDR 1953, 564 (565).

1073 *Bertelmann*, Die Europäisierung des Staatshaftungsrechts, 2006, S. 33.

Mandat des Staatsdieners, der Auftrag des Landherrn, umfasste ausschließlich die Vornahme rechtmäßiger Amtshandlungen. Rechtswidriges Verhalten des Beamten war nicht mehr vom Mandat abgedeckt – also contra mandatum. Eine Zurechnung des Verhaltens des Staatsdieners zu dem Landherrn war damit ausgeschlossen. Dieser allgemeine Rechtsgrundsatz macht beim Staat keine Ausnahme. Es gilt: Si excessit privatus est. Die rechtswidrige Handlung war demgemäß eine private des handelnden Staatsdieners.[1074] Der Amtshaftungsanspruch war also vormals eine rein privatrechtliche Beamtenhaftung. Das Verschuldenserfordernis sollte den persönlich haftenden Amtswalter vor finanziellen Folgen seiner Amtshandlungen schützen.[1075] Durch Art. 34 GG erfolgt mittlerweile eine Haftungsverlagerung auf den Staat und eine Freistellung des Beamten. Der ursprüngliche Zweck des Verschuldenserfordernisses wird damit bereits umfassend gesichert.

Die Forderung nach einer Loslösung der Staatshaftung vom Verschulden gilt insbesondere bei einer Vertrauenshaftung. Das Erfordernis eines schutzwürdigen Vertrauens des Betroffenen wirkt bereits als haftungsbegrenzendes Element. Faktisch kommt es dadurch zu keiner grundsätzlichen Entkopplung von Verschuldenserwägungen. War der Verstoß des Gesetzes evident, kann der Betroffene nur schwerlich schutzwürdiges Vertrauen anführen – freilich besteht aber keine Kongruenz aufgrund der unterschiedlichen Sorgfaltsanforderungen.

Der Haftungsanspruch de lege ferenda ähnelt am ehesten dem Institut der ausgleichpflichtigen Inhalts- und Schrankenbestimmung;[1076] es wird auch ein finanzieller Ausgleich zur Kompensation der Unverhältnismäßigkeit geschaffen.[1077] Aber auch der Plangewährungsanspruch, welcher als ultima ratio einen Ausgleich für die Zerstörung gerechtfertigten Vertrauens ermöglicht, weist eine gewisse Verwandtschaft mit einer Haftung für das Vertrauen auf unionsrechtswidrige Gesetze auf.[1078]

1074 Vgl. nur *Heidenhain*, Amtshaftung und Entschädigung aus enteignungsgleichem Eingriff, 1965, S. 15 ff.

1075 *Boujong*, Staatshaftung für legislatives und normatives Unrecht in der neueren Rechtsprechung des Bundesgerichtshofes, in: Faller/Kirchhof/Träger (Hrsg.), Festschrift für Willi Geiger zum 80. Geburtstag, 1989, S. 430 (432 f.); *Heidenhain*, Amtshaftung und Entschädigung aus enteignungsgleichem Eingriff, 1965, S. 15 ff.; *Morlok*, Staatshaftungsrecht als öffentliches Sekundärrecht, in: Dekan der Juristischen Fakultät der Heinrich-Heine-Universität Düsseldorf (Hrsg.), Freundesgabe der Juristischen Fakultät für Professor Ulf Pallme König zum 65. Geburtstag, 2014, S 281 (312).

1076 So *Giegerich*, EuR 2012, 373 (380).

1077 S. etwa *Maurer*, Allgemeines Verwaltungsrecht, 18. Aufl. 2011, § 27 Rn. 79 ff.; *Ossenbühl/Cornils*, Staatshaftungsrecht, 6. Aufl. 2013, S. 212 ff.

1078 Beispielhaft: RGZ 139, 177 ff.; BGHZ 45, 83 ff.; BVerfGE 30, 250 ff.; ferner BVerfGE 97, 67 ff. freilich richtet sich das Vertrauen der Normadressaten auf den Fortbestand der Regelung.

Teil 3 Integration in bestehende unionale Ansprüche und unionsrechtliche Zulässigkeit einer nationalen Haftung de lege ferenda

Der dritte Teil widmet sich vollumfänglich der unionsrechtlichen Perspektive. Es soll zunächst untersucht werden, ob eine Integration der Vertrauenshaftung in die bestehende unionsrechtliche Haftungsdogmatik möglich ist. Das Augenmerk wird auf den Haftungsanspruch der Mitgliedsstaaten für hinreichend qualifizierte Rechtsverstöße nach der *Francovich*-Doktrin liegen. Daneben soll aber auch diskutiert werden, ob die Einführung eines nationalen Haftungsanspruches für das Vertrauen auf unionsrechtswidrige Gesetze mit dem Unionsrecht im Einklang steht, oder ob es zu einer Kollision mit unionalen Wertungen kommt. Auch gilt es zu untersuchen, ob ein nationaler Haftungsanspruch unionsrechtlich begrüßenswerte Effekte hervorrufen kann.

Kapitel 10 Integration in die außervertragliche Haftung der Mitgliedsstaaten

Der erste Abschnitt beschäftigt sich mit der Geeignetheit der außervertraglichen Haftung der Mitgliedsstaaten der nationalen Vertrauenshaftung eine Heimstätte zu bieten.

I. Richterrechtliche Entwicklung des Institutes

Der EuGH entwickelte diesen mitgliedsstaatlichen Haftungsanspruch in der Rechtssache *Francovich* im Jahr 1991[1079] im Wege richterrechtlicher Rechtsfortbildung[1080] zur Schließung nationalstaatlich bestehender Haftungslücken[1081] für Schäden, die sich dem Unionsbürger aus der Nichtumsetzung einer Richtlinie ergaben.[1082] Es

1079 EuGH v. 19.11.1991, Rs. C-6/90 u. C-9/90, Slg. 1991 I – 5357 ff. vormals bereits eine Haftung anerkennend: EuGH v. 22.01.1976, Rs 60/75, Slg. 1975, 45, Rn. 7/9.

1080 Zur Frage der Zulässigkeit einer solchen richterrechtlichen Rechtsfortbildung: *Ruffert*, in: Calliess/Ruffert (Hrsg.), EUV/AEUV, 4. Aufl. 2011, Art. 340 AEUV Rn. 37 ff.; *Martin-Ehlers*, EuR 1996, 376 (393 ff.). Dies ablehnend etwa: *Detterbeck*, AöR 125 (2000), 202 (231 ff.); *Schlemmer-Schulte/Ukrow*, EuR 1992, 80 (90 ff.); *Ossenbühl*, DVBl 1992, 993 (995 f.); *v. Danwitz*, JZ 1994, 335 (340 f.); Bundesregierung in ihrer Stellungnahme zum Vorlageersuchen des BGH, s. in: EuGH v. 05.03.1996, Rs. C-46/93 u. C-48/93, Slg. 1996, I – 1029, Rn. 24. Dazu allgemein: *Detterbeck*, AöR 125 (2000), 202 (231 f.); *v. Danwitz*, DVBl 1997, 1 (2 f.); *Ehlers*, JZ 1996, 776 (776 f.) (befürwortend); *Hatje*, EuR 1997, 297 (301 f.) (befürwortend); *Ossenbühl*, Staatshaftung zwischen Europarecht und nationalem Recht, in: Due/Lutter/Schwarze (Hrsg.), Festschrift für Ulrich Everling, Bd II, 1995, S. 1031 ff.; *Schockweiler*, EuR 1993, 107 (123 f.). Allgemein zur Rechtsfortbildungskompetenz des EuGH: *Tietjen*, Das System des gemeinschaftsrechtlichen Staatshaftungsrechts, 2010, S. 119 ff., 135 ff.; *Ukrow*, Richterliche Rechtsfortbildung durch den EuGH, 1995, S. 68 ff. sowie speziell zur Staatshaftung, S. 273 ff.; *Walter*, Rechtsfortbildung durch den EuGH, 2009, passim; *Neuner*, Die Rechtsfortbildung, in: Riesenhuber (Hrsg.), Europäische Methodenlehre, 3. Aufl. 2015, § 12.

1081 Auf die Normerlassklage als alternatives primärrechtliches Mittel zur Rechtsdurchsetzung hinweisend: *Seltenreich*, Die Francovich-Rechtsprechung des EuGH und ihre Auswirkungen auf das deutsche Staatshaftungsrecht, 1997, S. 63 f.

1082 Dazu etwa *Dörr*, DVBl 2006, 598 ff.; *Kling*, Jura 2005, 298 ff.; *Fischer*, EuZW 1992, 41 ff.; *Jarass*, NJW 1994, 881 ff.; *Kopp*, DÖV 1994, 201 ff.; *Meier*, NVwZ 1996, 660 ff.; *Pieper*, NJW 1992, 2454 ff. Zur Wirkung von Richtlinien ausführlich: *Claßen*, Nichtumsetzung von Gemeinschaftsrichtlinien, 1999, S. 62 ff. Zur Frage der Haftung der Union für mitgliedsstaatliche Umsetzungsfehler nach Art. 340 II AEUV *Czaja*, Die außervertragliche Haftung der EG für ihre Organe, 1996, S. 186.

handelt sich hierbei um einen unionsrechtlichen Ersatzanspruch,[1083] der unabhängig von der nationalen Haftungsdogmatik des jeweiligen Mitgliedsstaats besteht[1084] und auch nach dem Vertrag von Lissabon weiterhin unkodifiziert bleibt. Das Gericht stützte seine Rechtsfortbildung auf das systemimmanente „Wesen" der Unionsrechtsordnung.[1085] Der Schadensersatzanspruch stelle eine „notwendige Ergänzung der unmittelbaren Wirkung dar, die den Gemeinschaftsvorschriften zukommt, auf deren Verletzung der entstandene Schaden beruht"[1086] (zur dogmatischen Begründung sogleich unter II.).

Der Haftungsanspruch erfasst auch vollumfänglich legislatives Unrecht (dazu unten noch mal ausführlich unter Teil 3, Kapitel 10, III., 2., b)).[1087] Der von der deutschen Rechtsprechung angenommene fehlende Drittbezug einer Amtspflichtverletzung (dazu unter Teil 2, Kapitel 6, II., 3., b)) kann einem Haftungsanspruch hierbei nicht entgegengehalten werden aufgrund der unionsrechtlichen Überformung.[1088] Damit verallgemeinerte der EuGH sein entwickeltes Rechtsinstitut,[1089] weg von einer ausschließlichen Haftung für die Nichtumsetzung einer Richtlinie[1090] über eine Haftung für verspätete[1091] oder fehlerhaft umgesetzte[1092] Richt-

---

1083 Die Rechtsnatur dieses Anspruches ist streitig, teils wird der Anspruch auch als national angesehen, so etwa: *Frenz/Götzkes*, JA 2009, 759 (764): *Frenz*, Handbuch Europarecht, Bd 5, 2010, Rn. 2041 ff.; umfassend zu der Frage: *Kischel*, EuR 2005, 441 ff.; *Diehr*, Der Staatshaftungsanspruch des Bürgers wegen Verletzung des Gemeinschaftsrechts durch die deutsche öffentliche Gewalt, 1997, S. 245 ff.; *Binia*, Das Francovich-Urteil des Europäischen Gerichtshofes im Kontext des deutschen Staatshaftungsrechts, 1998, S. 261 ff. Der EuGH sieht „seine Grundlage unmittelbar im Gemeinschaftsrecht" EuGH v. 23.05.1996, Rs. C-5/94, Slg. 1996, I – 2553, Rn. 67; EuGH v. 05.03.1996, Rs. C-46/93 u. C-48/93, Slg. 1996, I – 1029, Rn. 67.

1084 BGH sieht es als ein unmittelbar aus dem Unionsrecht herzuleitenden Anspruch an: BGHZ 134, 30 (33); 161, 224 (233); 178, 51 (54).

1085 So EuGH v. 19.11.1991, Rs. C-6/90 u. C-9/90, Slg. 1991, I – 5357, Rn. 35; EuGH v. 05.03.1996, Rs. C-46/93 u. C-48/93, Slg. 1996, I – 1029, Rn. 31, 67; EuGH v. 23.05.1996, Rs. C-5/94, Slg. 1996, I – 2553, Rn. 24; EuGH v. 08.10.1996, Rs. C-178/94 u. a., Slg. 1996, I – 4845, Rn. 20; EuGH v. 14.12.2006, Rs. C-170/05, Slg. 2006, I – 11949, Rn. 47; EuGH v. 09.12.2010, Rs. C-568/08, Slg. 2010, I – 12655, Rn. 38. S. umfangreich für weitere Nachweise: *Ruffert*, in: Calliess/Ruffert (Hrsg.), EUV/AEUV, 4. Aufl. 2011, Art. 340 AEUV Rn. 36.

1086 EuGH v. 05.03.1996, Rs. C-46/93 u. 48/93, Slg. 1996, I – 1029, Rn. 22.

1087 EuGH v. 05.03.1996, Rs. C-46/93 u. C-48/93, Slg. 1996, I – 1029, Rn. 32, 34 f. Vgl. die implizite Gleichsetzung in EuGH v. 26.03.1996, Rs. C-392/93, Slg. 1996, I – 1631, Rn. 40; EuGH, 23.05.1996, Rs. C-5/94, Slg. 1996, I – 2553, Rn. 28.

1088 EuGH v. 05.03.1996, Rs. C-46/93 u. C-48/93, Slg. 1996, I – 1029, Rn. 68 ff.; *Gellermann*: in: Streinz (Hrsg.), EUV/AEUV, 2. Aufl. 2012, Art. 340 AEUV Rn. 44. Offenlassend noch BGHZ 134, 30 (36 f.).

1089 Zur Bedeutung von Richtlinien ein Überblick: *Götz*, NJW 1992, 1849 (1849 ff.).

1090 EuGH v. 19.11.1991, Rs. C-6/90 u. C-9/90, Slg. 1991, I – 5357 ff.

1091 EuGH v. 08.10.1996, Rs. C-178/94 u. a., Slg. 1996, I – 4845 ff.

1092 EuGH v. 26.03.1996, Rs. C-392/93, Slg. 1996, I – 1631 ff.

linien, hin zu einer Einstandspflicht auch für Verstöße gegen Primärrecht[1093]. Somit wendete sich die Judikatur auch von dem ursprünglichen Zweck der Haftung – Schließung von Rechtsschutzlücken – teilweise ab und ermöglicht nun einen Ersatz auch bei unmittelbar gerichtlich durchsetzbarem Recht.[1094] Die Luxemburger Richter sehen den Ersatzanspruch als „notwendige Ergänzung der unmittelbaren Wirkung" des Unionsrechts an.[1095]

Die deutsche Gerichtsbarkeit erkennt einen solchen Haftungsanspruch an.[1096] Der Anspruch wird oftmals im nationalen Haftungssystem verankert, welches europarechtskonform ausgelegt wird.[1097]

Haftungsvoraussetzung ist hierbei ein hinreichend qualifizierter Verstoß gegen das Unionsrecht, welcher zu einem kausalen Schaden führt. Die verletzte Vorschrift muss dabei bezwecken, dem Einzelnen Rechte zu verleihen.[1098]

Implizite Haftungsvoraussetzung bei einer Haftung für nicht ordnungsgemäße Richtlinienumsetzung soll grundsätzlich allerdings sein, dass keine unmittelbare Geltung und Anwendung der Richtlinie möglich ist.[1099] Wenn eine Richtlinie un-

---

1093 EuGH v. 05.03.1996, Rs. C-46/93 u. C-48/93, Slg. 1996, I – 1029 ff. Kritisch das Vorbringen Deutschlands zu Primärrechtsverstößen in: EuGH v. 05.03.1996, Rs. C-46/93 u. C-48/93, Slg. 1996, I – 1029, Rn. 18.

1094 Dies kritisiert die niederländische Regierung: EuGH v. 05.03.1996, Rs. C-46/93 u. C-48/93, Slg. 1996, I – 1029, Rn. 18.

1095 EuGH v. 05.03.1996, Rs. C-46/93 u. C-48/93, Slg. 1996, I – 1029, Rn. 22. Staatshaftung als verlängerter Arm der unmittelbaren Wirksamkeit des Unionsrechts: *Cornils*, Der gemeinschaftsrechtliche Staatshaftungsanspruch, 1995, S. 142, 145 ff.

1096 BGHZ 134, 30 (36 ff.); 146, 153 (158 f.); 161, 224 (233); 162, 49 (51 f.); 181, 199 (206 f.). S. bezüglich Ansichten aus dem Schrifttum zur Einbeziehung auch legislativen Unrechts in die Haftung durch den EuGH: *Ruffert*, in: Calliess/Ruffert (Hrsg.), EUV/AEUV, 4. Aufl. 2011, Art. 340 AEUV Rn. 48 f.

1097 So *Schoch*, Jura 2002, 837 (839 f.) sowie *Streinz*, EuZW 1993, 599 (602 f.); *Fischer*, EuZW 1992, 41 (42); *Geiger*, DVBl 1993, 465 (471 ff.); *Ehlers*, JZ 1996, 776 (777 f.); *Nettesheim*, DÖV 1992, 999 (1000); umfassend: *Säuberlich*, EuR 2004, 954 ff.; a.A. *Sauer*, Staatsrecht III, 3. Aufl. 2015, § 8 Rn. 53 ff.; *Pieper*, NJW 1992, 2454 (2458); wohl auch *v. Danwitz*, DVBl 1997, 1 (3); *Prieß*, NVwZ 1993, 118 (121); *Ossenbühl*, Staatshaftung zwischen Europarecht und nationalem Recht, in: Due/Lutter/Schwarze (Hrsg.), Festschrift für Ulrich Everling, Bd II 1995, S. 1031 (1037); differenzierter: *Ossenbühl*, DVBl 1992, 993 (998).

1098 Vgl. Etwa EuGH v. 19.11.1991, Rs. C-6/90 u. C-9/90, Slg. 1991, I – 5403, Rn. 40; EuGH v. 05.03.1996, Rs. C-46/93 u. C-48/93, Slg. 1996, I – 1029, Rn. 51; EuGH v. 23.05.1996, Rs. C-5/94, Slg. 1996, I – 2553, Rn. 25; EuGH v. 08.10.1996, Rs. C-178/94 u. a., Slg. 1996, I – 4845, Rn. 21, 23; EuGH v. 17.10.1996, Rs. C-283/94 u. a., Slg. 1996, I – 5063, Rn. 48; EuGH v. 04.07.2000, Rs. C-424/97, Slg. 2000, I – 5123, Rn. 36; EuGH v. 07.04.2007, Rs. C-470/03, Slg. 2007, I – 2749, Rn. 78; EuGH v. 24.03.2009, Rs. C-445/06, Slg. 2009, I – 2119, Rn. 20.

1099 Es sei nochmals in Erinnerung gerufen, dass eine unmittelbare Anwendung in mittlerweile ständiger Rechtsprechung vom EuGH für die Wirkung einer Richtlinie zwischen Staat und Bürger, also im vertikalen Verhältnis angenom-

mittelbar wirke, dann könne sich der Betroffene nach Fristablauf auf diese Richtlinie berufen, sodass ein Ersatzanspruch ausscheide mangels Kausalität.[1100] Der strikte Ausschluss einer Haftung lässt jedoch außer Acht, dass gegebenenfalls ein Schaden entstehen kann durch ein Zeitverstreichen bis zur tatsächlichen unmittelbaren Anwendung.[1101] Zudem hat selbst der EuGH bei unmittelbar anwendbarem Primärrecht einen Haftungsanspruch postuliert.[1102] Es ist jedoch zuzustimmen, dass der sekundärrechtliche Haftungsanspruch im Zusammenhang mit nicht unmittelbar anwendbaren Richtlinien von besonderer Bedeutung ist, da privatrechtlicher Rechtsschutz grundsätzlich ausscheidet.[1103] Bei Verstößen gegen unmittelbar anwendbares Unionsrecht besteht hingegen die Option, dieses vor den nationalen Gerichten durchzusetzen.[1104]

II. Dogmatische Grundlagen

Nachdem ein knapper Überblick über das Haftungsinstitut gewährt wurde, wird nun das dogmatische Fundament näher beleuchtet.

Einen Blick auf die vertragliche Herleitung zu werfen lohnt sich nicht nur, um ein besseres Verständnis zu entwickeln, sondern ebenso, um die vom EuGH herangezogenen Argumente zu deduzieren und diese bei der anschließenden Untersuchung der Vereinbarkeit einer nationalen Vertrauenshaftung mit dem Unionsrecht fruchtbar zu machen.

---

men wird, wenn die Umsetzungsfrist einer Richtlinie abgelaufen ist, diese Richtlinie dem Einzelnen ein Recht einräumt sowie hinreichend bestimmt und unbedingt ist. Der Ablauf der Umsetzungsfrist führt zum Geltungsanspruch und die Bestimmtheit und Unbedingtheit zur Anwendungsmöglichkeit. Eine horizontale Direktwirkung einer Richtlinie zwischen Privaten ohne staatlichen Umsetzungsakt lehnt der EuGH jedoch grundsätzlich in ständiger Rechtsprechung ab, aufgrund der belastenden Wirkung für den jeweils anderen Bürger, dazu unter Teil 1, Kapitel 2, II., 2., a) ausführlich, sowie etwa *Gundel*, EuZW 2001, 143 ff.; *Wehlau*, Die Rechtsprechung des Gerichtshofes der europäischen Gemeinschaft zur Staatshaftung der Mitgliedsstaaten nach Gemeinschaftsrecht, 1996,

1100 *Frenz/Götzkes*, JA 2009, 759 (761): *Frenz*, Handbuch Europarecht, Bd 5, 2010, Rn. 2072.

1101 Zum Schadenersatzanspruch auch bei unmittelbar anwendbarem Sekundärrecht *Deckert*, EuR 1997, 203 (208); vgl. auch *Hermes*, Verw 31 (1998), 371 (400).

1102 EuGH v. 05.03.1996, Rs. C-46/93 u. C-48/93, Slg. 1996, I – 1029 ff.

1103 *Geiger*, DVBl 1993, 465 (470); *Triantafyllou*, DÖV 1992, 564 (566 f.), der zudem die Konsequenz zieht, dass es für den Primärrechtschutz eine Klage auf Normerlass für den unionsrechtlich determinierten Bereich geben muss; dazu umfassend kritisch *Binia*, Das Francovich-Urteil des Europäischen Gerichtshofes im Kontext des deutschen Staatshaftungsrechts, 1998, S. 302 ff.

1104 *Triantafyllou*, DÖV 1992, 564 (566 f.); *Geiger*, DVBl 1993, 465 (470).

1. Begründungsansätze des EuGH

Der EuGH hat in der Rechtssache *Francovich* drei dogmatische Grundlagen für seine Rechtsfortbildung angeführt: Den effet utile, den effektiven Individualrechtsschutz sowie die Unionstreue.

„Die volle Wirksamkeit der gemeinschaftsrechtlichen Bestimmungen wäre beeinträchtigt und der Schutz der durch sie begründeten Rechte gemindert", wenn keine Ersatzmöglichkeit bestünde.[1105] Zudem gebiete die Unionstreue, abgeleitet aus Art. 4 Abs. 3 EUV, dass „die Mitgliedsstaaten alle geeigneten Maßnahmen allgemeiner oder besonderer Art zur Erfüllung ihrer Verpflichtungen aus dem Gemeinschaftsrecht zu treffen haben. Zu diesen Verpflichtungen gehört auch diejenige, die rechtswidrigen Folgen eines Verstoßes gegen das Gemeinschaftsrecht zu beheben."[1106]. Der Grundsatz der Staatshaftung fließe folglich „aus dem Wesen der mit dem EWG-Vertrag geschaffenen Rechtsordnung."[1107].

In der verbundenen Rechtssache *Brasserie du Pecheur* und *Factorframe* erweiterte der Gerichtshof seine Fundierung um eine vierte „Säule": Art. 340 Abs. 2 AEUV, die Grundsätze der außervertraglichen Haftung der Union. „Der Schutz der Rechte, die der einzelne aus dem Gemeinschaftsrecht herleitet, kann nämlich nicht unterschiedlich sein, je nachdem, ob die Stelle, die den Schaden verursacht hat, nationalen oder Gemeinschaftscharakter hat."[1108].

Dem Haftungsinstitut kommt auf unionsrechtlicher Ebene eine besondere Bedeutung zu. Es soll den Individualrechtsschutz des Einzelnen nicht nur erweitern[1109] und dem Unionsbürger effektiven und einheitlichen Rechtsschutz ermöglichen,[1110] sondern es sichert – zumindest in seinem Grundanwendungsfall der Haftung für fehlerhaft umgesetzte nicht unmittelbar anwendbare Richtlinien – den Rechts-

1105 EuGH v. 19.11.1991, Rs. C-6/90 u. C-9/90, Slg. 1991, I – 5403, Rn. 33. Kritisch zum effet utile als Haftungsgrundlage *Grzeszick*, Rechte und Ansprüche, 2002, S. 509 f.

1106 EuGH v. 19.11.1991, Rs. C-6/90 u. C-9/90, Slg. 1991, I – 5403, Rn. 36. So auch *Cornils*, Der gemeinschaftsrechtliche Staatshaftungsanspruch, 1995, S. 243 ff.; *v. Danwitz*, Verwaltungsrechtliches System und Europäische Integration, 1996, S. 314 f. Bzgl. der kritischen Stimmen *Binia*, Das Francovich-Urteil des Europäischen Gerichtshofes im Kontext des deutschen Staatshaftungsrechts, 1998, S. 48 Fn. 64 sowie *Grzeszick*, Rechte und Ansprüche, 2002, S. 510.

1107 EuGH v. 19.11.1991, Rs. C-6/90 u. C-9/90, Slg. 1991, I – 5403, Rn. 35.

1108 EuGH v. 05.03.1996, Rs. C-46/93 u. C-48/93, Slg. 1996, I – 1029, Rn. 42.

1109 *Deckert*, EuR 1997, 203 (205); *Triantafyllou*, DÖV 1992, 564 (565 f.). Zur Frage, ob sich aus dem subjektivem Recht ein Haftungsanspruch herleiten lässt: *Hermes*, Verw 31 (1998), 371 (388) sowie umfassend *Grzeszick*, Rechte und Ansprüche, 2002, S. 513 ff.

1110 Ausführend *GA Léger*, Schlussanträge v. 20.06.1995, Rs. C-5/94, Slg. 1996, I – 2553, Rn. 54 ff.; *Schoch*, Europäisierung des Staatshaftungsrechts, in: Geis (Hrsg.), Festschrift für Helmut Maurer zum 70. Geburtstag, 2001, S. 759 (761); *Schmidt-Aßmann*, Europäische Rechtsschutzgarantie, in: Beyerlin u. a. (Hrsg.), Festschrift für Rudolf Bernhardt, 1995, S. 1283 ff. zum verwaltungsgerichtlichen Rechtsschutzsystem.

schutz. Dem Betroffenen steht mangels unmittelbarer Anwendbarkeit kein Primärrechtsschutz zur Verfügung, er kann die Anwendung des Unionsrechts nicht vor nationalen Gerichten erreichen. Der Ersatzanspruch ermöglicht ihm zumindest auf sekundärrechtlicher Ebene Rechtsschutz zu erlangen. Damit stellt die Haftungsmöglichkeit der Mitgliedsstaaten eine funktionale Ergänzung zur unmittelbaren Anwendbarkeit dar[1111] und dient der Schließung von Rechtsschutzlücken[1112]. Aber auch bei einem Verstoß gegen unmittelbar anwendbares Unionsrecht, erweist sich die Haftung als eine Ergänzung und sichert den Ersatz der Schäden, welche dem Bürger bis zur Durchsetzung der unmittelbaren Anwendbarkeit vor den nationalen Gerichten entstehen.[1113]

Der unionsrechtliche Haftungsanspruch ist aber nicht nur vom Gedanken der Effektivierung des Individualrechtsschutzes getragen, sondern dient auch der Sicherung der vollen Wirksamkeit des Unionsrechts, dem effet utile.[1114] Die Staatshaftung fungiert als Sanktionsmöglichkeit für den Mitgliedsstaat, um die Beachtung des Unionsrechts sicherzustellen.[1115] Der Anspruch ermöglicht einen Ausgleich des Sanktionsdefizites[1116] des Vertragsverletzungsverfahrens[1117] und soll einen Anreiz zur Selbstkontrolle des Gesetzgebers geben.[1118] Eine drohende Haftung motiviert den Mitgliedsstaat, sich vertragsgemäß zu verhalten und alle notwendigen Maßnahmen zu ergreifen, um Vertragsverstöße zu verhindern oder alsbald zu unterbinden.[1119] Das Sanktionsdefizit wird verdeutlicht durch den Ausgangsfall *Francovich*. Italien wurde

---

1111 So auch *Martin-Ehlers*, EuR 1996, 376 (379 ff.).

1112 S. dazu *Bröhmer*, JuS 1997, 117 (121).

1113 *Bröhmer*, JuS 1997, 117 (121); *Triantafyllou*, DÖV 1992, 564 (566); *v. Danwitz*, JZ 1994, 335 (338).

1114 *Saenger*, JuS 1997, 865 (872); *v. Danwitz*, JZ 1994, 335 (339); *Hidien*, Die gemeinschaftsrechtliche Staatshaftung der EU-Mitgliedstaaten, 1999, S. 15, allerdings den Individualrechtsschutz als vorrangigen Haftungsgrund sehend *Eilmansberger*, Rechtsfolgen und subjektives Recht im Gemeinschaftsrecht, 1997, S. 52 ff.; *Bertelmann*, Die Europäisierung des Staatshaftungsrechts, 2006, S. 63 f.

1115 *Cornils*, Der gemeinschaftsrechtliche Staatshaftungsanspruch, 1995, S. 145.

1116 *Säuberlich*, Die außervertragliche Haftung im Gemeinschaftsrecht, 2005, S. 193 f.; *v. Danwitz*, DVBl 1997, 1 (3); *Zenner*, Die Haftung der EG-Mitgliedstaaten für die Anwendung europarechtswidriger Rechtsnormen, 1995, S. 19 ff.; *Tietjen*, Das System des gemeinschaftsrechtlichen Staatshaftungsrechts, 2010, S. 122 f. der das Sanktionsdefizit aber nicht als Haftungsargument ansieht.

1117 *Prieß*, NVwZ 1993, I 18 (118); *Ossenbühl*, DVBl 1992, 993 (995); *Zenner*, Die Haftung der EG-Mitgliedstaaten für die Anwendung europarechtswidriger Rechtsnormen, 1995, S. 19 ff.; kritisch: *Ossenbühl/Cornils*, Staatshaftungsrecht, 6. Aufl. 2013, S. 598; sowie ausführlich *Cornils*, Der gemeinschaftsrechtliche Staatshaftungsanspruch, 1995, S. 150 ff.

1118 Umfassend zur Funktion der Haftung für die Kontrolle des Gesetzgebers: *Säuberlich*, Die außervertragliche Haftung im Gemeinschaftsrecht, 2005, S. 195 ff.

1119 *Gromitsaris*, SächsVBl. 2001, 157 (157); *Ossenbühl/Cornils*, Staatshaftungsrecht, 6. Aufl. 2013, S. 597; *v. Danwitz*, DVBl 1997, 1 (3); *Schoch*, Europäisierung des

bereits in einem Vertragsverletzungsverfahren verurteilt, unterließ aber dennoch eine zeitnahe Umsetzung der Richtlinie.[1120] Allerdings muss darauf hingewiesen werden, dass das Vertragsverletzungsverfahren bis zu den Verträgen von Maastricht sanktionslos ausgestaltet war und mittlerweile eine Verurteilung zu einer Geldstrafe erfolgen kann.[1121] Nichtsdestotrotz bleibt es beim Charakter eines Feststellungsausspruches,[1122] dessen Befolgung nur durch Zwangsmittel versucht werden kann sicherzustellen.

Damit dies eine Haftungslegitimation tragen kann, bedarf es eines tatsächlichen sowie eines rechtlichen strukturellen Sanktionsdefizites. Es wird jedoch bezweifelt, ob der pauschale Vorwurf an die Mitgliedsstaaten gemacht werden kann, sie würden sich vertragswidrig verhalten. Eine tatsächliche Sanktionslücke besteht wohl zumindest bei der Umsetzung von Richtlinien[1123] wie im Fall *Francovich*.[1124]

Zudem gebiete der Grundsatz der Unionstreue, Art. 4 Abs. 3 EUV, eine Mitwirkungspflicht der Mitgliedsstaaten zur loyalen Zusammenarbeit und damit zur Beseitigung rechtswidriger Folgen eines Unionsrechtsverstoßes.[1125]

Im Wege einer weiteren Präzisierung wird nun auch Art. 340 Abs. 2 AEUV, der die außervertraglichen Haftung der Union normiert,[1126] als allgemeiner Grundsatz der Haftung öffentlicher Stellen für einen in Amtsausübung verursachten Schaden zur dogmatischen Fundierung herangezogen.[1127] Dieser Schritt sollte eine Über-

---

Staatshaftungsrechts, in: Geis (Hrsg.), Festschrift für Helmut Maurer zum 70. Geburtstag, 2001, S. 759 (761); *Geiger*, DVBl 1993, 465 (468).

1120 EuGH v. 22.02.1989, Rs. C-22/87, Slg. 1989, I – 143 ff.

1121 Gem. Art. 260 II AEUV kann der EuGH gegen den betreffenden Mitgliedsstaat ein Zwangsgeld oder einen sog. Pauschalbetrag festsetzen. Nach Art. 260 III AEUV ist es – zur Effektivierung des Verfahrens bzgl. einer nicht ordnungsgemäßen Umsetzung einer Richtlinie – möglich, dass die Kommission bereits im eigentlichen Vertragsverletzungsverfahren die Verhängung eines Zwangsgeldes oder Pauschalbetrags beantragt und der EuGH diese auch schon im Urteil verhängt. S. zum Hinweis auf die Änderung der Rechtslage *Tietjen*, Das System des gemeinschaftsrechtlichen Staatshaftungsrechts, 2010, S. 122.

1122 *Karpenstein*, in: Grabitz/Hilf/Nettesheim (Hrsg.), EUV/AEUV, Bd III, 57. EGL 2015, Art. 258 AEUV Rn. 11 f.; *Ehricke*. in: Streinz (Hrsg.), EUV/AEUV, 2. Aufl. 2012, Art. 258 AEUV Rn. 5.

1123 *Cornils*, Der gemeinschaftsrechtliche Staatshaftungsanspruch, 1995, S. 147, 149.

1124 Ein generelles tatsächliches oder rechtliches Sanktionsbedürfnis anzweifelnd *Cornils*, Der gemeinschaftsrechtliche Staatshaftungsanspruch, 1995, S. 150, 167.

1125 EuGH v. 19.11.1991, Rs. C-6/90 u. C-9/90, Slg. 1991 I – 5357, Rn. 36; dagegen *Cornils*, Der gemeinschaftsrechtliche Staatshaftungsanspruch, 1995, S. 246.

1126 Kritisch zum Rückgriff auf die Haftung der Union *Schoch*, Europäisierung des Staatshaftungsrechts, in: Geis (Hrsg.), Festschrift für Helmut Maurer zum 70. Geburtstag, 2001, S. 759 (764); *Hidien*, Die gemeinschaftsrechtliche Staatshaftung der EU-Mitgliedstaaten, 1999, S. 15; *Säunerich*, Die außervertragliche Haftung im Gemeinschaftsrecht, 2005, S. 13 f.

1127 *GA Mischo*, Schlussanträge v. 28.05.1991, Rs. C-6/90 u. C-9/90, Slg. 1991, I – 5357, 5395 f.; EuGH v. 05.03.1996, Rs. C-46/93 u. C-48/93, Slg. 1996, I – 1029, Rn. 42.

tragung der Rechtsprechung zur Haftung der Union ermöglichen.[1128] Es wird damit eine parallele Haftung der beiden Rechtsinstitutionen ermöglicht und eine Kohärenz gesichert.[1129]

2. Weitere Begründungsansätze in der Literatur

Der Strauß an möglichen Begründungsansätzen wird durch Vorschläge aus der Wissenschaft stark erweitert.

Es wird etwa auf das Rechtsstaatsprinzip zurückgegriffen, welches einen allgemeinen Justizgewährungsanspruch umfasse, der sich aus der Verschmelzung von subjektiven Rechtspositionen mit dem Anwendungsvorrang ergebe.[1130] Wenn ein Primäranspruch nicht durchsetzbar sei, soll zumindest die Staatshaftung als Substitut dienen.[1131] Es sei dem Unionsrecht ein allgemeines Prinzip der Unrechtsfolgenbeseitigung, welches im Rechtsstaatsprinzip und dem Schutz subjektiver Rechte wurzelt, immanent.[1132]

Teilweise wird auch aus der Verpflichtung des Art. 260 Abs. 1 AEUV: „so hat dieser Staat die Maßnahmen zu ergreifen, die sich aus dem Urteil des Gerichtshofs ergeben", eine Grundlage für die Haftung des Staates abgeleitet, wenn er seinen Verpflichtungen aus dem Urteil nicht nachkommt.[1133] Nährboden findet dieser Ansatz auch in einer Entscheidung des Gerichtshofes, im Rahmen dessen er die Haftungsmöglichkeit der Mitgliedsstaaten anspricht.[1134] Diese Haftungsbegründung führte auch der Generalanwalt im Verfahren *Francovich* an.[1135] Als zentrale Problematik

---

1128 *Ossenbühl/Cornils*, Staatshaftungsrecht, 6. Aufl. 2013, S. 601.

1129 Kritisch dazu: *Bertelmann*, Die Europäisierung des Staatshaftungsrechts, 2006, S. 61 ff.; *Säuberlich*, Die außervertragliche Haftung im Gemeinschaftsrecht, 2005, S. 61 f.

1130 *Pieper*, NJW 1992, 2454 (2457 f.). Dazu auch *Hermes*, Verw 31 (1998), 371 (387 ff.); *Detterbeck*, VerwArch 85 (1994), 160 (181 ff.); *Hidien*, Die gemeinschaftsrechtliche Staatshaftung der EU-Mitgliedstaaten, 1999, S. 15; *Säuberlich*, Die außervertragliche Haftung im Gemeinschaftsrecht, 2005, S. 59; *Lembach*, Grundlagen und Ausgestaltung gemeinschaftsrechtlicher Staatshaftung, 2003, S. 133 f.

1131 *Martin-Ehlers*, EuR 1996, 376 (382 f.).

1132 *Hermes*, Verw 31 (1998), 371 (388 ff.); *Prieß*, NVwZ 1993, 118 (120).

1133 Ausführlich *Prieß*, NVwZ 1993, 118 (119 f.); *Binia*, Das Francovich-Urteil des Europäischen Gerichtshofes im Kontext des deutschen Staatshaftungsrechts, 1998, S. 48 ff.; *Claßen*, Nichtumsetzung von Gemeinschaftsrichtlinien, 1999, S. 121 ff.; befürwortend wohl *Kopp*, DÖV 1994, 201 (203 f.); dagegen *Frenz*, Handbuch Europarecht, Bd 5, 2010, Rn. 2039; dagegen auch *Nettesheim*, DÖV 1992, 999 (1000 f.); *Karpenstein*, DVBl 1977, 61 (64 f.) sowie *Bertelmann*, Die Europäisierung des Staatshaftungsrechts, 2006, S. 67 f.; s. auch *Detterbeck*, VerwArch 85 (1994), 160 (178 f.).

1134 EuGH v. 22.01.1976, Rs. 60/75, Slg. 1975, 45, Rn. 7/9 allerdings waren bei dieser Entscheidung sekundärrechtliche Ansprüche nicht streitig.

1135 *GA Mischo*, Schlussanträge v. 28.05.1991, Rs. C-6/90 u. C-9/90, Slg. 1991, I – 5357, 5279.

erweist sich jedoch in diesem Zusammenhang, dass dem Urteil unstreitig nur eine Feststellungswirkung zukommt und zweifelhaft ist, ob auch eine Handlungsverpflichtung begründet werden kann, welche dann eine Pflicht zur rückwirkenden Schadensersatzgewährung nach sich zieht. Zwar obliegt dem verurteilten Mitgliedsstaat eine Befolgungspflicht, aber diese beläuft sich nicht auf eine konkrete Maßnahme. Die nähere Konkretisierung der erforderlichen Handlungen obliegt dem verurteilten Nationalstaat.[1136]

Alternativ wird auch vorgetragen, dass sich die Haftungsverpflichtung aus der verletzten Vorschrift des Primärrechts ergebe, also im Falle der fehlerhaften Richtlinienumsetzung aus Art. 288 Abs. 3 AEUV.[1137] Der Abwehr- oder Vornahmeanspruch wandelt sich folglich um in einen Entschädigungsanspruch. In diesem Zusammenhang wird auch erweiternd vorgeschlagen, auf die individual begünstigende Vorschrift des Unionsrechts, die verletzt wurde, abzustellen. Der aus dieser Norm fließende Primäranspruch transformiere sich in einen Sekundäranspruch, der bei nicht unmittelbar anwendbarem Primärrecht aus der Umsetzungsverpflichtung des Art. 288 AEUV fließe.[1138] In diese Richtung geht auch die Rechtsprechung des Gerichtshofes zu Verstößen gegen das Beihilfenrecht. Im *Kohlegesetz*-Urteil erkennt der EuGH einen in den Verträgen angelegten Folgenbeseitigungsanspruch bei unionsrechtswidrigen Beihilfezahlungen an. Der Folgenbeseitigungsanspruch ergebe sich nicht nur aus dem Urteil, sondern darüber hinaus auch aus den verletzten Vorschriften des Beihilfenrechts.[1139]

Zuletzt sei noch darauf hingewiesen, dass vereinzelt eine wertende Rechtsvergleichung[1140] sowie Gewohnheitsrecht[1141] angeführt werden, um eine Haftung zu begründen. Zudem wird auch eine Adaption an völkerrechtliche Zwangsmittel angedacht.[1142]

Es bestehen somit vielfältige Möglichkeiten eine Haftung der Mitgliedsstaaten für Unionsrechtsverstöße zu begründen. Einige Begründungsansätze werden im zweiten Abschnitt wieder aufzugreifen sein, insbesondere die Grundsätze der Unionstreue und des Individualrechtsschutzes sowie der effet utile. Diese erweisen sich auch bezüglich einer Haftung de lege ferenda für das Vertrauen auf unionsrechtswidrige Gesetze als maßgebend. Aber bevor eingehend der Frage nachgegangen wird, ob diese Haftung mit dem Unionsrecht vereinbar ist, ist zu untersuchen, ob

1136 Statt vieler *Cornils*, Der gemeinschaftsrechtliche Staatshaftungsanspruch, 1995, S. 151 f.

1137 So wohl *Detterbeck*, VerwArch 85 (1994), 160 (179 f.); *Detterbeck/Windthorst/Sproll*, Staatshaftungsrecht, 2000, S. 53; ablehnend: *Bertelmann*, Die Europäisierung des Staatshaftungsrechts, 2006, S. 66 f.

1138 *Detterbeck*, AöR 125 (2000), 202 (231).

1139 S. *Cornils*, Der gemeinschaftsrechtliche Staatshaftungsanspruch, 1995, S. 154 f.

1140 *Säuberlich*, EuR 2004, 954 (958); kritisch *Martin-Ehlers*, EuR 1996, 376 (385 f.).

1141 Ablehnend: *Bertelmann*, Die Europäisierung des Staatshaftungsrechts, 2006, S. 68 ff.

1142 Dazu *Claßen*, Nichtumsetzung von Gemeinschaftsrichtlinien, 1999, S. 118 ff.

eine Möglichkeit besteht, den Anspruch in die bereits bestehende Dogmatik der *Francovich*-Doktrin zu integrieren.

III. Tatbestandliche Voraussetzungen

Nachdem oben die dogmatischen Grundlagen einer Haftung ausführlich erörtert wurden, widmet sich dieser Abschnitt dem Versuch einer Integration der Vertrauenshaftung in die außervertragliche Haftung der Mitgliedsstaaten. Der Gedanke einer Subsumtion unter die Voraussetzungen dieses Ersatzanspruches liegt nicht fern. Zum einen ermöglicht er auch Ersatz für legislatives Unrecht und zum anderen ist ebenso bei einer Vertrauenshaftung Wurzel allen Übels der Unionsrechtsverstoß.[1143] Zudem tritt der Vertrauensschaden als Kehrseite der richtlinienkonformen Auslegung im Privatrecht auf. Die Durchsetzung der unionsrechtlichen Rechte der einen Partei führt zwangsläufig – bei mehrpoligen Rechtsverhältnissen mit konträrer Interessenslage – zu einer Enttäuschung des Vertrauens auf die unionsrechtswidrige nationale Rechtslage.

Allerdings hat sich gezeigt, dass der EuGH bis jetzt immer nur über Fälle judiziert hat, bei denen eine Identität vom Geschädigten und Individualbegünstigten vorlag.[1144] Es bedarf folglich einer umfassenden Analyse der Rechtsprechung. Der EuGH postuliert als Haftungsvoraussetzung stets einen Rechtsverstoß gegen eine hinreichend bestimmte unionsrechtliche Norm, die bezweckt, dem Geschädigten Individualrechte zu verleihen. Der Verstoß muss ferner hinreichend qualifiziert sein und ein unmittelbarer Kausalzusammenhang zum entstandenen Schaden bestehen.[1145]

1. Verstoß gegen individualschützendes Unionsrecht

a) Allgemeine Anforderungen

Zunächst setzt der Haftungsanspruch einen Verstoß gegen das Unionsrecht voraus.

Als Anknüpfungspunkte dienen alle unionsrechtlichen Normen, also Primärrecht und Sekundärrecht sowie völkerrechtliche Verträge der Union.[1146] Die Norm

1143 *Nettesheim*, WM 2006, 457 (462 f.) schlägt eine Integration in die *Francovich*-Rechtsprechung oder die Aufopferungshaftung vor. Eine Haftung befürwortend: *Herdegen*, WM 2005, 1921 (1927).

1144 *Franzen*, RIW 2010, 577 (583).

1145 S. zu Fallbeispielen etwa *Tietjen*, Das System des gemeinschaftsrechtlichen Staatshaftungsrechts, 2010, S. 30 ff. sowie bzgl. einer Übersicht über Richtlinien, die bisher fehlerhaft umgesetzt wurden, *Ruffert*, in: Calliess/Ruffert, EUV/AEUV (Hrsg.), 4. Aufl. 2011, Art. 340 AEUV Rn. 64.

1146 *Jacob/Kottmann*, in: Grabitz/Hilf/Nettesheim (Hrsg.), EUV/AEUV, Bd III, 57. EGL 2015, Art. 340 AEUV Rn. 148; *Gellermann*, in: Streinz (Hrsg.), EUV/AEUV, 2. Aufl. 2012, Art. 340 AEUV Rn. 43; *Ruffert*, in: Calliess/Ruffert (Hrsg.), EUV/AEUV, 4. Aufl. 2011, Art. 340 AEUV Rn. 54.

muss allerdings die Verleihung von Rechten an den Geschädigten bezwecken,[1147] die verletzte Vorschrift des Unionsrechts muss Individualbezug aufweisen.[1148] Ein „subjektives Recht“ – oder eher ein rechtlich geschütztes Interesse – liegt vor, wenn der objektive Regelungszweck der Norm Interessen Einzelner schützt,[1149] der Einzelne muss dabei tatsächlich und individualisiert betroffen sein.[1150] Der Inhalt des Rechts – zumindest ein gewisser Mindestgehalt – muss dabei aus der Norm bestimmbar sein.[1151] Es soll der individuelle Rechtsschutz gesichert, aber keine allgemeine Normenkontrolle gewährleistet werden.[1152] Die Anforderungen sind weniger streng als an die national traditionell zur Ermittlung eines subjektiven Rechts verwandte Schutznormtheorie,[1153] auch eine reflexartige Begünstigung wird geschützt[1154]. Ein durch Auslegung zu ermittelndes Individualinteresse ist ausreichend.[1155]

Alle primärrechtlichen Bestimmungen, die dem Einzelnen unmittelbar ein Recht verleihen, welches er im nationalen Verfahren durchsetzen kann, weisen diesen

---

1147 Etwa EuGH v. 05.03.1996, Rs. C-46/93 u. C-48/93, Slg. 1996, I – 1029, Rn. 51, der EuGH verfährt großzügig; so auch *Ossenbühl/Cornils*, Staatshaftungsrecht, 6. Aufl. 2013, S. 607; *Schoch*, Europäisierung des Staatshaftungsrechts, in: Geis (Hrsg.), Festschrift für Helmut Maurer zum 70. Geburtstag, 2001, S. 759 (767).

1148 Vgl. etwa EuGH v. 19.11.1991, Rs. C-6/90 u. 9/90, Slg. 1991, I – 5357, Rn. 40; EuGH v. 05.03.1996, Rs. C-46/93 u. C-48/93, Slg. 1996, I – 1029, 1153 Rn. 51; EuGH v. 26.03.1996, Rs. C-392/93, Slg. 1996, I – 1631, Rn. 39; EuGH v. 23.05.1996, Rs. C-5/94, Slg. 1996, I – 2553, Rn. 25; EuGH v. 17.10.1996, Rs. C-283/94 u. a., Slg. 1996, I – 5063, Rn. 48; EuGH v. 08.10.1996, Rs. C-178/94 u. a., Slg. 1996, I – 4845, Rn. 21, 23.

1149 EuGH v. 08.10.1996, Rs. C-178/94 u. a., Slg. 1996, I – 4845, Rn. 35.

1150 *Ruffert*, in: Calliess/Ruffert (Hrsg.), EUV/AEUV, 4. Aufl. 2011, Art. 340 AEUV Rn. 55.

1151 EuGH v. 19.11.1991, Rs. C-6/90 u. C-9/90, Slg. 1991, I – 5357, Rn. 40; EuGH v. 08.10.1996, Rs. C-178/94 u. a., Slg. 1996, I – 4845, Rn. 43 ff.; *Deckert*, EuR 1997, 203 (217) sieht die Anforderungen an die Bestimmtheit geringer an, als bei einer unmittelbaren Wirkung von Richtlinien.

1152 *Jacob/Kottmann*, in: Grabitz/Hilf/Nettesheim (Hrsg.), EUV/AEUV, Bd III, 57. EGL 2015, Art. 340 AEUV Rn. 147.

1153 *Böhm*, Haftung, in: Schulze/Zuleeg/Kadelbach, (Hrsg.), Europarecht, 3. Auf. 2015, § 12 Rn. 122; *Säuberlich*, Die außervertragliche Haftung im Gemeinschaftsrecht, 2005, S. 69; *Ruffert*, in: Calliess/Ruffert (Hrsg.), EUV/AEUV, 4. Aufl. 2011, Art. 340 AEUV Rn. 55; *Papier*, in: Maunz/Dürig (Begr.), Grundgesetz, Bd IV, 75. EGL 2015, Art. 34 Rn. 77; *Gellermann*, in: Streinz (Hrsg.), EUV/AEUV, 2. Aufl. 2012, Art. 340 AEUV Rn. 46; *Frenz*, Handbuch Europarecht, Bd 5, 2010, Rn. 2060; *Deckert*, EuR 1997, 203 (217 f.); dagegen wohl *Nettesheim*, DÖV 1992, 999 (1002) sowie *Schockweiler*, EuR 1993, 107 (114 f.); *Triantafyllou*, DÖV 1992, 564 (569). Zum Vergleich von Schutznormtheorie und unionsrechtlicher Individualbegünstigung: *Schoch*, NVwZ 1999, 457 (465).

1154 *Detterbeck*, AöR 125 (2000), 202 (125).

1155 *Deckert*, EuR 1997, 203 (218); *Deckert*, EuR 1997, 203 (218); *Schoch*, NVwZ 1999, 457 (464); a.A. noch *Nettesheim*, DÖV 1992, 999 (1002).

notwendigen Individualbezug auf.[1156] Damit verknüpft der Gerichtshof ursprünglich die subjektivrechtliche Position mit der unmittelbaren Wirkung der Norm.[1157] Es ist allerdings nicht erforderlich, dass sich das Recht bereits unmittelbar aus der verletzten Vorschrift ergibt, sondern es ist ebenfalls hinreichend, wenn die Vorschrift lediglich bezweckt, einem näher bestimmten Personenkreis[1158] ein Recht zu gewähren, dessen Inhalt sich mittels Auslegung der Rechtsnorm ermitteln lässt.[1159] Daher besteht auch im wichtigen Anwendungsfall einer privatrechtsausgestaltenden Richtlinie, die nicht unmittelbar zwischen Privaten wirkt, eine Haftungsmöglichkeit der Mitgliedsstaaten, wenn die Richtlinie das Ziel hat, dem Einzelnen Rechte zu verleihen. Es wird damit auf das Recht aus der Richtlinie abgestellt. Der Kreis der Begünstigten muss nicht abgrenzbar sein.[1160] Es ist ausreichend, wenn die verletzte Richtlinienbestimmung auf die Begründung individueller Rechte gerichtet ist, sie muss diese nicht bereits gewähren.[1161] Der EuGH stellt daher nicht auf den individual schützenden Charakter der Vorschrift ab, aus der sich die Umsetzungsverpflichtung ergibt, Art. 288 Abs. 3 AEUV.[1162] Bei der Richtlinienumsetzung stehen dem Gesetzgeber regelmäßig verschiedene Umsetzungsmöglichkeiten zur Verfügung, zwischen denen er wählen kann. Dies ist für die Verleihung eines Rechts unbeachtlich, solange sich der Inhalt mit hinreichender Genauigkeit bestimmen lässt.[1163]

b) Übertragbarkeit auf die Vertrauenshaftung

Wendet man diese Erkenntnisse auf die Vertrauenshaftung an, erscheint bei unreflektierter Betrachtungsweise eine Subsumtion möglich. Ein Unionsrechtsverstoß liegt auch der Vertrauenshaftung zugrunde. Der Schaden entsteht durch das unionsrechtswidrige Verhalten des Mitgliedsstaates. Die verletzte Unionsnorm wird auch oftmals einen Individualbezug aufweisen. Richtlinien, insbesondere etwa im Bereich des Verbraucherschutzes, bezwecken regelmäßig dem Einzelnen ein Recht

---

1156 EuGH v. 05.03.1996, Rs. C-46/93 u. C-48/93, Slg. 1996, I – 1029, Rn. 23; kritisch dazu, dass die unmittelbare Wirkung eine Individualbegünstigung auslöse *Beljin*, Staatshaftung im Europarecht, 2000, S. 145 ff.

1157 Dazu *Eilmansberger*, Rechtsfolgen und subjektives Recht im Gemeinschaftsrecht, 1997, S. 83 ff.

1158 Ein zahlenmäßig abgrenzbarer Personenkreis ist nicht erforderlich: *Schoch*, NVwZ 1999, 457 (464).

1159 *Gellermann*, in: Streinz (Hrsg.), EUV/AEUV, 2. Aufl. 2012, Art. 340 AEUV Rn. 45; *Deckert*, EuR 1997, 203 (218).

1160 S. dazu: *Frenz/Götzkes*, JA 2009, 759 (750); *Gromitsaris*, SächsVBl. 2001, 157 (158) sowie *Frenz*, Handbuch Europarecht, Bd 5, 2010, Rn. 22062.

1161 EuGH v. 19.11.1991, Rs. C-6/90 u. C-9/90, Slg. 1991, I – 5403, Rn. 44; EuGH v. 02.04.1998, Rs. C-127/95, Slg. 1998, I – 1531, Rn. 108; *Schoch*, NVwZ 1999, 457 (464).

1162 EuGH v. 19.11.1991, Rs. C-6/90 u. C-9/90, Slg. 1991, I – 5357, Rn. 44.

1163 EuGH v. 08.10.1996, Rs. C-178/94 u. a., Slg. 1996, I – 4845, Rn. 45. Dazu insgesamt auch *v. Oettingen*, Effet utile und individuelle Rechte im Recht der Europäischen Union, 2009, S. 164 ff. sowie S. 174.

zu verleihen. Aber auch aus dem Primärrecht ergeben sich zahlreiche individual schützende Vorschriften. Man denke nur an die Grundfreiheiten oder allgemeine Rechtsgrundsätze des Unionsrechts, wie das Verhältnismäßigkeitsprinzip, den Vertrauensschutzgrundsatz oder das allgemeine Diskriminierungsverbot.[1164]

Vergleicht man die bisher vom EuGH für entschädigungswürdig erachteten Fallkonstellationen mit der Vertrauenshaftung eingehender, ergeben sich jedoch Zweifel an der Kompatibilität.

Der Gerichtshof hat bisher nur bei Identität des Geschädigten mit der Person, welcher das Unionsrecht ein Recht verleiht, judiziert.[1165] Nach der *Francovich*-Doktrin wurde daher stets ausschließlich dem vom Unionsrecht begünstigten Bürger ein Ersatzanspruch zugesprochen. Der Vertrauensschaden tritt jedoch bei der unionsrechtlich benachteiligten Person auf, die auf die unionsrechtswidrige Rechtslage vertraut hat. Eine pauschale Aussage, dass der unionsrechtlich benachteiligte Bürger kein individuelles Recht verliehen bekommt, wird jedoch teils angezweifelt. Anhand des Beispiels einer verbraucherschützenden Richtlinie wird vorgebracht, dass auch der Unternehmer seinen Schaden liquidieren könne, wenn die Richtlinienbestimmung, die zwar primär dem Schutz des Verbrauchers diene, auch die Interessen des Unternehmers wahren soll. Der Unternehmer zähle zu dem Personenkreis, der in einer spezifischen Beziehung zum Richtlinieninhalt stehe. Privatrechtsgestaltende Richtlinien haben notwendigerweise zwei Adressaten. Daher werden beiden Parteien von der Richtlinie geschützte Interessen eingeräumt.[1166] Dieser Ansatz wurde von *Schinkels* weiter ausdifferenziert. *Schinkels* geht der These nach, ob eine Beeinträchtigung von Privatrechtssubjekten in den ihnen von der Richtlinie angedachten Rechten gerade dadurch möglich ist, dass die nationale Norm richtlinienkonform fortgebildet wird.[1167] Ein besonderer Fokus sei auf vollharmonisierten Rechtsbereichen zu legen. Bei Richtlinien in einem vollharmonisierten Rechtsgebiet dürfe der Mitgliedsstaat keinerlei Abweichungen im Schutzniveau vornehmen, also auch nicht dem von der Richtlinie Begünstigten weiterreichende Rechte einräumen und die Richtlinie „überumsetzen". Die Rechte des Richtlinienbegünstigten korrespondieren im Privatrechtsbereich auf der anderen Seite mit Pflichten, der von der Richtlinie beeinträchtigten Vertragspartei. So ließen sich die Rechte des Verbrauchers als Pflichten des Unternehmers auffassen. Diese Sichtweise sei aber zu oberflächlich und unreflektiert und nicht weitgehend genug. Die scheinbar bestehende Pflicht müsse aber auch als Recht aufgefasst werden, dass keine weitreichenderen Verpflichtungen bestehen. Daher könne die richtlinienkonforme Rechtsfortbildung auch zum Vorteil der scheinbar benachteiligten Vertragspartei erfolgen. Wenn eine

---

1164 S. dazu *Detterbeck*, AöR 125 (2000), 202 (213 f.) sowie eine Übersicht über „subjektive Rechte", die vom Unionsrecht verliehen werden, in: *Reich*, EuZW 1996, 709 (710 ff.).

1165 *Franzen*, RIW 2010, 577 (583).

1166 *Nettesheim*, WW 2006, 457 (461).

1167 *Schinkels*, JZ 2011, 394 (398) sowie zu den folgenden Ausführungen.

Richtlinie aus dem Bereich des Verbraucherschutzes – immer unter der Prämisse der Vollharmonisierung – durch richtlinienkonforme Rechtsfortbildung dem Verbraucher ein Recht einräume, welches über den unionsrechtlichen Standard hinausgehe, dann habe dieses unionsrechtlich keinen Bestand und der Verbraucher könne einen Schaden erleiden durch das Vertrauen auf die Rechtsposition. Nun sei der Unternehmer das Privatrechtssubjekt, welches sich auf den Vertragsverstoß berufen könne und die unionsrechtlich geforderte Umsetzung vom Mitgliedsstaat zu fordern vermöge. Der Vertrauensschaden könne somit – auch bei dem auf den ersten Blick – Richtlinienbegünstigten eintreten.

Diese Erläuterungen zeigen, dass zwischen dem Träger von Rechten und Pflichten im vollharmonisierten Bereich nicht sinnvollerweise unterschieden werden kann. Beiden Seiten kann von der Richtlinie ein Recht eingeräumt werden. Um beim Beispiel des Verbraucherschutzrechts zu bleiben: Dem Verbraucher wird ein Recht eingeräumt durch die Richtlinie und dem Unternehmer wird ein Recht eingeräumt auf nicht weiterreichende Umsetzung. Wird das Recht der einen Vertragspartei verletzt, streitet das Unionsrecht für ihn und er kann einen Anspruch aus der *Francovich*-Doktrin geltend machen. Wenn nun der Mitgliedsstaat als Folge der Vertragsverletzung eine richtlinienkonforme Rechtsfortbildung vornimmt, entsteht für beide Privatrechtssubjekte ein Vertrauensschaden. Dieser Vertrauensschaden entsteht auch beim Verbraucher, wenn durch richtlinienkonforme Rechtsfortbildung das durch den Gesetzgeber über das unionsrechtlich zulässige Maß angepasste Recht wieder „rückumgesetzt" wird und er auf das höhere Schutzniveau vertraut hat. Ebenso kann der Unternehmer einen Vertrauensschaden erleiden, wenn die Richtlinie nicht hinreichend umgesetzt wurde und die Rechtsfortbildung dann zu einer rückwirkenden weiteren Einschränkung führt. Die Ersatzfähigkeit des Vertrauensschadens des Verbrauchers wird wohl schwerlich mit der Argumentation abzulehnen sein, dass die Verbraucherschutzrichtlinie ihm kein Recht einräumen wollte. Es muss konsequenterweise auch in der umgekehrten Situation, eines Schadens des Unternehmers, von einem Individualrecht ausgegangen werden, wenn das Unionsrecht nicht für ihn streitet. Die Überlegungen sind aber nicht auf mindestharmonisierte Bereiche übertragbar.[1168]

Ein erweiterter Argumentationsansatz verhilft auch über die obigen Schwächen im nicht vollharmonisierten Rechtsraum hinweg. Es bedarf eines Wechsels des Anknüpfungspunkts des Unionsrechtsverstoßes, weg von der konkret verletzten unionsrechtlichen Vorschrift, hin zum allgemein bei der Umsetzung von Unionsrecht zu beachtenden Transparenzgebot (dazu oben ausführlich unter Teil 2, Kapitel 6, II., 2., f), b)). Das Unionsrecht fordert eine klare und eindeutige Umsetzung der unionsrechtlichen Vorgaben in die nationale Rechtsordnung. Die Rechtslage muss so gestaltet werden, dass kein Vertrauen auf unionsrechtswidrige Gesetze

---

1168 So auch *Schinkels*, JZ 2011, 394 (399) mit anschaulichem Beispiel. Den Gedanken aufgreifend: *Rosenkranz*, Die Beschränkung der Rückwirkung von Entscheidungen des Europäischen Gerichtshofs, 2015, S. 504.

entstehen kann.[1169] Das Transparenzgebot bestehe nicht nur gegenüber denjenigen, denen die Richtlinie ein Recht einräumen will, sondern ist als allgemeiner Grundsatz aufzufassen, der gegenüber allen – sei es nur mittelbar – Betroffenen besteht.[1170]

Sollte man den individual schützenden Charakter des Transparenzgebotes auf den Personenkreis, dem von der Richtlinie ein Recht verliehen wird, beschränken, kann zumindest der Grundsatz des Vertrauensschutzes für ein individuelles Recht auf eine klare und eindeutige Umsetzung in Bezug auf den benachteiligten Normadressaten streiten.[1171] Der Vertrauensschutz ist ein unionsrechtlicher allgemeiner Rechtsgrundsatz mit subjektiv-rechtlichem Charakter (dazu unten näher unter Teil 3, Kapitel 11, II., 2., e)), der stets von den Mitgliedsstaaten zu beachten ist. Die restriktive Handhabung des Grundsatzes des Vertrauensschutzes durch den EuGH (s. dazu unter Teil 3, Kapitel 11, I.), kann auf die Haftungssituationen nicht übertragen werden, da dem Primär- und Sekundärrechtsschutz unterschiedliche Wertungen zugrunde liegen (dazu unter Teil 3, Kapitel 11, I., 3., c)).

Damit verleiht die verletzte Unionsnorm, vermittelt über die Grundsätze des Transparenzgebotes und des Vertrauensschutzes, eine Individualbegünstigung, die nicht nur im Bereich vollharmonisierten Unionsrechts bestehen kann. Sieht man zudem den Telos der *Francovich*-Doktrin nicht vorrangig in dem Schutz individueller Rechte, sondern im Sanktionsgedanken, erweist sich eine Integration der Vertrauenshaftung erst recht als möglich.[1172]

2. Qualifizierter Rechtsverstoß

a) Allgemeine Anforderungen

Weitere zentrale Haftungsvoraussetzung ist ein qualifizierter Rechtsverstoß.[1173] Um dieses Prädikat zu erfüllen, muss das mitgliedsstaatliche Ermessen „offenkundig und erheblich“ überschritten werden.[1174]

1169 S. dazu *Herdegen*. WM 2005, 1921 (1927 f.); anklingend bei *Giegerich*, EuR 2012, 373 (383).

1170 *Schinkels*, JZ 2011, 394 (400).

1171 S. *Rosenkranz*, Die Beschränkung der Rückwirkung von Entscheidungen des Europäischen Gerichtshofs, 2015, S. 503.

1172 Gedanke bei *Franzen*, RIW 2010, 577 (583).

1173 Zur Berücksichtigung von Elementen des Verschuldens eingehend *Dörr*, EuZW 2012, 86 (88 ff.).

1174 EuGH v. 05.03.1996, Rs. C-46/93 u. C-48/93, Slg. 1996, I – 1029, 1153 Rn. 45; EuGH v. 26.03.1996, Rs. C-392/93, Slg. 1996, I – 1631, Rn. 42; EuGH v. 08.10.1996, Rs. C-178/94 u. a., Slg. 1996, I – 4845, Rn. 25; EuGH v. 25.11.2010, Rs. C-429/09, Slg. 2010, I – 2000, Rn. 51; EuGH v. 04.07.2000, Rs. C-424/97, Slg. 2000, I – 5123, Rn. 42; EuGH v. 14.12.2006, Rs. C-170/05, Slg. 2006, I – 11949, Rn. 50; umfassend zu diesem Kriterium auch *Ossenbühl/Cornils*, Staatshaftungsrecht, 6. Aufl. 2003, S. 616 ff. „Ermessen“ wird vom EuGH nicht im Sinne der deutschen Dogmatik verstanden, sondern weiter, als ein Begriff, der Entscheidungsfreiheit meint, dazu:

Von Relevanz ist dabei das Maß an Klarheit und Genauigkeit der verletzten Vorschrift[1175], sowie der Umfang des Gestaltungsspielraums, die Fahrlässigkeit oder Vorsätzlichkeit der Schadenszufügung, die Entschuldbarkeit einer irrigen Rechtsauffassung und die mögliche Mitwirkung von Unionseinrichtungen am unionsrechtswidrigen Verhalten.[1176]

Ein hinreichend qualifizierter Verstoß ist insbesondere dann regelmäßig anzunehmen, wenn gegen die Norm, ohne jeden begründeten Zweifel, verstoßen wurde, das Gebotene klar erkennbar war[1177] oder ein Verstoß gegen eine eindeutige Rechtsprechung des EuGH vorliegt[1178]. Die Qualität des Rechtsverstoßes wird geprägt durch den Grundsatz: Je geringer der Ermessens-/Gestaltungsspielraum des Gesetzgebers ist, desto eher kann grundsätzlich von einem qualifizierten Rechtsverstoß ausgegangen werden.[1179]

In Bezug auf Fehler im Zusammenhang mit der Umsetzung von Richtlinien – welche wohl im legislativen Bereich einen häufigen Fall ausmachen werden – hat der Gerichtshof seine Rechtsprechung näher konkretisiert. Eine qualifizierte Verletzung liege stets vor, wenn der Mitgliedsstaat keinerlei Maßnahmen zur Umsetzung einer Richtlinie ergriffen habe und damit seiner Verpflichtung gemäß Art. 288 Abs. 3 AEUV nicht nachgekommen sei.[1180] Der maßgebliche Unterschied zur bloßen fehlerhaften Umsetzung liegt im fehlenden Gestaltungsspielraum des Mitgliedsstaates, der damit einer Haftung nicht entgegengehalten werden

Ossenbühl, Anmerkungen zur Hoheitshaftung im Europarecht, in: Ipsen/Stüer (Hrsg.), Festschrift für Hans-Werner Rengeling, 2008, S. 369 (379 f.).

1175 EuGH v. 05.03.1996, Rs. C-46/93 u. C-48/93, Slg. 1996, I – 1029, Rn. 56; EuGH v. 26.03.1996, Rs. C-392/93, Slg. 1996, I – 1631, Rn. 42; EuGH v. 08.10.1996, Rs. C-178/94 u. a., Slg. 1996, I – 4845, Rn. 25; EuGH v. 25.11.2010, Rs. C-429/09, Slg. 2010, I – 2000, Rn. 52; EuGH v. 14.12.2006, Rs. C-170/05, Slg. 2006, I – 11949, Rn. 50.

1176 EuGH v. 05.03.1996, Rs. C-46/93 u. C-48/93, Slg. 1996, I – 1029, Rn. 56; EuGH v. 04.07.2000, Rs. C-424/97, Slg. 2000, I – 5123, Rn. 43; EuGH v. 28.06.2001, Rs. C-118/00, Slg. 2001, I – 5063, Rn 39; hierzu etwa *Dörr*, DVBl 2006, 598 (600).

1177 Vgl. EuGH v. 23.05.1996, Rs. C-5/94, Slg. 1996, I – 2553, Rn. 28.

1178 EuGH v. 05.03.1996, Rs. C-46/93 u. C-48/93, Slg. 1996, I – 1029, 1153, Rn. 57.

1179 Vgl. *Jacob/Kottmann*, in: Grabitz/Hilf/Nettesheim (Hrsg.), EUV/AEUV, Bd III, 57. EGL 2015, Art. 340 AEUV Rn. 164. Zur Betonung der Ermessensspielräume der Mitgliedsstaaten: EuGH v. 05.03.1996, Rs. C-46/93 u. C-48/93, Slg. 1996, I – 1029, 1153 Rn. 46 f.; kritisch EuGH v. 16.10.2008, Rs. C-452/06, Slg. 2008, I – 7681, Rn. 38.

1180 EuGH v. 05.03.1996, Rs. C-46/93 u. C-48/93, Slg. 1996, I – 1029, Rn. 46; EuGH v. 23.05.1996, Rs. C-5/94, Slg. 1996, I – 2553, Rn. 31; EuGH v. 08.10.1996, Rs. C-178/94 u. a., Slg. 1996, I – 4845, Rn. 26 f. Auch wenn man am Verschuldenserfordernis festhalten möchte, ist im Falle der Nichtumsetzung ein Verschulden zu vermuten, dazu: *Streinz*, EuZW 1993, 599 (604); *Geiger*, DVBl 1993, 465 (472). Die Gründe der Nichtumsetzung sind nicht von Relevanz, auch wenn die Umsetzung für den Mitgliedsstaat unmöglich war, so *Deckert*, EuR 1997, 203 (222).

kann.[1181] Bei einer Schlechtumsetzung muss der Gestaltungsspielraum jedoch gewürdigt werden, sodass eine detaillierte Betrachtung geboten ist.[1182] Ein Verstoß wird anzunehmen sein, wenn das nationale Umsetzungsverhalten „offensichtlich falsch" ist,[1183] mit Wortlaut und Zweck der Richtlinie evident im Widerstreit steht.[1184]

Das Auslegungsverständnis des Mitgliedsstaates kann jedoch solange nicht als qualifizierter Rechtsverstoß gewertet werden, wie dem ein „nicht völlig von der Hand" zu weisendes Verständnis zugrunde liegt.[1185] Dieser Spielraum wird vom EuGH bei legislativem Unrecht zu einer restriktiven Handhabung genutzt.[1186] Sind die Auslegungsrichtlinien jedoch durch Entscheidungen des Gerichtshofs vorgezeichnet, stellt eine Missachtung derselben eine hinreichende Rechtsverletzung dar.[1187]

b) Formelle Gesetze als tatbestandliche Handlung

Auch parlamentarische Gesetze können eine Haftung der Mitgliedsstaaten auslösen.[1188] Daher kann eine völlige Untätigkeit des nationalen Gesetzgebers – nicht nur im Bereich einer unterlassenen Richtlinienumsetzung – bei einem ausdrücklichen Rechtssetzungsauftrag und einer offensichtlichen Unzulänglichkeit der nationalen Gesetzeslage grundsätzlich zu einer Haftung führen.[1189]

Dies ist aus unionsrechtlicher Perspektive auch erforderlich. Würde eine Haftung für formelle Gesetze ausgenommen, führte dies zu einem Wegfall eines Hauptanwendungsbereiches des Haftungsanspruches wegen fehlerhafter Richtlinienumsetzung, da Richtlinien auf nationaler Ebene oftmals durch ein Parlamentsgesetz umzusetzen sind.[1190] Eine Einbeziehung legislativen Unrechts ist zur Wahrung der

---

1181 Die Bedeutung des Gestaltungsspielraumes betonend: *Schoch*, Europäisierung des Staatshaftungsrechts, in: Geis (Hrsg.), Festschrift für Helmut Maurer zum 70. Geburtstag, 2001, S. 759 (767 f.).

1182 S. *Ruffert*, in: Calliess/Ruffert (Hrsg.), EUV/AEUV, 4. Aufl. 2011, Art. 340 AEUV Rn. 63.

1183 *GA Tesauro*, Schlussanträge v. 28.11.1995, Rs. C-46/93, Slg. 1996, I – 1029, 1111 Rn. 84.

1184 Vgl. EuGH v. 26.03.1996, Rs. C-392/93, Slg. 1996, I – 1631, Rn. 43.

1185 EuGH v. 26.03.1996, Rs. C-392/93, Slg. 1996, I – 1631, Rn. 43; EuGH v. 17.10.1996, Rs. C-283/94 u. a., Slg. 1996, I – 5063, Rn. 51 f.

1186 S. *Ossenbühl/Cornils*, Staatshaftungsrecht, 6. Aufl. 2013, S. 608.

1187 S. dazu im Einzelnen: *Jacob/Kottmann*, in: Grabitz/Hilf/Nettesheim (Hrsg.), EUV/AEUV, Bd III, 57. EGL 2015, Art. 340 AEUV Rn. 159 f.; EuGH v. 05.03.1996, Rs. C-46/93 u. C-48/93, Slg. 1996, I – 1029, Rn. 57; EuGH v. 25.11.2010, Rs. C-429/09, Slg. 2010, I – 12167, Rn. 52.

1188 Zur Haftung für legislatives Unrecht im Überblick: *Jacob/Kottmann*, in: Grabitz/Hilf/Nettesheim (Hrsg.), EUV/AEUV, Bd III, 57. EGL 2015, Art. 340 AEUV Rn. 162 ff.

1189 EuGH v. 05.03.1996, Rs. C-46/93 u. C-48/93, Slg. 1996, I – 1029, Rn. 32, 34 f.

1190 Gedanke etwa *Streinz*, Europarecht, 9. Aufl. 2012, Rn. 459.

Einheitlichkeit der Rechtsprechung erforderlich.[1191] Eine mitgliedsstaatspezifische verschiedene Haftung für dieselbe nicht umgesetzte Richtlinie wird vermieden. Zu einem solchen Auseinanderfallen der Haftung kann es aufgrund der unterschiedlich ausgeprägten nationalstaatlichen Anforderungen an den Vorbehalt des Gesetzes kommen, die Möglichkeit des Umsetzungsaktes divergiert zwischen formellem Gesetz und exekutivischer Normsetzung.

Eine umfassende Haftung sei zudem geboten, um Wertungswidersprüche zu vermeiden, da eine Haftung für unionale Legislativakte bereits anerkannt ist.[1192] Auch streitet der völkerrechtlich anerkannte Grundsatz vom Verständnis des Staates als Einheit für ein umfassendes Haftungsverständnis.[1193]

Im Hinblick auf die staatliche Souveränität, sowie die besondere gesetzgeberische Funktion und eine Gefährdung derselben durch eine Haftung für legislatives Unrecht, kann sich ebenfalls kein Haftungsausschluss rechtfertigen.[1194] Zum einen: Haushaltspolitische Gründe können einer unionsrechtlichen Verpflichtung nicht entgegengebracht werden.[1195] Zum anderen: Bei Richtlinienumsetzung muss Beachtung finden, dass sich der Gesetzgeber nicht in der typischen Situation der weitestgehend undeterminierten Gestaltung der Rechtslage – von verfassungsrechtlichen Schranken abgesehen – befindet, sondern eher eine der administrativen Tätigkeit vergleichbare Handlung vornimmt: Die Umsetzung bereits vorgefertigter rechtlicher Verpflichtungen.[1196] Es besteht zumindest eine Vergleichbarkeit mit exekutivischer Verordnungsgebung.[1197]

1191 Zur Sicherung der einheitlichen Anwendung s. auch *Martin-Ehlers*, EuR 1996, 376 (390).

1192 Kommission im Sitzungsbericht, Rs. C-6/90 u. C-9/90, Slg. I – 5359, 5367.

1193 *Jacob/Kottmann*, in: Grabitz/Hilf/Nettesheim (Hrsg.), EUV/AEUV, Bd III, 57. EGL 2015, Art. 340 AEUV Rn. 162; zur völkerrechtlichen Begründung s. EuGH v. 05.03.1996, Rs. C-46/93 u. C-48/93, Slg. 1996, I – 1029, Rn. 34 f.; *v. Danwitz*, DVBl 1997, 1 (3 f.).

1194 So aber die Regierung der BRD im Verfahren *Francovich* in: Sitzungsbericht, C-6/90 u. C-9/90, Slg. I – 5359, 5369; ablehnend *Zenner*, Die Haftung der EG-Mitgliedstaaten für die Anwendung europarechtswidriger Rechtsnormen, 1995, S. 58 f.

1195 EuGH v. 08.02.1973, Rs. 30/72; Slg. 1973, 161, Rn. 11.

1196 S. dazu *Geiger*, DVBl 1993, 465 (472); *Maurer*, Staatshaftung im europäischen Kontext, in: Ebenroth (Hrsg.), Festschrift für Karlheinz Boujong zum 65. Geburtstag, 1996, S. 591 (602); *Böhm*, Haftung, in: Schulze/Zuleeg/Kadelbach, (Hrsg.), Europarecht, 3. Auf. 2015, § 12 Rn. 89; *Lembach*, Grundlagen und Ausgestaltung gemeinschaftsrechtlicher Staatshaftung, 2003, S. 215 f.; *Martin-Ehlers*, EuR 1996, 376 (388); *Nettesheim*, DÖV 1992, 999 (1004); *Schinke*, EuZW 1993, 698 (699); *Zenner*, Die Haftung der EG-Mitgliedstaaten für die Anwendung europarechtswidriger Rechtsnormen, 1995, S. 58 f. Die a.A. sieht dies nicht als Argument für eine Haftung an: *Detterbeck*, VerwArch 85 (1994), 160 (166) sowie *Cornils*, Der gemeinschaftsrechtliche Staatshaftungsanspruch, 1995, S. 214 ff.

1197 Gedanke bei *Buschhaus*, JA 1992, 142 (149).

Auch eine teils angenommene unzulässige Durchbrechung des Gewaltenteilungsgrundsatzes kann aufgrund der unionsrechtlichen Funktionsweise und der damit einhergehenden Überlagerung der nationalen Rechtsordnung nicht angenommen werden.[1198]

Es droht auch keine Ausuferung der Staatshaftung, wie sie der BGH stets als Argument gegen die richterrechtliche Fortbildung des enteignungsgleichen Eingriffs auf nationaler Ebene vorbringt (dazu unter Teil 2, Kapitel 8, II., 1.). Der EuGH sieht im Merkmal „hinreichend qualifizierter Rechtsverstoß" eine Stellschraube zur Haftungsbegrenzung, die eine Ausuferung verhindert.[1199] Eine Möglichkeit zur Haftungsbeschränkung besteht auch durch eine zeitliche Begrenzung der Urteilswirkungen (dazu unter Teil 3, Kapitel 11, I.).[1200] Damit kann auch der Einwand der Beeinträchtigung der Arbeitsfähigkeit des Parlaments und des Verfalls in die Untätigkeit im Angesicht einer drohenden Einstandspflicht entkräftet werden. Bei politischen Entscheidungen räumt der Gerichtshof den Mitgliedsstaaten einen weiten Ermessensspielraum ein und beschränkt damit den Haftungsumfang.[1201] Die besondere Bedeutung der Rechtsprechung bei der Fortentwicklung des Staatshaftungsrechts[1202] wird vom EuGH wahrgenommen.

Damit steht einer Vertrauenshaftung nach der *Francovich*-Rechtsprechung die Eigenschaft als eine Haftung für legislatives Unrecht nicht entgegen. Allerdings wird es oftmals an einem hinreichend qualifizierten Rechtsverstoß mangeln (sogleich).

c) Übertragbarkeit auf die Vertrauenshaftung

Bei der Qualifikation des Rechtsverstoßes kommt es maßgeblich auf die Klarheit der Unionsrechtslage und damit einhergehend die Vorhersehbarkeit der Unionsrechtswidrigkeit der Norm an.[1203] Bezüglich der Erkennbarkeit eines Unionsrechtsverstoßes wurden bereits im Rahmen einer schuldhaften Amtspflichtverletzung der Legislative ausführliche Überlegungen angestellt (dazu unter Teil 2, Kapitel 6, II., 4., c)). Ohne besondere Anhaltspunkte und insbesondere ohne Hinweise seitens der Unionsorgane auf die rechtswidrige Lage – abgesehen von der unterlassenen Richtlinienumsetzung – kann nur in seltenen Fällen von einer hinreichend qualifizierten Rechtsverletzung ausgegangen werden.[1204]

1198 S. dazu *Zenner*, Die Haftung der EG-Mitgliedstaaten für die Anwendung europarechtswidriger Rechtsnormen, 1995, S. 59.

1199 So *Ossenbühl/Cornils*, Staatshaftungsrecht, 6. Aufl. 2013, S. 611.

1200 Vgl. EuGH v. 16.07.1992, Rs. C-163/90, Slg. 1992, I – 4625, Rn. 28 ff.

1201 Dazu *Zenner*, Die Haftung der EG-Mitgliedstaaten für die Anwendung europarechtswidriger Rechtsnormen, 1995, S. 59 f.

1202 Dazu mit internationalem Bezug: *Schockweiler*, EuR 1993, 107 (124 f.).

1203 S. *Rosenkranz*, Die Beschränkung der Rückwirkung von Entscheidungen des Europäischen Gerichtshofs, 2015, S. 504 f.

1204 Einen hinreichend qualifizierten Verstoß annehmend: *Franzen*, RIW 2010, 577 (582) zu § 622 Abs. 2 S. 2 BGB; ebenso *Nettesheim*, WM 2006, 457 (461 f.) zu § 5 II HWiG a.F.

Dem Fall *Honeywell* lag wohl keine solch hinreichend qualifizierte Vertragsverletzung zugrunde. Die nationale Regelung bestand bereits über einen längeren Zeitraum und die Frist zur Richtlinienumsetzung war noch nicht abgelaufen. Die Kreation der primärrechtskonkretisierenden Richtlinie, als Instrument zur Durchsetzung des Richtlinieninhalts auch vor Ablauf der Umsetzungsfrist, wurde vom EuGH erstmals in dieser Rechtssache angewandt.[1205]

Das Kriterium eines hinreichend qualifizierten Rechtsverstoßes fügt sich nicht nahtlos in die Dogmatik einer Vertrauenshaftung ein. Sind die Vorgaben des Unionsrechts uneindeutig, haftet der Mitgliedsstaat nicht für eine rechtswidrige Rechtslage.[1206] Aber gerade in diesen Situationen sind die Normunterworfenen besonders geneigt, sich an den für sie scheinbar verbindlichen Vorgaben des nationalen Rechts zu orientieren.[1207] Insbesondere bei unklarer Regelungslage besteht das Bedürfnis nach einer Vertrauenshaftung. Daher erweist sich ein Ersatzanspruch nach der *Francovich*-Doktrin zwar bis dato nicht als ungeeignet, aber als nicht hinreichend zum Schadensausgleich.[1208]

3. Kausalität

a) Allgemeine Anforderungen

Erforderlich ist des Weiteren ein unmittelbarer Kausalzusammenhang zwischen dem qualifizierten Rechtsverstoß und dem Schaden.[1209] Zwar spricht der EuGH in der Rechtssache *Francovich* noch von einem bloßen Kausalzusammenhang,[1210] präzisierte dies aber in den Folgerechtssachen um das Adjektiv der Unmittelbarkeit[1211] und gleicht die Voraussetzung an die Rechtsprechung zur außervertraglichen Haftung der Union, Art. 340 Abs. 2 AEUV, an. Nach deutschem dogmatischem Verständnis fordert der EuGH mithin nur eine haftungsausfüllende Kausalität. Dabei wird die Kausalität mithilfe der Adäquanztheorie unter zur Hilfenahme von Schutzzweck-

1205 *Ossenbühl/Cornils,* Staatshaftungsrecht, 6. Aufl. 2013, S. 611 f.

1206 *Giegerich* knüpft an eine Verletzung des Transparenzgebotes an. Diese Verletzung stelle aber keinen hinreichend qualifizierten Verstoß dar: *Giegerich,* EuR 2012, 373 (381).

1207 *Rosenkranz,* Die Beschränkung der Rückwirkung von Entscheidungen des Europäischen Gerichtshofs, 2015, S. 506 f.

1208 Die Forderung nach einem alleinigen Haftungsgrund in der Verletzung des Vertrauens ablehnend: *Rosenkranz,* Die Beschränkung der Rückwirkung von Entscheidungen des Europäischen Gerichtshofs, 2015, S. 508.

1209 EuGH v. 05.03.1996, Rs. C-46/93 u. C-48/93, Slg. 1996, I – 1029, Rn. 51; EuGH v. 23.05.1996, Rs. C-5/94, Slg. 1996, I – 2553, Rn. 30.

1210 EuGH v. 19.11.1991, Rs. C-6/90 u. C-9/90, Slg. 1991, I – 5357, Rn. 40.

1211 EuGH v. 05.03.1996, Rs. C-46/93 u. C-48/93, Slg. 1996, I – 1029, Rn. 51, 65; EuGH v. 25.01.2010, Rs. C-429/09, Slg. 2010, I – 12167, Rn. 47; EuGH v. 26.01.2010, Rs. C-118/08, Slg. 2010, I – 635, Rn. 30; EuGH v. 09.12.2010, Rs. C-568/08, Slg. 2010, I – 12655, Rn. 87.

erwägungen ermittelt.[1212] Das Kriterium der Unmittelbarkeit darf aber nicht in der Weise missverstanden werden, dass eine Haftung für Schäden, die durch Dritte im zivilrechtlichen Verkehr eintreten, ausscheiden soll. Andernfalls würde eine Haftung im Bereich privatrechtsgestaltender Richtlinien größtenteils scheitern, da hier typischerweise der Schaden durch das Verhalten des Vertragspartners hervorgerufen wird. Diese besonders wichtige Haftungskonstellation – Ausschluss der unmittelbaren Anwendbarkeit der Richtlinie (dazu unter Teil 1, Kapitel 2, II., 2., a)) – darf nicht durch ein zu enges Verständnis der Kausalität ausgegrenzt werden.[1213]

Im Zusammenhang mit einer Haftung für legislatives Unrecht wird bei unmittelbar anwendbarem Unionsrecht teilweise das Vorliegen eines kausalen Schadens a priori abgelehnt.[1214] Basiere der Schaden auf einer Missachtung des Anwendungsvorranges des Unionsrechts durch nationale Exekutiv- oder Judikativorgane, scheitere eine Haftung der Legislative für den Erlass primärrechtswidriger Vorschriften oder deren unterlassene Aufhebung an der Kausalität. Die nationalen Behörden seien verpflichtet, unionsrechtswidrige Normen unangewendet zu lassen und haben damit einen eigenen Pflichtverstoß begangen, der den Haftungszusammenhang zum Gesetzgeber durchbreche. In Bezug auf unmittelbar anwendbares Unionsrecht, also Primärrecht und Verordnungen sowie ausnahmsweise unmittelbar anwendbare Richtlinien, resultiere aus dem Anwendungsvorrang ein Ausschluss einer Haftung für legislatives Unrecht. Anders als im nationalen Recht beruhe der Schaden nicht allein auf einem Verstoß des Gesetzgebers, sondern auf einem Verstoß der Behörden, die eine eigenständige unionsrechtliche Verpflichtung zur Beachtung des Anwendungsvorranges treffe.[1215] Der Zweck einer Verordnung solle unmittelbar durch den Rechtsanwender realisiert werden. Anders hingegen bei nicht unmittelbar anwendbaren Richtlinien. Die Erreichung des Richtlinienzieles falle in den Verantwortungsbereich des Gesetzgebers, sodass in diesem Fall ein kausaler Schaden entstehen könne.[1216] *Aubin* geht sogar noch einen Schritt weiter und lehnt eine eigenständige Pflichtverletzung des Gesetzgebers und damit eine Haftungsmöglichkeit gänzlich ab, da der Anwendungsvorrang eine Kollisionsregel sei, die allein bei der Rechtsanwendung Beachtung finden könne.[1217]

1212 *Detterbeck*, AöR 125 (2000), 202 (239); *Hatje*, EuR 1997, 297 (307) so auch *Ossenbühl/Cornils*, Staatshaftungsrecht, 6. Aufl. 2013, S. 609.

1213 *Jacob/Kottmann*, in: Grabitz/Hilf/Nettesheim (Hrsg.), EUV/AEUV, Bd III, 57. EGL 2015, Art. 340 AEUV Rn. 172.

1214 Ausführlich dazu: *Brocke*, Die Europäisierung des Staatshaftungsrechts, 2002, S. 141 ff.

1215 Etwa *Dengler*, IStR 1997, 252 (253); *Geiger*, DVBl 1993, 465 (472 f.); *Streinz*, Jura 1995, 6 (11); *ders.* EuZW 1993, 599 (602); *Nettesheim*, DÖV 1992, 999 (1002); dazu auch *Deckert*, EuR 1997, 203 (228); *Gromitsaris*, SächsVBl. 2001, 157 (160).

1216 *Frenz*, Handbuch Europarecht, Bd 5, 2010, Rn. 2111 f.; *Frenz/Götzkes*, JA 2009, 759 (764).

1217 *Aubin*, Die Haftung der Europäischen Wirtschaftsgemeinschaft und ihrer Mitgliedstaaten bei gemeinschaftsrechtswidrigen nationalen Verwaltungsakten, 1982, S. 78 f.

Diese Überlegungen führen zu einer weitreichenden Einschränkung der Haftung für legislatives Unrecht. Bezüglich der vorliegend zu untersuchenden Fallkonstellation sind jedoch exekutivische Beruhensakte ausgeklammert (s. oben unter Teil 1, Kapitel 1, I., 4.). Administratives Handeln kann also schon faktisch nicht den Zurechnungszusammenhang unterbrechen. Denkbar ist allenfalls eine Durchbrechung durch die Judikative, die über unmittelbar anwendbares Recht judiziert.

Die vorgebrachten Argumentationen können jedoch keinesfalls überzeugen. An einer eigenständigen Verpflichtung des Gesetzgebers zur Anpassung, oder zum Nichterlass unionsrechtswiderstreitender Vorschriften, kann sowohl aus verfassungsrechtlicher als auch aus unionaler Perspektive nicht gezweifelt werden (dazu eingehend oben unter Teil 2, Kapitel 6, II., 2., b) und c)). Eine derartige rein formale Betrachtungsweise verschließt sich der Realität. Das Übel ist beim Gesetzgeber radiziert. Der Normgeber hat die nationale Rechtslage nicht unionsrechtskonform ausgestaltet. Das Fehlverhalten der Gerichte ist ihm nachgelagert, sodass der Schaden der Legislative zugerechnet werden muss. Anderenfalls taucht der paradoxe Effekt auf, dass dem Gesetzgeber zwar ein hinreichend qualifizierter Rechtsverstoß zur Last gelegt werden muss, es aber an der Kausalität mangelt, die Behörde und die Gerichte jedoch ein kausales aber nicht qualifiziertes Fehlverhalten trifft, sodass als Resultat eine weitgehende Enthaltung des Staates drohen würde.[1218] Es kommt gegebenenfalls eine parallele Haftung von Legislative und Exekutive oder Judikative in Betracht.[1219]

b) Übertragbarkeit auf die Vertrauenshaftung

Das Vorliegen eines Kausalzusammenhanges wird allerdings erneut bei einer Vertrauenshaftung bestritten. Es mangele an einem unmittelbaren Kausalzusammenhang, da die Schädigung nicht bereits durch das unionsrechtswidrige Verhalten ausgelöst werde, sondern erst durch die unional gebotene Handlung der Aufhebung oder Anpassung sowie der Konformauslegung des europarechtswidrigen Gesetzes eintrete.[1220] An dieser Stelle kann auf die obigen Ausführungen im Zusammenhang mit dem Amtshaftungsanspruch verwiesen werden (dazu unter Teil 1, Kapitel 5, III.). Der Schadenseintritt war bereits spezifisch in der rechtswidrigen Handlung des Erlassens oder der Nichtanpassung der Norm angelegt. Ein Vertrauensschaden beruht

---

1218 Gedanke bei *Frenz/Götzkes*, JA 2009, 759 (764) sowie *Frenz*, Handbuch Europarecht, Bd 5, 2010, Rn. 2110 ff., allerdings im Ergebnis anderer Ansicht; kritisch auch *Hatje*, EuR 1997, 297 (306 f.); *Schoch*, Europäisierung des Staatshaftungsrechts, in: Geis (Hrsg.), Festschrift für Helmut Maurer zum 70. Geburtstag, 2001, S. 759 (769); a.A. *Brocke*, Die Europäisierung des Staatshaftungsrechts, 2002, S. 142 ff.

1219 Gedanke der parallelen Haftung bei *Frenz*, Handbuch Europarecht, Bd 5, 2010, Rn. 2112 sowie befürwortend: *Brocke*, Die Europäisierung des Staatshaftungsrechts, 2002, S. 142 ff.

1220 *Wißmann*, in: Dieterich/Hanau/Schaub (Begr.), Erfurter Kommentar zum Arbeitsrecht, 16. Aufl. 2016, Vorb. AEUV Rn. 29.

gerade auf der Verletzung des Transparenzgebotes. An einem unmittelbaren Kausalzusammenhang mangelt es folglich nicht.

4. Schaden

Dem betroffenen Bürger muss durch das Verhalten der Mitgliedsstaaten ein ersatzfähiger Schaden entstanden sein.[1221] Der entgangene Gewinn kann vom betroffenen Normadressaten im Rahmen der Haftung ebenfalls liquidiert werden.[1222]

Im Einzelfall kann sich die Begründung eines Schadenseintritts jedoch als problematisch erweisen. Sieht man sich etwa den Fall *Honeywell* an, besteht der Schaden in einem unbefristeten Arbeitsvertrag mit dem Arbeitnehmer. Allerdings muss nicht nur der Arbeitgeber seinen vertraglichen Verpflichtungen länger nachkommen, sondern auch der Arbeitnehmer ist gehalten weiterhin seine Leistung zu erbringen. Es besteht hierbei eine Vermutung der Äquivalenz zwischen Arbeitsleistung und Entgelt. Daher könnte der Arbeitgeber möglicherweise keinen Schaden erleiden.[1223] Dieser Betrachtungsweise kann jedoch nicht vollumfänglich gefolgt werden. Sie lässt die Beeinträchtigung der Vertragsfreiheit des Arbeitgebers außer Acht. Zudem mag zwar der Arbeitnehmer weiterhin eine Leistung erbringen, aber der Arbeitgeber könnte kein Interesse mehr an dieser haben, weil es ihm an einer Verwendungsmöglichkeit fehlen kann.

Sollte der primäre Schadenseintritt dadurch ausbleiben, dass der Mitgliedsstaat – falls es ihm rechtlich zulässig ist – eine vollständige rückwirkende Anwendung der Richtlinie anordnet, kann aber weiterhin ein Ausgleich von Schäden erfolgen, die auf der verspäteten Umsetzung basieren.[1224]

Neben diesen tatsächlichen fallspezifischen Schwierigkeiten bei der Ermittlung eines ersatzfähigen Schadens, treten aber Überlegungen grundsätzlicher Art. Eine Haftung für enttäuschtes Gesetzesvertrauen führt zu einem Ersatz von Schäden, die über den unmittelbaren Nachteil der Nichtverwirklichung der unionsrechtlich gebotenen Rechtslage hinausgehen. Diese Schädigungen könnten nicht mehr vom Schutzzweck der Norm erfasst sein. Es sind nur solche Schäden ersatzfähig, vor deren Eintritt die verletzte Norm schützen soll. Dies lässt sich auch als Rechtswidrigkeitszusammenhang umschreiben (dazu oben schon beim Amtshaftungsanspruch unter Teil 2, Kapitel 6, II., 5., b)).[1225]

Die *Francovich*-Doktrin wurde vom EuGH entwickelt zur Sicherung der Wirksamkeit des Unionsrechts und wohl auch zur Sicherung von Individualrechten.

1221 Bezüglich detaillierter Ausführungen kann auf die Rechtsprechung zu Art. 340 II AEUV verwiesen werden.

1222 EuGH v. 05.03.1996, Rs. C-46 u. 48/93, Slg. 1996, I – 1029, Rn. 87.

1223 Gedanke aufgegriffen von *Franzen*, RIW 2010, 577 (582).

1224 EuGH v. 10.07.1997, Rs. C-373/95, Slg. 1997, I – 4051, Rn. 41; EuGH v. 10.07.1997, Rs. C-94/95 u. 95/95, Slg. 1997, I – 3969, Rn. 53.

1225 Implizit *Stöhr*, NJW 1999, 1063 (1065 f.) sowie *Prieß*, NVwZ 1993, 118 (123). Zum Schutzzweck der Norm: *Ossenbühl/Cornils*, Staatshaftungsrecht, 6. Aufl. 2013, S. 71.

Der individual begünstigte Unionsbürger kann den Schaden liquidieren, der ihm durch das Ausbleiben der europarechtlich geschützten Rechtslage entstanden ist. Ein Ersatz des Vertrauensschadens ist jedoch wohl vom Schutzzweck nicht erfasst. Zwar mag auch ein individuelles Recht des Einzelnen auf transparente Umsetzung des Unionsrechts bestehen, dies kann jedoch nicht darüber hinwegtäuschen, dass der Vertrauensschaden auf den unionsrechtlichen Wertungen der Primärebene beruht. Das Unionsrecht fordert die Durchsetzung seines Rechts gegenüber den nationalen Wertungen und gebietet ein Zurücktreten des Vertrauensschutzes, indem die zeitliche Wirkung nicht beschränkt wird. Die Haftung nach der *Francovich*-Rechtsprechung soll die ausbleibende primärrechtliche Durchsetzung des Unionsrechts kompensieren. Der sekundärrechtliche Anspruch ist der verlängerte Arm der primärrechtlichen Wertung. Bei einem Vertrauensschaden fehlt es an einer solchen Identität.

Es sei jedoch angemerkt, dass mit diesen Überlegungen noch keine Beurteilung vorgenommen wird, ob sich die unionsrechtlichen Wertungen auf der Sekundärebene nicht wandeln können und ein Vertrauensschutz, der auf primärrechtlicher Ebene ausgeschlossen war, nicht zu neuem Leben erweckt werden kann.

IV. Fazit zur Integration in bestehende unionsrechtliche Haftungsinstitute

Der Haftungsanspruch der Mitgliedsstaaten für einen hinreichend qualifizierten Rechtsverstoß vermag der Vertrauenshaftung keine Heimstätte zu gewähren. Zwar kann noch von einer Individualbegünstigung der verletzten Unionsrechtsnorm unter Rückgriff auf den Grundsatz des Vertrauensschutzes und des Transparenzgebotes gesprochen werden, aber der entstehende Schaden ist nicht mehr vom Schutzzweck des Haftungsanspruches umfasst. Zudem wird regelmäßig ein Ersatz an der hinreichenden Qualifikation der Rechtsverletzung scheitern. Spezifisch bei unklarer Rechtslage, die keinen qualifizierten Rechtsverstoß begründet, wird jedoch ein Vertrauen virulent.

Als verbleibendes unionsrechtliches Haftungsinstitut kommt nur noch die Haftung aus dem Aufopferungsgedanken in Betracht.[1226] Die Haftung aus Aufopferung

1226 Die Anerkennung einer Haftung aus dem Aufopferungsgedanken durch den EuGH ist höchst fraglich. Der EuGH lehnt eine Haftung für rechtmäßiges Handeln der Union nach Art. 340 AEUV ab, EuGH v. 09.09.2008, Rs. C-120/06 P u. C-121/06 P, Slg. 2008, I – 6513, Rn. 164 ff., insb. Rn. 176; *Ruffert*, in: Calliess/Ruffert (Hrsg.), EUV/AEUV, 4. Aufl. 2011, Art. 340 AEUV Rn. 24 f.; *Jacob/Kottmann*, in: Grabitz/Hilf/Nettesheim (Hrsg.), EUV/AEUV, Bd III, 57. EGL 2015, Art. 340 AEUV Rn. 117; *Gellermann*: in: Streinz (Hrsg.), EUV/AEUV, 2. Aufl. 2012, Art. 340 AEUV Rn. 25. Eine Anerkennung der außervertraglichen Haftung der Union kommt nur dann in Betracht, wenn ein Eingriff in das Grundrecht der Eigentums- oder Berufsfreiheit vorgenommen wurde und der Eingriff seinen spezifischen Rechtswidrigkeitsgrund in einer Unverhältnismäßigkeit aufgrund mangelnder finanzieller Kompensation

wird teils als adäquater Haftungsanspruch erachtet, da der Vertrauensschaden unmittelbar auf einem rechtmäßigen Verhalten der Mitgliedsstaaten beruhe.[1227] Wie bereits oben erörtert wurde, liegt der Schwerpunkt der Vorwerfbarkeit nicht in der Anpassung oder Aufhebung des Gesetzes, sondern im Erlass oder dem Aufrechterhalten einer unionsrechtswidrigen Norm (dazu unter Teil 1, Kapitel 5, III.). Zudem fehlt es auch an einem klassischen Sonderopfer, wenn alle Adressaten des Normkreises geschädigt werden. Der Kreis vertrauender Normadressaten tritt nicht in besonderer Weise aus dem Adressatenkreis der Regelung heraus.[1228] Außerdem kann in Bezug auf richtlinienkonforme Auslegung, als Methode der Umsetzung, nicht grundsätzlich von einem unionsrechtlich zulässigen Mittel ausgegangen werden, da zum einen auch unionsrechtlich die Grenzen nationaler Methodenlehre zu wahren sind und zum anderen eine Umsetzung durch Richterrecht nicht stets dem Transparenzgebot Genüge tut (zum Transparenzgebot unter Teil 2, Kapitel 6, II., 2., f), bb)).

Damit ist weder die *Francovich*-Doktrin, noch ein Anspruch aus Aufopferung geeignet, einen Vertrauensschaden zu ersetzen. Es wird daher der Fokus in den nächsten Abschnitten auf die unionsrechtliche Zulässigkeit oder sogar Gebotenheit einer national eingeführten Haftung de lege ferenda gelegt.

---

hat, s. bzgl. dieser Ausnahme *Giegerich*, EuR 2012, 373 (382). S. zu der Thematik insgesamt: *Römermann*, Aufopferungshaftung in Europa, 2007; *Haack*, EuR 1999, 395 ff.; *ders.*, EuR 2006, 696 ff.; *ders.*, EuR 2009, 667 ff.

1227 So *Franzen*, RIW 2010, 577 (582 f.); *Nettesheim*, WM 2006, 457 (462 ff.).

1228 *Rosenkranz*, Die Beschränkung der Rückwirkung von Entscheidungen des Europäischen Gerichtshofs, 2015, S. 510.

Kapitel 11 Vereinbarkeit einer nationalen Haftung mit dem Unionsrecht

Das letzte große Kapitel dieser Arbeit widmet sich der unionsrechtlichen Überprüfung eines neu einzuführenden nationalen Haftungsanspruches für das Vertrauen auf unionsrechtswidrige Gesetze.[1229]

Blickt man auf die nationale fachgerichtliche Rechtsprechung, zeichnet sich eine Tendenz zur unionsrechtlichen Unbedenklichkeit eines Haftungsanspruches ab. Die zivilgerichtliche Judikatur hat bereits nationalen sekundärrechtlichen Vertrauensschutz gewährt, obwohl der EuGH einen primärrechtlichen Schutz verwehrt hatte. Streitgegenständlich war das Vertrauen auf eine Information durch einen Verwaltungsbeamten. Diese fehlerhafte Aussage mündete in einer Versagung unionaler Ausfuhrerstattungen.[1230] Der Sachverhalt bezieht sich folglich nicht auf legislatives, sondern auf exekutives Unrecht, weist aber dennoch für diese Untersuchung interessante Wertungen auf. Primärrechtsschutz gegen die Rückforderung des Erstattungsbeitrages wurde von den nationalen Gerichten unter Hinweis auf die Rechtsprechung des EuGH abgelehnt.[1231] Im Anschluss erhob der Geschädigte erfolgreich Amtshaftungsklage.[1232] Das Gericht urteilte, dass ein Amtshaftungsanspruch nicht im Widerstreit zur Rechtsprechung des EuGH stehe. Eine Einschränkung nationalen Vertrauensschutzes bestehe nur, soweit Ansprüche auf Leistungen nach dem Unionsrecht, oder auf Fortbestand solcher bewilligenden Verwaltungsakte, hergeleitet werden.[1233] Als tragenden Haftungsgrund sieht der Senat wohl an, dass von dem um Auskunft ersuchenden Bürger keine größere Rechtskunde erwartet werden könne, als von der zuständigen Behörde.[1234] Es muss jedoch zwingend beachtet werden, dass es sich im Sachverhalt um Unionsbeihilfen handelte und nicht um einen Ersatzanspruch für die Rückforderung von nationalen Beihilfen

1229 Der EuGH hatte vielleicht sogar bereits Gelegenheit gehabt sich zu dieser Frage zu äußern, hat es jedoch vorgezogen, die Problematik weiter offen zu lassen. Der BGH hatte die Frage nach der Zulässigkeit nationalen primärrechtlichen Vertrauensschutzes bei der Anwendung von § 26 III 1 und 2 MarkenG im Hinblick auf eine Richtlinie vorgelegt, BGH MarkenR 2011, 539 (Vorlagefrage 3). Der EuGH hat jedoch die Frage nicht beantwortet und auch keine Stellung zu sekundärrechtlichen Ansprüchen genommen, EuGH v. 25.10.2012, Rs. C-553/11, EuZW 2013, 63, Rn. 34 ff.

1230 Zum Fall ausführlich: *Middendorf*, Amtshaftung und Gemeinschaftsrecht, 2001, S. 1 f.

1231 BFH/NV 1994, 208 (208 f.).

1232 OLG Nürnberg v. 22.05.1996, Az. 4 U 733/95. Der BGH ließ eine Revision nicht zu, BGH v. 26.02.1998, ZR III 187/96, unter Absprache einer grundlegenden Bedeutung.

1233 OLG Nürnberg v. 22.05.1996, Az. 4 U 733/95, Rn. 176.

1234 OLG Nürnberg v. 22.05.1996, Az. 4 U 733/95, Rn. 226.

gemäß Art. 107 AEUV.[1235] Einen solchen Anspruch hat das Bundesverwaltungsgericht konsequenterweise abgelehnt unter Hinweis auf das unionale Gebot der Rückzahlung.[1236]

Ob diese Wertungen einer eingehenden Untersuchung standhalten können und sich auch auf legislatives Unrecht übertragen lassen, wird im Folgenden zu untersuchen sein.

Wie bereits oben angeklungen (Teil 1, Kapitel 3, II., 2., b), bb), (2), (e), (aa)), räumt sich der EuGH eine Monopolstellung bezüglich der zeitlichen Begrenzung seiner Urteilswirkungen ein. Zunächst soll die Praxis des EuGH näher erörtert werden, um Rückschluss ziehen zu können, ob der Ausschluss des unionsrechtlichen Primärrechtsschutzes eine Versagung von nationalen sekundärrechtlichen Ansprüchen gebietet. Im Anschluss wird ein möglicher Vertrauenshaftungsanspruch auf seine Vereinbarkeit mit unionsrechtlichen Primärrechtsgrundsätzen hin untersucht.

I. Beschränkungen der Entscheidungswirkungen

Der nachfolgende Abschnitt befasst sich mit der Problematik der zeitlichen Wirkungen von Entscheidungen des Europäischen Gerichtshofes und der für diese Arbeit zentralen Fragestellung, ob ein Ausschluss der zeitlichen Wirkung durch die Luxemburger Richter eine Sperrwirkung bezüglich eines nationalen Vertrauenshaftungstatbestandes entfaltet.

Zunächst soll die Spruchpraxis des EuGH analysiert werden unter besonderem Augenmerk auf die Berücksichtigung von Vertrauensschutz, um anschließend beurteilen zu können, ob der Gerichtshof bereits abschließend über die Möglichkeit der Berücksichtigung von Vertrauensschutz judiziert.

1. Spruchpraxis des EuGH

a) Grundsätzliche ex-tunc Wirkung

Sowohl das Bundesverfassungsgericht als auch der Europäische Gerichtshof kennen das Instrument der zeitlichen Begrenzung ihrer Entscheidungen.[1237] National spricht das Bundesverfassungsgericht, vor dem Hintergrund der Folgenabmilderung, mitt-

---

1235 Ersatzansprüche wurden auch im Zusammenhang mit fehlerhaften Zollauskünften oder unterlassenen Informationspflichten über Zollabgaben diskutiert, s. BGH VersR 2005, 1730 ff.; OLG Bremen v. 25.06.2002, 1 O 480/02.

1236 BVerwGE 106, 328 (338); BVerfG(K) NJW 2000, 2015 f.

1237 Bzgl. des EuGH s. *Gaitanides*, in: von der Groeben/Schwarze/Hatje (Hrsg.), Europäisches Unionsrecht, Bd IV, 7. Aufl. 2015, Art. 264 AEUV Rn. 10; *Schwarze*, in: Schwarze (Hrsg.), EU-Kommentar, 3. Aufl. 2012, Art. 264 AEUV Rn. 9. Zur Kritik an der zeitlichen Begrenzung vgl. *Ludewig*, Die zeitliche Beschränkung der Wirkung von Urteilen des EuGH im Vorabentscheidungsverfahren, 2012, S. 100 ff.

lerweile regelmäßiger nur noch Unvereinbarkeitserklärungen und keine Nichtigkeitserklärungen aus.[1238] In Sonderfällen ordnet das Bundesverfassungsgericht sogar die Fortgeltung des Gesetzes an, um dem Gesetzgeber Zeit zu geben eine neue Regelung zu treffen, man denke etwa an die Rechtsprechung zu den Wahlgesetzen zum Deutschen Bundestag.[1239] Des Weiteren begrenzt auch § 79 BVerfGG die Folgen verfassungswidriger Gesetze.[1240]

Auf unionaler Ebene bedient sich auch der EuGH der Möglichkeit einer zeitlichen Begrenzung. Grundlage der Beschränkung ist der Grundsatz der Rechtssicherheit.[1241] Die Spruchpraxis aus Luxemburg ist jedoch konträr zu der Karlsruher Linie. Der EuGH geht bei Auslegungsentscheidungen nur in seltenen Ausnahmefällen von einer Begrenzung aus[1242] – freilich, um die Einheitlichkeit und Wirksamkeit des Unionsrechts zu sichern.[1243]

Der Europäische Gerichtshof trifft seine Entscheidungen daher grundsätzlich mit Wirkung für die Vergangenheit, ex-tunc.[1244] Dies gilt sowohl für Vorabent-

---

1238 *Benda/Klein/Klein*, Verfassungsprozessrecht, 3. Aufl. 2011, Rn. 718; *Hömig*, in: Maunz/Schmidt-Bleibtreu/Klein/Bethge (Hrsg.), Bundesverfassungsgerichtsgesetz, Bd II, 47. EGL 2015, § 95 Rn. 51.

1239 BVerfGE 121, 266 (316).

1240 Dazu unter Teil 2, Kapitel 8, I.

1241 S. *Ludewig*, Die zeitliche Beschränkung der Wirkung von Urteilen des EuGH im Vorabentscheidungsverfahren, 2012, S. 93; *Kovacs*, Die temporale Wirkung von Urteilen des EuGH im Vorabentscheidungsverfahren, 2014, S. 130; *Düsterhaus*, EuZW 2006, 393 (394); differenzierend und auch die subjektive Komponente des Vertrauensschutzes als Grundlage der zeitlichen Begrenzung einer Auslegungsentscheidung ansehend: *Ludewig*, Die zeitliche Beschränkung der Wirkung von Urteilen des EuGH im Vorabentscheidungsverfahren, 2012, S. 95 ff. Ein Überblick über die älteren Literaturmeinungen bei *Everling*, Das Vorabentscheidungsverfahren vor dem Gerichtshof der Europäischen Gemeinschaften, 1986, S. 67 ff.

1242 St. Rsp. EuGH v. 15.09.1998, Rs. C-231/96, Slg. 1998, I – 4951, Rn. 16; EuGH v. 07.07.2011, Rs. C-263/10, juris, Rn. 33; *Schmitz/Stammler*, AöR 136 (2011), 479 (492); *Kovacs*, Die temporale Wirkung von Urteilen des EuGH im Vorabentscheidungsverfahren, 2014, S. 125; *Waldhoff*, EuR 2006, 615 (629). Eine ausführliche Analyse der Entscheidungen des EuGH zu einer zeitlichen Begrenzung seiner Rechtsprechung bei *Klappstein*, Die Rechtsprechungsänderung mit Wirkung für die Zukunft, 2009, S. 162 ff.; s. bzgl. Zahlen zur Beschränkung der ex-tunc Wirkung *Rosenkranz*, Die Beschränkung der Rückwirkung von Entscheidungen des Europäischen Gerichtshofs, 2015, S. 7 f.

1243 *Ehricke*, in: Streinz (Hrsg.), EUV/AEUV, 2. Aufl. 2012, Art. 267 AEUV Rn. 75.

1244 So etwa: EuGH v. 27.03.1980, Rs. 61/79, Slg. 1980, 1205, Rn. 16 ff.; EuGH v. 02.02.1988, Rs. 309/85, Slg. 1988, 355, Rn. 11 ff.; EuGH v. 17.02.2005, Rs. C-453/02, Slg. 2005, I – 1131, Rn. 42 f.; EuGH v. 09.11.2010, Rs. C-92/09 u. 93/09, Slg. 2010, I – 11063, Rn. 93 f. S. bzgl. Kritik und dem Vorschlag, eine ex-nunc Wirkung zu etablieren, *Schmitz/Krasniqi*, EuR 2010, 189 ff.

scheidungsverfahren nach Art. 267 AEUV,[1245] also auch für Entscheidungen über Nichtigkeitsklagen gemäß Art. 263 AEUV.[1246]

Der Gerichtshof macht allerdings eine Rückausnahme für die Verfahrensbeteiligten und Personen, die bereits Rechtsbehelfe eingelegt haben.[1247] Daher wird der Entscheidungsführer in der Regel von der zeitlichen Wirkungsbeschränkung ausgenommen.[1248]

Zur Klarstellung: Es handelt sich nicht um eine ex-tunc Wirkung der Urteile, sondern die Auslegungsentscheidung wirkt sich bis auf den Zeitpunkt des Inkrafttretens der streitigen Norm aus. Der Gerichtshof stellt nur das Verständnis der Norm fest, wie es bereits von Anbeginn an bestand und damit erfahren auch in der Vergangenheit begründete Lebenssachverhalte im Anwendungsbereich der Norm eine neue Auslegung.[1249] Das Normverständnis hat keine rechtsgestaltende Wirkung, sondern ist nur deklaratorischer Natur.[1250] Die Auswirkungen einer Auslegungsentscheidung für das Rechtsverständnis als solches, resultieren aus der zumindest faktischen Bindungswirkung der Entscheidungen des Gerichtshofes.[1251] Bei Vorabentscheidungsverfahren über Auslegungsfragen wirken die Urteile zwar de jure nur inter partes und binden daher allein das vorlegende Gericht – lediglich der Ungültigkeitserklärung wird eine erga omnes Wirkung zuteil. Aber auch bei Auslegungsfragen entsteht eine faktische

---

1245 So bzgl. Ungültigkeitserklärungen z. B. EuGH v. 15.10.1980, Rs. 109/79, Slg. 980, 2883, Rn. 46; EuGH v. 26.04.1994, Rs. C-228/92, Slg. 1994, I – 1445, Rn. 17; EuGH v. 09.11.2010, Rs. C-92/09 u. 93/09, Slg. 2010, I – 11063, Rn. 93. Bei einer Auslegungssituation unter Hinweis auf den allgemeinen Rechtsgrundsatz der Rechtssicherheit: EuGH v. 16.07.1992, Rs. C-163/90, Slg. 1992, I – 4625, Rn. 30; EuGH v. 17.02.2005, Rs. C-453/02, Slg. 2005, I – 1131, Rn. 42; EuGH v. 13.04.2010, Rs. C-73/08, Slg. 2010, I – 2735, Rn. 91; EuGH v. 18.10.2012, Rs. C-525/11, DStRE 2013, 429, Rn. 41 ff.

1246 S. dazu *Schwarze* in: Schwarze (Hrsg.), EU-Kommentar, 3. Aufl. 2012, Art. 267 AEUV Rn. 72; *Wegener*, in: Calliess/Ruffert (Hrsg.), EUV/AEUV, 4. Aufl. 2011, Art. 267 AEUV Rn. 50 ff.

1247 S. dazu *Kovacs*, Die temporale Wirkung von Urteilen des EuGH im Vorabentscheidungsverfahren, 2014, S. 233 ff.

1248 *Rosenkranz*, Die Beschränkung der Rückwirkung von Entscheidungen des Europäischen Gerichtshofs, 2015, S. 8.

1249 EuGH v. 27.03.1980, Rs. 61/79, Slg. 1980, 1205, Rn. 16; EuGH v. 21.10.2010, Rs. C-242/09, Slg. 2010, I – 10309, Rn. 35; EuGH v. 10.05.2012, Rs. C-338/11 bis C-347/11, ZIP 2012, 1955, Rn. 58; *Schmitz/Stammler*, AöR 136 (2011), 479 (489); *Kokott/Henze*, NJW 2006, 177 (178); *Kovacs*, Die temporale Wirkung von Urteilen des EuGH im Vorabentscheidungsverfahren, 2014, S. 118 ff., der aber aus der Natur der Auslegung noch keine Rückschlüsse auf die zeitliche Wirkung ziehen möchte. Zum Hintergrund einer „Rückwirkung" der Auslegung im Unionsrecht eingehend: *Rosenkranz*, Die Beschränkung der Rückwirkung von Entscheidungen des Europäischen Gerichtshofs, 2015, S. 40 ff.

1250 Etwa *Kokott/Henze*, NJW 2006, 177 (178).

1251 BVerfG(K) ZIP 2015, 335 (338).

Bindungswirkung resultierend aus der Pflicht zur einheitlichen Anwendung des Unionsrechts. Ergibt sich aus der Norminterpretation des EuGH eine Unvereinbarkeit nationaler Normen mit dem Unionsrecht, ist der Mitgliedsstaat aufgrund des Vorranges gezwungen, die kollidierenden Vorschriften unangewendet zu lassen.[1252]

b) Monopolstellung des EuGH

Der EuGH hat bereits von Anfang an sein Monopol auf die Entscheidung über die temporale Beschränkung deutlich gemacht.[1253] Dies sei erforderlich zur Sicherung der einheitlichen Geltung des Unionsrechts und zur Entfaltung seiner Wirksamkeit.[1254] Eine Möglichkeit der Gewährung von Vertrauensschutz durch nationale Gerichte, bei Änderungen der Rechtslage durch die Rechtsprechung des EuGH, besteht damit grundsätzlich nicht. Auch das Bundesverfassungsgericht konstatiert: Eine Beschränkung der ex-tunc Wirkung von EuGH-Entscheidungen durch nationale Gerichte dürfe nicht erfolgen, da allein der Gerichtshof entscheidungsbefugt sei.[1255] Die Anordnung einer Beschränkung muss dabei bereits in dem Urteil selbst angelegt sein.[1256] Die vom EuGH getroffene Wertung, die Wirkung der Entscheidung nicht auf die Zukunft zu beschränken, ist damit abschließend und bindend für die Mitgliedsstaaten.[1257] Sie können allenfalls auf sekundärrechtlicher Ebene über einen Ausgleich des Vertrauens nachdenken (zum Primärrechtsschutz unter Teil 1, Kapitel 3, II., 2., b), bb), (2), (e)).[1258]

1252 S. dazu *Schmitz/Stammler*, AöR 136 (2011), 479 (488). Vgl. auch *Kovacs*, Die temporale Wirkung von Urteilen des EuGH im Vorabentscheidungsverfahren, 2014, S. 109 f. sowie *Schaer*, Rechtssicherheit und Vertrauensschutz als Grenzen rückwirkender Rechtsprechung im europäischen Arbeitsrecht, 2010, S. 39 f.; *v. Arnauld*, Rechtssicherheit, 2006, S. 504 f.

1253 EuGH v. 27.03.1980, Rs. 61/79, Slg. 1980, 1205, Rn. 18; dazu *Ludewig*, Die zeitliche Beschränkung der Wirkung von Urteilen des EuGH im Vorabentscheidungsverfahren, 2012, S. 162 f. Zur Kompetenzgrundlage für die Festsetzung der zeitlichen Wirkung ausführlich *Rosenkranz*, Die Beschränkung der Rückwirkung von Entscheidungen des Europäischen Gerichtshofs, 2015, S. 112 ff. sowie *Kovacs*, Die temporale Wirkung von Urteilen des EuGH im Vorabentscheidungsverfahren, 2014, S. 89 ff.

1254 *Ludewig*, Die zeitliche Beschränkung der Wirkung von Urteilen des EuGH im Vorabentscheidungsverfahren, 2012, S. 162. Auch das BAG erkennt die Notwendigkeit zur Sicherung einer einheitlichen Anwendung des Unionsrechts: BAG v. 30.09.2010, 2 AZR 456/09, Rn. 22; BAGE 118, 76 (89 f.); 119, 66 (78).

1255 BVerfGE 126, 286 (314); BVerfG(K) ZIP 2015, 335 (338). Im Fall *Mangold* lehnt das Bundesverfassungsgericht eine Beschränkung der ex-tunc Wirkung ab und erkennt die Entscheidung des EuGH an, BVerfGE 126, 286 (314).

1256 EuGH v. 27.03.1980, Rs. C-61/79, Slg. 1980, 1205, Rn. 18; EuGH v. 02.02.1988, Rs. C-309/85, Slg. 1988, 371, 375, Rn. 13.

1257 A.A. *Tavakoli/Westhauser*, Der Betrieb 2008, 702 (705).

1258 *Rosenkranz*, Die Beschränkung der Rückwirkung von Entscheidungen des Europäischen Gerichtshofs, 2015, S. 12; allgemeiner Gedanke auch bei *v. Arnauld*, Rechtssicherheit, 2006, S. 160.

Eine Überprüfung der Handlungen der Union am Maßstab des nationalen Vertrauensschutzes verbietet sich seit der *Solange*-Rechtsprechung des Bundesverfassungsgerichts.[1259] Es können allenfalls Überlegungen angestellt werden, ob Vertrauensschutz durch die nationalen Gerichte zu dem unübertragbaren Kern nationaler Verfassungsidentität gehört, wie er seit der *Lissabon*-Entscheidung geschützt wird. Der Vertrauensschutz könnte ein Bestandteil vom Schutzgehalt des Art. 79 Abs. 3 GG sein, der einen übertragungsfesten Kernbereich statuiert.[1260]

2. Voraussetzungen im Einzelnen

Zur Beschränkung der ex-tunc Wirkung bedarf es bezüglich beider Verfahrensarten im Vorabentscheidungsverfahren „zwingende(r) Erwägungen der Rechtssicherheit, die mit allen betroffenen öffentlichen wie privaten Interessen zusammenhängen“[1261]. Dabei wird eine zeitliche Begrenzung zum Schutze der Rechtssicherheit ermöglicht, wenn obligatorische Überlegungen dies gebieten und nach einer umfassenden Interessenabwägung der Rechtssicherheit höheres Gewicht beigemessen wird, als dem Grundsatz der Gesetzmäßigkeit.[1262]

a) Auslegungsentscheidungen

Eine Begrenzung der zeitlichen Wirkung von Auslegungsentscheidungen ist in Ausnahmefällen möglich. Neben der Wahrung der Rechtssicherheit dient die Begrenzung auch der Sicherung einer einheitlichen Rechtsordnung, der Einzelfallgerechtigkeit und dem Individualrechtsschutz.[1263]

Der EuGH forderte, dass zum einen die Gefahr schwerwiegender wirtschaftlicher Auswirkungen bestand, „die insbesondere mit der großen Zahl von Rechtsverhält-

---

1259 Dazu *Rosenkranz*, Die Beschränkung der Rückwirkung von Entscheidungen des Europäischen Gerichtshofs, 2015, S. 442 ff.; *Franzen*, RIW 2010, 577 (579); *Schaer*, Rechtssicherheit und Vertrauensschutz als Grenzen rückwirkender Rechtsprechung im europäischen Arbeitsrecht, 2010, S. 165; *Koch*, Die Berücksichtigung des Vertrauensschutzes im Anwendungsvorrang des Gemeinschaftsrechts, in: Schmidt (Hrsg.), Jahrbuch des Arbeitsrechts 44, 2007, S. 91 (104).

1260 Gedanke bei *Lunk*, Vertrauensschutz in der Rechtsprechung des Bundesarbeitsgerichts, in: Martinek/Rawert/Weitemeyer (Hrsg.), Festschrift für Dieter Reuter, 2010, S. 689 (698).

1261 EuGH v. 15.01.1986, Rs. 41/84, Slg. 1986, 1, Rn. 28; EuGH v. 08.11.2001, Rs. C-228/99, Slg. 2001, I – 8401, Rn. 36; EuGH v. 22.12.2008, Rs. C-333/07, Slg. 2008, I – 10807, Rn. 122.

1262 Zum Widerstreit mit der Objektivität des Rechts *Rosenkranz*, Die Beschränkung der Rückwirkung von Entscheidungen des Europäischen Gerichtshofs, 2015, S. 131 ff.

1263 S. bzgl. Gründe für eine ex-tunc Wirkung ausführlich: *Kovacs*, Die temporale Wirkung von Urteilen des EuGH im Vorabentscheidungsverfahren, 2014, S. 120 ff.

nissen zusammenhingen, die gutgläubig auf der Grundlage der als gültig betrachteten Regelung eingegangen worden waren" und zum anderen „sich herausstellte, dass die Einzelnen und die nationalen Behörden zu einem mit der Gemeinschaftsregelung unvereinbaren Verhalten veranlasst worden waren, weil eine objektive und bedeutende Unsicherheit hinsichtlich der Tragweite der Gemeinschaftsbestimmungen bestand, zu der gegebenenfalls auch das Verhalten anderer Mitgliedsstaaten oder der Kommission beigetragen hatte."[1264]

Zunächst darf keine Präklusion eingetreten sein. Diese ist gekennzeichnet durch das Konnexitätsmerkmal;[1265] Auslegung und Beschränkung müssen im selben Urteil vorgenommen werden und eine Beschränkung kommt nur bei solchen Entscheidungen in Betracht, welche zum ersten Mal eine Auslegung des streitigen Norminhalts vornehmen.[1266] Dies gebiete die Sicherung der einheitlichen Anwendung[1267] und die Gleichbehandlung[1268].

Des Weiteren fordert der Europäische Gerichtshof einen objektivierten guten Glauben[1269] an die Rechtslage. Bezugspunkt des guten Glaubens ist dabei allein die Unionsrechtslage.[1270] Vertrauen in die nationale Rechtslage kann allenfalls dann beachtlich sein, wenn auf die Unionsrechtskonformität vertraut wird.[1271]

1264 EuGH v. 15.03.2005, Rs. C-209/03, Slg. 2005, I – 2119, Rn. 69; vgl. auch EuGH v. 19.07.2012, Rs. C-263/11, UR 2012, 790, Rn. 60.

1265 Dazu *Rosenkranz*, Die Beschränkung der Rückwirkung von Entscheidungen des Europäischen Gerichtshofs, 2015, S. 136 ff.; *Kovacs*, Die temporale Wirkung von Urteilen des EuGH im Vorabentscheidungsverfahren, 2014, S. 136 ff., 180 ff.; *Ludewig*, Die zeitliche Beschränkung der Wirkung von Urteilen des EuGH im Vorabentscheidungsverfahren, 2012, S. 164 ff.

1266 Exemplarisch EuGH v. 15.12.1995, Rs. C-415/93 Slg. 1995, I – 4921, Rn. 142; EuGH v. 06.03.2007, Rs. C-292/04, Slg. 2007, I – 1835, Rn. 36.

1267 *Ludewig*, Die zeitliche Beschränkung der Wirkung von Urteilen des EuGH im Vorabentscheidungsverfahren, 2012, S. 164 unter Hinweis auf EuGH, Sitzungsbericht in der Rs. 309/85, Slg. 1988, 355 (364) sowie *Schmitz/Stammler*, AöR 136 (2011), 479 (492).

1268 *Schmitz/Stammler*, AöR 136 (2011), 479 (492).

1269 *Rosenkranz*, Die Beschränkung der Rückwirkung von Entscheidungen des Europäischen Gerichtshofs, 2015, S. 145 ff.; s. *Kovacs*, Die temporale Wirkung von Urteilen des EuGH im Vorabentscheidungsverfahren, 2014, S. 133 ff.; *Ludewig*, Die zeitliche Beschränkung der Wirkung von Urteilen des EuGH im Vorabentscheidungsverfahren, 2012, S. 129 ff.; *Müller*, Die Begrenzung der zeitlichen Wirkungen von EuGH-Entscheidungen, 2009, S. 120 ff.; *Schaer*, Rechtssicherheit und Vertrauensschutz als Grenzen rückwirkender Rechtsprechung im europäischen Arbeitsrecht, 2010, S. 45 ff.

1270 Vgl. EuGH v. 20.09.2001, Rs. C-184/99, Slg. 2001, I – 6193, Rn. 53; EuGH v. 15.03.2005, Rs. C-209/03, Slg. 2005, I – 2119, Rn. 69.

1271 So *Rosenkranz*, Die Beschränkung der Rückwirkung von Entscheidungen des Europäischen Gerichtshofs, 2015, S. 146; a.A. *Wank*, EuZA 2011, 286 (287).

Die Annahme eines guten Glaubens setzt nach dem Gerichtshof eine begründete „objektive und bedeutende (Rechts)Unsicherheit“[1272] voraus. Guter Glaube und Rechtsunsicherheit finden durch den EuGH offenbar synonymen Gebrauch[1273], maßgebend ist, ob bei hinreichender Anwendung der Sorgfaltspflichten dennoch ein Irrtum über die Auslegung oder Anwendbarkeit einer Unionsnorm bestand.[1274]

Erfasst wird dabei keine bloße normative Unbestimmtheit der Norm, sondern Anknüpfungspunkt ist der materiale ungeklärte Gehalt. Dieser darf aber nicht in dem Sinne unklar sein für den Normunterworfenen, dass er die Rechtslage für offen hält, sondern im Gegenteil: Der Normadressat muss von einer bestimmten Rechtslage überzeugt sein. Er muss einem Irrtum über die Rechtslage erlegen sein.[1275] Der Gerichtshof legt dabei einen abstrakt-objektiven Maßstab an.[1276] Der Normunterworfene musste vernünftigerweise von diesem Verständnis ausgehen dürfen.[1277] Dabei wirft der EuGH den Blick auf alle Adressaten und nicht nur auf das Vertrauen der am Verfahren beteiligten Partei.[1278] Bezugsgruppe des Vertrauens sind sowohl alle betroffenen Verkehrsteilnehmer, also auch die Mitgliedsstaaten.[1279]

Diese Rechtsunsicherheit ist allerdings nur eine notwendige und noch keine hinreichende Voraussetzung für die Berücksichtigung eines guten Glaubens. Der Gerichtshof verlangt eine Veranlassung des Betroffenen zu dem schädigenden Verhalten.[1280] Der Rechtsirrtum sei nur schutzwürdig, wenn er durch ein Verhalten

---

1272 EuGH v. 15.03.2005, Rs. C-209/03, Slg. 2005, I – 2119, Rn. 69; EuGH v. 27.04.2006, Rs, C-423/04, Slg. 2006, I – 3585, Rn. 42; EuGH v. 21.10.2010, Rs, C-242/09, Slg. 2010, I – 10309, Rn. 37.

1273 Zur Unklarheit bzgl. der Begrifflichkeit: *Kovacs*, Die temporale Wirkung von Urteilen des EuGH im Vorabentscheidungsverfahren, 2014, S. 133 f., 143 ff.

1274 *Kovacs*, Die temporale Wirkung von Urteilen des EuGH im Vorabentscheidungsverfahren, 2014, S. 144 ff.; ebenso *Ludewig*, Die zeitliche Beschränkung der Wirkung von Urteilen des EuGH im Vorabentscheidungsverfahren, 2012, S. 130.

1275 *Ludewig*, Die zeitliche Beschränkung der Wirkung von Urteilen des EuGH im Vorabentscheidungsverfahren, 2012, S. 130 ff., insbes. 130.

1276 *Kovacs*, Die temporale Wirkung von Urteilen des EuGH im Vorabentscheidungsverfahren, 2014, S. 146; *Ludewig*, Die zeitliche Beschränkung der Wirkung von Urteilen des EuGH im Vorabentscheidungsverfahren, 2012, S. 142; *Schaer*, Rechtssicherheit und Vertrauensschutz als Grenzen rückwirkender Rechtsprechung im europäischen Arbeitsrecht, 2010, S. 47 f.

1277 EuGH v. 17.05.1990, Rs. C-262/88, Slg. 1990, I – 1889, Rn. 43; vgl. auch EuGH v. 09.03.2000, Rs. C-437/97, Slg. 2000, I – 1157, Rn. 58.

1278 Dazu spezifisch *Rosenkranz*, Die Beschränkung der Rückwirkung von Entscheidungen des Europäischen Gerichtshofs, 2015, S. 158.

1279 *Rosenkranz*, Die Beschränkung der Rückwirkung von Entscheidungen des Europäischen Gerichtshofs, 2015, S. 212 ff.

1280 EuGH v. 08.04.1976, Rs. 43/75, Slg. 1976, 455, Rn. 71/73. S. bzgl. weiterer Nachweise aus der Rsp. *Klappstein*, Die Rechtsprechungsänderung mit Wirkung für die Zukunft, 2009, Fn. 700 sowie Fn. 704.

der Unionsorgane erzeugt wurde[1281] oder Verhalten anderer Mitgliedsstaaten.[1282] Insbesondere die Rechtsprechung des EuGH ist hierbei in den Blick zu nehmen.[1283] Aber auch Verhaltensweisen anderer Organe, speziell der Kommission, können beachtlich sein, wenn sie dem Mitgliedsstaat signalisieren, sein Verhalten sei unionsrechtskonform.[1284]

Im Ergebnis soll die ex-tunc Wirkung faktisch auf solche Fälle beschränkt sein, in denen methodischer Spielraum des EuGH bestand und der Normunterworfene bezüglich einer vertretbaren Auslegungsart im Irrtum war, aufgrund einer Art Verhaltensverantwortlichkeit der Unionsorgane.[1285]

Als zusätzliche weitere kumulative Voraussetzung sieht der EuGH das Vorliegen einer Gefahr „schwerwiegende(r) wirtschaftliche(r) Auswirkungen“[1286] an.[1287] Diese

---

1281 Dazu *Ludewig*, Die zeitliche Beschränkung der Wirkung von Urteilen des EuGH im Vorabentscheidungsverfahren, 2012, S. 132 ff.; *Kovacs*, Die temporale Wirkung von Urteilen des EuGH im Vorabentscheidungsverfahren, 2014, S. 149 ff.

1282 *Kovacs*, Die temporale Wirkung von Urteilen des EuGH im Vorabentscheidungsverfahren, 2014, S. 157 ff. unter Hinweis auf EuGH v. 11.08.1995, Rs. C-367/93 u. C-377/93, Slg. 1995, I – 2229 ff. sowie *Ludewig*, Die zeitliche Beschränkung der Wirkung von Urteilen des EuGH im Vorabentscheidungsverfahren, 2012, S. 138 ff.; aus der Rechtsprechung auch EuGH v. 11.08.1995, Rs. C-367/93, Slg. 1995, I – 2229, Rn. 43; EuGH v. 20.09.2001, Rs. C-184/99, Slg. 2001, I – 6193, Rn. 53.

1283 *Kovacs*, Die temporale Wirkung von Urteilen des EuGH im Vorabentscheidungsverfahren, 2014, S. 153 ff.; *Ludewig*, Die zeitliche Beschränkung der Wirkung von Urteilen des EuGH im Vorabentscheidungsverfahren, 2012, S. 135 ff.; *Schaer*, Rechtssicherheit und Vertrauensschutz als Grenzen rückwirkender Rechtsprechung im europäischen Arbeitsrecht, 2010, S. 56 ff.

1284 Dazu *Kovacs*, Die temporale Wirkung von Urteilen des EuGH im Vorabentscheidungsverfahren, 2014, S. 150; *Ludewig*, Die zeitliche Beschränkung der Wirkung von Urteilen des EuGH im Vorabentscheidungsverfahren, 2012, S. 132 ff.; *Schaer*, Rechtssicherheit und Vertrauensschutz als Grenzen rückwirkender Rechtsprechung im europäischen Arbeitsrecht, 2010, S. 48 ff.

1285 *Rosenkranz*, Die Beschränkung der Rückwirkung von Entscheidungen des Europäischen Gerichtshofs, 2015, S. 162 sowie *Ludewig*, Die zeitliche Beschränkung der Wirkung von Urteilen des EuGH im Vorabentscheidungsverfahren, 2012, S. 130 ff.

1286 EuGH v. 18.01.2007, Rs. C-313/05, Slg. 2007, I – 513, Rn. 57; EuGH v. 13.04.2010, Rs. C-73/08, Slg. 2010, I – 2735, Rn. 93; EuGH v. 03.06.2010, Rs. C-2/09, Slg. 2010, I – 4939, Rn. 51. Ausführlich zur Beurteilung „schwerwiegend“: *Ludewig*, Die zeitliche Beschränkung der Wirkung von Urteilen des EuGH im Vorabentscheidungsverfahren, 2012, S. 118 ff. Zu den finanziellen Folgen als Kriterium der Wirkungsbegrenzung allgemein auch *Waldhoff*, EuR 2006, 615 ff.

1287 Dazu *Rosenkranz*, Die Beschränkung der Rückwirkung von Entscheidungen des Europäischen Gerichtshofs, 2015, S. 224 ff.; *Kovacs*, Die temporale Wirkung von Urteilen des EuGH im Vorabentscheidungsverfahren, 2014, S. 135 f. sowie S. 145 ff.; *Ludewig*, Die zeitliche Beschränkung der Wirkung von Urteilen des EuGH im Vorabentscheidungsverfahren, 2012, S. 114 ff.; *Koch*, Die Berücksichti-

richte sich nach der Anzahl der betroffenen Rechtsverhältnisse[1288] unter Berücksichtigung aller Mitgliedsstaaten und aller Normbetroffenen.[1289] Erfasst sind geldwerte direkte sowie indirekte Einbußen.[1290]

b) *Unwirksamkeitsentscheidungen*

Auch Gültigkeitsfeststellungen im Vorabentscheidungsverfahren wirken grundsätzlich ex-tunc, sind aber auch begrenzbar in ihrer zeitlichen Wirkung, im Wege analoger Anwendung des Art. 264 Abs. 2 AEUV.[1291] Im Rahmen der Nichtigkeitsklage ist eine zeitliche Begrenzung bereits im Vertrag unmittelbar verankert.[1292]

---

gung des Vertrauensschutzes im Anwendungsvorrang des Gemeinschaftsrechts, in: Schmidt (Hrsg.), Jahrbuch des Arbeitsrechts 44, 2007, S. 91 (99 ff.); *Müller*, Die Begrenzung der zeitlichen Wirkungen von EuGH-Entscheidungen, 2009, S. 105 ff.; *Waldhoff*, EuR 2006, 615 (631, 633); *Schaer*, Rechtssicherheit und Vertrauensschutz als Grenzen rückwirkender Rechtsprechung im europäischen Arbeitsrecht, 2010, S. 63 ff.

1288 EuGH v. 13.02.1996, Rs. C-197/94 u. C-252/94, Slg. 1996, I – 505, Rn. 48. Aber dem keine Bedeutung beimessend *Kovacs*, Die temporale Wirkung von Urteilen des EuGH im Vorabentscheidungsverfahren, 2014, S. 173 f.

1289 Konkret *Rosenkranz*, Die Beschränkung der Rückwirkung von Entscheidungen des Europäischen Gerichtshofs, 2015, S. 226; *Kovacs*, Die temporale Wirkung von Urteilen des EuGH im Vorabentscheidungsverfahren, 2014, S. 166 f. sowie S. 136.

1290 Dazu eine nähere Untersuchung bei *Rosenkranz*, Die Beschränkung der Rückwirkung von Entscheidungen des Europäischen Gerichtshofs, 2015, S. 226 ff., 234 ff.

1291 *Karpenstein*, in: Grabitz/Hilf/Nettesheim (Hrsg.), EUV/AEUV, Bd III, 57. EGL 2015, Art. 267 AEUV Rn. 116 f.; *Schwarze*, in: Schwarze (Hrsg.), EU-Kommentar, 3. Aufl. 2012, Art. 267 AEUV Rn. 72; *Marsch*, in: Schoch/Schneider/Bier (Hrsg.), Verwaltungsgerichtsordnung, Bd I, 29. EGL 2015, Art. 267 AEUV Rn. 66. Dazu auch umfassender *Kovacs*, Die temporale Wirkung von Urteilen des EuGH im Vorabentscheidungsverfahren, 2014, S. 213 f. sowie zur Kritik S. 222 ff. Der EuGH beruft sich zudem auf den Gedanken der Kohärenz der Verfahrensarten vgl. *Ludewig*, Die zeitliche Beschränkung der Wirkung von Urteilen des EuGH im Vorabentscheidungsverfahren, 2012, S. 98; *Müller*, Die Begrenzung der zeitlichen Wirkungen von EuGH-Entscheidungen, 2009, S. 28 ff., 48; *Schmitz/Stammler*, AöR 136 (2011), 479 (489). Zu den Grenzen einer analogen Anwendung bei Auslegungsentscheidungen etwa *Kovacs*, Die temporale Wirkung von Urteilen des EuGH im Vorabentscheidungsverfahren, 2014, S. 133; *Ludewig*, Die zeitliche Beschränkung der Wirkung von Urteilen des EuGH im Vorabentscheidungsverfahren, 2012, S. 97.

1292 *Gaitanides*, in: von der Groeben/Schwarze/Hatje (Hrsg.), Europäisches Unionsrecht, Bd IV, 7. Aufl. 2015, Art. 264 AEUV Rn. 7 ff.; *Cremer*, in: Calliess/Ruffert (Hrsg.), EUV/AEUV, 4. Aufl. 2011, Art. 264 AEUV Rn. 3; *Ludewig*, Die zeitliche Beschränkung der Wirkung von Urteilen des EuGH im Vorabentscheidungsverfahren, 2012, S. 57 ff.

Art. 264 Abs. 2 AEUV ermöglicht einen Ausgleich zwischen den Grundsätzen der Rechtssicherheit und der Gesetzmäßigkeit.[1293] Gültigkeitsentscheidungen haben ebenso wie Nichtigkeitsentscheidungen eine erga omnes Wirkung,[1294] sodass alle Normadressaten von dem Urteilsausspruch betroffen sind. Bei Unvereinbarkeitserklärungen tritt neben den Grundsatz der Rechtssicherheit, als tragendes Fundament der Beschränkung einer zeitlichen Wirkung, auch der Gedanke der Rechtskontinuität sowie der Schutz erworbener unionaler Rechte. Zudem sollen dem Regelungszweck widersprechende Zustände verhindert und Harmonisierungsfortschritte gesichert werden.[1295] Als weitere Gründe werden vom EuGH die Unmöglichkeit der Herstellung rechtmäßiger Zustände in der Vergangenheit, sowie der Schutz des Gestaltungsspielraums des europäischen Gesetzgebers, angeführt.[1296]

Bei Unwirksamkeitsaussprüchen[1297] nimmt der Gerichtshof – soweit bisher ersichtlich – keine nähere Konkretisierung der Voraussetzungen vor, sondern verwendet allgemein die Formel von „schwerwiegende(n) Gründe(n) der Rechtssicherheit".[1298] Im Rahmen dessen finden nicht nur rein finanzielle Folgen Beachtung,[1299] aber wirtschaftliche und organisatorische Erwägungen sind prägend.[1300] Die Luxemburger Richter nehmen hierbei eine Interessenabwägung vor.[1301]

1293 Dazu auch *Müller*, Die Begrenzung der zeitlichen Wirkungen von EuGH-Entscheidungen, 2009, S. 17 ff. sowie *Waldhoff*, EuR 2006, 615 (626).

1294 EuGH v. 13.05.1981, Rs. 66/80, Slg. 1981, 1191, Rn. 13; vgl. *Waldhoff*, EuR 2006, 615 (631).

1295 *Müller*, Die Begrenzung der zeitlichen Wirkungen von EuGH-Entscheidungen, 2009, S. 18 ff.

1296 *Müller*, Die Begrenzung der zeitlichen Wirkungen von EuGH-Entscheidungen, 2009, S. 51 ff.

1297 Dazu *Rosenkranz*, Die Beschränkung der Rückwirkung von Entscheidungen des Europäischen Gerichtshofs, 2015, S. 245 ff.; *Kovacs*, Die temporale Wirkung von Urteilen des EuGH im Vorabentscheidungsverfahren, 2014, S. 190 ff. mit zahlreichen Fallbeispielen sowie *Müller*, Die Begrenzung der zeitlichen Wirkungen von EuGH-Entscheidungen, 2009, S. 45 ff.; *Everling*, Der Ausschluß der Rückwirkung bei der Feststellung der Ungültigkeit von Verordnungen durch den Gerichtshof der EG, in: Baur/Müller-Graff/Zuleeg (Hrsg.), Festschrift für Bodo Börner zum 70. Geburtstag, 1992, S. 57 ff.

1298 Vgl. EuGH v. 03.07.1986, Rs. 34/86, Slg. 1986, 2155, Rn. 48; EuGH v. 05.09.2012, Rs. C-355/10, EuGRZ 2012, 625, Rn. 90; ausführlich *Rosenkranz*, Die Beschränkung der Rückwirkung von Entscheidungen des Europäischen Gerichtshofs, 2015, S. 245 ff.

1299 EuGH v. 08.04.1976, C-43/75, Slg. 1976, 455, Rn. 69 ff.; EuGH v. 16.07.1992, Rs. C-163/90, Slg. 1992, I – 4625, Rn. 30 ff.

1300 *Kovacs*, Die temporale Wirkung von Urteilen des EuGH im Vorabentscheidungsverfahren, 2014, S. 227 f.

1301 Zu den möglichen Kriterien: *Rosenkranz*, Die Beschränkung der Rückwirkung von Entscheidungen des Europäischen Gerichtshofs, 2015, S. 259 ff.

3. Berücksichtigung des Vertrauensschutzes durch den EuGH

a) Problemaufriss

Die monopolistische Beschränkung der zeitlichen Wirkung von Entscheidungen des EuGH führt zu einem Ausschluss der Gewährung von Vertrauen auf primärer Ebene durch den Mitgliedsstaat. Die Berücksichtigung des Vertrauensschutzes im Rahmen der Rechtsprechung des Europäischen Gerichtshofes soll daher eingehender untersucht werden, um beurteilen zu können, ob ein Ausschluss der zeitlichen Begrenzung auch die Beachtung von Vertrauensschutz auf der sekundären Ebene durch die nationalen Gerichte versperrt. Maßgebend ist, ob bei der Entscheidung durch den EuGH bereits umfassend Vertrauenserwägungen berücksichtigt wurden, sodass gegebenenfalls kein Raum mehr für eine erneute Berücksichtigung durch nationale Rechtsinstitute besteht.[1302] Sollte kein kongruenter Prüfungsumfang bestehen, deutet einiges daraufhin, dass keine abschließenden Wertungen bezüglich eines sekundären nationalen Vertrauensschutzes vom EuGH vorgenommen werden.

Selbst bei identischem Prüfungsumfang steht aber noch nicht endgültig fest, ob der Ausschluss sekundären nationalen Vertrauensschutzes geboten ist. Es könnten unterschiedliche Abwägungsgesichtspunkte auf primär- und sekundärrechtlicher Ebene zu berücksichtigen sein, die eine differenzierte Lösung ermöglichen.

Überlegungen auch auf der Primärebene Vertrauensschutz durch die nationalen Gerichte zu ermöglichen[1303], sollen nicht näher weiterverfolgt werden, da diese im eklatanten Widerspruch zu der eindeutigen Rechtsprechung des EuGH und des Bundesverfassungsgerichts stehen (dazu unter Teil 1, Kapitel 3, II., 2., b), bb), (2), (e), (aa) und (bb)).

b) Vergleich der Berücksichtigung von Vertrauen

Die Untersuchung der Rechtsprechung des EuGH hat gezeigt, dass sich grundsätzlich drei Hauptanknüpfungspunkte für eine fehlende Prüfungskongruenz ausfindig machen lassen. Zum einen wird das Vertrauen anhand eines objektivierten Maßstabes ermittelt, zum anderen muss das Vertrauen durch ein Organ der Union hervorgerufen werden. Zudem basiert auch die Beurteilung der schwerwiegenden wirtschaftlichen Folgen auf einer verobjektivierten Betrachtung.

aa) Objektivierter guter Glaube

Der EuGH fordert im Rahmen der Auslegungsentscheidung eine objektive Rechtsunsicherheit zur Begrenzung der temporären Wirkung. Im Rahmen des Kriteriums

---

1302 Gedanke bei *Rosenkranz*, Die Beschränkung der Rückwirkung von Entscheidungen des Europäischen Gerichtshofs, 2015, S. 431 aber nur im Bezug auf primärrechtlichen Vertrauensschutz.

1303 So *Steiner*, EuZA 2009, 140 (153), der keine Kollision mit der Wirksamkeit des Unionsrechts sieht, da diese nur auf Zeit eingeschränkt werde und die Einheitlichkeit der Anwendung auf lange Sicht gewahrt bleibt.

wird nur ein objektiver guter Glaube geprüft. Der EuGH leitet diese Beschränkung wohl insgesamt aus dem Grundsatz der Rechtssicherheit ab und nicht aus dem subjektiven Vertrauensschutz,[1304] also damit aus dem objektiv-rechtlichen Prinzip und nicht aus seiner subjektiv-rechtlichen Ausprägung (dazu unter Teil 3, Kapitel 11, II., 2., e), aa)).[1305] Der Gerichtshof wendet daher zwangsläufig einen objektiven Maßstab in Bezug auf das Vertrauen an und beurteilt eine Beschränkung losgelöst vom konkreten subjektiven Vertrauen des Einzelnen.[1306] Der gute Glaube wird nicht in jedem Fall positiv festgestellt – etwa in Ansehung der einzelnen Betroffenen –, sondern der EuGH untersucht nur auf der „Makro-Ebene", ob eine Situation vorlag, bei der die Normunterworfenen bei objektivierter Betrachtungsweise davon ausgehen durften, dass ihr Verhalten mit dem Unionsrecht konform ist.[1307] Dies wird auch dadurch untermauert, dass der Gerichtshof zur Beurteilung der Rechtssicherheit häufig auf den Wortlaut der Vorschrift abstellt und dann eine Rechtsunsicherheit ablehnt, wenn aus diesem ein eindeutiges Normverständnis abgeleitet werden kann.[1308] Dies erscheint auch systemgerecht, wenn man sich das zentrale Ziel der EuGH-Rechtsprechung vor Augen hält: Der Gerichtshof verfolgt nicht den subjektiven Vertrauensschutz der Normunterworfenen, sondern ist bestrebt, die Einheitlichkeit der Rechtsordnung zu sichern. Das subjektive Vertrauen einzelner Normadressaten kann nicht über die Anwendung des Unionsrechts im gesamten Rechtsraum entscheiden.[1309] Eine Beschränkung kann nur einheitlich für alle Mitgliedsstaaten erfolgen.[1310] Eine Berücksichtigung des Vertrauens Einzelner im gesamten europäischen Raum würde die Wirksamkeit des Unionsrechts erheblich schwächen. Insgesamt geht der EuGH konsequenterweise sehr zurückhaltend mit dem Schutz subjektiver Rechtspositionen des Einzelnen um. Der Gerichtshof räumt nur ausnahmsweise – aus Gründen der Rechtssicherheit – der Kontinuität

1304 Vertrauensschutz wurde zwar im Rahmen einer Beschränkung der ex-tunc Wirkung schon angesprochen in EuGH v. 27.05.1981, Rs. 142/80 bis 143/80, Slg. 1981, 1413, Rn. 34. Die Erwähnung beruhte jedoch auf einer Besonderheit des Einzelfalles so *Kovacs*, Die temporale Wirkung von Urteilen des EuGH im Vorabentscheidungsverfahren, 2014, S. 146 f.

1305 EuGH v. 16.07.1992, Rs. C-163/90, Slg. 1992, I – 4625, Rn. 30; EuGH v. 17.02.2005, Rs. C-453/02, Slg. 2005, I – 1131, Rn. 42; EuGH v. 13.04.2010, Rs. C-73/08, Slg. 2010, I – 2735, Rn. 91; EuGH v. 18.10.2012, Rs. C-525/11, DStRE 2013, 429, Rn. 41 ff.

1306 *Rosenkranz*, Die Beschränkung der Rückwirkung von Entscheidungen des Europäischen Gerichtshofs, 2015, S. 96.

1307 *Ludewig*, Die zeitliche Beschränkung der Wirkung von Urteilen des EuGH im Vorabentscheidungsverfahren, 2012, S. 163.

1308 *Müller*, Die Begrenzung der zeitlichen Wirkungen von EuGH-Entscheidungen, 2009, S. 122 f. unter Hinweis auf EuGH v. 30.03.2006, Rs. C-184/04, Slg. 2006, I – 3039, Rn. 58.

1309 *Kovacs*, Die temporale Wirkung von Urteilen des EuGH im Vorabentscheidungsverfahren, 2014, S. 148.

1310 *Schmitz/Stammler*, AöR 136 (2011), 479 (4977); vgl. EuGH v. 06.03.2007, Rs. C-292/04., S1g. 2007, I – 1835, Rn. 37.

des nationalen Rechts Vorrang vor der Durchsetzung des Unionsrechts ein, der sich wohl auch nur schwerlich mit Vertrauensschutzerwägungen begründen ließe.[1311]

Daher trifft der EuGH noch keine für die Sekundärebene relevante Entscheidung. Das Vertrauen bei einem Ersatzanspruch wird subjektiv für jeden Einzelfall ermittelt. Es entsteht daher kein offener Wertungswiderspruch zur Rechtsprechung des EuGH im Hinblick auf die Beurteilung einer objektiven Rechtsunsicherheit.

bb) Veranlassung durch Verhalten von Unionsorganen

Zudem hängt die zeitliche Beschränkung von einer Vertrauensveranlassung durch das Verhalten von Unionsorganen ab. Zur Abgrenzung besonders schutzwürdigen Vertrauens kann nicht angeführt werden, dass nach nationalem Recht die streitige Handlung erlaubt war.[1312] Auch der Mitgliedsstaat kann sich nicht auf Gutgläubigkeit berufen, wenn er von der Unionsrechtskonformität seines nationalen Rechts ausgegangen ist, ohne dass ihn ein anderes Organ dazu veranlasst hätte.[1313] Ein reines Vertrauen auf die Konformität des Europarechts mit dem nationalen Recht findet keinen unionalen Schutz. In diese Schutzlücke stößt der nationale Haftungsanspruch. In Bezug auf die Normadressaten ist das Erfordernis einer unionalen Radizierung noch einschneidender als für den Nationalstaat, da eine auf nationale Verhaltensweise begründete Vertrauenslage ohne den Ersatzanspruch nicht berücksichtigungsfähig wäre.

cc) Wirtschaftliche Auswirkungen

Die Gefahr schwerwiegender wirtschaftlicher Auswirkungen bei Auslegungsentscheidungen richtet sich nach der Anzahl der betroffenen Rechtsverhältnisse[1314], sodass auch hier eine objektive Gesamtbetrachtung vorgenommen wird und individuelle Schäden, die für den Einzelnen durchaus erheblich sein können, unberücksichtigt bleiben, solange sie nicht in einer Gesamtheit ein erhebliches Maß annehmen. Daher erfolgt keine Beschränkung, wenn nur ein Einzelner oder wenige Betroffene einen Schaden erlitten haben. Diese Schäden könnten dann im Einzelfall durch einen Sekundäranspruch einen gerechten Ausgleich finden. Auch bei der Interessenabwägung im Rahmen einer Ungültigkeitserklärung ist eine abstrakte Betroffenheit maßgeblich. Der EuGH nimmt ebenfalls eine generalisierende Prüfung vor. Es mangelt an einem Individualbezug, allein entscheidend sind die wesent-

---

1311 *Ludewig*, Die zeitliche Beschränkung der Wirkung von Urteilen des EuGH im Vorabentscheidungsverfahren, 2012, S. 95.

1312 *Rosenkranz*, Die Beschränkung der Rückwirkung von Entscheidungen des Europäischen Gerichtshofs, 2015, S. 199.

1313 *Schmitz/Stammler*, AöR 136 (2011), 479 (4977).

1314 *Rosenkranz*, Die Beschränkung der Rückwirkung von Entscheidungen des Europäischen Gerichtshofs, 2015, S. 226; *Kovacs*, Die temporale Wirkung von Urteilen des EuGH im Vorabentscheidungsverfahren, 2014, S. ,166 f.

liche Bedeutung, die Art der betroffenen Rechtsgüter und ihr Gewicht.[1315] Auch das Erfordernis finanzieller Folgen lässt sich somit als Ausdruck der Orientierung am objektiven Gedanken der Rechtssicherheit verstehen.[1316] Der Ersatzanspruch auf nationaler Ebene liquidiert Schäden im Einzelfall und ist daher nicht mit dem unionalen Erfordernis vergleichbar.

dd) Zwischenfazit

Insgesamt zeigen alle drei untersuchten Voraussetzungen aufgrund des objektiven Maßstabes, dass der EuGH keine im Rahmen eines Ersatzanspruches für Vertrauensschäden maßgeblichen Erwägungen zum Vertrauensschutz anstellt. Es fehlt somit an einer Prüfungskongruenz und es ist ein erstes starkes Indiz für eine fehlende Kohärenz von Primär- und Sekundärrechtsschutz gewonnen.

c) Unterschiedliche Abwägungsgesichtspunkte

Selbst, wenn die Luxemburger Richter im selben Umfang Vertrauensschutz beachten würden, muss berücksichtigt werden, dass Vertrauensschutz ein Prinzip darstellt, welches nicht abwägungsfest ist. Sein Umfang richtet sich nach den kollidierenden Rechtspositionen.

Das Gebot der Herstellung praktischer Konkordanz[1317] ist einzelfall- und damit situationsabhängig. Auf nationaler und unionaler Ebene fließen unterschiedliche Interessen in die Abwägung ein, ebenso wie auf der Primär- und Sekundärebene.[1318]

Dem Gerichtshof obliegt es, die allgemeinen Rechtsgrundsätze Rechtssicherheit und Vertrauensschutz im Wege praktischer Konkordanz mit dem Demokratieprinzip, der Gesetzesbindung und dem Gewaltenteilungsprinzip in möglichst optimalen Ausgleich zu bringen.[1319] Bei dieser Abwägung muss – aus europäischer Perspektive – stets die Einheitlichkeit und Wirksamkeit des Unionsrechts als Grundlage der unionalen Rechtsordnung tragend beachtet werden. Der Mitgliedsstaat kann dem Vertrauensschutz einen weitreichenderen Raum gewähren, da er die Wahrung des europäischen Rechtssystems nicht als oberste Maxime ansieht.

Aber auch der Gerichtshof kann dem Vertrauensschutz auf der sekundären Ebene – im Gegensatz zur Primärebene – im Rahmen der praktischen Konkordanz ein stärkeres Gewicht verleihen und eine möglichst weitreichende Optimierung

---

1315 *Rosenkranz*, Die Beschränkung der Rückwirkung von Entscheidungen des Europäischen Gerichtshofs, 2015, S. 224 ff.

1316 Gedanke bei *Weber*, Grenzen EU-rechtskonformer Auslegung und Rechtsfortbildung, 2010, S. 147.

1317 *Hesse*, Grundzüge des Verfassungsrechts der Bundesrepublik Deutschland, 20. Aufl. 1995, Rn. 72.

1318 Zu unterschiedlichen Wertungen von Primär- und Sekundärebene auch *Kümper*, Risikoverteilung im Staatshaftungsrecht, 2011, S. 165 ff.

1319 *Rosenkranz*, Die Beschränkung der Rückwirkung von Entscheidungen des Europäischen Gerichtshofs, 2015, S. 93.

ermöglichen. Die primärrechtliche Durchsetzung der unionalen Wertungen sichert bereits die Wirksamkeit des Unionsrechts. Zudem variiert die Interessenabwägung auch in dem Sinne, dass nicht mehr die Belange der Partei, die vom Unionsrecht begünstigt wurde, Berücksichtigung finden müssen – diese genießen vollen Schutz durch die Primärebene –, sondern nur noch eine Abwägung zwischen den öffentlichen Interessen und denen des Geschädigten erfolgen kann.

4. Fazit

Insgesamt hat sich gezeigt, dass keine Prüfungskongruenz bei der Gewährung von unionalen Vertrauensschutz – de facto Rechtssicherheit – auf der Primäreben und nationalem sekundärrechtlichen Vertrauensschutz besteht.[1320] Zudem existieren unterschiedliche Abwägungsgesichtspunkte auf der Primär- und Sekundärebene, die einen weitreichenderen Vertrauensschutz im Rahmen von Ersatzansprüchen ermöglichen. Der EuGH ist aufgrund der Wirksamkeit des Unionsrechts gehalten einen objektivierten Maßstab anzulegen und individuelles Vertrauen nicht zu berücksichtigen. Es kann auf sekundärer Ebene über eine Kompensation des Vertrauens nachgedacht werden.[1321] Durch das Monopol des Gerichtshofes zur zeitlichen Begrenzung seiner Urteilswirkungen wird nationaler Vertrauensschutz somit nicht ausgeschlossen.[1322]

Auch der Gerichtshof erkennt an, dass im Geltungsbereich des Unionsrechts nationaler Vertrauensschutz beachtet werden kann, wenn unionsrechtliche Vorgaben fehlen.[1323] Zudem kann der Vertrauensschutz vermutlich nicht hinreichend vom EuGH gewährleistet werden, da es an Kapazitäten fehlt[1324] und keine Besonderheiten des nationalen Vertrauensschutzes berücksichtigt werden können.[1325]

Die Warnungen vor einer ausufernden Haftung des Mitgliedsstaates sind zurückzuweisen, ebenso wie Überlegungen zur Risikoverteilung. Es wird teils – unbe-

1320 *Giegerich*, EuR 2012, 373 (380) hingegen möchte die Schutzwürdigkeit des Vertrauens, sowohl auf primärrechtlicher als auch auf sekundärrechtlicher Ebene, nach unionsrechtlichen Maßstäben bestimmen.

1321 *Rosenkranz*, Die Beschränkung der Rückwirkung von Entscheidungen des Europäischen Gerichtshofs, 2015, S. 12. Allgemeiner Gedanke auch bei v. *Arnauld*, Rechtssicherheit, 2006, S. 160.

1322 So aber unter Hinweis auf die Rechtsprechung zum Beihilfenrecht *Giegerich*, EuR 2012, 373 (388). Eine Kompensationsmöglichkeit andenkend: *Rosenkranz*, Die Beschränkung der Rückwirkung von Entscheidungen des Europäischen Gerichtshofs, 2015, S. 12. Für eine weitreichendere Berücksichtigung von nationalem Vertrauensschutz wird auch Art. 53 GRC angeführt, *Michael*, Der Staat 54 (2015), 349 (270).

1323 Gedanke in EuGH v. 05.03.1980, Rs. 265/78, Slg. 1980, 617, Rn. 17.

1324 So *Steiner*, EuZA 2009, 140 (153).

1325 *Steiner*, EuZA 2009, 140 (153) will dies zwar als Argument für Vertrauensschutz auf der Primärebene anbringen, dies muss aber erst recht für die Sekundärebene gelten.

rechtigterweise – kein Grund für eine vorrangige Belastung der Mitgliedsstaaten vor dem Bürger mit bestehenden Unsicherheiten gesehen, da auch der Nationalstaat nur Adressat einer unionsrechtlichen Verpflichtung sei.[1326] Zum einen hat es der Mitgliedsstaat in der Hand den nationalen Haftungsanspruch gegebenenfalls zu beschränken und zum anderen trifft den Gesetzgeber die verfassungsrechtliche und unionale Verantwortung für seine Gesetze.

Die Gewährung von sekundärrechtlichem Vertrauensschutz ist aber nur dann möglich, wenn sie nicht im Konflikt mit den unionsrechtlichen Zielen steht und die Durchsetzung des Europarechts nicht konterkariert.[1327] Daher soll auch im folgenden Abschnitt eingehend untersucht werden, ob ein nationaler Ersatzanspruch mit den Wertungen des Unionsrechts im Einklang steht.

II. Vereinbarkeit mit den Grundsätzen des Primärrechts

Der letzte Abschnitt dieser Untersuchung beschäftigt sich mit der Vereinbarkeit einer nationalen Vertrauenshaftung mit unionsrechtlichen Rechtsgrundsätzen.[1328] Untersucht werden sollen die bereits zur Begründung der *Francovich*-Doktrin herangezogenen allgemeinen Rechtsgrundsätze der Unionstreue, des effet utile und des Individualrechtsschutzes. Des Weiteren werden aber auch – aufgrund von Anregungen im Schrifttum – das Äquivalenzgebot sowie der Geleichbehandlungsgrundsatz kurz diskutiert. Daneben soll das Prinzip des Vertrauensschutzes und der Rechtssicherheit näher erörtert werden, insbesondere im Hinblick auf eine unionsrechtliche Untermauerung der nationalen Einführung einer Vertrauenshaftung. Der EuGH hat bereits betont: „Je mehr die angegriffene nationale Regelung eine Entsprechung im Gemeinschaftsrecht bzw. in anderen nationalen Rechtsordnungen findet, desto weniger kommt es für ihre Unbedenklichkeit auf ihre empirischen Wirkungen an."[1329]

Aber nicht nur der Grundsatz der Rechtssicherheit und des Vertrauensschutzes soll auf Aspekte hin untersucht werden, die eine Vertrauenshaftung unionsrechtlich wünschenswert erscheinen lassen, sondern auch die anderen Rechtsgrundsätze könnten für eine Vertrauenshaftung streiten.

1326 *Rosenkranz*, Die Beschränkung der Rückwirkung von Entscheidungen des Europäischen Gerichtshofs, 2015, S. 509.

1327 So deutlich *Rosenkranz*, Die Beschränkung der Rückwirkung von Entscheidungen des Europäischen Gerichtshofs, 2015, S. 517.

1328 Erhebliche Zweifel an einer Unionsrechtskonformität: *Sauer*, EuZW 2011, 94 (96) ohne nähere Begründung. Hingegen wohl für eine Unionsrechtskonformität ohne nähere Begründung: *Hamenstädt*, EuR 2011, 263 ff.; *Heinemann*, GPR 2010, 274 (275); *Franzen*, RIW 2010, 577 (582).

1329 *Nettesheim*, Der Grundsatz der einheitlichen Wirksamkeit des Gemeinschaftsrechts, in: Randelzhofer/Scholz/Wilke (Hrsg.), Gedächtnisschrift für Eberhard Grabitz, 1995, S. 447 (460).

1. Regeln oder Prinzipien

Für die nachfolgenden Überlegungen ist das Verständnis von unionsrechtlichen Wertungen und Grundsätzen als Regel oder Prinzip maßgeblich. Sollten sich alle unionsrechtlichen Grundsätze als Regeln gegenüber dem nationalen Recht begreifen lassen, bestünde kein Spielraum mehr für eine Interessenabwägung.[1330] Bei einem Prinzipienverständnis hingegen sind die widerstreitenden Belange, im Weg der praktischen Konkordanz, zu einem jeweils möglichst optimalen Ausgleich zu bringen.[1331]

Als Kollisionsregel ist der Anwendungsvorrang des Unionsrechts bei direkten Konflikten anzuerkennen.[1332] Nur, wenn identische Regelungsgegenstände für dieselben Adressaten mit national und unional verschiedenen Rechtsfolgen bestehen, liegt eine echte Normkollisionslage vor, die zur Sicherung der Wirksamkeit der Unionsnorm einen Vorrang vor dem nationalen Recht fordert. Eine Abwägung ist aufgrund des klaren Widerstreites nicht möglich.[1333] Anders jedoch bei indirekten Normenkollisionen.[1334] Vorschriften verschiedener Sach- und Kompetenzbereiche weisen bei ihrer Anwendung keine sich ausschließenden Rechtsfolgen auf, sondern eine kumulative Anwendung beider Normen ist notwendig. Eine Normverdrängung kommt in diesem Bereich nicht in Betracht, da es an einer die nationale Vorschrift konkret ersetzenden Unionsnorm fehlt.[1335] Die unionsrechtlichen Wertungen können nur als normativer Gehalt eines Rechtsprinzips verstanden werden. Der Geltungsanspruch der Norm als solcher ist nicht in Gefahr. Es besteht daher ein Gebot des möglichst schonenden Ausgleiches zwischen den beiden Rechtspositionen im Sinne eines Optimierungsgebotes, der Herstellung praktischer Konkordanz.[1336]

1330 S. ausführlicher *Kadelbach*, Allgemeines Verwaltungsrecht unter europäischem Einfluss, 1999, S. 51 ff.

1331 *Hesse*, Grundzüge des Verfassungsrechts der Bundesrepublik Deutschland, 20. Aufl. 1995, Rn. 72.

1332 *Sauer*, Staatsrecht III, 3. Aufl. 2015, § 8 Rn. 30; *v. Danwitz*, Verwaltungsrechtliches System und Europäische Integration, 1996, S. 114 f.

1333 *v. Danwitz*, Verwaltungsrechtliches System und Europäische Integration, 1996, S. 115; *Jarass*, DVBl 1995, 54 (959).

1334 Im Zusammenhang mit indirekten Normenkollisionen soll die Vorrangigkeit des Unionsrechts nicht aus dem Grundsatz des Anwendungsvorranges begründet werden, sondern mit dem Gebot der Unionstreue, s. auch unter Teil 3, Kapitel 11, II., 2., a), bb), (1).

1335 *v. Danwitz*, Verwaltungsrechtliches System und Europäische Integration, 1996, S. 115.

1336 *v. Danwitz*, Verwaltungsrechtliches System und Europäische Integration, 1996, S. 115 f.; vgl. *Komendera*, Normenkonflikte zwischen EWG und BRD-Recht, 1974, S. 174 ff.; s. auch *Schilling*, Der Staat 29 (1990), 161 (179 ff.); *ders.* EuR 1994, 50 (62). S. zu der Frage auch *Kadelbach*, Allgemeines Verwaltungsrecht unter europäischem Einfluss, 1999, der den Begriff des Standards als dritte

Ausschließlich diese Art indirekter Normenkollision kann bei Konfliktlagen mit allgemeinen Rechtsgrundsätzen vorliegen, da es stets an einem eindeutigen, die nationale Regelung ersetzenden Normgehalt fehlt und nur eine inhaltliche Modifikation der mitgliedsstaatlichen Normen möglich ist.[1337] Freilich muss dem Unionsrecht hinreichendes Gewicht bei der Abwägung beigemessen werden. Nationales Recht kann stets nur unter dem Vorbehalt der Wirksamkeit des Unionsrechts uneingeschränkt Geltung beanspruchen.[1338] Somit kann für die folgende Analyse der allgemeinen Rechtsgrundsätze festgehalten werden, dass der Argumentation stets kein zwingender Regelungscharakter zugrunde liegt, sondern grundsätzlich eine Abwägung erfolgen kann.

Es bedarf jedoch noch einer weiteren Differenzierung. Die Rechtsgrundsätze des Rechtsstaatsprinzips und des Vertrauensschutzes – auch in grundrechtlicher Ausprägung –, die die Vertrauenshaftung verfassungsrechtlich fundieren, finden sich ebenfalls im Unionsrecht wieder. Auf europäischer Ebene könnten sogar Kollisionsregeln gegenüber den Mitgliedsstaaten als bloße Prinzipien ausgestaltet sein, die eine Abwägung mit unionsrechtlichen Grundsätzen ermöglichen.[1339] Daher könnten auch nationale Wertungen, vermittelt über ihr unionales Pendant bei direkten Normenkollisionen, eine gewisse Modifikation erfahren.[1340]

2. Einzelne Unionsrechtsgrundsätze

a) Unionstreue

aa) Wesen und Funktion

Zunächst soll der Fokus auf dem zentralen Grundsatz der Unionstreue gelegt werden. Dieser wird auf seine Vereinbarkeit mit einer nationalen Haftung für das Vertrauen auf unionsrechtswidrige Gesetze hin untersucht.

Kategorie einführt. „Standards ergeben sich aus einem Zusammenwirken von Regeln und Prinzipien. Sie stellen einen flexiblen, von den Umständen des Einzelfalles abhängigen Handlungsrahmen auf, an dessen Verletzung nachteilige Rechtsfolgen geknüpft werden", S. 52. Als Beispiel nennt er die Pflicht zur Unionstreue, S. 53.

1337 Vgl. *v. Danwitz*, Verwaltungsrechtliches System und Europäische Integration, 1996, S. 117. Es ist jedoch auch *Kadelbach* beizupflichten, dass Normen, denen ein Prinzip zu entnehmen ist, zumeist zugleich ein Minimalniveau sichern. In dieser Funktion kann ihnen als Prinzip auch Regelgehalt zukommen, *Kadelbach*, Allgemeines Verwaltungsrecht unter europäischem Einfluss, 1999, S. 109.

1338 S. etwa unter Teil 3, Kapitel 11, II., 2., a), bb), (2), (a), (aa) zum Beihilfenrecht und dem weitgehenden Ausschluss des Vertrauensschutzes durch den EuGH.

1339 Vgl. *Kadelbach*, Allgemeines Verwaltungsrecht unter europäischem Einfluss, 1999, S. 130.

1340 Man denke etwa an die zeitliche Begrenzung der Urteilwirkungen, dazu unter Teil 3, Kapitel 11, I., 1. und 2.

Der Grundsatz der Unionstreue[1341] ist ein allgemeiner Rechtsgrundsatz der EU, der mit *Kahl* als „fundamentales Verfassungsstrukturprinzip"[1342] bezeichnet werden kann und sich als Ausfluss des Rechtsstaatsprinzips begreifen lässt.[1343] Er hat in Art. 4 Abs. 3 EUV[1344] eine positiv-rechtliche Normierung gefunden.[1345] Die Unionstreue umfasst eine Verpflichtung zur loyalen Zusammenarbeit, die sowohl wechselbezüglich im Verhältnis Mitgliedsstaat zur Union, als auch zwischen den Mitgliedsstaaten untereinander besteht und über die völkerrechtlichen Grundsätze des Rechtsmissbrauchsverbotes und pacta sunt servanda hinausgeht.[1346]

Der Grundsatz der Unionstreue weist keinen einheitlichen Sprachgebrauch auf. Der Gerichtshof verwendet in diesem Zusammenhang auch die Formulierungen „Grundsatz loyaler Zusammenarbeit", „Pflichten zur loyalen Zusammenarbeit und Unterstützung", „Grundsatz der Mitwirkungspflicht" sowie „Pflichten zur loyalen Zusammenarbeit".[1347]

Die Unionstreue beinhaltet ein Verbot die praktische Wirksamkeit des Unionsrechts unmöglich zu machen oder wesentlich zu erschweren.[1348] Es dient der Gewährleistung der vollen Wirksamkeit des Unionsrechts.[1349]

1341 S. bzgl. eines Vergleiches von Bundestreue und Unionstreue *Unruh*, EuR 2002, 41 (47 ff.); *Lück*, Die Gemeinschaftstreue als allgemeines Rechtsprinzip im Recht der Europäischen Gemeinschaft, 1992, S. 103 ff.

1342 *Kahl*, in: Calliess/Ruffert (Hrsg.), EUV/AEUV, 4. Aufl. 2011, Art. 4 EUV Rn. 34, der die Unionstreue als „eines dem EUV/AEUV immanenten originär unionsrechtlichen allgemeinen Rechtsgrundsatzes in Gestalt eines fundamentalen Verfassungsstrukturprinzips" ansieht.

1343 *Giegerich*, Europäische Verfassung und deutsche Verfassung im transnationalen Konstitutionalisierungsprozeß. 2003, S. 995 f.

1344 Trotz geringfügiger textlicher Veränderung durch den Vertrag von Lissabon, können die zu den Vorgängervorschriften entwickelten dogmatischen Grundlagen auf die neue Regelung übertragen werden, so auch *Kahl*, in: Calliess/Ruffert (Hrsg.), EUV/AEUV, 4. Aufl. 2011, Art. 4 EUV Rn. 25; v. *Bogdandy/Schill*, in: Grabitz/Hilf/Nettesheim (Hrsg.), EUV/AEUV, Bd I, 57. EGL 2015, Art. 4 EUV Rn. 50.

1345 S. etwa auch zur Unionstreue: *Bleckmann*, Europarecht, 6. Aufl. 1997, Rn. 677 ff.

1346 *Kahl*, in: Calliess/Ruffert (Hrsg.), EUV/AEUV, 4. Aufl. 2011, Art. 4 EUV Rn. 26, 30; *Streinz*, Europarat, 9. Aufl. 2012, § 3 Rn. 166; v. *Bogdandy/Schill*, in: Grabitz/Hilf/Nettesheim (Hrsg.), EUV/AEUV, Bd I, 57. EGL 2015, Art. 4 EUV Rn. 52.

1347 S. zur sprachlichen Verwendung und der Häufigkeit im Gebrauch *Marauhn*, Unionstreue, in: Schulze/Zuleeg/Kadelbach, (Hrsg.), Europarecht, 3. Aufl. 2015, § 7 Rn. 6.

1348 *v. Bogdandy/Schill*, in: Grabitz/Hilf/Nettesheim (Hrsg.), EUV/AEUV, Bd I, 37. EGL 2015, Art. 4 EUV Rn. 59; *Obwexer*, in: von der Groeben/Schwarze/Hatje (Hrsg.), Europäisches Unionsrecht, Bd I, 7. Aufl. 2015, Art. 4 EUV Rn. 67.

1349 EuGH v. 25.07.1991, Rs. C-208/90, Slg. 1991, I – 4269, Rn. 18; EuGH v. 08.03.2001, Rs. C-97/00, Slg, 2001, I – 2053, Rn, 9; EuGH v. 21.06.2001, Rs. C-119/00, Slg, 2001, I – 4795, Rn. 12.

Für die Wahrung der Einheitlichkeit der Rechtsordnungen und die Durchsetzung des Europarechts ist die Unionstreue von entscheidender Bedeutung und dient damit als zentraler Hebel für die Fortentwicklung des Integrationsprozesses.[1350] Die einheitliche Geltung der Rechtsordnung der Union ist unerlässliche Voraussetzung für die Sicherung der Funktionsfähigkeit, insbesondere zur Verwirklichung einheitlicher Standards im Binnenmarkt.[1351] Die Zusammenarbeit zwischen der Union und den Mitgliedsstaaten ist Grundlage der Verträge.[1352] Der EuGH zieht die Verpflichtung zur loyalen Zusammenarbeit unter anderem als dogmatische Fundierung für den Anwendungsvorrang des Unionsrechts vor dem nationalen Recht[1353], für die unmittelbaren Wirkung von Richtlinien[1354], sowie für den Grundsatz der unionsrechtskonformen Auslegung[1355] heran.[1356] In einem Verstoß gegen die Unionstreue liege eine fundamentale Erschütterung der unionsrechtlichen Rechtsordnung.[1357]

Besonders hervorzuheben ist, dass der Gerichtshof die Mitgliedsstaaten verpflichtet, auch bei Entscheidungen, die allein in die nationale Zuständigkeit fallen, im Rahmen des innerstaatlichen Ermessens, die Auswirkungen auf das Unionsrecht zu berücksichtigen.[1358]

Der Grundsatz der Unionstreue stellt eine spezielle Ausprägung des effet utile Grundsatzes dar.[1359] Als speziellere Ausformung soll daher die Unionstreue vorrangig vor dem effet utile Grundsatz untersucht werden.

bb) Verbot einer Vertrauenshaftung

Vorliegend könnten die Mitgliedsstaaten möglicherweise ihre Pflicht zur loyalen Zusammenarbeit gegenüber der Europäischen Union verletzen, wenn sie einen

---

1350 *Kahl*, in: Calliess/Ruffert (Hrsg.), EUV/AEUV, 4. Aufl. 2011, Art. 4 EUV Rn. 35; *Streinz*, in: Streinz (Hrsg.), EUV/AEUV, 2. Aufl. 2012, Art. 4 EUV Rn. 33; vgl. *Frenz*, Handbuch Europarecht, Bd 5, 2010, Rn. 1785 ff.

1351 *v. Bogdandy/Schill*, in: Grabitz/Hilf/Nettesheim (Hrsg.), EUV/AEUV, Bd I, 57. EGL 2015, Art. 4 EUV Rn. 53; *Hatje*, Loyalität als Rechtsprinzip in der Europäischen Union, 2001, S. 53.

1352 Vgl. etwa EuGH v. 19.01.1993, Rs. C-101/91, Slg. 1993, I – 191, Rn. 23.

1353 EuGH v. 15.07.1964, Rs. 6/64, Slg. 1964, 1251, 1269 f.

1354 EuGH v. 20.09.1988, Rs. 190/87, Slg. 1988, 4689, Rn. 24; EuGH v. 19.01.1982, Rs. 8/81, Slg. 1982, 53, Rn. 23.

1355 EuGH v. 16.07.1998, Rs. C-264/96, Slg. 1998, I – 4695, Rn. 31 ff.

1356 *v. Bogdandy*, Rechtsfortbildung mit Artikel 5 EG-Vertrag, in: Randelzhofer/Scholz/Wilke (Hrsg.), Gedächtnisschrift für Eberhard Grabitz, 1995, S. 17 (17) geht davon aus, dass sämtliche Judikate, die der Sicherung der Funktionsfähigkeit dienen, auf dem Grundsatz der Uniontreue basieren.

1357 EuGH v. 07.02.1973, Rs. 39/72, Slg. 1973, 101, Rn. 25.

1358 S. dazu *Kahl*, in: Calliess/Ruffert (Hrsg.), EUV/AEUV, 4. Aufl. 2011, Art. 4 EUV Rn. 46; *Marauhn*, Unionstreue, in: Schulze/Zuleeg/Kadelbach, (Hrsg.), Europarecht, 3. Aufl. 2015, § 7 Rn. 23.

1359 Die Unionstreue sichert ebenfalls die Wirksamkeit des Unionsrechts.

Haftungsanspruch in ihr nationales Recht aufnehmen. Maßgeblich dafür ist, ob eine solche gesetzliche Neuregelung mit den Zielen der Union vereinbar ist, oder ob dadurch die unionsrechtlichen Werte konterkariert werden.[1360]

Die Mitgliedsstaaten müssen alle Maßnahmen unterlassen, welche der Verwirklichung der Ziele der Europäischen Union entgegenstehen oder diese gefährden.[1361] Der EuGH lässt ein gewisses Gefährdungspotential bereits ausreichen, um einen Verstoß gegen die Unionstreue anzunehmen.[1362] Damit besteht ein Unterlassungsgebot in Bezug auf nicht nur unerhebliche Beeinträchtigungen der Einheitlichkeit und der praktischen Wirksamkeit des Unionsrechts. Tatsächliche und rechtliche Unterwanderungen des Unionsrechts sollen verhindert werden. Dieses allgemeine Beeinträchtigungsverbot sichert die Funktionsfähigkeit der Union, die einheitliche und effektive Anwendung des Europarechts.[1363]

Ein jeder Verstoß basiert auf einer Abwägung zwischen dem mitgliedsstaatlichen Gestaltungsspielraum und den Unionsinteressen.[1364] Die Unionstreue ist nach den obigen Ausführungen, (s. unter Teil 3, Kapitel 11, II., 1.), als Prinzip zu begreifen.[1365] Der Prinzipiencharakter des Effektivitätsgebotes äußert sich bei indirekten Kollisionslagen darin, dass keine Vorrangregelung besteht, sondern ein Optimierungsgebot, welches durch Abwägung zu verwirklichen ist.[1366]

1360 Eine weitreichende Berufung auf den Effektivitätsgedanken wird teils abgelehnt, vor dem Hintergrund, dass keine unionale Kompetenz bestehe, das nationale Recht im Bereich einer ausschließlichen Regelungszuständigkeit zu determinieren. Eine Beeinflussung solcher Fälle wird auch unter Hinweis auf den Grundsatz der begrenzten Einzelermächtigung und das Subsidiaritätsprinzip abgelehnt, kann aber im Ergebnis nicht überzeugen. S. ausführend: *Middendorf*, Amtshaftung und Gemeinschaftsrecht, 2001, S. 81 ff.

1361 EuGH v. 16.11.1977, Rs. 13/77, Slg. 1977, 2215, Rn. 30/35; EuGH v. 10.01.1985, Rs. 229/83, Slg. 1985, 1, Rn. 14; EuGH v. 12.02.2009, Rs. C-45/07, Slg. 2009, I – 701, Rn. 23.

1362 EuGH v. 22.01.1976, Rs. 60/75, Slg. 1976, 45, Rn. 5; *v. Bogdandy/Schill*, in: Grabitz/Hilf/Nettesheim (Hrsg.), EUV/AEUV, Bd I, 57. EGL 2015, Art. 4 EUV Rn. 59; *Obwexer*, in: von der Groeben/Schwarze/Hatje (Hrsg.), Europäisches Unionsrecht, Bd I, 7. Aufl. 2015, Art. 4 EUV Rn. 67; a.A. mit strengeren Anforderungen *Middendorf*, Amtshaftung und Gemeinschaftsrecht, 2001, S. 93 ff., 98 f. Der Maßstab soll parallel zum Vertragsverstoß angelegt werden, bei dem eine schwerwiegende Beeinträchtigung des unionalen Regelungserfolges gefordert wird und eine bloße Behinderung nicht ausreicht.

1363 *Kahl*, in: Calliess/Ruffert (Hrsg.), EUV/AEUV, 4. Aufl. 2011, Art. 4 EUV Rn. 96.

1364 *v. Bogdandy*, Rechtsfortbildung mit Artikel 5 EG-Vertrag, in: Randelzhofer/Scholz/Wilke (Hrsg.), Gedächtnisschrift für Eberhard Grabitz, 1995, S. 17 (22).

1365 *Kadelbach*, Allgemeines Verwaltungsrecht unter europäischem Einfluss, 1999, S. 52 f.; zustimmend *Middendorf*, Amtshaftung und Gemeinschaftsrecht, 2001, S. 71 aber wieder relativierend auf S. 94 f.

1366 *Kadelbach*, Allgemeines Verwaltungsrecht unter europäischem Einfluss, 1999, S. 117.

Ein Ersatzanspruch für den vertrauenden Bürger scheidet aber stets aus, wenn die unionsrechtlichen Wertungen vollständig unterlaufen werden. Daher werden nachfolgend unionsrechtliche Vorgaben auf ihre Kompatibilität mit einer Vertrauenshaftung untersucht. Sollte sich ein grundlegender Wertungswiderspruch feststellen lassen, ist aus dem Grundsatz der Unionstreue eine Pflicht der Mitgliedsstaaten abzuleiten, die Einführung eines nationalen Ersatzanspruches zu unterlassen.

(1) Kollision mit dem Anwendungsvorrang

Eine der zentralen Verpflichtungen des Unionsrechts stellt das Gebot der einheitlichen Geltung und Anwendung des Unionsrechts dar, welches in der Unionstreue begründet liegt.[1367]

Ein Verstoß gegen den Anwendungsvorrang des Unionsrechts kann jedoch nicht gesehen werden.[1368] Im Gegenteil: Die Einführung eines Ersatzanspruches dient sogar der Sicherung des Anwendungsvorranges. Der Ersatzanspruch greift seiner Natur nach nur ein, wenn sich aus der unionsrechtlich gebotenen rückwirkenden Nichtanwendung nationaler Vorschriften ein Schaden ergibt. Damit ist die Beachtung des Anwendungsvorranges dem Ersatzanspruch als immanent vorausgesetzt.

Der Anwendungsvorrang wird als Vorrangdoktrin verstanden und stellt eine Kollisionsregel für den Fall dar, dass sich nationales und unionales Recht auf demselben Sachgebiet in ihrer Rechtsfolgenanordnung widersprechen (dazu unter Teil 3, Kapitel 11, II., 1.).[1369] Mittelbare Beeinträchtigungen des Unionsrechts sollen, nach dem dieser Arbeit zugrunde liegenden Verständnis, nicht als Vorrangproblematik erörtert werden, sondern als eine Frage der effektiven Durchsetzung des Unionsrechts und damit als ein Aspekt der Unionstreue, die es den Mitgliedsstaaten verbietet, Maßnahmen zu ergreifen, die eine Wirksamkeit des Unionsrechts gefährden. Daher wird die Anwendung der Vorrangdoktrin auf indirekte Kollisionslagen – Regelungen mit mitgliedsstaatlich verbleibendem Kompetenzbereich, deren Anwendung zu einer Beeinträchtigung von Unionsnormen führt – abgelehnt.[1370] Ob es zu einem Verstoß gegen den „Anwendungsvorrang" im Sinne eines Verstoßes gegen bestimmte unionsrechtliche Gebote kommt, wird daher nachfolgend regelungsspezifisch erörtert und kann nicht allgemein am Grundsatz des Anwendungsvorranges beurteilt werden.

1367 Etwa *Marauhn*, Unionstreue, in: Schulze/Zuleeg/Kadelbach, (Hrsg.), Europarecht, 3. Aufl. 2015, § 7 Rn. 20.

1368 So auch BVerfG in BVerfGE 126, 266 (314).

1369 EuGH v. 09.03.1978, Rs. 106/77, Slg. 1978, 629, Rn. 17/18; EuGH v. 25.11.1986, Rs. 218/85, Slg. 1986, 3513, Rn. 13. Der EuGH nennt in diesem Zusammenhang auch die Funktionsfähigkeit der Marktorganisation. Dieser Punkt stellt aber keinen Fall der direkten, klassischen Kollision dar und sollte eher als Ausprägung der Unionstreue verstanden werden.

1370 S. bzgl. eines Überblicks über die Thematik *Middendorf*, Amtshaftung und Gemeinschaftsrecht, 2001, S. 66 ff.

(2) Kollision mit spezifischen Wertungen des gemeinsamen Binnenmarktes

Einer eingehenderen Untersuchung bedürfen die Vorschriften zur Sicherung eines einheitlichen Binnenmarktes mit einem funktionierenden Wettbewerbssystem. Die Verwirklichung eines gemeinsamen Binnenmarktes ist ein zentrales Ziel der Europäischen Union, welches auch in Art. 3 Abs. 3 EUV niedergelegt ist. Vorliegend soll das Augenmerk auf eine Beeinträchtigung der nationalen Beihilfenregelungen, Art. 107 ff. AEUV, dem Recht der unionalen Beihilfen, sowie auf die Vorschriften des Kartellrechts, Art. 101 AEUV, gelegt werden.

Im Zusammenhang mit der rechtswidrigen Gewährung von nationalen Beihilfen wird es sich vornehmlich nicht um legislatives Unrecht, im Sinne eines unmittelbaren ohne exekutivischen Vollzugsakt gegenüber dem Bürger wirkenden Rechtsaktes, handeln, sondern um administratives Unrecht. Die Bewilligung von Beihilfen erfolgt selten unmittelbar durch ein materielles Gesetz; erst eine ausführende Verwaltungstätigkeit gewährt die Beihilfe. Es gibt jedoch auch seltene Fälle der Gewährung von Einzelbeihilfen ohne nähere Durchführungsmaßnahmen, die auf einem Gesetz, einer Verordnung, einer Satzung oder einer Verwaltungsvorschrift beruhen.[1371] Daher soll eine Vereinbarkeit einer nationalen Vertrauenshaftung mit dem unionsrechtlichen Beihilfenrecht dennoch näher erörtert werden – nicht zuletzt auch, weil die Diskussion in der Literatur oftmals um diesen Aspekt kreist.

(a) Art. 107 ff. AEUV

(aa) Gewährung von nationalem Vertrauensschutz bei der Rückforderung

Die Gewährung nationaler Beihilfen wird unionsrechtlich kontrolliert, Art. 107 ff. AEUV, um einen einheitlichen Wettbewerbsraum in der Union zu ermöglichen und Wettbewerbsverzerrungen zwischen den Mitgliedsstaaten zu verhindern. Unionsrechtswidrige Beihilfen sind dabei zur Verhinderung der Verfestigung solcher wettbewerbsfeindlichen Strukturen zurückzufordern, anderenfalls würde die Wirksamkeit des Unionsrechts beeinträchtigt.[1372] Die unionsrechtlichen Wertungen bestimmen damit, ob primärrechtlicher Vertrauensschutz grundsätzlich noch möglich ist. Die nationalen Vorschriften über die Rücknahme rechtswidriger Ver-

1371 Zu den Erscheinungsformen von Beihilfen ein kurzer Überblick: *Staebe*, Rechtsschutz bei gemeinschaftswidrigen Beihilfen vor europäischen und deutschen Gerichten, 2001. S. 35 ff., weist auf S. 40 auf das Stromeinpreisungsgesetz als Beispiel für eine Einzelbeihilfe hin. Freilich wird auch bei einer solchen Beihilfe ggf. noch der faktische Akt der Auszahlung des Geldes erfolgen müssen. Dies führt jedoch nicht zu einer Ablehnung legislativen Unrechts. Es sei auf die Wertungen des BGH im Impfschäden-Fall hingewiesen.

1372 St. Rsp. EuGH v. 24.02.1987, Rs. 310/85, Slg. 1987, 901, Rn. 24; EuGH v. 20.03.1997, Rs. C-24/95, Slg. 1997, I – 1591, Rn. 22.

waltungsakte, speziell § 48 VwVfG, werden dazu unionsrechtlich modifiziert.[1373] Vertrauensschutz wird grundsätzlich nicht mehr gewährt.[1374]

(bb) Wertende Identität von Ersatzleistung und primärrechtlich gebotenem Verhalten

Trifft das Unionsrecht die Wertung, dass ein primärrechtlicher Vertrauensschutz ausgeschlossen ist, muss das nationale Primärrecht diese Rechtseinschätzung übernehmen. Möglicherweise sind diese Wertungen auch auf das Sekundärrecht zu übertragen. Wie bereits mehrfach dargelegt, sind auf primärrechtlicher und sekundärrechtlicher Ebene unterschiedliche Abwägungen erforderlich, aber nichtsdestotrotz könnte sich beim Beihilfenrecht ein zwingender Gleichlauf vom Verbot des primärrechtlichen Vertrauensschutzes und einem sekundärrechtlichen Ersatzanspruch ergeben. Die spezifische Problematik in diesem Zusammenhang beruht auf der Besonderheit, dass ein Ersatzanspruch zu einer Geldleistung an den Marktteilnehmer führt, die er dann gegen die rückgeforderte Beihilfe „aufrechnen" kann. Damit erscheint es bei einer oberflächlichen Betrachtung faktisch zu einer erneuten Auszahlung der Beihilfe zu kommen. Das Unionsrecht gebietet aber eine vollständige Rückabwicklung der Transaktionsströme bei einer rechtswidrigen Beihilfengewährung durch den Mitgliedsstaat. Der Ersatzanspruch, der wohl bis zur Höhe der gewährten Beihilfe, oder sogar gegebenenfalls darüber hinausgehen kann, ist grundsätzlich geeignet den Wettbewerb zu verzerren.[1375]

Die Deckungsgleichheit von unionsrechtlich gebotenem Verhalten – Geldleistungspflicht – und Schaden – Vermögenseinbuße –, welche eine Kompensation in natura ermöglicht, ist jedoch ein Spezifikum des Wettbewerbsrechts. Konstel-

---

1373 EuGH v. 20.09.1990, Rs. C-5/89, Slg. 1990, I – 3437, Rn 18. Dazu etwa *Cremer*, in: Calliess/Ruffert (Hrsg.), EUV/AEUV, 4. Aufl. 2011, Art. 108 AEUV Rn. 28 ff.

1374 EuGH v. 11.11.2004, C-183/02 P u. 187/02 P, Slg. 2004, I – 10609, Rn. 45; EuGH v. 23.02.2006, Rs. C-346/03 u. C-529/03, Slg. 2006, I – 1875, Rn. 64. Als Anknüpfungspunkt wird teils § 48 II 3 Nr. 3 VwVfG gesehen, der ein schutzwürdiges Vertrauen ausschließt, wenn der Adressat die Rechtswidrigkeit des Verwaltungsaktes kannte, oder infolge grober Fahrlässigkeit nicht kannte. (S. dazu sowie zur Kritik *Detterbeck*, Allgemeines Verwaltungsrecht mit Verwaltungsprozessrecht, 14. Aufl. 2016, Rn. 754) Alternativ wird die unionsrechtlich zwingend gebotene Rückforderung auch durch eine einschränkende Auslegung des § 48 II 2 VwVfG herbeigeführt, indem dieser, bei Verbrauch einer unionsrechtswidrigen Beihilfe, keine Durchsetzung findet und das öffentliche Interesse an der Rücknahme das Vertrauensschutzinteresse überwiegt, § 48 II 1 VwVfG (BVerwGE 92, 81 (83 ff.)). Zudem findet die Jahresfrist nach Abs. 4 keine Anwendung und das Rücknahmeermessen nach Abs. 1 S. 1 ist auf Null reduziert. (Ein Überblick etwa bei *Detterbeck*, Allgemeines Verwaltungsrecht mit Verwaltungsprozessrecht, 14. Aufl. 2016, Rn. 756).

1375 So auch *Giegerich*, EuR 2012, 373 (386) sowie *Frenz*, DVBl 2016, 45 (47); dazu *Middendorf*, Amtshaftung und Gemeinschaftsrecht, 2001, S. 112 f. sowie *Middendorf*, ZfZ 2003, 40 (41 Fn. 11) m. w.N. sowohl zustimmend als ablehnend.

lationen monetärer Leistungen – wie Beihilfen – sind von anderen Sachlagen zu unterscheiden. Im *Honeywell*-Fall bestand der „Schaden“ in der Umwandlung eines befristeten Arbeitsverhältnisses in einen unbefristeten Vertrag. Die Ersatzleistung in Geld und der Schaden – Bestehen eines unbefristeten Arbeitsverhältnisses – sind nicht identisch.

Problemtisch sind somit nur solche Fallkonstellationen, in denen sich das unionsrechtlich gebotene Verhalten mit dem Ersatzanspruch deckt, wenn das Unionsrecht eine Geldleistungspflicht für den Bürger oder Unternehmer begründet, welche durch einen Geldersatzanspruch kompensiert wird.[1376] Dies tritt in spezifischer Form im Beihilfenrecht auf. Entscheidend für die unionsrechtliche Zulässigkeit eines Haftungsanspruches ist der Grund der Geldleistungspflicht und damit, ob ein unionsrechtliches Gebot besteht, eine solche monetäre Verschiebung aufrechtzuerhalten. Dies ist im Fall des Beihilfenrechts anzunehmen, da nur so ein gemeinsamer Markt entstehen kann.

Allerdings fordert das Beihilfenrecht nur, dass dem Unternehmen vorteilhafte Beihilfen zurückgefordert werden. Der status quo vor der Beihilfengewährung soll wiederhergestellt werden. Nicht erforderlich ist eine Schlechterstellung des unionsrechtswidrig Begünstigten. Hat der Unternehmer etwa im Vertrauen auf den Erhalt der Beihilfe Investitionen getroffen, die er ohne die Beihilfe nicht mehr finanzieren kann und entsteht ihm aus der Rückabwicklung ein Schaden, verhindert das Unionsrecht nicht den Ersatz derartiger Nachteile.[1377]

Ein schutzwürdiges Vertrauen auf sekundärrechtlicher Ebene kann es somit bei der Rückgewährung von Beihilfen grundsätzlich nicht geben. Entweder erkennt der Gerichtshof den Vertrauensschutz an und schließt die Rückforderung aus, oder er lässt den Vertrauensgrundsatz hinter das Rückforderungsinteresse zurücktreten, ordnet eine Rücknahme an und sperrt dadurch den nationalen Vertrauensschutz. Ein Ersatzanspruch entbehrt daher grundsätzlich eines Anwendungsbereiches im Beihilfenrecht. Es verbleibt aber dennoch eine Restanwendung für besondere Ausnahmekonstellationen.

(cc) Ausnahmekonstellationen

Es sind zwei Ausnahmekonstellationen denkbar. Zunächst könnten Fälle eintreten, bei denen eine Beihilfe zwar unionsrechtlich zulässig, aber aufgrund von nationalem Recht unzulässig ist. Die nationale Behörde kann eine Rückforderung der rechtswidrigen Beihilfe vornehmen. Hier besteht Raum für eine Etablierung eines nationalen Ersatzanspruches, da keine unionsrechtliche Wertüberlagerung besteht. Es würde sich in dieser Situation um einen rein von der nationalen Rechtsordnung geprägten Ersatzanspruch handeln, der sich von dem, dieser Untersuchung zugrunde liegenden Fall, unterscheidet. Der Schaden tritt nicht durch eine unionsrechtliche gebotene Maßnahme ein, sondern aufgrund nationalen Rechts. Der mitgliedsstaatliche Ersatz-

1376 A.A. *Giegerich*, EuR 2012, 373 (387) dazu sogleich erneut.
1377 *Giegerich*, EuR 2012, 373 (387).

anspruch verstößt auch nicht zwingend gegen unionsrechtlichen Vertrauensschutz, da die Rückforderung auf weiteren nationalen Wertungsgesichtspunkten beruht, die zu einem anderen Abwägungsergebnis führen können.

Es sind aber auch weitere haftungsrelevante Konstellationen vorstellbar, die sogar bei Unionsrechtswidrigkeit der Maßnahme einen Ersatzanspruch auslösen können. Unternehmer, welche in schutzwürdiger Weise tatsächlich auf den Behalt der Leistung vertraut haben, könnten ihren Schaden liquidieren.[1378] Dabei sind die Wertungen des Unionsrechts zwingend zu übernehmen und ein Anspruch kann nur bestehen, wenn das Unionsrecht ausnahmsweise Vertrauensschutz gewährt – trotz Unionsrechtsverstoß – und auf mitgliedsstaatlicher Ebene dennoch eine Rückforderung aus nationalen Gründen vorgenommen wird. Solche Konstellationen sind nicht nur rein theoretischer Natur. Der EuGH schließt nicht stets Vertrauensschutz gegen die Rückforderung der Beihilfe aus, sondern erkennt – wenn auch selten – schutzwürdiges Vertrauen an.[1379]

Zwar ist der Grundsatz des Vertrauensschutzes im Verfahren von der Kommission zu beachten[1380], Art. 14 Abs. 1 S. 2 Beihilfenverfahrensverordnung, aber dennoch hat der EuGH sehr strenge Anforderungen an die Gewährung von Vertrauensschutz aufgestellt. Allein außergewöhnlicher Umstände, gleich einer Mitverursachung eines Unionsorgans bei der Schaffung der Vertrauensgrundlage, berechtigen den Empfänger sich auf Vertrauensschutz zu berufen.[1381]

Bevor der Mitgliedsstaat eine Beihilfe genehmigen und auszahlen kann, muss diese bei der Kommission angezeigt werden, Notifizierungsverfahren gemäß Art. 108 Abs. 3 AEUV. Bis zur Entscheidung der Kommission besteht ein Durchführungsverbot, Art. 108 Abs. 3 S. 3 AEUV sowie Art. 3 VfVO.[1382] Bei einer Rückforderungspflicht, die auf einem Verstoß gegen diese Anzeigepflicht beruht, scheidet nach der Rechtsprechung Vertrauensschutz aus. Ein Unternehmer muss sich im Fall der Beihilfengewährung über die Einhaltung des Notifizierungsverfahren bei der Kommission informieren, sodass ihm bei Unkenntnis grobe Fahrlässigkeit zur Last zu legen ist und sein Vertrauen sich als nicht schutzwürdig erweist.[1383] Bei einem

1378 So auch *Giegerich*, EuR 2012, 373 (386 f.).

1379 EuGH v. 24.03.2011, Rs. C-369/09 P, Slg. 2011, I – 2011, Rn 110.

1380 EuGH v. 20.09.1990, Rs. C-5/89, Slg. 1990, I – 3437, Rn 13 ff.; EuGH v. 21.06.2007, Rs. C-158/06, Slg. 2007, I – 5103, Rn. 24 bis 26.

1381 EuGH v. 16.12.2010, Rs. C-537/08 P, Slg. 2010, I – 12917, Rn. 63.

1382 Dazu *Bär-Bouyssière*, in: Schwarze (Hrsg.), EU-Kommentar, 3. Aufl. 2012, Art. 108 AEUV Rn. 7.

1383 Der Gerichtshof differenziert dabei nicht nach der Unternehmensgröße (Möglichkeit zur Information für Großunternehmen: EuGH v. 20.09.1990, Rs. C-5/89, Slg. 1990, I – 3437, Rn. 14; EuGH v. 20.03.1997, Rs. C-24/95, Slg. 1997, I – 1591, Rn. 25.) und nimmt auch kleine und mittelständische Betriebe in die Pflicht (EuG v. 29.09.2000, Rs. T-55/99, Slg. 2000, II – 3207, Rn. 126; a. A. *Detterbeck*, Allgemeines Verwaltungsrecht mit Verwaltungsprozessrecht, 14. Aufl. 2016, Rn. 754, der eine Informationspflicht nur bei Großunternehmen annimmt.). Bei Kenntniserlangung der Kommis-

Unterlassen der Beihilfenanzeige durch den Mitgliedsstaat scheidet daher eine Beschränkung der Rückforderung aus. Vertrauensschutz kann der Beihilfeempfänger nur noch ausnahmsweise erlangen, wenn das Notifizierungsverfahren durchgeführt wurde.[1384] Selbst bei Einhaltung des Verfahrens kann sich die Beihilfe als materiell rechtswidrig erweisen und eine Rückforderung geboten erscheinen.[1385] Allerdings wurde vom EuGH soweit ersichtlich noch nicht darüber entschieden, dass eine Beihilfe ordnungsgemäß bei der Kommission angemeldet und genehmigt wurde, aber der Gerichtshof in einem späteren Verfahren sie für unionsrechtswidrig erklärt hat.[1386] Eine positive Kommissionsentscheidung wird aber vermutlich erst dann berechtigtes Vertrauen begründen, wenn die diesbezügliche Anfechtungsfrist erloschen ist, oder ein abschließendes Urteil über die Gültigkeit der Entscheidung durch den EuGH vorliegt.[1387]

Eine Zusage des Mitgliedsstaates zur Rechtmäßigkeit der einschlägigen Maßnahme vermag daher erst recht keinen Vertrauenstatbestand zu begründen.[1388] Nur eine ausdrückliche Zusage seitens der Kommission, dass es sich nicht um eine Beihilfe handelt, oder aber die Anwendbarkeit einer Gruppenfreistellungsverordnung eröffnet ist, soll den Empfänger entlasten.[1389]

Nur in diesen aufgeführten außergewöhnlich gelagerten Fällen ermöglicht das Unionsrecht eine Berücksichtigung von Vertrauensschutz und steht einem nationalen Ersatzanspruch nicht entgegen, sondern unterstreicht ihn sogar aus dem unionsrechtlich verankerten allgemeinen Rechtsgrundsatz des Vertrauensschutzes.

(dd) Fazit

Ein nationaler Ersatzanspruch für Vertrauensschäden, im Falle der Rückgewähr von Beihilfen, verstößt regelmäßig gegen die unionsrechtlichen Wertungen zum

---

sion von rechtswidrig gewährten Beihilfen, veröffentlicht sie einen Hinweis im Amtsblatt, der den Begünstigten vor der möglichen Rückforderung warnt und sein tatsächliches Vertrauen verhindert z.B. Mitteilung ABl. 1983 Nr. C 318/3.

1384 Dazu *Cremer*, Calliess/Ruffert (Hrsg.), EUV/AEUV, 4. Auf. 2011, Art. 108 AEUV Rn. 27; EuGH v. 20.09.1990, Rs. C-5/89, Slg. 1990, I – 3437, Rn. 13 f.; EuGH v. 01.04.2004, Rs. C-99/02, Slg. 2004, I – 3353, Rn. 21; EuGH v. 29.04.2004, Rs. C-91/01, Slg. 2004, I – 4355, Rn. 65 f.

1385 *Detterbeck*, Allgemeines Verwaltungsrecht mit Verwaltungsprozessrecht, 14. Aufl. 2016, Rn. 754.

1386 *Detterbeck*, Allgemeines Verwaltungsrecht mit Verwaltungsprozessrecht, 14. Aufl. 2016, Rn. 762.

1387 EuGH v. 29.04.2004, Rs. C-91/01, Slg 2004, I – 4355, Rn. 66; EuGH v. 12.02.2008, Rs. C-199/06, Slg 2008, I – 469, Rn. 67; vgl. auch etwa EuGH v. 24.11.1987, Rs. 223/85, Slg. 1987, 4617, Rn. 17; *Berrisch*, EuR 1997, 155 (158 f.).

1388 Vgl. EuG v. 29.09.2000, Rs. T-55/99, Slg 2000, II – 3207, Rn. 127; EuG v. 14.01.2004, Rs. T-109/01, Slg 2004, II – 127, Rn. 143.

1389 *Erlbacher/ Lessenich*, in: Schröter/Jakob/Klotz/Mederer (Hrsg.), Europäisches Wettbewerbsrecht, 2. Aufl. 2014, Art. 108 AEUV Rn. 58.

Beihilfenrecht[1390] und damit gegen den Grundsatz der Unionstreue.[1391] Für den nationalen Ersatzanspruch verbleibt nur ein schmaler Pfad der Anwendbarkeit. Hat der Unternehmer aus unionaler Perspektive nicht schutzwürdig vertraut, scheidet auch ein sekundärrechtlicher Ersatzanspruch aus. War er jedoch schutzwürdig, gebiete das Unionsrecht keine Rückforderung und die nationalen Vorschriften zum Vertrauensschutz können die Rücknahme des Bewilligungsbescheides ausschließen und damit Sekundärrechtsschutz obsolet machen. Nur anderweitige, vom Beihilfenrecht unabhängige Umstände können zu einer nationalen Rückforderung und einem zulässigen Ersatzanspruch führen.

Der postulierte Verstoß gegen die Unionstreue ist jedoch auf die besondere Fallkonstellation der Identität von Haftungsanspruch und unionsrechtlich gebotenem Verhalten beschränkt. Eine Aussage darüber, ob ein Ersatzanspruch für das Vertrauen auf unionsrechtwidrige Gesetze über das Beihilfenrecht hinaus mit den Zielen der Union kollidiert, wurde an dieser Stelle noch nicht getroffen.

(b) Unionsbeihilfen am Beispiel der Agrarsubventionen

Nicht nur die Mitgliedsstaaten unterstützen Unternehmen durch staatliche Beihilfen, sondern auch die Europäische Union. Die obigen Wertungen sind allerdings nicht auf Unionsbeihilfen übertragbar.[1392] Der Sinn beider Beihilfetypen unterscheidet sich in derartiger Weise, dass eine differenzierende Behandlung geboten ist.

Unionale Agrarbeihilfen sollen etwa die Wettbewerbsfähigkeit landwirtschaftlicher Erzeugnisse aus der Union auf dem Weltmarkt sichern. Durch die Subvention können europäische Erzeuger ihre Verkaufspreise senken und mit dem niedrigeren Weltmarktpreis für Landwirtschaftserzeugnisse mithalten. Der Wettbewerbsvorteil wird damit insbesondere gegenüber Anbietern aus Drittstaaten gesichert. Zwar werde auch durch eine rechtswidrig gewährte Beihilfe die einheitliche Wirkung des Unionsrechts als Regelungsziel beeinträchtigt, Agrarbeihilfen weisen jedoch kein Kontrollsystem mit einem Notifizierungsverfahren auf, welches einen Eckpfeiler der Rückforderungspflicht darstelle. Ohne die Notwendigkeit der Sicherung dieser besonderen Verfahrensvoraussetzung sei keine hinreichende Beeinträchtigung des Effektivitätsgedankens gegeben, so

---

1390 Die Amtshaftung wird bei Rückforderung von nationalen Beihilfen vom BVerwG zurecht abgelehnt unter Hinweis auf das unionale Erfordernis der Rückzahlung BVerwGE 106, 328 (338).

1391 Zustimmend aber undifferenziert *Middendorf*, Amtshaftung und Gemeinschaftsrecht, 2001, S. 108 ff.; *Giegerich*, EuR 2012, 373 (386 f.).

1392 Zur Lockerung der Rsp. des EuGH im Hinblick auf nationalen Vertrauensschutz bei Unionsbeihilfen *Kahl*, in: Calliess/Ruffert (Hrsg.), EUV/AEUV, 4. Aufl. 2011, Art. 4 EUV Rn. 65, detaillierter *Härtel*, in: Europäisches Agrarverwaltungsrecht, in: Terhechte (Hrsg.), Verwaltungsrecht der Europäischen Union, 2011. § 37 Rn. 97 f.

dass ein Ersatzanspruch nicht ausscheiden könne.[1393] Zudem bestehe eine gewisse Deckungsgleichheit der Interessen von Union und Mitgliedsstaat. Der Mitgliedsstaat habe, anders als bei nationalen Beihilfen, auch ein Interesse an der Rückabwicklung, da nicht zurückgewährte Beträge den Nationalstaaten finanziell mit angelastet werden.[1394]

Daher hat auch die nationale zivilgerichtliche Rechtsprechung einen Ersatzanspruch aus Amtshaftung – freilich bei exekutivischem Unrecht – im Zusammenhang mit Agrarbeihilfen anerkannt (zum Fall unter Teil 1, Kapitel 1, I., 2., b) sowie Teil 3, Kapitel 11).[1395]

Damit ist eine nationale Vertrauenshaftung bei der Rückforderung von unionalen Beihilfen nicht grundsätzlich, aufgrund eines Verstoßes gegen die Unionstreue, ausgeschlossen.[1396]

(c) Kartellrecht

Eine mit dem Beihilfenrecht vergleichbare Problematik stellt sich im Zusammenhang mit kartellrechtlichen Vorschriften, Art. 101 ff. AEUV.[1397] Die Mitgliedsstaaten sind verpflichtet keine illegalen Kartellabsprachen durch nationale Regelungen zu fördern. Das Missbrauchsverbot gebietet, dass die praktische Wirksamkeit des Unionsrechts, nicht durch gesetzliche Regelungen untergraben werden darf.[1398] Sollte dies widerrechtlich ermöglicht worden sein, ist auch hier zu hinterfragen, ob das betroffene Unternehmen Ersatz vom Staat verlangen kann für die Rechtsfolgen eines Verstoßes. Bei einem Verstoß sind die getroffenen Absprachen als ex-tunc nichtig anzusehen und das Unternehmen sieht sich Ersatzansprüchen jener ausgesetzt,

---

1393 *Middendorf*, Amtshaftung und Gemeinschaftsrecht, 2001, S. 114 ff. sowie *Middendorf*, ZfZ 2003, 40 (41 Fn. 11 mit Nachweisen aus dem Schrifttum sowie argumentativ 44 f.).

1394 *Schwarz*, Verw 34 (2001), 397 (428 f.). Unionsbeihilfen beeinträchtigen den Wettbewerb in geringerer Weise als nationale Beihilfen s. *Härtel*, in: Europäisches Agrarverwaltungsrecht, in: Terhechte (Hrsg.), Verwaltungsrecht der Europäischen Union, 2011. § 37 Rn. 66; *Unger*, in: Schmidt/Wollenschläger (Hrsg.), Kompendium öffentliches Wirtschaftsrecht, 4. Aufl. 2016, § 8 Rn. 82.

1395 OLG Nürnberg v. 22.05.1996, Az. 4 U 733/95, Rn. 176.

1396 Ersatzansprüche wurden auch im Zusammenhang mit fehlerhaften Zollauskünften oder unterlassenen Informationspflichten über Zollabgaben diskutiert. S. BGH VersR 2005, 1730 ff.; OLG Bremen v. 25.06.2002, 1 O 480/02.

1397 Zur Bedeutung des Kartellrechts für den Binnenmarkt: *Schuhmacher*, in: Grabitz/Hilf/Nettesheim (Hrsg.), EUV/AEUV, Bd II, 57. EGL 2015, Art. 101 AEUV Rn. 8 ff. sowie *Schröter* in: Schröter/Jakob/Klotz/Mederer (Hrsg.), Europäisches Wettbewerbsrecht, 2. Aufl. 2014, Art. 101 AEUV Rn. 15 ff.

1398 EuGH v. 16.11.1977, Rs. 13/77, Slg. 1977, 2115, Rn. 30/35; dazu *v. Bogdandy/Schill*, in: Grabitz/Hilf/Nettesheim (Hrsg.), EUV/AEUV, Bd I, 57. EGL 2015, Art. 4 EUV Rn. 70; *Streinz*, in: Streinz (Hrsg.), EUV/AEUV, 2. Aufl. 2012, Art. 4 EUV Rn. 70.

die durch das kartellwidrige Verhalten einen Schaden erlitten haben. Zudem ist die Kommission berechtigt, Bußgelder zu verhängen.[1399]

Die obigen Wertungen zum Beihilfenrecht sind auf das Kartellrecht nicht unreflektiert adaptierbar. Es bedarf einer Differenzierung zwischen den Rechtsfolgen eines Kartellverstoßes. Im Falle einer Nichtigkeit der Absprache, die eine Rückabwicklung nach sich zieht, ist diese Rechtsfolge nicht mit einem Geldersatz gleichzusetzen und gefährdet nicht den gemeinsamen Markt in einer dem Beihilferecht vergleichbaren Art und Weise. Durch die Rückabwicklung werden die Wettbewerbsverzerrungen oftmals bereits beseitigt.

Ein Ersatzanspruch wird in diesen Fällen aber wohl regelmäßig an der Schutzwürdigkeit des Vertrauens scheitern. Es scheinen kaum Fallkonstellationen denkbar, in denen das Unternehmen sich als schutzwürdig erweist, weil es in Unkenntnis des Verbotes gehandelt hat. Beispielsweise sind sich die Unternehmer bei verbotenen Preisabsprachen ihrer rechtswidrigen Handlung bewusst. Kartellverstöße sind spezifisch durch das Zusammenwirken von Unternehmen geprägt und setzen daher einen gewissen Aktionismus voraus, der wie jedes Handeln zumeist die Frage der rechtlichen Zulässigkeit aufwerfen wird. Allenfalls bei Absprachen ohne wettbewerbsfeindliche Zielsetzung käme eine Vertrauenshaftung in Betracht. Selbiges gilt für Schadensersatzansprüche geschädigter Dritter.

Ein Ersatzanspruch im Falle eines Bußgeldes durch die Kommission kann nicht bestehen. Es würde den Zweck der unionsrechtlichen Strafzahlung unterlaufen und eine effektive Sanktionierung des Kartellverbots verhindern.[1400]

Daher weist eine Vertrauenshaftung im Zusammenhang mit Kartellverstößen kaum praktische Relevanz auf. Die tatbestandlichen Voraussetzungen eines schutzwürdigen Vertrauens sind nur in Ausnahmefällen denkbar.

(3) Kollision mit der primärrechtlichen Wertung

Einem Ersatzanspruch könnten aber nicht nur spezifische, sondern auch allgemeine primärrechtliche Wertungen und Grundsätze des Unionsrechts widersprechen.[1401] Betrachtet man den Beispielsfall *Honeywell*, könnte ein nationaler Schadensersatzanspruch gegen den primärrechtlichen Grundsatz des Verbotes der Altersdiskriminierung verstoßen.

Der Ausschluss eines Ersatzanspruchs auf der Grundlage der europarechtlichen Primärwertung, welche bereits zur Unionsrechtswidrigkeit der Maßnahme geführt hat, hätte den generellen Ausschluss einer Haftungsmöglichkeit in einer Vielzahl von Fällen zur Folge. Sobald der Unionsrechtsverstoß auf einer primärrechtlichen Rechtsverletzung beruht, wäre eine Haftung versperrt, da diese stets eines finan-

---

1399 *Weiß*, in: Calliess/Ruffert (Hrsg.), EUV/AEUV, 4. Aufl. 2011, Art. 101 AEUV Rn. 146 ff.; *Schröter*, in: Schröter/Jakob/Klotz/Mederer (Hrsg.), Europäisches Wettbewerbsrecht, 2. Aufl. 2014, Art. 101 AEUV Rn. 27 ff.

1400 So generalisierend: *Giegerich*, EuR 2012, 373 (386).

1401 *Giegerich*, EuR 2012, 373 (387 f.).

ziellen Ausgleich des unionsrechtlich unzulässigen Verhaltens bewirkt. Man wird dabei wohl viele Verstöße gegen Unionsrecht als Ausprägung primärrechtlicher Verpflichtungen oder Rechtsgrundsätze begreifen können. Allgemeine Rechtsgrundsätze durchziehen als Basis des europäischen Wertesystems die gesamte Unionsrechtsordnung.

Der grundlegende Ausschluss einer Ersatzmöglichkeit lässt sich aber aus den unionalen Wertungen nicht ableiten. Durch einen monetären Ausgleich tritt kein unmittelbarer Verstoß gegen die unionale Werteordnung ein. Eine Kollision entsteht nur bei Identität des unionsrechtlich geforderten Verhaltens mit dem Ersatzanspruch. Ein Ersatz gefährdet nur bei dieser Deckungsgleichheit unmittelbar die Ziele der Union. Dies wurde bereits für das Beihilfen- und Kartellrecht dargelegt. In allen anderen Fallkonstellationen bestehen keine grundsätzlichen unionsrechtlichen Bedenken.

Auf den Fall *Honeywell* übertragen kann festgehalten werden, dass ein finanzieller Ausgleich des Arbeitsgebers keine direkte Diskriminierung des älteren Arbeitnehmers darstellt. Dieser bleibt unabhängig vom Ersatzanspruch weiterhin unbefristet beschäftigt wie seine jüngeren Kollegen. Die Wertungen des Unionsrechts werden nicht unterlaufen.[1402] Auch bei individual schützendem Charakter der verletzten Primärrechtnorm kann nur in Extremfällen von einem durch den Ersatzanspruch ausgelösten massiven Effekt einer Stigmatisierung ausgegangen werden, der zu einer unzulässigen Haftung führen könnte.

Aus dem Grundsatz der Unionstreue lässt sich keine allgemeine Unterlassungspflicht aufgrund eines Verstoßes gegen primärrechtliche Wertungen ableiten.

(4) Ergebnis

Insgesamt hat sich herauskristallisiert, dass der Grundsatz der Unionstreue grundsätzlich nicht einem nationalen Ersatzanspruch für das Vertrauen auf unionsrechtswidrige Gesetze entgegensteht. Nur in Ausnahmefällen, in denen das unionsrechtlich gebotene Verhalten mit dem Ersatzanspruch kongruent ist, also bei Geldleistungspflichten des Normunterworfenen an die Union, bedarf es einer Differenzierung dahin gehend, ob das Unionsrecht eine Perpetuierung der finanziellen Lage fordert. In diesen Konstellationen muss ein Ersatzanspruch ausscheiden.[1403] Eine solche Identität liegt etwa bei nationaler Beihilfengewährung grundsätzlich vor.

Eine Beeinträchtigung des gesamten Binnenmarktes durch die Etablierung eines Ersatzanspruches kann nicht gesehen werden. Zwar verschafft sich ein Mitgliedsstaat mit einer nationalen Haftungsmöglichkeit für legislatives Unrecht einen

---

1402 A.A. *Giegerich*. EuR 2012, 373 (388), er sieht einen Ausgleich im Fall *Honeywell* als unzulässigen Wettbewerbsvorteil an, der einer staatlichen Beihilfe gleichkäme.

1403 So wohl auch *Nettesheim*, WM 2006, 457 (464 f.), der maßgeblich auf die Risikoverteilung des Unionsrechts abstellt und damit, ob das Europarecht eine endgültige Entscheidung trifft.

gewissen Wettbewerbsvorteil gegenüber Mitgliedsstaaten, die keinen Ersatz für Vertrauensschäden vorsehen, es handelt sich aber um keine wettbewerbsfeindliche Maßnahme, sondern nur um eine Gestaltung der allgemeinen Rechtslage. Eine Vollharmonisierung im Bereich des Staatshaftungsrechts besteht nicht. Dies wird besonders plastisch anhand eines Beispiels. Hat der Mitgliedsstaat A ein besser ausgebautes Straßennetz als der Mitgliedsstaat B, kann Staat A kein unzulässiger Wettbewerbsvorteil angelastet werden.

cc) Gebot einer Vertrauenshaftung

Nachdem der Frage nachgegangen wurde, ob der Grundsatz der Unionstreue der Etablierung eines Ersatzanspruches entgegensteht, soll nun untersucht werden, ob sich ein Gebot der Schaffung einer Ersatzmöglichkeit aus der Pflicht zur loyalen Zusammenarbeit ableiten lässt, oder ob dieses zumindest für eine Neuregelung streitet.[1404]

(1) Die vertraglichen Handlungsverpflichtungen

Neben den bereits untersuchten Unterlassungspflichten umfasst das Gebot der Unionstreue auch zwei Handlungspflichten der Mitgliedsstaaten. Art. 4 Abs. 3 UAbs. 2 EUV statuiert eine unionsrechtliche Pflicht zur Ergreifung aller geeigneten Maßnahmen zur Erfüllung der Verpflichtungen aus den Verträgen oder der Handlungen der Unionsorgane. Des Weiteren normiert Art. 4 Abs. 3 UAbs. 3 1. Alt. EUV ein weiteres Handlungsgebot, welches den Mitgliedsstaaten auferlegt, die Union bei der Erfüllung ihrer Aufgaben zu unterstützen. Der EuGH nimmt dabei nur eine grobe Unterscheidung zwischen Handlungs- und Unterlassungspflichten vor, je nachdem, ob ein Gebot oder ein Verbot ausgesprochen werden soll und differenziert auch nicht zwischen den beiden Handlungspflichten.[1405]

Allgemein gesprochen besteht eine Pflicht zur Unterstützung bei der Aufgabenerfüllung durch Ergreifung geeigneter Maßnahmen. Die Handlungsverpflichtungen lassen sich holzschnittartig in die Subprinzipien des Kooperationsprinzips, Pflicht zur Zusammenarbeit und Mitwirkung, sowie das Prinzip der Rücksichtnahme untergliedern.[1406]

Ob eine derartige Verpflichtung die Einführung eines Ersatzanspruches gebietet, soll im Anschluss an die Frage geklärt werden, ob sich aus der Unionstreue überhaupt eigenständige Handlungspflichten der Mitgliedsstaaten ableiten lassen.

1404 Dies ohne eingehende Begründung scheinbar annehmend: *Hamenstädt*, EuR 2011, 263 (266).

1405 *v. Bogdandy/Schill*, in: Grabitz/Hilf/Nettesheim (hrsg.), EUV/AEUV, Bd I, 57. EGL 2015, Art. 4 EUV Rn. 60; *Klein*, in: Hailbronner/Klein/Magiera/Müller-Graff (Hrsg.), Handkommentar zum Vertrag über die Europäische Union, I, 5. EGL 1997, Art. 5 EGV Rn. 8.

1406 *Marauhn*, Unionstreue, in: Schulze/Zuleeg/Kadelbach, (Hrsg.), Europarecht, 3. Aufl. 2015, § 7 Rn. 11.

(2) Eigenständigkeit der Handlungsverpflichtung

Damit sich aus der Unionstreue ein Handlungsgebot zur Schaffung einer Ersatznorm ergeben kann, müsste es sich um eine eigenständige Verpflichtung der Mitgliedsstaaten handeln, die als Haftungsgrundlage dienen kann. Der Grundsatz der Unionstreue darf nicht nur als Auslegungsregel, die primärrechtlichen und sekundärrechtlichen Bestimmungen zu ihrer vollen Wirksamkeit verhilft, verstanden werden.[1407]

Die Unionstreue vermag eine unmittelbare eigenständige Pflicht der Mitgliedsstaaten zu begründen.[1408] Eine rein deklaratorische Wirkung, die bereits eine anderweitige Verpflichtung voraussetzt, die nur intensiviert werden kann, ist abzulehnen. Eine autonome Handlungspflicht kann insbesondere begründet werden, wenn die Mitgliedsstaaten ihren Verpflichtungen nur in einer einzigen Weise gerecht werden können.[1409]

Der EuGH selbst begründet etwa seine Haftung nach *Francovich* mit dem Grundsatz der Unionstreue und vermag damit eine eigenständige Verpflichtung der Mitgliedsstaaten zu erkennen.[1410] Teilweise wird eingewandt die Unionstreue sei in diesem Fall nur zur Begründung herangezogen worden, da es keine unmittelbar wirksame Unionsrechtsnorm gäbe, auf die das Rechtsschutzerfordernis gestützt werden konn-

---

1407 So ursprünglich aber der EuGH v. 08.06.1971, Rs. 78/70, Slg. 1971, 487, Rn. 4; EuGH v. 11.03.1992, Rs. C-78/90, Slg. 1992, I – 1847, Rn. 19; *Cornils*, Der gemeinschaftsrechtliche Staatshaftungsanspruch, 1995, S. 173; so immer noch: *Hatje*, Loyalität als Rechtsprinzip in der Europäischen Union, 2001, S. 95; v. Danwitz, JZ 1994, 335 (338 f.). S. auch: *Bertelmann*, Die Europäisierung des Staatshaftungsrechts, 2006, S. 59 f.; *Hidien*, Die gemeinschaftsrechtliche Staatshaftung der EU-Mitgliedstaaten, 1999, S. 15; *Säuberlich*, Die außervertragliche Haftung im Gemeinschaftsrecht, 2005, S. 13; *Ukrow*, Richterliche Rechtsfortbildung durch den EuGH, 1995, S. 278; *Geiger*, Der gemeinschaftsrechtliche Grundsatz der Staatshaftung, 1997, S. 83 f.; *Lück*, Die Gemeinschaftstreue als allgemeines Rechtsprinzip im Recht der Europäischen Gemeinschaft, 1992 , S. 113, 125.

1408 *Kahl*, in: Calliess/Ruffert (Hrsg.), EUV/AEUV, 4. Aufl. 2011, Art. 4 EUV Rn. 43, allerdings einschränkend; *Due*, Der Grundsatz der Gemeinschaftstreue in der Europäischen Gemeinschaft nach der neuen Rechtsprechung des Gerichtshofs, 1992, S. 3, 8 ff.; *Lenz*, in: Lenz/Borchardt, (Hrsg.), EU-Verträge, 6. Auf. 2013, Art. 4 EUV Rn. 17; *Eilmansberger*, Rechtsfolgen und subjektives Recht im Gemeinschaftsrecht, 1997, S. 42; *Zuleeg*, NJW 2000, 2846 (2846 f.); v. *Bogdandy/Schill*, in: Grabitz/Hilf/Nettesheim (Hrsg.), EUV/AEUV, Bd I, 57. EGL 2015, Art. 4 EUV Rn. 52; *Klein*, in: Hailbronner/ Klein/Magiera/Müller-Graff (Hrsg.), Handkommentar zum Vertrag über die Europäische Union, I, 7. EGL 1999, Art. 5 EGV Rn. 2; *Marauhn*, Unionstreue, in: Schulze/Zuleeg/Kadelbach, (Hrsg.), Europarecht, 3. Aufl. 2015, § 7 Rn. 16; *Streinz*, in: Streinz (Hrsg.), EUV/AEUV, 2. Aufl. 2012, Art. 4 EUV Rn. 27; s. bzgl. der Rechtsprechung EuGH v. 01.10.1998, Rs. C-285/96, Slg. 1998, I – 5935, Rn. 19.

1409 *Kahl*, in: Calliess/Ruffert (Hrsg.), EUV/AEUV, 4. Aufl. 2011, Art. 4 EUV Rn. 43.

1410 EuGH v. 19.11.1991, Rs. C-6/90 u. C-9/90, Slg. 1991, I – 5357, Rn. 39.

te.[1411] Dies unterstreicht jedoch nur die eigenständige Funktion der Unionstreue, auch in der Abwesenheit unmittelbar wirksamer europäischer Verpflichtungen.[1412]

Hintergrund dieser Diskussion ist die kontroverse Frage, ob aus der Unionstreue eine Kompetenz zur Rechtserweiterung ableitbar ist und den Gerichtshof zur Schaffung neuer Rechtsinstitute ermächtigt.[1413] Diese Problematik wird hier aber nicht virulent, da der Mitgliedsstaat selbst, freiwillig, eine Haftung begründen möchte und damit keine Kompetenzüberschreitung der Union im Raum steht. Der Mitgliedsstaat verfügt über alle Rechtsmacht seine Rechtsordnung zu erweitern.

Die Unionstreue kann somit eigenständige Handlungspflichten begründen.

(3) Konkrete Pflicht zur Etablierung einer Vertrauenshaftung

Die Mitwirkungs- und Kooperationspflicht[1414] der Unionstreue könnte den Mitgliedsstaat dazu verpflichten, einen nationalen Ersatzanspruch für das Vertrauen auf unionsrechtswidrige Gesetze einzuführen. Aus Art. 4 Abs. 3 EUV folgt die Pflicht des nationalen Gesetzgebers erforderlichenfalls das nationale Recht so zu ändern, oder sogar aufzuheben, dass sich die Verpflichtungen des Unionsrechts in ihre volle Wirksamkeit entfalten können (dazu schon unter Teil 2, Kapitel 6, II., 2., b).[1415]

(a) Obliegenheit zur Folgenbeseitigung

Die Verpflichtung zur Etablierung einer Vertrauenshaftung könnte sich aus dem Gedanken einer Folgenbeseitigungspflicht ergeben. Der Gerichtshof erkennt an, dass die Verpflichtung der Mitgliedsstaaten, alle geeigneten Maßnahmen zur Erfüllung ihrer unionalen Pflichten zu ergreifen, auch diejenige umfasst, die Folgen eines Unionsrechtsverstoßes zu beseitigen.[1416] Damit einhergeht auch die Verpflichtung gegebenenfalls Ersatz zu leisten.[1417] Diese Obliegenheit zur Folgenbeseitigung könn-

---

1411 *Cornils*, Der gemeinschaftsrechtliche Staatshaftungsanspruch, 1995, S. 245.

1412 Dennoch kann ein Konkretisierungsbedürfnis der Unionstreue nicht grundlegend von der Hand gewiesen werden s. dazu *Lück*, Die Gemeinschaftstreue als allgemeines Rechtsprinzip im Recht der Europäischen Gemeinschaft, 1992, S. 107 ff.

1413 Vgl. zur Frage, ob der effet utile zur Begründung der Haftung der Mitgliedsstaaten für Verstöße gegen das Unionsrecht herangezogen werden kann *Lembach*, Grundlagen und Ausgestaltung gemeinschaftsrechtlicher Staatshaftung, 2003, S. 89 ff., 107 ff.; dies annehmend etwa v. *Bogdandy*, Rechtsfortbildung mit Artikel 5 EG-Vertrag, in: Randelzhofer/Scholz/Wilke (Hrsg.), Gedächtnisschrift für Eberhard Grabitz, 1995, S. 17 (20 f.), freilich sind dabei gewisse Grenzen einzuhalten.

1414 Dazu etwa: *Marauhn*, Unionstreue, in: Schulze/Zuleeg/Kadelbach, (Hrsg.), Europarecht, 3. Aufl. 2015, § 7 Rn. 13 ff.

1415 *Lück*, Die Gemeinschaftstreue als allgemeines Rechtsprinzip im Recht der Europäischen Gemeinschaft, 1992, S. 26 ff.

1416 Bereits EuGH v. 16.12.1960, Rs. 6/60, Slg. 1960, 1169, 1185 f.; jüngst etwa EuGH v. 28.02.2012, Rs. C-41/11, NVwZ 2012, 553 ff., Rn. 43.

1417 EuGH v. 19.11.1991, Rs. C-6/90 u. C-9/90, Slg. 1991, I – 5357, Rn. 36; EuGH v. 05.03.1996, Rs. C-46/93 u. C-48/93, Slg. 1996, I – 1029, Rn. 67.

te einen Haftungsanspruch umfassen. Allerdings bezieht sich diese Pflicht ihrem primären Sinn und Zweck nach auf die Folgen, die sich unmittelbar aus dem Unionsrechtsverstoß ergeben. Es müssen nur die Folgen für den Bürger beseitigt werden, der vom Unionsrecht begünstigt wird. Das Gebot der Folgenbeseitigung wurde damit bereits durch eine rückwirkende Nichtanwendung des Gesetzes beachtet und der unionsrechtskonforme Zustand wiederhergestellt. Die Folgenbeseitigungspflicht umfasst darüber hinaus nur Konsequenzen, die sich durch die rückwirkende Nichtanwendung nicht beheben lassen. Schäden, die durch ein Vertrauen auf die nationale Gesetzeslage entstanden sind, sind nicht vom Schutzzweck der Folgenbeseitigungspflicht erfasst.

(b) Obliegenheit zur Sanktion

Aber aus einem anderen Gesichtspunkt könnte sich ein unionsrechtliches Gebot des Ausgleiches ergeben. Der Gerichtshof statuiert auch eine Verpflichtung zur Einführung eines Sanktionsmechanismuses, um die Befolgung des Unionsrechts zu sichern. Diese besteht zum einen gegenüber dem Mitgliedsstaat selbst, sowie gegenüber dem Mitgliedsstaat als Verpflichtung gegenüber seinen Bürgern. Auch die Befolgung des Unionsrechts durch Private muss vom Nationalstaat gefördert werden. Hat der Mitgliedsstaat zu erwarten, dass dem Unionsrecht nicht folgegeleistet wird, muss er durch Sanktionen den Verpflichtungen Nachdruck verleihen und durch wirksame verhältnismäßige und abschreckende Sanktionen die Befolgung sichern.[1418] Eine Pflicht Strafmaßnahmen zu verhängen kann auch unabhängig von einer expliziten unionsrechtlichen Verankerung bestehen. Mitgliedsstaaten sind dazu gehalten die Beachtung des Unionsrechts durch effektive Mechanismen zu fördern.[1419]

Daraus wird deutlich, dass die Sicherung der wirksamen Umsetzung des Unionsrechts durch Sanktion ein zentrales Instrument zur Wahrung der Unionstreue darstellt.[1420]

Auch die Etablierung einer nationalen Vertrauenshaftung dient der Sicherung der innerstaatlichen Wirkung des Unionsrechts.[1421] Dies mag auf den ersten Blick verwundern, da das Unionsrecht gegen den Bürger streitet und die unionsrechtliche Wirkung sich – vermeintlich – bereits mithilfe der rückwirkenden Nichtanwendung durchgesetzt hat. Aber bei eingehenderer Betrachtung zeigt sich, dass

---

1418 EuGH v. 08.07.1999, Rs. C-186/98, Slg. 1999, I – 4883, Rn. 14; EuGH v. 07.12.2000, Rs. C-213/99, Slg. 2000, I – 11083, Rn. 19; EuGH v. 18.10.2001, Rs. C-354/99, Slg. 2001, I – 7657, Rn. 46; EuGH v. 16.10.2003, Rs. C-91/02, Slg. 2003, I – 12077, Rn. 17.

1419 EuGH v. 21.09.1989, Rs. 68/88, S1g. 1989, 2965 Rn. 24; EuGH v. 18.10.2001, Rs. C-354/99, Slg. 2001, I – 7657, Rn. 46 in Bezug auf Richtlinien; EuGH v. 15.01.2004, Rs. C-230/01, Slg. 2004, I – 937, Rn. 36.

1420 S. auch *Lück*, Die Gemeinschaftstreue als allgemeines Rechtsprinzip im Recht der Europäischen Gemeinschaft, 1992, S. 30 f. in Bezug auf Richtlinien.

1421 So auch *Hamenstädt*, EuR 2011, 263 (266) ohne nähere Begründung.

dieser Ersatzanspruch einen Sanktionseffekt für den Mitgliedsstaat hat, der nicht nur die Befolgungsbereitschaft fördert, sondern auch für eine volle Wirksamkeit des Unionsrechts erforderlich ist (s. zur ganzen Problematik oben schon ausführlich unter Teil 1, Kapitel 3, IV.).

In den Fällen einer richtlinienkonformen rückwirkenden Rechtsfortbildung kommt es zu einer Haftungsverlagerung auf Private, welche in einer Enthaftung des Staates von den Grundsätzen der *Francovich*-Doktrin mündet.[1422] Nur durch die Etablierung eines neuen Ersatzanspruches können Haftungslücken geschlossen werden, um den Anreiz der sofortigen fehlerfreien Richtlinienumsetzung zu gewährleisten. Zudem wird auch eine rückwirkende Rechtsfortbildung den Anforderungen des Unionsrechts nicht vollumfänglich gerecht. Im Zusammenhang mit dem Transparenzgebot kann es erforderlich sein, dass der Gesetzgeber eine eindeutige, klare Norm erlässt und nicht nur das Normverständnis gewandelt wird. Dieser Verpflichtung wird Nachdruck verliehen, wenn dem Bürger ein Schadensersatzanspruch zugebilligt wird, mit dem er dem Unionsrecht zur vollen Wirksamkeit verhilft. Der Gesetzgeber wird sich – aufgrund des Damoklesschwertes einer möglichen Haftung – nicht auf der Möglichkeit der Rechtsfortbildung ausruhen und eine vollumfängliche Umsetzung forcieren.[1423] Der Vertrauensersatzanspruch hat damit eine eigenständige Funktion der Sicherung der Wirksamkeit des Unionsrechts.[1424] Ein Haftungsanspruch nach der *Francovich*-Doktrin vermag keinen Sanktionseffekt mehr zu entfalten, da durch die unionsrechtskonforme Auslegung die begünstigende Partei ihr Recht erhalten hat und damit nicht mehr gegen den Vertragsverstoß vorgehen wird.[1425] Hinzutritt, dass durch die teilweise Umsetzung der Verpflichtung vermutlich die hinreichende Qualifikation des Rechtsverstoßes verlustig geht.

Somit streiten der Sanktionscharakter einer Vertrauenshaftung und sein Effekt zur Sicherung der vollen Wirksamkeit des Unionsrechts aus europäischer Perspektive für eine nationale Einführung.

1422 Vgl. bzgl eines Gerechtigkeitsgedankens *GA Jacobs*, Schlussanträge v. 27.01.2000, RS. C-443/98, Slg. 2000, I – 7535, Rn. 100.

1423 Gedanke auch bei *Baldauf*, Richtlinienverstoß und Verschiebung der Contra-legem-Grenze im Privatrechtsverhältnis, 2013, S. 256 f.

1424 So auch *Schinkels*, JZ 2011, 394 (398); *Nettesheim*, WM 2006, 457 (459); *Rosenkranz*, Die Beschränkung der Rückwirkung von Entscheidungen des Europäischen Gerichtshofs, 2015, S. 507 sieht aber auch die Gefahr, dass dadurch der Anreiz der Privaten sich am Unionsrecht zu orientieren sinkt, S. 508.

1425 Gedanke bei *Nettesheim*, WM 2006, 457 (459); einschränkend *Rosenkranz*, Die Beschränkung der Rückwirkung von Entscheidungen des Europäischen Gerichtshofs, 201, S. 508 f., der Gedanke der Umgehung der *Francovich*-Haftung durch Haftungsverlagerung auf Private, könne nur als Argument greifen, wenn auch tatsächlich im Falle der unterlassenen Konformauslegung eine Haftung für den Mitgliedsstaat bestehe. Dies sei aber nur in selten Konstellationen der Fall, bei einem hinreichend qualifizierten Rechtsverstoß.

(c) Obliegenheit eines effektiven Rechtsschutzes

Die Unionstreue umfasst zudem die Verpflichtung, effektiven Rechtsschutzes zu sichern als Teil der Mitwirkungsverpflichtung der innerstaatlichen Gerichte.[1426] Ob sich hieraus ein Gebot der Schaffung eines Ersatzanspruches ergibt, soll im Zusammenhang mit dem Aspekt des Individualrechtsschutzes behandelt werden.

Die aus der Unionstreue abzuleitende Verpflichtung der Mitgliedsstaaten individualrechtsbeeinträchtigende Maßnahmen zu unterlassen[1427] greift vorliegend nicht durch. Ein Haftungsanspruch des betroffenen Bürgers würde seine Rechte nur erweitern und die Rechte des europarechtlich Begünstigten nicht beeinträchtigen.

(4) Fazit

Der Grundsatz der Unionstreue begründet zwar auch Handlungsverpflichtungen der Mitgliedsstaaten, wie die Verpflichtung zur Etablierung geeigneter Sanktionsmechanismen, um die Wirksamkeit des Unionsrechts zu gewahrleisten, hieraus lassen sich jedoch nur schwerlich konkrete Handlungsverpflichtungen ableiten. Es besteht eine Verpflichtung der Mitgliedsstaaten im Interesse der Verwirklichung der Ziele der Union tätig zu werden.[1428] Dabei obliegt dem Mitgliedsstaat ein Gestaltungsspielraum bei der Wahl der geeigneten Mittel.[1429] Ein konkretes Gebot kann nur entstehen, wenn der Ermessensspielraum auf Null reduziert ist.[1430] Eine Pflicht zur Etablierung einer nationalen Vertrauenshaftung besteht daher nur, wenn keine anderen geeigneten Mittel zu Verfügung stehen. Es erscheint fraglich, ob eine derartige Konkretisierung eingetreten ist. Es hat sich aber gezeigt, dass ein Haftungsanspruch zumindest die Verwirklichung des Unionsrechts fördert und damit der Grundsatz der Unionstreue für die Einführung eines Ersatzanspruches streitet.

b) Individualrechtsschutz

aa) Das Prinzip

Nicht nur der Grundsatz der Unionstreue unterstreicht eine Haftung für Vertrauensschäden, sondern auch das Prinzip des Individualrechtsschutzes.

1426 Dazu *Säuberlich,* Die außervertragliche Haftung im Gemeinschaftsrecht, 2005, S. 60; *v. Danwitz*, NJW 1993, 1108 ff.

1427 S. dazu *Lück*, Die Gemeinschaftstreue als allgemeines Rechtsprinzip im Recht der Europäischen Gemeinschaft, 1992, S. 66 f.

1428 Gedanke in EuGH v. 10.07.1980, Rs. 32/79, Slg. 1980, 2403, Rn. 15; EuGH v. 05.05.1981, Rs. 804/79, Slg. 1981, 1045, Rn. 30.

1429 EuGH v. 07.12.2000, Rs. C-213/99, Slg. 2000, I – 11083, Rn. 19; EuGH v. 18.10.2001, Rs. C-354/99, Slg. 2001, I – 7657, Rn. 46; EuGH v. 16.10.2003, Rs. C-91/02, Slg. 2003, I – 12077, Rn. 17.

1430 Beispiele in: *Kahl*, in: Calliess/Ruffert (Hrsg.), EUV/AEUV, 4. Aufl. 2011, Art. 4 EUV Rn. 43.

Individualrechtsschutz ist ein allgemeiner Grundsatz des Unionsrechts.[1431] Die Sicherung individueller Rechte wird sowohl auf primärrechtlicher Ebene in Gestalt von Individualrechtsschutz[1432], als auch auf der Sekundärebene in Form eines Ersatzanspruchs bei Rechtsverletzung gewährleistet.[1433] Der Schutz der durch das Unionsrechts verliehenen Rechte würde gemindert, wenn sich der Individualrechtsschutz auf primärer Ebene erschöpfte.[1434] Das Eingreifen eines Haftungsanspruchs in Ermangelung vom primären Rechtsschutz kann auch als Ausprägung eines allgemeinen Justizgewährungsanspruchs begriffen werden.[1435] Auch der EuGH leitet aus dem allgemeinen Rechtsschutzgewährungsanspruch unter bestimmten Voraussetzungen den Anspruch auf Sekundärrechtsschutz ab.[1436] Staatshaftung ist ein „denknotwendiger Annex des Rechtsschutzes“[1437]. Generell nimmt der EuGH zum Schutze Einzelner eine extensive Auslegung der Vertragsnormen im Bereich des Rechtsschutzes vor.[1438]

Die Bedeutung des Individualrechtsschutzes tritt in neuerer Zeit vermehrt in den Vordergrund der Haftungsbegründung. So statuiert der EuGH den Schutz individueller Rechte als Basis der Haftung der Mitgliedsstaaten und nicht etwa den Sanktionscharakter für den Treue brechenden Nationalstaat.[1439] Teils wird der Schutz individueller Rechte sogar als allein tragfähige Haftungsbegründung angesehen.[1440] Diese Überlegungen vermögen jedoch nicht die Verklammerung des Systems des Individualrechtsschutzes mit der Durchsetzung des Unionsrechts völlig von der Hand zu weisen. Freilich verhilft der Einzelne durch seine Klage vor dem nationalen Gericht dem objektiven Unionsrecht zu seiner vollen Wirksamkeit (dazu ausführlicher unter cc)).[1441]

1431 Dazu *Grzeszick*, Rechte und Ansprüche, 2002, S. 513 ff.

1432 Das Institut der unmittelbaren Anwendbarkeit sichert die Möglichkeit, sich vor den nationalen Gerichten auf unionsrechtliche Vorschriften zu berufen, da das Europarecht von den Behörden und Gerichten zu beachten ist.

1433 Erstmals in: EuGH v. 19.11.1991, Rs. C-6/90 u. C-9/90, Slg. 1991, I – 5357, Rn. 34.

1434 EuGH v. 19.11.1991, Rs. C-6/90 u. C-9/90, Slg. 1991, I – 5357, Rn. 33.

1435 *Martin-Ehlers*, EuR 1996, 376 (382).

1436 S. dazu *Ukrow*, NJW 1994, 2469 (2470),

1437 *Martin-Ehlers*, EuR 1996, 376 (384).

1438 S. dazu *Schwarze*, Der Anspruch auf effektiven gerichtlichen Rechtsschutz im europäischen Gemeinschaftsrecht, in: Grote/Härtel (Hrsg.), Festschrift für Christian Starck zum siebzigsten Geburtstag, 2007, S. 645 (648).

1439 EuGH v. 17.04.2007, Rs. C-470/03, Slg. 2007, I – 2749, Rn. 88; auch *Hidien*, Die gemeinschaftsrechtliche Staatshaftung der EU-Mitgliedstaaten, 1999, S. 15; *Säuberlich*, Die außervertragliche Haftung im Gemeinschaftsrecht, 2005, S. 15 sieht den Haftungsgrund vorrangig im Individualrechtsschutz und nicht in der objektiven Rechtssicherung.

1440 So *Grzeszick*, Rechte und Ansprüche, 2002, S. 508 ff.; sowie *Eilmansberger*, Rechtsfolgen und subjektives Recht im Gemeinschaftsrecht, 1997, S. 42 ff.

1441 EuGH v. 05.02.1963, Rs. 26/62, Slg. 1963, 3, 26.

bb) Verpflichtung zur Einrichtung eines neuen Rechtsbehelfs

Der Gerichtshof erkennt eine Verpflichtung zum Schutze unionsrechtlicher Rechte als Ausprägung des Grundsatzes der Unionstreue an. Diese Verpflichtung zur Etablierung neuer Rechtsschutzmöglichkeiten ist jedoch nicht unbeschränkt. Grundsätzlich fordert das Unionsrecht keine weiteren als die bestehenden nationalen Klagearten. Eine Ausnahme ist in den Fällen geboten, wenn es keinen nationalen Rechtsbehelf gibt, der auch nur inzident die Individualrechte sichert. Das Recht auf effektiven Rechtsschutz muss gewahrt bleiben.[1442] Der EuGH sieht es als Aufgabe der Mitgliedsstaaten an, bestehende Rechtsschutzlücken zu schließen und effektiven Rechtsschutz zu gewähren.[1443]

Der Gerichtshof etablierte in der Rechtssache *Francovich* einen Haftungsanspruch des Bürgers und erweiterte das Repertoire des Individualrechtsschutzes um sekundärrechtliche Ansprüche. Dieser lässt sich aber nicht allein aus dem Gedanken einer reinen Rechtsschutzsicherung in dem Sinne verstehen, dass im Falle des nicht möglichen primären Rechtsschutzes, zumindest auf sekundärrechtlicher Ebene, ein Ersatzanspruch geschaffen werden soll. Der Ersatzanspruch beschränkt sich nicht nur auf nicht unmittelbar anwendbares Unionsrecht, welches dem Primärrechtschutz entzogen ist, sondern erstreckt sich auch auf Verstöße gegen unmittelbar anwendbares Recht (s. oben). Der Gedanke, dass der Sekundärrechtsschutz grundsätzlich nur dann als unerlässlich anzusehen ist, wenn anderenfalls kein Rechtsschutz bestünde, ist ad acta gelegt.[1444] Sekundärrechtsschutz ist mithin in den meisten Fällen eine Optimierung des Rechtsschutzes.[1445]

Als problematisch erweist sich in diesem Zusammenhang die Ableitung der konkreten Rechtsfolge der Staatshaftung als Mittel eines effektiven Individualrechtsschutzes.[1446] In der Rechtssache *Francovich* war die Etablierung eines Haftungsanspruches die einzige Möglichkeit effektiven Rechtsschutz zu gewähren, da eine unmittelbare Berufung auf die Richtlinie mangels Bestimmbarkeit des Schuldners nicht in Betracht kam. Eine Normenerlassklage als primäre Rechtsschutzmöglichkeit stellte ebenfalls kein taugliches Mittel dar. Ein Gericht kann keine Norm erlassen und dabei den Gestaltungsspielraum der Richtlinie an Gesetzgeber statt ausfüllen. Es ist einzelfallabhängig, ob eine Haftung die einzige effektive Möglich-

---

1442 EuGH v. 13.03.2007, Rs. C-432/05, Slg. 2007, I – 2271, Rn. 38 ff.

1443 EuG v. 10.12.2004, Rs. T-196/03, Slg. 2004, I – 2683, Rn. 70.

1444 *Cornils*, Der gemeinschaftsrechtliche Staatshaftungsanspruch, 1995, S. 184 f.

1445 *Cornils*, Der gemeinschaftsrechtliche Staatshaftungsanspruch, 1995, S. 186 schon in der Rechtssache *Francovich* spricht der EuGH von einer Gefahr der Minderung des Rechtsschutzes des Einzelnen: EuGH v. 19.11.1991, Rs. C-6/90 u. C-9/90, Slg. 1991, 5357, Rn. 34.

1446 *v. Damvitz*, JZ 1994, 335 (339); a.A. *Albers*, Die Haftung der Bundesrepublik Deutschland für die Nichtumsetzung von EG-Richtlinien, 1995, S. 133 f., effektiver Rechtsschutz sei nur durch Staatshaftung möglich – allerdings nur in Bezug auf die Nichtumsetzung von Richtlinien.

keit des Rechtsschutzes darstellt.[1447] Bestehen noch weitere Möglichkeiten erscheint die Wahl des Mittels nicht zwingend. Eine Verpflichtung der Mitgliedsstaaten zur Verankerung eines nationalen Ersatzanspruches lässt sich daher freilich nur dann annehmen, wenn der Betroffene keinerlei primären Rechtsschutz erlangen kann.

Primärrechtsschutz kann der Vertrauende bei unmittelbar anwendbarem Unionsrecht nur vor dem EuGH ersuchen. Dieser beansprucht das Monopol über die zeitliche Wirkung seiner Entscheidungen. Dieser Schutz ist jedoch aufgrund der Wirksamkeit des Unionsrechts auf seltene Ausnahmefälle beschränkt (s. dazu oben). In Bezug auf Richtlinien besteht zwar eine nationale Möglichkeit des Primärrechtsschutzes, diese ist aber auf die methodischen Grenzen richtlinienkonformer Auslegung beschränkt. Hinzu tritt, dass von dieser Möglichkeit zur Berücksichtigung fachgerichtlich nur sehr zurückhaltend Gebrauch gemacht wird. Es zeichnet sich daher eine starke Tendenz einer Vergleichbarkeit mit dem Ausschluss vom primären Rechtsschutz ab.

Auch außerhalb eines vollständigen Rechtsschutzdefizites kann der Individualrechtsschutz einen sekundärrechtlichen Anspruch gebieten. Aber selbst wenn man eine solche Verpflichtung ablehnen sollte und vorliegend keine unionsrechtliche konkrete Verpflichtung ableitet, so ist der Ersatzanspruch zumindest im Rahmen einer Rechtsschutzoptimierung geboten. Das Unionsrecht vermag ihn zwar dann nicht zu gebieten, aber zu fördern.

Bezüglich dieses Optimierungsbestrebens des Gerichtshofs vermag *Cornils* einen strikten Zusammenhang zur Effektivierung des Unionsrechts zu erkennen. Das Optimierungsbemühen des EuGH verfolge dieser jedoch nicht in einer Allgemeingültigkeit, sondern sehe ein Optimierungsbedürfnis nur in den Fällen, in denen die Verbesserung des Rechtsschutzes zu einer gesteigerten Durchsetzung der Wirksamkeit des Unionsrechts führt. Das Schutzniveau eines effektiven Rechtsschutzes variiere, je nachdem, ob Individualinteresse am Rechtsschutz und Unionsinteresse an der Wirksamkeit kongruent seien. Das Schutzniveau hänge damit von der Materie ab und habe sich wohl von dem Individuum als alleinige Orientierungsgröße gelöst und diene als Instrument zur Durchsetzung der Unionsziele. Das unionale Schutzniveau könne daher sogar unterhalb des der Mitgliedsstaaten liegen, wenn dies der Durchsetzung des Unionsrechts dienlich sei. Beispielhaft ist auf die Rechtsprechung zur Rückzahlung von unionsrechtswidrig gewährten Beihilfen zu verweisen, welche den nationalen Vertrauensschutz erheblich einschränkt. Der Unterschied zeigt sich aber auch im Vergleich zwischen der Rückforderung nationaler Beihilfen und Unionsbeihilfen. Die Rückforderung von Unionsbeihilfen wird einer nicht so strengen Erstattungspflicht unterworfen und Vertrauensschutz weitreichendere Beachtung finden aufgrund eines im Vergleich zu nationalen Beihilfen niedrigeren Gefährdungpotenzials für den Binnenmarkt. Es besteht nur eine verminderte Gefahr, dass die Mitgliedsstaaten vorsätzlich unionsrechtswidrige Beihilfen gewähren. Das Schutz-

---

1447 S. *Albers*, Die Haftung der Bundesrepublik Deutschland für die Nichtumsetzung von EG-Richtlinien, 1995, S. 133 f.

niveau kann also als Ergebnis einer Abwägung aufgefasst werden. Je mehr das Individualinteresse der unionsrechtlichen Rechtsdurchsetzung nützt, desto höher ist das Schutzniveau.[1448]

Bei einem Haftungsanspruch für das Vertrauen auf unionsrechtswidrige Gesetze läuft das Interesse der Union parallel mit dem Interesse des Vertrauenden. Daher spricht einiges für ein Optimierungsgebot. Durch den Ersatzanspruch wird eine Umgehung der *Francovich*-Rechtsprechung mittels Haftungsüberlagerung auf Private vermieden und die Beachtung des Transparenzgebotes gefördert (s. oben).

Diese Überlegungen leiten über zu einer Betrachtung der eigenständigen Bedeutung des Individualrechtsschutzes und damit dessen Tragfähigkeit als Haftungsargument.

cc) Eigenständige Bedeutung gegenüber der Effektivierung

Die Bedeutung der Individualrechte wird grundsätzlich kontrovers betrachtet. Teilweise wird die Zuerkennung von individuellen Rechten nur als Mechanismus des Gerichtshofs erachtet, um die objektive Durchsetzung des Unionsrechts zu fördern und neben dem Vertragsverletzungsverfahren weitere Sanktionsmittel einzuführen, um die Durchsetzung des Unionsrechts vor den nationalen Stellen zu gewährleisten.[1449] Dem Individuum wird nicht um seiner willen eine Rechtsposition eingeräumt. Eine Kontrollwirkung wird nicht nur als Reflex, sondern als Ziel der Einräumung subjektiver Rechte angesehen.[1450] Die Stärkung der Position des Einzelnen diene der Durchsetzung des Unionsrechts, es wird von einer „Erweiterung des Kompetenzbereiches“ als Hintergrund der Etablierung subjektiver Rechte gesprochen.[1451]

Beschränkte sich die Bedeutung des Individualrechtsschutzes auf diese Funktion, vermag sie keine eigenständige Haftungssäule darzustellen und nur den Gedanken der Effektivierung des Unionsrechts zu unterstreichen.

Auch in der Rechtssache *Francovich* wird der Haftungsgrund nicht im Schutz der individuellen Rechte, also einer Verletzung des subjektiven Anspruchs des Einzelnen aus der Richtlinie gesehen, sondern in der Verletzung der Umsetzungsverpflichtung, also der Missachtung des Primärrechts.[1452] Die Haftung sei weitreichender als der Er-

---

1448 Dazu insgesamt *Cornils*, Der gemeinschaftsrechtliche Staatshaftungsanspruch, 1995, S. 186 ff.

1449 *Masing*, Die Mobilisierung des Bürgers für die Durchsetzung des Rechts, 1997, S. 19 ff.

1450 *Masing*, Die Mobilisierung des Bürgers für die Durchsetzung des Rechts, 1997, S. 46 in Bezug auf die Direktwirkung von Richtlinien, S. 50 f.

1451 *v. Danwitz*, Verwaltungsrechtliches System und Europäische Integration, 1996, S. 108.

1452 *Maurer*, Staatshaftung im europäischen Kontext, in: Ebenroth (Hrsg.), Festschrift für Karlheinz Boujong zum 65. Geburtstag, 1996, S. 591 (595). Das subjektive Recht auf Umsetzung bezieht der EuGH jedoch nicht aus der Umsetzungsverpflichtung des Art. 2888 III AEUV, sondern aus dem subjektiven Charakter der Richtlinie,

füllungsanspruch bei horizontalen Richtlinien. Daher könne der Schutz individueller Rechte nicht primärer Haftungsgrund sein. Die Verpflichtung der Mitgliedsstaaten zur Richtlinienumsetzung sei zentrales Anliegen der Union. Ein Individualrecht des Unionsbürgers allgemein auf Umsetzung von Richtlinien bestehe nicht.[1453]

Dennoch ist nicht von der Hand zu weisen, dass der Schutz des Individuums zumindest neben die Sicherung des objektiven Unionsrechts tritt und wohl im Begriff ist, sich als eigenständiger Rechtsgrund zu etablieren. Eine deutliche Fokussierung des Individualrechtsschutzes auf die Durchsetzung des Unionsrechts erscheint jedoch zu engstirnig und den Wandelungen des Unionsrechts nicht mehr gerecht zu werden.

Die Notwendigkeit eines unionalen Ausflusses subjektiv-rechtlicher Positionen ist bereits Konsequenz der Übertragung von hoheitlichen Befugnissen auf die Union zur Regelung von individuellen Lebenssachverhalten.[1454] Das Unionsrecht normiert Gegenstandsbereiche, die individuelle Interessen tangieren. Anzuführen sei beispielhaft der Binnenmarkt. In der Verwirklichung des Binnenmarktes ist weitreichend bereits das Ziel des Schutzes individueller Rechte inhärent. Der Individualrechtsschutz stellt ein eigenes Vertragsziel dar.[1455] Auch einer Analyse der Rechtsprechung zu unionalen Grundrechten, der Unionsbürgerschaft sowie den Grundfreiheiten lässt sich diese Tendenz entnehmen.[1456] Es besteht freilich eine Wechselwirkung zwischen den Zielen der Union und den Individualinteressen in dem Sinne, dass das Individuum die objektive Durchsetzung des Unionsrechts oftmals besser erreichen kann, als ein Vertragsverletzungsverfahren durch die Kommission. Individualrechtsschutz muss aber dennoch als selbstständiges Ziel des Unionsrechts anerkannt werden.[1457]

Zudem zeigt auch eine eingehende Betrachtung der Rechtsprechung zum effet utile, dass der Effektivitätsgrundsatz ebenso vom Ziel des Individualrechtsschutzes getragen ist.[1458] Der effet utile wird vom EuGH zumeist im Zusammenhang mit einer

---

Seltenreich, Die Francovich-Rechtsprechung des EuGH und ihre Auswirkungen auf das deutsche Staatshaftungsrecht, 1997, S. 63.

1453 *Cornils*, Der gemeinschaftsrechtliche Staatshaftungsanspruch, 1995, S. 236.

1454 Dazu *v. Oettingen*, Effet utile und individuelle Rechte im Recht der Europäischen Union, 2009, S. 97 f. sowie S. 120 f.

1455 Hierzu *v. Oettingen*, Effet utile und individuelle Rechte im Recht der Europäischen Union, 2009, S. 118 ff. In EuGH v. 05.02.1963, Rs. 26/62, Slg. 1963, 1, 26 hat der Gerichtshof konstatiert, dass neben das Vertragsverletzungsverfahren weitere Rechtsschutzgarantien treten müssen, da andernfalls kein Schutz individueller Rechte möglich ist.

1456 *v. Oettingen*, Effet utile und individuelle Rechte im Recht der Europäischen Union, 2009, S. 121 ff.

1457 *v. Oettingen*, Effet utile und individuelle Rechte im Recht der Europäischen Union, 2009, S. 121; *Jacob/Kottmann*, in: Grabitz/Hilf/Nettesheim (Hrsg.), EUV/AEUV, Bd III, 57. EGL 2015, Art. 340 AEUV Rn. 140 f., 147.

1458 So *v. Oettingen*, Effet utile und individuelle Rechte im Recht der Europäischen Union, 2009, S. 126 f.

Sicherung des Individualrechtsschutzes angeführt. Daher sieht *v. Oettingen* auch den Individualrechtsschutz als treibende Kraft der Effektivierung und geht sogar noch einen Schritt weiter, indem sie ihn als Grundbedingung einer vom effet utile getragenen Argumentation ansieht.[1459]

dd) Subjektivrechtliche Rechtsposition

Um den Individualrechtsschutz als Grundlage einer Haftung anzusehen, bedarf es dogmatisch zunächst einer individuellen verbindlichen Rechtsposition, die den Einzelnen mit der Rechtsmacht ausstattet, diese Position gegenüber dem Staat durchzusetzen. Als weitere Voraussetzung ist es erforderlich, dass dieses Recht auch einen materiellen Gehalt aufweist, der im Falle seiner Verletzung Folgenreaktionsansprüche gebietet.[1460] Die sanktionsbewehrte Durchsetzung eines Rechts ist maßgebend für seine Wertigkeit.[1461]

Der EuGH hat zahlreiche „subjektive" Rechtspositionen anerkannt, sowohl im Primärrecht – wie etwa die Grundfreiheiten –, als auch im Sekundärrecht beispielsweise als Ausfluss einer Richtlinie, die dem Einzelnen eine Durchsetzung gegenüber dem Mitgliedsstaat erlaubt.[1462]

Damit aus dem subjektiven Recht das Erfordernis eines Haftungstatbestandes ableitbar ist, bedarf es eines materialen Gehalts, der gegenüber Beeinträchtigungen umfassend geschützt ist. Dieser muss aus dem jeweiligen Recht einzeln hergeleitet werden.[1463] Der materiale Gehalt lässt sich auch als Schutzzweck umschreiben.[1464] Einen solchen umfassenden Gehalt weisen etwa die Grundfreiheiten sowie die Grundrechte auf. Auch die Verletzung von unmittelbar anwendbarem Richtlinienrecht sowie die Nichtumsetzung horizontalen Richtlinienrechts kann eine Haftung nach sich ziehen, wenn die Richtlinienbestimmung einen materialen Gehalt aufweist.[1465] Staatshaftung wird teils als Bestandteil des Schutzes subjektiver Rechte anerkannt und die Ableitung eines Staatshaftungsanspruchs im Wege richterrecht-

1459 *v. Oettingen*, Effet utile und individuelle Rechte im Recht der Europäischen Union, 2009, S. 141 ff., Untersuchung aber nur im Zusammenhang mit der unmittelbaren Wirkung von Richtlinien.

1460 *Grzeszick*, Rechte und Ansprüche, 2002, S. 513 f.; umfassende Untersuchung dazu *Eilmansberger*, Rechtsfolgen und subjektives Recht im Gemeinschaftsrecht, 1997, S. 60 ff.

1461 *Grzeszick*, EuR 1998, 417 (419).

1462 *Grzesizick*, EuR 1998, 417 (428). Der EuGH versteht unter einem Individualrecht kein subjektives Recht nach nationaler Rechtsdogmatik, sondern stellt wohl geringere Anforderungen, dazu unter Teil 3, Kapitel 1, III., 1., a).

1463 *Grzeszick*, Rechte und Ansprüche, 2002, S. 514. f.

1464 *Grzeszick*, Rechte und Ansprüche, 2002, S. 516 f. Schutzzweckerwägungen zur Ermittlung einer Individualrechtsposition stellt auch der EuGH an. *GA Mischo* stellt im Verfahren *Francovich* auf den Schutzzweck der Norm ab, Schlussanträge v. 28.05.1991, Rs. C-6/90 u. C-9/90, Slg. 1991, I – 5357, 5398.

1465 *Grzeszick*, Rechte und Ansprüche, 2002, S. 520 f.

licher Rechtsfortbildung befürwortet.[1466] Aus der subjektivrechtlichen Qualität leite sich ein umfassendes Rechtschutzgewährungsgebot ab.[1467] Ersatzansprüche seien notwendiger Bestandteil des Schutzes individueller Rechte.[1468] Ein materialer Gehalt wird dabei auch auf den effet utile gestützt, der bei Verletzung eines subjektiven Rechts auch Rechtsschutz auf sekundärrechtlicher Ebene fordere.[1469]

Allerdings wird man bei der Zuerkennung eines umfassenden materialen Gehalts Zurückhaltung walten lassen müssen. Der Gerichtshof ist bei der Zuerkennung individueller Rechte extensiv eingestellt und lässt im Grundsatz die unmittelbare Wirkung der Norm meist ausreichen für ein Individualinteresse (dazu unter Teil 3, Kapitel 10, II., 1., a)). Dies ist auch aus unionsrechtlicher Perspektive effizient, da durch die subjektiv-rechtliche Position den unionsrechtlichen Bestimmungen – vermittelt durch den Betroffenen – vor den nationalen Gerichten zu ihrer Durchsetzung verholfen wird. Konsequenterweise müssen dann aber an einen materialen Gehalt, der über die Durchsetzung hinausgeht, strengere Anforderungen gestellt werden. Nicht jede individuelle Rechtsposition kann diesen Gehalt aufweisen. Maßgeblich für die Bestimmungen erscheinen Schutzzweckerwägungen.[1470]

Der vorliegend eine Haftung tragende Vertrauensschutz stellt jedoch ein derartiges unionales subjektives Recht mit einem umfänglichen materialen Gehalt dar.

Die klassischen vom Gerichtshof anerkannten individuellen Rechte wie Grundrechte und Grundfreiheiten basieren auf einer Entfaltung sowie Sicherung privater Rechte gegenüber dem Staat. Auch der Grundsatz des Vertrauensschutzes soll den Bürger spezifisch vor dem Staat schützen und stellt ein Individualrecht dar.[1471] Er gewährleistet Schutz vor unvorhersehbaren Folgen staatlichen Handelns und damit vor nicht vorhersehbaren Eingriffen in subjektive Rechtspositionen.

Dem Vertrauensschutz wird auch ein weitreichender materialer Schutzgehalt zuteil. Eine Beschränkung auf einen reinen subjektiv-rechtlichen Gehalt des Vertrauensschutzes würde seinen Schutzcharakter aushöhlen. Der Vertrauensschutzgrundsatz ist von seiner Wirkung retroperspektivisch angelegt. Der Grundsatz wird regelmäßig erst geltend gemacht, nachdem bereits ein hoheitlicher Eingriff erfolgt ist. Es geht daher nicht um die sonst klassische Situation der Durchsetzung eines bestimmten Rechts, welches dann den Rechtskreis des Betroffenen erweitert, son-

---

1466 *Grzeszick*, Rechte und Ansprüche, 2002, S. 523.

1467 EuGH v. 15.10.1987, Rs. 222/86, Slg. 1987, 4097, Rn. 14 unter Bezugnahme auf EuGH v. 15.05.1986, Rs. 222/84, Slg. 1986, 1651 ff.

1468 Erstmals in EuGH v. 15.05.1986, Rs. 222/84, Slg. 1986, 1651, Rn. 17 ff., der Gedanke eines effektiven Rechtsschutzes als Ausfluss eines subjektiven Rechts.

1469 *Seltenreich*, Die Francovich-Rechtsprechung des EuGH und ihre Auswirkungen auf das deutsche Staatshaftungsrecht, 1997, S. 62 f. Gedanke auch in EuGH v. 10.04.1984, Rs. 14/83, Slg. 1984, 1891, Rn. 18.

1470 *Eilmansberger*, Rechtsfolgen und subjektives Recht im Gemeinschaftsrecht, 1997, S. 60 ff., 72 f., zum Schutzweck der Norm S. 200 ff.

1471 Dazu *Detterbeck*, AöR 125 (2000), 202 (213 f.), zählt auch Vertrauensschutz als subjektives Recht auf.

dern primär um den Schutz des status quo. Dies hat der Grundsatz des Vertrauensschutzes mit den Grundrechten gemein, die in ihrer ursprünglichen Funktion als Abwehrrechte des Bürgers gegen den Staat konzipiert sind. Die Geltendmachung des Individualrechtsschutzes ist damit oftmals eine Folge der Verletzung und somit in seinem Gehalt auf Fehlerfolgenreaktionsansprüche ausgerichtet.[1472]

ee) Fazit

Insgesamt untermauert auch der Grundsatz des Individualrechtsschutzes eine Vertrauenshaftung. Der Vertrauensschutz ist ein unionsrechtlich anerkannter Rechtsgrundsatz, der dem Einzelnen ein „subjektives" Recht mit weitreichendem materialen Gehalt zubilligt, der auch eine Ersatzmöglichkeit miterfasst. Ein konkreter Anspruch des Individuums, gegenüber dem Mitgliedsstaat auf Etablierung einer Vertrauenshaftung im nationalen Rechtsschutzsystem, lässt sich jedoch nicht ableiten. Der Individualrechtsschutz unterstreicht eine Neuregelung aber zumindest im Sinne eines Optimierungsgebotes.

c) Effet Utile

Nachdem bereits die beiden Grundsätze der Unionstreue und des Individualrechtsschutzes untersucht wurden, soll nun versucht werden, den über allem schwebenden Grundsatz des effet utile für die Fragestellung fruchtbar zu machen.

aa) Der Grundsatz

Der effet utile Grundsatz[1473] – auch Grundsatz der vollen oder praktischen Wirksamkeit genannt[1474] – wurde bereits früh in der Rechtsprechung des Gerichtshofs entwickelt[1475] und wird zumeist als eine der teleologischen Auslegung nahestehen-

---

1472 Paralleler Gedanke bei *Eilmansberger*, Rechtsfolgen und subjektives Recht im Gemeinschaftsrecht, 1997, S. 100.

1473 S. zur allgemeinen Bedeutung *Potacs*, EuR 2009, 465 (466 f.); *Honsell*, Der „effet utile" und der EuGH, in: Bernat/Böhler/Weilinger (Hrsg.), Festschrift Heinz Krejci zum 60. Geburtstag, 2001, S. 1929 (1930 ff.); sowie zur Häufigkeit der Verwendung in der Rechtsprechung des EuGH *Tomasic*, Effet utile, 2013, S. 10 ff.

1474 Zu Begrifflichkeiten: *Streinz*, Der „effet utile" in der Rechtsprechung des Gerichtshofs der Europäischen Gemeinschaften, in: Due (Hrsg.), Festschrift für Ulrich Everling, Bd II, 1995, S. 1491 (1495 f.). Früher auch nützliche Wirkung genannt: *Seyr*, Der effet utile in der Rechtsprechung des EuGH, 2008, S. 282; *Honsell*, Der „effet utile" und der EuGH, in: Bernat/Böhler/Weilinger (Hrsg.), Festschrift Heinz Krejci zum 60. Geburtstag, 2001, S. 1929 (1934). Zu den verschiedenen Verständnisweisen als „Optimierungsgebot", „Gewährleistungsgehalt", „Prinzip der vollen Wirksamkeit", „größtmögliche Wirksamkeit des Gemeinschaftsrechts" s. *Lembach*, Grundlagen und Ausgestaltung gemeinschaftsrechtlicher Staatshaftung, 2003, S. 87.

1475 Zur historischen Entwicklung s. *Seyr*, Der effet utile in der Rechtsprechung des EuGH, 2008, S. 94 ff.

de Auslegungsregel verstanden,[1476] die die Wirksamkeit der auszulegenden Norm sicherstellen soll[1477] und dabei nicht nur bei mehrdeutigen Normen eine bestimmte Auslegungsvariante gebietet, sondern sogar das Auslegungsspektrum erweitert.[1478] Eine besondere Bedeutung wird dem effet utile im europäischen Gefüge zuteil, da die Union nicht über effektive Durchsetzungsmechanismen vergleichbar denen des Nationalstaates verfügt. Der Effektivitätsgedanke ist daher essentiell auf supranationaler Ebene.[1479] Im Kern geht es um den Gedanken, durch Auslegung die Verwirklichung der Vertragsziele und damit die Funktionsfähigkeit der Union zu gewährleisten.[1480] Das Europarecht soll gegen Gefährdungen ausgelöst durch unzureichende Umsetzungsakte der Mitgliedsstaaten geschützt[1481] und in einer effektiven und vom Unionsrecht gewollten Weise zur Anwendung gebracht werden.

Der effet utile muss dabei als eigenständige Auslegungsregel angesehen werden, der im Vergleich zu den klassischen Methoden eine spezifische, weiterreichende Funktion zuzuschreiben ist.[1482] Der Gerichtshof führt in ständiger Rechtsprechung aus, dass unter mehreren möglichen Auslegungsergebnissen, dasjenige zu wählen ist, welches den effet utile sicherstellt.[1483]

Dem effet utile können dabei als Auslegungsregel drei aufeinander aufbauende/fortschreitende Elemente zugeordnet werden.[1484] Zunächst das „Gebot der Mindestef-

---

1476 *Frenz*, Handbuch Europarecht, Bd 5, 2010, Rn. 420; *Mosiek*, Effet utile und Rechtsgemeinschaft, 2003, S. 7 f.; *Seyr*, Der effet utile in der Rechtsprechung des EuGH, 2008, S. 100 sowie S. 103 m.w.N.; *Honsell*, Der „effet utile" und der EuGH, in: Bernat/Böhler/Weilinger (Hrsg.), Festschrift Heinz Krejci zum 60. Geburtstag, 2001, S. 1929 (1933); *Cornils*, Der gemeinschaftsrechtliche Staatshaftungsanspruch, 1995, S. 174 m.w.N.

1477 *Seyr*, Der effet utile in der Rechtsprechung des EuGH, 2008, S. 278.

1478 *Honsell*, Der „effet utile" und der EuGH, in: Bernat/Böhler/Weilinger (Hrsg.), Festschrift Heinz Krejci zum 60. Geburtstag, 2001, S. 1929 1(933.). Ursprünglich wollte der EuGH aber keine extensive Auslegung mittels des effet utiles vornehmen, grundlegend: EuGH v. 29.11.1956, Rs. 8/55, Slg. 1955, 297, 312.

1479 *v. Oettingen*, Effet utile und individuelle Rechte im Recht der Europäischen Union, 2009, S. 126; *Giegericch*, Europäische Verfassung und deutsche Verfassung im transnationalen Konstitutionalisierungsprozeß. 2003, S. 994 ff.

1480 *Mayer*, in: Grabitz/Hilf/Nettesheim (Hrsg.), EUV/AEUV, Bd I, 57. EGL 2015, Art. 19 EUV Rn. 57; *Frenz*, Handbuch Europarecht, Bd 5, 2010, Rn. 419; *Meyer*, Jura 1994, 455 (457).

1481 *Streinz*, Der „effet utile" in der Rechtsprechung des Gerichtshofs der Europäischen Gemeinschaften, in: Due (Hrsg.), Festschrift für Ulrich Everling, Bd II, 1995, S. 1491 (1506).

1482 *Seyr*, Der effet utile in der Rechtsprechung des EuGH, 2008, S. 275 ff., 293.

1483 Etwa EuGH v. 24.02.2000, Rs. C-434/97, Slg. 2000, I – 1129, Rn. 21; EuGH v. 04.10.2001, Rs. C-403/99, S1g. 2001, I – 6883, Rn. 28; EuGH v. 16.05.2002, Rs. C-63/00, Slg. 2002, I – 4483, Rn. 24; dazu auch *v. Oettingen*, Effet utile und individuelle Rechte im Recht der Europäischen Union, 2009, S. 90 ff.

1484 Ein Überblick über die vertretenen Auffassungen bei *Seyr*, Der effet utile in der Rechtsprechung des EuGH, 2008, S. 102 ff.; dazu umfassend die Dissertation von *Tomasic*, Effet utile, 2013, passim.

fektivierung", „Verbot der funktionalen Negation" oder „obligation negative", welches auch Ausgangspunkt der EuGH Rechtsprechung war. Es umschreibt die Unzulässigkeit eines Auslegungsergebnisses, welches die unionsrechtliche Vorschrift sinnlos werden ließe. Darüber hinausgehend versteht sich das Gebot des effet utile aber auch als Gebot der praktischen Wirksamkeit, welches nicht nur eine Sinnentleerung durch Auslegung verbietet, sondern eine sinnvolle Zweckerreichung gebietet.[1485] Noch weitreichender wird der effet utile teils als Gebot der größtmöglichen Zweckerreichung, „obligation positive",[1486] verstanden[1487] unter Berufung auf die Formulierungen des Gerichtshofs „volle Wirksamkeit"[1488] und „weitestmöglicher Umfang".[1489] Auch das Bundesverfassungsgericht spricht von einem Optimierungsgebot.[1490]

Der EuGH misst jedoch dem Auslegungsgrundsatz keine grundsätzlich so weitreichende Bedeutung bei.[1491] Auch die Formulierungen „praktische Wirksamkeit" und „volle Wirksamkeit" werden weitestgehend synonym gebraucht. Allenfalls kann angemerkt werden, dass der Ausdruck „volle Wirksamkeit" das gesamte Unionsrecht und die Funktionsfähigkeit als Gesamtsystem in den Blick nimmt.[1492] In einigen Entscheidungen geht aber auch der EuGH wohl von einer weitestgehenden Wirkung des Unionsrechts aus.[1493]

bb) Verständnis als Auslegungsregel

Es muss jedoch hinterfragt werden, ob der effet utile Grundsatz nur als reine Auslegungsregel verstanden werden kann, oder ob er weitreichender auch als Begründungsansatz für die Entwicklung richterrechtlicher Institute zur Sicherung der vollen Wirksamkeit des Unionsrechts dient[1494] und damit eine Vertrauenshaftung zumindest untermauern kann.[1495] Der Hintergrund eines derartigen Extensions-

---

1485 Dazu *Tomasic*, Effet utile, 2013, S. 16 ff.

1486 *Lecourt*, L'Europe des juges, S. 240.

1487 Eine weitreichende Wirkung annehmend: *Mosiek*, Effet utile und Rechtsgemeinschaft, 2003, S. 8 f.

1488 Beispielhaft EuGH v. 08.12.1987, Rs. 144/86, Slg. 1987, 4861, Rn. 7.

1489 EuGH v. 27.06.1991, Rs. C-348/89, S1g. 1991, I – 3277, Rn. 44.

1490 BVerfG(K) EuZW 2012, 196, (198).

1491 *Mayer*, in: Grabitz/Hilf/Nettesheim (Hrsg.), EUV/AEUV, Bd I, 57. EGL 2015, Art. 19 EUV Rn. 57; umfassend zu diesem Auslegungsverständnis: *Tomasic*, Effet utile, 2013, S. 27 f. mit Nachweisen aus der Literatur.

1492 Analyse bei *Seyr*, Der effet utile in der Rechtsprechung des EuGH, 2008, S. 281 ff.: a.A. *Ukrow*, Richterliche Rechtsfortbildung durch den EuGH, 1995, S. 245.

1493 *Potacs*, EuR 2009, 465 (468).

1494 Ein Großteil der Literatur lehnt den effet utile als Begründungsansatz ab: *v. Danwitz*, JZ 1994, 335 (338 f.), der eine legitimierende Kraft abspricht; *Ossenbühl*, DVBl 1992, 993 (995) sowie ausführlich *Mosiek*, Effet utile und Rechtsgemeinschaft, 2003, S. 9 ff. m.w.N.

1495 *Isensee* sieht die Funktionsfähigkeit als eine nicht tragfähige Begründung an: *Isensee*, Gemeinwohl und Staatsaufgaben im Verfassungsstaat, in: Isensee/Kirch-

bestrebens wird teils in der Konstruktion von Regelungslücken gesehen, die der Gerichtshof dann kompetenzerweiternd zu füllen gedenkt.[1496]

Wenn der effet utile nur im ersteren Sinne verstanden werden kann, bedarf es einer bereits bestehenden nationalen Norm oder unionsrechtlichen Verpflichtung, welche in einer dem Unionsrecht förderlichen Weise auszufüllen sind. Der effet utile wäre in seinem Anwendungsfeld damit auf konkretisierungsbedürftige Regelungen angewiesen.

Im Falle eines Haftungsanspruchs für das Vertrauen auf unionsrechtwidrige Gesetze fehlt es an einer bestehenden unionsrechtlichen oder nationalen Regelung. Bei Einführung eines Haftungsanspruches könnte der effet utile jedoch, als Auslegungsregel zur Sicherung der vollen Wirksamkeit des Unionsrechts, eine restriktive Auslegung gebieten, ähnlich wie bei der Rücknahme eines Beihilfenbewilligungsbescheides nach § 48 VwVfG.[1497] Dem effet utile kann ein solches Auslegungsgebot jedoch nur entnommen werden, wenn die Vertrauenshaftung die effektive Durchsetzung unionsrechtlicher Bestimmungen im nationalen Bereich behindert. Dies ist aber wie bereits gezeigt grundsätzlich abzulehnen. Daher steht der effet utile Grundsatz als Auslegungsregel einer Vertrauenshaftung nicht entgegen. Ihm kann kein gegenüber der Unionstreue erkennbarer Mehrwert zugesprochen werden.[1498]

Auch eine unionsrechtliche Regelung kann nicht ausfindig gemacht werden, deren Effektivierung in einem Ersatzanspruch münden würde. Allenfalls zu denken wäre an die Unionstreue, welche als mitgliedsstaatliche Verpflichtung effektiviert werden könnte.[1499] Dem vermag jedoch gegenüber der isolierten Betrachtung der Unionstreue kein weiterer Nutzen abzugewinnen sein.

cc) Verständnis als Begründungsansatz

Teils wird eine Weiterentwicklung des effet utile von einem reinen Auslegungsgrundsatz hin zu einem allgemeinen Prinzip der Effektivität des Unionsrechts gesehen, welches die bestmögliche Verwirklichung des Europarechts fordert.[1500] Das

---

hof (Hrsg.), Handbuch des Staatsrechts der Bundesrepublik Deutschland, Bd III, 3. Aufl. 2005, § 57 Rn. 118.

1496 *Honsell*, Der „effet utile" und der EuGH, in: Bernat/Böhler/Weilinger (Hrsg.), Festschrift Heinz Krejci zum 60. Geburtstag, 2001, S. 1929 (1937 f.).

1497 Dazu unter Teil 3, Kapitel 11, II., 2., a), bb), (2), (a), (aa).

1498 *Mosiek*, Effet utile und Rechtsgemeinschaft, 2003, S. 16 f. sieht die Unionstreue nicht nur als Auslegungsregel zur Sicherung des effet utile einer Vorschrift an, sondern als normativen Anknüpfungspunkt einer mitgliedstaatlichen Pflicht zur Auslegung nach dem effet utile.

1499 Gedanke bei *Lembach*, Grundlagen und Ausgestaltung gemeinschaftsrechtlicher Staatshaftung, 2003, S. 127.

1500 v. *Danwitz*, Verwaltungsrechtliches System und Europäische Integration, 1996, S. 146, 108.

Prinzip der Sicherung der Funktionsfähigkeit sei ein „qualifizierender Leitsatz" der Union[1501] und als autonomer Rechtsgrundsatz zu begreifen.[1502]

Das Verständnis als Auslegungsregel erscheint jedoch nur bei materiellrechtlichen Problemstellungen adäquat. In diesem Zusammenhang erschöpft sich die Bedeutung als Auslegungsregel, da durch die Effektivierung dem materialen unionsrechtlichen Gebot eine innerstaatliche Durchsetzung gesichert wird. Eine weiterreichende Bedeutung gewinnt der effet utile Grundsatz im institutionellen Bereich, also auf der Ebene, in der es nicht mehr um die Durchsetzung der konkreten inhaltlichen Regelung geht, sondern die Behauptung des Unionsrechts gegenüber dem nationalen Recht gesichert werden soll.[1503] Hier verwendet auch der Gerichtshof den effet utile als Begründungsansatz für Rechtsinstitute, die dem Vorrang des Europarechts dienen. Der effet utile Grundsatz wird in diesem Zusammenhang argumentativ eingesetzt bei bahnbrechenden Rechtsentwicklungen im Unionsrecht;[1504] der Etablierung des Anwendungsvorranges, der unmittelbaren Anwendbarkeit von Primärrecht, sowie der Direktwirkung von Richtlinien und der Staatshaftung der Mitgliedsstaaten bei hinreichend qualifizierten Unionsrechtsverstößen.

Jedoch nicht bei allen diesen institutionellen Rechtsinstrumenten wird der effet utile als von einer Auslegungsregel losgelöster Begründungsansatz verstanden, welcher einen allgemeinen Rechtsgrundsatz der Effektivität verkörpert. Es sollen nun die angeführten Entscheidungen auf ihr Verständnis des effet utile hin untersucht werden.[1505]

Der Vorrang des Unionsrechts wurde auf der Basis des Geistes der Verträge entwickelt anhand von Art. 189 EGV a.F., nun Art. 288 AEUV, und unter Bezugnahme auf Art. 5 Abs. 2 EWGV, neuerdings Art. 4 Abs. 3 EUV.[1506] Der EuGH argumentiert hier zwar mit den Wertungen primärrechtlicher Vorschriften, der Vorrang kann aber nicht als Auslegung einer dieser Normen verstanden werden,

---

1501 *Ipsen*, Europäisches Gemeinschaftsrecht, 1972, S. 280 ähnlich auch *Cornils*, Der gemeinschaftsrechtliche Staatshaftungsanspruch, 1995, S. 176.

1502 *v. Danwitz*, Verwaltungsrechtliche Systeme und europäische Integration, 1996, S. 145 f. spricht von einem „eigenständiges Rechtsprinzip" sowie *Ipsen*, Europäisches Gemeinschaftsrecht, 1972, S. 280 versteht die Sicherung der Funktionsfähigkeit als Leitgedanken der Begründung des Vorrangs des Unionsrechts.

1503 Diese Unterscheidung liegt auch der Arbeit *Tomasics* zugrunde, *Tomasic*, Effet utile, 2013, S. 31 sowie der Arbeit von *Seyr*, Der effet utile in der Rechtsprechung des EuGH, 2008, S. 114 f. zugrunde. Zur Verwendung des effet utiles im institutionellen Bereich, S. 35 ff. sowie zum materiellen Recht, S. 42 ff. Dieser begreift aber in beiden Fällen den effet utile als Auslegungsregelung, etwa S. 54.

1504 Zur historischen Entwicklung und eine Aufzählung von Fallgruppen, bei denen der EuGH den effet utile heranzieht s. *Streinz*, Der „effet utile" in der Rechtsprechung des Gerichtshofs der Europäischen Gemeinschaften, in: Due (Hrsg.), Festschrift für Ulrich Everling, Bd II, 1995, S. 1491 (1492 ff.).

1505 Vgl. zu dieser Untersuchung auch *Walter*, Rechtsfortbildung durch den EuGH, 2009, S. 189 ff. mit teils abweichenden Einschätzungen.

1506 EuGH v. 15.07.1964, Rs. 6/64, Slg. 1964, 1251, 1269 f.

sondern die primärrechtlichen Vorschriften dienen nur der argumentativen Unterstützung der Entwicklung aus dem Wesen der unionsrechtlichen Rechtsordnung.[1507] Insbesondere eine effektive Auslegung von Art. 4 Abs. 3 EUV ist nicht mit der Auslegung einer konkreten materiellen Verpflichtung vergleichbar, da diese Norm selbst ausfüllungsbedürftig ist und keinen spezifischen Inhalt aufweist, der effektiviert werden kann.

Die Entwicklungslinie des EuGH zur unmittelbaren Anwendbarkeit unionsrechtlicher Bestimmungen kann jedoch nicht als eine Verwendung des effet utile im Sinne eines allgemeinen Rechtsprinzips verstanden werden.

Die unmittelbare Anwendbarkeit von Primärrecht etablierte der EuGH durch Auslegung der streitigen primärrechtlichen Bestimmung des Art. 12 EWGV, nunmehr Art. 30 AEUV, die andernfalls wirkungslos würde.[1508] Die unmittelbare Anwendbarkeit von sekundärrechtlichen Bestimmungen begründet der EuGH unter Bezugnahme von Art. 189 EGV a.F., nun Art. 288 AEUV, und der drohenden Abschwächung der nützlichen Wirksamkeit, sowie der Sicherung des Mechanismuses des Vorabentscheidungsverfahrens.[1509] Der Gerichtshof orientiert seine Argumentation hier also an den jeweiligen primärrechtlichen Bestimmungen und bedient sich keines abstrakten Rechtsgrundsatzes der Effektivität. Bei Verordnungen erscheint eine Anknüpfung an Art. 288 AEUV naheliegend, dessen Wortlaut bereits auf die unmittelbare Wirkung hindeutet. Aber auch bei Richtlinien lässt sich eine unmittelbare Direktwirkung – wenn auch mit höherem Begründungaufwand – noch als Auslegung anerkennen. Art. 288 AEUV muss dafür zwar einem extensiven Verständnis zugeführt werden, allerdings legt der EuGH nicht nur diese Primärnorm aus, sondern zieht in jedem Einzelfall die fragliche Richtlinie heran und beleuchtet diese, ob sie hinreichend bestimmt und unbedingt ist und ein Individualrecht aufweist. Im Zusammenhang mit der unmittelbaren Anwendbarkeit verbleibt der effet utile in seinem klassischen Gebrauch als Auslegungsgrundsatz.[1510]

Die Haftung der Mitgliedsstaaten für die Nichtumsetzung von Richtlinien fundierte der EuGH dogmatisch auf die Sicherung der Wirksamkeit der unionsrechtlichen Bestimmungen sowie auf Art. 5 EGWV, nunmehr Art. 4 Abs. 3 EUV[1511]. Der Gerichtshof stützt seine Begründung daher nur auf allgemeine Rechtsprinzipien und verankerte sie nicht mehr an einer primärrechtlichen Norm, die ausgelegt werden könnte. Es liegt keine Vergleichbarkeit mit der Auslegung materialer unionsrecht-

---

1507 Ähnlich *Seyr*, Der effet utile in der Rechtsprechung des EuGH, 2008, S. 335.

1508 EuGH v. 25.02.1963, Rs. 26/62, Slg. 1963, 7, 26 f.

1509 In der Rechtssache EuGH v. 04.12.1974, Rs. 41/74, Slg. 1974, 1337, Rn. 12 stützt der EuGH die unmittelbare Wirkung von Verordnungen auf die Vorschrift des Art. 189 EGV a.F., nunmehr Art. 288 AEUV, ebenso wie die ggf. unmittelbare Anwendbarkeit von Richtlinien, EuGH v. 05.04.1979, Rs. 148/78, Slg. 1979, 1629, Rn. 20 f.; EuGH v. 19.01.1982, Rs. 8/81, Slg. 1982, 53, Rn. 22.

1510 A.A. zumindest im Hinblick auf die unmittelbare Anwendbarkeit von Richtlinien *Seyr*, Der effet utile in der Rechtsprechung des EuGH, 2008, S. 335.

1511 EuGH v. 19.11.1991, Rs. C-6/90 u. C-9/90, Slg. 1991, I – 5403, Rn. 32 ff.

licher Bestimmungen vor.[1512] Auch eine Anknüpfung an Art. 288 AEUV, oder an die Richtlinie selbst, vermag nicht mehr als Auslegung verstanden werden. Die Rechtsfolge Haftung ist soweit vom Wortlaut und der Funktion, der Wirkung der rechtlichen Regelung an sich, entfernt, dass sich auch eine derartige Verwurzelung nur noch als abstrakte Anknüpfung begreifen lässt.[1513]

Diese Etablierung eines Haftungsinstituts zeigt in seiner vollen Deutlichkeit, dass der Grundsatz des effet utile zumindest im Bereich der Entwicklung institutioneller Durchsetzungsmechanismen nicht nur eine reine Auslegungsregel ist, sondern den Rang eines allgemeinen Rechtsgrundsatzes einnimmt, der taugliche Säule einer Rechtsentwicklung ist.

Im Zusammenhang mit der Haftung der Mitgliedsstaaten erhielt der Inhalt des effet utile Grundsatzes eine weitreichende extensive Interpretation, sogar nicht nur im Sinne eines Begründungsansatzes. Der effet utile soll die volle Wirksamkeit des Unionsrechts sichern. Der Wirksamkeitsgrundsatz verhilft bei einem Schadensersatzanspruch aber gar nicht zur vollen Wirksamkeit. Der Bürger verlangt mit dem Ersatzanspruch eine andere Rechtsposition, als ihm durch die Richtlinie zustehen würde. Dadurch unterscheidet sich das effet utile Verständnis bei der Haftung von dem zur Begründung eines Vorranges des Unionsrechts. Zudem ist der Schuldner des Schadenersatzanspruches der Staat und nicht – im Falle von privatrechtsausgestaltenden Richtlinien – der Dritte. Damit kann durch die Haftung keine – unmittelbare – Realisierung des Geltungsanspruches der Richtlinienbestimmung erreicht werden.[1514] Freilich wird mittelbar die volle Wirksamkeit des Unionsrechts gefördert. Indem der Rechtsfolgenbewirkungsanspruch in einen Schadenersatzanspruch modifiziert wird, der keine unmittelbare Durchsetzung der Rechtsfolgen bewirkt, zeigt sich erneut der Einsatz des effet utile als allgemeines Rechtsprinzip und Instrument zur Sicherung des Effektivitätsgebotes.[1515] Der EuGH scheint daher eine streng formale Betrachtung des Effektivierungsgrundsatzes abzulehnen und

---

1512 Eine Weiterentwicklung des Rechts und nicht mehr nur eine reine Auslegung annehmend beim Vorrang des Unionsrecht, der unmittelbaren Anwendbarkeit von Richtlinien und der Staatshaftung *Seyr*, Der effet utile in der Rechtsprechung des EuGH, 2008, S. 336, allerdings anders bei unmittelbarer Anwendbarkeit von primärrechtlichen Vorschriften. *Mosiek*, Effet utile und Rechtsgemeinschaft, 2003, S. 41 ff. sieht in der Rechtssache *Francovich* den effet utile nicht als autonomen Rechtssatz an, sondern weiterhin als Auslegungsregel; a.A. und damit als Begründungsansatz anerkennend: *Cornils*, Der gemeinschaftsrechtliche Staatshaftungsanspruch, 1995, S. 175.

1513 *Cornils*, Der gemeinschaftsrechtliche Staatshaftungsanspruch, 1995, S. 176; a.A. *Mosiek*, Effet utile und Rechtsgemeinschaft – Zugleich ein Beitrag zur Kompetenzordnung der Europäischen Gemeinschaft, 2003, S. 43.

1514 Gedanke bei *Cornils*, Der gemeinschaftsrechtliche Staatshaftungsanspruch, 1995, S. 175 f.; a.A. *Mosiek*, Effet utile und Rechtsgemeinschaft, 2003, S. 43 f.

1515 *Cornils*, Der gemeinschaftsrechtliche Staatshaftungsanspruch, 1995, S. 176.

auch mittelbar förderliche Institute wie Ersatzansprüche als zur Gewährung des Unionsrechts notwendig anzusehen.

Der effet utile Grundsatz dient daher auch als Institut zur Begründung einer Fortentwicklung des Rechts.[1516]

dd) Eigenständige Bedeutung gegenüber der Unionstreue

In Bezug auf die hier zu untersuchende Vertrauenshaftung ergeben sich aus dem effet utile, als Begründungsansatz, aus mehreren Gesichtspunkten, keine neuen Erkenntnisse.

Zum einen: Der effet utile dient zwar auch als Begründungsansatz, leitet aber grundsätzlich selbstständig keine neuen Handlungs- oder Unterlassungspflichten der Mitgliedsstaaten her. Dies ist konzeptionell der Unionstreue vorbehalten. Der effet utile trifft als Auslegungsregel Aussagen über die Reichweite einer bestimmten Verpflichtung, wohingegen der Grundsatz der Unionstreue die effektive Durchsetzung eines bereits bestimmten Inhalts ermöglicht.[1517] Diese Grundkonzepte sind freilich nicht strikt trennbar, vor allem im Bereich des institutionellen Rechts. Man denke etwa an die eigenständige Funktion der Unionstreue zur Begründung von Handlungspflichten und an den effet utile als Begründungsansatz bei der Rechtsfortbildung. Betrachtet man das Verhältnis der Verwendung von effet utile und der Unionstreue, wird oftmals eine konnexe Verwendung durch den EuGH vorzufinden sein.[1518] Dies gilt insbesondere für die Fruchtbarmachung des effet utile als Begründungsansatz für neue Rechtsinstitute. Sowohl bei der dogmatischen Begründung des Vorrangs des Unionsrechts, sowie bei der Haftung der Mitgliedsstaaten, führt der EuGH neben dem effet utile auch die Unionstreue als Begründung an. Eine Fortentwicklung im Wege der Rechtsfortbildung allein gestützt auf den Effektivierungsgedanken ist bisher nicht ersichtlich. Die Unionstreue ist Basis der neu verpflichtenden Komponente an den Mitgliedsstaat, welche nicht unmittelbar unionsrechtlich verankert ist und der Grundsatz des effet utile ergänzt diese Verpflichtung um das allgemeine Gebot der Effektivität. Dieses Verständnis wird dadurch untermauert, dass der Gerichtshof die Unionstreue nicht – soweit erkennbar – im Zusammenhang mit der unmittelbaren Anwendbarkeit von Unionsrechtsbestimmungen verwendet, da hier methodisch nur eine Auslegung erfolgt (dazu im vorhergehenden Absatz cc)).

Damit ist schwerpunktmäßig die Frage nach einem Gebot oder Verbot zur Schaffung einer nationalen Vertrauenshaftung bei der Unionstreue zu verorten. Der effet utile kann den Gedanken der Effektivierung als stützendes Argument beisteuern. Weitreichendere Folgerungen sind aber aus dem effet utile nicht zu ziehen. Erneut

---

1516 *Seyr*, Der effet utile in der Rechtsprechung des EuGH, 2008, S. 337.

1517 *Tomasic*, Effet utile, 2013, S. 70; *Lück*, Die Gemeinschaftstreue als allgemeines Rechtsprinzip im Recht der Europäischen Gemeinschaft, 1992, S. 80.

1518 S. etwa: EuGH v. 19.11.1991, Rs. C-6/90 u. C-9/90, Slg. 1991, I – 5403, Rn. 31 ff.

eröffnet sich die Problematik, dass keine genauen Rechtsfolgen ableitbar sind, die Rechtsfolge Haftung ist keinesfalls zwingend.[1519]

Zum anderen: Die effet utile Argumentation dient dem EuGH auch zur Fortbildung der Unionsrechtsordnung.[1520] Die stets virulente Frage nach der rechtlichen Zulässigkeit und damit einhergehend, ob dem effet utile eine derartige Kompetenz innewohnt,[1521] ist hier aber obsolet.[1522] Der Mitgliedsstaat selbst etabliert eine Haftung. Eine Kompetenzüberschreitung der Union steht konsequenterweise nicht in Rede. Der Nationalstaat verfügt über alle Befugnisse seine Rechtsordnung zu erweitern, solange dies nicht mit dem Unionsrecht in Widerstreit tritt. Es kann daher nur diskutiert werden, ob der effet utile Gedanke dem neuen Haftungsinstitut in dem Sinne entgegensteht, dass die volle Wirksamkeit des Unionsrechts gefährdet wird. Dies wurde aber bereits bei der Unionstreue grundsätzlich abgelehnt (dazu oben unter Teil 3, Kapitel 11, II., 2., a)).

ee) Fazit

Aus dem Grundsatz des effet utile lassen sich keine über die Unionstreue hinausgehenden Wertungen ableiten. Parallel zu den Ausführungen zur Unionstreue kann festgehalten werden, dass die Vertrauenshaftung geeignet ist, die volle Wirksamkeit des Unionsrechts zu sichern und damit auch der effet utile Grundsatz für die Etablierung einer nationalen Ersatzmöglichkeit plädiert.

d) Äquivalenzgrundsatz

Der Äquivalenzgrundsatz als spezielle Ausprägung der Unionstreue und des effet utile wird teils gegen eine nationale Vertrauenshaftung in Stellung gebracht. Es sei

---

1519 *Grzeszick*, Rechte und Ansprüche, 2002, S. 509 f.; *Eilmansberger*, Rechtsfolgen und subjektives Recht im Gemeinschaftsrecht, 1997, S. 47 f.; *Mosiek*, Effet utile und Rechtsgemeinschaft, 2003, S. 9 f.

1520 Maßgeblich für die Zulässigkeit einer effet utile Argumentation ist die Wahrung des Verhältnismäßigkeitsprinzips so *Seyr*, Der effet utile in der Rechtsprechung des EuGH, 2008, S. 298 ff., 300 mit weiteren Zulässigkeitskriterien.

1521 S. zur Frage, ob der effet utile zur Begründung der Haftung der Mitgliedsstaaten für Verstöße gegen das Unionsrecht herangezogen werden kann: *Lembach*, Grundlagen und Ausgestaltung gemeinschaftsrechtlicher Staatshaftung, 2003, S. 89 ff., 107 ff.; *Tomasic*, Effet utile, 2013, S. 32 f., 145 ff. Die von *Mosiek* aufgeführten Schranken einer Anwendung des effet utiles, wie das Prinzip der begrenzten Einzelermächtigung, das Subsidiaritätsprinzip sowie der Verhältnismäßigkeitsgrundsatz und die Pflicht der Unionsorgane zur Rücksicht aus der Unionstreue, sind vorliegend daher ebenfalls nicht virulent, da sie sich ausschließlich als Begrenzung der Union begreifen lassen; s. *Mosiek*, Effet utile und Rechtsgemeinschaft, 2003, S. 107 ff.

1522 S. zur Frage der Beschränkung des effet utile gegenüber den Mitgliedsstaaten *Mosiek*, Effet utile und Rechtsgemeinschaft, 2003, S. 92 ff.

eine Gleichbehandlung von Vertrauensschäden, die auf rein nationaler Ebene entstehen, mit solchen unionsrechtlicher Art geboten. Das Äquivalenzgebot verbiete eine Begünstigung der auf unionsrechtswidriges Recht vertrauenden Personen.[1523] Diese Einschätzung verkennt jedoch den Charakter des Äquivalenzgebotes grundlegend. Der Grundsatz wurde vom EuGH in Bezug auf administrative Durchführung von Unionsrecht entwickelt. Die Anwendung des nationalen Rechts soll im Einklang mit dem Unionsrecht stehen.[1524] Es werden ausschließlich Pflichten der Verwaltung in dem Sinne begründet, dass eine europarechtlich gleichartige Sachlage keine im Vergleich zum nationalen Recht ungünstigere Behandlung erfährt,[1525] insbesondere keiner erschwerten Durchsetzung unterworfen wird.[1526] Auf Legislativakte findet das Äquivalenzgebot keine Anwendung. Lediglich nach dem Erlass eines neuen Gesetzes muss sich der Vollzug am Äquivalenzgebot orientieren. Der Grundsatz soll den fehlenden Verwaltungsunterbau der Union und die sich ergebende Notwendigkeit einer Mitwirkung der nationalen Behörden beim Vollzug von Europarecht kompensieren.[1527]

Damit ist der Äquivalenzgrundsatz nicht einschlägig. Zudem erscheint es höchst fraglich, ob auch eine Besserstellung unionaler Sachverhalte verhindert werden soll.[1528]

e) Grundsatz der Rechtssicherheit und des Vertrauensschutzes

aa) Allgemeiner Rechtsgrundsatz

Für eine nationale Vertrauenshaftung können insbesondere die unionalen Rechtsgrundsätze der Rechtssicherheit und des Vertrauensschutzes sprechen. Der Grund-

---

1523 *Giegerich*, EuR 2012, 373 (389): dem im Ergebnis zustimmend *Rosenkranz*, Die Beschränkung der Rückwirkung von Entscheidungen des Europäischen Gerichtshofs, 2015, S. 514. Gedanke auch bei *Classen*, JZ 2010, 1186 (1187).

1524 *v. Bogdandy/Schill*, in: Grabitz/Hilf/Nettesheim (Hrsg.), EUV/AEUV, Bd I, 57. EGL 2015, Art. 4 EUV Rn. 85.

1525 *v. Bogdandy/Schill*, in: Grabitz/Hilf/Nettesheim (Hrsg.), EUV/AEUV, Bd I, 57. EGL 2015, Art. 4 EUV Rn. 84.

1526 *Wernsmann*, in: Schulze/Zuleeg/Kadelbach, Europarecht, 3. Aufl. 2010, § 30 Rn. 135; *v. Danwitz*, Europäisches Verwaltungsrecht, 2008, S. 484.

1527 Etwa *Streinz*, in: Streinz (Hrsg.), EUV/AEUV, 2. Aufl. 2012, Art. 4 EUV Rn. 53 f.

1528 Gegen die Zulässigkeit einer Besserstellung von Unionssachverhalten wird das Gleichbehandlungsprinzip angeführt. *Rosenkranz*, Die Beschränkung der Rückwirkung von Entscheidungen des Europäischen Gerichtshofs, 2015, S. 509 sieht in der Schlechterstellung des vom Unionsrecht Begünstigten einen Widerspruch zur effektiven Durchsetzung des Unionsrechts. Alle Rechtsunterworfenen müssten gleichbehandelt werden. S. auch *Giegerich*, EuR 2012, 373 (381 f.).

satz des Vertrauensschutzes[1529] ist ein allgemeiner Rechtsgrundsatz,[1530] der zu den tragenden Rechtsprinzipien der Union gehört,[1531] ebenso wie der Grundsatz der Rechtssicherheit.[1532] Der EuGH wendet diese nicht nur an in Bezug auf unionale Rechtsakte, sondern auch Rechtshandlungen der Mitgliedsstaaten im Bereich des Europarechts müssen sich am Maßstab der Rechtssicherheit und des Vertrauensschutzes messen lassen.[1533]

Vertrauensschutz wird vom EuGH traditionell aus dem Grundsatz der Rechtssicherheit, als die subjektiv-rechtliche Komponente eines objektiv-rechtlichen Rechts-

---

1529 Eine knappe Einführung etwa bei *Hatje*, Rechtssicherheit und Vertrauensschutz – Wechselseitige Einwirkungen zwischen Europäischem Gemeinschaftsrecht und deutschem Verfassungs- und Verwaltungsrecht, in: Schwarze (Hrsg.), Bestand und Perspektiven des Europäischen Verwaltungsrechts, 2008, S. 223 ff. Eine umfassende Aufzählung von Entscheidungen zum Vertrauensschutz findet sich bei *Schwarz*, Vertrauensschutz als Verfassungsprinzip, 2002, S. 376 f. Fn. 1, S. 411 ff. m. zahlreichen Nachweisen bzgl. der Geltung bei Legislativakten. Zur Entwicklung der Rechtsprechung des EuGH: *Koch*, Die Berücksichtigung des Vertrauensschutzes im Anwendungsvorrang des Gemeinschaftsrechts, in: Schmidt (Hrsg.), Jahrbuch des Arbeitsrechts 44, 2007, S. 91 (93 ff.); ausführliche Analyse bei *Altmeyer*, Vertrauensschutz im Recht der Europäischen Union und im deutschen Recht, 2003, S. 16 ff.; *Schwarz*, Vertrauensschutz als Verfassungsprinzip, 2002, S. 385 ff. sowie ein Überblick bei *Ramin*, DVP 2012, 274 (280 ff.); *Schwarz*, Verw 34 (2001), 397 (400 ff.). S. zur Thematik auch *Schlockermann*, Rechtssicherheit als Vertrauensschutz in der Rechtsprechung des EuGH, 1984; *Borchardt*, Der Grundsatz des Vertrauensschutzes im Europäischen Gemeinschaftsrecht, 1988, S. 100 ff.; *Bungenberg*, Vertrauensschutz, in: Heselhaus/Nowak (Hrsg.), Handbuch der Europäischen Grundrechte, 2006, § 33.

1530 So EuGH v. 15.04.1997, Rs. C-22/94, Slg. 1997, I – 1809, Rn. 17 ff. Der Vertrauensschutz wird im Unionsrecht auch als ein „der Gemeinschaftsrechtsordnung innewohnender allgemeiner Grundsatz" sowie als „wesentlicher Grundsatz", „fundamentaler Grundsatz" und „allgemeines Rechtsprinzip" bezeichnet. *Schwarze*, Europäisches Verwaltungsrecht, 2005, S. 847 m. den Nachweisen für die Aussagen. Bzgl. unterschiedlicher Terminologien des EuGH in Bezug auf die Stellung des Vertrauensschutzes innerhalb des Unionsrechts *Schwarz*, Vertrauensschutz als Verfassungsprinzip, 2002, S. 379; *Bungenberg*, Vertrauensschutz, in: Heselhaus/Nowak (Hrsg.), Handbuch der Europäischen Grundrechte, 2006, § 33 Rn. 1.

1531 Etwa EuGH v. 07.05.1992, Rs. C-258/90 u. 259/90, Slg. 1992, I – 2901, Rn. 34; EuGH v. 14.10.1999, Rs. C-104/97 P, Slg. 1999, I – 6983, Rn. 52. Als Grundprinzip des Unionsrechts bezeichnend: EuGH 07.06.2005, Rs. C-17/03, Slg. 2005, I – 4983, Rn. 73.

1532 Etwa EuGH v. 15.12.1995, Rs. C-415/93, Slg. 1995, I – 4921, Rn. 142; EuGH 13.12.2001, Rs. C-481/99, Slg. 2001, I – 9945, Rn. 43; *Schaer*, Rechtssicherheit und Vertrauensschutz als Grenzen rückwirkender Rechtsprechung im europäischen Arbeitsrecht, 2010, S. 38; *Rosenkranz*, Die Beschränkung der Rückwirkung von Entscheidungen des Europäischen Gerichtshofs, 2015, S. 94.

1533 Etwa in EuGH v. 26.04.2005, Rs. C-376/02, Slg. 2005, I – 3445, Rn. 34; EuGH1 v. 02.12.2013, Rs. C-362/12, IStR 2014, 144, Rn. 45.

grundsatzes abgeleitet.[1534] Der Vertrauensschutz ist daher eine Konkretisierung des Ganzsatzes der Rechtssicherheit[1535] und rechtsstaatlich verankert.[1536]

Rechtssicherheit als objektives Prinzip dient der Erkennbarkeit, Verlässlichkeit und Berechenbarkeit des Rechts.[1537] Rechtsakte müssen eindeutig sein und in ihrer Anwendbarkeit vorhersehbar,[1538] dies gilt insbesondere für nationale Regelungen, die nachteilige Folgen für Einzelne begründen.[1539]

Die genaue dogmatische Herleitung des Grundsatzes der Rechtssicherheit und des Vertrauensschutzes durch den Gerichtshof verbleibt allerdings weitgehend im Dunkeln. Die Grundlagen der Rechtssicherheit werden vom EuGH nicht näher erläutert,[1540] ebenso wenig haben sich die Richter mit der dogmatischen Herleitung des Vertrauensschutzprinzips umfassend auseinandergesetzt.[1541] Rechtssicherheit wird als wesentliches Strukturelement des Unionsrechts angesehen,[1542] oder aus den gemeinsamen Traditionen der Mitgliedsstaaten abgeleitet.[1543] Der Vertrauensschutz sei ebenfalls in den Mitgliedsstaaten dem Grunde nach angelegt,[1544] auch wenn es Unterschiede gebe. Zudem sei seine Existenz auf die Überzeugung seiner

---

1534 *Schwarz*, Vertrauensschutz als Verfassungsprinzip, 2002, S. 391; *Schwarze*, Europäisches Verwaltungsrecht, 2005, S. 912 f.; *Schlockermann*, Rechtssicherheit als Vertrauensschutz in der Rechtsprechung des EuGH, 1984, S. 2; *Schwarze*, Europäisches Verwaltungsrecht, 2005, S. 920. In der Literatur wird diskutiert, ob der Grundsatz des Vertrauensschutzes mittlerweile vom EuGH von der Rechtssicherheit gelöst wurde. Dazu ein knapper Überblick bei *v. Arnauld*, Rechtssicherheit, 2006, S. 530 f.

1535 EuGH v. 15.02.1996, Rs. C-63/93, Slg. 1996, I – 569, Rn. 20; EuGH v. 18.05.2000, Rs. C-107/97, Slg. 2000, I – 3367, Rn. 66; EuGH v. 19.09.2000, Rs. C-177/99 u. 181/99, Slg. 2000, I – 7013, Rn. 67; EuGH v. 12.12.2013, R.s C-362/12, IStR 2014, 144, Rn. 44.

1536 *Frenz*, EuR 2008, 0468 (472) zu grundrechtlichen Verankerungsmöglichkeiten; dazu auch *Schwarz*, Vertrauensschutz als Verfassungsprinzip, 2002, S. 388 ff. m.w.N.

1537 *v. Amauld*, Rechtssicherheit, 2006, S. 498 u. a. sowie die Grundstruktur seiner Gliederung.

1538 EuGH v. 15.12.1987, Rs. 325/85, Slg. 1987, 5041, Rn. 18; EuGH v. 15.01.1996, Rs. C-63/93, Slg. 1996, I – 569, Rn. 20.

1539 EuGH v. 07.06.2005, Rs. C-17/03, Slg. 2005, I – 4983, Rn. 80.

1540 *Schwarz*, Vertrauensschutz als Verfassungsprinzip, 2002, S. 388. Eine knappe Einführung etwa bei *Hatje*, Rechtssicherheit und Vertrauensschutz – Wechselseitige Einwirkungen zwischen Europäischem Gemeinschaftsrecht und deutschem Verfassungs- und Verwaltungsrecht, in: Schwarze (Hrsg.), Bestand und Perspektiven des Europäischen Verwaltungsrechts, 2008, S. 223 (224).

1541 *Fuhrmanns*, Vertrauensschutz im deutschen und österreichischen öffentlichen Recht, 2005, S. 188; angedeutet aber in EuGH v. 12.07.1957, Rs. 7/56 bis 7/57, Slg. 1957, 83, 118.

1542 *Schwarz*, Vertrauensschutz als Verfassungsprinzip, 2002, S. 388.

1543 *v. Arnauld*, Rechtssicherheit, 2006, S. 497 unter Hinweis auf EuGH v. 21.09.1983, Rs. 205/82 bis 215/82, Slg. 1983, 2633 Rn. 30.

1544 EuGH v. 12.07.1957, Rs. 7/56 bis 7/57, Slg. 1957, 83, 118; *Bungenberg*, Vertrauensschutz, in: Heselhaus/Nowak (Hrsg.), Handbuch der Europäischen Grundrechte, 2006, § 33 Rn. 5.

Gültigkeit zurückzuführen.[1545] Teilweise wird der Vertrauensschutz als allgemeiner Rechtsgrundsatz aus den mitgliedsstaatlichen Ordnungen gewonnen.[1546] Andererseits wird aber auch ein Rückgriff auf die gemeinsamen Verfassungsüberlieferungen der Mitgliedsstaaten abgelehnt. Nicht in allen Mitgliedsstaaten sei der Vertrauensschutz in einer so deutlichen Weise verankert wie in Deutschland,[1547] daher sei nur eine Ableitung aus den gemeinsamen Werten und Gedanken als Rechtserkenntnisquelle möglich.[1548]

bb) Unionsrechtliche Voraussetzungen

Im folgenden Abschnitt sollen die vom EuGH aufgestellten Voraussetzungen zur Gewährung von Vertrauensschutz näher untersucht werden.[1549]

Der Gerichtshof verwendet stets folgende Formel: „Nach ständiger Rechtsprechung des Gerichtshofes kann sich jeder Wirtschaftsteilnehmer, bei dem ein Gemeinschaftsorgan begründete Erwartungen geweckt hat, auf den Grundsatz des Vertrauensschutzes berufen. Ist ein umsichtiger und besonnener Wirtschaftsteilnehmer in der Lage, den Erlass einer seine Interessen berührenden Gemeinschaftsmaßnahme vorherzusehen, so kann er sich im Fall ihres Erlasses nicht auf diesen Grundsatz berufen."[1550].

Diese unionalen Voraussetzungen eines Vertrauensschutzes sind abstrakt mit den nationalen Kriterien kongruent – die konkreten Anforderungen unterscheiden sich jedoch.[1551] Es bedarf zunächst einer Vertrauensgrundlage, die durch ein ver-

---

1545 *Schwarz*, Vertrauensschutz als Verfassungsprinzip, 2002, S. 388.

1546 *Schwarz*, Verw 34 (2001), 397 (404 f.).

1547 Eine Analyse zu den Grundsätzen des Vertrauensschutzes und der Rechtssicherheit in den Mitgliedsstaaten *Schwarze*, Europäisches Verwaltungsrecht, 2005, S. 849 ff.

1548 *Frenz*, EuR 2008, 468 (471); s. bzgl. einer ausführlichen Untersuchung im Hinblick auf die geschichtliche Entwicklung des Vertrauensschutzes *Schwarz*, Vertrauensschutz als Verfassungsprinzip, 2002, S. 56 ff.

1549 Knapper Überblick bei *Koch*, Die Berücksichtigung des Vertrauensschutzes im Anwendungsvorrang des Gemeinschaftsrechts, in: Schmidt (Hrsg.), Jahrbuch des Arbeitsrechts 44, 2007, S. 91 (96); *Schwarz*, Vertrauensschutz als Verfassungsprinzip, 2002, S. 396 ff., umfassend S. 490 ff.; ausführlich auch *Altmeyer*, Vertrauensschutz im Recht der Europäischen Union und im deutschen Recht, 2003, S. 43 ff.; überblicksartig *Lenz*, Vertrauensschutz im Gemeinschaftsrecht, in: Henke (Hrsg.) Vertrauensschutz in der europäischen Union, 1998, S. 19 (24 ff.).

1550 EuGH v. 01.02.1978, Rs. 78/77, Slg. 1978, 169, Rn. 6; EuGH v. 15.04.1997, Rs. C-22/94, Slg. 1997, I – 1809, Rn. 25; EuGH v. 07.06.2005, Rs. C-17/03, Slg. 2005, I – 4983, Rn. 74.

1551 *Borchardt*, Die rechtlichen Grundlagen der Europäischen Union, 4. Aufl. 2010, S. 130; zu einer vergleichenden Analyse von unionalem und verfassungsrechtlichem Vertrauensschutz *Altmeyer*, Vertrauensschutz im Recht der Europäischen Union und im deutschen Recht, 2003, S. 150 ff.

trauensbildendes Verhalten der Unionsorgane entstanden ist.[1552] Als Vertrauensgrundlage können aber nur unmittelbar anwendbare Legislativakte dienen, sodass Richtlinien ausgeschlossen sind.[1553] Das tatsächliche Vertrauen muss schutzwürdig sein.[1554] Dies erfordert grundlegend eine auf Unkenntnis und fehlende Erkennbarkeit der Änderung[1555] beruhende Dispositionen des Betroffenen. Zudem ist eine Abwägung zwischen den Individualinteressen des betroffenen Marktbürgers und den entgegenstehenden Unionsinteressen vorzunehmen.[1556] Die Anforderungen des Gerichtshofs an die Gewährung von Vertrauensschutz sind seit jeher sehr hoch.[1557] Vertrauensschutzerwägungen greifen nur selten durch.[1558] Dies ist weitgehend auf die strengen Anforderungen an die Schutzwürdigkeit des Vertrauens zurückzuführen.[1559] Der EuGH wendet einen objektiven Maßstab an und stellt auf die Kenntnis eines „besonnenen Wirtschaftsteilnehmer" ab.[1560]

Um diese hohen Hürden zu unterstreichen, soll die Judikatur zum Kernelement des Vertrauensschutzes, dem Rückwirkungsverbot, kurz dargestellt werden.

cc) Ausprägung des Rückwirkungsverbotes

Zentrales Element der Rechtssicherheit und auch des Vertrauensschutzes ist das Rückwirkungsverbot.[1561] In der Sache unterscheidet der EuGH im Gleichklang mit dem Bundesverfassungsgericht zwischen echter und unechter Rückwirkung.[1562]

1552 EuGH v. 11.03.1978, Rs. 265/85, Slg. 1987, 1155, Rn. 44; EuGH v. 15.01.2002, Rs. C-179/00, Slg. 2002, I – 501, Rn. 31; EuGH v. 15.07.2004, Rs. C-459/02, Slg. 2004, I – 7315, Rn. 29.

1553 *Ramin*, DVP 2012, 274 (282).

1554 Beispielhaft: EuGH v. 12.07.1962, Rs. 14/61, Slg. 1962, 513, 550; EuGH v. 01.02.1978, Rs. 78/77, Slg. 1978, 169, Rn. 6.

1555 Etwa EuGH v. 26.01.1978, Rs 44/77, Slg. 1978, 57, Rn. 34/37; *Bungenberg*, Vertrauensschutz, in: Heselhaus/Nowak (Hrsg.), Handbuch der Europäischen Grundrechte, 2006, § 33 Rn. 22.

1556 *Bungenberg*, Vertrauensschutz, in: Heselhaus/Nowak (Hrsg.), Handbuch der Europäischen Grundrechte, 2006, § 33 Rn. 30 ff.

1557 *Schwarz*, Vertrauensschutz in: Heun/Starck (Hrsg.), Grundrechte, Rechtsstaat und Demokratie als Grundlagen des Verwaltungsrechts, 2015, S. 161 (173).

1558 *Schwarze*, Europäisches Verwaltungsrecht, 2005, S. 912 sowie 1077 mit Nachweisen bei denen ein Vertrauen beachtlich war.

1559 *Altmeyer*, Vertrauensschutz im Recht der Europäischen Union und im deutschen Recht, 2003, S. 45.

1560 Etwa EuGH v. 15.07.2004, Rs. C-459/02, Slg. 2004, I – 7315, Rn. 29.

1561 S. bzgl. Elementen der Rechtssicherheit, die im Unionsrechts geschützt werden, neben dem Rückwirkungsverbot und dem Vertrauensschutz *v. Arnauld*, Rechtssicherheit, 2006, S. 498 f.

1562 *Schwarz*, Vertrauensschutz als Verfassungsprinzip, 2002, S. 415 ff.; *Frenz*, Handbuch Europarecht, Bd 4, 2009, Rn. 3065; *Bungenberg*, Vertrauensschutz, in: Heselhaus/Nowak (Hrsg.), Handbuch der Europäischen Grundrechte, 2006, § 33 Rn. 41 ff. Die unechte Rückwirkung wird oftmals als Sofortwirkung

(1) „Echte" Rückwirkung

Die echte Rückwirkung ist unionsrechtlich grundsätzlich unzulässig.[1563] Der Gerichtshof betont, dass eine allgemeine Interpretationsregel bestehe, der zufolge, ohne eine erkennbare abweichende Anordnung, alle Rechtsakte nur Wirkung für die Zeit nach ihrem Inkrafttreten entfalten können.[1564] Eine Rückwirkung kann nur erfolgen, wenn öffentliche Belange den Vertrauensschutz überwiegen. Dabei muss die Rückwirkung zur Zielerreichung erforderlich sein.[1565] Der EuGH verwendet in ständiger Rechtsprechung die Formel, dass eine Rückwirkung von Normen zulässig sei, „wenn das angestrebte Ziel es verlangt und das berechtigte Vertrauen des Betroffenen gebührend beachtet ist"[1566]. Das berechtigte Vertrauen wird also überlagert, wenn öffentliche Interessen dies gebieten.[1567] Es bestehe ein weiter Beurteilungsspielraum des Normgebers bei der Feststellung, wann eine Rückwirkung für die Zielsetzung zwingend erforderlich sei.[1568] Nicht nur die Einschränkungsmöglichkeiten sind weit gefasst, sondern auch das Vertrauen wird nur restriktiv anerkannt. „Ist ein umsichtiger und besonnener Wirtschaftsteilnehmer in der Lage, den Erlass einer seine Interessen berührenden Maßnahme vorherzusehen, so kann er sich im Fall ihres Erlasses nicht auf diesen Grundsatz (Vertrauensschutz) berufen."[1569] Die Anforderungen an die Vorhersehbarkeit der Rückwirkung sind dabei denkbar hoch.[1570] Zulässig soll eine Rückwirkung, insbesondere bei unklarer und verworrener Rechtslage sein, wenn mit der Änderung gerechnet werden musste, oder sich eine neue Norm als rechtswidrig erweist und rückwirkend korrigiert wird.[1571]

---

bezeichnet und der Begriff der Rückwirkung für Fälle der echten Rückwirkung verwendet, so etwa in *Altmeyer*, Vertrauensschutz im Recht der Europäischen Union und im deutschen Recht, 2003, S. 102 ff.; *v. Arnauld*, Rechtssicherheit, 2006, S. 515.

1563 EuGH v. 03.09.2015, Rs. C-89/14, EuZW 2015, 787, Rn. 37.

1564 EuGH v. 29.01.1985, Rs. 234/83, Slg. 1985, 327, Rn. 20.

1565 *Schwarz*, Vertrauensschutz als Verfassungsprinzip, 2002, S. 419 f.; *Schwarze*, Europäisches Verwaltungsrecht, 2005, S. 1084, 1092.

1566 EuGH1v. 05.07.2004, Rs. C-459/02, Slg. 2004, I – 7315, Rn. 23 f.; EuGH v. 26.04.2005, Rs. C-376/02, Slg. 2005, I – 3445, Rn. 33; EuGH v. 19.02.2009, C-256/07, Slg. 2009, I – 1951, Rn. 32.

1567 *Schwarze*, Europäisches Verwaltungsrecht, 2005, S. 1093. S. bzgl. Beispielen, wann eine Erforderlichkeit vorliegt *v. Arnauld*, Rechtssicherheit, 2006, S. 517.

1568 So *v. Arnauld*, Rechtssicherheit, 2006, S. 518.

1569 Etwa EuGH v. 15.07.2004, Rs. C 459/02, Slg. 2004, I – 7315, Rn. 29.

1570 *v. Arnauld*, Rechtssicherheit, 2006, S. 518 f. Beispielsfälle für die Vorhersehbarkeit der echten Rückwirkung bei *Altmeyer*, Vertrauensschutz im Recht der Europäischen Union und im deutschen Recht, 2003, S. 11 f.

1571 *Frenz*, Handbuch Europarecht, Bd 4, 2009, Rn. 3069.

(2) Sofortwirkung

Die unechte Rückwirkung ist hingegen grundsätzlich zulässig.[1572] Regelmäßig entfalten Normen, auch für unter dem alten Recht entstandene Sachverhalte, künftige Wirkung. Es „darf nach ständiger Rechtsprechung des Gerichtshofs der Anwendungsbereich des Grundsatzes des Vertrauensschutzes nicht so weit ausgedehnt werden, dass die Anwendung einer neuen Regelung auf die künftigen Auswirkungen von unter Geltung der früheren Regelung entstandenen Sachverhalten schlechthin ausgeschlossen ist"[1573]. Unechte Rückwirkung genießt nur geringen Schutz aufgrund der Notwenigkeit das Recht anzupassen und zu verändern.[1574] Es könne nicht von einem generellen Vertrauenstatbestand gesprochen werden, sondern es bedürfe besonderer Anhaltspunkte, um von einer Vertrauensgrundlage ausgehen zu können. Eine Sofortwirkung der Regelung sei stets zulässig, wenn diese in einem „zwingenden öffentlichen Interesse erlassen wurde, welches das sofortige Inkrafttreten der getroffenen Regelung erforderte"[1575]. Besondere Gewichtung misst der Gerichtshof der Sicherung der Funktionsfähigkeit des gemeinsamen Marktes bei.[1576] Vertrauensschutz scheidet aus, wenn anderenfalls das mit der Änderung bezweckte Ziel des Schutzes des gemeinsamen Marktes gefährdet würde.[1577] Das System des gemeinsamen Binnenmarktes sei auf Flexibilität und Änderbarkeit angelegt, sodass regelmäßig auch kein Vertrauen auf die Dauerhaftigkeit einer Regelung bestehen könne und der Marktteilnehmer durch Beobachtung der Marktentwicklungen auch die Änderung vorhersehen kann.[1578]

Der EuGH stellt allgemein hohe Anforderungen an die Erkennbarkeit einer Rechtsänderung durch die Wirtschaftsteilnehmer.[1579] Nachforschungspflichten wurden zwar teils aufgeweicht und in Informationspflichten über zukünftige Änderungen umgewandelt,[1580] aber dieser Informationsobliegenheit wird die Union bereits durch eine Veröffentlichung im Amtsblatt gerecht. Der Wirtschaftsteilnehmer muss sich daher selbstständig aus diesen Quellen informieren und die Rechts-

---

1572 EuGH v. 15.06.1976, Rs. 74/74, Slg. 1975, 533, Rn. 29/32; EuGH v. 14.01.1987, Rs. 278/84, Slg. 1987, 1, Rn. 36.

1573 Jüngst noch EuGH v. 03.09.2015, Rs. C-89/14, EuZW 2015, 787, Rn. 38 unter Hinweis auf EuGH v. 22.12.2010, Rs. C-120/08, Slg. 2010, I – 13393, Rn. 40 f. m.w.N.

1574 EuGH v. 16.05.1979, Rs. 84/78, Slg. 1979, 1801, Rn. 21.

1575 EuGH v. 01.02.1978, Rs. 78/77, Slg.1978, 169, Rn. 6.

1576 EuGH v. 01.02.1978, Rs. 78/77, Slg.1978, 169, Rn. 6.

1577 EuGH v. 05.05.1981, Rs. 112/80, Slg. 1981, 1095, Rn. 49 f.

1578 S, dazu *Altmeyer*, Vertrauensschutz im Recht der Europäischen Union und im deutschen Recht, 2003, S. 107; vgl. EuGH v. 01.02.1978, Rs. 78/77, Slg. 1978, 169, Rn. 6; EuGH v. 05.10.1994, Rs. C-280/93, Slg. 1994, I – 4973, Rn. 80.

1579 *Schwarz*, Vertrauensschutz als Verfassungsprinzip, 2002, S. 421 ff. In Bezug auf Beihilfen: EuGH v. 20.09.1990, Rs. C-5/89, Slg. 1990, I – 3437, Rn. 14 f.; EuGH v. 20.03.1997, C-24/95, Slg. 1997, I – 1591, Rn. 25, mit der Verpflichtung sich über die Einhaltung des Verfahrens zu informieren.

1580 *Schwarz*, Vertrauensschutz als Verfassungsprinzip, 2002, S. 425.

normen auf ihre Plausibilität hin überprüfen, sowie die Rechtsprechung des EuGH im Blick behalten.[1581] Kritik erfährt diese Luxemburger Linie in Bezug auf kleinere oder mittelständische Unternehmen,[1582] eine Information aus dem Amtsblatt der Union sei für sie kaum zu bewältigen.[1583]

Der EuGH nimmt somit eine sehr strenge Abwägung vor und räumt den Unionsinteressen an der Änderung der Rechtslage regelmäßig vorrangiges Gewicht ein.[1584] Die Anforderungen an den Vertrauensschutz liegen höher, als bei der nationalen Rechtsprechung des Bundesverfassungsgerichts zur unechten Rückwirkung.[1585]

dd) Fazit

Diese sehr restriktive Handhabung des Grundsatzes des Vertrauensschutzes im Zusammenhang mit der Rückwirkung von Gesetzen verdeutlicht den generell zurückhaltenden Umgang des EuGH mit dem Schutz von Vertrauen. Da selbst bei einer echten Rückwirkung von Rechtsakten strenge Nachforschungs- und Beobachtungspflichten postuliert werden, scheint ein durchschlagendes Vorbringen, für eine allgemeine nationale Vertrauenshaftung, eher unwahrscheinlich. Erschwerend tritt hinzu, dass sich der Vertrauensschaden nicht durch einen Eingriff in wohlerworbene Rechte manifestiert, sondern dass die Rechtspositionen auf der Basis einer unionsrechtswidrigen Rechtslage erlangt wurden, vergleichbar mit dem Fall einer rückwirkenden Korrektur einer rechtswidrigen Vorschrift.[1586]

Allerdings sind zwei besondere Aspekte zu berücksichtigen, die dem Vertrauensschutz neuen Aufwind verschaffen. Zum einen wurde die Berücksichtigung von Vertrauensschutz bei rückwirkenden Normativakten nur auf der Primärebene erörtert. Auf dieser sind stets andere Wertungen für den EuGH von Relevanz als auf Sekundärebene. Ein Haftungsanspruch würde – im Gegensatz zum Vertrauens-

---

1581 Dazu *Frenz*, EuR 2008, 468 (484 f.) kritisch.

1582 *Frenz*, EuR 2008, 468 (485).

1583 *Schrömbges*, Diskussion zu den Referaten von Prof. Dr. Schmidt-Jortzig, Prof. Dr. Lenz und Prof. Dr. Steiner, in: Henke (Hrsg.) Vertrauensschutz in der Europäischen Union, 1998, S. 39, 40 f. dem beipflichtend *Bink*, S. 42. Dem wird allerdings der Hinweis entgegengehalten, dass die Entscheidung gegenüber einem Unternehmen erging, welchem die Information möglich war. Es könne nicht abgeleitet werden, dass der EuGH bei allen Unternehmen solch strenge Maßstäbe anwenden würde, *Lenz*, S. 41. Anders soll es jedoch bei vernünftigen Zweifeln des kleinen Unternehmens aussehen, *Lenz*, S. 42.

1584 *Frenz*, EuR 2008, 0468 (486). Ein Beispiel für die ausnahmsweise Anerkennung von Vertrauensschutz: EuGH v. 14.03.1986, Rs. 120/86, Slg. 1988, 2321 ff.

1585 Ausführlich *v. Arnauld*, Rechtssicherheit, 2006, S. 521 f.; *Ramin*, DVP 2012, 274 (282 f.); *Schwarz*, Vertrauensschutz als Verfassungsprinzip, 2002, S. 378, die Aussage bezog sich wohl auf exekutivische Handlungen.

1586 Vgl. *Altmeyer*, Vertrauensschutz im Recht der Europäischen Union und im deutschen Recht, 2003, S. 46 f., der den Faktor, ob die Rechtsposition rechtmäßig erworben wurde, als ausschlaggebend für die Interessenabwägung ansieht.

schutz – die Wirksamkeit des Unionsrechts nicht beeinträchtigen, sodass neue Wertungsmöglichkeiten eröffnet sind. Die Rechtsprechung zur Rückwirkung ist klar getragen von der Sicherung der Wirksamkeit des Unionsrechts, insbesondere eines funktionierenden Binnenmarktes.

Eine Verstärkung des Vertrauensschutzes kann auch durch die Nähe der richtlinienkonformen Rechtsfortbildung, sowie des Instituts der primärrechtskonkretisierenden Richtlinien, zur unmittelbaren Geltung und Anwendbarkeit von Richtlinien im horizontalen Rechtsverhältnis erfolgen. Der Grund der Rechtssicherheit bewog den EuGH zur Ablehnung einer unmittelbaren horizontalen Direktwirkung (dazu oben unter Teil 1, Kapitel 2, II., 2., a)). Durch eine extensive Konformauslegung[1587] und die primärrechtliche Aufladung der Richtlinie[1588] wirkt ihr Inhalt, ohne hinreichenden Umsetzungsakt, auch zwischen Privaten und erzeugt faktisch den gleichen Effekt wie eine unmittelbare Direktwirkung.[1589] Wenn Rechtssicherheit auf primärer Ebene aufgrund der Wirksamkeit des Unionsrechts zurücktreten muss, spricht doch einiges für eine Gewährung von Vertrauensschutz auf der Sekundärebene.

Zum anderen könnte dem Vertrauensschutzgrundsatz vermehrtes Gewicht verschafft werden durch den positiven Effekt auf die Durchsetzung des Unionsrechts (s. dazu etwa unter Teil 1, Kapitel 4, IV sowie Teil 2, Kapitel 7, II., 2., f), bb)).[1590] Auch der Gedanke, dass die Verletzung von Vertrauensschutz zu einem Ersatz führen kann, ist dem Europarecht nicht fremd. Eine Missachtung von Vertrauensschutz durch den Unionsgesetzgeber kann gegebenenfalls zu einem Schadenersatzanspruch führen.[1591]

Auch wenn der Grundsatz des Vertrauensschutzes vorliegend durch besondere Wertungen aufgeladen ist, vermag dies noch nicht zu einer derartigen Verdichtung führen, dass das Unionsrecht die Einführung einer nationalen Vertrauenshaftung gebieten würde. Allerdings unterstreicht er eine nationale Ersatzmöglichkeit auf-

1587 So auch *Mörsdorf*, EuR 2009, 219 (219, 222 ff.); *Herdegen*, WM 2005, 1921 (1927); *Gsell*, JZ 2009, 522 (623); *Dendrinos*, Rechtsprobleme der Direktwirkung der EWG-Richtlinien, 1989, S. 200, 290; *Schulte-Nölke/Busch*, Mittelbare horizontale Direktwirkung von umgesetzten EG-Richtlinien, in: Heldrich/Prölss/Koller (Hrsg.), Festschrift für Claus-Wilhelm Canaris zum 70. Geburtstag, Bd II, 2007, S. 795 ff.; kritischer sehend: *Herresthal*, JuS 2014, 289 (293 f.); ausdrücklich dagegen BGHZ 179, 27 (39).

1588 S. dazu *Mörsdorf*, EuR 2009, 219 (235 f.); *Böhm*, JZ 2008, 324 (328); *Pfeiffer*, NJW 2009, 412 (412).

1589 Dies wird teilweise als unzulässig erachtet, aufgrund eines Verstoßes gegen das Prinzip der begrenzten Einzelermächtigung und den Subsidiaritätsgrundsatz. Die spezifisch mit der Rechtsform „Richtlinie" einhergehenden Beschränkungen der Wirkung werden missachtet, so etwa: *Böhm*, JZ 2008, 324 (328).

1590 Ein Anliegen der Union an diesem Haftungsanspruch sehend etwa *Nettesheim*, WM 2006, 457 (459).

1591 *Schwarze*, Europäisches Verwaltungsrecht, 2005, S. 848.

grund der sekundärrechtlichen Abwägung auch für ein Vertrauen, welches den strengen Anforderungen des EuGH nicht gerecht wird. Unabhängig von der europarechtlichen Gebotenheit, verhilft die ebenfalls unionsrechtliche Verankerung des Grundsatzes des Vertrauensschutzes zu einer stärkeren Akzeptanz einer nationalen Regelung durch das Europarecht. Nationales Recht, das auf Prinzipien basiert, die auch im Unionsrecht beheimatet sind, kann nicht schlechthin als unionsrechtswidrig angesehen werden.[1592]

3. Gesamtergebnis bezüglich der Vereinbarkeit mit unionsrechtlichen Wertungen

Es hat sich insgesamt gezeigt, dass eine nationale Vertrauenshaftung nicht grundsätzlich gegen unionsrechtliches Primärrecht verstößt. Dem zentralen Gegenstand der Untersuchung, der Unionstreue, konnte keine grundlegende Unterlassungspflicht entnommen werden. Solange keine direkte Kompensation von unionsrechtlich gebotenem Verhalten durch den Ersatzanspruch erfolgt, die den unionsrechtlichen Wertungen zur Risikoverteilung widerspricht, werden die Ziele der Union nicht gefährdet. Ein solches Unterlassungsgebot ist für das Vertrauen auf unionsrechtswidrige Beihilfen zu postulieren. Durch einen Ersatzanspruch wird aber – von solchen Ausnahmefällen abgesehen – generell nicht der Unionsrechtsverstoß perpetuiert. Der Unionstreue in ihrer Ausformung als Handlungsgebot lässt sich sogar aufgrund des Sanktionscharakters der nationalen Vertrauenshaftung eine Tendenz für eine Etablierung der Vertrauenshaftung entnehmen. Dem effet utile, der zwar über eine reine Auslegungsregel hinaus Begründungscharakter entfaltet, konnten keine weiterreichenden Wertungen als der Unionstreue entnommen werden.

Ebenso konnte das Äquivalenzgebot, aufgrund seiner ausschließlichen Stoßrichtung gegen administrative Umsetzungsmaßnahmen, nicht für diese Untersuchung fruchtbar gemacht werden.

Der Grundsatz des Individualrechtsschutzes brachte eine erneute Unterstreichung der unionsrechtlichen Gewogenheit. Dem Vertrauensschutz als Individualrecht wohnt auch der materiale Gehalt einer Folgenbeseitigung sowie eines Ausgleiches inne. Der Individualrechtsschutz kann jedoch nur als Optimierungsgebot begriffen werden und keine Pflicht zur Etablierung einer nationalen Vertrauenshaftung begründen.

Summa summarum lassen sich im Unionsrecht einige Anhaltspunkte für die nationale Einführung einer Vertrauenshaftung finden. Der mitgliedsstaatlichen Vertrauenshaftung stehen keine grundsätzlichen unionsrechtlichen Wertungen entgegen.[1593] Der Vertrauensschutzgrundsatz ist sogar ebenfalls unionsrechtlich

1592 Gedanke bei *Kadelbach*, Allgemeines Verwaltungsrecht unter europäischem Einfluss, 1999, S. 129 f.

1593 Auch das Verantwortungsprinzip untermauert einen Ersatzanspruch.

verankert und kann auf der Sekundärebene ein verstärktes Gewicht einnehmen. Es könnte jedoch „zur Sicherheit" darüber nachgedacht werden, die Frage einer rechtlichen Zulässigkeit, im Weg eines Vorabentscheidungsverfahren eingeleitet durch das Bundesverfassungsgericht[1594], vorab klären zu lassen.[1595]

1594 Zum Vorabentscheidungsverfahren durch das Bundesverfassungsgericht *Wegener*, in: Calliess/Ruffert (Hrsg.), EUV/AEUV, 4. Aufl. 2011, Art 267 ARUV Rn. 26; *Ehricke*, in: Streinz (Hrsg.), EUV/AEUV, 2. Aufl. 2012, Art. 257 AEUV Rn. 43; vgl. auch BVerfGE 52, 178 (201); umfassend zur Vorlagepflicht des BVerfG an den EuGH *Schönemeyer*, Die Pflicht des Bundesverfassungsgerichts zur Vorlage an den Gerichtshof der Europäischen Union gem. Art. 267 Abs. 3 AEUV, 2014.

1595 Für eine Vorlageverpflichtung zur Feststellung der unionsrechtlichen Zulässigkeit *Giegerich*, EuR 2012, 373 (374).

Teil 4 Abschließende Gesamtbetrachtung

Die Haftung für das Vertrauen auf unionsrechtswidrige Gesetze kleidet den althergebrachten Disput, um eine Ersatzpflicht bei legislativem Unrecht, in ein modernes Gewand. Der Normunterworfene kann mittels dem neu zu etablierenden Haftungsanspruch Schäden liquidieren, die ihn durch ein Vertrauen auf den rückwirkenden Bestand der nationalen Gesetzeslage entstanden sind. Auslöser der Enttäuschung dieser berechtigten Erwartungen ist das Unionsrecht. Das Europarecht gebietet – vermittelt durch das Institut des Anwendungsvorranges – bei einer Kollision von nationalem Recht mit unmittelbar anwendbaren unionalen Bestimmungen eine Unanwendbarkeit der entgegenstehenden mitgliedsstaatlichen Normen, die ex-tunc zu erfolgen hat. Schädigungen können aber auch im Zusammenhang mit nicht unmittelbar anwendbaren Richtlinien auftreten. Das Gebot der richtlinienkonformen Auslegung verpflichtet den Mitgliedsstaat, das gesamte Recht im Einklang mit der Richtlinie auszulegen und ihr zur praktischen Wirksamkeit zu verhelfen. Aufgrund der retroperspektivischen Wirkung der Rechtsprechung, wird das Normverständnis rückwirkend gewandelt und der Normadressat kann sich einer die Wortlautgrenze überschreitenden Rechtsfortbildung ausgesetzt sehen.

Das Gesetz ist als objektiver Vertrauenstatbestand essenzielle Voraussetzung für jede freiheitliche Rechtsordnung und bedarf zumindest eines sekundärrechtlichen Schutzes, wenn eine Beachtung auf der Primärebene ausgeschlossen ist. Der Ausschluss des primärrechtlichen Schutzes basiert auf dem Monopol des Europäischen Gerichtshofes, sowohl bezüglich des materialen Verständnisses vom Europarecht, als auch spezifisch im Hinblick auf die temporalen Entscheidungswirkungen. Jedoch nur bei unmittelbar anwendbarem Unionsrecht ist dem Mitgliedsstaat nationaler primärrechtlicher Vertrauensschutz verwehrt. Das Gebot der richtlinienkonformen Auslegung steht nach Einschätzung der Luxemburger Richter unter dem Vorbehalt der nationalen Methodenlehre, sowie der Vereinbarkeit mit unionalen allgemeinen Rechtsgrundsätzen. Im Rahmen der mitgliedsstaatlichen Methodik kann nationaler Vertrauensschutz Beachtung finden und damit ohne Verletzung von Vertragspflichten – insbesondere Vorlagepflichten – eine richtlinienkonforme Auslegung entweder zeitlich oder inhaltlich begrenzt werden. Dies zieht freilich eine außervertragliche Haftung des Mitgliedsstaates nach der *Francovich*-Doktrin nach sich, aufgrund mangelhafter legislativer Richtlinienumsetzung.

Eine Vertrauenshaftung entfaltet aber dennoch, spezifisch in Verbindung mit Richtlinienrecht, national sowie unional wünschenswerte Effekte. Dem Mitgliedsstaat wurde zwar ein Letztvorbehalt bei der Konformauslegungsverpflichtung zugebilligt, er macht jedoch regelmäßig keinen Gebrauch von dieser Möglichkeit, sondern ist bestrebt eine möglichst weitreichende richtlinienkonforme Auslegung zu ermöglichen – überwiegend wohl auch, um einer außervertraglichen Haftung zu entgehen. Aus der unionsrechtlichen Perspektive vermag eine richtlinienkonforme Auslegung den vertraglichen Umsetzungsverpflichtungen nicht im vollen Umfang gerecht zu werden. Das Transparenzgebot fordert, insbesondere bei Individualrechten, eine klare und eindeutige Integration in das nationale Recht, die oftmals einer legislativen Umsetzung bedarf. Der Sanktionscharakter der Vertrauenshaftung verhilft somit dem Unionsrecht zu seiner vollen Wirksamkeit und kann Haftungslücken schließen, die durch die Risikoverlagerung auf Private eingetreten sind.

Die geforderte Vertrauenshaftung kann jedoch nicht in das bestehende nationale Haftungssystem integriert werden und es kommt nur ein Ersatz de lege ferenda in Betracht. Haftungsauslösender Anknüpfungspunkt ist aufgrund des Schwerpunkts des vorwerfbaren Verhaltens nur der rechtswidrige Erlass eines unionsrechtswidrigen Gesetzes, oder dessen unterlassene Aufhebung und nicht erst die spätere, unional gebotene Unanwendbarkeit der Norm.

Bei oberflächlicher Betrachtung könnte der Amtshaftungsanspruch eine Vertrauenshaftung beheimaten. Sowohl der Erlass eines bereits anfänglich unionsrechtswidrigen Gesetzes, als auch die unterlassene Aufhebung einer später mit Europarecht kollidierenden Norm, sowie die fehlerhafte Richtlinienumsetzung, stellen einen unionalen und verfassungsrechtlichen Pflichtverstoß dar, dessen Drittbezug aus dem grundrechtlich verankerten Vertrauensschutz fließt. Das Verschulden kann zwar nur bei offenkundiger Pflichtverletzung eintreten, aber dennoch ist die Entstehung eines schutzwürdigen Vertrauens des Normadressaten, aufgrund der divergierenden Sorgfaltsanforderungen, nicht ausgeschlossen. Allerdings vermag dies nicht über unüberwindbare Inkompatibilitäten hinwegzutäuschen. Das Wesen der Amtshaftung ist auf administratives Fehlverhalten ausgerichtet und würde bei einer Integration durch die unionsrechtliche Überformung noch weiter denaturiert.

Neben den Amtshaftungsanspruch tritt das Institut des enteignungsgleichen Eingriffs, welches ebenfalls Ersatz bei rechtswidrigen Eingriffen ermöglicht. Voraussetzung ist ein Eingriff in eine von Art. 14 GG geschützte Rechtsposition. Ein Vertrauensschaden vermag sich wohl, vornehmlich in Form einer Beeinträchtigung des eingerichteten und ausgeübten Gewerbetriebs, zu einer eigentumsrechtlichen Rechtsposition verdichten. Ein Entschädigungsanspruch scheitert, wenn nicht am Erfordernis der Unmittelbarkeit, zumindest aber am tradierten Kriterium des Sonderopfers. Das Sonderopfer wird bei rechtswidrigen Eingriffen als indiziert angesehen, allerdings wird bei legislativem Unrecht eine Haftung mit Ausnahme von Maßnahmen- und Einzelfallgesetzen regelmäßig abgelehnt. Durch das Gesetz werde zumeist kein Sonderopfer auferlegt, sondern nur die Allgemeinheit belastet. Ohne einen gravierenden Wandel dieser Judikatur scheidet eine Beherbergung der Vertrauenshaftung im Institut des enteignungsgleichen Eingriffs ebenfalls aus, obwohl dessen Eignung im Vergleich zum Amtshaftungsanspruch, aufgrund des fehlenden Verschuldenselements, wohl als höher zu erachten ist.

Insgesamt verbleibt folglich nur die Schaffung eines neuen Ersatzanspruches, um Vertrauensschäden zu liquidieren. National durchschlagende Argumente gegen eine Einstandspflicht de lege ferenda bestehen nicht. Sowohl § 79 Abs. 2 BVerfGG kann aufgrund seiner mangelnden Anwendbarkeit bei Gesetzesunrecht nicht durchgreifen, als auch abstrakte Bedenken, wie die Befürchtungen einer übermäßigen finanziellen Belastung des Staatshaushaltes, sind nicht überzeugend.

Allerdings steht die Einführung einer nationalen Vertrauenshaftung unter dem Vorbehalt der Vereinbarkeit mit unionsrechtlichen Wertungen.

Auch das Unionsrecht weist mit der außervertraglichen Haftung der Mitgliedsstaaten nach der *Francovich*-Doktrin einen Ersatzanspruch auf, der eine Vertrauenshaftung beheimaten könnte. Beachtung finden muss jedoch, dass dieser Anspruch vom Gerichtshof für konträre Schadenslagen entwickelt wurde. Die Haftung soll dem unionsrechtlich begünstigten Bürger den Ersatz seiner Einbußen ermöglichen, die er durch das Ausbleiben der europarechtlich gebotenen Rechtslage erlitten hat. Die Vertrauenshaftung ist allerdings eine unionsrechtskonträre Staatshaftung. Damit scheitert eine Integration spätestens am Schutzzweck, selbst wenn man dem europarechtlich benachteiligten Normadressaten ein Individualrecht auf Transparenz zuspricht.

Zwar kann keine Verortung der Vertrauenshaftung in der außervertraglichen Haftung der Mitgliedsstaaten erfolgen, aber dennoch konfligiert das Unionsrecht nicht mit einer nationalen Einstandspflicht, sondern streitet sogar für eine Neuregelung.

Das Monopol des Gerichtshofes bezüglich der zeitlichen Beschränkung von Urteilswirkungen kann nicht als Argument gegen die unionale Zulässigkeit ins Feld geführt werden. Zum einen mangelt es an einer Prüfungskongruenz im Hinblick auf vertrauensschutzrechtliche Wertungen und zum anderen ist eine Interessenabwägung auf der Sekundärebene anderen Maximen unterworfen, da bereits auf primärrechtlicher Ebene die Wirksamkeit des Unionsrechts sichergestellt wurde.

Ebenfalls kann kein Widerstreit zu europarechtlichen allgemeinen Rechtsgrundsätzen erblickt werden. Die Unionstreue statuiert keine grundlegende Unterlassungspflicht. Allein bei einer unmittelbaren Kompensation von unional gebotenem Verhalten durch den Ersatzanspruch, wie sie regelmäßig im Beihilfenrecht auftritt, werden die Ziele der Europäischen Union gefährdet. Eine allgemeine Perpetuierung des unionsrechtswidrigen Zustandes und ein genereller Verstoß gegen die Risikoverteilung können nicht gesehen werden. In der Ausprägung als Handlungsgebot kann die Unionstreue sogar die Vertrauenshaftung – aufgrund ihres Sanktionscharakters – unterstreichen. Ebenfalls unterstützende Kraft entfaltet der unionsrechtliche Vertrauensschutzgrundsatz, der zwar auf primärrechtlicher Ebene stark beschnitten wird, aber auf der Sekundärebene zu neuem Leben erweckt werden kann. Der effet utile, welcher auch Begründungskraft aufweist, geht vorliegend vollumfänglich in den Wertungen der Unionstreue auf. Der Grundsatz des Individualrechtsschutzes untermauert allerdings weiter die unionsrechtliche Zugewandtheit zu einer Vertrauenshaftung, da dem Gebot des Vertrauensschutzes ein umfassender, materialer Gehalt zuteilwird. Sowohl der Unionstreue, als auch dem Individualrechtsschutz können aber – mangels hinreichender Verdichtung – keine konkreten Verpflichtungen zur Etablierung eines nationalen Ersatzanspruches entnommen werden.

Insgesamt ist die Integration einer verfassungsrechtlich gebotenen und unional wünschenswerten Haftung für das Vertrauen auf unionsrechtswidrige Gesetze in das nationale Haftungssystem de lege lata dogmatisch ausgeschlossen; eine Neuregelung steht allerdings nicht im Konflikt mit dem Unionsrecht. Diese sollte als Anlass genommen werden, das Staatshaftungsrecht umfassend zu modernisieren.

Literaturverzeichnis

Achterberg, Norbert: Parlamentsrecht, Tübingen 1984

Albers, Carsten: Die Haftung der Bundesrepublik Deutschland für die Nichtumsetzung von EG-Richtlinien, Baden-Baden 1995

Altmeyer, Sabine: Vertrauensschutz im Recht der Europäischen Union und im deutschen Recht, Baden-Baden 2003

Arnauld, Andreas von: Enteignender und enteignungsgleicher Eingriff heute, in: VerwArch 93 (2002), S. 394 ff.

Arnauld, Andreas von: Rechtssicherheit, Tübingen 2006

Arndt, Adolf: Die Bindungswirkung des Gesetzgebers, BB 1960, S. 993 ff.

Arndt, Adolf: Staatshaftung für gesetzliches Unrecht?, BB 1960, S. 1351 ff.

Arndt, Hans Wolfgang: Probleme rückwirkender Rechtsprechungsänderung, Königstein im Taunus1974

Arnim, Hans Herbert von: Die Haftung der Bundesrepublik Deutschland für das Investitionshilfegesetz, Wiesbaden 1986

Arnold, Christian: Verletzung der Vorlagepflicht an den EuGH bei Gewährung von Vertrauensschutz, in: ArbRAktuell 2015, S. 85 ff.

Arnold, Christian/Schansker, Mareike: Kein Vertrauensschutz ohne EuGH?, in: ArbR-Aktuell 2015, S. 89 ff.

Aubin, Peter: Die Haftung der Europäischen Wirtschaftsgemeinschaft und ihrer Mitgliedsstaaten bei gemeinschaftsrechtswidrigen nationalen Verwaltungsakten, Baden-Baden 1982

Auer, Marietta: Neues zu Umfang und Grenzen der richtlinienkonformen Auslegung, in: NJW 2007, S. 1106 ff.

Bachof, Otto: Die verwaltungsgerichtliche Klage auf Vornahme einer Amtshandlung, Tübingen 1951

Badura, Peter: Der Eigentumsschutz des eingerichteten und ausgeübten Gewerbebetriebes, in: AöR 98 (1973), S. 153 ff.

Badura, Peter: Die verfassungsrechtliche Pflicht des gesetzgebenden Parlaments zur „Nachbesserung“ von Gesetzen, in: Müller/Rhinow (Hrsg.), Festschrift für Kurt Eichenberger zum 60. Geburtstag, Basel 1982, S. 481 ff.

Badura. Peter: Der Eigentumsschutz des eingerichteten und ausgeübten Gewerbebetriebes gegenüber der staatlichen Intervention im Bereich der Wirtschaft, in: Wilke (Hrsg.), Festschrift zum 125-jährigen Bestehen der Juristischen Gesellschaft zu Berlin, Berlin 1984, S. 1 ff.

Baldauf, Nicole: Richtlinienverstoß und Verschiebung der Contra-legem-Grenze im Privatrechtsverhältnis, Tübingen 2013

Baldus, Manfred/Grzeszick, Bernd/Wienhues, Sigird: Staatshaftungsrecht, 4. Auflage, Heidelberg 2013

Bamberger, Heinz Georg/Roth, Herbert (Hrsg.): Beck'scher Online-Kommentar BGB, 39. EGL, 2016

Bauer, Jobst-Hubertus/Arnold, Christian: EuGH kippt deutsches Urlaubsrecht* – Die Schultz-Hoff-Entscheidung und ihre Folgen, in: NJW 2006, S. 6 ff.

Beljin, Sasa: Staatshaftung im Europarecht, Köln 2000.

Benda, Ernst/Klein, Eckart/Klein, Oliver: Verfassungsprozessrecht, 3. Auflage, Heidelberg 2011

Bender, Bernd: Staatshaftungsrecht, 2. Auflage, Karlsruhe 1974

Bender, Bernd: Neuralgische Punkte der Staatshaftungsreform, in: DÖV 1979, S. 109 ff.

Berdesinski, Stephan: Die rückwirkende Änderung der Rechtsprechung, diss. jur., Heidelberg 1998

Berrisch, Georg M.: Rückforderung rechtswidriger staatlicher Beihilfen; Grenzen der Anwendung nationalen Rechts, Art. 92, 93 Abs. 3 EGV, in: EuR 1997, S. 155 ff.

Bertelmann, Heiko: Die Europäisierung des Staatshaftungsrechts, Frankfurt am Main 2006

Bettermann, Karl August/Nipperdey, Hans Carl/Scheuner, Ulrich: Die Grundrechte: Handbuch der Theorie und Praxis der Grundrechte, Band. III, Teil 2, Berlin 1959

Binia, Cornelia M.: Das Francovich-Urteil des Europäischen Gerichtshofes im Kontext des deutschen Staatshaftungsrechts, Frankfurt am Main 1998

Birk, Dieter: Diskussion zu den Referaten von Prof. Dr. Schmidt-Jortzig, Prof. Dr. Lenz und Prof. Dr. Steiner, in: Henke (Hrsg.), Vertrauensschutz in der europäischen Union, Köln 1998, S. 39 ff.

Birkenfeld, Wolfram/Dötsch, Ewald/Fuest, Clemens/Hey, Johanna u. a.: Fragen zur künftigen Entwicklung der BVerfG-Rechtsprechung zur Rückwirkung von Nichtanwendungsgesetzen – Dargestellt an drei BFH-Vorlagebeschlüssen –, in: DB 2015, S. 513 ff.

Blankenagel, Alexander: Die „Amtspflicht gegenüber einem Dritten" – Kasuistik ohne Systematik?, in: DVBl 1981, S. 15 ff.

Bleckmann, Albert: Europarecht, 6. Auflage, Köln 1997

Blenke, Hermann-Josef: Vertrauensschutz im deutschen und europäischen Verwaltungsrecht, Tübingen 2000

Blümich, Walter (Begr.): EStG, KStG, GewStG, Körperschaftsteuergesetz, Band 4, 130. EGL, München 2015

Böckenförde, Christoph: Sicherung der Normenkontrolle – aber wie?, in: ZRP 1969, S. 130 ff.

Bogdandy, Armin von: Rechtsfortbildung mit Artikel 5 EG-Vertrag, in: Randelzhofer/Scholz/Wilke (Hrsg.), Gedächtnisschrift für Eberhard Grabitz, München 1995, S. 17 ff.

Böhm, Monika: Umfang und Grenzen eines europäischen Verbots der Altersdiskriminierung im deutschen Recht, in: JZ 2008, S. 324 ff.

Böhm, Monika: Haftung, in: Schulze/Zuleeg/Kadelbach (Hrsg.), Europarecht, 3. Auflage, Baden-Baden 2015, § 12

Borchardt, Klaus-Dieter: Der Grundsatz des Vertrauensschutzes im Europäischen Gemeinschaftsrecht, Berlin 1988

Borchardt, Klaus-Dieter: Auslegung, Rechtsfortbildung und Rechtsschöpfung, in: Schulze/Zuleeg/Kadelbach (Hrsg.), Europarecht, 3. Auflage, Baden-Baden 2015, § 15

Boujong, Karlheinz: Staatshaftung für legislatives und normatives Unrecht in der neueren Rechtsprechung des Bundesgerichtshofes, in: Faller/Kirchhof/Träger (Hrsg.), Festschrift für Willi Geiger zum 80. Geburtstag, Tübingen 1989, S. 430 ff.

Boujong, Karlheinz: Zu den enteignungsrechtlichen Schutzgrenzen des eingerichteten und ausgeübten Gewerbebetriebes nach der Rechtsprechung, in: Bruchhausen u. a. (Hrsg.), Festschrift für Rudolf Nirk zum 70. Geburtstag, München 1992, S. 61 ff

Brechmann, Winfried: Die richtlinienkonforme Auslegung, München 1994

Breuer, Marten: Staatshaftung für judikatives Unrecht, Tübingen 2011

Brocke, Holger: Die Europäisierung des Staatshaftungsrechts, Berlin 2002

Brocker, Lars: Rechtsprechungsänderung und Vertrauensschutz, in: NJW 2012, S. 2996 ff.

Bröhmer, Jürgen: Die Weiterentwicklung des europäischen Staatshaftungsrechts – EuGH, EuGRZ 1996, 144, in: JuS 1997, S. 117 ff.

Buchheim, Johannes/Lassahn, Philipp: Alles neu oder alles wie gehabt?, in: NVwZ 2014, S. 562 ff.

Büchs, Heribert: Handbuch des Eigentums- und Entschädigungsrechts, 3. Auflage, Stuttgart 1996

Bungenberg, Marc: Vertrauensschutz, in: Heselhaus/Nowak (Hrsg.), Handbuch der Europäischen Grundrechte, München 2006, § 33

Bungeroth, Erhard: „Kleine Rückwirkung" bei der Normenkontrolle?, in: ZRP 1969, S. 73 ff.

Burmeister, Joachim: Vertrauensschutz im Rechtsstaat, Band I, Habil., Köln 1974

Burmeister, Joachim: Vertrauensschutz im Prozeßrecht, Berlin 1979

Buschhaus, Gabriele: Das „Francovich-Urteil" des EuGH, in: JA 1992, S. 142 ff.

Bydlinski, Franz: Gegen die „Zeitzündertheorien“ bei der Rechtsprechungsänderung nach staatlichem und europäischem Recht, in: JBl. 2011, S. 2 ff.

Bydlinski, Franz: Grundzüge der juristischen Methodenlehre, 2. Auflage, Wien 2012

Calliess, Christian/Ruffert, Matthias (Hrsg.): EUV/AEUV, 4. Auflage, München 2011

Canaris, Claus-Wilhelm: Die Feststellung von Lücken im Gesetz, Berlin 1964

Canaris, Claus-Wilhelm: Die richtlinienkonforme Auslegung und Rechtsfortbildung im System der juristischen Methodenlehre, in: Koziol/Rummel (Hrsg.), Festschrift für Franz Bydlinski zum 70. Geburtstag, Wien 2002, S. 47 ff.

Canaris, Claus-Wilhelm: Die verfassungskonforme Auslegung und Rechtsfortbildung im System der juristischen Methodenlehre, in: Honsell/Zäch u. a. (Hrsg.), Festschrift für Ernst A. Kramer, Basel 2004, S. 141 ff.

Claßen, Christiane: Nichtumsetzung von Gemeinschaftsrichtlinien, Berlin 1999

Classen, Claus Dieter: Anmerkung zu BVerfG v. 06.07.2010, 2 BvR 2661/06, in: JZ 2010, S. 1186 ff.

Cornils, Matthias: Der gemeinschaftsrechtliche Staatshaftungsanspruch, Baden-Baden 1995

Cornils, Matthias: Entscheidungsbesprechung zu BGH, Urt. v. 24.4.2008 – III ZR 252 /06, in: ZJS 2008, S. 534 ff.

Czaja, Astrid: Die außervertragliche Haftung der EG für ihre Organe, Baden-Baden 1996

Dagtoglou, Prodromos: Ersatzpflicht des Staates bei legislativem Unrecht, Tübingen 1963

Danwitz, Thomas von: Die Garantie effektiven Rechtsschutzes im Recht der Europäischen Gemeinschaft, in: NJW 1993, S. 1108 ff.

Danwitz, Thomas von: Zur Entwicklung der gemeinschaftsrechtlichen Staatshaftung, in: JZ 1994, S. 335 ff.

Danwitz, Thomas von: Verwaltungsrechtliches System und Europäische Integration, Tübingen 1996

Danwitz, Thomas von: Die gemeinschaftsrechtliche Staatshaftung der Mitgliedsstaaten, in: DVBl 1997, S. 1 ff.

Danwitz, Thomas von: Rechtswirkungen von Richtlinien in der neueren Rechtsprechung des EuGH, in: JZ 2007, S. 697 ff.

Danwitz, Thomas von: Europäisches Verwaltungsrecht, Berlin 2008

Deckert, Martina R.: Zur Haftung des Mitgliedsstaates bei Verstößen seiner Organe gegen europäisches Gemeinschaftsrecht, in: EuR 1997, S. 203 ff.

Defren, Ralf: Der haftungsrechtliche Beamtenbegriff, Berlin 2002

Dendrinos, Antonios: Rechtsprobleme der Direktwirkung der EWG-Richtlinien, Frankfurt am Main 1989

Dengler, Andreas: Noch keine Auswirkungen der gemeinschaftsrechtlichen Staatshaftung auf die deutsche Staatshaftungsdogmatik für legislatives Unrecht, in: IStR 1997, S. 252 ff.

Depenheuer, Otto: Der Wortlaut als Grenze, Heidelberg 1988

Depenheuer, Otto: Entwicklungslinien des verfassungsrechtlichen Eigentumsschutzes, in: v. Danwitz/Depenheuer/Engel (Hrsg.), Bericht zur Lage des Eigentums, Berlin 2002

Detterbeck, Steffen: Staatshaftung bei normativem Unrecht, in: JA 1991, S. 7 ff.

Detterbeck, Steffen: Staatshaftung für die Missachtung von EG-Recht, in: VerwArch 85 (1994), S. 160 ff.

Detterbeck, Steffen: Haftung der Europäischen Gemeinschaft und gemeinschaftsrechtlicher Staatshaftungsanspruch, in: AöR 125 (2000), S. 202 ff.

Detterbeck, Steffen/Windthorst, Kay/Sproll, Hans-Dieter: Staatshaftungsrecht, München 2000

Detterbeck, Steffen: Allgemeines Verwaltungsrecht mit Verwaltungsprozessrecht, 14. Auflage, München 2016

Diehr, Uwe: Der Staatshaftungsanspruch des Bürgers wegen Verletzung des Gemeinschaftsrechts durch die deutsche öffentliche Gewalt, Frankfurt am Main 1997

Dieterich, Thomas/Hanau, Peter/Schaub, Günter (Begr.): Erfurter Kommentar zum Arbeitsrecht, 16. Auflage, München 2016

Dietlein, Johannes: Die Lehre von grundrechtlichen Schutzpflichten, 2. Auflage, Berlin 2005

Dilcher, Hermann: Rechtsgeschäfte auf verfassungswidriger Grundlage, in: AcP 163 (1963), S. 19 ff.

Dohmold, Heike: Die Haftung des Staates für legislatives und normatives Unrecht in der neueren Rechtsprechung des Bundesgerichtshofs, in: DÖV 1991, S. 152 ff.

Dörr, Claus: Der gemeinschaftsrechtliche Staatshaftungsanspruch in der Rechtsprechung des Bundesgerichtshofs, in: DVBl 2006, S. 598 ff.

Dörr, Claus: Der unionsrechtliche Staatshaftungsanspruch in Deutschland zwanzig Jahre nach Francovich, in: EuZW 2012, S. 86 ff.

Drechsler, Stefan: Grundlagen und Grenzen der richterlichen Rechtsfortbildung, in: ZJS 2012, S. 344 ff.

Dreher, Meinrad: Richtlinienumsetzung durch Exekutive und Judikative?, in: EuZW 1997, S. 522 ff.

Dreier, Horst (Hrsg.): Grundgesetz Kommentar, Band I, Artikel 1 bis 192, 3. Auflage, Tübingen 2015

Dreier, Horst (Hrsg.): Grundgesetz Kommentar, Band II, Artikel 20 bis 82, 3. Auflage, Tübingen 2015

Drüen, Klaus-Dieter: Rückwirkende Nichtanwendungsgesetze im Steuerrecht, in: StuW 2015, S. 210 ff.

Due, Ole: Der Grundsatz der Gemeinschaftstreue in der Europäischen Gemeinschaft nach der neuen Rechtsprechung des Gerichtshofs, Bonn 1992

Dürig, Günter: Zurück zum klassischen Enteignungsbegriff, in: JZ 1954, S. 6 ff.

Düsterhaus, Dominik: Es geht auch ohne Karlsruhe: Für eine rechtsschutzorientierte Bestimmung der zeitlichen Wirkungen von Urteilen im Verfahren nach Art. 234 EG, in: EuZW 2006, S. 393 ff.

Eckert, Helmut: Die Haftung des Staates bei nichtigen Gesetzen und Verordnungen, diss. jur., Frankfurt am Main 1973

Ehlers, Dirk: Eigentumsschutz, Sozialbindung und Enteignung bei der Nutzung von Boden und Umwelt, in: VVDStRL 51 (1992), S. 211 ff.

Ehlers, Dirk: Die Weiterentwicklung des Staatshaftungsrechts durch das europäische Gemeinschaftsrecht, in: JZ 1996, S. 776 ff.

Eilmansberger, Thomas: Rechtsfolgen und subjektives Recht im Gemeinschaftsrecht, Baden-Baden 1997

Engel, Christoph: Eigentumsschutz für Unternehmen, in: AöR 118 (1993), S. 171 ff.

Engisch, Karl: Einführung in das juristische Denken, 11. Auflage, Stuttgart 2010

Epping, Volker/Hillgruber, Christian (Hrsg.): Beck'scher Online-Kommentar Grundgesetz, 27. EGL, 2015

Eschenburg, Theodor: Staat und Gesellschaft in Deutschland, München 1956

Everling, Ulrich: Das Vorabentscheidungsverfahren vor dem Gerichtshof der Europäischen Gemeinschaften, Baden-Baden 1986

Everling, Ulrich: Zur Funktion des Gerichtshofs bei der Rechtsangleichung in der Europäischen Gemeinschaft, in: Leßmann/Großfeld/Vollmer (Hrsg.), Festschrift für Rudolf Lukes, Köln 1989, S. 357 ff.

Everling, Ulrich: Der Ausschluß der Rückwirkung bei der Feststellung der Ungültigkeit von Verordnungen durch den Gerichtshof der EG, in: Baur/Müller-Graff/Zuleeg (Hrsg.), Festschrift für Bodo Börner zum 70. Geburtstag, Köln 1992, S. 57 ff.

Fetzer, Rhona: Die Haftung des Staates für legislatives Unrecht, Berlin 1994

Fischer, Hans Georg: Staatshaftung nach Gemeinschaftsrecht, in: EuZW 1992, S. 41 ff.

Forsthoff, Ernst: Rechtsfragen zur Neuregelung der Sonntagsarbeit, in: BB 1960, S. 1135 ff.

Franzen, Martin: Privatrechtsangleichung durch die Europäische Gemeinschaft, Berlin 1999

Franzen, Martin: „Heininger" und die Folgen: ein Lehrstück zum Gemeinschaftsprivatrecht, in: JZ 2003, S. 321 ff.

Franzen, Martin: Die Umsetzung des EuGH-Urteils „Kiiciikdeveci“ durch Unanwendbarkeit des § 622 Abs. 2 Satz 2 BGB, in: RIW 2010, S. 577 ff.

Freitag, Robert: Privatrechtsangleichung auf Kosten Privater, in: EuR 2009, S. 796 ff.

Frenz, Walter: Grundrechtlicher Vertrauensschutz – nicht nur ein allgemeiner Rechtsgrundsatz, in: EuR 2008, S. 468 ff.

Frenz, Walter: Handbuch Europarecht, Band 4, Europäische Grundrechte, Heidelberg 2009

Frenz, Walter/Götzkes, Vera: Die gemeinschaftsrechtliche Staatshaftung, in: JA 2009, S. 759 ff.

Frenz, Walter: Handbuch Europarecht, Band 5, Wirkungen und Rechtsschutz, Heidelberg 2010

Frenz, Walter: Anmerkung zu EuGH, Urteil vom 11.11.2015 – C-505/14 – Zwischen Effektivität des Beihilfenverbotes und Rechtssicherheit, in: DVBl 2016, S. 45 ff.

Frings, Arno: Amtshaftungsansprüche bei „Schein-Bebauungsplänen“, diss. jur., Bielefeld 1989

Fuhrmanns, Achim: Vertrauensschutz im deutschen und österreichischen öffentlichen Recht, diss. jur., Gießen 2004

Futter, Werner: Licht und Schatten im Regierungsentwurf zur Reform des Staatshaftungsrechts, in: BB 1980, S. 180 ff.

Gebauer, Martin: Der Durchbruch zur richtlinienkonformen Rechtsfortbildung: Anmerkung zu BGH, Urteil vom 26.11.2008, VIII ZR 200/05 – Quelle, in: GPR 2009, S. 82 ff.

Geiger, Jutta: Die Entwicklung eines europäischen Staatshaftungsrechts, in: DVBl 1993, S. 465 ff.

Geiger, Jutta: Der gemeinschaftsrechtliche Grundsatz der Staatshaftung, Baden-Baden 1997

Giegerich, Thomas: Europäische Verfassung und deutsche Verfassung im transnationalen Konstitutionalisierungsprozeß, Berlin 2003

Giegerich, Thomas: Europarechtskonträre Staatshaftung? – Widerspruchsfreiheit der Rechtsordnung und Pflichtenstellung Privater nach dem Karlsruher Honeywell-Dictum, in: EuR 2012, S. 373 ff.

Götz, Volkmar: Europäische Gesetzgebung durch Richtlinien – Zusammenwirken von Gemeinschaft und Staat, in: NJW 1992, S. 1849 ff.

Grabitz, Eberhard: Vertrauensschutz als Freiheitsschutz, in: DVBl 1973, S. 675 ff.

Grabitz, Eberhard (Begr.)/Hilf, Meinhard/Nettesheim, Martin (Hrsg.): Das Recht der Europäischen Union: EUV/AEUV, Band I, 57. EGL, München 2015

Grabitz, Eberhard (Begr.)/Hilf, Meinhard/Nettesheim, Martin (Hrsg.): Das Recht der Europäischen Union: EUV/AEUV, Band II, 57. EGL, München 2015

Grabitz, Eberhard (Begr.)/Hilf, Meinhard/Nettesheim, Martin (Hrsg.): Das Recht der Europäischen Union: EUV/AEUV, Band III, 57. EGL, München 2015,

Groeben von der, Hans/Schwarze, Jürgen/Hatje, Armin (Hrsg.): Europäisches Unionsrecht, Band I, Art. 1 bis 55 EUV, Art. 1 bis 54 GRC, Art. 1 bis 66 AEUV, 7. Auflage, Baden-Baden 2015

Groeben von der, Hans/Schwarze, Jürgen/Hatje, Armin (Hrsg.): Europäisches Unionsrecht, Band IV, Art. 174 bis 358 AEUV, 7. Auflage, Baden-Baden 2015

Gromitsaris, Athanasios: Europarechtliche Aspekte der Staatshaftung, in: SächsVBl. 2001, S. 157 ff.

Grosche, Nils/Höft, Jan: Richtlinienkonforme Rechtsfortbildung ohne Grenzen? – Zugleich Besprechung von BGH, NJW 2009, 427 – Quelle, in: NJOZ 2009, S. 2294 ff.

Grosche, Nils: Rechtsfortbildung im Unionsrecht, Tübingen 2011

Grosche, Nils: Das allgemeine Rückwirkungsverbot – Ablösung vom Vertrauensschutz, in: Der Staat 54 (2015), S. 309 ff.

Grzeszick, Bernd: Subjektive Gemeinschaftsrechte als Grundlage des europäischen Staatshaftungsrecht, in: EuR 1998, S. 417 ff.

Grzeszick, Bernd: Rechte und Ansprüche, Tübingen 2002

Grzeszick, Bernd: Notwendigkeit und Grundzüge eines Staatshaftungsgesetzes, in: ZRP 2015, S. 162 ff.

Gsell, Beate: Anmerkung zu BGH v. 26.11.2008, VIII, ZR 200/05, in: JZ 2009, S. 522 ff.

Gundel, Jörg: Neue Grenzlinien für die Direktwirkung nicht umgesetzter EG-Richtlinien unter Privaten, in: EuZW 2001, S. 143 ff.

Haack, Stefan: Die außervertragliche Haftung der EG für rechtmäßiges Verhalten, in: EuR 1999, S. 395 ff.

Haack, Stefan: Grundsätzliche Anerkennung der außervertraglichen Haftung der EG für rechtmäßiges Verhalten nach Art. 288 Abs. 2 EG, in: EuR 2006, S. 696 ff.

Haack, Stefan: Luxemburg locuta, causa finita: Außervertragliche Haftung der EG für rechtmäßiges Verhalten nach Art. 288 Abs. 2 EGV (= Art. 340 Abs. 2 AEUV) ade?, in: EuR 2009, S. 667 ff.

Häde, Ulrich: Staatshaftung für legislatives Unterlassen, in: BayVBl. 1992, S. 449 ff.

Hager, Günter: Rechtmethodik in Europa, Tübingen 2009

Hailbronner, Kay/Klein, Eckart/Magiera, Siegfried/Müller-Graff, Peter-Christian (Hrsg.): Handkommentar zum Vertrag über die Europäische Union (EUV/EGV), Ordner 1, 7. EGL, Köln 1999

Hainthaler, Claudia: Die richtlinienkonforme Rechtsfortbildung im dreistufigen System der Richtlinienwirkungen, in: ZJS 2015, S. 13 ff.

Hamenstädt, Kathrin: Anmerkung zum Entschädigungsgedanken im Honeywell-Beschluss aus unionsrechtlicher Perspektive, in: EuR 2011, S. 263 ff.

Haratsch, Andreas/König, Christian/Pechstein, Matthias: Europarecht, 9. Auflage, Tübingen 2014

Härtel, Ines: Europäisches Agrarverwaltungsrecht, in: Terhechte (Hrsg.), Verwaltungsrecht der Europäischen Union, Baden-Baden 2011. § 37

Hartmann, Bernd: Amtshaftung für Volksgesetzgebung, in: VerwArch 98 (2007), S. 500 ff.

Hartmann, Bernd: Öffentliches Haftungsrecht, Tübingen 2013

Hartmann, Bernd/Thieben, Samuel: Amtshaftung, in: JA 2014, S. 401 ff.

Hatje, Armin: Die Haftung der Mitgliedsstaaten bei Verstößen des Gesetzgebers gegen europäisches Gemeinschaftsrecht, in: EuR 1997, S. 297 ff.

Hatje, Armin: Loyalität als Rechtsprinzip in der Europäischen Union, Baden-Baden 2001

Hatje, Armin: Rechtssicherheit und Vertrauensschutz – Wechselseitige Einwirkungen zwischen Europäischem Gemeinschaftsrecht und deutschem Verfassungs- und Verwaltungsrecht, in: Schwarze (Hrsg.), Bestand und Perspektiven des Europäischen Verwaltungsrechts, Baden-Baden 2008, S. 223 ff.

Haverkate, Görg: Amtshaftung bei legislativem Unrecht und die Grundrechtsbindung des Gesetzgebers, in: NJW 1973, S. 441 ff.

Haverkate, Görg: Neues und Altes zum Staatshaftungsrecht, in: ZRP 1977, S. 33 ff.

Heidenhain Martin: Amtshaftung und Entschädigung aus enteignungsgleichem Eingriff, Berlin 1965

Heiderhoff, Bettina: Constitutional Interpretation and European Interpretation of Private Law in Germany, in: Heiderhoffin/Zmij (Hrsg.), Interpretation in Polish, German and European Private Law, München 2011, S. 101 ff.

Heinemann, Daniela: Europafreundlicher Beschluss aus Karlsruhe – Anmerkung zum Mangold-Beschluss des Bundesverfassungsgerichts vom 6.7.2010, 2 BvR 2661/06, in: GPR 2010, S. 274 ff.

Herdegen, Matthias: Haftung der Europäischen Wirtschaftsgemeinschaft, Berlin 1983

Herdegen, Matthias: Richtlinienkonforme Auslegung im Bankenrecht: Schranken nach Europa- und Verfassungsrecht, in: WM 2005, S. 1921 ff.

Herdegen, Matthias: Vertrauensschutz gegenüber rückwirkender Rechtsprechung im Zivilrecht, in: WM 2009, S. 2202 ff.

Hermes, Georg: Der Grundsatz der Staatshaftung für Gemeinschafsrechtsverletzungen, Verw 31 (1998), S. 371 ff.

Herresthal, Carsten: Rechtsfortbildung im europarechtlichen Bezugsrahmen, München 2006

Herresthal, Carsten: Voraussetzungen und Grenzen der gemeinschaftsrechtskonformen Rechtsfortbildung, in: EuZW 2007, S. 390 ff.

Herresthal, Carsten: Die richtlinienkonforme und die verfassungskonforme Auslegung im Privatrecht, JuS 2014, S. 289 ff.

Herrmann, Christoph: Richtlinienumsetzung durch die Rechtsprechung, Berlin 2003

Herrmann, Christoph: Die negative unmittelbare Wirkung von Richtlinien in horizontalen Rechtsverhältnissen, in: EuZW 2006, S. 69 f.

Hesse, Konrad: Grundzüge des Verfassungsrechts der Bundesrepublik Deutschland, 20. Auflage, Heidelberg 1995

Hey, Johannes: Verbot rückwirkender Klarstellung als Weg zu besserer Gesetzgebung?, in: NJW 2014, S. 1564 ff.

Hey, Johannes: Rückwirkende Klarstellung und rückwirkende Nichtanwendungsgesetzgebung, in: JZ 2014, S. 500 ff.

Hidien, Jürgen W.: Die gemeinschaftsrechtliche Staatshaftung der EU-Mitgliedsstaaten, Baden-Baden 1999

Hilf, Meinhard: Die Richtlinie der EG – ohne Richtung, ohne Linie?, in: EuR 1993, S. 1 ff.

Hillgruber, Christian/Goos, Christoph: Verfassungsprozessrecht, 4. Auflage, Heidelberg 2015

Hochgürtel, Johannes: Die staatliche Haftung für rechtswidrig getätigte und unterlassene Normsetzung, Köln 2000

Höfling, Wolfram: Primär- und Sekundärrechtsschutz im Öffentlichen Recht, in: VVDStRL 61 (2002), S. 260 ff.

Höfling, Wolfram: Vom überkommenen Staatshaftungsrecht zum Recht der staatlichen Einstandspflichten, in: Hoffmann-Riem/Schmidt-Aßmann/Voßkuhle (Hrsg.), Grundlagen des Verwaltungsrechts, Band III, 2. Auflage, München 2013, § 51

Hömig, Dieter/Wolff, Heirnich (Hrsg.): Grundgesetz für die Bundesrepublik Deutschland, 11. Auflage, Baden-Baden 2016

Honsell, Heinrich: Der „effet utile" und der EuGH, in: Bernat/Böhler/Weilinger (Hrsg.), Festschrift Heinz Krejci zum 60. Geburtstag, Wien 2001, S. 1929 ff.

Höpfner, Clemens: Die systemkonforme Auslegung, Tübingen 2008

Höpfner, Clemens/Rüthers, Bernd: Grundlagen einer europäischen Methodenlehre, in: AcP 209 (2009), S. 1 ff.

Höpfner, Clemens: Das deutsche Urlaubsrecht in Europa – Zwischen Vollharmonisierung und Koexistenz – Teil 1, in: RdA 2013, S. 16 ff.

Hösch, Ulrich: Staatshaftung und Aufopferung, in: DÖV 1999, S. 192 ff.

Huber, Hans: Vertrauensschutz, in: Bachof u. a. (Hrsg.), Festgabe aus Anlass des 25jährigen Bestehen des Bundesverwaltungsgerichts, München 1978

Huber, Hans: Vertrauen und Vertrauensschutz im Rechtsstaat, in: Häfelin (Hrsg.) u. a., Festschrift zum 70. Geburtstag von Werner Kägi, Zürich 1979, S. 193 ff.

Husserl, Gerhart: Recht und Zeit, Frankfurt am Main 1955

Imboden, Max: Normkontrolle und Norminterpretation, in: Imboden/Baumlin/Eichenberger (Hrsg.), Festschrift für Hans Huber zum 60. Geburtstag, Bern 1961, S. 133 ff.

Ipsen, Hans Peter: Europäisches Gemeinschaftsrecht, Tübingen 1972

Ipsen, Jörn: Enteignung, enteignungsgleicher Eingriff und Staatshaftung, in: DVBl 1983, S. 1029 ff.

Ipsen, Jörn: Enteignung, enteignungsgleicher Eingriff und Staatshaftung, in: DVBl 1983, S. 1029 ff.

Ipsen, Jörn: Mandatsträger als Amtsträger?, in: NdsVBl. 2006, S. 321 ff.

Isensee, Josef: Gemeinwohl und Staatsaufgaben im Verfassungsstaat, in: Isensee/Kirchhof (Hrsg.), Handbuch des Staatsrechts der Bundesrepublik Deutschland, Band III, 2. Auflage, Heidelberg 1996, § 57

Isensee, Josef: Abwehrrecht und Schutzpflicht, in: Isensee/Kirchhof (Hrsg.), Handbuch des Staatsrechts der Bundesrepublik Deutschland, Band IX, 3. Auflage, Heidelberg 2011, § 191

Jacobs, Rainer: Staatshaftungsrecht, München 1982

Jaenicke, Günther: Gefährdungshaftung im öffentlichen Recht?, in: VVDStRL 20 (1963), S. 135 ff.

Jaenicke, Günther: Haftung des Staates für rechtswidrige Verhalten seiner Organe, in: Mosler (Hrsg.), Beiträge zum ausländischen öffentlichen Recht und Völkerrecht, Köln 1967, S. 69 ff.

Jaenicke, Günther: Gefährdungshaftung im öffentlichen Recht?, Berlin 1993

Jarass, Hans: Richtlinienkonforme bzw. EG-rechtskonforme Auslegung nationalen Rechts, in: EuR 1991, S. 211 ff.

Jarass, Hans: Folgen der innerstaatlichen Wirkung von EG-Richtlinien, in: NJW 1991, S. 2665 ff.

Jarass, Hans: Konflikte zwischen EG-Recht und nationalem Recht vor den Gerichten der Mitgliedsstaaten, in: DVBl 1995, S. 954 ff.

Jarass, Hans/Beljin, Sasa: Unmittelbare Anwendung des EG-Rechts und EG-rechtskonforme Auslegung, in: JZ 2003, S. 768 ff.

Jarass, Hans/Beljin, Sasa: Die Bedeutung von Vorrang und Durchführung des EG-Rechts für die nationale Rechtsetzung und Rechtsanwendung, in: NVwZ 2004, S. 1 ff.

Jarass, Hans/Beljin, Sasa: Grenzen der Privatbelastung durch unmittelbar wirkende Richtlinien, in: EuR 2004, S. 714 ff.

Jellinek, Georg: Allgemeine Staatslehre, Berlin 1922

Jerusalem, Franz W.: Die Grundrechte des Bonner Grundgesetzes und ihre Durchsetzung in der Rechtsprechung, in: SJZ 1950, S. 2 ff.

Kadelbach, Stefan/Sobotta, Christoph: Umsetzung von EG-Richtlinien durch rückwirkendes Gesetz?, in: EWS 1996, S. 11 ff.

Kadelbach, Stefan: Allgemeines Verwaltungsrecht unter europäischem Einfluss, Tübingen 1999

Kahl, Wolfgang/Waldhoff, Christian/Walter, Christian (Hrsg.): Bonner Kommentar zum Grundgesetz, Band 5, Artikel 20, 175. EGL, Heidelberg 2015

Kahl, Wolfgang/Waldhoff, Christian/Walter, Christian (Hrsg.): Bonner Kommentar zum Grundgesetz, Band 8, Artikel 34 bis 45, 175. EGL, Heidelberg 2015

Karpenstein, Peter: Zur Wiedergutmachung von Vertragsverstößen der Mitgliedsstaaten gegen das Gemeinschaftsrecht, in: DVBl 1977, S. 61 ff.

Karpenstein, Ulrich/Johann, Christian: Der Honeywell-Beschluss Staatshaftung für unanwendbare Gesetze?, in: NJW 2010, S. 3405 ff.

Katzenstein, Gerhard: Die Entschädigungspflicht des Staates aus rechtswidrig-schuldhafter Ausübung öffentlicher Gewalt, in: MDR 1952, S. 193 ff.

Keil, Ulrich: Die Systematik privatrechtlicher Rechtsprechungsänderungen, Tübingen 2007

Kellenberger, Claus: Der verfassungsrechtliche Schutz des eingerichteten und ausgeübten Gewerbebetriebs, Frankfurt am Main 1999

Kelsen, Hans: Hauptprobleme der Staatsrechtslehre, 1911, 2. unveränderte Auflage, Tübingen 1923

Kelsen, Hans: Wesen und Entwicklung der Staatsgerichtsbarkeit, in: VVDStRL 5 (1929), S. 30 ff.

Kerft, Friederich: Die Eigentumsgarantie und verfassungsrechtliche Entschädigungspflichten, in: Faller/Kirchhof/Träger (Hrsg.), Festschrift für Willi Geiger zum 80. Geburtstag, Tübingen 1989, S. 399 ff.

Kessler, Heinrich: Der enteignungsgleiche Eingriff in der Rechtsprechung des Bundesgerichtshofs, in: DRiZ 1967, S. 374 ff.

Kimminich, Otto: Die Rückwirkung von Gesetzen, in: JZ 1962, S. 518 ff.

Kirchhof, Ferdinand: Abgaben als Grundrechtsbeeinträchtigung, in: Merten/Papier (Hrsg.), Handbuch der Grundrechte in Deutschland und Europa, Band III, Grundrechte in Deutschland – Allgemeine Lehren II, Heidelberg 2009, § 59

Kirchhof, Paul: Besteuerung und Eigentum, in: VVDStRL 39 (1981), S. 213 ff.

Kirchhof, Paul: Die Steuern, in: Isensee/Kirchhof (Hrsg.), Handbuch des Staatsrechts der Bundesrepublik Deutschland, Band V, 3. Auflage, Heidelberg 2007, § 118

Kirchhof, Paul: Die verfassungsrechtlichen Grenzen rückwirkender Steuergesetze, in: DStR 2015, S. 717 ff.

Kischel, Uwe: Gemeinschaftsrechtliche Staatshaftung zwischen Europarecht und nationaler Rechtsordnung, in: EuR 2005, S. 441 ff.

Klappstein, Verena: Die Rechtsprechungsänderung mit Wirkung für die Zukunft, Berlin 2009

Klein, Eckhart,: Grundrechtliche Schutzpflicht des Staates, in: NJW 1989, S. 1633 ff.

Kleinert, Jens/Podewils, Felix: Die Amtshaftung im Steuerrecht – unter besonderer Berücksichtigung der Problematik legislativen Unrechts, in: BB 2008, S. 2329 ff.

Kling, Michael: Die Haftung der Mitgliedsstaaten der EG bei Verstößen gegen das Gemeinschaftsrecht, in: Jura 2005, S. 298 ff.

Kneser, Andreas: Der Einfluß der Nichtigerklärung von Normen auf unanfechtbare Entscheidungen, in: AöR 89 (1964), S. 129 ff.

Koch, Ulrich: Die Berücksichtigung des Vertrauensschutzes im Anwendungsvorrang des Gemeinschaftsrechts, in: Schmidt (Hrsg.), Jahrbuch des Arbeitsrechts 44, Berlin 2007, S. 91 ff.

Kokott, Juliane/Henze, Thomas: Die Beschränkung der zeitlichen Wirkung von EuGH-Urteilen in Steuersachen, in: NJW 2006, S. 177 ff.

Komendera, Wolfram: Normenkonflikte zwischen EWG und BRD-Recht, Heidelberg 1974

Kopp, Stephan: Staatshaftung wegen Verletzung von Gemeinschaftsrecht, in: DÖV 1994, S. 201 ff.

Kosmider, Rainer: Staatshaftung für Satzungsunrecht, diss. jru., Bonn 1983

Kovacs, Christian: Die temporale Wirkung von Urteilen des EuGH im Vorabentscheidungsverfahren, Baden-Baden 2014

Krieger, Kai: Die gemeinschaftsrechtskonforme Auslegung des deutschen Rechts, Münster 2005

Krohn, Günter: Die Bedeutung der Rechtsposition in der neuen Rechtsprechung des Bundesgerichtshofs zur Eigentumsentschädigung, in: Faller/Kirchhof/Träger (Hrsg.), Festschrift für Willi Geiger zum 80. Geburtstag, Tübingen 1989, S. 417 ff.

Kroll-Ludwigs, Kathrin/Ludwigs, Markus: Die richtlinienkonforme Rechtsfortbildung im Gesamtsystem der Richtlinienwirkungen, in: ZJS 2009, S. 123 ff.

Krüger, Herbert: Allgemeine Staatslehre, 2. Auflage, Stuttgart 1966

Krüger, Hildegard: Buchbesprechung v. Mangoldt/Klein, GG, 2. Aufl., in: ZBR 1959, S. 407

Krumbiegel, Peter: Der Sonderopferbegriff in der Rechtsprechung des Bundesgerichtshofes, Berlin 1975

Küch, Florian: Vertrauensschutz durch Staatshaftung, Baden-Baden 2003

Kümper, Boas: Risikoverteilung im Staatshaftungsrecht, Tübingen 2011

Kunig, Philip: Das Rechtsstaatsprinzip, Tübingen 1986.

Kutschera, Peter: Bestandsschutz im öffentlichen Recht, Heidelberg 1990

Ladeur, Gerold: Die neue Subsidiaritätsprinzipregelung des Art 72 GG in der deutschen und europäischen Wirtschaftsverfassung, in: DÖV 1995, S. 665 ff.

Lange, Friederike Valerie: Grundrechtsbindung des Gesetzgebers, Tübingen 2010

Langer, Stefan: Staatshaftung für Waldschäden wegen Verletzung grundrechtlicher Schutzpflichten?, in: NVwZ 1987, S. 195 ff.

Larenz, Karl/Canaris, Claus-Wilhelm: Methodenlehre der Rechtswissenschaft, 3. Auflage, Berlin 1995

Lechner, Hans (Begr.)/Zuck, Rüdiger (Hrsg.): Bundesverfassungsgerichtsgesetz: BVerfGG, 7. Auflage, München 2015

Leenen, Detlef: Die Auslegung von Richtlinien und die richtlinienkonforme Auslegung und Fortbildung des nationalen Rechts, in: Jura 2012, S. 753 ff.

Leible, Stefan: Pflicht zur klaren und eindeutigen Umsetzung der Richtlinie 93/13/EWG, in: EuZW 2001, S. 438 ff.

Leisner, Anna: Kontinuität als Verfassungsprinzip, Tübingen 2002

Leisner. Walter: Sozialbindung des Eigentums, Berlin 1972

Leisner, Walter: Das Gesetzesvertrauen des Bürgers, in: Blumenwitz (Hrsg.), Festschrift für Friedrich Berber, Berlin 1973, S. 273 ff.

Leisner, Walter: Eigentum, in: Isensee/Kirchhof (Hrsg.), Handbuch des Staatsrechts der Bundesrepublik Deutschland, Band VIII, 3. Auflage, Heidelberg 2010, § 173

Leisner-Egenspergel, Anna: Die Erlaßhaftung: Amtshaftung für Verwaltungsvorschriften?, in: DÖV 2004, S. 65 ff.

Lembach, Katja: Grundlagen und Ausgestaltung gemeinschaftsrechtlicher Staatshaftung, Lohmar 2003

Lenz, Carl Otto: Rechtsschutz im Binnenmarkt, in: NJW 1994, S. 2063 ff.

Lenz, Carl Otto: Diskussion zu den Referaten von Prof. Dr. Schmidt-Jortzig, Prof. Dr. Lenz und Prof. Dr. Steiner, in: Henke (Hrsg.), Vertrauensschutz in der Europäischen Union, Köln 1998, S. 39 ff.

Lenz, Carl Otto: Vertrauensschutz im Gemeinschaftsrecht, in: Henke (Hrsg.), Vertrauensschutz in der europäischen Union, Köln 1998, S. 19 ff.

Lenz, Carl Otto/Borchardt, Klaus-Dieter (Hrsg.): EU-Verträge, 6. Auflage, Köln 2013

Lepsius, Oliver: Brauchen wir einen Schutz des abstrakten Vertrauens in die Geltung von Gesetzen?, in: JZ 2014, S. 435 ff

Lepsius, Oliver: Zur Neubegründung des Rückwirkungsverbots aus der Gewaltenteilung, in: JZ 2014, S. 488 ff.

Lohse, Volker: Überlegungen zu einer Mandatshaftung für Abgeordnete, in: DVP 2006, S. 1 ff.

Looschelders, Dirk/Roth, Wolfgang: Grundrechte und Vertragsrecht: Die verfassungskonforme Reduktion des § 565 Abs. 2 S. 2 BGB, in: JZ 1995, S. 1034 ff.

Louven, Christoph: Problematik und Grenzen rückwirkender Rechtsprechung des Bundesarbeitsgerichts, München 1996

Löwer, Wolfgang: Staatshaftung für unterlassenes Verwaltungshandeln, Heidelberg 1979

Lübbe, Christian: Grenzen der Rückwirkung bei Rechtsprechungsänderungen, Frankfurt 1998

Lück, Michael: Die Gemeinschaftstreue als allgemeines Rechtsprinzip im Recht der Europäischen Gemeinschaft, Baden-Baden 1992

Lücke, Jörg: Rechtsstaatsprinzip und Staatshaftungsreform, in: AöR 104 (1979), S. 225 ff.

Ludewig, Philipp: Die zeitliche Beschränkung der Wirkung von Urteilen des EuGH im Vorabentscheidungsverfahren, Berlin 2012

Luhmann, Niklas: Öffentlich-rechtliche Entschädigung rechtspolitisch betrachtet, Berlin 1965

Luhmann, Niklas: Vertrauen, Stuttgart 1968

Lunk, Stefan: Vertrauensschutz in der Rechtsprechung des Bundesarbeitsgerichts, in: Martinek/Rawert/Weitemeyer (Hrsg.), Festschrift für Dieter Reuter zum 70. Geburtstag am 16. Oktober 2010, Berlin 2010, S. 689 ff.

Maciejewski, Tim/Theilen, Jens T.: Die aktuelle bundesverfassungsgerichtliche Spruchpraxis zu rückwirkenden Gesetzen, in: DÖV 2016, S. 271 ff.

Majer, Diemut: Die Folgen verfassungswidriger Gesetze im öffentlichen Recht, Freiburg 1966

Mangoldt, Hermann von/Klein, Friederich/Starck, Christian (Hrsg.): Kommentar zum Grundgesetz: GG, Band 2, Artikel 20 bis 82, 6. Auflage, München 2010

Marauhn, Thilo: Unionstreue, in: Schulze/Zuleeg/Kadelbach (Hrsg.), Europarecht, 3. Auflage, Baden-Baden 2015, § 7

Martin-Ehlers, Andres: Grundlagen einer gemeinschaftsrechtlich entwickelten Staatshaftung, in: EuR 1996, S. 376 ff.

Mattern, Karl-Heinz: Grundlinien des Parlaments, Berlin 1969

Maunz, Theodor (Begr.)/Schmidt-Bleibtreu, Bruno/Klein, Franz/Bethge, Herbert (Hrsg.): Bundesverfassungsgerichtsgesetz: BVerfGG, Band II, 47. EGL, München 2015

Maunz, Theodor/Dürig, Günter (Begr.): Grundgesetz, Band II, Art. 6 bis Art. 15, 75. EGL, München 2015

Maunz, Theodor/Dürig, Günter (Begr.): Grundgesetz, Band III, Art. 16 bis Art. 22, 75. EGL, München 2015

Maunz, Theodor/Dürig, Günter (Begr.): Grundgesetz, Band IV, Art. 23 bis 53 a, 75. EGL, München 2015

Maunz, Theodor/Dürig, Günter (Begr.): Grundgesetz, Band VI, Art. 86 bis 106 a, 75. EGL, München 2015

Maurer, Hartmut: Anmerkung zu BGH, 07.06.1990 - III ZR 74/88, in: JZ 1971, S. 38 ff.

Maurer, Hartmut: Kontinuitätsgewähr und Vertrauensschutz, in: Isensee/Kirchhof (Hrsg.), Handbuch des Staatsrechts der Bundesrepublik Deutschland, Band III, 2. Auflage, Heidelberg 1996, § 60

Maurer, Hartmut: Staatshaftung im europäischen Kontext, in: Ebenroth (Hrsg.), Festschrift für Karlheinz Boujong zum 65. Geburtstag, München 1996, S. 591 ff.

Maurer, Hartmut: Allgemeines Verwaltungsrecht, 18. Auflage, München 2011

Mayer, Otto: Deutsches Verwaltungsrecht II, unveränderter Nachdruck der 1924 erschienenen 3. Auflage, München 1969

Medicus, Dieter: Die öffentliche Hand haftet nach geltendem Recht nicht für die neuartigen (emittentenfernen) Waldschäden, Anmerkung, in: JZ 1988, S. 458 ff.

Medicus, Dieter: Über die Rückwirkung von Rechtsprechung, in: NJW 1995, S. 2577 ff.

Meier, Gert: Zur Schadensersatzpflicht der Bundesrepublik Deutschland für Verstöße gegen Gemeinschaftsrecht – ein Leitfaden für die Zivilgerichte, in: NVwZ 1996, S. 660 ff.

Menger, Christian-Friederich: Zum enteignungsgleichen Eingriff und zur Amtspflichtverletzung durch Untätigbleiben des Gesetz- und Verordnungsgebers, in: VerwArchiv 63 (1972), S. 81 ff.

Meyer, Peter: Die Grundsätze der Auslegung im Europäischen Gemeinschaftsrecht, in: Jura 1994, S. 455 ff.

Meyer-Abich, Jann: Der Schutzzweck der Eigentumsgarantie, Berlin 1980,

Michael, Lothar: Das Verbot echter Rückwirkung als Schutz des abstrakten Vertrauens in die Geltung von Gesetzen und eines Kernbereichs der Judikative, in: JZ 2015, 425 ff.

Michael, Lothar: Verfassungsrechtliche Grenzen richtlinienkonformer Rechtsfortbildung, in: Der Staat 54 (2915), S. 349 ff.

Michael. Lothar/Morlok, Martin: Grundrechte, 5. Auflage, Baden-Baden 2015

Middendorf, Max Thomas Maria: Amtshaftung und Gemeinschaftsrecht, Köln 2001

Middendorf, Max Thomas Maria: Vertrauensschutz zwischen Amtshaftung und Gemeinschaftsrecht, in: ZfZ 2003, S. 40 ff.

Möllers, Thomas/Möhring, Alexandra: Recht und Pflicht zur richtlinienkonformen Rechtsfortbildung bei generellem Umsetzungswillen des Gesetzgebers, in: JZ 2008, S. 919 ff.

Mondry, Berthold: Die öffentlich-rechtliche Gefährdungshaftung in Frankreich und das Problem der Einführung einer öffentlich-rechtlichen Gefährdungshaftung in das deutsche System staatlicher Ersatzleistungen, Marburg 1964

Morlok, Martin: Allgemeine Elemente der Einstandspflichten für rechtswidriges Staatshandeln, in: Hoffmann-Riem/Schmidt-Aßmann/Voßkuhle (Hrsg.), Grundlagen des Verwaltungsrechts, Band III, 2. Auflage, München 2013, § 52

Morlok, Martin: Retrospektive Kompensation der Folgen rechtswidrigen Hoheitshandelns, in: Hoffmann-Riem/Schmidt-Aßmann/Voßkuhle (Hrsg.), Grundlagen des Verwaltungsrechts, Band III, 2. Auflage, München 2013, § 54

Morlok, Martin: Staatshaftungsrecht als öffentliches Sekundärrecht, in: Dekan der Juristischen Fakultät der Heinrich-Heine-Universität Düsseldorf (Hrsg.), Wissenschaftsrecht und Wissenschaftspraxis, Freundesgabe der Juristischen Fakultät für Professor Ulf Pallme König zum 65. Geburtstag, Baden-Baden 2014. S. 291 ff.

Mörsdorf, Oliver: Unmittelbare Anwendung von EG-Richtlinien zwischen Privaten in der Rechtsprechung des EuGH, in: EuR 2009, S. 219 ff.

Mörsdorf, Oliver: Diskriminierung jüngerer Arbeitnehmer – Unanwendbarkeit von § 622 II 2 BGB wegen Verstoßes gegen das Unionsrecht, in: NJW 2010, S. 1046 ff.

Mosiek, Marcus: Effet utile und Rechtsgemeinschaft – Zugleich ein Beitrag zur Kompetenzordnung der Europäischen Gemeinschaft, Münster 2003

Muckel, Stefan: Kriterien des verfassungsrechtlichen Vertrauensschutzes bei Gesetzesänderungen, Berlin 1989

Müller, Christoph: Die Begrenzung der zeitlichen Wirkungen von EuGH-Entscheidungen, diss. jur., Mannheim 2009

Müller-Graff, Peter-Christian: Europäisches Gemeinschaftsrecht und Privatrecht – Das Privatrecht in der Europäischen Integration, in: NJW 1993, S. 13 ff.

Münch, Ingo von /Kunig, Philip (Hrsg.): Grundgesetz-Kommentar: GG, Band 1, Präambel, Art. 1 bis Art. 69, 6. Auflage, München 2012

Murswiek, Dietrich: Entschädigung für immissionsbedingte Waldschäden, in: NVwZ 1986, S. 611 ff.

Murswiek, Dietrich: Zur Bedeutung der grundrechtlichen Schutzpflichten für den Umweltschutz, in: WiVerw 1986, S. 179 ff.

Nacke, Alois Th.: Sind rückwirkende Steuergesetze generell verfassungswidrig?, in: NWB 2014, S. 2699 ff.

Nettesheim, Martin: Gemeinschaftsrechtliche Vorgaben für das deutsche Staatshaftungsrecht, in: DÖV 1992, S. 999 ff.

Nettesheim, Martin: Auslegung und Fortbildung nationalen Rechts im Lichte des Gemeinschaftsrechts, in: AöR 119 (1994), S. 261 ff.

Nettesheim, Martin: Der Grundsatz der einheitlichen Wirksamkeit des Gemeinschaftsrechts, in: Randelzhofer/Scholz/Wilke (Hrsg.), Gedächtnisschrift für Eberhard Grabitz, München 1995, S. 447 ff.

Nettesheim, Martin: Ersatzansprüche nach „Heininger"? Die Aufarbeitung Mitgliedsstaatlicher Vertragsverstöße im EU-Privatrecht, in: WM 2006, S. 457 ff.

Neuner, Jörg: Die Rechtsfindung contra legem, 2. Auflage, München 2005

Neuner, Jörg: Die Rechtsfortbildung, in: Riesenhuber (Hrsg.), Europäische Methodenlehre, 3. Auflage, Berlin 2015, § 12

Nüßgens, Karl/Boujong, Karlheinz: Eigentum, Sozialbindung, Enteignung, München 1987

Oettingen, Anna von: Effet utile und individuelle Rechte im Recht der Europäischen Union, Baden-Baden 2009

Oldiges, Martin: Die Staatshaftung bei legislativem Unrecht, in: Der Staat 15 (1976), S. 881 ff.

Ossenbühl, Fritz: Neuere Entwicklungen im Staatshaftungsrecht, Berlin 1981

Ossenbühl, Fritz: Anmerkung zu BGH v. 12.03.1987, III ZR 216/85, in: JZ 1987, S. 1027 ff.

Ossenbühl, Fritz: Zur Subsidiarität der Ansprüche aus enteignungsgleichem Eingriff sowie zum Ausschluß solcher Ansprüche in Fällen legislativen Unrechts, in: JZ 1987, S. 1027 ff.

Ossenbühl, Fritz: Der Anspruch wegen rechtswidriger Eigentumsverletzung (enteignungsgleichen Eingriffs) – eine Zwischenbilanz, in: Faller/Kirchhof/Träger (Hrsg.), Festschrift für Willi Geiger zum 80. Geburtstag, Tübingen 1989, S. 475 ff.

Ossenbühl, Fritz: Der gemeinschaftsrechtliche Staatshaftungsanspruch, in: DVBl 1992, S. 993 ff.

Ossenbühl, Fritz: Öffentlich-rechtliche Entschädigung in Verfassung, Gesetz und Richterrecht, in: DVBl 1994, S. 977 ff.

Ossenbühl, Fritz: Staatshaftung für Überschwemmungsschäden, in: JZ 1994, S. 786 ff.

Ossenbühl, Fritz: Staatshaftung zwischen Europarecht und nationalem Recht, in: Due/Lutter/Schwarze (Hrsg.), Festschrift für Ulrich Everling, Band II, Baden-Baden 1995, S. 1031 ff.

Ossenbühl, Fritz: Staatshaftungsrecht, in: Canaris/Heldrich u. a. (Hrsg.), 50 Jahre Bundesgerichtshof, Band III, München 2000, S. 887 ff.

Ossenbühl, Fritz: Anmerkungen zur Hoheitshaftung im Europarecht, in: Ipsen/Stüer (Hrsg.), Festschrift für Hans-Werner Rengeling, Köln 2008, S. 369 ff.

Ossenbühl, Fritz/Cornils, Matthias: Staatshaftungsrecht, 6. Auflage, München 2013

Osterloh, Lerke: Neuere Entwicklungen zum verfassungsrechtlichen Vertrauensschutz im Steuerrecht, in: StuW 2015, S. 201 ff.

Palandt, Otto (Begr.): Bürgerliches Gesetzbuch, 29. Auflage, München 1968

Palandt, Otto (Begr.): Bürgerliches Gesetzbuch, 75. Auflage, München 2016

Papier, Hans-Jürgen: Die Beeinträchtigungen der Eigentums- und Berufsfreiheit durch Steuern vom Einkommen und Vermögen, in: Der Staat 11 (1972), S. 483 ff.

Papier, Hans-Jürgen: Zur Reform des Staatshaftungsrechts, in: DVBl 1974, S. 573 ff.

Papier, Hans-Jürgen: Der enteignungsgleiche und enteignende Eingriff, in: Jura 1981, S. 65 ff.

Papier, Hans-Jürgen: Zum Schicksal des enteignungsgleichen Eingriffs, in: NVwZ 1983, S. 258 ff.

Papier, Hans-Jürgen: Staatshaftung bei der Verletzung von Gemeinschaftsrecht, in: Rengeling (Hrsg.), Handbuch zum europäischen und deutschen Umweltrecht, Band I, Allgemeines Umweltrecht, Köln 2003, § 43

Papier, Hans-Jürgen: Staatshaftung, in: Isensee/Kirchhof (Hrsg.), Handbuch des Staatsrechts der Bundesrepublik Deutschland, Band VIII, 3. Auflage, Heidelberg 2010, § 180

Pernice, Ingolf: Gestaltung und Vollzug des Umweltrechts im europäischen Binnenmarkt Europäische Impulse und Zwänge für das deutsche Umweltrecht, in: NVwZ 1990, S. 414 ff.

Pfab, Susanne: Staatshaftung in Deutschland, München 1997

Pfeiffer, Thomas: Richtlinienkonforme Auslegung gegen den Wortlaut des nationalen Gesetzes – Die Quelle-Folgeentscheidung des BGH, in: NJW 2009, S. 412 ff.

Pfennig, Gerhard: Der Begriff des öffentlichen Dienstes und seiner Angehörigen, Berlin 1960

Pieper, Stefan Ulrich: Mitgliedsstaatliche Haftung für die Nichtbeachtung von Gemeinschaftsrecht, in: NJW 1992, S. 2454 ff.

Pieroth, Bodo: Rückwirkung und Übergangsrecht, Berlin 1991

Pietzcker, Jost: „Grundrechtsbetroffenheit" in der verwaltungsrechtlichen Dogmatik, in: Rüttner (Hrsg.), Festschrift für Otto Bachof zum 70. Geburtstag, München 1984, S. 131 ff.

Pietzko, Gabriele: Der materiell-rechtliche Folgenbeseitigungsanspruch, Berlin 1994

Pohl, Heike: Rechtsprechungsänderung und Rückanknüpfung, Berlin 2005

Potacs, Michael: Effet utile als Auslegungsgrundsatz, in: EuR 2009, S. 465 ff.

Prechal, Sacha: Directives in EC Law, 2. Auflage, Oxford 2005

Prieß, Hans-Joachim: Die Haftung der EG-Mitgliedsstaaten bei Verstößen gegen das Gemeinschaftsrecht, in: NVwZ 1993, S. 123 ff.

Probst, Thomas: Die Änderung der Rechtsprechung, Basel 1993

Ramin, Ralf: Vertrauensschutz, in: DVP 2012, S. 274 ff.

Rawls, John: Theorie der Gerechtigkeit, Berlin 1971

Reich, Norbert: Der Schutz subjektiver Gemeinschaftsrechte durch Staatshaftung, in: EuZW 1996, S. 709 ff.

Reich, Norbert/Rörig, Ursula: Anmerkung zu EuGH 13.12.2001, Rs. C-481/99, „Heininger", in: EuZW 2002, S. 87 ff.

Reich, Norbert: Gemeinschaftsrechtswidrigkeit der sachgrundlosen Befristungsmöglichkeit bei Arbeitnehmern ab 52 Jahren, in: EuZW 2006, S. 20 ff.

Riechelmann, Frank: Struktur des verfassungsrechtlichen Bestandsschutzes, Kiel 2006

Rinne, Eberhard/Schlick, Wolfgang: Die Rechtsprechung des BGH zu den öffentlich-rechtlichen Ersatzleistungen, in: NJW 2004, S. 1919 ff.

Ritter, Ernst-Hasso: Herabsetzung eines Schutzzolls oder Hochhaltung inländischer Getreidepreise als Amtspflichtverletzung oder Enteignung, in: NJW 1966, S. 1355 ff.

Rixecker, Roland/Säcker, Franz Jürgen (Hrsg.): Münchener Kommentar zum Bürgerlichen Gesetzbuch: BGB, Band 3, Schuldrecht – Besonderer Teil I §§ 433 bis 534, Finanzierungsleasing, CISG, 7. Auflage, München 2016

Rixecker, Roland/Säcker, Franz Jürgen (Hrsg.): Münchener Kommentar zum Bürgerlichen Gesetzbuch: BGB, Band 6, Schuldrecht – Besonderer Teil IV, §§ 705 bis 853, Partnerschaftsgesellschaftsgesetz, Produkthaftungsgesetz, 7. Auflage, München 2016

Rixecker, Roland/Säcker, Franz Jürgen (Hrsg.): Münchener Kommentar zum Bürgerlichen Gesetzbuch: BGB, Band 7, Sachenrecht §§ 854 bis 1296, WEG, ErbbauRG, 6. Auflage, München 2013

Röder, Daniel: Die Haftungsfunktion der Grundrechte, Berlin 2002

Rohr, Wolfgang: Der Amtshaftungsanspruch, in: DVP 1999, S. 135 ff.

Römermann, Lars: Aufopferungshaftung in Europa, Marburg 2007

Rörig, Ursula: Die Direktwirkung von Richtlinien in Privatrechtsverhältnissen, Baden-Baden 2001

Rosenkranz, Frank: Die Beschränkung der Rückwirkung von Entscheidungen des Europäischen Gerichtshofs, Tübingen 2015

Roth, Wulf-Henning: Europäisches Recht und nationales Recht, in: Canaris/Heldrich u. a. (Hrsg.), 50 Jahre Bundesgerichtshof, Festgabe aus der Wissenschaft, Band II, München 2000, S. 842 ff.

Roth, Wulf-Henning: Die richtlinienkonforme Auslegung, in: EWS 2005, S. 385 ff.

Roth, Wulf-Henning/Jopen, Christian: Die richtlinienkonforme Auslegung, in: Riesenhuber (Hrsg.), Europäische Methodenlehre, 3. Auflage, Berlin 2015, § 13

Ruland, Franz: Indemnität und Amtshaftung für Abgeordnete, in: Der Staat 14 (1975), S. 457 ff.

Rüthers, Bernd/Fischer, Christian/Birk, Axel: Rechtstheorie, 8. Auflage, München 2015

Sachs, Michael (Hrsg.): Grundgesetz: GG, 7. Auflage, München 2014

Saenger, Ingo: Staatshaftung wegen Verletzung europäischen Gemeinschaftsrechts, in: JuS 1997, S. 865 ff.

Sagan, Adam: Nationaler Vertrauensschutz nach Junk: Das Ende eines deutschen Alleingangs, in: NZA 2015, S. 341 ff.

Sagan, Adam: Dogmatik europäischer Richtlinien, in: Preis/Sagan (Hrsg.) Europäisches Arbeitsrecht, Köln 2015, § 1

Säuberlich, Björn-Peter: Staatliche Haftung unter europäischem Einfluss – Die Pflicht zur gemeinschaftsrechtskonformen Auslegung des Amtshaftungsanspruchs bei legislativem Unrecht, in: EuR 2004, S. 954 ff.

Sauer, Heiko: Juristische Methodenlehre, in: Krüper (Hrsg.), Grundlagen des Rechts, Baden-Baden 2011, § 9

Sauer, Heiko: Europas Richter Hand in Hand?, in: EuZW 2011, S. 94 ff.

Sauer, Heiko: Staatsrecht III, 3. Auflage, München 2015

Säunerich, Uwe: Die außervertragliche Haftung im Gemeinschaftsrecht, Berlin 2005

Schack, Friedrich: Entschädigung bei „legislativem Unrecht"?, in: MDR 1953, S. 514 ff.

Schack, Friedrich: Entschädigungsansprüche wegen erlittener Requisitionsschäden, in: NJW 1963, S. 1336 ff.

Schack, Friedrich: Ersatzpflicht des Staates bei legislativem Unrecht, in: MDR 1968, S. 186 ff.

Schack, Friedrich: Die Haftung des Staates für die am Gesetzgebungsverfahren beteiligten Organe, in: DÖV 1971, S. 446 ff.

Schaer, Frank: Rechtssicherheit und Vertrauensschutz als Grenzen ruckwirkender Rechtsprechung im europäischen Arbeitsrecht, Baden-Baden 2010

Schäfer, Alfred/Bonk, Heinz Joachim (Hrsg.): Staatshaftungsgesetz, München 1982

Schäfer, Hans-Bernd: Ökonomische Analyse der Staatshaftung für legislatives Unrecht, in: Behrens/Egcr/Schäfer (Hrsg.), Ökonomische Analyse des Europarechts, Tübingen 2012, S. 47 ff.

Schenke, Wolf-Rüdiger: Die Haftung des Staates bei normativem Unrecht, in: DVBl 1975, S. 121 ff.

Schenke, Wolf-Rüdiger: Entschädigungsansprüche bei legislativem Unrecht unter dem Aspekt des enteignungsgleichen Eingriffs, in: NJW 1988, S. 857 ff.

Schenke, Wolf-Rüdiger: Staatshaftung und Aufopferung – Der Anwendungsbereich des Aufopferungsanspruchs, in: NJW 1991, S. 1777 ff.

Schenke, Wolf-Rüdiger/Guttenberg, Ulrich: Rechtsprobleme einer Haftung bei normativem Unrecht, in: DÖV 1991, S. 945 ff.

Scherzberg, Arno: Die innerstaatlichen Wirkungen von EG-Richtlinien, in: Jura 1993, S. 225 ff.

Scheuing, Dieter H.: Haftung für Gesetze, in: Püttner (Hrsg.), Festschrift für Otto Bachof zum 70. Geburtstag, München 1984, S. 343 ff.

Scheuner, Ulrich: Die Einwirkung der verfassungsgerichtlichen Feststellung der Nichtigkeit von Rechtsnormen auf vorgängige Hoheitsakte, in: BB 1960, S. 1253 ff.

Schiek, Dagmar: Auslegung von § 17 KSchG im Lichte der Rechtsprechung des EuGH, in: ArbuR 2006, S. 41 ff.

Schilling, Theodor: Artikel 24 Absatz 1 des Grundgesetzes, Artikel 177 des EWG-Vertrags und die Einheit der Rechtsordnung, in: Der Staat 29 (1990), S. 161 ff.

Schilling, Theodor: Rechtsfragen zu Art. 30 EGV, in: EuR 1994, S. 50 ff.

Schinke, Martin: Zur Haftung der Bundesrepublik Deutschland gegenüber Bürgern wegen Nichtumsetzung der EG-Richtlinie über Pauschalreisen, in: EuZW 1993, S. 698 ff.

Schinkels, Boris: Unbegrenzte richtlinienkonforme Rechtsfortbildung als Haftung Privater für Legislativunrecht? – Für ein subjektives Recht auf Transparenz, in: JZ 2011, S. 394 ff.

Schlemmer-Schulte, Sabine/Ukrow, Jörg: Haftung des Staates gegenüber dem Marktbürger für gemeinschaftsrechtswidriges Verhalten, in: EuR 1992, S. 80 ff.

Schlockermann, Michael: Rechtssicherheit als Vertrauensschutz in der Rechtsprechung des EuGH, München 1984

Schmidt, Reiner: Staatshaftung für Waldschäden, in: ZRP 1987, S. 345 ff.

Schmidt, Reiner/Wollenschläger, Ferdinand (Hrsg.): Kompendium öffentliches Wirtschaftsrecht, 4. Auflage, Berlin 2016

Schmidt-Aßmann, Eberhart: Europäische Rechtsschutzgarantie, in: Beyerlin u. a. (Hrsg.), Festschrift für Rudolf Bernhardt, Berlin 1995, S. 1283 ff.

Schmidt-Bleibtreu, Bruno: Staatshaftungsgesetz, Neuwied 1981

Schmidt-Bleibtreu, Bruno/Hofmann, Hans/Henneke, Hans-Günter (Hrsg.): Kommentar zum Grundgesetz: GG, 13. Auflage, Köln 2014

Schmitt-Kammler, Arnulf: Das „Sonderopfer" – ein lebender Leichnam im Staatshaftungsrecht?, in: NJW 1990, S. 2515 ff.

Schmitt-Kammler, Arnulf: Der Aufopferungsgedanke, in: JuS 1995, S. 473 ff.

Schmitz, Holger/Krasniqi. Shqipe: Die Beschränkung der zeitlichen Wirkung von Urteilen in den Mitgliedsstaaten der Europäischen Union, in: EuR 2010, S. 189 ff.

Schmitz, Holger/Stammler, Philipp: Mehr Freiheiten für den nationalen Gesetzgeber!, in: AöR 136 (2011), S. 479 ff.

Schneider, Egon: Eigentum und Aufopferung, Berlin 1964

Schoch, Friederich: Die Haftung aus enteignungsgleichem und enteignendem Eingriff, in: Jura 1990, S. 140 ff.

Schoch, Friederich: Individualrechtsschutz im deutschen Umweltrecht unter dem Einfluß des Gemeinschaftsrechts, in: NVwZ 1999, S. 457 ff.

Schoch, Friederich: Effektivierung des Sekundärrechtsschutzes, in: Verw 34 (2001), S. 261 ff.

Schoch, Friederich: Europäisierung des Staatshaftungsrechts, in: Geis (Hrsg.), Festschrift für Helmut Maurer zum 70. Geburtstag, München 2001, S. 759 ff.

Schoch, Friederich/Schneide, Jens-Peter/Bier, Wolfgang (Hrsg.): Verwaltungsgerichtsordnung, Band I, 29. EGL, München 2015

Schockweiler, Fernand: Die Haftung der EG-Mitgliedsstaaten gegenüber dem einzelnen bei Verletzung des Gemeinschaftsrechts, in: EuR 1993, S. 107 ff.

Scholz, Rupert: Versicherungsaufsicht und Amtshaftung, in: NJW 1972, S. 1217 ff.

Schönemeyer, Meike: Die Pflicht des Bundesverfassungsgerichts zur Vorlage an den Gerichtshof der Europäischen Union gem. Art. 267 Abs. 3 AEUV, Berlin 2014

Schröder, Meinhard: Haftungsprobleme bei unterlassener Normsetzung der Exekutive, in: Jus 1973, S. 355 ff.

Schrömbges, Ulrich: Diskussion zu den Referaten von Prof. Dr. Schmidt-Jortzig, Prof. Dr. Lenz und Prof. Dr. Steiner, in: Henke (Hrsg.), Vertrauensschutz in der Europäischen Union, Köln 1998, S. 39 ff.

Schröter, Helmuth/Jakob, Thinam/Klotz, Robert/Mederer, Wolfgang (Hrsg.): Europäisches Wettbewerbsrecht, 2. Auflage, Baden-Baden 2014

Schubert, Michael: Vertrauensschutzrechtsprechung zur Massenentlassung verletzt Recht auf gesetzlichen Richter, in: AuR 2015, S. 233 ff.

Schulte-Nölke, Hans/Busch, Christoph: Mittelbare horizontale Direktwirkung von umgesetzten EG-Richtlinien, in: Heldrich/Prölss/Koller (Hrsg.), Festschrift für Claus-Wilhelm Canaris zum 70. Geburtstag, Band II, München 2007, S. 795 ff.

Schümbrand, Jan: Die Grenzen richtlinienkonformer Rechtsfortbildung im Privatrecht, in: JZ 2007, S. 910 ff.

Schwabe, Jürgen: Verstoß gegen Eigentumsgarantie durch Untätigbleiben des Gesetzgebers, in: NJW 1971, S. 1657 ff.

Schwabe, Jürgen: Bundesverfassungsgericht und „Drittwirkung" der Grundrechte, in: AöR 100 (1975), S. 442 ff.

Schwabe, Jürgen: Rechtsetzung als Enteignung, in: DVBl 1981, S. 386 ff.

Schwarz, Kyrill-Alexander: Vertrauensschutz im Spannungsfeld von Europäischen Gerichtshof und Bundesverfassungsgericht, in: Verw 34 (2001) S. 397 ff.

Schwarz, Kyrill-Alexander: Vertrauensschutz als Verfassungsprinzip, Baden-Baden 2002

Schwarz, Kyrill-Alexander: Vertrauensschutz, in: Heun/Starck (Hrsg.), Grundrechte, Rechtsstaat und Demokratie als Grundlagen des Verwaltungsrechts, Baden-Baden 2015, S. 161 ff.

Schwarze, Jürgen: Europäisches Verwaltungsrecht, 2. Auflage, Baden-Baden 2005

Schwarze, Jürgen: Der Anspruch auf effektiven gerichtlichen Rechtsschutz im europäischen Gemeinschaftsrecht, in: Grote/Härtel (Hrsg.), Festschrift für Christian Starck zum siebzigsten Geburtstag, Tübingen 2007, S. 645 ff.

Schwarze, Jürgen (Hrsg.): EU-Kommentar, 3. Auflage, Baden-Baden 2012

Seifert, Achim: Das Arbeitsrecht nach der Kücükdeveci-Entscheidung des EuGH und der Honeywell-Entscheidung des BVerfG, in: Schmidt (Hrsg.), Jahrbuch des Arbeitsrechts 48, Berlin 2011, S. 119 ff.

Selge, Karin: Vertrauen in den Vertrauensschutz?, in: FA 2011, S. 34 ff.

Selmer, Peter: Der Aufopferungsanspruch auf vermögensrechtlichen Gebiet, diss. jur., Frankfurt am Main 1965

Selmer, Peter: Verfassungsrecht: Eingrenzung des Verbots echt rückwirkender Gesetze, in: Jus 2014, S. 763 ff.

Seltenreich, Stephan: Die Francovich-Rechtsprechung des EuGH und ihre Auswirkungen auf das deutsche Staatshaftungsrecht, Konstanz 1997

Seyr, Sibylle: Der effet utile in der Rechtsprechung des EuGH, Berlin 2008

Sobota, Katharina: Das Prinzip Rechtsstaat, Tübingen 1997

Sodan, Helge/Ziekow, Jan: Grundkurs Öffentliches Recht, 6. Auflage, München 2014

Soergel, Theodor (Begr.): Bürgerliches Gesetzbuch mit Einführungsgesetz und Nebengesetzen: BGB, Band 12, Schuldrecht 10 §§ 823–853 BGB, Produkthaftungsgesetz, Umwelthaftungsgesetz, 13. Auflage, Stuttgart 2005

Speiser, Hilger: Ersatzpflicht des Staates bei unmittelbaren Eingriffen durch verfassungswidrige Gesetze, Frankfurt am Main 1974

Spengler, Albrecht: Zivilrechtliche Haftung für Beeinflussung von Gesetzgebungsorganen, in: JZ 1954, S. 692 ff.

Staebe, Erik: Rechtsschutz bei gemeinschaftswidrigen Beihilfen vor europäischen und deutschen Gerichten, Berlin 2001

Staudinger, Julius von (Begr.): Kommentar zum Bürgerlichen Gesetzbuch: BGB, Buch 2, Recht der Schuldverhältnisse §§ 839, 839a (Unerlaubte Handlungen 4 – Amtshaftungsrecht), 15. Auflage, Berlin 2012

Stein, Torsten: Zwischenruf – Arrivederci Karlsruhe ..., in: ZRP 2010, S. 265 f.

Steinberg, Rudolf/Lubberger, Andreas: Aufopferung – Enteignung und Staatshaftung, Baden-Baden 1991

Steindorff, Ernst: EG-Richtlinien und Illusionen, in: Due (Hrsg.), Festschrift für Ulrich Everling, Band II, Baden-Baden 1995, S. 1455 ff.

Steiner, Udo: Das Spannungsfeld zwischen europäischem Gemeinschaftsrecht und deutschem Verfassungsrecht, in: EuZA 2009, S. 140 ff.

Stern, Klaus: Gefährdungshaftung im öffentlichen Recht, Aussprache und Wortbeiträge, in: VVDStRL 20 (1963), S. 246 ff.

Stern, Klaus (Hrsg.): Das Staatsrecht der Bundesrepublik Deutschland, Band I, 2. Auflage, München 1984

Stern, Klaus (Hrsg.): Das Staatsrecht der Bundesrepublik Deutschland, Band IV/1, München 2006

Stöhr, Karlheinz: Schadensersatzansprüche wegen verspäteter Umsetzung der EG-Pauschalreiserichtlinie, in: NJW 1999, S. 1063 ff.

Streinz, Rudolf: Staatshaftung für Verletzungen primären Gemeinschaftsrechts durch die Bundesrepublik Deutschland, in: EuZW 1993, S. 599 ff.

Streinz, Rudolf: Der „effet utile" in der Rechtsprechung des Gerichtshofs der Europäischen Gemeinschaften, in: Due (Hrsg.), Festschrift für Ulrich Everling, Band II, Baden-Baden 1995, S. 1491 ff.

Streinz, Rudolf: Auswirkungen des vom EuGH „ausgelegten" Gemeinschaftsrechts auf das deutsche Recht, in: Jura 1995, S. 6 ff.

Streinz, Rudolf/Herrmann, Christoph: Der Fall Mangold- eine „Kopernikanische" Wende im Europarecht?, in: RdA 2007, S. 165 ff.

Streinz, Rudolf: Europarecht, 9. Auflage, Heidelberg 2012

Streinz, Rudolf (Hrsg.): EUV/AEUV, 2. Auflage, München 2012

Stüsser, Jörg: Rückwirkende Rechtsprechungsänderungen im Zivilrecht, diss. jur., Bonn 1998

Suhr, Jan: Richtlinienkonforme Auslegung im Privatrecht und nationale Auslegungsmethodik, Baden-Baden 2011

Tartarin-Tamheyden, Edgar: Die Rechtsstellung der Abgeordneten, ihre Rechte und Pflichten, in: Anschütz/Thoma (Hrsg.), Handbuch des deutschen Staatsrechts, Band 1, Tübingen 1930, § 38, S. 413 ff.

Tavakoli, Arnusch/Westhäuser, Martin: Vorlegen oder Durchentscheiden? – Kompetenzüberschreitung nationaler Gerichte bei Berechnung der Kündigungsfrist gem. § 622 BGB?, in: DB 2008, S. 702 ff.

Teschner, Armin: Die Amtshaftung der Gemeinden nach rechtswidrigen Beschlüssen ihrer Kollegialorgane. Frankfurt am Main 1990

Tietjen, Daniel: Das System des gemeinschaftsrechtlichen Staatshaftungsrechts, Berlin 2010

Tillmanns, Kerstin: Zum Vertrauensschutz im Arbeitsvertragsrecht, in: Bauer/Kort/Möllers/Sandmann (Hrsg.), Festschrift für Herbert Buchner zum 70. Geburtstag, München 2009, S. 886 ff.

Tomasic, Lovro: Effet utile, München 2013

Traving, Klaus: Die Staatshaftung nach Art. 34 GG und ihre Anwendbarkeit in Fällen rechtswidriger Gesetzesbeschlüsse durch Abgeordnete, diss. jur., Kiel 1956

Tremml, Bernd/Krager, Michael/Luber, Michael: Der Amtshaftungsprozess, 3. Auflage, München 2009

Triantafyllou, Dimitris: Haftung der Mitgliedsstaaten für Nichtumsetzung von EG-Recht, in: DÖV 1992, S. 564 ff.

Ukrow, Jörg: Unmittelbare Wirkung von Richtlinien und gemeinschaftsrechtliche Staatshaftung nach Maastricht, in: NJW 1994, S. 2469 f.

Ukrow, Jörg: Richterliche Rechtsfortbildung durch den EuGH, Baden-Baden 1995

Umbach, Dieter C./Clemens, Thomas (Hrsg.): Grundgesetz, Band I, Artikel 1 bis 37, Heidelberg 2002

Umbach, Dieter C./Clemens, Thomas/Dollinger, Wilhelm (Hrsg.): Bundesverfassungsgerichtsgesetz, 2. Auflage, Heidelberg 2005

Unruh, Peter: Unionstreue – Anmerkungen zu einem Rechtsgrundsatz der Europäischen Union, in: EuR 2002, S. 41 ff.

Vahle, Jürgen: Der Amtshaftungsanspruch, in: DVP 2008, S. 221 ff.

Vogel, Hans-Jochen: Die Verwirklichung der Rechtsstaatsidee im Staatshaftungsrecht, Heidelberg 1977

Völker, Dietmar/Ardizzoni, Marco: Rechtsprechungsbrechende Nichtanwendungsgesetze im Steuerrecht – neue bedenkliche Gesetzgebungspraxis, in: NJW 2004, S. 2413 ff.

Vonnahme, Burkhard: Staatshaftung für Umweltschäden infolge normativen Unrechts, Frankfurt am Main u. a. 1994

Voßkuhle, Andreas: Theorie und Praxis der verfassungskonformen Auslegung von Gesetzen durch Fachgerichte, in: AöR 125 (2000), S. 177 ff.

Wagner, Heinz: Eingriff und unmittelbare Einwirkung im öffentlich-rechtlichen Entschädigungsrecht, in: NJW 1966, S. 569 ff.

Waldhoff, Christian: Die Rückwirkung von EuGH-Entscheidungen – Finanzielle Auswirkungen europäischer Rechtsprechung als Kriterium einer Entscheidungsfolgenabschätzung, in: EuR 2006, S. 615 ff.

Waldhoff, Christian: Steuerrecht und Verfassungsrecht, in: Verw 41 (2008), S. 259 ff.

Walter, Konrad: Rechtsfortbildung durch den EuGH, Berlin 2009

Wank, Rolf: Methodische Bemerkungen zu einigen neueren EuGH-Urteilen zum Arbeitsrecht, in: Konzen (Hrsg.), Festschrift für Rolf Birk zum siebzigsten Geburtstag, München 2008, S. 929 ff.

Wank, Rolf: Buchbesprechung Frank Schaer, Rechtssicherheit und Vertrauensschutz als Grenzen ruckwirkender Rechtsprechung im europäischen Arbeitsrecht, Baden-Baden 2010, in: EuZA 2011, S. 286 f.

Wank, Rolf: Die Auslegung von Gesetzen, 6. Auflage, München 2015

Waschull, Dirk: Das Unternehmen im engeren Sinne als verfassungsrechtliches Eigentum, Baden-Baden 1999

Weber, Martin: Grenzen EU-rechtskonformer Auslegung und Rechtsfortbildung, Baden-Baden 2010

Weber, Wolfgang: Staatshaftung für rechtswidrige Gesetzgebungsmaßnahmen, diss. jur., Würzburg 1975

Weber-Dürler, Beatrice: Vertrauensschutz im öffentlichen Recht, Basel und Frankfurt am Main 1983

Weher, Wolfgang: Staatshaftung für rechtswidrige Gesetzgebungsmaßnahmen, Würzburg 1975

Wehlau, Andreas: Die Rechtsprechung des Gerichtshofes der europäischen Gemeinschaft zur Staatshaftung der Mitgliedsstaaten nach Gemeinschaftsrecht, Hamburg 1996

Wernsmann, Rainer: Steuerrecht, in: Schulze/Zuleeg/Kadelbach (Hrsg.), Europarecht, 3. Auflage, Baden-Baden 2010, § 30

Wiese, Götz/Berner, Hans-Joachim: Rückwirkende Gesetzesklarstellungen und ihre verfassungsrechtliche Zulässigkeit, in: DStR 2014, S. 1260 ff.

Windhorst, Kay: Staatshaftungsrecht, in: JuS 1995, S. 892 ff.

Wischmeyer, Thomas: Der „Wille des Gesetzgebers“, in: JZ 2015, S. 957 ff

Wissmann, Hellmut: Vertrauensschutz- europäisch und deutsch, in: Baeck/Hauck u. a. (Hrsg.), Festschrift für Jobst-Hubertus Bauer zum 65. Geburtstag, München 2010, S. 1161 ff.

Wroblewski, Bartłomiej: Die Staatshaftung für legislatives Unrecht in Deutschland, Baden-Baden 2005

Wunderlich, Christian: Die Rechtsprechung des Bundesverfassungsgerichts zur Eigentumsgarantie und ihre Auswirkungen auf die Staatshaftung für legislatives Unrecht, Frankfurt am Main 1994

Zenner, Martin: Die Haftung der EG-Mitgliedsstaaten für die Anwendung europarechtswidriger Rechtsnormen, München 1995

Zippelius, Reinhold: Juristische Methodenlehre, 11. Auflage, München 2012

Zuleeg, Manfred: Die föderativen Grundsätze der Europäischen Union, in: NJW 2000, S. 2846 ff.

www.ingramcontent.com/pod-product-compliance
Ingram Content Group UK Ltd.
Pitfield, Milton Keynes, MK11 3LW, UK
UKHW021926290926
8980IPUK00016B/1474

9 783631 766231